MANUAL DE DIREITO
DO TRABALHO
E DE PROCESSO DO TRABALHO

MANUAL DE DIREITO DO TRABALHO E DE PROCESSO DO TRABALHO

Paula Quintas
Professora do Ensino Politécnico
Doutora em Direito do Trabalho
Mestre em Direito
Pós-Graduada em Estudos Europeus

Helder Quintas
Advogado

2016 · 5ª Edição

**MANUAL DE DIREITO DO TRABALHO
E DE PROCESSO DO TRABALHO**

AUTORES
Paula Quintas
Helder Quintas

1ª edição: Março, 2010
EDITOR
EDIÇÕES ALMEDINA, S.A.
Rua Fernandes Tomás, nºs 76-80
3000-167 Coimbra
Tel.: 239 851 904 · Fax: 239 851 901
www.almedina.net · editora@almedina.net
DESIGN DE CAPA
FBA.
PRÉ-IMPRESSÃO
EDIÇÕES ALMEDINA, S.A.
IMPRESSÃO E ACABAMENTO
PAPELMUNDE

Fevereiro, 2016
DEPÓSITO LEGAL
404499/16

Apesar do cuidado e rigor colocados na elaboração da presente obra, devem os diplomas legais dela constantes ser sempre objeto de confirmação com as publicações oficiais.
Toda a reprodução desta obra, por fotocópia ou outro qualquer processo, sem prévia autorização escrita do Editor, é ilícita e passível de procedimento judicial contra o infrator.

BIBLIOTECA NACIONAL DE PORTUGAL – CATALOGAÇÃO NA PUBLICAÇÃO
MANUAL DE DIREITO DO TRABALHO E DE PROCESSO
DO TRABALHO – 5ª ed. (Guias práticos)
Paula Quintas, Helder Quintas
ISBN 978-972-40-6410-9
QUINTAS, Paula, 1965 – e outro
I – QUINTAS, Helder
CDU 349

In memoriam: Dr. Amílcar Martins

*Este livro é dedicado ao Colega e Amigo Amílcar Martins.
Mais do que sentir a Morte, sentimos uma Vida que tinha tanto para semear e colher.
Colega de uma retidão e lealdade ímpares.
Amigo na presença e na ausência. Diz-se que os Deuses chamam cedo aqueles que amam.
Esperamos que esteja onde merece, seja esse lugar onde for...
(Paula Quintas)*

*Ao companheiro que comigo deu as primeiras pisadas no caminho sinuoso das leis.
Ao maior (parceiro) pensador do direito que conheci.
Ao defensor incansável das causas que lhe eram confiadas.
Que a memória de todos nós nunca te atraiçoe...
(Hélder Quintas)*

PAULA QUINTAS

Obras Publicadas:

- "Legislação Turística – Anotada", 6ª ed., Almedina, 2014.
- "Manual de Direito da Segurança e Saúde no Trabalho", Almedina, 3ª ed., 2014.
- "Direitos de Personalidade do Trabalhador", Tese de Doutoramento, Almedina, 2013.
- "Código do Trabalho Anotado e Comentado", 3ª ed., Almedina, 2012, em coautoria.
- "Novo (O) Regime Jurídico de Instalação, Exploração e Funcionamento dos Empreendimentos Turísticos", Almedina, 2008.
- "Regime Jurídico dos Títulos de Crédito – Compilação anotada com Jurisprudência", 2ª ed., Almedina, 2007, em coautoria.
- "Regime (O) Jurídico dos Despedimentos", Almedina, Reimpressão, 2007, em coautoria.
- "Prática (Da) Laboral à Luz do Novo Código do Trabalho", 4ª ed., Almedina, 2007, em co-autoria.
- "Regulamentação do Código do Trabalho", 3ª ed., Almedina, 2006, em coautoria.
- "Direito do Turismo", Almedina, 2003.
- "Problemática (Da) do Efeito Direto nas Diretivas Comunitárias", *Dixit*, 2000.
- "Direito do Consumidor e Tutela de Outros Agentes Económicos", Almeida & Leitão, Lda., 1998.

Artigos Publicados:

- "O *Direito à Palavra* no mundo do trabalho: liberdade de expressão ou delito de opinião?", PDT, nºs 76-78.
- "Apreciação de alguns aspetos cruciais do «Livro Branco das Relações Laborais» no que concerne à contratação individual – a *pulsão flexibilizadora* do legislador, PDT, nºs 74-75.
- "A *dificultosa* transposição da Diretiva 98/59/CE, do Conselho, de 20 de julho de 1998 (despedimentos coletivos)", *Scientia Iuridica*, nº 302.
- "A precariedade dentro da precariedade ou a *demanda* dos trabalhadores à procura de primeiro emprego", Questões Laborais, nº 24.

- "A diretiva nº 80/987 (quanto à aproximação das legislações dos Estados--membros respeitantes à proteção dos trabalhadores assalariados em caso de insolvência do empregador) – o antes e o depois de *Francovich*", Questões Laborais, nº 16.
- "A *preversidade* da tutela indemnizatória do art. 443º do CT – a desigualdade entre iguais (breve reflexão)", PDT, nº 71, CEJ.

HELDER QUINTAS

Obras Publicadas:

- "Código do Trabalho Anotado e Comentado", 3ª ed., Almedina, 2012, em coautoria.
- "Regime Jurídico dos Títulos de Crédito – Compilação anotada com Jurisprudência", 2ª ed., Almedina, 2007, em coautoria.
- "Regime (O) Jurídico dos Despedimentos", Almedina, Reimpressão, 2007, em coautoria.
- "Prática (Da) Laboral à Luz do Novo Código do Trabalho", 4ª ed., Almedina, 2007, em coautoria.
- "Regulamentação do Código do Trabalho", 3ª ed., Almedina, 2006, em coautoria.
- "Direito dos Transportes – Legislação Nacional, Internacional e Comunitária: Jurisprudência Nacional e Comunitária", Almedina, 2002, em coautoria.
- "Regime Jurídico das Sociedades por Quotas – Anotado", Almedina, 2010.

Artigos Publicados:

- "A concretização do princípio da boa fé enquanto limite normativo das cláusulas de mobilidade geográfica", PDT, nºs 74-75.
- "A (nova) acção de impugnação judicial da regularidade e licitude do despedimento", PDT, nº 86.

PREFÁCIO DA 5ª EDIÇÃO

A edição que agora vem a lume acolheu as alterações legislativas introduzidas, designadamente, pelos seguintes diplomas:

– Decreto-Lei nº 210/2015, de 25 de Setembro (alterou a Lei nº 70/2013, de 30 de agosto, a qual havia estabelecido os regimes jurídicos do fundo de compensação do trabalho e do fundo de garantia de compensação do trabalho);

– Lei nº 141/2015, de 8 de Setembro (aprovou o Regime Geral do Processo Tutelar Cível, e procedeu à primeira alteração à Lei nº 103/2009, de 11 de setembro, a qual estabeleceu o regime jurídico do apadrinhamento civil);

– Lei nº 133/2015, de 7 de Setembro (criou um mecanismo para proteção das trabalhadoras grávidas, puérperas e lactantes);

– Lei nº 120/2015, de 1 de Setembro (procedeu à nona alteração ao Código do Trabalho, reforçando os direitos de maternidade e paternidade, à terceira alteração ao Decreto-Lei nº 91/2009, de 9 de abril, e à segunda alteração ao Decreto-Lei n.º 89/2009, de 9 de Abril);

– Decreto-Lei nº 59/2015, de 21 de Abril (aprovou o novo regime do Fundo de Garantia Salarial, previsto no artigo 336º, do Código do Trabalho, transpondo a Diretiva nº 2008/94/CE, do Parlamento Europeu e do Conselho, de 22 de outubro de 2008, relativa à proteção dos trabalhadores assalariados em caso de insolvência do empregador);

– Lei nº 28/2015, de 14 de Abril (consagrou a identidade de género no âmbito do direito à igualdade no acesso a emprego e no trabalho, procedendo à oitava alteração ao Código do Trabalho).

Grijó, 26 de outubro de 2015

ABREVIATURAS

AAFDL	Associação Académica da Faculdade de Direito de Lisboa
Ac.	Acórdão
ACT	Autoridade para as Condições de Trabalho
ADSTA	Acórdãos Doutrinais do Supremo Tribunal Administrativo
AECL	Associação Europeia de Comércio Livre
AUE	Ato Único Europeu
BFD	Boletim da Faculdade de Direito da Universidade de Coimbra
BMJ	Boletim do Ministério da Justiça
BTE	Boletim do Trabalho e Emprego
CAAS	Co. de Aplicação do Acordo de *Schengen*
CC	Código Civil, aprovado pelo Decreto-Lei nº 47 344, de 25 de novembro de 1966
CCJ	Código das Custas Judiciais, aprovado pelo Decreto-Lei nº 224-A/96, de 26 de novembro
CCom.	Código Comercial, aprovado pelo Lei de 28 de junho de 1888
CE	Comunidade Europeia
CECA	Comunidade Económica do Carvão e do Aço
CEDH	Convenção Europeia dos Direitos do Homem
CEE	Comunidade Económica Europeia
CEEA	Comunidade Económica de Energia Atómica
CEEP	Centro Europeu das Empresas Públicas
CEJ	Centro de Estudos Judiciários
CES	Confederação Europeia dos Sindicatos
CID	Classificação Internacional de Doenças
CIRE	Código da Insolvência e da Recuperação de Empresas, aprovado pelo Decreto-Lei nº 53/2004, de 18 de março
CJ	Coletânea de Jurisprudência
CJTJ	Coletânea de Justiça do Tribunal de Justiça da Comunidade Europeia
CNDT	Congresso Nacional de Direito do Trabalho
CNot.	Código do Notariado, aprovado pelo Decreto-Lei nº 207/95, de 14 de agosto
CNPD	Comissão Nacional de Proteção de Dados
COREPER	Comité dos Representantes Permanentes
CPC	Código do Processo Civil, aprovado pela Lei nº 41/2013, de 26 de junho
CPE	Cooperação e Política Externa

CIRE Código da Insolvência e da Recuperação de Empresas, aprovado pelo Decreto-Lei nº 53/2004, de 18 de março
CPP Código de Processo Penal, aprovado pelo Decreto-Lei nº 78/87, de 17 de fevereiro
CPT Código de Processo do Trabalho, aprovado pelo Decreto-Lei nº 480/99, de 09 de novembro
CRP Constituição da República Portuguesa, de 02 de abril de 1975
CSC Código das Sociedades Comerciais, aprovado pelo Decreto-Lei nº 262/86, de 02 de setembro
CT Código do Trabalho, aprovado pela Lei nº 7/2009, de 12 de fevereiro
CTA Código do Trabalho, aprovado pela Lei nº 99/2003, de 27 de agosto
DL Decreto-Lei
DLJ Dicionário de Legislação e Jurisprudência
DR Diário da República
DRect Declaração de Retificação
DUDH Declaração Universal dos Direitos do Homem
EEE Espaço Económico Europeu
EFTA European Free Trade Association
EIDT Estudos do Instituto de Direito do Trabalho
EIRL Estabelecimento Individual de Responsabilidade Limitada
EMJ Estatuto dos Magistrados Judiciais
EUROPOL Serviço Europeu de Polícia
GDE Gabinete de Direito Europeu
FGS Fundo de Garantia Salarial
IMT Imposto Municipal sobre as Transações, aprovado pelo Decreto-Lei nº 287/2003, de 12 de novembro
IMTOI Imposto Municipal sobre Transmissão de Bens Onerosos, aprovado pelo Decreto-Lei nº 287/2003, de 12 de novembro
JOC Jornal Oficial das Comunidades Europeias
LAT Regime Jurídico dos Acidentes de Trabalho, aprovado pela Lei nº 100/97, de 13 de setembro
L Lei
LCCT Regime Jurídico da Cessação do Contrato de Trabalho, aprovado pelo Decreto-Lei nº 64-A/89, de 27 de fevereiro
LCT Regime Jurídico do Contrato Individual de Trabalho, aprovado pelo Decreto-Lei nº 49408, de 24 de novembro de 1969
LDT Regime Jurídico da Duração do Contrato de Trabalho, aprovado pelo Decreto-Lei nº 409/71, de 27 de setembro

LFFF	Regime Jurídico das Férias, Feriados e Faltas, aprovado pelo Decreto-Lei nº 874/76, de 28 de dezembro
LOSF	Lei da Organização do Sistema Judiciário, aprovada pela Lei nº 62/2013, de 26 de agosto
LPDP	Lei de Proteção de Dados Pessoais, aprovada pela Lei nº 67/98, de 26 de outubro
LSCT	Regime Jurídico da Suspensão do Contrato Individual de Trabalho, aprovado pelo Decreto-Lei nº 398/83, de 02 de novembro
LSA	Regime Jurídico dos Salários em Atraso, aprovado pela Lei nº 17/86, de 14 de junho)
LTC	Lei do Tribunal Constitucional, aprovada pela Lei nº 28/82, de 15 de novembro
LTS	Regime Jurídico do Trabalho Suplementar, aprovado pelo Decreto-Lei nº 421/83, de 02 de dezembro
MJ	Ministério da Justiça
NATO	North Atlantic Trade Organization
OCDE	Organização Europeia de Desenvolvimento Económica
OECE	Organização Europeia de Cooperação Económica
OIT	Organização Internacional de Trabalho
OMC	Organização Mundial do Comércio
PAC	Pauta Aduaneira Comunitária
PDT	Prontuário de Direito do Trabalho
PE	Parlamento Europeu
PESC	Política Externa e de Segurança Comunitária
PGR	Procuradoria Geral da República
QL	Questões Laborais
RC	Relação de Coimbra
RCP	Regulamento das Custas Processuais, aprovado pelo DL nº 34/2008, de 26 de fevereiro
RCT	Regulamentação do Código do Trabalho, aprovada pela Lei nº 35/2004, de 29 de julho
RDES	Revista de Direito e de Estudos Sociais
RE	Relação de Évora
RJCCG	Regime Jurídico das Cláusulas Contratuais Gerais, aprovado pelo Decreto-Lei nº 446/85, de 23 de outubro
RL	Relação de Lisboa
ROA	Revista da Ordem dos Advogados
RP	Relação do Porto

RPDC	Revista Portuguesa de Direito do Consumo
SEF	Serviço de Estrangeiros e Fronteiras
SIS	Sistema de Informação Schengen
STJ	Supremo Tribunal de Justiça
TAC	Tarifa Aduaneira Comunitária
TC	Tribunal Constitucional
TCE	Tratado Constitucional Europeu
TFUE	Tratado sobre Funcionamento da União Europeia
TJCE	Tribunal de Justiça das Comunidades Europeias
TR	Tratado de Roma
TUE	Tratado da União Europeia
UEO	União da Europa Ocidental
UNICE	União das Confederações da Indústria e dos Empregadores da Europa
UE	União Europeia

Breve Apreciação do Novo Código do Trabalho

1. A vigência parcial do Código do Trabalho aquando da respetiva publicação e na atualidade
Entendemos que a apresentação de um *novo* Código de Trabalho, volvidos apenas cerca de 6 anos da publicação do Código anterior[1] tecnicamente não se justificava. A nova sistematização, dificulta, em muito, a tarefa do intérprete num aspeto quotidiano de citação e aplicação dos preceitos (que mudam de número mas mantêm, na sua maioria, a substância).

Ainda, e com a agravante da prometida unificação dos dois principais instrumentos legislativos que disciplinam as relações de trabalho – o CT e a RCT – num documento único, "tornando-os mais inteligíveis, mais acessíveis, sendo previsíveis os ganhos ao nível da divulgação efetiva do seu conteúdo normativo pelos destinatários"[2], não se ter cumprido, sendo hoje as leis do trabalho uma *pacthwork* reguladora, que muito dificultará (novamente) o trabalho do intérprete.

Atente-se no art. 12º da Lei Preambular:

Quanto ao Código do Trabalho
O **nº 1**, indica que são revogados o Código do Trabalho anterior aprovado pela L nº 99/2003, de 27.08 (al. *a*)), a Regulamentação ao Código do Trabalho aprovada pela L nº 35/2004, de 29.07 (al. *b*)) e parte do regime do trabalho temporário, aprovado pela L nº 19/2007, de 22.05 (al. *c*)).

Até aqui e apesar da crítica supra, nada a opor. No entanto, no nº 3, do mesmo preceito, é dito, que a revogação de certos artigos do Código do Trabalho antigo só produz efeitos "a partir da entrada em vigor do diploma que regular a mesma matéria". O que nos colocou a seguinte questão, que parte do Código do Trabalho entrava, afinal, em vigor, em 17 de fevereiro de 2009[3]?

Do universo das matérias a aguardar regulação faziam parte os:

– arts. 272º a 312º (nº 3, al. *a*)), sobre segurança e saúde no trabalho, bem como a matéria referente aos acidentes de trabalho e doenças profissionais *na parte não referida na atual redação do Código*. Ora, quanto aos arts. 272º a

---

[1] E que apesar da sua juventude, já havia sofrido cinco alterações (sendo a mais significativa a introduzida pela L nº 9/2006, de 20.03).
[2] Preâmbulo da proposta de Lei nº 216/X, de 18.09.2008.
[3] Atendendo à inédita *vacatio legis* de 5 dias.

280º, que cuidavam do regime de segurança e saúde no trabalho, tal matéria foi regulamentada, ao tempo, pela Lei nº 35/2004, de 29.07. (RCT). Quanto aos acidentes de trabalho (arts. 281º a 312º), a própria Lei Preambular do CTA[4] indicava no art. 3º, nº 2, que "só se aplicam depois da entrada em vigor da legislação especial para a qual remetem". Legislação essa que na vigência do referido Código, nunca foi publicada.

A referida al. *a*) recebeu ainda grande polémica, porquanto a DRect nº 21//2009, entendeu que onde se lia "artigos 272º a 312º", devia ler-se "arts. 272º a 280º e **671º**[5], esta retificação tem sido entendida por certos tribunais como inconstitucional. Inconstitucionalidade essa que viria a ser declarada pelo Acórdão (do Tribunal Constitucional) nº 490/2009, de 28.09, atendendo a que a referida Declaração de Retificação não se limitou a corrigir erros materiais[6].

Finalmente, a matéria indicada na al. *a*), encontra-se hoje regulada pela Lei nº 98/2009, de 04.09 (que aprovou o regime jurídico de reparação de acidentes de trabalho e de doenças profissionais) e pela L nº 102/2009, de 10.09 (que aprovou o regime jurídico de promoção da segurança e saúde no trabalho entretanto alterado pela L nº 42/2012, de 28.08), cumprindo-se assim o postulado no art. 284º, do CT, sobre a epígrafe "Regulamentação da prevenção e reparação (de acidentes de trabalho e doenças profissionais");

– A al. *c*), sobre conselhos de empresa europeus, foi regulada pela L nº 96//2009, de 03.06;
– A alínea *d*), sobre designação de árbitros para arbitragem obrigatória e listas de árbitros, foi regulada pelo DL nº 259/2009, de 25.09, retificado pela DRect nº 76/2009, de 15.10;
– Quanto à al. *e*), sobre procedimento de contraordenações laborais encontra-se hoje regulada pela L nº 107/2009, de 14.09, que aprovou o regime processual aplicável às contraordenações laborais e de segurança social;

---

[4] Código de Trabalho Antigo.
[5] Relativo às contraordenações laborais.
[6] Alega o Tribunal Constitucional que " *A Declaração de Retificação nº 21/2009, ao proceder às "correcções" nos termos em que o fez, "recuperando" matéria contraordenacional que deixara de vigorar no ordenamento jurídico por força da Lei nº 7/2009, viola os princípios da não retroatividade da lei penal (e contraordenacional), da segurança jurídica e da igualdade, decorrentes da Constituição da República Portuguesa (artigos 13º, 29º, nºs 1, 3 e 4).*
Nestes termos, deve julgar-se inconstitucional a norma vertida na alínea *a*), do nº 3 do artigo 12º do Código do Trabalho na versão constante da Declaração de Retificação nº 21/2009, de 18 de março de 2009, mantendo-se o juízo de inconstitucionalidade feito pelo Tribunal *a quo*, com as consequências legais."

– O **nº 4**, do preceito, foi entretanto regulado pelo DL nº 91/2009, de 09.04 (relativo ao regime de proteção social na parentalidade);
– Quanto ao **nº 5**, a matéria indicada no normativo encontra-se agora regulada, atendendo a que o Código de Processo de Trabalho, aprovado pelo DL nº 480/99, de 09.11, foi (finalmente) revisto pelo DL nº 295/2009, de 13.10[7], Sofrendo, ainda, uma importante atualização com o Dec.-Lei nº 63/2013, de 27.08;
– O **nº 6**, al. *a*), relativo ao trabalho no domicílio foi regulado pela L nº 101//2009, de 09.09;
– A matéria indicada nas als. *g*) a *n*) e *r*), encontra-se hoje regulada pela Lei nº 105/2009, de 14.09 (a qual procedeu a uma regulamentação parcial, do CT)[8];

---

[7] Os preceitos a que alude o art. 14º, nº 1, da L nº 7/2009, de 12.02, entraram em vigor no 1 de janeiro de 2010 (data de início da vigência do DL nº 295/2009, de 13.10, que alterou o CPT aprovado pelo DL nº 480/99, de 09.11).

[8] A regulamentação (parcial) do Código do Trabalho incidiu sobre as seguintes matérias:
– participação de menor em atividade de natureza cultural, artística ou publicitária (art. 1º, nº 1, al. *a*));
– frequência de estabelecimento de ensino por trabalhador-estudante (art. 1º, nº 1, al. *b*));
– aspetos da formação profissional (art. 1º, nº 1, al. *c*));
– período de laboração (art. 1º, nº 1, al. *d*));
– verificação de situação de doença de trabalhador (art. 1º, nº 1, al. *e*));
– prestações de desemprego em caso de suspensão do contrato de trabalho pelo trabalhador com fundamento em não pagamento pontual da retribuição (art. 1º, nº 1, al. *f*));
– suspensão de execuções quando o executado seja trabalhador com retribuições em mora (art. 1º, nº 1, al. *g*));
– informação periódica sobre a atividade social da empresa (art. 1º, nº 1, al. *h*).

Entretanto, o Código do Trabalho sofre as seguintes alterações:
– Lei nº 105/2009, de 14 de setembro, a qual regulamenta e altera o Código do Trabalho;
– Lei nº 53/2011, de 14 de outubro 23/2012, de 25 de junho, a qual procede à segunda alteração ao Código do Trabalho, estabelecendo um novo sistema de compensação em diversas modalidades de cessação do contrato de trabalho, aplicável apenas aos novos contratos de trabalho;
– Lei nº 23/2012, de 25 de junho, a qual procede à terceira alteração do CT;
– Lei nº 47/2012, de 29 de agosto, a qual procede à quarta alteração ao Código do Trabalho, por forma a adequá-lo à Lei nº 85/2009, de 27 de agosto, que estabelece o regime da escolaridade obrigatória para as crianças e jovens que se encontram em idade escolar e consagra a universalidade da educação pré--escolar para as crianças a partir dos 5 anos de idade;
– Lei nº 69/2013, de 27 de agosto, que procede à quinta alteração ao Código do Trabalho, ajustando o valor da compensação devida pela cessação do contrato de trabalho.

O Acordão nº 602/2013, de 20.09, declara inconstitucional o artigo 368º, nº 2 e nº4, bem como a norma do artigo 9º, nº 2, da Lei nº 23/2012, de 25 de junho, na parte em que procedeu à revogação da alínea *d*) do nº 1 do art. 375º, do CT, por violação da proibição de despedimentos sem justa causa consagrada no artigo 53º da Constituição.

– A al. *p*), sobre conselhos de empresa europeus foi regulada pela L nº 96//2009, de 03.06;
– A al. *q*), sobre arbitragem obrigatória e arbitragem de serviços mínimos, foi também regulada, pelo DL nº 259/2009, de 25.09, retificado pela DRect nº 76/2009, de 15.10;

As restantes matérias encontram-se ainda por regular, estando, por conseguinte, em vigor, quanto a esse acervo, o Código do Trabalho de 2003.

Procedeu-se, ainda, à adoção de um novo enquadramento normativo regulador das agências de emprego privadas, através do DL nº 260/2009, de 25.09.

Questiona-se, portanto, a existência do tal *documento único*, a exemplo do realizado pela L nº 59/2008, de 11.08, que aprovou o Regime do Contrato de Trabalho em Funções Públicas, que apresenta, em anexo, dois regulamentos que fazem parte integrante daquela lei (revogado pela L nº 35/2014, de 20 de junho).

PARTE I
DIREITO DO TRABALHO

CAPÍTULO I
AS FONTES DE DIREITO DO TRABALHO

1. Noção de fonte em sentido jurídico

O sentido de fonte de que ora cuidamos é necessariamente o *técnico-jurídico*, como forma de revelação e manifestação das normas jurídicas[9], ou, nas palavras de Monteiro Fernandes, "dos instrumentos pelos quais essas normas são estabelecidas e, do mesmo passo, expostas ao conhecimento público"[10].

Para além da fonte em sentido próprio encabeçada pela lei, outras manifestações há que, destituídas de força vinculativa, modelam, com um forte alcance, as relações juslaborais.

Referimo-nos, desde logo, à jurisprudência dominante; ao acervo das decisões proferidas pelos tribunais superiores; aos usos e práticas laborais; e às ordens e instruções emanados do poder diretivo do empregador.

2. As fontes internas juslaborais

A Constituição da República Portuguesa como fonte jurídica primordial consagra nos Títulos II (*Direitos, liberdades e garantias*) e III (*Direitos e deveres económicos*) da Parte I (*Direitos e Deveres Fundamentais*) as normas jurídicas mais relevantes para o Direito do Trabalho.

Logo no art. 18º, nº 1, é dito que: "Os preceitos constitucionais respeitantes aos direitos, liberdades e garantias são diretamente aplicáveis e vinculam as entidades públicas e privadas."

Sobre a problemática da aplicabilidade direta daqueles preceitos constitucionais, nomeadamente quando falha a aptidão vinculativa da norma, por falta de exequibilidade do seu conteúdo, resta sempre a eterna dúvida: até que ponto o art. 22º, da CRP admite a responsabilidade do legislador por omissão legislativa?

---

[9] Em desenvolvimento, v. Oliveira Ascensão, "O Direito – Introdução e Teoria Geral", 7ª edição, Almedina, 1993, p. 231.
[10] "Direito do Trabalho", Almedina, 12ª ed., 2004, p. 63.

Conforme explica MONTEIRO FERNANDES "É óbvio que as disposições constitucionais de incidência juslaboral não reúnem, todas elas, características operatórias que permitam reconhecer-lhes uma função regulamentar ou preceptiva imediata: umas sim (como, por exemplo, o artigo 56º, nº 3: «Compete às associações sindicais exercer o direito de contratação coletiva (...)») outras não (entre elas o art. 58º, nº 1: «Todos têm direito ao trabalho»)"[11].

Mesmo aceitando-se sem reservas a responsabilidade do legislador, existe uma lacuna jurídica[12], no que concerne à regulamentação de tal princípio.

Dentro do regime jurídico ordinário, além das normas civis aplicáveis, a título subsidiário (com especial incidência para o Direito das Obrigações), o art. 1º, do CT enuncia como aplicáveis aos contratos de trabalho, os instrumentos de regulamentação coletiva de trabalho, assim como os usos laborais que não contrariem o princípio da boa fé.

Os instrumentos de regulamentação coletiva podem ser negociais ou não negociais (art. 2º, nº 1, do CT).

Os instrumentos de regulamentação coletiva de trabalho negociais são a convenção coletiva, o acordo de adesão e a decisão arbitral em processo de arbitragem voluntária (art. 2º, nº 2).

Os instrumentos de regulamentação coletiva de trabalho não negociais são a portaria de extensão, a portaria de condições de trabalho e a decisão arbitral em processo de arbitragem obrigatória ou necessária (art. 2º, nº 4).

As convenções coletivas assumem diferentes denominações, consoante sejam celebradas por uma associação de empregadores, uma pluralidade de empregadores ou um só empregador.

Assim, nos termos do nº 3, do art. 2º, do CT, podemos distinguir:

- as convenções celebradas entre associação sindical e associações de empregadores, denominadas *contratos coletivos*;
- as convenções celebradas por associação sindical e uma pluralidade de empregadores para diferentes empresas, definidas por *acordos coletivos*;
- as convenções subscritas por associação sindical e um empregador para uma empresa ou estabelecimento, designadas por *acordos de empresa*.

---

[11] *Op. cit.*, p. 66.
[12] Sobre o princípio da responsabilidade legislativa do Estado, os doutrinários portugueses encontram-se divididos entre a aceitação sem reservas do princípio e a rejeição liminar de tal possibilidade.

No que concerne aos níveis da negociação coletiva, PALMA RAMALHO[13] destaca "uma tendência para o incremento da negociação coletiva ao nível da empresa, em detrimento das grandes convenções coletivas do setor; e uma tendência para o envolvimento do Estado na negociação coletiva, através da concertação social".

---

[13] "Da autonomia dogmática do Direito do Trabalho", Almedina, 2001, p. 573.

CAPÍTULO II
A RELAÇÃO JURÍDICO-LABORAL PRIVADA

1. A relação jurídico-laboral – introdução

A definição de contrato (ou negócio jurídico bilateral), tem colhido entre nós entendimento pacífico, este apresenta-se como o resultado da reunião de duas ou mais declarações de vontade, de conteúdo diverso e até oposto (uma proponente, a outra aceitante), visando a produção de um determinado efeito jurídico unitário embora com um significado próprio para cada parte.

A relação jurídico-laboral como qualquer relação jurídica assenta num determinado ato jurídico (contrato) realizado entre dois intervenientes com capacidade jurídica plena ou suficiente (caso dos menores quando a lei lhes permite contratar, art. 127º do CC e arts. 70º e ss do CT), em que um deles recebe a chamada prestação laboral, em troca de retribuição (art. 11º, do CT).

Como bem explica PEDRO ROMANO MARTINEZ, "No domínio da relação laboral pressupõe-se a existência de uma prestação de facto. De entre as prestações de facto, a atividade laboral corresponde a uma obrigação de meios, que impõe uma atividade a prosseguir, independentemente da obtenção do seu fim; deste modo, a não obtenção do fim é, em princípio, irrelevante, pois, não afeta, nem a validade, nem a perfeita execução do contrato de trabalho. Assim, se o trabalhador desenvolver a atividade diligentemente, mas, por causa que não lhe seja imputável, o fim pretendido pelo empregador não se verifica, a remuneração continua a ser devida.

O empregador terá de providenciar no sentido de a atividade desenvolvida atingir o fim pretendido; se este não for obtido é um risco da entidade patronal, na medida em que tem de pagar a retribuição devida pela atividade do trabalhador, não obstante o objetivo não se ter atingido"[14].

O contrato de trabalho constitui ainda "uma relação obrigacional complexa, porque dela emergem deveres principais [em especial, prestar uma atividade e pagar a remuneração), deveres secundários (...) e deveres acessórios de conduta (por exemplo, tratar com urbanidade o empregador e companheiros de traba-

---

[14] "Direito do Trabalho", Instituto do Direito do Trabalho, Almedina, 2002, p. 275.

lho e não divulgar segredos de produção (...) ou proporcionar boas condições de trabalho (...)]", explica o mesmo Autor[15].

O empregador pode assumir uma forma plural ou singular; já o trabalhador só poderá ser uma pessoa singular (o art. 11º é perentório em tal matéria).

O novo Código do Trabalho (aprovado pela L nº 7/2009, de 12.02) valoriza agora a inserção na *estrutura organizativa* do empregador e sob a *auctoritas* deste, deixando de considerar o poder de direção.

A relação laboral é uma relação aparitária, juridicamente *não é uma relação entre iguais*, empregador e trabalhador não são sócios da empresa, que se limitam a quinhoar nos lucros e nas perdas. A relação laboral assenta na desigualdade formal entre as partes, cabendo ao empregador modelar a relação de trabalho, daí o poder disciplinar (e sancionatório) exclusivamente detido por ele.

Os contratos de trabalho são qualificados como contratos sem termo, também denominados contratos sem duração determinada, cessando nos termos do art. 340º, do CT e como contratos a termo (ou contratos com duração determinada), em princípio, para satisfazer necessidades temporárias e pelo período estritamente necessário (art. 140º, do CT).

Meras variantes destes tipos de contratos, surgem os contrato de trabalho temporário (arts. 172º, do CT) e os contratos sem termo intermitentes (art. 157º, nº 1).

A comissão de serviço (art. 161º) constitui uma figura atípica, convocada para o exercício de "cargo de administração ou equivalente, de direção ou chefia diretamente dependente da administração ou de diretor-geral ou equivalente, funções de secretariado pessoal de titular de qualquer desses cargos, ou ainda, desde que instrumento de regulamentação coletiva de trabalho o preveja, funções cuja natureza também suponha especial relação de confiança em relação a titular daqueles cargos". A invocada atipicidade é manifesta no art. 163º, do CT, o qual permite a qualquer das partes a denúncia do contrato.

2. O empregador-empresário

O empregador (proponente ou aceitante) pode possuir ou não uma dinâmica empresarial.

Para o nosso estudo, vamos cuidar apenas do chamado empregador-empresário:

---

[15] "Incumprimento contratual e justa causa de despedimento", Estudos do Instituto de Direito do Trabalho, vol. II (Justa causa de despedimento), Almedina, 2001, p. 95.

A constituição empresarial pode assumir a forma de estabelecimento individual de responsabilidade limitada, de cooperativa ou de sociedade comercial, relembrando-se, no entanto, que o termo "empresa" colhe igualmente para o empresário em nome individual.

- Na figura do *empresário em nome individual*, não há qualquer separação patrimonial, antes pelo contrário, o património pessoal (con)funde-se com o empresarial.
- Para obviar a tal (con)fusão patrimonial foi criado pelo DL nº 248/86, de 25.08, o instituto do *Estabelecimento Individual de Responsabilidade Limitada* (EIRL).

Pretendia-se com este regime limitar a responsabilidade pelas dívidas geradas com o exercício da atividade empresarial ao próprio património do EIRL (cfr. art. 10º e 11º do DL nº 248/86, de 25.08).

A figura sempre despertou muito pouco interesse, e agora com motivos mais que justificados, face à realidade das sociedades unipessoais por quotas.

- As *cooperativas* entendidas como "pessoas coletivas autónomas, de livre constituição, de capital e composição variáveis, que, através da cooperação e entreajuda dos seus membros, com obediência aos princípios cooperativos, visam, sem fins lucrativos, a satisfação das necessidades e aspirações económicas, sociais ou culturais daqueles" (art. 2º da L nº 51/96, de 07.09, que aprovou o Código Cooperativo) não obstante possuírem regras próprias de funcionamento, recorrem quando necessário (*i.e.*, quando o seu próprio regime jurídico não apresenta a solução jurídica para resolver determinado caso) às normas do Código das Sociedades Comerciais, pelo que não nos deteremos no seu regime específico.
- A constituição da *sociedade comercial* obedece necessariamente à tipologia do art. 1º, nº 2 do Código das Sociedades Comerciais (CSC), que ao adotar o *princípio da tipicidade*, obriga a que a escolha incida sobre um dos tipos propostos. Uma vez escolhido este, tem o empresário necessariamente que se conformar com o seu regime, não podendo enxertar na futura sociedade, *v.g.*, em nome coletivo, aspetos referentes apenas às sociedade por quotas, salvo o disposto nas normas legais supletivas, que permitem desde logo que as partes afastem a sua aplicação, escolhendo, naquela matéria, uma outra regulação jurídica.

Refere o artigo citado que: "São sociedades comerciais aquelas que tenham por objeto a prática de atos de comércio e adotem o tipo de sociedade em nome coletivo, de sociedade por quotas, de sociedade anónima, de sociedade em comandita simples ou de sociedade em comandita por ações".

Desde 1996 (mais propriamente com o DL nº 257/96, de 31.12) foi acolhida a possibilidade de as sociedades por quotas nascerem sob a forma de sociedades unipessoais (é a chamada *unipessoalidade originária*), a sociedade constitui-se desde início apenas com um só titular, detentor da totalidade do capital social. Por sua vez, na *unipessoalidade superveniente*, a sociedade queda-se por um único titular, fruto das vicissitudes empresariais.

Segundo o art. 270º-A, nº 1, do CSC, "A sociedade unipessoal por quotas é constituída por um sócio único, pessoa singular ou coletiva, que é o titular da totalidade do capital social."

2.1. O regime jurídico das sociedades comerciais quanto à responsabilidade pelas dívidas sociais

Analisemos em diagonal e de forma muito sumária, os diferentes tipos societários, quanto ao regime de responsabilidade dos sócios perante os credores sociais:

Quanto às *sociedades em nome coletivo*, refere o art. 175º, nº 1, 2ª parte, do CSC, que pelas obrigações sociais responde *diretamente* o património da sociedade comercial.

No entanto, na insuficiência ou inexistência de património social, responde também o sócio. Usando as palavras do legislador, "o sócio responde pelas obrigações sociais *subsidiariamente* em relação à sociedade".

O sócio além de responder subsidiariamente, responde ainda solidariamente com os outros sócios. I.e, o sócio com capacidade económica deverá satisfazer a parte do sócio que não a tem, podendo posteriormente recuperar essa perda, através do chamado *direito de regresso* (nº 3).

As *sociedades por quotas* caracterizam-se como sociedades de responsabilidade limitada, assim pelas dívidas sociais responde exclusivamente o património social (art. 197º, nº 3, do CSC), não impondo a lei, subsidiariamente ou não, igual responsabilidade para os sócios. Possuindo as sociedades personalidade jurídica após seu registo definitivo (art. 5º, do CSC), no caso particular das sociedades por quotas, o património social constitui o *limite de responsabilização* da sociedade perante os credores sociais.

Podem, no entanto, os sócios acordar em que um ou mais deles respondam também diretamente pelos credores sociais até determinado montante, uma responsabilidade que embora direta é limitada, portanto (art. 198º, nº 1, do CSC).

Também aqui o sócio que suporta exclusivamente essa perda, tem direito de regresso contra a sociedade pela totalidade do que houver pago (nº 3) e não contra os outros sócios, como vigora no tipo societário anterior, uma vez que, como já dito, não colhe aqui o regime de responsabilidade subsidiária dos sócios.

O regime das *sociedade anónimas* assemelha-se em quase tudo ao das sociedade por quotas, com uma importante exceção, não se admite, em caso algum, a responsabilidade direta de um ou mais sócios perante os credores sociais. Configurando as sociedades anónimas, segundo a clássica abordagem doutrinária, *sociedades de capitais*, sociedades em que o elemento capitalístico é o dominante, decorre daí que o seu regime de responsabilidade assenta exclusivamente no património social. Segundo este mesmo entendimento doutrinário, assim como as sociedade anónimas são o paradigma das sociedades de capitais, as sociedades em nome coletivo, seriam o paradigma das *sociedades de pessoas*. Configurando as sociedades por quotas, um regime híbrido, que recebe influências tanto das sociedades de capitais, como das sociedades de pessoas.

As *sociedades em comandita*, são subdivididas em sociedades em comandita simples e em sociedades em comandita por ações, às primeiras, aplicam-se as disposições respeitantes às sociedades em nome coletivo (art. 474º, do CSC); às segundas, aplica-se o regime das sociedades anónimas (art. 478º, do CSC).

3. O contrato de trabalho como contrato de adesão

Atenta a vertente socializante da relação jurídica em causa, o legislador cuida, aqui, de a enformar (em aspetos entendidos como mais penalizantes para o trabalhador) com alguns limites à autonomia da vontade do empregador.

Como sabemos, muitas (amiúdes) vezes o trabalhador limita-se a aderir a um contrato pré-formulado, não lhe cabendo qualquer poder negocial para o modelar a seu contento.

A disparidade entre as partes é aqui bem manifesta.

Os contratos, em que ao trabalhador cabe reduzida ou inexistente atividade reguladora e conformadora, são configurados como contratos *de adesão*, sendo--lhes a aplicáveis não só o regime jurídico laboral, como também o regime jurídico das cláusulas contratuais gerais.

São vários os AA. que entendem que a liberdade contratual (e por inerência a liberdade de modelação contratual) se quedam, nos nossos dias, apenas pela *liberdade de contratar ou não*. Apresentando para esse facto motivos tendencial e essencialmente económicos (nomeadamente o domínio das posições de supremacia ou monopólio no mercado dos fornecedores ou prestadores), o que limita o leque de potenciais alternativas negociais, em detrimento do contraente particular.

No entanto, sempre se diga que a liberdade de não contratar ("exercício negativo da liberdade de celebração", nas palavras de Sousa Ribeiro[16] apresenta um outro efeito, perverso para o contraente mais forte:

"Quando o consumidor valora como excessivamente elevado o preço que lhe é exigido ou como desmedidamente onerosas as condições contratuais tem – reconhece-se – escassas possibilidades de entrar em negociações e de obter uma modificação desses elementos favorável aos seus interesses. Mas isso não significa que ele fique, de imediato, exposto ao «poder económico» da contraparte. Ainda lhe sobra a possibilidade de se desviar para a oferta mais vantajosa de um concorrente; no caso de esta não existir, pode decidir-se pela aquisição de um sucedâneo aceitável e, em último termo, renunciar à satisfação da necessidade que o levava ao contrato. Estas decisões, se multiplicadas por um número significativo de sujeitos, conduzem a movimentações do mercado e a mudanças nas condições de oferta", explica o mesmo A[17].

Os contratos de adesão designados também por contratos-tipo ou pré-fixados, são correntemente definidos como contratos destinados a grupos de pessoas e não ao sujeito concreto, que se apresentam como formas contratuais em que o conteúdo da liberdade contratual, *i.e*, a paridade entre as partes, a liberdade de decisão e a possibilidade do exercício de escolha[18], se encontra limitado ou de algum modo cerceado[19].

---

[16] "O Problema do Contrato – As cláusulas contratuais gerais e o princípio da liberdade contratual", Almedina, 1999, p. 208.
[17] *Loc. cit.*
[18] A imodificabilidade do contrato apresenta-se para António Almeida *in* "Cláusulas Contratuais Gerais e o postulado da liberdade contratual", RPDC, nº 11, p. 40, pela imposição "de cláusulas absolutamente rígidas que não admitem qualquer modificação proposta pelo aderente".
[19] "Não quer dizer que estejamos perante esse tipo específico de contrato sempre que alguém se encontre em situação de impor determinadas condições à outra parte, dizendo-lhe «pegar ou largar», de tal modo que, se esta quiser contratar realmente, não terá outro remédio senão aderir a tais condições. O tipo

O art. 405º, do CC, desdobra o princípio da liberdade contratual, quer como a liberdade que é conferida às partes de celebrarem os contratos que entenderem necessários à salvaguarda dos seus interesses, "dentro dos limites da lei", quer como liberdade de modelação, conforme já referido.

Este poder de autorregulação do conteúdo contratual por ambos os intervenientes em posições de paridade ou aproximada, falha no contrato de adesão.

No contrato em que, segundo ANTUNES VARELA, "um dos contraentes – o cliente, o consumidor – como sucede, por exemplo, na generalidade dos contratos de seguro e de transporte por via aérea, férrea ou marítima ou dos contratos bancários, não tendo a menor participação na preparação e redação das respetivas cláusulas, se limita a aceitar o texto que o outro contraente oferece, em massa, ao público interessado"[20].

Exatamente porque nos contratos de adesão[21] uma das partes se encontrar em posição de grande vantagem, a tutela da chamada "parte negocial mais fraca" se apresenta tão pertinente.

Essa situação de senhorio económico advém da utilização abusiva da posição de monopólio, ou, em outros casos, prende-se com razões de eficiência empresarial.

Configurando o contrato de adesão, uma prévia modelação contratual realizada por uma das partes, apenas resta à contraparte a possibilidade (mais ou menos livre, mas nunca totalmente livre) de rejeitar ou aceder à proposta contratual no seu todo[22].

---

específico de contrato que temos em vista é aquele em que condições rigidamente estabelecidas se acham formuladas em abstrato, predispostas para toda uma série de contratos da mesma natureza. Há uma contratação uniforme, uma contratação em massa, uma contratação estandardizada", I. GALVÃO TELLES, "Das condições gerais dos contratos e da diretiva europeia sobre as cláusulas abusivas", Revista Portuguesa de Direito do Consumo, nº 2, p. 9.

[20] "Das obrigações em geral", vol. I, 6ª edição, Almedina, 1989, p. 258.

[21] Que segundo AA. estrangeiros, citados por ANTUNES VARELA, "Das obrigações em geral", Vol. I, Coimbra, Almedina, 1989, 6ª ed., p. 259, nota 1, apresentam como carateres distintivos, a superioridade económica de um dos contraentes, a unilateralidade das cláusulas e a invariabilidade do texto negocial.

[22] São contratos onde há "predomínio absoluto de uma só vontade que, agindo como vontade unilateral, dita a sua lei, já não a um indivíduo mas a uma comunidade indeterminada", Salleilles; citado por I. GALVÃO TELLES, op. cit., p. 9.

Segundo CARLOS FERREIRA DE ALMEIDA, in "Os Direitos dos Consumidores", Coimbra, Livraria Almedina, 1982, p. 95 e ss., "Os contratos de adesão pressupõem o poder económico desigual a favor de uma das partes, só assim se compreendendo que a outra (ou as outras partes) aceite condições idênticas, sem consideração dos seus interesses concretos. As condições gerais de contratação são portanto favoráveis a quem as impõe; são geralmente cláusulas abusivas (...). Os contratos de adesão são muitas vezes contratos de consumo, em que os fornecedores-consumidores impõem cláusulas abusivas aos consumidores (...).

"Os contratos são concluídos, em regra, após negociações prévias, com propostas e contrapropostas, de tal sorte que cada uma das partes fique a saber dos seus direitos (e obrigações) quando os mesmos se formalizem. Tal não acontece com os contratos de adesão, de que o contrato de seguro é um exemplo típico. Neste tipo de contratos, o cliente não tem a menor participação na preparação das respetivas cláusulas limitando-se a aceitar o texto que o outro contraente lhe oferece em massa, quando oferece, já que é vulgar o segurado assinar a proposta do contrato e só vir a tomar conhecimento (ou mesmo a não tomar conhecimento, no caso do seguro de vida) do seu conteúdo quando se verifica o risco cuja liberação se quis garantir", esclarece o Ac. do STJ, de 06.02.1996[23].

3.1. A limitação aos contratos de adesão imposta pelo regime jurídico das cláusulas contratuais gerais (RJCCG)

O regime jurídico mencionado foi aprovado pelo DL nº 446/85, de 25.10, alterado posteriormente pelo DL nº 220/95, de 31.08 e pelo DL nº 249/99, de 07.07.

Se, durante muito tempo, a autonomia da vontade pôde permitir a inclusão de cláusulas que penalizavam ou fragilizavam grandemente a posição contratual de uma das partes, essa autonomia de vontade, mais propriamente a do contraente mais forte, está hoje subordinada a alguns princípios substanciais e formais que heterorregulam essa disponibilidade das partes, ou melhor, de uma das partes.

ANTÓNIO DE ALMEIDA, refere e apela a uma ordem pública de proteção, que visa "remediar os abusos dos contratos de adesão, domínio onde se manifesta com maior acuidade o caráter de urgência na proteção dos sujeitos – partes contratuais – económica e socialmente mais débeis. Esta ordem pública de proteção visa os contratos de trabalho, de transportes, de seguros e mais recentemente toda a tipologia dos contratos de consumo"[24].

SOUSA RIBEIRO pergunta "(...) Se o aderente fica vinculado porque aceitou, como se justifica que possa não ficar vinculado a tudo quanto aceitou (...)?"[25]

Para explicar depois que a grande distinção entre os contratos, a que chamaríamos, à falta de melhor terminologia, *de paridade* e os contratos onde se inse-

---

Subjacente às questões jurídicas e ao seu regime está uma evidente e inevitável massificação das necessidades, causa e também efeito duma produção e distribuição em série (...). Em si mesma, a tipificação contratual não é lesiva dos interesses dos consumidores. Mas sendo um epifenómeno da oferta oligopolística, redunda facilmente em resultados abusivos".

[23] Coleção "Divulgação do Direito Comunitário", nº 26, p. 87.
[24] "Cláusulas...", p. 34, nota 58.
[25] *Op. cit.*, p. 266.

rem as cláusulas contratuais gerais (e daí a especial salvaguarda dos interesses de um dos contraentes) "é o próprio modo de contratar, o processo formativo do vínculo contratual: adesão a cláusulas previamente elaboradas para inclusão numa série de contratos. O regime legal confirma esta visão, pois se certas cláusulas são proibidas quando constituem ccg, mas inteiramente válidas quando contidas em contratos submetidos à disciplina geral, a conclusão a tirar é a de que não é ao conteúdo do acordo (ou unicamente ao conteúdo do acordo), em si, que a lei reage, mas ao modo da sua formação."[26]

Nos termos do art. 105º, do CT, o regime das ccg será aplicável quanto aos aspetos essenciais do contrato, sempre que o mesmo não tenha sido sujeito a prévia negociação individual, ou seja, a vontade do trabalhador manifesta-se somente na adesão (ou não) a um conteúdo negocial pré-existente.

Para resolver a limitação imposta ao âmbito de aplicação material das ccg, que exclui as situações jurídicas públicas, as situações familiares ou sucessórias e as regulamentações coletivas do trabalho, explicam ROMANO MARTINEZ e outros, "o instrumento de regulamentação coletiva para o qual se remete no contrato de trabalho, neste âmbito, vale como se fosse um formulário com cláusulas pré--estabelecidas. Esta tomada de posição determina a derrogação (parcial) do disposto na alínea *e*) do artigo 3º, da Lei das Cláusulas Contratuais Gerais."[27]

Pode ainda ocorrer que o trabalhador se encontre subordinado ao chamado regulamento interno da empresa, situação prevista no art. 104º, do CT, caso em que o contrato se encontra igualmente sujeito ao rjccg.

4. A codificação do Direito do Trabalho

O termo *codificação* assenta na regulação em corpo homogéneo de um conjunto de princípios e normas consensualmente aceites, completos e duradouros. A primeira codificação ocorreu em 2003 (efetuada pela L nº 99/2003, de 27.08), substituída, entretanto, pela codificação de 2009 (realizada pela L nº 7/2009, de 12.02).

A maior crítica à codificação advinha do entendimento segundo o qual, atenta a especificidade da relação laboral, ser particularmente difícil ou até impossível, acompanhar a constante mutação da realidade social, o que tornaria utópica a ideia da cristalização num corpo único.

[26] *Op. cit.*, p. 267.
[27] "Código do Trabalho Anotado", Almedina, 2003, p. 188.

A regulação jurídica laboral pretende-se ágil e flexível.

Em resposta a esta crítica, o legislador do Código de Trabalho de 2003, na exposição de motivos referia: *"A opção por um Código do Trabalho assentou na circunstância de, por um lado, o Direito do Trabalho, tendo em conta os estudos e a jurisprudência dos últimos quarenta anos, já ter alcançado uma estabilidade científica suficiente para se proceder a uma primeira codificação e, por outro, a mera consolidação de leis, ainda que sistematizadas, apontar para uma incipiente codificação"*[28].

Concorde-se ou não com a opção pela codificação, certo é que urgia compactar e expurgar normas incompatíveis, sistematizando a legislação laboral no contexto do esquecido *princípio da coerência normativa*.

Relembremos que os principais regimes jurídicos laborais em vigor até 2003 foram criados e manifestados em distintos tempos históricos, *v.g.*, Lei do Contrato de Trabalho (1969), Lei da Duração do Trabalho (1971), Lei Sindical (1975), Lei das Férias, Feriados e Faltas (1976), Lei da Cessação do Contrato de Trabalho (1989), o que necessariamente, se refletia na (boa) aplicação e interpretação da lei.

Após seis anos de vigência do Código do Trabalho de 2003, procede-se à sua revogação, invocando-se o art. 20º da Lei Preambular, que sugeria que no final de um período de 4 anos, o Código deveria ser revisto.

Na exposição de motivos constante da proposta de Lei nº 216/X, o legislador indica que: "Numa primeira iniciativa, alinhada com os compromissos assumidos no Programa do Governo e impulsionada pelo acordo tripartido alcançado em sede de concertação social, em 18 de julho de 2005, a Lei 9/2006, de 20 de março, corporizou uma iniciativa legislativa urgente, que introduziu alterações ao Código do Trabalho no sentido de facilitar a produção de instrumentos ao nível da contratação coletiva e de criar um modelo de arbitragem obrigatória que permitisse ultrapassar os bloqueios que dificultavam o diálogo social. Posteriormente, o Livro Verde sobre as Relações Laborais, apresentado e submetido a discussão pública em 20 de abril de 2006, apontava para a necessidade de modernizar o ordenamento jurídico laboral, enquanto instrumento orientado ao alcance dos desejáveis níveis de competitividade das empresas e de desenvolvimento da economia e à solução dos problemas com que se deparavam, em particular, alguns setores e, tendo em conta, por outro lado, as necessidades de ajustamento ou reação às recentes tendências de evolução do emprego, das condições de trabalho, das relações laborais e dos indicadores do desemprego.

---

[28] RDES, Ano XLIII, nºs 2, 3 e 4, p. 225.

O Livro Verde lançava um debate público generalizado, particularmente fértil no seio da Comissão Permanente de Concertação Social (CPCS). É neste contexto que a Resolução do Conselho de Ministros nº 160/2006, de 30 de novembro, criou a Comissão do Livro Branco das Relações Laborais (CLBRL), composta por um grupo de peritos com a missão de produzir um diagnóstico as necessidades de intervenção legislativa, tendo em conta o conjunto de conclusões vertidas no Livro Verde, designadamente em matéria de emprego, proteção social e relações de trabalho. O Livro Branco das Relações Laborais (LBRL), relatório final da Comissão que foi publicado em novembro de 2007 e que constituiu, também ele, alvo de debate em sede de Comissão Permanente de Concertação Social, identifica os principais problemas da realidade económica e social do país e enuncia as propostas de intervenção legislativa que considera adequadas. O significado das implicações económicas e sociais de uma reforma como esta não poderia, pois, prescindir do diálogo que a precedeu e que é capaz de legitimar o conjunto de soluções propostas, e que, necessariamente, deveria ocorrer ainda antes de se iniciar o debate parlamentar. Assim, em cumprimento do disposto no artigo 20º da Lei 99/2003, de 27 de agosto, no artigo 9º da Lei 35/2004, de 29 de julho, e de acordo com o que foi vertido no Programa do XVII Governo Constitucional, a presente proposta de Lei procede à revisão do Código do Trabalho e da respetiva regulamentação. Propõe-se, deste modo, no seguimento da proposta plasmada no Livro Branco das Relações de Trabalho, um quadro normativo mais eficaz, que unifica os dois principais instrumentos legislativos que disciplinam as relações de trabalho – o Código do Trabalho e o seu Regulamento –, tornando-os mais inteligíveis, mais acessíveis, sendo previsíveis os ganhos ao nível da divulgação efetiva do seu conteúdo normativo pelos destinatários e, assim, também no que respeita ao seu cumprimento. Está também subjacente a intenção de simplificar e desburocratizar aspetos das relações entre trabalhadores, empregadores e Administração e, bem assim, o propósito de, também por essa outra via, reforçar o cumprimento efetivo da legislação, *inclusive*, no que respeita ao cumprimento do regime sancionatório que lhe está associado. Aproveita-se, finalmente, para proceder a ajustamentos de caráter sistemático e melhorar aspetos de racionalização. Com as alterações propostas, fomenta-se a adaptabilidade das empresas e facilita-se a conciliação entre a vida profissional e a vida pessoal e familiar dos trabalhadores. Nessa medida, mantêm-se os limites da duração do tempo de trabalho – quer normal, quer suplementar – e aumentam-se os mecanismos de flexibilização por via negocial individual e coletiva. Entre os regimes inovadores contam-se a possibilidade de criação de "bancos de horas", de definição de horários que concentram a duração do trabalho durante alguns dias da semana, de adoção de medidas especificamente vocacionadas para alguns setores de atividade com acentuada incidência de sazonalidade, como o contrato de muito curta duração na agricultura, o regime especial de férias no turismo ou o contrato de trabalho intermitente sem termo".

No entanto, o espírito da codificação (do *documento único*) já se perdeu, face à inúmera legislação avulsa entretanto produzida e à inexistente regulamentação integral do Código do Trabalho.

O edifício jurídico-laboral constituído em 2009, para além de algumas intervenções cirúrgicas, sofreu a maior alteração aquando do Memorando de Entendimento sobre as condicionalidades de política económica de 17 de maio de 2011 (*Memorandum of Understanding – MoU*), consubstanciado na L nº 23/2012, de 25 de junho, atingindo, em particular, os despedimentos por extinção de posto de trabalho e os despedimentos por inadaptação, sujeita a escrutínio do TC, através do Ac. nº 602/2013, pub. no DR, I Série, de 24 de outubro. Dessa análise, de parcial inconstitucionalidade, surge a L nº 27/2014, de 8 de maio.

5. Algumas das características do contrato de trabalho

a) O consensualismo ou a liberdade da forma
O contrato de trabalho é um contrato consensual ou de liberdade formal[29] ("O contrato de trabalho não depende da observância de forma especial, salvo quando a lei determina o contrário," enuncia o art. 110º, do CT), ou seja, não está sujeito a uma determinada exteriorização da declaração negocial (*v.g.*, por escrito), salvo as exceções da lei, decorrentes nomeadamente da *precariedade do vínculo contratual* (v. art. 141º, do CT, no que concerne aos contratos a termo), da *vulnerabilidade do trabalhador* (art. 5º, do CT), relativo ao contrato celebrado com trabalhador estrangeiro e apátrida.

---

[29] "Da *forma* há que distinguir as *formalidades*: enquanto a *forma* dá sempre corpo a uma certa exteriorização da vontade – ela *é* essa própria exteriorização – a *formalidade* analisa-se em determinados desempenhos que, embora não revelando, em si, qualquer vontade, são, no entanto exigidos para o surgimento válido de certos negócios jurídicos", refere MENEZES CORDEIRO, em comentário ao princípio da forma da declaração, *in* "Tratado de Direito Civil Português", I, Parte Geral, Tomo I, 1999, Livraria Almedina, p. 317.

"A liberdade de forma, assim reconhecida, exprime uma opção, feita pelo legislador, entre as vantagens de celeridade e maleabilidade no estabelecimento das relações de trabalho e a conveniência (...) de se dispor de meios de prova concludentes sobre o conteúdo das estipulações", esclarece ANTÓNIO MONTEIRO FERNANDES[30].

Na eventualidade de a forma não ser observada, resulta claramente da lei que o contrato que não observe a forma prescrita, na ausência de uma qualquer outra sanção, é nulo (art. 219º, do CC).

Atente-se, no entanto, que os efeitos da invalidade do contrato de trabalho, constituem uma importante exceção ao regime civil. Refere expressamente o art. 122º, nº 1, do CT, "o contrato de trabalho declarado nulo ou anulado produz efeitos como válido em relação ao tempo em que seja executado", ou seja, a invalidade produz apenas efeitos para o futuro (*ex nunc*) não retroagindo até à data da declaração do vício formal ou da celebração do negócio inválido (cfr. art. 289º, do CC).

O regime geral do art. 219º CC sofre uma derrogação em certo tipo de contratos, em caso de violação formal, *v.g.*, nos contratos a termo, em que a falta de observância dos requisitos formais obriga à conversão do contrato a termo em contrato sem termo (art. 147º, nº 1, al. *c*), 1ª parte, do CT).

b) A onerosidade
Entende-se que os negócios onerosos pressupõem atribuições patrimoniais recíprocas e simultâneas. O negócio gratuito, pelo contrário, gera vantagens e sacrifícios apenas para uma das partes.

O contrato de trabalho é claramente um contrato oneroso, cada uma das partes recebe determinado benefício com a prestação do outro, pretendendo a retribuição traduzir uma equivalência entre as prestações de cada uma das partes (art. 11º, do CT).

Considera-se retribuição "a prestação a que, nos termos do contrato, das normas que o regem ou dos usos, o trabalhador tem contrapartida do seu trabalho" (art. 258º, nº 1, do CT).

c) A sinalagmaticidade atípica do contrato de trabalho
Dentro do âmbito contratual, é unânime a classificação do contrato laboral como um contrato sinalagmático, na medida em que, apresenta um *sinalagma* ou

---

[30] "Direito do Trabalho", op. cit., p. 175.

um *nexo causal* entre as obrigações inerentes a cada contraente, ficando, as partes ao mesmo tempo credoras e devedoras uma da outra.

Para o trabalhador a obrigação principal é a prestação de trabalho, para o empregador é a retribuição inerente a essa prestação, cada uma assenta na outra e não ocorre sem que a anterior se verifique, são portanto, correspetivas. Conforme refere MANUEL DE ANDRADE, "Cada uma delas *dá e recebe*, considerando aquilo que dá *retribuído* ou contrabalançado por aquilo que recebe"[31].

A sinalagmaticidade exposta da relação jurídica manifesta-se em certas formas de rutura negocial, *v.g.*, despedimento por parte do empregador com (justo) fundamento na violação dos deveres contratuais; resolução pelo mesmo motivo por parte do trabalhador.

Pese embora, no contrato de trabalho o cariz sinalagmático se atenue, *v.g.*, determinadas ausências ao trabalho, não implicam para o trabalhador qualquer sanção contratual, quando em rigor há incumprimento de um dos deveres mais sagrados da relação laboral, o de assiduidade (art. 128º, nº 1, al. *b*) e art. 255º, nº 1, do CT).

Corolário da sinalagmaticidade é o princípio da *exceção do não cumprimento dos contratos* ou *exceptio non adimpleti contratus*, consagrado no art. 428º, do CC, que atribui a "cada um dos contraentes a faculdade de recusar a sua prestação enquanto o outro não efetuar a que lhe cabe ou não oferecer o seu cumprimento simultâneo".

Ora, a violação dos deveres contratuais por qualquer uma das partes não legitima *tout court* o exercício do direito de resolução contratual.

A acrescer ao fundamento substantivo (o incumprimento configurado no despedimento ou na resolução), a lei exige ainda uma tramitação procedimental muito própria.

d) A natureza duradoura de execução continuada
O contrato de trabalho é um contrato duradouro de execução continuada, que tende para a perenidade.

Exemplificativamente, veja-se a consideração da retroatividade dos contratos de trabalho inválidos (art. 122º, do CT) e a não determinação da extinção do contrato por impossibilidade temporária de receber ou prestar trabalho (cfr. art. 295º, nº 1, do CT).

---

[31] "Teoria Geral...", vol. II, p. 54.

Sendo essa a sua vocação principal, a duração temporal da relação laboral (configurando então a *antiguidade* do trabalhador), influi decisivamente na relação creditória.

O caso mais representativo do fenómeno é apresentado na fórmula de cálculo da indemnização devida ao trabalhador, nomeadamente, por força da ilicitude do despedimento, nos termos do art. 391º, do CT.

A antiguidade é um "instrumento juslaboral destinado a definir o círculo normativo e funcional do trabalhador, com reflexos compreensíveis na prestação de trabalho" (*"a antiguidade é a qualidade correspondente à duração da situação jurídica laboral"* do trabalhador), MENEZES CORDEIRO[32].

Por outro lado é a "expressão da continuidade prática (não jurídica) da integração do trabalhador ao serviço da entidade patronal", MONTEIRO FERNANDES[33].

Esta começa com a integração do trabalhador no processo produtivo da empresa, como ilustra este último, com o início "do processo de identificação do trabalhador com os processos e os escopos do funcionamento da organização".

Veja-se a consagração da ideia nos arts. 112º, nº 6 (o período experimental conta para efeitos de antiguidade) e 147º, nº 3 (havendo conversão do contrato a termo em contrato sem termo, a antiguidade conta-se *desde o início da prestação de trabalho a termo*, execepto em situação a que se refere a alínea *d*) do nº 1, do art. 147º), ambos do CT.

A antiguidade é um instituto mais amplo que o tempo de serviço efetivo (o tempo durante o qual o trabalhador esteve, na realidade, em funções) vide, *v.g.*, o art. 245º, nº 2, do CT, na medida em que adiciona à antiguidade um período de férias não gozado.

Assim, são de incluir na antiguidade os períodos de:

- *férias* (art. 245º, nº 2, do CT);
- *suspensão por impedimento prolongado* (art. 295º, nº 2, do CT);
- *faltas justificadas* (art. 255º, nº 1, do CT);
- *suspensão das relações emergentes do contrato de trabalho motivada pela greve* (art. 536º, nº 3, do CT).

Por outro lado, o período de ausência, em virtude de *faltas injustificadas*, deverá ser descontado na antiguidade do trabalhador (art. 256º, nº 1, do CT).

---

[32] "Manual...", p. 675.
[33] "Manual...", 12ª ed, p. 219.

O conceito de antiguidade é polissémico, pois encarna várias conceções, consideremos:

- a *antiguidade na empresa*, que reflete o período no qual o trabalhador encabeçou a respetiva posição no contrato de trabalho;
- a *antiguidade no posto de trabalho*, que se refere ao lapso de tempo durante o qual o trabalhador ocupou um determinado lugar na empresa;
- a *antiguidade na categoria profissional*, correspondente ao período pelo qual o trabalhador desempenhou determinadas funções-tipo (categoria-função) ou pelo qual foi colocado num determinado *contexto normativo* (categoria estatuto).

A antiguidade na categoria profissional está *envolvida* com certas realidades jurídicas que alimentam a posição e estatuto normativos do trabalhador, nomeadamente:

- a *diuturnidade* que consiste no período de permanência na mesma categoria e um acréscimo de retribuição correspondente a essa categoria ("prestação retributiva complementar", chama-lhe MENEZES CORDEIRO[34]), o art. 262º, nº 2, al. *b*), do CT, define diuturnidade como a "prestação de natureza retributiva a que o trabalhador tenha direito com fundamento na antiguidade";
- a *promoção automática*, que significa a subida de categoria assente no decurso do tempo. Para efeitos de promoção automática não se atende ao tempo de serviço efetivamente prestado, outrossim ao de *permanência* na categoria de origem.

e) Intuitu personae

A obrigação de *facere* é intransmissível, o trabalhador não se pode fazer substituir por outrem. E o art. 11º, do CT, expressa agora, perentoriamente, que o trabalhador é uma pessoa singular.

A *pessoalidade*, característica do contrato de trabalho, prende-se, certamente, com a tutela da confiança *inter partes* para a realização do escopo contratual.

Essa natureza *fiduciária* é manifesta, por exemplo:

- no contexto do período experimental, que visa, fundamentalmente, facultar a possibilidade de testar a aptidão profissional do trabalhador (art. 111º, do CT);

---

[34] "Manual...", p. 724.

– na exigência de carteira profissional para o exercício de determinadas profissões[35].

f) Caráter nominado
Decorre juridicamente da autonomia da vontade (entendida por MENEZES CORDEIRO[36], como um "*espaço de liberdade jurígena atribuído, pelo Direito, às pessoas, podendo definir-se como uma permissão genérica de produção de efeitos jurídicos*"[37]), quer a *liberdade contratual*, quer a *liberdade de estipulação* ou *modelação contratual*.

Da primeira advém a faculdade legalmente concedida de contratar ou não contratar.

A segunda como espaço supremo de liberdade, permite às partes, dentro dos limites da lei, "fixar, de acordo com a sua vontade, o conteúdo dos contratos que realizarem, celebrar contratos diferentes dos prescritos do Código ou incluir nestes as cláusulas que lhes aprouver", ANTUNES VARELA[38].

Acerca da "relação de tensão" que liga indissoluvelmente a autonomia privada e o princípio da liberdade contratual, afirma J. SOUSA RIBEIRO, "A universalidade do princípio da autonomia exige então que todos os sujeitos afetados pelos efeitos vinculativos do ato sejam chamados a manifestar a sua vontade, dando, assim, corpo a uma estrutura bilateral de declarações que, justamente, caracteriza o contrato como negócio jurídico (...)"[39].

---

[35] A este propósito veja-se alguma da muita jurisprudência relevante:
"*I – O contrato de trabalho é uma relação jurídica de natureza estritamente pessoal, que se extingue por morte do trabalhador, não podendo ser objeto de sucessão.*
II – Os direitos a certa categoria profissional e a determinado nível de vencimento não podem, por sua natureza, transmitir-se por sucessão, extinguindo-se com a morte do respetivo titular".
Ac. RP de 03.02.1997 in BMJ, 464, p. 614.
"*I – O contrato de trabalho é um negócio «intuito personna», que se extingue com o óbito do trabalhador.*
II – Mas, a relação jurídica de trabalho, nascida do contrato, não se esgota com esse aspeto pessoal, pelo que os direitos de caráter pessoal nascidos do contrato de trabalho se mantêm.
III – Assim, os sucessores do trabalhador, entretanto falecido, podem reclamar as diferenças salariais devidas ao trabalhador".
Ac. STJ, de 26.11.1997 in CJ, Ano V, Tomo III, p. 286.
[36] "Tratado...", p. 169.
[37] Ou, nas palavras de J. SOUSA RIBEIRO in "O Problema do Contrato...", p. 21, como um "processo de ordenação que faculta a livre constituição e modelação de relações jurídicas pelos sujeitos que nelas participam".
[38] *Op. cit.*, p. 237.
[39] *Ob. cit.*, p. 55.

Explica Mota Pinto, *"a ninguém podem ser impostos contratos contra a sua vontade ou aplicadas sanções por força de uma recusa de contratar nem a ninguém pode ser imposta a abstenção de contratar."*[40]

Tal proibição à limitação da liberdade de fixação do conteúdo contratual leva à existência dos seguintes tipos contratuais:

- *típicos ou nominados* (regulados no Código Civil ou em outro texto legal, contratos que possuem um *nomem iuris*, como contrato de compra e venda, doação, locação, sociedade), inserindo-lhe as partes as cláusulas que lhes aprouverem;
- *atípicos ou inominados*, criados e regulados pelas partes de acordo com as suas necessidades;
- *mistos*, assim considerados os que reúnem elementos de dois ou mais contratos regulados na lei (*v.g.*, A. arrenda um prédio urbano, obrigando-se o arrendatário à prestação de determinados serviços ao arrendatário).

Esclarece Antunes Varela, "a liberdade contratual é um corolário da *autonomia privada*, concebida como o poder que os particulares têm de fixar, por si próprios (*auto...*), a disciplina (*nomos*) juridicamente vinculativa dos seus interesses. A autonomia privada, que não se confunde com o dogma da vontade, é mais ampla do que a *liberdade contratual*, que se limita ao poder de autorregulamentação dos interesses concretos e contrapostos das partes, mediante *acordos vinculativos*."[41]

O contrato de trabalho é pois um contrato típico e nominado.

---

[40] *Op. cit.*, p. 95.
[41] *Op. cit.*, p. 238.
"I – Para se qualificar um contrato – para saber qual a regra aplicável – há que previamente o interpretar, sabendo-se que o negócio jurídico é o instrumento principal da realização da autonomia privada.
II – O princípio da autonomia privada é tutelado constitucionalmente e liga-se ao valor de autodeterminação da pessoa, à sua liberdade, como direito de conformar o mundo e conformar-se a si próprio, estando internamente ligado à ideia de autorresponsabilidade, devendo combinar-se com outros, como, por exemplo, o princípio da proteção das expectativas de confiança do destinatário e o princípio da proteção de segurança no tráfego jurídico.
III – Contratos típicos serão aqueles para os quais existe uma disciplina legal e atípicos aqueles onde tal disciplina não existe.
IV – No contrato em apreço foi cedida determinada sala, por períodos múltiplos de um dia mediante contrapartida monetária, tendo-se o dono da sala obrigado perante a locatária a proporcionar-lhe uma multiplicidade de serviços, como, por exemplo, de rececionista, fornecimento de eletricidade gratuita, limpeza das partes comuns, sala de espera e casa de banho.
V – Em tal contrato, a sua causa, a função económica-social que visa preencher, afasta-se das causas que tipificam os contratos de arrendamento e de prestação de serviços.

g) Natureza não real
Os negócios reais são aqueles cuja eficácia depende não só das declarações das partes, mas também da prática anterior ou simultânea de um certo ato material.

O contrato de trabalho é um contrato não real, pois como é sabido a situação laboral ganha corpo com o simples consenso, não se exigindo qualquer ato material de tradição, criação, modificação ou extinção[42].

h) Puro ou simples
O contrato de trabalho não se combina com outros contratos típicos, na medida em que contém um conjunto de prestações (prestação de trabalho e retribuição), perfeitamente articuladas num conteúdo contratual típico, numa palavra, o contrato de trabalho *reúne elementos do mesmo contrato*.

Em oposição aos contratos simples ou puros surgem os contratos mistos, diz-se misto o contrato no *"qual se reúnem elementos de dois ou mais negócios, total ou parcialmente regulados na lei"*, ANTUNES VARELA[43].

A problemática em torno da qualificação jurídica e da fixação do regime aplicável a estes contratos de plúrimas prestações prende-se em saber se neles existem dois ou mais contratos ou se, pelo contrário, há apenas um contrato *atípico*, embora de diversas prestações.

Se o contrato de trabalho em si é um contrato simples, não será difícil imaginá-lo em articulação com outras figuras contratuais.

Vejamos a seguinte hipótese, A. contrata B. como gerente de um dos seus hotéis, acordando ambos, que B. ficaria instalado numa das respetivas *suites* à sua escolha, mediante o pagamento de um preço especial, assim como lhe seria concedido o direito a usar, a título pessoal, os veículos destinados ao serviço do hotel.

Neste caso, parecem existir elementos de um contrato de trabalho, de um contrato de prestação de serviços e de um contrato de comodato, resta saber se estamos perante uma pluralidade de contratos autónomos ou perante um único

---

VI – *Tal contrato, em consequência, tem de ser qualificado como um contrato fusão, um todo orgânico, unitário e complexo, caracterizando-se por ser um contrato socialmente típico, mas legalmente atípico."*
Ac. STJ, de 09.07.98, BMJ, 479, p. 580.
V. em desenvolvimento MENEZES CORDEIRO, "Tratado...", p. 264 e 265 e ANTUNES VARELA, "Das Obrigações...", p. 270.

[42] Cfr. MOTA PINTO, *op. cit.*, p. 398; PIRES DE LIMA/ANTUNES VARELA, "Noções fundamentais de Direito Civil", Coimbra, 1986, p. 374; ANTUNES VARELA, "Das Obrigações...", p. 293; e MENEZES CORDEIRO, "Tratado...", p. 259 e "Manual...", p. 519.

[43] *Op. cit.*, p. 274.

contrato de natureza mista, neste seguimento diremos que para que haja um só contrato, as prestações a cargo das partes têm que estar integradas num processo *unitário e autónomo de composição de interesses*.

Antunes Varela indica ainda como critérios *auxiliares* de resolução do problema, a unidade ou pluralidade da contraprestação (se às diversas prestações a cargo de uma das partes corresponder uma única contraprestação, é de presumir que as partes quiseram celebrar um só contrato) e, a unidade ou pluralidade do *esquema económico subjacente à contraprestação* (estaremos perante uma pluralidade de contratos quando na base das prestações das partes não haja um *esquema ou acerto económico unitário* que estimule a sua negociação em conjunto).

Na hipótese apresentada entendemos haver um só contrato, embora de natureza mista, porquanto os seus diversos elementos agregam-se num núcleo estruturante orientado pela *filosofia* jurídico-normativa do regime do contrato de trabalho (os elementos do contrato de prestação de serviços e de comodato são absorvidos no contrato de trabalho, falamos obviamente da *teoria da absorção*). Até porque será de considerar que os benefícios patrimoniais (a estada no hotel mediante um preço especial, como ajudas de custo e o uso do veículo) concedidos ao trabalhador, se incluem no conceito de retribuição[44].

6. Elementos do contrato de trabalho

Além da atividade laboral e da retribuição, a caracterização do contrato de trabalho é, ainda, integrada pela pertença a uma organização e pela *auctoritas* a que se sujeita o trabalhador (entendida esta como elemento de primordial importância).

A nossa doutrina tem vindo a considerar três planos de análise da subordinação, o jurídico; o económico e, por fim, o técnico.

A subordinação jurídica em especial
A subordinação jurídica consiste numa "relação de dependência necessária da conduta pessoal do trabalhador na execução do contrato face às ordens, regras e orientações ditadas pelo empregador, dentro dos limites do mesmo contrato e das normas que o regem", explica Monteiro Fernandes[45]. O trabalhador

---

[44] No mesmo sentido, *v.* nosso "Código do Trabalho Anotado e Comentado", Almedina, 3ª edição, 2012, em nota ao art. 11º.
[45] "Direito...", 12ª ed., p. 133.

mesmo em *desempenho de autogestão*, tem sobre si *a autoridade* do empregador (art. 11º, do CT).

O enquadramento de determinada relação jurídica como relação laboral, obriga a que *in casu* se preencham as características contratuais acima enunciadas, que têm de ser aferidas de acordo com o que é efetivamente prestado, sendo irrelevante a qualificação atribuída pelas partes.

O legislador, sensível à fraude ao contrato de trabalho, estabelece agora uma presunção contratual, a aferir nos termos do artigo 12º, do CT[46], pensado para as relações laborais encapotadas, com recurso, *v.g.*, ao virtual *recibo verde*.

E para agilizar o reconhecimento do direito ao trabalho, a Lei nº 63/2013, de 27 de agosto, institui mecanismos de combate à utilização indevida do contrato de prestação de serviços em relações de trabalho subordinado. Assim, reforça-se a fiscalização à fraude contratual e acolhe-se a ação de reconhecimento da existência de contrato de trabalho (art. 26º, nº 1, al. *i*), do CPT).

Mas, mesmo desconsiderando este caso limite, nem sempre é linear e simples o enquadramento jus-laboral, identificando-se os efeitos contratuais com o efetivamente pretendido pelas partes, com correspondência ao *nomem* (por muito irrelevante que o *batismo* do contrato seja para a sua configuração), outras há em que o enquadramento é difícil, a relação apresenta-se híbrida, *flutuando* entre a relação laboral e a mera relação de prestação de serviços O trabalhador/prestador não negociou especificamente qualquer um dos tipos contratuais, às vezes, por ausência de força jurídica para fazê-lo (nos casos mais exemplares de contrato de adesão), ocasionando que uma mesma prestação laboral possa ser realizada a título de prestação de serviços ou no contexto do contrato de trabalho[47]. A este propósito se fala em *crise do contrato de trabalho*, que se manifesta para PALMA RAMALHO[48], tanto nos casos em que as partes procedem a uma manipulação ilícita da qualificação do contrato para se subtraírem ao regime laboral protectivo (é o caso dos falsos independentes, em que o conteúdo do vínculo negocial é idêntico ao de um vínculo laboral, mas as partes declaram celebrar um contrato de prestação de serviço para dispensar o empregador das obrigações de contribuição para o sistema de segurança social e das restrições das normas laborais para o despedimento), como nos casos em que as partes

---

[46] V. "Presunção de laboralidade: nótula sobre o art. 12º do novo Código do Trabalho e o seu âmbito temporal de aplicação", João Leal Amado, PDT, nº 82, Coimbra Editora, p. 159.
[47] Cfr. o Ac. de 20.04.98, CJ, Ano XXIII, Tomo II, p. 263.
[48] "Da autonomia dogmática do Direito do Trabalho", Almedina, 2001, p. 556, nota 295.

optam pela celebração de um contrato de prestação de serviço para desenvolverem em termos autónomos uma atividade que tradicionalmente era desempenhada de forma subordinada – esta opção, permitida pelo sistema jurídico e correspondente à vontade real das partes é, evidentemente, lícita, mas não deixa de demonstrar a revitalização da figura da prestação de serviço.

A subordinação jurídica, numa perspetiva funcional, surge como instrumento privilegiado de determinação dos termos em que a prestação de trabalho se irá realizar, pois como é sabido, no contrato não é possível *esculpir os moldes* precisos em que se vai desenvolver a relação laboral. Tal tarefa fica a cargo da entidade patronal que, no "exercício do seu poder complementar de escolha, desenha o programa de cumprimento do trabalhador, a realizar de acordo com os fins que ela tiver por convenientes e que são caracteristicamente os da *organização* ao serviço dos quais está o contrato"[49].

Ao contrário do que se poderia entender, este estado de dependência não carece de concretização efetiva pois trata-se de uma realidade potencial, "a subordinação jurídica existirá, pois, sempre que ocorra a mera possibilidade de ordens e direção, bem como quando a entidade patronal possa de algum modo orientar a atividade laboral em si mesma, ainda que só no tocante ao lugar ou ao momento da sua prestação"[50] pelo que será de concordar com a ideia de que a posição do trabalhador se configura, antes de mais, como um "estar à disposição" submetendo-se a desempenhar as atividades ordenadas pela entidade patronal, dentro de determinados limites.

Será de considerar que os poderes que caracterizam a subordinação jurídica podem ser exercidos diretamente pelo empregador, como também pelos superiores hierárquicos do trabalhador, como aliás decorre do art. 128º, nº 2, do CT[51].

Como vimos a subordinação jurídica prende-se com a ideia de que ao trabalhador é imposto um conjunto de *parâmetros impositivos* dos termos em que a prestação de trabalho se irá e deverá realizar, todavia a subordinação jurídica não se perfilha inflexível, pelo contrário, goza de uma intensidade de natureza *gradativa*, em função das aptidões e qualificações do trabalhador e da *tecnicidade* inerente às próprias tarefas. Assim facilmente se compreenderá que, nalguns

---

[49] BERNARDO XAVIER, "Curso de Direito do Trabalho", 2ª ed., Verbo, Lisboa, 1996, p. 288.
[50] Acordão STJ de 11.01.95, *in* BMJ 445, p. 183.
[51] Cfr. MONTEIRO FERNANDES, "Direito do Trabalho", vol. I, Coimbra, 1999, 12ª ed., p. 133; BERNARDO XAVIER, *op. cit.*, p. 289 e JORGE LEITE *in* "Direito do Trabalho", vol. I, Coimbra, 1999, ps. 225 e 226.

casos, o trabalhador goze de alguma autonomia e iniciativa na execução do contrato, *maxime* no exercício de atividades de natureza intelectual em que, por vezes, podemos falar de uma "salvaguarda absoluta da autonomia técnica do trabalhador" (*v.g.* engenheiros, médicos, enfermeiros, químicos, etc).

A subordinação jurídica é portanto um conceito padrão apurável pela verificação de um conjunto de características, daí que a sua determinação se efetue através daquilo a que a doutrina italiana chama de *caça ao indício*, em que o objetivo é apurar o possível paralelismo entre duas realidades conectáveis, quais sejam a situação concreta e o conceito padrão de subordinação. Os elementos deste conceito padrão, que ganham expressão prática na específica concretude (em conjunto com outros tantos indícios de subordinação), "definirão uma zona mais ou menos ampla de correspondência e, portanto, uma maior ou menor *proximidade* entre o conceito-tipo (conceito padrão) e a situação confrontada".

7. A presunção da laboralidade

A presunção da laboralidade (como medida de combate aos falsos recibos verdes), não exige a presunção cumulativa dos pressupostos do art. 12.º, do CT. Basta que alguns deles se encontrem preenchidos no quadro de uma moldura contratual, de natureza laboral, cabendo ao empregador afastar a presunção legal (de natureza ilídivel). Poderia bem o legislador ter indicado expressamente que dois em cinco bastariam, contudo, preferiu a vacuidade de "alguns". A jurisprudência aponta para a verificação de dois elementos.

A norma pretende fornecer elementos de qualificação do contrato de trabalho, os quais, são apurados numa aplicação casuística, através de um juízo de ponderação dos aspetos apresentados no n.º 2.

Sobre o trabalhador impende o ónus de provar a vontade das partes na génese da relação, não relevando, a nosso ver, por vezes, a natureza aparitária da relação estabelecida e o diminuto ou nulo poder negocial que cabe ao trabalhador, visto mais como um aderente negocial do que um contraente. E nem sempre se valorizando a dependência financeira deste, assente no único (ou em complemento relevante) rendimento de sobrevivência. A lei é, ainda, omissa quanto ao tempo indiciário da laboralidade. A antiguidade no aparente contrato de prestação de serviços não revela para efeito da sua configuração como de trabalho.

Não se encontrando preenchidos os elementos legais de qualificação, nada impede que esta ocorra mediante outros aspectos indiciários como "A observância de regimes fiscais e de segurança social; o pagamento dos subsídios de férias e de natal, a falta de assalariados por conta do trabalhador e a exclusividade da sua actividade laborativa, a sindicalização do trabalhador"[52].

Os nºs 2 a 4 consideram a prática de falso trabalho autónomo, como contraordenação muito grave.[53]

---

[52] Paula Quintas e Helder Quintas, "Código do Trabalho...", 3ª ed., Almedina, 2012, *op. cit.*, p. 99.
[53] "*I – É condição necessária e suficiente para operar a presunção da laboralidade prevista no artigo 12º do CT de 2009 a verificação de duas das características afirmadas na respectiva norma.*
II – Esta verificação tem, apesar de tudo, de ser enquadrada num ambiente contratual genético e de execução que permita dúvidas consistentes sobre a qualificação do acordo, sem que se possa concluir desde logo por uma forte aproximação à figura do contrato de trabalho.
III – A referida presunção é ilidível.
IV – Verificando-se a primeira característica enunciada na lei - ser a actividade realizada em local determinado pelo beneficiário -, o facto de o equipamento de trabalho "piscina" ser disponibilizado ao professor de natação não acarreta se considere a segunda característica, pertença dos equipamentos ao beneficiário da actividade -, na medida em que aquele equipamento se confunde com o local de trabalho e não pode servir para integrar simultaneamente duas características.
V – Nesta situação, deve considerar-se consumida a referida circunstância na primeira característica, não se considerando verificada a segunda".
Ac. RC, de 13.02.2015 *in* CJ, Ano XL, T. I, p. 62.

CAPÍTULO III
A CONTRATAÇÃO JURÍDICO-LABORAL INDIVIDUAL

1. O contrato de duração indeterminada

O contrato forma-se para perdurar, assim o entendeu supletivamente o legislador, desta forma a extinção do vínculo contratual só ocorrerá nos termos caucionados pelo art. 340º, do CT.

2. A precariedade laboral ou os contratos com pouca esperança de vida

Explica PALMA RAMALHO, "A primeira grande área de incidência do processo de flexibilização do direito do trabalho atual é a dos denominados «contratos de trabalho atípicos»: a maioria dos sistemas jurídicos europeus (embora com diferenças temporais e substanciais relevantes entre eles) tem vindo, nos últimos anos, a facilitar a celebração de contratos de trabalho a termo e a tempo parcial, bem como a admitir ou a contemporarizar com o contrato de trabalho temporário, o *job sharing* e o trabalho intermitente ou sob chamada (*Arbeit auf Abruf*)"[54].

O Código do Trabalho de 2009 contemporizou-se com o conceito de trabalho intermitente (arts. 157º a 160º). O pressuposto legal de admissibilidade, quanto ao empregador, reporta-se ao exercício de "atividade com descontinuidade ou intensidade variável" (nº 1) e a impossibilidade do "exercício do contrato de trabalho a termo resolutivo ou em regime de trabalho temporário" (nº 2).

E acolheu nos casos de contrato de trabalho de muito curta duração relativos a atividade sazonal agrícola ou para realização de evento turístico de duração não superior a 15 dias a dispensa de sujeição a forma escrita, devendo o empregador apenas comunicar, de forma simplificada, a celebração do contrato ao serviço competente da segurança social (art. 142º, nº 1, do CT).

2.1. Os contratos de trabalho a termo (uma das modalidades de trabalho precário)

a) Definição de contrato a termo
Os contratos que contêm já uma pré-determinação da sua duração, dizem-se a termo. A atual lei admite quer o termo resolutivo legal (a cessação do contrato

---

[54] "Da autonomia dogmática...", p. 591.

depende de estipulação legal), quer o convencional (dependente da vontade das partes).

Se houver aposição de termo resolutivo, a eficácia do contrato cessa com a ocorrência do mesmo. Nestes casos, a cessação dos efeitos contratuais encontra-se na dependência dum acontecimento futuro mas certo.

O termo divide-se em certo e em incerto.

Nos contratos a *termo certo*, a cessação do contrato encontra-se dependente da verificação de um determinado momento, rigorosamente fixado no tempo (*certus an certus quando*).

Nos contratos *a termo incerto*, a cessação do contrato encontra-se dependente, por sua vez, de um determinado acontecimento cuja data de verificação é incerta, *v.g.*, o contrato vigora para o contratado a termo até à recuperação do trabalhador em convalescença que se encontra a substituir (*certus an incertus quando*).

A diferença entre termo certo e termo incerto não tem a ver com a verificação do facto (necessariamente certa), mas com o *momento da sua verificação*.

b) Admissibilidade, motivação e justificação

A nível de sistematização, a principal novidade consiste na concentração em norma única do regime de admissibilidade dos contratos a termo certo e incerto.

O art. 140º, do CT, apresenta a razão-de-ser deste tipo de contratos de trabalho. A exemplo do CT anterior, também o nº 2, é meramente exemplificativo. Não obstante, a situação concreta deve enquadrar-se sempre na *cláusula geral de admissibilidade*, prevista no nº 1, do preceito.

O legislador cuidou essencialmente da génese do contrato a termo e não propriamente das suas manifestações.

Assim, o contrato a termo exige motivação[55], mas não uma motivação aleatória, pois há que demonstrar o caráter temporário da necessidade e a "relação entre a justificação invocada e o termo estipulado" (arts. 140º, nº 5 e 141º, nº 1, al. *e*) e nº 3 do CT), sob pena de invalidade do termo (sendo *ad substantium* como é, art. 147º, nº 1, al. *b*), do CT).

---

[55] *"I – A vontade das partes, só por si, não conduz à válida formulação de um contrato de trabalho a termo certo. Há exigências formais, sujeição à forma escrita, e o obrigatório acatamento de algumas indicações, entre elas se contando, a do prazo estipulado, e a indicação do motivo justificativo.*
II – Não ficando a constar do escrito as razões justificativas da contratação, é de considerar sem termo o contrato celebrado. (...)".
Ac. STJ, de 18.06.1997 *in* ADSTA, Ano XXXVII, nº 433, p. 118.

A formalidade diz-se *ad substantiam* "quando ela própria é um requisito de validade do ato jurídico"[56]. A inobservância desta formalidade determina a nulidade (art. 220º, do CC).

A formalidade *ad probationem* prende-se com a exigência de determinada forma para prova de certo ato[57]. Nestes casos, resulta da lei que a forma prescrita apenas é exigida para a prova da declaração, podendo ser substituída por confissão expressa, judicial ou extrajudicial (esta última, desde que conste de documento de igual ou maior valor probatório).

Ainda, segundo o art. 141º, nº 3, do CT é exigível a menção concreta dos factos e circunstâncias que motivaram o contrato, cabendo ao empregador a prova da sua veracidade e adequabilidade (art. 140º, nº 5, do CT)[58], para a atendibilidade

---

[56] ANA PRATA, "Dicionário Jurídico", Coimbra, Almedina, 1995, 3ª ed., p. 52.
[57] A exigência de documento escrito apenas foi dispensada nos chamados "Contratos de trabalho de muita curta duração", previstos no art. 142º, do CT.
[58] "*I – Não basta para validade do termo estipulado no contrato de trabalho a termo certo, que se indique o motivo justificativo do termo pela concretização dos trabalhos e funções para que o trabalhador seja contratado, é necessário que tais motivos sejam verdadeiros.*
II – Cabe à entidade empregadora a prova da sua veracidade, como facto impeditivo do direito alegado pelo trabalhador.
III – É válida a cláusula constante do contrato, segundo o qual a caducidade operaria automaticamente com a verificação do termo do contrato".
Ac. RL, de 05 de maio de 1999 *in* CJ, Ano XXIV, Tomo III, 1999, p. 158.
"*I – (...) No regime do Decreto-Lei nº 64-A/89, não há dúvidas ter-se encaminhado em sentido inverso ao da amplitude da admissibilidade do contrato temporário, pretendendo-se antes deixar bem clara a natureza sempre excecional do contrato de trabalho a termo. Agora a contratação sem prazo passou a ser a regra.*
II – Significa isto que, em termos de ónus da prova dos factos integradores de qualquer dos casos tipificados na lei, em que excecionalmente esta admite a contratação a termo, em ação de impugnação de despedimento, é ao empregador que cabe alegar e provar tudo o que diga respeito a determinada motivação constante do contrato escrito, por força do princípio estabelecido no art. 342º-2 do Código Civil".
Ac. de 18.11.1997 *in* BMJ, nº 471/1997), p. 480.
"(...) *II – Não sendo indicado de forma explícita e precisa tal motivo justificativo, no respetivo contrato de trabalho, a declaração rescisória do mesmo corresponde a um despedimento ilícito, por inexistência de prévio processo disciplinar, visto a estipulação do termo ser considerada nula, por falta de indicação da factualidade concreta e real da necessidade de tal contratação e tal exigência constituir uma formalidade «ad substantiam»"*
Ac. de 23.03.1998 *in* CJ, Ano XXIII, Tomo II, 1998, p. 259.
"*A justificação, formal e material, da contratação a termo não se basta com a prova das tarefas que o trabalhador irá prestar e/ou prestou, sendo também necessário a indicação, no contrato a termo, e a subsequente prova, dos factos que permitam perceber e concluir que essas tarefas, à data da contratação, têm natureza execional e que correspondem a uma atividade que é previsivelmente temporária.*
II – O que releva para a licitude da aposição do termo ao contrato é a verificação do motivo justificativo aquando da celebração do contrato, mostrando-se irrelevante a diminuição da atividade que se verificou posteriormente".
Ac. da RP, de 14.05.12 *in* www.dgsi.pt (Proc. nº 1254/10.0TTPRT.P1)

da motivação[59], não o sendo, o contrato a termo converter-se-á em contrato sem termo[60].

Manteve-se a *norma auto-suficiente* de motivação contratual, prevista no art. 140º, nº 4, do CT: "Além das situações previstas no nº 1", ou seja, para além da necessidade temporária empresarial, as situações taxativamente previstas no nº 4, admitem sempre a contratação a termo certo. "Na al. *a*) é a natureza nova da atividade cuja duração é incerta (1ª parte) ou o início de laboração de empresa ou de estabelecimento pertencente a empresa com menos de 750 trabalhadores (constituindo a dimensão da empresa uma novidade do preceito), com o *inerente risco de (in)sucesso da atividade* (2ª parte), que está em causa.

No caso da al. *b*) é a *mera qualidade do trabalhador* (à procura de primeiro emprego, em situação de desemprego de longa duração ou noutra prevista em legislação especial de política de emprego) que motiva a contratação. No caso de contrato celebrado por pessoa à procura de primeiro emprego, a duração não pode exceder 18 meses (art. 148º, nº 1, al. *a*)).

Nos restantes casos previstos no nº 4, a duração é de dois anos (art. 148º, nº 1, al. *b*))."[61]

---

[59] "(...) II – A remissão e reprodução dos termos da lei não satisfaz a exigência legal da indicação do motivo justificativo." Ac. de 10.03.1997 *in* BMJ, 465 (1997), p. 641. No mesmo sentido, Ac. de 27.11.1997 *in* BMJ, nº 471 (1997) p. 464.

[60] "*Celebrado por escrito um contrato de trabalho a termo certo com o fundamento no acréscimo temporário do serviço provocado pela ausência de um trabalhador que se encontrava na situação de doente, e verificando-se que nas suas sucessivas renovações se dizia que elas tinham lugar por se manterem os motivos que levaram à sua celebração, a reforma do trabalhador doente, publicada no Diário da República, antes da segunda renovação implica que o motivo invocado já não correspondia à verdade à data daquela renovação, e, não sendo válido esse motivo, deve passar-se a considerar o mesmo contrato sem termo*".
Ac. RL, de 28.02.1996 *in* CJ, Ano XXI, Tomo I, 1996, p. 178.
I – A contratação a termo certo e a contratação a termo incerto são duas formas distintas de contratação temporária de trabalhadores.
II – Assim, não se aplicam à contratação a termo certo os pressupostos da conversão em contrato sem termo que estão previstos para o contrato de trabalho a termo incerto.
III – Um contrato de trabalho a termo certo, celebrado para a substituição temporária dum trabalhador ausente do serviço por motivo de doença, só se converte em contrato de trabalho sem termo nas circunstâncias referidas no artigo 141º do Código do Trabalho.
Ac. RE, de 14.11.2006 *in* CJ, Ano XXXI, T. III, p. 273.

[61] Paula Quintas e Helder Quintas, "Código do Trabalho", Almedina, 2012, 3ª ed., em nota ao art. 140º.

O art. 147º, nº 1, al. *b*), do CT, dispõe, imperativamente, que, a celebração de contratos a termo fora dos casos previstos nos nºs 1, 3 ou 4 do artigo 140º, implica a conversão do contrato[62].

Admite-se ainda contratos de trabalho de muito curta duração, nos casos de atividade sazonal agrícola ou para realização de evento turístico de duração não superior a 15 dias (art. 142º, nº 1, CT). Estes contratos prescindem de forma escrita, mas obrigam ao preenchimento de um formulário que apresente a identificação, as assinaturas e domicílio ou sede das partes (art. 141º, nº 1, al. *a*)); a atividade do trabalhador e corresponde retribuição (al. *b*)); a data de início do trabalho (al. *d*)) e o local de trabalho. Estes contratos não podem exceder 70 dias de trabalho no ano civil (nº 2). Em caso de violação, o contrato converte-se num contrato de 6 meses, contando-se esse tempo desde o início dos anteriores contratos (nº 3).

c) A omissão dos requisitos formais e substanciais do contrato

A omissão de alguns dos requisitos do art. 141º, do CT, não implica *tout court* a conversão do contrato a termo, salvo nos casos, expressamente mencionados do art. 147º, sob a epígrafe "Contrato de trabalho sem termo".

É importante referir, no entanto, que a prática habitual de proceder a tal omissão funcionará como elemento indiciador de fraude à lei, punível pelo art. 147º, nº 1, al. *a*).

A ausência de algumas das menções previstas no art. 141º, do CT (respetivamente, "atividade contratada e retribuição", "local e período normal de trabalho") constituem meras formalidade *ad probationem*, não afetando a validade do contrato. Aliás, a aposição de tais menções pode ser provada por outro meio que não o contratual[63].

---

[62] Conforme indicamos no nosso "Código do Trabalho", em nota ao art. 147º: "Finalmente aboliu-se a indicação dos casos previstos no nº 2, conforme reparo feito aquando da vigência do CTA, dado que atento o caráter meramente exemplificativo do nº 2 do art. 140º, o cuidado em ressalvar a contratação fora dos casos previstos, era destituído de sentido. O que se pretende impedir é a *fraude à génese* do regime dos contratos a termo (ou seja, em desvio da *necessidade temporária do empregador* e pelo *período estritamente necessário*, art. 140º, nº 1).
Casos propriamente ditos são os constantes do nº 3 (contrato de trabalho a termo incerto) e do nº 4 (contrato de trabalho a termo certo).
[63] "I – *À falta da indicação da retribuição no contrato a termo a lei não comina a nulidade do contrato.*
II – *Aquela exigência constitui uma formalidade "ad probationem" e não "ad substantiam".*
III – *A retribuição contratada pode, assim, ser demonstrada por outro meio de prova"*.
Ac. de 28.03.1996 *in* CJ, ano XXI, Tomo II, p. 65.

Na lei civil, a regra é a de que as estipulações acessórias anteriores ou contemporâneas do negócio, exigem a mesma forma (art. 221º, do CC).

Por sua vez, a lei laboral atribui um regime especial, segundo o qual a omissão da data de início do trabalho reveste a natureza de mera irregularidade, presumindo-se que o contrato tem início na data da sua celebração (art. 141º, nº 1, al. *d*) e nº 2, do CT).

Já a falta de redução do contrato a escrito (mesmo que todas as indicações hajam sido consensualmente acertadas) implica a conversão do contrato (art. 147º, nº 1, al. *c*), do CT).

Para nós, a presunção do art. 147, nº 1, al. *c*), do CT, tem necessariamente que assumir a natureza inilidível. De outra forma, aquilo que o legislador quis assegurar, poderia, com maior ou menor facilidade, ser contornado pelo empregador.

d) A conversão do contrato sem termo em contrato a termo
Questiona-se a admissibilidade da celebração de contrato a termo quando o trabalhador já se encontra, mediante contrato sem termo, ligado à empresa.

Em causa parecem estar dois valores de grande dignidade, o da liberdade contratual *versus* o da proteção do trabalhador contra a precariedade laboral.

No regime da LCCT, a lacuna legal permitia diferentes interpretações, a jurisprudência[64], no geral, pugnava pela conversão contratual.

O art. 41º-A da LCCT, aditado pela L nº 18/2001, de 03.07, veio resolver a dúvida quanto a essa convertibilidade.

---

[64] Em jeito de amostra, oscilam as posições jurisprudenciais. Sobre a admissibilidade do contrato a termo havendo já contrato sem termo:
"(...) III. Sendo a intenção das partes a celebração de um contrato a termo, que só por falta de forma escrita não obteve cobertura legal, podem as mesmas, posteriormente, acordar na regularização da situação, reduzindo-o a escrito, com a data de começo utilizada, e termo no fim da época futebolística, como é prática corrente relativamente aos treinadores de futebol".
Ac. do STJ, de 07.10.1998 in ADSTA, nº 447, p. 402.
"I – Nada na lei impede a celebração de um contrato a termo, por escrito, se antes o trabalhador e a entidade empregadora já tinham celebrado oralmente um contrato de trabalho sem termo, que mantêm em execução.
II – Nesse caso, a celebração do contrato de trabalho a termo implica necessariamente a cessação do contrato de trabalho sem termo anteriormente mantido, o qual só vigora até à data do início do novo contrato".
Ac. de 09.12.1997 in CJ, Ano XXII, Tomo V, p. 250.
Sobre a inadmissibilidade do contrato a termo havendo já contrato sem termo:
"A celebração de um contrato a termo, com a justificação de acréscimo excecional de serviço, com trabalhador que já prestava o mesmo serviço na empresa há dois anos em cuja organização estava integrado, implica a nulidade da estipulação do prazo".
Ac. de 15.01.1997 in CJ, Ano XXII, Tomo I, p. 177.

O nº 3, do preceito referido dispunha que, "é nulo e de nenhum efeito o contrato de trabalho a termo que seja celebrado posteriormente à aquisição pelo trabalhador da qualidade de trabalhador permanente".

O Código de Trabalho é omisso em tal matéria. A solução agora, pensamos, haverá que ser encontrada à luz do art. 129º, nº 1, al. *j*), do CT.

2.2. Contrato de trabalho a termo certo

a) Duração do contrato a termo
A matéria da duração do contrato de trabalho a termo foi das mais alteradas pelo Código em vigor.

Ao contrário do regime anterior, os contratos a termo certo, apresentam agora duração limitada, até 3 anos (art. 148º, nº 1, al. *c*), do CT). Os regimes especiais mantém 18 meses a dois anos de duração (als. *a*) e *b*))[65].

Assim, nos casos previstos nas alíneas *a*), do nº 1, do art. 148º ("pessoa à procura do primeiro emprego"), a contrato de trabalho não pode exceder 18 meses (podendo ser renovado 3 vezes).

No casos previstos na al. *b*), do nº 1, do mesmo preceito (ou seja, "lançamento de uma nova atividade de duração incerta, bem como início de laboração de empresa ou de estabelecimento pertencente a empresa com menos de 750 trabalhadores"; bem como no caso de contratação de trabalhadores em "situação de desemprego de longa duração ou noutra prevista em legislação especial de política de emprego")[66] a duração máxima (incluindo as três renovações), não pode exceder dois anos.

---

[65] A possibilidade de se renovar excecionalmente o contrato de trabalho (esgotado o regime geral de renovação) entre um a três anos foi abolida.
[66] *I – O art. 148º, nº 1, al. b) do Código do Trabalho de 2009, permite a renovação do contrato de trabalho a termo carto celebrado para contratação de pessoas em situação de desemprego de longa duração, pelo que existe uma incompatibilidade entre, por um lado, a admissibilidade dessa renovação e, por outro, o entendimento de que a própria existência do contrato que se pretende renovar impediria essa renovação (por, havendo sido prestado trabalho no período antecedente ao da renovação, já não poder o trabalhador se considerado em situação de desemprego de longa duração.*
II – Tendo, no caso concreto, o contrato cuja renovação se pretende, durado, à data da renovação, por 12 meses, nem esse prazo ultrapassado o de 12 meses previsto na legislação sobre política de emprego, o que, nos seus termos, "desqualificaria" a situação de desemprego de longa duração, e verificados que sejam os demais pressupostos legais da renovação, nada impede a renovação do contrato de trabalho de trabalhador contratado a termo certo com fundamento em situação de desemprego de longa duração.
Ac. do STJ, de 12.04.12 in www.dgsi.pt (Proc. nº 1683/10.9TTPNF.P1.S1)

A admissibilidade dos contratos a termo por prazo inferior a 6 meses só é possível nos termos das alíneas *a)* a *g)* do nº 2, do artigo 140º, por remissão do art. 148º, nº 2, do CT.

b) Possibilidade de renovação contratual
O próprio contrato pode conter, *ab initio*, uma cláusula de não renovação (art. 149º, nº 1, do CT), prescindindo-se, dessa forma, da comunicação prevista no nº 2, desse artigo[67].

A renovação do contrato encontra-se disciplinada no art. 149º, do CT.

A renovação do contrato a termo pode ser realizada de forma *automática*, na falta de declaração das partes em contrário (nº 2, 1ª parte). Esta renovação implicará uma prorrogação do contrato pelo período igual ao inicial (*i.e.*, tendo o contrato duração inicial de 6 meses, a prorrogação será igualmente de 6 meses).

Além da prorrogação legal já referida, o nº 3, do art. 149º, do CT, consagra ainda a possibilidade da chamada *renovação contratual, i.e.*, uma renovação por período diferente do inicialmente estipulado, exigindo a lei, no entanto, a observância dos requisitos materiais e formais da celebração do contrato, sob pena da inerente conversão em contrato sem termo (art. 147º, nº 2, al. *a*), do CT)[68].

Considera-se como único contrato aquele que seja objeto de renovação, acrescenta algo redundantemente o nº 4.

c) A caducidade contratual
A lei concede a ambas as partes prazo para a não renovação ou não conversão do contrato, instituindo-se a paridade dos interesses em presença. Neste sentido, o nº 1, do art. 344º, do CT, estabelece um prazo próprio de denúncia contratual, que para o trabalhador foi estabelecido em 8 dias e para o empregador em 15 dias.

---

[67] "*I – (...).*
II – É legal a cláusula inserta num contrato de trabalho a termo certo na qual se declare que fica expressa a vontade de o não renovar, pelo que o mesmo será automaticamente rescindido a partir da data do seu termo.
III – Neste caso, não há necessidade da comunicação a que se refere o nº 1 do art. 46º do DL nº 64-A/89".
Ac. RL, de 05.07.1995 *in* CJ, Ano XX, Tomo IV, p. 149.

[68] *I – Se na prorrogação do contrato a termo se estipular um prazo diferente do inicial, essa prorrogação fica sujeita aos requisitos formais da celebração do contrato a termo, incluindo o motivo justificativo, sob pena desse contrato se transformar em contrato sem termo.*
II – Assim, é indispensável que se mencionem as circunstâncias concretas que impunham o novo prazo".
Ac. RL, de 08.06.2004 *in* CJ, Ano XXIX, Tomo IV, p. 148.

Considera-se como sem efeito, a falta de aviso prévio, bem como o aviso prévio intempestivo.

Com a vigência do regime transitório, aprovado pela Lei nº 69/2013, de 30 de agosto, o disposto no art. 344º, nº 2, apenas se aplicará aos *contratos celebrados a partir de 1 de outubro de 2013*, ou seja, no caso de caducidade do contrato decorrente de declaração do empregador, o trabalhador tem direito a compensação correspondente a 18 dias de retribuição base e diuturnidades por cada ano completo de antiguidade (art. 344º, nº 2).

Nos restantes casos de cessação do contrato a termo, será aplicável a lei transitória (Lei nº 69/2013, de 30.08), havendo dois elementos temporais:

Contratos celebrados antes de 1 de novembro de 2011 (art. 6º, nº 1, da Lei nº 69/2013, de 30.08)

Aplicação de três fórmulas:

- Em relação ao período de duração do contrato até 31 de outubro de 2012 ou até à data da renovação extraordinária, caso seja anterior a 31 de outubro de 2012, o montante da compensação corresponde a três ou dois de retribuição base e diuturnidades por cada mês de duração, ou é calculado proporcionalmente em caso de fração de ano, consoante a duração total do contrato não exceda ou seja superior a seis meses, respetivamente (nº 1, al. *a*));
- Em relação ao período de duração do contrato a partir de 1 de novembro de 2012 inclusive e até 30 de setembro de 2013, o montante da compensação corresponde a 20 dias de retribuição base e diuturnidades por cada ano completo de antiguidade, calculada proporcionalmente ao período efetivo de trabalho prestado (nº 1, al. *b*));
- Em relação ao período de duração do contrato a partir de 1 de outubro de 2013 incluive, o montante da compensação corresponde à soma dos seguintes montantes:

    a) Nos casos dos contratos que a 1 de outubro de 2013, ainda não atingiram a duração de três anos, a 18 dias de retribuição base e diuturnidades por cada ano completo de antiguidade, no que respeita aos três primeiros anos de duração do contrato (nº 1, al. *c*), subals. *i*) e *iii*));
    b) A 12 dias de retribuição base e diuturnidades por cada ano completo de antiguidade, nos anos seguintes (nº 1, al. *c*), subal. *ii*)).

Na aplicação da regra dos 20 dias e 18/12 dias, o valor da retribuição base e diuturnidades do trabalhador a considerar não poder exceder 20 vezes a rmmg (nº 3, al. *a*));

O valor diário da retribuição base e diuturnidades é o resultante da divisão por 30 da retribuição base e diuturnidades (nº 3, al. *b*));

Em caso de fração de ano, o montante da compensação é calculado proporcionalmente (nº 3, al. *c*)).

Quando da aplicação da regra dos três a dois dias de retribuição base e diuturnidades resulte um montante de compensação que seja:

- igual ou superior a 12 vezes a retribuição base mensal e diuturnidades do trabalhador ou a 240 vezes a rmmg, não se aplica a regra dos 20 e dos 18 ou 12 dias (art. 6º, nº 4, al. *a*)).
- inferior a 12 vezes a retribuição base mensal e diuturnidades do trabalhador ou a 240 vezes a rmmm, o montante global da compensação não pode ser superior a estes valores (art. 6º, nº 4, al. *b*)).

Quando da aplicação da regra dos três a dois dias de retribuição base e diuturnidades ou dos 20 dias de retribuição base e diuturnidades resulte um montante de compensação que seja:

- igual ou superior a 12 vezes a retribuição base mensal e diuturnidades do trabalhador ou a 240 vezes a rmmg, não se aplica a regra dos 18 ou 12 dias (art. 6º, nº 5, al. *a*));
- inferior a 12 vezes a retribuição mensal e diuturnidades do trabalhador ou a 240 vezes a rmmg, o montante da compensação não pode ser superior a estes valores (art. 6º, nº 5, al. *b*)).

Contratos celebrados depois de 1 de novembro de 2011 e até 30 de setembro de 2013 (art. 6º, nº 2, da Lei nº 69/2013, de 30.08)

Aplicação de duas fórmulas:

- Em relação ao período de <u>duração do contrato até 30 de setembro de 2013</u>, o montante da compensação corresponde a 20 dias de retribuição base e diuturnidades por cada ano completo de antiguidade ou é calculado proporcionalmente em caso de fração de ano (nº 2, al. *a*));
- Em relação ao período de <u>duração do contrato a partir de 1 de outubro de 2013 inclusive</u>, o montante da compensação corresponde à soma dos seguintes montantes:

a) Nos casos em que o contrato de trabalho, a 1 de outubro de 2013, ainda não atingiu a duração de três anos, a 18 dias de retribuição base e diuturnidades por cada ano completo de antiguidade, no que respeita aos três primeiros anos de duração do contrato (nº 2, al. *b*), subal. *i*) e *iii*);
b) A 12 dias de retribuição base e diuturnidades por cada ano completo de antiguidade, nos anos seguintes (nº 2, al. *b*), subal. *ii*).

Quando da aplicação da regra dos 20 dias de retribuição base e diuturnidades resulte um montante de compensação que seja:

- igual ou superior a 12 vezes a retribuição base mensal e diuturnidades do trabalhador ou a 240 vezes a rmmg, não se aplica a regra dos 18 ou 12 dias (art. 6º, nº 4, al. *a*)).
- inferior a 12 vezes a retribuição base mensal e diuturnidades do trabalhador ou a 240 vezes a rmmm, o montante global da compensação não pode ser superior a estes valores (art. 6º, nº 4, al. *b*)).

Na aplicação da regra dos 20 dias e 18/12 dias, o valor da retribuição base e diuturnidades do trabalhador a considerar não poder exceder 20 vezes a rmmg (nº 3, al. *a*));

O valor diário da retribuição base e diuturnidades é o resultante da divisão por 30 da retribuição base e diuturnidades (nº 3, al. *b*));

Em caso de fração de ano, o montante da compensação é calculado proporcionalmente (nº 3, al. *c*)).

A falta da comunicação de caducidade implica *ope legis* a renovação automática do contrato por período igual ao prazo inicial ou a conversão do contrato a termo em contrato sem termo (respetivamente, arts. 149º, nº 2 e 147º, nº 2, al. *b*), do CT).

Nestes casos o empregador não pode desobrigar-se da renovação ou conversão, mediante liquidação do equivalente ao aviso prévio em falta (essa possibilidade é exclusiva dos contratos a termo incerto)[69].

---

[69] Veja-se a título exemplificativo os seguintes acordãos:
1 – *"Caducado o contrato no fim do termo, é irrelevante que durante dois dias a professora intervenha – num dia – numa reunião de turma (...), e noutro dia seguinte para assistir a um exame – o que tudo representa a execução do mesmo contrato, e não a renovação do mesmo".*
Ac. RL, de 22.01.1997 *in* CJ, Ano XXII, Tomo I, p. 180.

A declaração de não renovação do contrato é uma declaração unilateral receptícia, regulada no art. 224º, do CC.

Veja-se a seguinte aplicação prática do cálculo das compensações:

1. Um contrato de trabalho a termo certo celebrado em 1 de Dezembro de 2012, com uma retribuição de 1.000€ e que cessa em 1 de março de 2015.

Contrato celebrado depois de 1 de Novembro de 2011

De 1 de Dezembro de 2012 a 30 de Setembro de 2013:

Compensação de 20 dias de retribuição base (e diuturnidades) por cada ano de antiguidade.

Ou seja,

O contrato durou 10 meses.

Não equivale a 20 dias (pois não atinge os 12 meses), sendo calculado proporcionalmente.

12 meses --- 20 dias

10 meses --- x

20 dias x 10 : 12 = 16,7 dias

De 1 de Outubro de 2013 a 1 de março de 2015

Compensação de 18 dias de retribuição base (pois não atingiu os 3 anos) por cada ano completo de antiguidade

Ou seja,

O contrato durou 17 meses

Equivale a 18 dias (pois atinge os 12 meses).

E ainda apresenta o remanescente de 5 meses.

12 meses --- 18 dias

17 meses – x

18 dias x 17 : 12 = 25,5

Somatório global:

20 dias x 10 : 12 = 16,7 dias

18 dias x 17 : 12 = 25,5

VALOR GLOBAL: .....

---

2 – "*I – Celebrado um contrato a termo certo e, atingido o respetivo termo, as celebrações imediatas de mais dois contratos, também a termo, numa sequência cronológica, com a mesma justificação do primeiro, revela a renovação deste por mais duas vezes, o que implica a sua transformação em contrato sem termo*".
Ac. STJ, de 05.03.1997 *in* CJ, Ano V, Tomo I, p. 291.

2. Um contrato de trabalho a termo certo celebrado em 1 de Dezembro de 2014, com uma retribuição de 1.000€ e que cessa em 1 de março de 2015.
Compensação de 18 dias de retribuição base e diuturnidades
Ou seja,
O contrato durou 3 meses
12 meses --- 18 dias
3 meses – x
18 dias x 3:12= 4,5 dias
Art. 271º, CT: 9,23€ por hora

2.3. Contrato de trabalho a termo incerto

a) Considerações preliminares
Conforme já indicado, a admissibilidade do contrato a termo incerto encontra-se agora concentrada no art. 140º, que também cuida da admissibilidade do contrato a termo certo.

Pondera-se qual a solução a atribuir quando a motivação apresentada não é admitida no contexto do contrato de trabalho a termo incerto.

Questão particularmente pertinente, atendendo a que o art. 140º, nº 3, do CT se mantém *taxativo*, não acolhendo a cláusula geral de admissibilidade contratual, como ainda exclui a contratação em virtude de "substituição de trabalhador a tempo completo que passe a prestar trabalho a tempo parcial por período determinado" (art. *d*)).

Assim, serão convertidos todos os contratos que violem os pressupostos de admissibilidade, previstos no nº 1, bem como, a contratação fora dos casos previstos no nº 3, ambos do art. 140º, do CT (art. 147º, nº 1, al. *b*), do CT).

O contrato a termo incerto durará por todo o tempo necessário para, *v.g.*, a substituição do trabalhador ausente ou para a conclusão da atividade, tarefa, obra ou projeto cuja execução justifica a celebração (art. 140º, nº 3, do CT), e não é passível, face à conjuntura jurídica que o configura, de renovação, *legal* ou *negocial*.

No contrato de trabalho a termo incerto, a execução do programa contratual dura o tempo necessário até a finalidade pré-definida ser atingida, contanto que não exceda os 6 anos de duração (art. 148º, 4, do CT).

b) A caducidade contratual
Conforme indicado supra, pela primeira vez, impõe-se um prazo máximo de duração dos contratos a termo incerto fixado em seis anos (art. 148º, nº 4, do CT).

A atividade proposta tem, por consequência, que ser articulada com esse prazo.

Para além da verificação do fim da atividade, é necessário que o empregador proceda à comunicação prévia ao trabalhador, com uma antecedência mínima de 7, 30 ou 60 dias, conforme o contrato tenha durado até seis meses, de seis meses a dois anos ou por período superior (art. 345º, nº 1, do CT), quando preveja a ocorrência do facto que determina a sua cessação (*v.g.*, a recuperação do trabalhador substituído).

O incumprimento, total ou parcial, do prazo de pré-aviso concede ao trabalhador o direito a ser indemnizado no correspondente ao período de pré-aviso em falta (art. 345º, nº 3, do CT).

Nos termos do art. 147º, nº 2, al. *c*) do CT, o contrato converte-se em contrato sem termo, havendo *continuidade na prestação laboral do trabalhador,* nos seguintes casos:

- o trabalhador permanece em atividade após a data de caducidade, a qual é manifestada pelo aviso prévio (1ª parte)
- na falta de aviso prévio, decorridos 15 *dias* após a verificação do termo (*v.g.*, conclusão da atividade, serviço, obra ou projeto para que haja sido contratado ou do regresso do trabalhador substituído).

Com a vigência do regime transitório, aprovado pela Lei nº 69/2013, de 30 de agosto, o disposto no art. 345º, nº 4, apenas se aplicará aos *contratos celebrados a partir de 1 de outubro de 2013,* ou seja, no caso de caducidade do contrato decorrente de declaração do empregador, o trabalhador tem direito a compensação correspondente:

- a 18 dias de retribuição base e diuturnidades por cada ano completo de antiguidade, no que respeita aos três primeiros anos de duração do contrato (art. 345º, nº 4, al. a));
- a 12 dias de retribuição base e diuturnidades por cada ano completo de antiguidade, nos anos subsequentes (art. 345º, nº 4, al. *b*)).

Sobre o cálculo da compensação, v. art. 366º.

Sobre o regime transitório aplicável aos contratos a termo incerto, v. ponto 2.2. do Manual.

Veja-se a seguinte aplicação prática do cálculo das compensações:

Um contrato de trabalho a termo incerto celebrado em 1 de março de 2010, com uma retribuição de 1.000€ e que cessa em 1 de março de 2015.

Contrato celebrado antes de 1 de Novembro de 2011

De 1 de março de 2010 a 31 de Outubro de 2012:

Compensação de 2 dias (pois excede 6 meses) de retribuição base (e diuturnidades) por cada mês de duração.

Ou seja,

O contrato durou 32 meses.

2 dias por cada mês

Equivale a 64 dias de compensação

1000€ --- 30 dias

X ---------- 64 dias

X= 1000 x 64 : 30 = 2.133,33€

- O valor diário da retribuição base e diuturnidades é o resultante da divisão por 30 da retribuição base e diuturnidades.

- Quando da aplicação da regra dos 2 dias, resulte uma compensação que seja igual ou superior a 12 vezes a RBM (e diuturnidades ou 240 vezes a RMMG), não se aplica a regra dos 20 e dos 18/12 dias.

De 1 de Novembro de 2012 a 30 de Setembro de 2013

Compensação de 20 dias retribuição base (e diuturnidades) por cada ano de duração.

Ou seja,

O contrato durou 11 meses

Não equivale a 20 dias (pois não atinge os 12 meses), sendo calculado proporcionalmente

[Este valor não pode ultrapassar 20 vezes a RMMG]

12 meses ------ 20 dias

11 meses -------- X

20 dias x 11 : 12 = 18,3 dias

De 1 de outubro de 2013 a 1 de março de 2015

Compensação de 18 dias de retribuição base e diuturnidades por cada ano completo de antiguidade

Ou seja,

O contrato durou 17 meses

Equivale a 18 dias (pois atinge os 12 meses).

E ainda apresenta o remanescente de 5 meses.

12 meses --- 18 dias

17 meses ---- X
18 dias x 17 : 12 = 25,5 dias
Somatório global:
X= 1000 x 64 : 30= 2.133,33€
20 dias x 11 : 12 = 18,3 dias
18 dias x 17 : 12 = 25,5 dias
VALOR GLOBAL: ....

2.4. Sucessão de contrato de trabalho a termo

O art. 143º, do CT, proíbe a política da sucessão de contratos de trabalho a termo, antes de decorrido um período de tempo equivalente a um terço da duração do contrato (incluindo as respetivas renovações), denominado *período de espera*.

O Código atual amplia fortemente, para este efeito, o conceito de empregador, por forma a evitar a construção de figuras jurídicas com o intuito de ludibriar a lei (assim é referido o "contrato de prestação de serviços para o mesmo objeto, celebrado com o mesmo empregador ou sociedade que com este se encontre em relação de domínio ou de grupo, ou mantenha estruturas organizativas comuns").

Acerca dos pressupostos dessa proibição, nomeadamente "motivo não imputável ao trabalhador", serão de enquadrar, *v.g.*, a caducidade do contrato por declaração do empregador, a resolução contratual por parte do trabalhador, o despedimento sem justa causa, o despedimento coletivo, por extinção de postos de trabalho e por inadaptação.

A violação desta proibição obriga à conversão contratual (art. 147º, nº 1, al. *d*), do CT), contando a antiguidade do trabalhador "desde o início da prestação de trabalho, exceto em situação a que se refere a al. *d*) do nº 1, em que compreende o tempo de trabalho prestado em cumprimento dos contratos sucessivos".

No entanto, o nº 2, do art. 143º, do CT estabelece uma derrogação a esta política, atenta a motivação aí prevista, o que permitirá, aparentemente, ultrapassar os limites temporais do contrato a termo certo e incerto, fixados no art. 148º, do CT.

Os casos apresentados na derrogação legal são:

i) Nova ausência do trabalhador substituído, quando o contrato de trabalho a termo tenha sido celebrado com vista à sua substituição.

V.g., A. encontra-se em licença de maternidade, para a sua substituição é contratado B.

Findo o período de licença, A. retoma a prestação laboral, caducando, por consequência, o contrato de B. No entanto, A., logo depois, adoece por um longo período. O empregador, que havia ficado agradado com a prestação de B. volta a contratá-lo, a termo, pelo período necessário à substituição de A..
 ii) Acréscimos excecionais da atividade da empresa, após a cessação do contrato.
 V.g., a caducidade do contrato de A. coincidiu com o recebimento de uma importante encomenda que urge satisfazer, o empregador pode novamente contratar o mesmo trabalhador para aceder a esse acréscimo de atividade.
 iii) Atividades sazonais
 V.g., agricultura, turismo.
 iv) Trabalhador anteriormente contratado ao abrigo do regime aplicável à contratação de trabalhadores à procura de primeiro emprego. Neste aspeto a lei inovou, e a nova contratação destes trabalhadores mantém, quanto a nós, a duração prevista no art. 148º, nº 1, al. *a*), ou seja, 18 meses. Nesta segunda contratação, mantém-se o regime especial (até 18 meses), e afasta-se a adesão ao regime geral (até 3 anos). Outra interpretação não nos parece possível, atente-se que o segundo contrato obriga à identidade do trabalhador, o qual sendo necessário para a gestão da empresa deveria outrossim ser contratado sem termo.

A Lei nº 3/2012, de 10 de janeiro, eatabeleceu um regime de renovação extraordinária dos contratos de trabalho a termo certo, que atinjam o limite máximo da sua duração até 30 de junho de 2013, bem como o regime e o modo de cálculo da compensação aplicável aos contratos objecto dessa renovação.

Permitiu-se que os contratos de trabalho a termo certo que, até 30 de Junho de 2013, atinjiram os limites máximos de duração estabelecidos no nº 1 do artigo 148º do Código do Trabalho, fossem objeto de duas renovações extraordinárias (art. 2º).

Esta posterior contratação deve observar, não só, a motivação essencial do contrato a termo (art. 140º, nº 1, do CT), como também, o respetivo formalismo (art. 141º, do CT), além dos limites legais de renovação expressamente consagrados (art. 148º, do CT).

3. Outros contratos

3.1. Contrato de trabalho a tempo parcial

Nos termos do art. 150º a 156º, admite-se o trabalho a tempo parcial, o qual corresponde a um período normal de trabalho semanal inferior ao praticado a tempo completo em situação comparável (art. 150º, nº 1).

Este tipo de contrato servirá, entre outros propósitos, a (melhor) conciliação do tempo de trabalho com a vida familiar.

Ao nível da União Europeia, a "comparação entre as várias legislações nacionais revela a existência de três motivos principais para o recurso ao tempo parcial: facilitar a conciliação da vida profissional com a vida privada, flexibilizar o emprego e partilhar o emprego."[70]

3.2. Contrato de trabalho sem termo intermitente

O contrato intermitente, ou seja, o que intercala atividade (a qual não pode ser inferior a 6 meses a tempo completo, por ano, dos quais pelo menos quatro meses devem ser consecutivos) com inatividade, encontra-se previsto no art. 157º. Este tipo de contrato só pode ser celebrado na modalidade sem termo, sendo expressamente vedado quer o termo resolutivo, quer o regime de trabalho temporário (nº 2).

Durante o período de inatividade, o contrato de trabalho considera-se suspenso, podendo o trabalhador exercer outra actividade (art. 160º, nº 3), recebendo a compensação retributiva estabelecida em irct, ou, na sua falta, 20% da retribuição base (nº 2).

O contrato é formal e possui as formalidades inscritas no art. 158º.

3.3. Comissão de serviço

O contrato em comissão de serviço é reservado para cargo de administração ou equivalente, de direcção ou chefia diretamente dependente da administração ou de director-geral ou equivalente, funções de secretariado pessoal de titular de qualquer desses cargos ou, ainda, desde que o irct o preveja, funções cuja natureza também suponha especial relação de confiança em relação a titular daqueles cargos e funções de chefia (art. 161º).

---

[70] Alain Supiot e outros, "Transformações do trabalho e futuro do Direito do Trabalho na Europa", Perspectivas Laborais, I, Coimbra Editora, 2003, p. 118.

A comissão de serviço pode incidir sobre trabalhador interno (trabalhador da empresa) ou externo (admitido para o efeito), nos termos do art. 162º. Neste último caso, pode ser acordada a respetiva permanência após o termo da comissão (nº 2).

O contrato é formal e possui as formalidades inscritas no art. 162º, nº 3, sob pena de não se qualificar como tal (nº 4).

O contrato em comissão de serviço pode ser denunciado por ambas as partes (art. 163º, nº 1). O incumprimento do prazo de aviso prévio gera obrigação de indemnização à contraparte (nº 2).

Tratando-se de trabalhador externo, o contrato finda, havendo direito à indemnização prevista no art. 366º (art. 164º, nº 1, al. *c*)); tratando-se de trabalhador interno, retoma a relação contratual anterior (art. 164º, nº 1, al. *a*)) ou resolve o contrato de trabalho nos 30 dias seguintes à decisão do empregador que ponha termo à comissão de serviço, com direito a indemnização calculada nos termos do art. 366º (art. 164º, nº 1, al. *b*)).

A (in)constitucionalidade deste tipo de contrato já foi analisada em tempos diferentes, concluindo-se não valer aqui o princípio da segurança do emprego.[71]

3.4. Teletrabalho

A prestação laboral realizada com subordinação jurídica, habitualmente fora da empresa e através do recurso a tecnologias de informação e de comunicação designa-se de teletrabalho (art. 165º).

O regime de teletrabalho tanto pode advir de um contrato já estabelecido, ocorrendo a modificação contratual, como resultar de admissão de trabalhador para o efeito (art. 166º, nº 1). O trabalhador com filho de idade até 3 anos tem direito a exercer actividade em regime de teletrabalho, quando este seja compatível com a atividade desempenhada e o empregador disponha de recursos e meios para o efeito (nº 3). O contrato é formal e possui as formalidades inscritas no art. 166º, nº 5.

No caso de trabalhador anteriormente vinculado ao empregador, a duração inicial do contrato não pode exceder três anos, ou o prazo estabelecido em irct (art. 167º, nº 1), retomando o trabalhador a atividade no regime anteriormente estabelecido (nº 3).

Qualquer das partes pode denunciar o contrato durante os primeiros 30 dias da sua execução (nº 2).

---

[71] PAULA QUINTAS e HELDER QUINTAS, "Código do Trabalho...", 3ª ed., Almedina, 2012, *op. cit.*, p. 534-537.

Entende-se que os instrumentos de trabalho respeitantes a tecnologias de informação e de comunicação utilizados pelo trabalhador pertencem ao empregador (art. 168º)

É assegurado ao trabalhador em regime de teletrabalho os mesmos direitos e deveres comuns aos restantes trabalhadores, nomeadamente quanto a formação e promoção ou carreira profissionais, limites do período normal de trabalho e outras condições de trabalho, segurança e saúde no trabalho e reparação de danos emergentes de acidente de trabalho ou doença profissional (art. 169º, nº 1).

Atento a natureza domiciliária do desempenho, o empregador deve respeitar a privacidade do trabalhador, bem como garantir-lhe boas condições de trabalho, tanto do ponto de vista físico como psíquico (art. 170º, nº 1).

O art. 171º contempla a participação e representação coletivas de trabalhador em regime de teletrabalho (art. 171º).

3.5. Trabalho temporário

3.5.1. Contrato de trabalho temporário (art. 172º, al. *a*))

Contrato de trabalho temporário
O trabalho temporário permite que uma empresa (chamada utilizador) receba trabalho, sem contratar trabalhadores, através de contrato estabelecido com a empresa de trabalho temporário (designado contrato de utilização de trabalho temporário, art. 172º, al. *c*)), a qual destaca para esse desempenho, trabalhadores por si contratados a termo (art. 172º, *a*)) ou sem termo (art. 172º, al. *b*)). O regime de prestação de trabalho de trabalhador temporário encontra-se previsto nos arts. 185º a 192º.

O contrato de trabalho temporário apresenta duas modalidades:

– <u>o contrato de trabalho a termo, celebrado entre uma empresa de trabalho temporário e um trabalhador</u>, pelo qual este se obriga, mediante retribuição daquela, a prestar a sua atividade a utilizadores, mantendo-se vinculado à empresa de trabalho temporário (art. 172º, al. *a*)).

O contrato de trabalho temporário apenas pode ser celebrado nos casos legalmente previstos (art. 175º, nº 1 e 180º, nº 1), sob pena de nulidade do termo e conversão do contrato celebrado com a empresa de trabalho temporário em contrato sem termo (art. 180º, nº 2).

Comunga de parte da motivação dos contratos a termo, nos seguintes casos: motivos referentes à substituição de trabalhadores (art. 140º, nº 2, als. *a*) a *d*)); atividade sazonal ou outra cujo ciclo anual de produção seja irregular por motivos estruturais do respectivo mercado, incluindo o abastecimento de matéria-prima (art. 140º, nº 2, al. *e*)); acréscimo excecional de atividade da empresa, que tenha a duração até 12 meses (art. 140º, nº 2, al. *f*)), conjugado com o art. 175º, nº 2 e execução de tarefa ocasional ou serviço determinado precisamente definido e não duradouro (art. 140º, nº 2, al. *g*)).

E possui ainda motivação própria, atendendo à: vacatura de posto de trabalho quando decorra processo de recrutamento para o seu preenchimento (art. 175º, nº 1, al. *a*)); necessidade intermitente de mão de obra, desde que a utilização não ultrapasse semanalmente metade do período normal de trabalho maioritariamente praticado no utilizador (art. 175º, nº 1, al. *b*)); necessidade intermite de prestação de apoio familiar directo, de natureza social, durante dias ou partes de dia (art. 175º, nº 1, al. *c*)) e realização de projecto temporário, designadamente instalação ou reestruturação de empresa ou estabelecimento, montagem ou reparação industrial (art. 175º, nº 1, al. *d*)).

Caso a nulidade do termo concorra com a nulidade do contrato de utilização de trabalho temporário, considera-se que o trabalho é prestado ao utilizador em regime de contrato de trabalho sem termo (nº 3).

Além de formal, conter as formalidades indicadas no art. 181º.

Na falta de documento escrito ou em caso de omissão ou insuficiência da indicação do motivo justificativo da celebração do contrato, considera-se que o trabalho é prestado à empresa de trabalho temporário em regime do contrato de trabalho sem termo (art. 181º, nº 2).

O contrato que não tenha a menção do seu termo considera-se celebrado pelo prazo de um mês, não sendo permitida a sua renovação (nº 3).

A duração do contrato de trabalho temporário não pode exceder a do contrato de utilização (art. 182º, nº 1).

O contrato de trabalho temporário *a termo certo* pode ser celebrado por prazo inferior a seis meses e pode ser renovado enquanto se mantenha o motivo justificativo (art. 182º, nº 2).

A duração do contrato a termo *certo*, incluindo renovações, não pode exceder dois anos.

Excepto em caso de vacatura de posto de trabalho, em que durará seis meses.

Ou 12 meses, no caso de acréscimo excecional da actividade da empresa, nos termos do art. 182º, nº 3.

A duração do contrato a *termo incerto*, dura pelo tempo necessário à satisfação de necessidade temporária do utilizador, não podendo exceder os limites de duração de dois anos (exceto em caso de vacatura de posto de trabalho em que durará seis meses, bem como nos casos de acréscimo excecional da atividade da empresa, em que durará 12 meses), nos termos do art. 182º, nº 4.

- <u>o contrato de trabalho sem termo celebrado entre uma empresa de trabalho temporário e um trabalhador</u>, pelo qual este se obriga, mediante retribuição daquela, a prestar temporariamente a sua atividade a utilizadores, mantendo-se, no entanto, vinculado à empresa de trabalho temporário (art. 172º, al. *b*)).

O contrato além de formal, deve conter as formalidades indicadas no art. 183º.

O trabalhador pode prestar atividade à empresa de trabalho temporário, durante o período em que não se encontre em situação de cedência (art. 184º, nº 1).

3.5.2. Contrato de utilização de trabalho temporário

Podemos qualificar como contrato de utilização de trabalho temporário o contrato de prestação a termo resolutivo entre um utilizador e uma empresa de trabalho temporário devidamente licenciada (art. 173º), pelo qual esta se obriga, mediante retribuição, a ceder ao utilizador um ou mais trabalhadores temporários (art. 172º, al. *c*)).

O contrato de utilização apenas pode ser celebrado nos casos legalmente previstos (art. 175º, nº 1). Comunga de parte da motivação dos contratos a termo, nos seguintes casos: motivos referentes à substituição de trabalhadores (art. 140º, nº 2, als. *a*) a *d*)); atividade sazonal ou outra cujo ciclo anual de produção seja irregular por motivos estruturais do respectivo mercado, incluindo o abastecimento de matéria-prima (art. 140º, nº 2, al. *e*)); acréscimo excecional de atividade da empresa, que tenha a duração até 12 meses (art. 140º, nº 2, al. *f*)), conjugado com o art. 175º, nº 2 e execução de tarefa ocasional ou serviço determinado precisamente definido e não duradouro (art. 140º, nº 2, al. *g*)).

E possui ainda motivação própria, atendendo à vacatura de posto de trabalho quando decorra processo de recrutamento para o seu preenchimento (art. 175º, nº 1, al. *a*)); necessidade intermitente de mão de obra, desde que a utilização não ultrapasse semanalmente metade do período normal de trabalho maioritariamente praticado no utilizador (art. 175º, nº 1, al. *b*)); necessidade intermite de prestação de apoio familiar direto, de natureza social, durante dias ou partes de dia (art. 175º, nº 1, al. *c*)) e realização de projeto temporário, designadamente instalação ou reestruturação de empresa ou estabelecimento, montagem ou reparação industrial (art. 175º, nº 1, al. *d*)).

A prova da motivação cabe ao utilizador (art. 176º, nº 1), devendo o contrato, além de formal, conter as formalidades indicadas no art. 177º.

A duração do contrato de utilização de trabalho temporário, incluindo renovações, não pode exceder a duração da causa justificativa nem o limite de dois anos.

Exceto em caso de vacatura de posto de trabalho, em que durará seis meses.

Ou no caso de acréscimo excecional da atividade da empresa, em que durará 12 meses, nos termos do art. 178º.

Considera-se como um único contrato o que seja objeto de renovação (art. 178º, nº 3).

Ocorre conversão do contrato quando o trabalhador continuar ao serviço do utilizador decorridos 10 dias após a cessação do contrato de utilização sem a celebração de contrato que o fundamente (art. 178º, nº 4).

4. Período experimental

a) Considerações preliminares
O período experimental tem em vista testar se as prestações contratuais que cada uma das partes exige à outra, se mostram adequadas (art. 111º, nºs 1 e 2, do CT). O princípio da boa-fé encontra-se plasmado no nº 2, que pretende que as partes assumam um comportamento passível de aferir do interesse contratual na manutenção do contrato.

Do "ponto de vista da *entidade patronal,* interessa que a situação resultante do contrato só se *estabilize* se, na verdade, o trabalhador contratado mostrar que possui as aptidões laborais procuradas; do ângulo do *trabalhador,* pode ser que as condições concretas do trabalho, na organização em que se incorporou, tornem intolerável a permanência indefinida do vínculo assumido", explica MONTEIRO FERNANDES[72].

O estatuído no art. 114º, do CT, permite, na linha do previsto no regime anterior, a *livre e imediata* cessação do contrato sem aviso prévio para o trabalhador, prescindindo-se da invocação de justa causa e não se contemplando qualquer consequência indemnizatória. No entanto, no caso do período experimental

---
[72] "Direito do Trabalho", 11ª edição, p. 315.

exceder os sessenta dias, cabe ao empregador (e apenas a este) um aviso prévio de sete dias, conforme resulta do nº 2, desse artigo. Indica-se, ainda, pela primeira vez, que no caso do período experimental ter excedido os 120 dias, o aviso prévio é de 15 dias (nº 3).

A redução do período experimental (art. 112º, nº 5, do CT) ou o seu afastamento (art. 112º, nº 4, do CT), obriga ao acordo escrito das partes (ainda, e quanto à redução do período experimental, pode intervir a regulamentação coletiva), o que sendo uma formalidade *ad substantiam*, implica a invalidade de um qualquer acordo que viole a forma prescrita.

b) A execução contratual como elemento essencial do período experimental
"Aceita-se consensualmente que a desvinculação contratual na pendência do período experimental exige que efetivamente se tenha iniciado a execução do mesmo, que as partes tenham tido já oportunidade de mutuamente manifestarem a respetiva aptidão para a convivência contratual.

Só após essa prestação inicial, pode haver idoneidade e/ou legitimidade para se rejeitar a continuação da vigência do contrato. Tal é dito expressamente no art. 111º, nºs 1 e 2, do CT.

A promoção da denúncia do contrato por qualquer uma das partes, sem prévia execução configuraria, por consequência, um comportamento abusivo, logo, ilícito".

c) A livre desvinculação na pendência do período experimental
Durante o período experimental, o regime de desvinculação é especial, não lhe sendo aplicável qualquer sanção.

Por outro lado, não é necessária a indicação (ou existência) de motivo.

«A declaração é, literalmente, *ad nutum* mas tal significa que se prescinde de facto de motivação, apesar de não carecer de ser manifestada? Pondera-se aí o grau de arbitrariedade conferido ao empregador em promover, quando e logo que entender, a cessação contratual.

Contra a corrente dominante, acolhemos a desvinculação livre quer do trabalhador, quer, e sobretudo, do empregador, a futura convivência marital das partes, esbatida, é certo, nas empresas de maior dimensão (embora o empregador seja sempre personificado num qualquer superior hierárquico), assim o justifica»[73].

---

[73] Paula Quintas e Helder Quintas, "Código do Trabalho...", Almedina, 2012, 3ª ed., em nota ao art. 114º.

Apesar de assim ser, apresenta-se como abusiva a desvinculação ilícita do contrato de trabalho, face às (legítimas) expectativas geradas por uma parte à outra, no pressuposto da *consumação contratual*, utilizando a imagem do período experimental como *pré-nupcial*.

Sobre a figura da expectativa jurídica, ensina MENEZES CORDEIRO, "Em princípio, elas ocorrem em factos jurídicos complexos de produção sucessiva, isto é, em conjunções nas quais o Direito requeira, para o aparecimento de determinados efeitos jurídicos, uma sucessão articulada de eventos, que se vão produzindo no tempo.

Ora, desde que se inicie tal processo, o beneficiário tem uma esperança (*spes iuris*) crescente de, no seu termo, ver constituir um direito ou vantagem similar: ele tem uma expectativa"[74].

A livre desvinculação durante o período experimental pressupõe naturalmente que as prestações já se encontram em execução, concedendo-se, neste contexto, cada uma das partes a oportunidade de se colocarem mutuamente à prova.

Ora a denúncia parece-nos ser igualmente livre durante o período experimental, quando o *contrato ainda não se encontra em execução, não decorrendo, portanto, ainda o tal período probatório,* mas, nesta hipótese a desvinculação já não poderá ser aferida à luz do regime do art. 340º, do CT, mas remetida para os princípios obrigacionais gerais. O campo especial de intervenção do direito de trabalho ainda não tem aplicação.

d) A duração do período experimental
Na ausência de declaração das partes, há sempre lugar ao período experimental.

Assim, este só pode ser excluído por acordo escrito entre as partes (art. 111º, nº 3, do CT).

Igualmente só pode ser reduzido através por instrumento de regulamentação olectiva de trabalho ou por acordo escrito entre as partes (art. 112º, nº 5, do CT).

Também pode ser reduzido ou excluído nos termos do nº 4 do art. 112, do CT.

O período experimental não pode ser alargado.

O regime regra dispõe que nos contratos sem termo (também designados contratos de trabalho por tempo indeterminado), o período experimental apresente a seguinte duração:

---

[74] "Tratado...", I, Parte Geral, Tomo I, p. 181.

- 90 dias para a generalidade dos trabalhadores (art. 112º, nº 1, al. *a*), do CT)[75];
- 180 dias para trabalhadores com cargos de complexidade técnica, elevado grau de responsabilidade, especial nível de qualificação, e que desempenhem funções de confiança (al. *b*)):
- 240 dias para trabalhador que exerça cargo de direção ou quadro superior (al. *c*)).

De acordo com o art. 112º, nº 2, do CT, o período experimental, nos contratos a termo (certo ou incerto), é de:

i) 30 dias, para os contratos de duração igual ou superior a 6 meses (al. *a*)),
ii) 15 dias, nos contratos:
- a termo certo com uma duração inferior a 6 meses (al. *b*), 1ª parte);
- a termo incerto cuja duração previsível não ultrapasse os 6 meses (al. *b*), 2ª parte).

No contrato em comissão de serviço, o período experimental não pode exceder 180 dias (nº 3).

e) Os vícios do consentimento
Questiona-se se os vícios de consentimento podem ainda ser valorados no final do período experimental, ou se este esgota tudo.

Durante o período experimental, é natural que o trabalhador tenda a ser o mais diligente e capaz, superando-se eventualmente a si próprio, e que depois, com a rotina laboral, o seu desempenho se normalize (em decrescendo).

No entanto, casos há em que, o trabalhador falseia as suas capacidades ou ilude o empregador, referindo aptidões ou conhecimentos que não possui. Nestas situações a censura disciplinar (em nome, nomeadamente, da violação dos deveres de lealdade) não nos parece adequada.

A violação do dever de informação exorbita a finalidade do período probatório, sendo motivo para a resolução do contrato por erro-vício.

---

[75] A pretensão de alargar o período experimental dos trabalhadores indiferenciados para 180 dias foi considerada inconstitucional pelo Ac. nº 632/2009, www.tribunalconstitucional.pt. Concluiu o Acórdão que, "Da ponderação entre o bem jurídico afetado pela restrição (o direito à segurança no emprego e à garantia da proibição do despedimento sem justa causa – artigo 53º da Constituição) e a autonomia privada das partes e direito de iniciativa privada (nº 1 do artigo 26º e nº 1 do artigo 61º, ambos da Constituição) não resulta que o alargamento do período experimental para os trabalhadores indiferenciados seja uma medida exigível".

A vontade do empregador foi viciada e tal irá atingir a validade do contrato estabelecido[76]. Ocorreram "perturbações do processo formativo da vontade, operando de tal modo que esta, embora concorde com a declaração, é determinada por motivos anómalos e valorados, pelo direito, como ilegítimos", MOTA PINTO[77].

---

[76] PAULA QUINTAS e HELDER QUINTAS, "Código do Trabalho...", Almedina, 2012, 3ª ed., em nota ao art. 111º.
[77] *Op. cit.*, p. 500.

CAPÍTULO IV
REGIME JURÍDICO DAS FÉRIAS, FERIADOS E FALTAS

1. O regime jurídico das férias

1.1. A aquisição, o vencimento e o gozo das férias

O direito a férias garantido constitucionalmente (art. 59º, nº 1, *d*), *in fine*, da CRP) encontra-se regulado nos arts. 237º e ss., do CT.

A indicação de que o direito a férias é inerente à qualidade de trabalhador, adquirindo-se *automaticamente* com a celebração do contrato de trabalho não foi agora acolhida (*conforme decorria do art. 212º, nº 1, do CTA*).

As férias destinam-se a permitir ao trabalhador uma recuperação mais profunda do desgaste provocado por um longo período de trabalho. Por outro lado, concedem-lhe libertação laboral e autodisponibilidade por algum tempo (art. 237º, nº 4, do CT).

O art. 237º, nº 2, do CT, dispõe, em conformidade, que o direito a férias não está condicionado, em regra, à assiduidade ou efetividade de serviço. Contudo, este princípio admite derrogações, *desfavoráveis* (perda de dias de férias em virtude de faltas ao trabalho, art. 257º, nº 1, al. *a*) e como sanção disciplinar, art. 328º, nº 1, al. *d*), ambos do CT).

Outrora, as férias eram tidas como recompensa atribuída ao bom trabalhador. Este caráter de «recompensa pela permanência ou constância» ao serviço do mesmo empregador subsiste no atual Código pois o período de férias no ano da contratação detém um regime próprio.

Nos termos do art. 247º, do CT e para que o efeito regenerativo da prestação laboral se cumpra, encontra-se vedado ao trabalhador o exercício durante as férias de qualquer outra atividade, salvo se, a já viesse exercendo em cumulação ou o empregador o autorize. O Código não resolveu, ou não quis resolver, os casos de pluriemprego, não prevendo qualquer período de absoluta abstenção de prestação laboral.

a) O regime geral de gozo das férias
As férias são adquiridas, vencidas e (só) depois gozadas.

O direito a férias adquire-se com a celebração do contrato de trabalho, apesar do atual Código ter suprimido a norma que o declarava.

"Trata-se, porém, de um direito ainda sem conteúdo, de um direito vazio, o que, tendo em conta que todo o direito se analisa num ou vários poderes de exigir ou de pretender, não deixa de ser um tanto contraditório"[78].

Nos termos do art. 237º, nº 1, do CT, o vencimento do direito a férias ocorre no dia 1 de janeiro de cada ano civil, reportando-se, em regra, ao trabalho prestado no ano anterior. Trata-se pois do *exercício de um direito já anteriormente adquirido*, sendo o período *normal* de férias de 22 dias úteis (art. 238º, nº 1).

O (tempo de) gozo das mesmas é declarado nos termos do art. 241º, do CT.

b) O regime especial de férias no ano de admissão
No ano de admissão, o trabalhador (com contrato sem termo ou a termo de 6 ou mais meses) tem direito, após 6 meses completos de execução do contrato (denominado *período de garantia*), a 2 dias úteis de férias, até ao máximo de 20 dias úteis (art. 239º, nº 1, do CT).

O Código do Trabalho, mantendo o regime anterior, não distingue, para efeito de atribuição do direito a férias, a admissão do trabalhador no primeiro ou no segundo semestre

Na eventualidade de, no ano da contratação, o trabalhador ainda não ter conseguido atingir os necessários seis meses para vencimento do direito, *o tempo de férias formado com essa prestação laboral*, pode ser gozado, até 30 de junho do ano subsequente, logo que alcançados os seis meses de prestação do contrato (nº 2, do art. 239º, do CT).

No caso de, no ano da contratação, o trabalhador ter desempenhado seis meses de trabalho efetivo, mas, entretanto, ocorrer o termo do ano civil, *o gozo das férias vencidas* pode ainda ocorrer até 30 de junho do ano subsequente (nº 2, do art. 239º, do CT)[79].

O regime do nº 3, do art. 239º, do CT, cuida apenas das situações em que ocorre *transferência* de gozo das férias, *para o ano civil seguinte*, impondo ainda um limite, por acumulação do direito de férias, do ano de admissão e do ano civil subsequente, de 30 dias úteis, sem prejuízo de regulação por instrumento de regulamentação coletiva de trabalho.

---

[78] Comenta JORGE LEITE in "Direito do Trabalho", *op. cit.*, p. 154.
[79] "O preceito não é suficientemente claro, indica somente «antes de decorrido o prazo referido no número anterior», ora esse prazo tanto pode ser o de vencimento do direito a férias, como o de gozo das mesmas. Em ambos os casos, entendemos que as férias são gozadas até 30 de junho do ano subsequente", *v.* PAULA QUINTAS e HELDER QUINTAS, "Código do Trabalho...", Almedina, 2012, 3ª ed., em nota ao art. 239º.

Assim, temos três *cenários* possíveis:

i) Contratação em 2 de janeiro de 2009
No ano de admissão, prestados que estejam seis meses completos de execução do contrato, tem o trabalhador direito a 12 dias de férias (6 x 2).

No entanto, nos casos em que, por qualquer motivo, as férias só possam ser gozadas no início de dezembro, a prestação excedente desde o momento em que se formou o direito a férias, continua a contar para a atribuição do tempo de férias, até ao limite de 20 dias úteis.

Assim, desde 2 de janeiro a 2 de dezembro perfazem 11 meses de execução do contrato, o que significaria o gozo de 22 dias úteis de férias (11 x 2 = 22), mas que vai ser restringido a 20 dias úteis por imposição do nº 2, do art. 239º, do CT[80].

ii) Contratação em 1 de julho de 2009
No ano de admissão, o trabalhador presta seis meses de trabalho.
Assim, 6 x 2 = 12 dias úteis de férias.
Mas o termo do ano ocorre, o que impossibilita, naturalmente, o gozo das férias nesse ano.

A lei permite, ainda, o respetivo gozo até 30 de junho do ano civil subsequente (art. 239º, nº 2, do CT).

No entanto, em 01 de janeiro do ano subsequente (2010), vencem-se 22 dias úteis de férias (segundo o disposto no art. 238º, nº 1, do CT), então 12 dias úteis (devidos no ano de contratação) + 22 dias úteis de férias, seriam 34 dias úteis de férias, hipótese que a norma afasta ao impôr o gozo de apenas 30 dias úteis de férias (nº 3, do art. 239º, do CT).

iii) Contratação em 1 de outubro de 2009
No ano da contratação, o trabalhador presta três meses de trabalho.

No entanto, para a formação do direito, carece de prestar mais três meses, mas tal é-lhe vedado pela sobreviência do termo do ano civil.

Neste caso, a lei, no ano civil seguinte, permite o gozo do direito a férias *angariado no ano da contratação*, desde que usufruído até 30 de junho e logo que atingidos os seis meses de execução do contrato (nº 3, do art. 239º, do CT).

---

[80] A prestação laboral que, neste caso, excede os 10 meses, é desconsiderada.

As férias do ano de contratação de 6 dias úteis, serão gozadas a partir de 30 de março de 2010 (logo que atingidos os seis meses de execução do contrato), até 30 de junho desse mesmo ano.

Em 01 de abril[81] do ano civil subsequente (2010), vencem-se 22 dias úteis de férias (segundo o disposto no art. 238º, nº 1, do CT), então 6 dias úteis (devidos no ano de contratação) + 22 dias úteis de férias, perfazem 28 dias úteis de férias, hipótese que a norma consente ao permitir o gozo de, no máximo, 30 dias úteis de férias (nº 3, do art. 239º, do CT).

Conforme já tinhamos manifestado, os *arts. 212º e 214º*, ambos do *CTA* deveriam ter sido conjugados em norma única, o que agora ocorreu[82].

c) O regime especial dos contratos de curta duração
O trabalhador cujo contrato de trabalho *não atinja seis meses,* tem direito a gozar dois dias úteis de férias por cada mês completo de duração do contrato (art. 239º, nº 4, do CT), que serão gozados no momento imediatamente anterior ao da cessação do contrato de trabalho, salvo acordo das partes em contrário (nº 5).

Este preceito vem alargar a faculdade de "nos casos em que o contrato está sujeito a aviso prévio", o empregador determinar que o período de férias seja antecipado para o momento anterior à data prevista para a cessação do contrato (art. 241º, nº 5, do CT).

Este poder que a lei confere ao empregador, representa, quanto a nós, uma restrição ao direito formado do trabalhador, pois o último período de execução do contrato será utilizado para gozo de férias, com inerente prejuízo patrimonial do trabalhador, face à recusa do empregador em receber trabalho.

1.2. A duração das férias

Hoje há que distinguir o período *mínimo e normal* de férias.

A duração do período *normal* anual de férias é de 22 dias úteis (art. 238º, nº 1, do CT), compreendendo os "dias da semana de segunda a sexta-feira, com exceção dos feriados" (nº 2).

O regime *mínimo* prevê o gozo de, pelo menos, 20 dias úteis, em virtude de se tratar de:

---

[81] E não em 1 de janeiro, havendo que realizar uma interpretação corretiva do art. 237º, nº 1, do CT, atendendo a que o regime geral não se pode vencer antes do regime especial.
[82] Sobre a problemática do gozo do tempo de férias no ano da contratação, *v.* PAULA QUINTAS e HELDER QUINTAS, "Código do Trabalho...", Almedina, 2012, 3ª ed. (anotação ao art. 239º).

- férias no ano de admissão (art. 239º, nº 1, do CT);
- compensação das faltas que determinem perda de retribuição em dias de férias, contanto que se salvaguarde o gozo efetivo de 20 dias úteis durante a vigência normal do contrato ou da correspondente proporção, se se tratar de férias no ano de admissão (art. 257º, nº 1, al. *a*), do CT);
- sanção disciplinar de perda de dias de férias (art. 328º, nº 1, al. *d*), do CT);
- autodisponibilidade do tempo de férias, desde que resguardado o gozo de 20 dias úteis (art. 238º, nº 5, do CT).

A lei contempla a possibilidade de o trabalhador renunciar parcialmente ao direito a férias, desde que assegurado o gozo de 20 dias úteis (nº 5, do art. 238º, do CT), o que representa, de alguma forma, uma certa *monetarização* de um direito.

1.3. O gozo de férias

As férias devem ser gozadas no decurso do ano civil em que se vencem (art. 240º, nº 1, do CT), continuamente ou de forma interpolada (art. 241º, nº 8, do CT desde que salvaguardado o mínimo de 10 dias úteis consecutivos.

O art. 240º, nº 2, do CT, veda a possibilidade de o trabalhador acumular no mesmo ano férias de dois ou mais anos, salvo as seguintes exceções:

- a possibilidade de gozo das férias até 30 de abril do ano civil seguinte (em acumulação ou não com as férias desse ano), por acordo entre as partes ou sempre que o trabalhador pretenda gozar as férias junto de familiares residentes no estrangeiro (nº 2, deste artigo);
- a possibilidade de acumular no mesmo ano metade do período de férias vencido no ano anterior, com o vencido no ano em causa, mediante acordo entre empregador e trabalhador (nº 3).

1.4. A marcação, a interrupção, o adiamento e a suspensão das férias

A marcação das férias ocorre por mútuo acordo entre o empregador e o trabalhador (art. 241º, nº 1, do CT).

Na falta de acordo, a marcação é feita pelo empregador (nº 2), ouvida a comissão de trabalhadores (nº 2, parte final).

Em pequena, média ou grande empresa (ou seja, excluída a micro-empresa), o empregador só pode marcar o período de férias entre 1 de maio e 31 de outubro, a menos que o instrumento de regulamentação coletiva de trabalho ou o parecer dos representantes dos trabalhadores admita época diferente (nº 3).

Na falta de acordo, o empregador ligado à atividade turística está obrigado a marcar (apenas) 25% do período de férias entre 1 de maio e 31 de outubro (nº 4).

No caso do trabalhador beneficiar do regime do trabalhador-estudante pode marcar o período de férias de acordo com as suas necessidades escolares, podendo gozar até 15 dias de férias interpoladas, na medida em que tal seja compatível com as exigências imperiosas do funcionamento da empresa (art. 92º, nº 1, do CT).

A marcação das férias determinada nos termos do art. 241º, só pode sofrer alterações:

- por razões puramente empresariais (art. 243º, do CT);
- por impedimento do trabalhador (art. 244º, do CT).

O período de férias já marcado pode ser alterado ou interrompido por razões imperiosas do funcionamento da empresa (art. 243º, nº 1, 1ª parte, do CT). Nesse caso, assiste ao trabalhador o direito a ser indemnizado pelos prejuízos que comprovadamente haja sofrido na pressuposição de que gozaria as férias na época fixada (art. 243º, nº 1, 2ª parte, do CT).

As férias são ainda suspensas por motivo relativo ao trabalhador, desde que ao empregador seja comunicado tal impedimento (art. 244º, nº 1, do CT). O gozo das férias prossegue, logo após a alta, quanto ao remanescente do período marcado (nº 2).

O nº 4, relativo ao impedimento por doença, remete para o art. 254º, nºs 2 e 3, que prevê a verificação por médico, "nos termos previstos em legislação específica", entretanto publicada. Assim, os arts. 17º a 24º, da L nº 105/2009, de 14.09, cuidam da verificação da situação de doença do trabalhador.

Dentro do espírito da lei, o trabalhador doente não repousa nem recupera do esforço laboral.

Na marcação, os períodos de férias mais pretendidos são rateados, de modo a beneficiar, alternadamente, os trabalhadores em função dos períodos gozados nos dois anos anteriores (art. 241º, nº 6, do CT).

Os cônjuges e as pessoas que vivam em união de facto ou economia comum, que trabalhem na mesma empresa, gozam da possibilidade de realizar férias em conjunto, salvo havendo prejuízo grave para o empregador (*v.g.*, serem ambos os gerentes do estabelecimento comercial), nos termos do nº 7, do art. 241º, do CT.

Cabe ao empregador elaborar o mapa de férias até 15 de abril de cada ano, mantendo-o afixado até 31 de outubro (nº 9, do preceito indicado).

1.5. Retribuição das férias

A férias são sempre retribuídas. A *retribuição do período de férias* "corresponde à que o trabalhador receberia se estivesse em serviço efetivo" (art. 264º, nº 1, do CT).

Já o *subsídio de férias* (em desvio do referente geral de cálculo das prestações complementares e acessórias, previsto no art. 262º, nº 1, do CT) compreende "a retribuição base e as demais prestações retributivas que sejam contrapartida do modo específico da execução do trabalho" (nº 2), deixando de corresponder ao montante da retribuição de férias.

Assim, na aplicação prática do conceito, poderá ser menor o subsídio de férias do que a retribuição de férias, dado que aquele só comporta o *modo específico da execução do trabalho*, as condições, condicionalismos e constrangimentos da prestação laboral (*v.g.*, subsídio de risco, subsídio de turno). Excluindo-se, ainda, as despesas feitas pelo trabalhador em função da prestação (*v.g.*, subsídio de refeição, de transporte, de alojamento), bem como as contrapartidas de desempenho conferidas pelo empregador (*v.g.*, prémios de produtividade, de assiduidade; comissões de vendas)[83].

Já Lobo Xavier, em apreciação ao regime da LFFF, com toda a atualidade, havia dito que:

"Há quem sustente que o legislador disse mais do que queria ao referir-se à retribuição, afirmando que «não pode ser inferior à que os trabalhadores receberiam se estivessem em serviço efetivo». Nessa linha, não serão de computar – para efeitos da retribuição por férias e respetivos subsídios – certas atribuições patrimoniais (*v.g.*, comissões de vendas, prémios, etc.).

O ponto presta-se a dúvidas: o que nos parece líquido é que a entidade patronal não terá de desembolsar durante esse período (e em duplicado, por força do regime de subsídio) aquelas prestações que têm como determinante a assunção de despesas que competem ao trabalhador (ou, de qualquer modo,

---

[83] Em sentido oposto, decidiu o Ac. da RC, de 21.09.2006 *in* CJ, Ano XXI, T. IV, p. 48:
"*I – Na vigência do Código do Trabalho, quando as disposições convencionais ou contratuais não disponham em contrário, apenas devem ser consideradas no cálculo do subsídio de Natal a remuneração-base e as diuturnidades auferidas pelo trabalhador.*
II – Assim, são excluídos desse cálculo os prémios de assiduidade, de desempenho, de produtividade e de trabalho noturno, percebidos mensalmente.
III – Tais prémios devem, porém, ser considerados nas remunerações das férias e do subsídio de férias, bem como nos subsídios de Natal, devidos até 30/11/2003".

que possuem uma causa não especificamente retributiva, *v.g.*, subsídios de transporte, de fardamento, etc)."[84]

O nº 3, do art. 264º, do CT, consagra que, salvo acordo escrito em contrário, o subsídio de férias deve ser pago antes do início do período de férias, salvo no caso de férias repartidas, em que será proporcional.

Mesmo quando o período de férias é reduzido, tal não implica redução do subsídio de férias (nº 2, do art. 257º, do CT).

Tanto a retribuição como o subsídio constituem direitos irrenunciáveis e o seu gozo efetivo não pode ser substituído por qualquer compensação económica ou outra, salvo nas hipóteses expressamente previstas na lei (art. 237º, nº 3, do CT).

A violação do direito a férias por parte do empregador obriga ao pagamento de uma compensação, correspondente ao triplo da retribuição do período de férias em falta (art. 246º, do CT)[85].

Para tal, incumbe ao trabalhador o ónus de provar que:

– não gozou as férias; e
– que o empregador obstou, *culposamente*, ao respetivo gozo[86-87].

---

[84] "Curso...", p. 431.
[85] *"(...) II – A violação do direito a férias não gera uma obrigação de pagamento de retribuição de férias, mas sim uma obrigação de indemnizar".*
Ac. de 28.01.1998 *in* CJ, Ano XXIII, Tomo I, p. 164.
"I – A indemnização por violação do direito a férias previsto no artigo 13º do Decreto-lei nº 874/76, de 28 de dezembro, tem como pressuposto, não só a efetiva ausência de férias, como também a obstrução ao gozo desse direito do trabalhador por parte da entidade patronal. (...)".
Ac. STJ, de 13.05.1998 *in* BMJ, 477, p. 251.
[86] Questionou-se, no passado, se o aumento de férias previsto no nº 3 do art. 238º do Código do Trabalho teria idêntico aumento do montante do subsídio de férias. Hoje a questão encontra-se resolvida. O art. 264º, nº 2, *in fine, receitua, perentoriamente, que o subsídio de férias corresponde à duração mínima das mesmas*. Pugnamos, no entanto, pela majoração ser concedida em toda a sua amplitude, ou seja, quanto à retribuição de férias e ao subsídio de férias.
Como sabemos, o direito a férias começou por ser um privilégio dado a alguns, muito antes de se *democratizar*, com a Lei nº 1952 (Lobo Xavier, *in* "Curso...", p. 425), e mesmo assim com grande parcimónia (atribuindo-se 4, 8 ou 12 dias para empregados, e 3 ou 6 dias para assalariados, conforme a antiguidade). O período de férias estabilizou-se em 22 dias úteis de férias (*v.*, em particular, o art. 4º da LFFF, atual nº 1, do art. 238º, do Código do Trabalho e *art. 213º, nº 1, do CTA*).
A maximização concedida pelo Código do Trabalho situa-se como uma das medidas de combate ao absentismo (a exemplo do art. 256º, nº 2, também do Código do Trabalho, que configura como infração grave o aproveitamento de um feriado ou dia de descanso, para alargamento do tempo de ausência).
Ora, diz o nº 3, do art. 238º, que a duração do período de férias é aumentada, nos termos e condições aí expostos. Nada é dito, no corpo do artigo, nem nada haveria a dizer, quanto à dimensão da retribuição de férias.

1.6. A suspensão do contrato por impedimento prolongado e a sua repercussão no direito a férias

Quando o trabalhador se encontre impossibilitado de gozar férias por suspensão do contrato de trabalho (o que, conforme decorre da lei, implicará a interrupção do gozo das férias), tem direito:

- no ano da suspensão à retribuição correspondente ao período de férias não gozado e respetivo subsídio (art. 244º, nº 3);
- no ano da cessação desse impedimento prolongado, *após seis meses completos de execução do contrato*, a 2 dias úteis de férias por cada mês de trabalho efetivamente prestado (art. 239º, nº 6, o qual remete para os nºs 1 e 2).

Na eventualidade de sobrevir o fim do ano civil antes de decorrido o prazo de seis meses ou antes de gozadas as férias, o trabalhador pode usufruir das férias formadas no ano da cessação do impedimento prolongado, até 30 de junho do ano civil subsequente (nº 2, do art. 239º, do CT).

Cessando o contrato de trabalho após impedimento prolongado respeitante ao trabalhador, rege o art. 245º, nº 4.

1.7. A cessação do contrato de trabalho e a sua repercussão no direito a férias

a) Regime geral de cessação

Cessando o contrato de trabalho, por qualquer uma das formas previstas no art. 340º, o trabalhador terá direito a receber a retribuição correspondente a um

---

Para os efeitos creditórios do tempo de férias, o artigo aplicável é o art. 264º que preceitua, de forma simples e sucinta: A retribuição do período de férias (de 22, 23, 24 ou 25 dias, dependendo de cada caso concreto) corresponde "à que o trabalhador receberia se estivesse em serviço efetivo". Ou seja, o trabalhador não pode receber menos em férias do que receberia se estivesse a desempenhar as suas funções. Salvo a ressalva feita quanto ao valor do subsídio de férias, que pode ser de montante inferior à retribuição de férias, não por ser restringido aos 22 dias úteis, outrossim, *por certas prestações complementares terem deixado de aí ser computadas* (nº 2).

E é exatamente por a ponderação a fazer, para efeito de retribuição de férias, ser a da duração das mesmas, que o nº 4, *in fine*, do mesmo preceito, explicita que o subsídio de férias corresponde à duração mínima das férias, desconsiderando a majoração das mesmas.

[87] "I – *O direito à indemnização pelo não gozo de férias só é devido se se alegar e provar, o que compete ao trabalhador, que a entidade patronal obstou a esse gozo.*
II – *E nem o facto de a entidade patronal ter um só trabalhador pode, só por si, levar à conclusão de que a entidade patronal obstou a esse gozo de férias".*
Ac. STJ, de 11.03.1999 in Ano VII, Tomo I, p. 299.

período de férias proporcional ao tempo de serviço prestado no ano da cessação e respetivo subsídio (art. 245º, nº 1, al. *b*), do CT).

Se o trabalhador ainda não tiver gozado o período de férias vencido, terá ainda direito a receber a retribuição correspondente a esse período, bem como o respetivo subsídio (nº 1. al. *a*)), considerando-se tal período para efeitos de antiguidade (nº 2).

b) Regime especial de cessação
O nº 3, do art. 245º, do CT, dedicado ao contrato que cessa no ano civil subsequente ao da admissão ou cuja duração não seja superior a 12 meses, prevê que o período de férias não pode ser superior ao proporcional à duração do vínculo.

Vejamos o seguinte exemplo:
A. recrutado em 01.03.2009, goza, ao fim de seis meses de trabalho efetivo, 12 dias úteis de férias (6 meses x 2 dias = 12 dias úteis).

O contrato de trabalho cessa em 01.02.2010, pretensamente ter-se-iam vencido em 01.01.2010, 22 dias úteis de férias (regime normal), que a cumular com os 12 já vencidos, daria 34 dias úteis de férias (22 + 12 = 34).

É esta solução que a lei quer afastar.

Nos termos do nº 3, do 245º, do CT (que obriga ao limite proporcional da duração do vínculo) o trabalhador tem direito a gozar apenas 22 dias úteis de férias, referente ao período de 11 meses de trabalho prestado entre 01.03.2009 a 01.02.2010. Calculados da seguinte do forma: (11 x 2 = 22 dias úteis).

2. Feriados

2.1. Os feriados obrigatórios
Os feriados não visam reparar o esforço de trabalho, mas permitir a toda a população celebrar oficialmente um facto histórico ou homenagear um determinado dia.

Não se trata, portanto, de mais uma das manifestações do direito ao repouso, alerta MONTEIRO FERNANDES, mas "de uma obrigação do empresário relativamente ao Estado, que se articula com um direito subjetivo público dos trabalhadores"[88].

O art. 234º, do CT estabelece a nomenclatura taxativa dos feriados obrigatórios.

---

[88] "Direito...", 11ª ed., p. 405.

Procedeu-se a uma redução do "catálogo legal, mediante a eliminação de quatro feriados, correspondentes a dois feriados civis e a dois feriados religiosos (feriados do Corpo de Deus, de 5 de outubro, de 1 de novembro e de 1 de dezembro)". Nos termos da alteração introduzida pela L nº 23/2012, de 25.06, v. PAULA QUINTAS/HELDER QUINTAS *in* "Código do Trabalho – Anotado e comentado", Almedina, 2012, 3ª edição, anotação ao art. 234º.

2.2. A incompensabilidade e a inalterabilidade dos feriados

A lei veda expressamente a possibilidade de *marcação de feriados*, configurando a sua inalterabilidade, salvo no que respeita aos feriados facultativos (art. 235º, do CT).

O Código de Trabalho continua a prever que, mediante legislação especial (ainda não publicada desde o CTA), determinados feriados obrigatórios possam ser observados na segunda-feira da semana subsequente (art. 234º, nº 3, do CT), numa tentativa de combate aos absentismo laboral injustificado.

3. Faltas justificadas e faltas injustificadas e sua articulação com o poder disciplinar do empregador

3.1. Noção de falta

Sobre o trabalhador impende o dever jurídico de assiduidade (art. 128º, nº 1, al. *b*), do CT), salvo as exceções previstas ou concedidas na lei, *v.g.*, faltas motivadas por doença ou em cumprimento das obrigações legais.

Assim e em princípio, a ausência do trabalhador, durante o período normal de trabalho a que está obrigado e no local de trabalho, integra a noção de falta (art. 248º, nº 1, do CT).

Na eventualidade da ausência se prolongar *efetiva* ou *previsivelmente* por mais de um mês, o período de ausência converte-se em período de suspensão do contrato (neste caso, suspensão por impedimento respeitante ao trabalhador), conforme dispõe o art. 296º, nºs 1 e 3, do CT.

Toda a ausência ao trabalho determina uma falta pelo período correspondente (art. 248º, nº 2, do CT), *se o trabalhador se apresentar com atraso injustificado não superior a 30 m*, o empregador é obrigado a aceitar a sua prestação de trabalho e o tempo de falta vai sendo somado, para efeito de determinação de dias de faltas injustificadas.

Há casos, no entanto, em que o empregador, face à latitude da ausência, pode recusar parte ou toda a prestação laboral, com os inerentes efeitos de ausência injustificada ao trabalho:

- se o *atraso for superior a 60 minutos*, o empregador pode recusar o trabalho durante todo o dia, havendo, portanto, um dia de falta injustificada (art. 256º, nº 3, al. *a*), do CT).
- se o *atraso na apresentação ultrapassar 30 minutos, mas não exceder 1 hora*, o empregador tem o direito de recusar a prestação de trabalho durante a parte da manhã ou da tarde, conforme o atraso seja de manhã ou de tarde. E o meio dia de falta é considerado todo injustificado (art. 256º, nº 3, al. *b*), do CT).

3.2. Tipologia legal das faltas justificáveis

O nosso sistema jurídico consagra um regime híbrido de admissibilidade da falta.

Por um lado, o art. 249º, do CT, apresenta uma enumeração imperativa, por outro, a alínea *i*), do nº 2, deste mesmo artigo admite que o empregador, dentro do seu poder diretivo, exonere o trabalhador da realização da prestação laboral, sem aparentemente qualquer motivo justificativo especial. Eesse poder, quanto a nós, enquadra uma verdadeira faculdade discricionária, de punir ou premiar, sem que o ataque à coerência decisória, possa ser censurado.

Da nomenclatura do nº 2, do art. 249º, do CT, resultam como faltas justificadas as dadas devido a:

casamento – atribuindo-se o limite de "15 dias seguidos" (art. 249º, nº 2, al. *a*) do CT);

luto – o tempo de falta em virtude de luto é variável conforme o grau de parentesco e de afinidade que unia o falecido ao trabalhador (art. 249º, nº 2, al. *b*) do CT):

- Cinco dias no caso de falecimento do cônjuge não separado de pessoas e bens **ou** de parente ou afim no 1º grau da linha reta (art. 251º, nº 1, al. *a*), do CT).
- Dois dias em caso de morte de (outros) parentes ou afins na linha reta **ou** até ao 2º grau da linha colateral (art. 251º, nº 1, al. *b*), do CT).

Quanto ao falecimento de pessoa que viva em união de facto (L nº 7/2002, de 11.05) ou economia comum (L nº 6/2002, de 11.05) com o trabalhador, a lei atribui igualmente cinco dias de falta no caso de falecimento do unido de facto ou da pessoa com quem o trabalhador vivia em economia comum. Relembre-se que a equiparação de regimes *só colhe para o previsto na al. a)* do nº 1 do art. 251º, do CT (como sabemos, as figuras da união de facto ou do regime da economia em comum não geram o instituto da afinidade).

Sobre a distinção entre parentesco e afinidade, diga-se sumariamente que o parentesco é o "vínculo que une duas pessoas, em consequência de uma delas descender da outra (pais e filhos, avós e netos), ou de ambas procederem de um progenitor comum (tios e sobrinhos, irmãos entre si)", (art. 1578º, do CC).

Por sua vez, a afinidade é o "vínculo que liga cada um dos cônjuges aos parentes do outro" (art. 1584º, do CC).

O parentesco, bem como a afinidade, admitem duas espécies:

O parentesco em linha reta, como vínculo que liga as pessoas que descendem umas das outras (art. 1580º, nº 1, 1ª parte, do CC), que pode ser descendente ou ascendente (art. 1580º, nº 2, do C, consoante se parta do progenitor para os que dele descendem ou o contrário (*v.g.* o pai é parente dos filhos na linha descendente, o neto é parente do avô na linha ascendente) e

- o parentesco em linha colateral, como vínculo que liga as pessoas que descendem de um progenitor comum (art. 1580º, nº 1, do CC), *v.g.*, os irmãos são parentes colaterais.

Como se procede à contagem do parentesco (ou da afinidade)?

O nosso Código Civil procede à contagem do parentesco, medindo por graus a proximidade entre os parentes, correspondendo cada grau a um nascimento.

Na linha reta, "há tantos graus quantas as pessoas que formam a linha de parentesco, excluindo o progenitor" (art. 1581º, nº 1, do CC).

Na linha colateral, "os graus contam-se da mesma forma, subindo por um dos ramos e descendo pelo outro, mas sem contar o progenitor comum" (art. 1581º, nº 2, do CC).

V.g. avô e neto – parentes em 2º grau da linha reta; pai e filho – parentes no 1º grau da linha reta; primos – parentes no 4º grau da linha colateral (1º primo, por onde se inicia a contagem; pai do 1º primo; avô; pai do 2º primo; 2º primo).

A afinidade conta-se da mesma forma que o parentesco. *V.g.* afins na linha reta – padrasto e enteados, nora e sogra; afins na linha colateral – cunhados.

A língua e a terminologia inglesa explica este fenómeno bastante melhor, os afins são os parentes aos olhos da lei, *v.g.* a nora é uma filha, a sogra uma mãe, *danghter-in-law, mother-in-law*.

O regime jurídico do apadrinhamento civil, aprovado pela L nº 103/2009, de 11.09, define a figura como "uma relação jurídica, tendencialmente de caráter permanente, entre uma criança ou jovem e uma pessoa singular ou uma família que exerça os poderes e deveres próprios dos pais e que com ele estabeleçam vínculos afetivos que permitam o seu bem-estar e desenvolvimento, constituída por homologação ou decisão judicial e sujeita a registo civil" (art. 2º).

Neste contexto, a lei confere aos padrinhos e ao afilhado o "direito a beneficiar do regime jurídico de faltas e licenças equiparado ao dos pais e dos filhos" (art. 23º, nº 1, al. *a*), da L nº 103/2009, de 11.09). Neste termos, os padrinhos consideram-se ascendentes em 1º grau do afilhado, e este, considera-se descendente em 1º grau dos padrinhos (art. 251º, nº 1, al. *a*), do CT).

Sobre o diferendo se os dias concedidos são dias utéis ou seguidos, acolhemos o último entendimento, o período de tempo em causa é, na sua razão de ser, um tempo de nojo, de recolhimento e não tanto um tempo para diligenciar os atos civis e religiosos advientes da morte do familiar.

prestação de provas em estabelecimento de ensino (art. 249º, nº 2, al. *c*) do CT). O regime do trabalhador-estudante, para além de consagrado nos arts. 89º a 96º, do CT, também se apresenta no art. 12º da L nº 105/2009, de 14.09, que regulamentou parcialmente o CT, repondo um dos aspetos injustificadamente revogado do regime, em concreto, o preceito dedicado às "Especificidades da frequência de estabelecimento de ensino por trabalhador-estudante";

as motivadas por impossibilidade de prestar trabalho, devido a facto não imputável ao trabalhador, com a novidade da falta abranger a observância de prescrição médica no seguimento de recurso a técnica de procriação medicamente assistida (art. 249º, nº 2, al. *d*) do CT);

as motivadas pela necessidade de prestação de assistência inadiável e imprescindível a filho, neto ou membro do agregado familiar (art. 249º, nº 2, al. *e*), do CT). O art. 252º, nº 1, do CT, enuncia o alcance do conceito de «agregado familiar», nele compreendendo o cônjuge ou pessoa que viva em união de facto ou economia comum com o trabalhador, parente ou afim na linha reta ascendente ou no segundo grau da linha colateral.

No caso de assistência a parente ou afim na linha reta ascendente, não é exigível a pertença ao mesmo agregado familiar (art. 252º, nº 3, do CT).

A assistência a filho menor encontra-se prevista no art. 49º, do CT.

A lei confere ao padrinhos e ao afilhado o direito a beneficiar do regime jurídico de faltas e licenças equiparado ao dos pais e dos filhos (art. 23º, nº 1, al. *a*), da L nº 103/2009, de 11.09).

A figura do enteado, quanto a nós, e para este efeito, deve ser equiparada à de filho.

A L nº 90/2001, de 20.08, estabelece ainda um regime especial de faltas, para as mães e pais estudantes que se encontrem a frequentar os ensinos básico e secundário, o ensino profissional ou o ensino superior, em especial as jovens grávidas, puérperas e lactantes, cujos filhos tenham até 3 anos de idade (arts. 2º e 3º).

as necessárias para acompanhamento do educando (art. 249º, nº 2, al. *f*) do CT);

as dadas pelos trabalhadores eleitos para as estruturas de representação coletiva (art. 249º, nº 2, al. *g*) do CT);

as dadas por candidatos a eleições para cargos públicos, em período de campanha eleitoral (art. 249º, nº 2, al. *h*) do CT);

as autorizadas ou aprovadas pelo empregador (art. 249º, nº 2, al. *i*) do CT);

as qualificadas como tal pela lei (art. 249º, nº 2, al. *j*) do CT)[89].

3.3. Comunicação e prova da falta

Para que as faltas se considerem justificadas não basta a previsão do nº 2 do art. 249º, do CT é necessária, ainda, a apresentação da prova da falta formalmente justificada (art. 254º, do CT). Em caso de doença, o art. 254º, nº 3, *in fine*, do CT, remete para legislação específica, que entretanto foi publicada. A verificação da situação de doença encontra-se regulada na L nº 105/2009, de 14.09 (arts. 17º a 24º). O art. 254º, nº 4, do CT, refere que "A apresentação ao empregador

---

[89] Sobre esta qualificação, *v.* PAULA QUINTAS e HELDER QUINTAS, "Código do Trabalho...", Almedina, 2012, 3ª ed. (anotação ao art. 249º).

de declaração médica com intuito fraudulento constitui falsa declaração para efeitos de justa causa de despedimento".

Ao abrigo do disposto no art. 253º, do CT, a falta justificada, quando previsível, deve ser comunicada com a antecedência mínima de cinco dias (nº 1), quando imprevisível, deve ser comunicada logo que possível (nº 2, in fine).

No caso de candidato a cargo público durante o período da campanha eleitoral a falta é comunicada ao empregador com a antecedência mínima de 48 horas (nº 3).

A comunicação é reiterada quando a ausência se prolongue para além do período inicial, mesmo estando o contrato suspenso por impedimento prolongado (nº 4).

É igualmente sobre o trabalhador faltoso que recai o ónus da prova dos pressupostos das faltas justificadas supra enumeradas (nº 5).

3.4. Efeitos das faltas justificadas

Conforme resulta do art. 255º, do CT, as faltas justificadas não afetam qualquer direito do trabalhador, exceto *quanto à retribuição* nos casos previstos no nº 2 (incluindo, as faltas autorizadas ou aprovadas pelo empregador, al. *e*))[90].

Prevê-se a possibilidade de reflexo das *faltas com perda de retribuição* (ou seja, mesmo as faltas justificadas) serem compensadas por renúncia do período de férias, nos termos previstos no art. 257º, nº 1, al. *a*) do CT. Acolhe-se, ainda, o regime de compensação de falta por prestação de trabalho em acréscimo ao período normal (art. 257º, nº 1, al. *b*) do CT.

3.5. Efeitos das faltas injustificadas

As faltas injustificadas constituem violação do dever de assiduidade e implicam sempre a perda de retribuição correspondente ao período de ausência, com desconto na antiguidade do trabalhador (art. 256º, nº 1, do CT).

A falta injustificada a um ou meio período normal de trabalho diário, imediatamente anterior ou posterior a dia ou meio dia de descanso ou a feriado, constitui infracção grave (art. 256º, nº 2). E a perda retributiva abrange, além do dia

---

[90] "I – (...) As faltas só conduzem à perda de retribuição se o trabalhador tiver direito ao respetivo subsídio de previdência.
II – Não tendo o trabalhador direito a esse subsídio (...) recai sobre a entidade patronal a obrigação de lhe pagar as retribuições respeitantes ao período de doença".
Ac. RE. de 02.07.1996 *in* CJ, Ano XXI, Tomo IV, p. 303.

de falta, os dias ou meios dias de descanso ou feriados imediatamente anteriores ou posteriores ao dia de falta (nº 3).

Ou seja, faltando na sexta, após o feriado de quinta, perde a retribuição de sexta e quinta; faltando na segunda, perde a retribuição de domingo e segunda.

CAPÍTULO V
TEMPO DE TRABALHO

1. O horário de trabalho

O art. 197º, nº 1 do CT, considera tempo de trabalho "qualquer período durante o qual o trabalhador exerce a atividade ou permanece adstrito à realização da prestação, bem como as interrupções e os intervalos" previstos no nº 2.

Para determinação do conceito tempo de trabalho, o art. 197º, do CT, estabelece uma preciosa nomenclatura, constatando-se que o conceito de tempo de trabalho está dependente da efetividade prestacional, onde se inclui, o próprio tempo em que o trabalhador não presta serviço, mas mantém a disponibilidade.

Nos termos do art. 200º, nº 1, do CT, o horário de trabalho é definido como a determinação das horas de início e termo do período normal de trabalho diário e do intervalo de descanso, bem como do descanso semanal.

O horário de trabalho configura, assim, o limite temporal da prestação de trabalho, distribuindo as horas do período normal de trabalho entre os limites do período de funcionamento.

O nº 1, do art. 201º, do CT, define o período de funcionamento como "o período de tempo diário durante o qual os estabelecimentos podem exercer a sua atividade".

O período de funcionamento dos estabelecimentos de venda ao público denomina-se «período de abertura» (nº 2).

O período de funcionamento dos estabelecimentos industriais denomina-se «período de laboração» (nº 3).

Pela L nº 105/2009, de 14.09, que regulamentou parcialmente o CT, entende-se por período de laboração o "compreendido entre as 7 e as 20 horas" (art. 16º, nº 1).

Podem, no entanto, ocorrerem períodos de laboração distintos mediante autorização do membro do Governo responsável pela área laboral (segundo o disposto nos nº 2 a 4).

a) Adaptabilidade do horário de trabalho

i) Adaptabilidade por instrumento de regulamentação coletiva de trabalho
O período normal de trabalho não pode exceder as 40h semanais, e as 8 horas diárias (art. 203º, nº 1, do CT).

Poderá, no entanto, tal período ser aumentado, por *instrumento de regulamentação coletiva de trabalho*, até ao limite de 4h diárias, desde que a duração do trabalho não exceda as 60h (art. 204º, nº 1, do CT), excetuadas as horas de trabalho suplementar prestado por motivo de força maior (nº 1, *in fine*, do CT).

O período normal de trabalho não pode exceder 50h em média num período de 2 meses (art. 204º, nº 2, do CT)[91].

O regime da adaptabilidade também denominado de horário modulado (por se formar em módulos de intensidade temporal maior ou menor), permite ao empregador flexibilizar o recurso à prestação laboral, auferindo o trabalhador uma retribuição certa normalizada (preste mais ou menos tempo de trabalho do que aquele que é pedido no período normal de trabalho).

ii) Adaptabilidade individual
A dilatação do período normal de trabalho também pode ocorrer por *acordo entre o empregador e o trabalhador*, até ao máximo de 2 horas, desde que não exceda as 50 horas semanais, só não contando para esse limite o trabalho suplementar prestado por motivo de força maior (art. 205º, nº 2, do CT).

iii) Adaptabilidade grupal
A adaptabilidade grupal (extensão da adaptabilidade à equipa, secção ou unidade económica) prevista, *ex novo*, no art. 206º, só é admissível mediante instrumento de regulamentação coletiva de trabalho, nos dois casos previstos no preceito.

b) Banco de horas
O regime de banco de horas, previsto no art. 208º, do CT, constitui matéria nova. A ideia à semelhança do sistema bancário seria a de permitir, em regime de conta corrente, o *depósito* de tempos de atividade e o *levantamento* de tempos de inatividade[92]. A figura só é admissível mediante instrumento de regulamen-

---

[91] Ou seja, explica Luís Miguel Monteiro *in* "Código do Trabalho Anotado", Romano Martinez e al., Almedina, 7ª edição, 2009, p. 507. "Com a regra do nº 2, às sessenta horas por semana no primeiro mês tem de seguir-se um mês de prestação de quarenta horas semanais, cumprindo assim a média das cinquenta horas; nos dois meses seguintes, a média do tempo de trabalho semanal não poderá ultrapassar trinta horas (...), de modo a que a média nos quatro meses considerados cumpra as quarenta horas de período normal de trabalho".

[92] Uma das principais dificuldades da figura advém da falta de concertação de vontades aquando do levantamento das horas prestadas para além do legalmente exigido e que não são, naturalmente, tratadas como trabalho suplementar.

tação coletiva de trabalho. O legislador entende a figura como a "possibilidade de aumento do período normal de trabalho até quatro horas diárias, podendo atingir 60 horas semanais, tendo o acréscimo por limite 200 horas por ano" (nº 2), podendo ser afastado por instrumento de regulamentação coletiva de trabalho, caso a utilização do regime tenha por objetivo evitar a redução do número de trabalhadores, só podendo esse limite ser aplicado durante um período até 12 meses (nº 3)[93].

c) Horário concentrado
Outro regime, previsto no art. 209º, do CT, que constitui matéria nova. O horário concentrado pode:

- ser aumentado até quatro horas diárias por acordo entre empregador e trabalhador ou por instrumento de regulamentação coletiva de trabalho (nº 1, al. *a*));
- por instrumento de regulamentação coletiva de trabalho pode ser estabelecido que contenha, no máximo, três dias de trabalho consecutivos, seguidos no mínimo de dois dias de descanso, devendo a duração do período normal de trabalho semanal ser respeitado, em média, num período de referência de 45 dias (nº 1, al. *b*)).

d) Alteração do horário de trabalho
Quanto à alteração do horário de trabalho, prevê o nº 4, do art. 217º, do CT, que "não pode ser unilateralmente alterado o horário individualmente acordado".

A expressão "individualmente acordados" significará que foram, de facto, negociados entre as partes.

A alteração dos horários de trabalho (incluindo a adoção dos *novos tempos* de trabalho), quando possível, deve obedecer à tramitação prevista no art. 217º, nº 2, do CT.

Nos termos do nº 3, do preceito, o cumprimento da referida tramitação pode ser dispensado, nos casos em que a alteração do horário de trabalho não exceda uma semana (esta forma de alteração não pode ser utilizada mais de 3 vezes por ano).

---

[93] V. Paula Quintas e Helder Quintas, "Código do Trabalho...", Almedina, 2012, 3ª ed. (em anotação ao art. 208º).

Na eventualidade de tal alteração implicar acréscimo de despesa para os trabalhadores (*v.g.*, deslocações tardias, sem acesso a transporte público), assiste ao trabalhador direito a compensação económica (nº 5).

2. O trabalho suplementar

De acordo com o art. 226º, nº 1, do CT, entende-se por trabalho suplementar todo aquele que for prestado fora do horário de trabalho, dentro do seguinte âmbito:

- trabalho diurno prestado para além dos limites diários resultantes do horário, ou fora dele;
- trabalho noturno prestado fora do horário de trabalho;
- trabalho prestado em dia de descanso semanal ou em dia feriado.

O nº 3 exclui os possíveis casos enquadráveis em trabalho suplementar.

Nos termos do art. 227º, do CT, o trabalho suplementar só pode ser prestado nos seguintes casos:

- acréscimo eventual e transitório de trabalho que não justifique a contratação de novos trabalhadores (nº 1);
- motivo de força maior (nº 2, 1ª parte);
- quando se torne indispensável para prevenir ou reparar prejuízos graves para a empresa ou para a sua viabilidade (nº 2, 2ª parte).

Verificando-se uma das situações referidas, a prestação do trabalho suplementar constitui uma das obrigações legais do trabalhador, nos termos do art. 227º, nº 3, do CT (sob pena de incorrer na violação do dever de obediência, previsto no art. 128º, nº 1, al. *d*), do CT, caso os motivos de escusa de o prestar não se apresentem relevantes).

O trabalho suplementar que se fundamente no acréscimo eventual de trabalho (art. 227º, nº 1, do CT), *e só o trabalho prestado nesse contexto*, fica sujeito aos limites do art. 228º, do CT. O trabalho suplementar prestado à luz do nº 2, do art. 227º, do CT, não apresenta limites.

Os referidos limites temporais de desempenho, são, por lei, restringidos a duas horas por dia normal de trabalho (art. 228º, nº 1, al. *d*), do CT), e a um número de horas igual ao período normal de trabalho diário nos dias de descanso semanal (obrigatório ou complementar) e nos dias feriados (al. *e*)).

Quanto aos casos em que há prestação laboral ao sábado, durante meio período de trabalho, o trabalho suplementar prestado em tal dia, não pode exceder meio período normal de trabalho (al. *f*)).

O trabalho suplementar não pode ser prestado por mulheres grávidas (ou com filhos de idade inferior a 12 meses), menores, trabalhadores deficientes ou doentes crónicos, nos termos dos arts. 59º, 75º e 88º, todos do CT.

Nos termos do nº 1, do art. 268º, do CT, alterado pela L nº 23/2012, de 25.06, a prestação de trabalho suplementar é agora retribuída, de acordo com os seguintes acréscimos:

- 25% pela 1ª hora ou fração desta subsequente, em dia útil (al. *a*), do nº 1, 1ª parte);
- 37, 5% por hora ou fração subsequente, em dia útil (al. *a*) do nº 1, 2ª parte);
- 50% por cada hora ou fração em dia de descanso semanal, obrigatório ou complementar ou em dia feriado (al. *b*)).

O direito a descanso semanal compensatório em caso de trabalho prestado em dia útil, em dia de descanso semanal complementar e em dia feriado foi eliminado pela L nº 23/2012, de 25.06.

O trabalhador que presta trabalho suplementar impeditivo do gozo de descanso diário tem direito a descanso compensatório remunerado equivalente às horas de descanso em falta, a gozar num dos 3 dias úteis seguintes (art. 229º, nº 3, do CT).

No caso de prestação de trabalho em dia de descanso semanal obrigatório, a lei atribui um dia de descanso compensatório remunerado, seja qual for a duração do trabalho suplementar realizado, a vencer-se nos três dias úteis seguintes (art. 229º, nº 4, do CT).

De acordo com o art. 268º, nº 2, do CT, a retribuição por prestação de trabalho suplementar, só é exigível se:

- o empregador, prévia e expressamente, a tiver determinado;
- o recebimento da mesma seja justamente expectável pelo trabalhador.

CAPÍTULO VI
RETRIBUIÇÃO

1. Considerações preliminares

A retribuição é definida nos termos do art. 258º, nº 1, do CT, como *a prestação a que, nos termos do contrato, das normas que o regem ou dos usos, o trabalhador tem direito como contrapartida do seu trabalho*.

Na contrapartida do trabalho inclui-se a retribuição base e todas as prestações regulares e periódicas feitas, direta ou indiretamente, em dinheiro ou em espécie (nº 2).

É expressamente consagrado que a base de cálculo das prestações complementares e acessórias (ligadas às circunstâncias e/ou condições do desempenho do trabalhador) é constituída apenas pela retribuição base e diuturnidades (art. 262º, nº 1, 2ª parte, do CT), nos casos em que as disposições legais, convencionais ou contratuais não disponham em contrário (nº 1, 1ª parte, *v.g.*, art. 264º, sobre retribuição de férias).

Define-se também os seguintes conceitos retributivos:

i) *retribuição-base*, que corresponde, naturalmente, à "prestação correspondente à atividade do trabalhador no período normal de trabalho" (art. 262º, nº 2, al. *a*), do CT);

ii) *diuturnidade*, constituída pela "prestação de natureza retributiva a que o trabalhador tem direito com fundamento na antiguidade" (art. 262º, nº 2, al. *b*), do CT).

O interesse em considerar a prestação com expressão económica como retributiva, prende-se com a insusceptibilidade de ser retirada ou modificada unilateralmente pelo empregador.

A erosão da retribuição poria em causa o princípio da irredutibilidade, que constitui uma das garantias do trabalhador.

O CT é parco hoje na informação sobre esta matéria, pretendendo que a retribuição seja contratualizada, de molde que as partes acordem sobre a circunscrição da prestação retributiva. Na verdade, o acordo sobre esta matéria será débil se entendermos, como entendemos, o contrato de trabalho como contrato de adesão, em que a proposta contratual é unilateralmente apresentada e dificilmente será alterada.

Não havendo indicações no contrato de trabalho, o art. 260º, norma supletiva, apresenta alguns exemplos de prestações incluídas ou excluídas no conceito de retribuição.

Assim, o preceito indica que não se considera retribuição:

i) as importâncias recebidas a título de ajudas de custo, abonos de viagem, despesas de transporte, abonos de instalação ou equivalentes, devidas por deslocações, novas instalações ou despesas feitas em serviço do empregador (nº 1, al.*a*)). Bem como, o abono para falhas e o subsídio de refeição (por remissão do nº 2).

No entanto, já se considera que esses valores integram a retribuição se se verificarem as seguintes condições (2ª parte, do preceito):

- as deslocações ou despesas sejam frequentes;
- as importâncias pagas excedam o custo normal da deslocação ou despesa;
- estejam previstas no contrato, ou,pelos os usos da empresa, sejam de considerar como elemento integrante da retribuição.

Como bem explica Monteiro Fernandes, "se o trabalhador tem que se deslocar em serviço e recebe mais tarde o valor correspondente ao preço do transporte e do alojamento e alimentação envolvidos na deslocação, esse valor não pode, obviamente, ser computado como prestação salarial"[94].

ii) as gratificações ou prestações extraordinárias concedidas pelo empregador como recompensa ou prémio dos bons resultados obtidos pela empresa (al. *b*)).

Atento o seu carácter extraordinário, de recompensa ou prémio, não integram o conceito de retribuição.

Já o integram, as gratificações que sejam devidas por força do contrato ou das normas que o regem, ainda que condicionadas aos bons serviços do trabalhador e as gratificações que pela sua importância, e carácter regular e permanente, devam considerar-se, pelos usos, como elemento integrante da retribuição (nº 3, al. *a*)).

---

[94] Direito do Trabalho, Almedina, 2004, pp. 457-458.

A distinção entre gratificações ordinárias ou extraordinárias prende-se com o seu carácter de obrigatoriedade (por força do contrato ou das normas) ou de regularidade.

iii) as prestações decorrentes do desempenho ou mérito profissionais, bem como a assiduidade do trabalhador, cujo pagamento não esteja antecipadamente garantido (al. *c*));
Com efeito, se houvesse uma garantia de recebimento da prestação, esta já integraria o conceito de retribuição.

iv) a participação nos lucros da empresa, desde que ao trabalhador esteja assegurada pelo contrato uma retribuição certa, variável ou mista, adequada ao seu trabalho (al. *d*)).
A prática de distribuição de lucros entre os trabalhadores ocorre em certo tipo de empresas, como modelo de motivação. Mas, se o trabalhador tem uma retribuição com alguma estabilidade, os dividendos não integram a prestação retributiva.
Por sua vez, a insuficiência de proventos do trabalhador determinará a integração da participação dos lucros na retribuição.
"No fundo tal «descaraterização» aparente não exprime mais do que a realidade (até contabilística) dessas prestações como verdadeiros custos de trabalho, que incidem sobre o rendimento bruto das empresas antes da determinação dos lucros líquidos – ou seja, dos verdadeiros lucros", conclui MONTEIRO FERNANDES.

Integram o conceito de retribuição:
i) as gratificações que sejam devidas por força do contrato ou das normas que o regem, ainda que a sua atribuição esteja condicionada aos bons serviços do trabalhador, e aquelas que, pela sua importância e carácter regular e permanente, devam, segundo os usos, considerar-se como elemento integrante da retribuição.

Na primeira parte, do preceito, indicam-se as gratificações que podem possuir uma componente legal, como o subsídio de férias e de natal; contratual, como o subsídio de páscoa; ou, usual, desde que concedida com regularidade e permanência.

A questão das gorjetas, se entendidas ou não como gratificação, não é linear. Tratam-se, segundo os usos, de prestações pagas pelos beneficiários do serviço ao prestador. São comuns na hotelaria e restauração, de tal forma que há contratos que as englobam como fazendo parte do incremento do salário com o qual o trabalhador pode contar.[95]

ii) as prestações relacionadas com os resultados obtidos pela empresa, quando pelo título atributivo, pela atribuição regular e permanente, revistam carácter estável, independentemente da variabilidade do seu montante (nº 3, al. *b*)).

Júlio Gomes[96] exemplifica com a entrega pelo empregador de um prémio, com natureza excepcional (por exemplo, um prémio de fim de ano, em função do desempenho do trabalhador) que repete no ano seguinte, criando a expectativa nos trabalhadores do seu recebimento.

Em tal caso, a prestação assumirá o carácter retributivo, mesmo quando, sendo o prémio dependente dos resultados da empresa, se revele uma constante, ainda que de montante variável.

A lei é omissa sobre uma variedade de prestações, em particular em espécie, e com maior ou menor expressividade económica, como, por exemplo, a atribuição de viatura, telemóvel, etc.

Atribuição de viatura
Sendo a utilização possível também para fins pessoais (inclusive nos dias de descanso do trabalhador e durante o período de férias), concretiza um benefício económico para o trabalhador, devendo integrar o conceito de retribuição.

Situação diferente seria o do uso apenas em serviço, como instrumento de trabalho, veja-se o caso do chamado comercial que para atendimento aos clientes tem que se deslocar no automóvel da empresa.

A jurisprudência tem entendido que:

– *A atribuição da viatura para uso pessoal do trabalhador, utilização que podia ter lugar em fins-de-semana, férias, feriados, baixas médicas, tem natureza retributiva (retri-*

---

[95] Júlio Gomes, *op. cit.*, p. 769, nota 1919, refere que a raiz etimológica da palavra, se reporta à entrega de uma quantia para que o destinatário pudesse "molhar a garganta" (gorja).
[96] *Op. cit.*, p. 773.

buição em espécie), cujo valor pecuniário corresponde ao benefício económico obtido pelo trabalhador por via do uso pessoal da mesma(Ac. RP, de 14/05/2012)[97];
- *Não tendo o trabalhador provado que a viatura lhe foi atribuída para ser usada em horário pós-laboral, fins de semana e férias, o valor correspondente não integra a retribuição* (Ac. RP, de 30 de Abril de 2012)[98];
- *A atribuição ao autor de veículo automóvel assume natureza retributiva, uma vez que a empregadora, ao conferir àquele o direito de utilização do veículo na sua vida particular, incluindo em dias feriado, fins-de-semana e férias, e ao suportar os respectivos encargos com combustível, manutenção, reparações e seguros, ficou vinculada a efectuar essa prestação* (Ac. STJ, de 21 de Abril de 2010)[99].

Cartão de crédito
O cartão de crédito se pode prover a necessidades pessoais do trabalhador, e não apenas em actos de representação deste, será considerado como retribuição.

Seguros de vida
Integram o conceito de retribuição, pela sua natureza regular e periódica, nos termos do art. 258º, nº 2.

Jurisprudência:
I – Têm natureza retributiva os seguros de vida e acidentes pessoais, enquanto benefícios que a entidade patronal decidiu, através de ordens de serviço, atribuir aos seus trabalhadores, por integrarem prestações regulares e periódicas com inegável valor patrimonial, gerando nos últimos uma legítima expectativa quanto ao recebimento dessa atribuição.
II – Sendo tais ordens de serviço aceites pelos trabalhadores não podem ser alteradas por determinação unilateral do empregador[100].

Prestações complementares: subsídio de férias e subsídio de natal
Subsídio de férias
O art. 264º nº 2 do Código do Trabalho, dispõe que o subsídio de férias compreende a retribuição base e "outras prestações retributivas que sejam contrapartida do modo específico da execução do trabalho".

---

[97] *In* www.dgsi.pt (proc. N~243/10.9TTPRT.P1).
[98] *In* www.dgsi.pt (Proc. Nº 459/10.8TTVNF.P1).
[99] *In* www.dgsi.pt (Proc. Nº 2951/04.4TTLSB.S1).
[100] Ac. da RL, de 07/12/2014 in 222.dgsi.pt (Proc nº 4178/2007-4).

O subsídio visa dotar o trabalhador de um rendimento suplementar para o gozo das férias. No entanto, e agora que o mesmo, pode ser fraccionado, a sua finalidade alterou-se e é usado como um incremento salarial.

A lei não clarifica o que deve integrar ou não a prestação retributiva. A norma é, aliás, de difícil entendimento e concretização. O ponto de partida será o de averiguar quais as prestações que correspondem ao "modo específico da execução do trabalho".

Parece consensual excluir as prestações que o trabalhador não terá que despender por se encontrar em gozo de férias, como o subsídio de alimentação, o subsídio de transporte e as ajudas de custo.

Serão de incluir atenta a penosidade do desempenho, os subsídios de turno, de trabalho nocturno, de isolamento e de risco.

Menos consensual é a inclusão do subsídio por trabalho suplementar e das comissões. Quanto a nós, serão ambos de incluir, o primeiro porque igualmente manifesta um esforço maior de desempenho e as comissões por serem uma contrapartida do tipo de trabalho desempenhado pelo trabalhador.

Serão de excluir as despesas suportadas pelo trabalhador por causa da prestação do trabalho, como os subsídios de refeição e de transporte.

Partilhando da análise realizada por SÓNIA KIETZMAN LOPES,[101] indicamos as seguintes orientações da jurisprudência:

- inclusão da remuneração de trabalho suplementar e de trabalho nocturno, subsídio de compensação de horário incómodo, subsídio de abono de viagem, subsídio de abono de carreiras auto, subsídio de compensação por horário descontínuo, subsídio de compensação por redução de horário de trabalho, subsídio de condução automóvel, prémio de motorista. E exclusão do subsídio de transporte pessoal[102];
- inclusão da retribuição especial por trabalho suplementar e por trabalho nocturno, do subsídio de compensação por redução de horário de trabalho, do subsídio de divisão de correio, e da compensação especial (telefone e residência)[103];
- exclui as comissões e ajudas de custo[104];

---

[101] *A retribuição e outras atribuições patrimoniais*. Disponível em: http://www.cej.mj.pt/cej/recursos/ebooks/trabalho/Caderno_Retribuicao.pdf?id=9&username=guest
[102] Ac. do STJ, de 18/04/2007, processo nº 6S4557.
[103] Ac. do STJ, de 09/05/2007, processo nº 6S3211.
[104] Ac. da RL, de 12/03/2009, processo nº 2195/05.8 TTLSB-4.

- exclui as comissões[105];
- inclusão da média dos valores pagos a título de remuneração por trabalho suplementar, remuneração de trabalho nocturno e prémio de condução, nos anos em que aquelas atribuições patrimoniais ocorreram em todos os meses de actividade (onze meses). E exclui, por não se tratarem de uma contrapartida da execução da prestação laboral, visando antes compensar os trabalhadores pelos sacrifícios efectuados, as quantias pagas a título de falta de repouso e de horas de viagem não assumem a natureza de retribuição, não relevando para cálculo daquelas prestações complementares[106].

Subsídio de natal
A norma contida no art. 254º, não indica o que integra a base de cálculo do subsídio.

Se entendermos que este é uma prestação acessória ou complementar, o art. 254º, norma supletiva, indica que a base de cálculo é constituída apenas pela retribuição base e diuturnidades.

O preceito legal somente é aplicável na ausência de disposições legais, convencionais ou contratuais que não disponham em contrário, ou seja, nada impede a inclusão de outras prestações para cômputo do valor do subsídio. Para maiores desenvolvimentos, cfr. JÚLIO GOMES, *op. cit.*, pp. 779 e 780.

Retribuição por isenção de horário de trabalho
A retribuição especial difere consoante a modalidade de isenção de horário de trabalho.

Assim, o trabalhador em regime de isenção com observância do período normal de trabalho, recebe a retribuição especial correspondente a duas horas de trabalho suplementar por semana (art. 265º, nº 1, al. *b*)).

O trabalhador que preste trabalho suplementar em regime de não sujeição aos limites máximos do período normal de trabalho ou com determinado aumento do período normal de trabalho, por dia ou semana (art. 219º, nº 1, als. *a*) e *b*)), recebe um aumento correspondente a uma hora de trabalho suplementar por dia (art. 265º, nº 1, al. *a*)).

---

[105] Ac. da RC, de 26/05/2009 *in* CJ, Ano XXXIV, Tomo III, págs. 58 e s..
[106] Ac. do STJ, de 12.16.2014 *in* www.dgsi.pt (Proc. Nº 2065/07.5TTLSB.L1.S1).

O trabalhador que exerça cargo de administração ou de direcção pode renunciar à retribuição especial (n.º 2), entende-se que atenta a retribuição (elevada) auferida pelo cargo exercido.

A retribuição especial apenas é auferida enquanto o regime de trabalho for o de isenção. Assim, declarou o STJ, que não se encontra submetida ao princípio da irredutibilidade da retribuição, podendo o empregador suprimi-la quando cesse a situação específica que esteva a base da atribuição.

Qualquer prestação efetuada pelo empregador ao trabalhador presume-se constituir retribuição, face à característica da onerosidade do contrato de trabalho (art. 258.º, n.º 3, do CT).

Na eventualidade de o trabalhador receber mais do que aquilo que é documentado no recibo de pagamento, presume-se, que aquilo que foi declarado é o efetivamente devido, até prova em contrário, que cabe ao trabalhador realizar.

Suscitando-se, neste âmbito, uma dificuldade probatória de relevo, atendendo ao disposto no art. 364.º, n.º 1, do CC, que impõe que a declaração negocial contida em documento particular, só possa ser substituída por outro meio de prova de força probatória superior.

O trabalhador que queira fazer valer o acréscimo salarial não documentado, terá, portanto necessariamente que habilitar-se com prova documental desse valor, hipótese, bem se vê, dificilmente concretizável no meio contabilístico empresarial.

Sobre as prestações incluídas ou excluídas da retribuição, o art. 260.º, do CT, entende que esta matéria deve ser devidamente contratualizada, daí partir daquilo que não é retribuição (n.º 1)[107]. Manifesta-se cada vez mais um repúdio pela petrificação do conceito de retribuição, substituindo-o pelo mais ágil "complexo retributivo". Ao trabalhador é conferida uma retribuição-base (básica, para alguns)[108], algumas prestações regulares e periódicas (sendo a mais comum o subsídio de almoço) e o remanescente retributivo é qualificado como prémio[109], por forma a escapar ao princípio da irredutibilidade salarial, atendendo a que não reveste carácter de continuidade.

---

[107] Para mais desenvolvimentos, v. PAULA QUINTAS e HELDER QUINTAS, "Código do Trabalho...", Almedina, 2012, 3ª ed. (em anotação ao art. 258.º).

[108] Que, para certos empregadores, convirá, muitas vezes, que revista um valor semelhante à rmmg, atendendo a que as compensações e indemnizações por antiguidade só a invocam, não contemplando as prestações regulares e periódicas, salvo a exceção das diuturnidades.

[109] Havendo o cuidado de explicar, no recibo de vencimento, que o mesmo não reveste carácter retributivo.

2. A igualdade de tratamento em matéria salarial

É pacífico que a retribuição deverá ser conforme:

- à quantidade de trabalho prestado (*i.e*, à sua duração e intensidade, daí o conceito de trabalho suplementar);
- à natureza do trabalho (tendo em conta a dificuldade, penosidade ou perigosidade da execução laboral);
- à qualidade do trabalho (de acordo com o perfil de exigência traçado pelo empregador quanto aos conhecimentos, prática e capacidade requeridas).

Daqui resulta como corolário que, a *trabalho igual em quantidade, natureza e qualidade deve corresponder salário igual*.

A igualdade de tratamento em matéria salarial é aliás um direito constitucionalmente consagrado (art. 59º, nº 1, al. *a*), da CRP), que o Código do Trabalho expressamente acolhe no art. 263º.

3. Mora salarial

O cumprimento da obrigação de retribuir ocorre na data do vencimento ou no dia útil imediatamente anterior (art. 278º, nº 4, do CT), constituindo-se o empregador em mora se o trabalhador, por facto que não lhe seja imputável (um exemplo de facto imputável ao trabalhador será o cancelamento da conta bancária disponível para depósito em conta) não puder dispor da respetiva retribuição na data do vencimento (art. 278º, nº 5, do CT).

4. Princípios fundamentais da retribuição

Sobre a retribuição e por causa dela foram assentes determinados princípios, eminentemente protetores, como sejam:

4.1. O princípio da irredutibilidade da retribuição

Decorre do art. 129º, alínea *d*), do CT, que, a retribuição não pode ser reduzida pelo empregador, nem mesmo com o consentimento do trabalhador, incidindo sobre a chamada retribuição estrita, ou seja, aquilo que, nos termos do contrato, das normas que o regem ou dos usos, o trabalhador tem direito em contrapartida do seu trabalho (art. 258º, nº 1, do CT).

4.2. O princípio da inadmissibilidade da compensação integral

O empregador não pode compensar a retribuição em dívida com créditos que tenha sobre o trabalhador (art. 279º, nº 1, do CT), salvo certas exceções previstas no nº 2, desse artigo.

4.3. O princípio da impenhorabilidade parcial

Nos termos da alínea *a*), do nº 1, art. 824º, do CPC, são impenhoráveis dois terços dos vencimentos, salários ou prestações de natureza semelhante, auferidos pelo executado (trabalhador).

Questiona-se se a penhorabilidade parcial vale para a própria retribuição mínima mensal garantida (art. 273º, do CT).

O que vem no encaminhamento do artigo 10º, nº 2, da Convenção da OIT nº 95 (proteção do salário), segundo o qual "o salário deve ser protegido contra a penhora ou a cessão na medida considerada necessária para assegurar o sustento do trabalhador e da sua família".

4.4. O princípio da irrenunciabilidade da retribuição

O trabalhador não pode renunciar previamente à retribuição ou a parte dela.

4.5. O princípio da imprescritibilidade dos créditos salariais na vigência do contrato de trabalho

Na vigência e no decurso da situação laboral, os créditos devidos pela execução do contrato ou decorrentes da sua violação não prescrevem.

Os créditos salariais prescrevem, decorrido um ano a partir do dia seguinte àquele em que cessou o contrato de trabalho (art. 337º, nº 1, do CT)[110].

O nº 2, desse artigo estabelece um regime especial em matéria probatória, alargando o prazo, para cinco anos. Não se trata, no entanto, de um alargamento prescricional dos créditos aí discriminados, mas somente de combater a perda da *frescura probatória,* exigindo-se então que a prova de "créditos resultantes de compensação por violação do direito a férias, pela aplicação de sanções abusivas ou pela realização de trabalho suplementar, vencidos há mais de cinco anos", seja efetuada por documento idóneo.

---

[110] O prazo para reclamação de créditos em nada se confunde com o prazo para a impugnação judicial do despedimento considerado ilícito (arts. 387º, nº 2 e 388º, nº 2, ambos do CT).

Quanto à prescrição do direito a reintegração do trabalhador, vinga aí a prescrição ordinária de vinte anos, conforme previsto no art. 309º, do CC[111].

4.6. O princípio da continuidade
A retribuição é devida, independentemente das vicissitudes que possam atingir a efetiva prestação de trabalho (nomeadamente, as flutuações na produção que atingem o empregador), na medida em que corresponde à mera disponibilidade do trabalhador para o trabalho, sendo exigível mesmo quando, por causas a ele alheias, este não se chegue a concretizar.

5. Caráter alimentício da retribuição
A retribuição tem para o trabalhador *caráter alimentício*, na medida em que se destina à satisfação de necessidades essenciais, pelo que o crédito retributivo deve ser protegido:

- contra os credores do empregador, por isso, a lei atribui a natureza de privilegiados aos créditos emergentes do contrato de trabalho e da sua violação ou cessação (art. 333º, nº 1, do CT), derrogando, por conseguinte, o art. 737º, nº 1, al. *d*) e nº 2, do CC, que só concede tal natureza aos créditos dos últimos seis meses;
- contra os credores do próprio trabalhador, considerando a lei impenhoráveis 2/3 do salário (art. 824º, nº 1, al. *a*), do CPC);
- contra os créditos do empregador, pelo que, ressalvadas certas hipóteses, se proíbe ao empregador a compensação da retribuição em dívida por créditos que tenha sobre o trabalhador ou a realização de descontos ou deduções sobre o montante da retribuição (art. 279º, excetuando o nº 2, do CT);
- contra o próprio trabalhador, daí a lei não lhe permitir ceder, a título gratuito ou oneroso, os seus créditos a retribuições na medida em que estes sejam impenhoráveis (art. 280º, do CT).

6. Os créditos salariais como créditos privilegiados

a) Considerações preliminares
De acordo com o art. 333º, do CT, os créditos salariais assumem a natureza de privilégios imobiliários especiais, e mobiliários gerais.

---

[111] Cfr. o Ac. do STJ, de 26.02.1997 *in* BMJ, 464, p. 315.

A história dos privilégios creditórios laborais reporta-se, como sabemos, ao art. 737º, do CC, mais precisamente à derrogada alínea *d*), do nº 1, nos termos do qual só gozavam de privilégio (e apenas mobiliário geral) os créditos dos últimos 6 meses.

Com a L nº 17/86, de 14.06 (LSA) veio-se conferir ao trabalhador, além dos privilégios mobiliários, privilégios imobiliários, embora ambos gerais. Esta Lei só referia, no entanto, a falta de pagamento pontual da retribuição. Restava saber como regular os restantes créditos.

Pela L nº 96/2001, de 20.08, atribuiu-se, a estes, também a natureza de privilegiados mobiliários e imobiliários gerais (art. 4º, com exceção do nº 2), e atenta a graduação prevista no nº 4.

O Código do Trabalho de 2003, que o Código atual acompanha, concede a natureza de privilégio imobiliário, agora *especial*, sobre os bens imóveis do empregador nos quais o trabalhador preste a sua atividade (art. 333º, nº 1, al. *b*)), mantendo os privilégios mobiliários gerais (nº 1, al. *a*)).

O art. 333º, do CT, atribui ao trabalhador os seguintes privilégios (ou seja, assiste-lhe a prioridade no pagamento, sobre os restantes credores, segundo o disposto no art. 733º, do CC):

- privilégio mobiliário *geral* (art. 333º, nº 1, al. *a*), do CT); abrangendo este "o valor de todos os bens móveis existentes" (art. 735º, nº 2, 1ª parte, do CC);
- privilégio imobiliário *especial* (art. 333º, nº 1, al. *b*), do CT), abrangendo este "só o valor de determinados bens" (art. 735º, nº 2, 2ª parte, do CC), embora, *especificado* aos "bens imóveis do empregador nos quais o trabalhador preste a sua atividade". Veja-se que a aparente maior tutela da substituição do privilégio imobiliário geral pelo especial acaba por ser frustrada, nos casos, *v.g.*, em que o local de trabalho é o próprio domicílio do cliente do empregador; no âmbito da construção civil, em que não há verdadeiramente local certo de trabalho, ou nas situações de teletrabalho.

Na eventualidade de concorrerem outros credores, há que estabelecer a graduação prevista no nº 2, do art. 333º, do CT.

b) Graduação dos créditos salariais à luz do art. 333º do Código do Trabalho
Quanto ao *privilégio mobiliário geral* concedido pela al. *a*), do nº 1, do art. 333º, do CT, os créditos laborais são graduados antes dos créditos do art. 747º, nº 2, al. *a*), do CC.

Graduação

1º – créditos por despesas de justiça (art. 746º, do CC);
2º – créditos laborais;
3º – créditos do art. 747º, nº 1, als. *a*) a *e*), do CC;
4º – créditos previstos no art. 737º, do CC.

Por sua vez, o *privilégio imobiliário especial* concedido aos créditos laborais pela al. *b*), do nº 1, do art. 333º, do CT, é graduado antes dos:

- créditos do Estado [os agora *imposto municipal sobre transmissões* (ex-contribuição predial), e o *imposto municipal sobre transmissões onerosa de imóveis* (ex-imposto de sisa/ex-imposto sobre sucessões e doações)], nos termos da al. *a*), do nº 1, do art. 748º, do CC;
- créditos das autarquias locais, pelo [*imposto municipal sobre transmissões* (al. *a*), do nº 1, do art. 748º, do CC)];
- preferindo ainda sobre a consignação de rendimentos, a hipoteca ou o direito de retenção, ainda que anteriores (art. 751º, do CC).

Graduação:

1º – créditos por despesas de justiça (art. 746º do CC);
2º – créditos laborais (art. 333º, nº 2, do CT);
3º – créditos do Estado (art. 748º, nº 1, al. *a*) do CC);
4º – créditos das autarquias (art. 748º, nº 1, al. *b*) do CC).

CAPÍTULO VII
A MOBILIDADE DO TRABALHADOR E A TRANSMISSÃO DA EMPRESA OU DO ESTABELECIMENTO

1. A mobilidade funcional e a transferência do trabalhador

1.1. A mobilidade funcional

O empregador não pode exigir do trabalhador a realização de tarefas não compreendidas no objeto do contrato, salvo, como veremos, as exceções referentes ao *ius variandi* funcional do art. 120º, do CT.

Além do contrato, também as leis laborais e as convenções coletivas estabelecem limites à subordinação, não só no que respeita ao *poder determinativo da função* (nos termos do qual, o empregador deve atribuir a cada trabalhador a função mais adequada às suas aptidões e preparação profissional), como também, no que concerne às condições legais a que está sujeita a mobilidade funcional (figura aglutinadora da polivalência funcional e do *ius variandi*).

Como princípio geral, decorre do art. 118º, nº 1, do CT, que, o trabalhador deve exercer uma atividade correspondente à atividade para que foi contratado.

Esta regra admite, no entanto, derrogações nos casos em que é legítimo ao empregador exigir ao trabalhador outras tarefas e outra atividade, que não correspondem àquelas para o qual foi contratado.

No entanto, confrontando o art. 118º, nº 1, com o art. 120º, ambos do CT, resulta que a mobilidade funcional assume um caráter verdadeiramente excecional.

O empregador, atento o interesse (legítimo) empresarial, pode encarregar temporariamente o trabalhador, de funções não compreendidas na atividade contratada, desde que tal não implique modificação substancial da posição do trabalhador (ou seja, contanto que não atinja o *núcleo duro* do desempenho do trabalhador, em toda a sua envolvência, *v.g.*, qualificações, posição hierárquica, antiguidade), nem implique diminuição da retribuição (art. 120º, nºs 1 e 4, do CT).

A lei confere, ainda, ao trabalhador o direito a auferir das condições de trabalho mais favoráveis que sejam inerentes às funções exercidas (nº 4).

Quanto aos pressupostos formais, a figura da mobilidade funcional, como figura de exercício unilateral, carece de justificação, a fim de minorar arbitrariedades, devendo ainda indicar-se o tempo previsível da mobilidade imposta, o qual não deve ultrapassar dois anos (nº 3).

O nº 2, do art. 120º, do CT, permite que as partes alarguem ou restrinjam esta faculdade. Se a possibilidade de restrição do acesso à figura, não nos oferece grandes reservas, já o seu eventual alargamento, se apresenta muito problemático.

O Código do Trabalho permite o afastamento do regime legal da mobilidade, colocando-o na livre disponibilidade dos intervenientes.

O caso concreto irá ser suprido à luz da vontade das partes e dos limites impostos pelo próprio art. 120º, do CT, e pelo princípio geral da boa fé[112].

A mobilidade funcional recebeu fortes contributos do *ius variandi*[113]:

- A faculdade do empregador não é absoluta, podendo, sempre, ser afastada, nos termos do contrato;
- A alteração de funções tem que ser fundamentada no interesse da empresa (e não por um espírito de represália ou mero capricho);
- Há uma temporariedade do exercício de funções estranhas à categoria-função (a que identifica as funções conferidas ao trabalhador);
- É inadmissível a diminuição da retribuição (de acordo com o princípio da irredutibilidade da retribuição com base na proibição da *reformatio in pejus*);
- Há uma impossibilidade de modificação substancial da posição do trabalhador (aqui, procura-se evitar a penosidade ou indignidade no trabalho);
- Resultando da alteração temporária de funções, tratamento mais favorável, é atribuído ao trabalhador tal tratamento (princípio da permissão da *reformatio in mejus*);
- Impõe-se a obrigatoriedade de cumprimento do dever de informação ao trabalhador (o porquê do desempenho das novas funções).
- *Ex novo*, prevê-se que o alargamento ou a restrição da faculdade prevista no nº 1, caduque ao fim de dois anos, caso não seja acionada a cláusula (nº 2).

1.2. A transferência do trabalhador

A transferência do local de trabalho, também denominada mobilidade geográfica, situa-se agora nas disposições relativas à prestação de trabalho (art. 194º, do CT).

---

[112] Para mais desenvolvimentos, *v.* Hélder Quintas *in* "A concretização do princípio da boa fé enquanto limite normativo das cláusulas de mobilidade geográfica", PDT, nºs 74-75.

[113] Para melhores desenvolvimentos, *v.* AMADEU DIAS, "Redução do tempo de trabalho, adaptabilidade do horário e polivalência funcional", Coimbra Editora, 1997.

a) A transferência definitiva

O art. 194º, nº 1, do CT, cuida da transferência do trabalhador, a título temporário ou definitivo em caso de mudança ou extinção, total ou parcial, do estabelecimento onde aquele presta serviço (al. *a*)) ou quando outro motivo do interesse da empresa o exija e a transferência não implique prejuízo sério para o trabalhador (al. *b*)). Este último segmento apresenta uma opacidade que, aparentemente, a situação prevista na al. *a*) não possui.

O nº 2, do mesmo preceito, concede às partes a faculdade de alargar ou restringir o disposto no número anterior.

Assiste ao trabalhador, caso prove prejuízo sério, o direito à resolução do contrato de trabalho, cabendo-lhe, nesse caso, a compensação prevista no artigo 366º, do CT.

Mantendo-se o contrato de trabalho, dado que o trabalhador acatou a ordem de transferência, o empregador custeia as despesas impostas pela transferência (art. 194º, nº 4, do CT).

b) A transferência temporária

A transferência temporária encontra-se igualmente prevista no art. 194º, do CT, com as motivações apresentadas no nº 1.

O tempo de duração da transferência não pode, em princípio, exceder seis meses, salvo por exigências imperiosas do funcionamento da empresa (nº 3)[114].

A oposição por parte do trabalhador, invocando prejuízo sério no cumprimento da ordem de transferência, só é eficaz em caso de transferência por interesse empresarial (nº 1, al. *b*), *in fine*)

Também neste caso, as despesas inerentes ao cumprimento da ordem de transferência devem ser custeadas pelo empregador (nº 4).

O nº 2, do mesmo preceito, concede às partes a faculdade de alargar ou restringir o disposto no número anterior.

c) A transferência a pedido do trabalhador (em virtude de violência doméstica)

O art. 195º, do CT, concede a transferência a pedido do trabalhador, mas somente em caso de violência doméstica (nº 1).

A lei obriga ainda à comprovação da qualidade de vítima, o que, quanto a nós, constitui uma desnecessária devassa da vida íntima do trabalhador. Deveria ape-

---

[114] A indicação "devendo o empregador apresentar justificação para tal ordem, indicando o tempo previsível de duração" (art. 316º, nº 3, do CTA) foi abolida.

nas ser contemplada a *transferência a pedido*, sendo irrelevante o motivo atinente ao mesmo.

O empregador pode adiar a transferência com fundamento em "exigências imperiosas ligadas ao funcionamento da empresa ou serviço" ou até que "exista posto de trabalho compatível disponível (nº 2).

Se o pedido de transferência for acolhido, o contrato de trabalho considera-se suspenso de imediato até que ocorra a transferência (nº 3).

Consideramos redundante a indicação constante do nº 4, quanto à garantia de confidencialidade, "se solicitado pelo interessado", atendendo a que a confidencialidade é dever de todos os que se relacionam com dados pessoais do trabalhador.

2. Transmissão da empresa ou estabelecimento

a) A figura da transmissão v. a cessão da posição contratual
O art. 285º, do CT, regula os efeitos da transmissão da empresa ou estabelecimento, transpondo a Diretiva nº 2001/23/CE do Conselho, de 12.03.2001 (garantia dos direitos dos trabalhadores face a transferência ou fusões de empresas, estabelecimentos ou partes de estabelecimentos), que revogou a Diretiva 77/187, de 14.02.1977, que havia sido alterada pela Diretiva 98/50/CE, do Conselho.

LIBERAL FERNANDES, refere que "Com a transmissão do estabelecimento não se opera qualquer novação nos contratos de trabalho, verificando-se antes uma simples sucessão do cessionário na posição do cedente, e a subsequente aquisição automática de todos os direitos e obrigações do anterior empregador relativamente aos trabalhadores transferidos (...)"[115].

A figura não se assemelha à cessão da posição contratual. Com efeito, na cessão da posição contratual é exigido sempre o acordo do outro contraente (art. 424º do CC).

Na transmissão do estabelecimento, o transmissário sucede na posição jurídica do transmitente, prescindindo-se da concordância do trabalhador, embora para este a identidade do empregador possa ser relevante. Fala-se numa certa *coisificação* do trabalhador.

---

[115] "Transmissão do estabelecimento e oposição do trabalhador à transferência do contrato: uma leitura do art. 37º da LCT conforme o direito comunitário", QL, nº 14, p. 217.

O trabalhador não é, naturalmente, obrigado a manter-se na relação contratual, a lei concede-lhe o direito de se desvincular livremente, mas tal solução só fará sentido para aqueles trabalhadores que perderam interesse na manutenção da relação, não, evidentemente, para os que mantêm esse interesse.

CATARINA NUNES DE OLIVEIRA CARVALHO, cita os Acordãos *Katsikas* e *Schroll,* em que o TJC considerou que "uma tal obrigação de prosseguir a relação laboral com o transmissário poria em causa os direitos fundamentais do trabalhador, designadamente a sua liberdade de escolher a entidade para quem quer trabalhar, sendo portanto impensável uma interpretação da Diretiva nesse sentido. Na hipótese de o trabalhador se recusar a prosseguir a relação de trabalho com o transmissário, caberá aos Estados-membros determinar o destino desta relação laboral, podendo cessar por iniciativa do trabalhador ou do empregador, ou ainda continuar a relação jurídico-laboral com o cedente"[116].

A validade do acordo de transmissão dispensa, portanto, o acordo do cedido, naquilo que se pode chamar relação trilateral imperfeita.

Para CATARINA NUNES DE OLIVEIRA CARVALHO, "(...) se procedermos a uma hierarquização dos valores em jogo, não podemos deixar de reconhecer que a liberdade de o trabalhador escolher o seu empregador resulta da sua dignidade enquanto pessoa, que como tal tem de prevalecer sobre interesses comerciais, por muito relevantes que estes se apresentem. Partilhamos assim o mesmo entendimento de JÚLIO GOMES que, de uma forma elucidativa, nos diz que «a transmissão automática dos contratos de trabalho sem que o trabalhador a isso se possa recusar consiste (...) não só numa negação frontal da sua autonomia privada, como mesmo da sua dignidade fundamental enquanto pessoa, convertendo-o, de algum modo, numa coisa, num componente do estabelecimento (...) exposta à sorte deste»"[117].

Os direitos e obrigações resultantes do contrato de trabalho são transferidos do cedente ao cessionário, permanecendo o trabalhador ao serviço do cessionário, não podendo a transferência da empresa constituir motivo de despedimento (arts. 3º, nºs 1 e 4º, nº 1 da Diretiva assinalada).

O art. 286º, do CT, refere apenas o direito à informação e consulta dos representantes dos trabalhadores.

---

[116] "Da Mobilidade dos trabalhadores no âmbito dos grupos de empresas nacionais", Porto, Publicações Universidade Católica, 2000, p. 170.
[117] *Op. cit.*, p. 168.

b) O âmbito de aplicação material da atual diretiva

Uma das questões que a Diretiva suscita prende-se com o modo de transferência da empresa, o art. 1º, da Diretiva nº 2001/23/CE refere a cessão convencional e a fusão.

"O Tribunal afirmou (...) a independência da aplicação da Diretiva em relação à transferência de propriedade. Nestes termos, para afirmar a sua aplicação basta que exista uma mudança da pessoa física ou moral responsável pela exploração da empresa e que, por este facto, assuma as obrigações do empregador em relação aos trabalhadores da empresa (ver acórdão de 17 de dezembro de 1987, *Ny Molle Kro*, processo 287/86, ponto 12)", VASCO MOURA RAMOS[118].

E continua este Autor[119], na exemplificação:

"O Tribunal considerou, assim, a Diretiva aplicável sucessivamente aos seguintes casos: à retoma, pelo proprietário, da exploração de um albergue em seguida à violação de um contrato de arrendamento pelo locatário-gerente (Ac. *Ny Molle Kro*); quando o comprador adquire, em virtude de um contrato de locação-venda, a qualidade de explorador da empresa, não obstante o facto de só vir a adquirir a propriedade a seguir ao pagamento da totalidade do preço da venda (acórdão de 5 de maio de 1988, processo *Berg*, 144 e 145/87); as transferências existentes em virtude de uma decisão judicial, quando se inserem no quadro de relações contratuais (ponto 19 do último acórdão referido). Afirmou ainda a aplicação da Diretiva num caso em que uma autoridade pública deixa de subvencionar uma pessoa coletiva e provoca assim uma paragem completa e definitiva das atividades desta para as transferir a outra pessoa jurídica que prossiga o mesmo fim (acórdão de 19 de maio de 1992, *Redmond Richting*, processo C-29/91).".

"O relevante é, pois, a mudança da qualidade de empregador, *rectius*, da pessoa física ou jurídica responsável pela exploração da empresa, assumindo por esse facto as funções de entidade patronal," conclui LIBERAL FERNANDES[120].

---

[118] "O âmbito material de aplicação da Diretiva 77/187/CE de 14 de fevereiro de 1977 – A manutenção dos direitos dos trabalhadores em caso de transferência de empresas, estabelecimentos ou partes de estabelecimentos –, à luz da jurisprudência do Tribunal das Comunidades", Temas de Integração, 5º vol., 1º semestre de 2000, número 9, Almedina, p. 96.
[119] *Op. cit.*, p. 96.
[120] "Harmonização social no direito comunitário: a Diretiva 77/187/CEE", AB UNO AD OMNES, – 75 anos da Coimbra Editora, Coimbra Editora, 1998, p. 1331.

A Diretiva 2001/23/CE prevê expressamente a sua aplicação às empresas públicas ou privadas que exerçam uma atividade económica (com ou sem fins lucrativos), excluindo-se a reorganização administrativa de instituições oficiais ou a transferência de funções administrativas entre instituições oficiais (art. 1º, al. c)). Afastando-se, assim, do conceito económico e jurídico de empresa.

No fundo, o que se visa é tutelar os trabalhadores que são forçados a mudar de empregador, seja qual fora a qualidade jurídica deste.

c) O requisito identidade económica

O art. 1º, al. *b*), da Diretiva 2001/23/CE reafirma a necessidade de manutenção da identidade económica da empresa para que se considere que houve transferência. No entanto, omite quando é que se pode afirmar que há manutenção dessa identidade, conforme diz Vasco Moura Ramos[121].

Um dos indícios de manutenção da identidade jurídica da empresa, resulta da continuidade e constância da atividade desenvolvida pelo novo empregador.

Conforme referido pelo *AG Cosmas*[122], as condições fundamentais para que se verifique uma transferência de empresa, de estabelecimento ou parte de estabelecimento são duas:

"*a*) é preciso que a empresa, estabelecimento ou parte de estabelecimento constitua à partida uma entidade económica;
b) é preciso que esta entidade subsista, mantendo a sua identidade, depois da mudança de proprietário".

O conceito de transmissão foi ampliado substancialmente, não se exigindo, para o efeito, qualquer vínculo negocial entre o transmitente e o transmissário. Conforme sublinhado no Ac. *Ayse Suzen*[123], "para que a diretiva seja aplicável, não é necessário que existam relações contratuais diretas entre o cedente e o cessionário, já que a cedência pode também efetuar-se em duas fases, por intermédio de um terceiro, como o proprietário ou o locador".

No Ac. *Berg e outros*, de 5 de maio de 1988, afirma o Tribunal de Justiça que:

---

[121] *Op. cit.*, p. 96.
[122] Procs. C-127/96, C-229/96 e C-74/97 e Processos apensos C-173/96 e C-247/96, CJTJ, 1998, I, p. 8194.
[123] Proc. C-13/95, CJTJ, 1997, I-3, p. 1261.

"1. O n.º 1 do artigo 3.º da Diretiva 77/187, de 14.02.77, deve ser interpretado no sentido de que após a data da transmissão, o transmitente fica liberto das obrigações resultantes do contrato ou da relação de trabalho em virtude da própria transmissão mesmo que os trabalhadores da empresa não consintam nesse efeito ou a ele se oponham, sem prejuízo, todavia, da possibilidade que os Estados membros têm de prever a responsabilidade solidária do transmitente ou do adquirente após a data da transmissão.

O n.º 1 do artigo 1.º da Diretiva deve ser interpretado no sentido de a diretiva se aplicar ao mesmo tempo à cessão de uma empresa por força dum contrato de locação financeira".

No Ac. *Katsikas* e no Ac. *Schroll* o Tribunal de Justiça respondeu "que uma tal obrigação de prosseguir a relação laboral com o transmissário poria em causa os direitos fundamentais do trabalhador, designadamente a sua liberdade de escolher a entidade para quem quer trabalhar, sendo portanto impensável uma interpretação da Diretiva nesse sentido. Na hipótese de o trabalhador se recusar a prosseguir a relação de trabalho com o transmissário, caberá aos Estados-membros determinar o destino desta relação laboral, podendo cessar por iniciativa do trabalhador ou do empregador, ou ainda continuar a relação jurídico-laboral com o cedente", Catarina Nunes de Oliveira Carvalho[124].

A jurisprudência comunitária tem excluído da aplicação da Diretiva o direito falimentar, reservando para local próprio tal regime.

Decorre ainda da Diretiva a proibição de a transferência da empresa constituir motivo autónomo de despedimento, "contudo, a mesma norma não exclui que possam verificar-se despedimentos por motivos técnicos, económicos ou de organização desde que estes «impliquem mudança no plano do emprego»", Liberal Fernandes[125].

d) O conceito lato de empresa
Outra questão equacionada é qual o sentido a atribuir ao termo empresa e estabelecimento.

O Tribunal nas variadas interpretações que formulou pretendeu sempre enunciar um conceito de grande latitude, de âmbito material, em que ressalte a atividade económica exercida, de forma a conceder a maior tutela possível à posição do trabalhador.

---

[124] *Op. cit.*, p. 170.
[125] "Harmonização...", p. 1341.

Por sua vez, a ausência de uma definição legal parece de facto intencional, tratando-se de um conceito impreciso, pede-se ao aplicador que o concretize em cada caso concreto.

Tarefa, no entanto, não isenta de grandes dificuldades, relembre-se o polémico Ac. *Christel Schmidt*, um banco numa das suas filiais entregou as funções de limpeza até aqui desempenhadas por uma trabalhadora, a uma empresa de prestação de serviços. O contrato de trabalho extinguiu-se, tendo mais tarde, sido proposto à trabalhadora pela empresa de prestação de serviços a retoma das suas funções, mas mediante um salário menor.

O Tribunal de Justiça entendeu que, neste caso, tinha existido uma transmissão de parte do estabelecimento.

Os críticos apontaram o ridículo de "a mulher da limpeza" ser transformada/ /confundida em parte de estabelecimento. O "que poderia suceder se, a *Volkswagen* deixasse de fabricar, ela própria, as fechaduras das portas dos seus veículos, alienasse as máquinas, encerrasse a respetiva secção e passasse a adquirir as fechaduras na Coreia – deveriam, então, considerar-se os 20 trabalhadores que trabalhavam nessa secção, *ipso iure* trabalhadores da empresa coreana?"[126].

Explica Júlio Gomes, "Determinar se a entidade económica subsiste é tarefa que exige a ponderação, no caso concreto, de uma série de fatores, entre os quais se contam o tipo de estabelecimento, a transmissão ou não de elementos do ativo, tais como edifícios e bens corpóreos, mas também o valor dos elementos imateriais no momento da transmissão, a continuidade da clientela, a permanência do pessoal (ou do essencial deste), o grau de semelhança entre a atividade exercida antes e depois e a duração de uma eventual interrupção da atividade"[127].

Igualmente não colhe a mera transposição para o Direito do Trabalho da definição comercial de empresa, atenta, como já dito, a latitude que se pretende atribuir ao conceito.

Para Liberal Fernandes "perspetiva-se (...) uma evolução no direito nacional no sentido do reforço da afirmação de um conceito de empresa específico do direito do trabalho – basicamente entendida como simples organização dura-

---

[126] Júlio Gomes, "A Jurisprudência recente do Tribunal de Justiça das Comunidades Europeias em matéria de transmissão de empresa, estabelecimento ou parte de estabelecimento – inflexão ou continuidade?", EIDT, Almedina, Vol. I, p. 490.
[127] Júlio Gomes, "A Jurisprudência recente do Tribunal de Justiça das Comunidades Europeias em matéria de transmissão de empresa, estabelecimento ou parte de estabelecimento – inflexão ou continuidade?", EIDT, Almedina, Vol. I, p. 490.

doura de atividades assalariadas – e, portanto, de certa forma independente da noção de estabelecimento de raiz comercialista"[128].

Esta independência face ao Direito Comercial, visa atender ao conceito de empresa essencialmente como organização de pessoas, como "complexo humano organizado.", Júlio Gomes[129].

Recentemente, no Ac. *Temco Service*[130], o TJ aplicou a Diretiva a uma situação em que um empregador encomendou os serviços, e confiou contratualmente a limpeza das suas instalações a uma primeira empresa que mandava executar esse serviço a uma empresa subcontratada.

Posteriormente, o referido empregador extingue este contrato e assina um novo contrato para execução dos mesmos serviços com uma segunda empresa.

Neste contexto, o TJC entendeu que houve cessão de parte do estabelecimento, apesar de não ter havido cessão de elementos do ativo (corpóreos ou incorpóreos), entre a primeira empresa ou a sua subcontratada e a nova empresa.

Neste acórdão o litígio assentava nos seguintes factos: a *Volkswagen* confiou a limpeza de algumas das suas instalações industriais a *BMV* a partir de 2.05.93 e até ao mês de dezembro de 94, data em que rescindiu o contrato. A *BMV* subcontratava os trabalhos de limpeza à sua filial *GMC*. Em 14.12.94 a *Vokswagen* encarregou a *Temco* de assegurar as mesmas prestações.

A *GMC*, para quem a limpeza das instalações da *Volkswagen* constituía então a única atividade, despediu todo o seu pessoal, com exceção de 4 trabalhadores, ficando inativa, sem, no entanto, ser dissolvida.

Em conformidade com as disposições da CCT de 05.05.93, que obriga o cessionário da atividade a informar-se junto do seu predecessor do número de assalariados afetados à atividade cedida e a readmitir 75% do pessoal, a *Temco* deu conhecimento à *BMV*, por carta de 15 de dezembro de 1994, de que tinha conseguido o contrato de limpeza da *Volkswagen* e convidava-a a comunicar-lhe a lista do pessoal afetado a este contrato. A *GMC* comunicou-lhe essa lista e a *Temco* readmitiu uma parte do pessoal da *GMC*.

---

[128] "Harmonização Social...", p. 1323.
[129] *Op. cit.*, p. 493.
[130] Proc. nº C-51/00, de 24.01.2002, Atividades nº 3/02, p. 38.

CAPÍTULO VIII
A REDUÇÃO DA ATIVIDADE E SUSPENSÃO DO CONTRATO DE TRABALHO

1. A suspensão do contrato de trabalho

A secção III do presente Código, dedicada à Redução da atividade e suspensão de contrato, admite:

- *a suspensão do contrato de trabalho por facto respeitante ao trabalhador*, prevista nos arts. 296º e 297º,
- *a redução temporária do período normal de trabalho ou suspensão do contrato de trabalho por facto respeitante ao empregador* (por motivo de crise empresarial, arts. 298º a 308º; e por encerramento e diminuição temporários de atividade, arts. 309º a 316º),
- a *licença sem retribuição* (art. 317º),
- *a pré-reforma* (arts. 318º a 322º).

Os artigos 294º e 295º, do CT constituem disposições genéricas.

Quanto à primeira modalidade, enquadra todos os casos de incapacidade temporária (e não definitiva, sob pena de caducidade do contrato) de prestação laboral por parte do trabalhador, ou usando a terminologia legal, *respeitante ao trabalhador* (art. 296º).

A motivação da suspensão dever-se-á a facto respeitante ao trabalhador, mas que não lhe é imputável a título de culpa[131], o trabalhador não se terá colocado intencionalmente em situação de não poder prestar trabalho.

Explica doutamente LOBO XAVIER, "assim a suspensão visa tutelar a situação determinada pela impossibilidade da prestação do trabalho, que constitui uma manifestação de patologia contratual. Nos casos das férias ou dos feriados não há impossibilidade da prestação, até porque não há obrigação de prestar, não há suspensão das prestações, pois nem existem prestações: por isso melhor enquadra a esses fenómenos a designação de *interrupções* do trabalho"[132].

Pela suspensão «o contrato de trabalho mantém alguns dos seus efeitos jurídicos, enquanto outros se atenuam, embora sem se extinguirem, e serão reativados, logo que o trabalhador retome o serviço. A suspensão poderá converter-

---

[131] "(...) pois, de contrário, tratar-se-ia do não cumprimento culposo do contrato por parte do trabalhador, com evidentes repercussões disciplinares", esclarece LOBO XAVIER, "CURSO...", p. 438.
[132] "Curso...", p. 438.

-se, a todo o tempo, em cessação por caducidade "no momento em que se torne certo que o impedimento é definitivo", ou seja, no momento em que o impedimento temporário se converta em definitivo, segundo um juízo casuístico.

O art. 296º, nº 1, do CT, prevê as situações de impedimento temporário e prolongado (por mais de um mês), estabelecendo uma enumeração não exaustiva de casos previsivelmente motivadores da suspensão que extravasam, portanto, o regime das faltas justificadas.

Durante o período de suspensão "mantêm-se os direitos, deveres e garantias das partes, que não pressuponham a efetiva prestação de trabalho" (art. 295º, nº 1, do CT).

Assim são abolidos temporariamente todos os deveres do empregador que possuem expressão económica, *v.g.*, direito à retribuição, direito a férias, embora os direitos ligados à subsistência do vínculo não sejam atingidos, como por exemplo, a antiguidade.

Quanto aos deveres funcionais do trabalhador previstos no art. 128º, do CT mantêm-se aqueles que são exigíveis haja ou não suspensão do contrato de trabalho, *v.g.*, dever de respeito, de obediência, de zelo.

Daí que a relação contratual durante o período da suspensão possa ser posta em causa, invocando cada uma das partes motivação própria de justa causa para a desvinculação (despedimento por facto imputável ao trabalhador; resolução por iniciativa do trabalhador)[133].

Sob pena de a situação contratual enquadrar as faltas injustificadas e eventualmente a figura híbrida do abandono do trabalho, o trabalhador deve logo que

---

[133] "*I – Verifica-se a suspensão do contrato de trabalho por facto ligado ao trabalhador quando existe um impedimento temporário, superior a um mês (mas que pode ser inferior a esse período desde que seja previsível que o impedimento vai perdurar por mais de um mês), ligado ao trabalhador (no sentido de derivar de qualquer ato do mesmo) e que não lhe é imputável (no sentido de voluntariamente provocado por ele);*
II – Ocorre tal suspensão (por facto ligado ao trabalhador) no circunstancialismo em que se apura que este foi constituído arguido no âmbito de um processo-crime, tendo-lhe sido aplicada a medida de coação de suspensão do exercício da profissão ao serviço da empregadora;
III – Em tal situação, durante o período de suspensão não existe o direito do trabalhador à retribuição, pois, por um lado, tal direito encontra-se intimamente associado ao trabalho (ou disponibilidade), que na situação não se verifica, e, por outro, não existe qualquer norma que preveja, ao contrário de outras situações, o direito do trabalhador à retribuição".
Ac. da RE, de 07.06.11 *in* www.dgsi.pt (Proc. Nº 168/10.8TTPTG.E1) e CJ, Ano XXXVI, Tomo III, p. 273.
"*I – A doença por mais de um mês determina a suspensão do contrato de trabalho, mantendo-se durante esta, e para o trabalhador, os deveres de respeito, urbanidade e lealdade, mas não os de informar ou justificar.*
II – Uma vez atribuído incondicionalmente, o complemento de subsídio de doença integra-se no contrato individual de trabalho, não podendo ser retirado ou diminuído, a não ser por consenso".
Ac. do STA, de 20.01.2000 *in* ADSTA, Ano XXXVIII, nº 466, p. 1348.

terminado o impedimento, apresentar-se à entidade empregadora, para retomar o serviço (art. 297º, do CT)[134].

2. Redução temporária do período normal de trabalho ou suspensão do contrato de trabalho por facto respeitante ao empregador

Por razões conjunturais de mercado, motivos estruturais ou tecnológicos, catástrofes ou outras ocorrências que afetem gravemente a atividade produtiva normal da empresa[135], pode o empregador reduzir temporariamente os períodos normais de trabalho ou suspender os contratos de trabalho, evitando desta forma a cessação do contrato por motivos objetivos, desde que tais medidas se mostrem indispensáveis para assegurar a viabilidade da empresa e a manutenção dos postos de trabalho (art. 298º, nº 1).

A redução pode abranger um ou mais períodos normais de trabalho, diários ou semanais ou diminuição do número de horas correspondente ao período normal de trabalho, diário ou semanal (art. 298º, nº 2, do CT).

O regime de redução ou suspensão aplica-se aos casos em que esta medida seja determinada no âmbito de declarações de empresa em situação económica difícil ou em processo de recuperação de empresa (nº 3).

---

[134] "*I – Se um trabalhador estiver ininterruptamente de baixa por doença 1095 dias, deixará, a partir dessa data, de receber o subsídio de doença, sendo este substituído pela concessão da pensão provisória de invalidez, até ser sujeito oficiosamente a exame, pela comissão de verificação de incapacidades permanentes.*
II – O pagamento da pensão provisória cessa, se o trabalhador não comparecer, sem motivo justificativo, ao exame para que foi convocado, bem como se não for certificada a incapacidade permanente.
III – Se um trabalhador, até ser submetido a exame, estiver na situação de impedimento por doença prolongada, ao ser-lhe concedida alta por ter sido considerado apto para o exercício das suas funções termina o impedimento que fazia suspender o seu contrato de trabalho.
IV – Só a partir daquele momento poderá a entidade patronal, se o trabalhador não se apresentar ao serviço, despedi-lo com base em faltas injustificadas.
V – Assim, o trabalhador, no caso dos autos, só não se apresentou ao serviço por já estar despedido, tendo-o sido sem justa causa, pelo que terá direito às indemnizações previstas na lei".
Ac. RL, de 26.07.1996 *in* DLJ, nº 791, setembro 1999 (140), AZ-32709.

[135] "(...) a empresa onde o trabalhador presta serviço encerra temporariamente, ou fica isolada por uma inundação ou inoperacional por um incêndio; a empresa mantém-se aberta, mas certa secções de fabrico paralisam por falta de matéria-prima ou porque parte da equipa indispensável ao trabalho faltou ou esteve em greve; verifica-se uma falta de energia que não permite o funcionamento da empresa; tudo está em condições para funcionar, mas a entidade patronal decide suspender a produção por quebra de encomendas, etc.", ilustra Lobo Xavier, *op. cit.*, p. 442.

A L nº 23/2012, de 25.06, impôs, pela primeira vez, que a empresa que recorra ao regime de redução ou suspensão deve ter a sua situação contributiva regularizada perante a administração fiscal e a segurança social (nº 4).

Durante o período temporário de redução ou suspensão, mantêm-se os direitos creditórios associados à efetiva prestação laboral, *v.g.*, retribuição salarial igual a, *minimium*, dois terços da retribuição normal ilíquida ou retribuição mínima mensal legalmente garantida, consoante o que for mais elevado (art. 305º, nº 1, al. *a*), do CT), contagem do tempo de suspensão ou redução para o direito a férias (art. 306º, nº 1, do CT), bem como para efeito de subsídio de férias (art. 306º, nº 2, 2ª parte), subsídio de natal *por inteiro* (art. 306º, nº 3, do CT), bem como regalias sociais e prestações da segurança social (art. 305º, nº 1, al. *b*), do CT).

Durante o tempo de redução ou suspensão, o trabalhador tem direito a compensação retributiva, que visa assegurar-lhe uma retribuição mensal equivalente a dois terços da sua retribuição normal ilíquida, até ao triplo da retribuição mínima mensal garantida **ou** à retribuição mínima mensal garantida correspondente ao seu período normal de trabalho (art. 305º, nº 1, al. a), *in fine*, *ex vi*, nº 3, do CT) até ao triplo da RMMG (art. 305º, nº 3, do CT). O nº 3 foi alterado pela L nº 23/2012, de 25.06.

A propósito da manutenção da prestação creditória a cargo da entidade empregadora, LOBO XAVIER, enquadrando-a no *risco do estabelecimento*, tece uma análise crítica sobre a bondade da consagração legal, ponderando que, "Em certas situações não deixaria de parecer adequada uma solução de *divisão de riscos*, a compartilhar pelas suas partes"[136].

3. Encerramento e diminuição temporária de atividade

A figura do encerramento temporário, incluída outrora nos arts. 78º e 79º, da LCT, foi aparentemente, revogada, por lapso, pelo art. 31º, da LFFF, não tendo a Lei da Suspensão do Contrato de Trabalho incluído no respetivo regime as situações de encerramento temporário. Daí que, para nós, os arts. 350º e ss., do

---

[136] *Ibid.* Explicita o A., "Desde logo, porque não parece adequado um regime que trata igualmente os casos em que a inexecução da prestação do trabalho se deve a *culpa* patronal e aqueles em que a paralisação da empresa se deve a *força maior* ou, pelo menos, a necessidades de gestão ou, porventura até, a factos que têm a ver com outros trabalhadores da empresa (em greve parcial ou em doença)".

CTA constituissem uma consagração *ex novo*. O Código do Trabalho atual mantém a figura nos arts. 309º a 316º.

No encerramento temporário, por motivo alheio à vontade do empregador, determinada causa (caso fortuito ou motivo de força maior, *v.g.*, inundação do estabelecimento comercial; incêndio que destruiu as matérias-primas), provoca (e o nexo de causalidade tem que necessariamente ocorrer) diminuição temporária (não definitiva) da atividade da empresa ou encerramento temporário do estabelecimento.

Neste caso, as disposições genéricas do art. 295º, do CT, sofrem algumas derrogações: o trabalhador decai em 25% na retribuição, assumindo, de alguma forma, a repartição do risco inerente à atividade empresarial, na situação de caso fortuito ou de força maior (art. 309º, nº 1, al. *a*)).

No entanto, se o encerramento temporário ou a diminuição da atividade se deverem a facto imputável ao empregador ou por motivo do interesse deste (art. 309º, nº 1, al. *b*), do CT), recupera o trabalhador o direito à retribuição plena. Aqui serão de incluir, entre outros, os casos de abertura ao público, sem o procedimento de licenciamento estar devidamente ultimado, decaimento no volume de negócios, suspensão de atividade em virtude de prática contraordenacional.

A lei não estipula o prazo de impedimento temporário, deixando o critério da sua fixação para o empregador, tal permissão é muito questionável, pois pode estimular fraude à retribuição do contrato de trabalho.

Na eventualidade de o trabalhador exercer uma atividade remunerada, aproveitando o tempo de impossibilidade de prestação laboral, em virtude do encerramento temporário ou da diminuição temporária da atividade, a retribuição auferida nessa atividade sucedânea é descontada do valor da retribuição a satisfazer pelo empregador em crise, dando assim, acolhimento, também neste contexto, ao princípio da dedução do *alliunde perceptum* (art. 309º, nº 2, do CT).

O art. 310º, do CT, impõe um dever de informação a cargo do empregador para a retoma da prestação laboral.

O regime preventivo e punitivo dos chamados encerramentos (temporários) *selvagens*, de cariz comercial (*v.g.*, a inibição de prática de certos atos) encontra-se prevista nos arts. 313º a 316º, do CT.

O contrato de trabalho pode ainda ser suspenso por acordo das partes, pela licença sem retribuição (art. 317º, do CT) e pela pré-reforma (art. 318º, do CT).

CAPÍTULO IX
A CESSAÇÃO DO CONTRATO DE TRABALHO

1. Considerações preliminares

O contrato de trabalho, apesar da sua vocação perpétua, finda como qualquer outra relação jurídica. A índole socializante do Direito do Trabalho estabelece, no entanto, limites à autonomia das partes no seu propósito de pôr termo à situação contratual, ou melhor, delimita a livre disponibilidade jurídica da parte negocial em supremacia[137].

As possibilidades extintivas da relação laboral são limitadas às formas fixadas na lei, de acordo com o art. 340º, do CT[138], aí se acolhendo, a caducidade, a revogação, a resolução e a denúncia.

2. Caducidade

Pela caducidade o contrato extingue-se automaticamente, sem que haja necessidade de qualquer manifestação da vontade em tal sentido, bastando a ocorrência de certos factos ou situações previstos no contrato de trabalho ou nas normas que o regem.

Em sentido amplo, a caducidade implica a cessação duma situação por superveniência de um facto a que a lei ou outra fonte atribua esse efeito.

Como bem esclarece MONTEIRO FERNANDES, "o «automatismo» da caducidade é, porém, uma noção destituída de rigor. No processo pelo qual o contrato de trabalho «caduca» intervêm sempre, de uma maneira ou de outra, «momentos volitivos» que se exprimem através de declarações ou manifestações com caráter para-negocial."[139]

E essa falta de automatismo ocorre quer no contrato sem termo, quer no contrato a termo.

---

[137] Atendendo a que "A garantia de estabilidade de emprego é a caução do sustento do trabalhador e de sua família, e um penhor de segurança de existência", diz LOBO XAVIER, "Curso...", p. 449.
[138] Em desacordo da taxatividade da enumeração do art. 3º, da então LCCT, LOBO XAVIER, *op. cit.*, p. 459, apontando a deficiência técnica da enumeração (mais evidente com o restante articulado do diploma) estabelece como formas extintivas, além da caducidade em geral, a caducidade especial dos contratos a termo, a revogação por mútuo acordo, o despedimento do empregador por justa causa «subjetiva», o despedimento por eliminação do posto de trabalho (justa causa «objetiva»), despedimento por inadaptação do trabalhador, despedimento coletivo, denúncia e rescisão pelo trabalhador, e despedimento ilícito.
[139] "Direito...", 11ª ed., p. 526.

Em particular, o contrato a termo obriga a uma manifestação expressa da vontade de não renovação (arts. 344º e 345º, do CT), não bastando o mero esgotamento da duração prevista, é necessário um *comportamento declarativo formal* no sentido de que o prosseguimento das relações contratuais não interessam às partes.

De acordo com o previsto na alínea *b*), do art. 343º, do CT, o contrato *caduca* pela "impossibilidade superveniente, absoluta e definitiva" de prestação laboral, dado que (e tendo presente a sinalagmaticidade que caracteriza o contrato de trabalho), vinculando-se as partes reciprocamente, se uma das obrigações se extingue casualmente, a outra extingue-se também.

A impossibilidade será então:

- *absoluta*, ou seja, total;
- *definitiva*, pois previsivelmente nunca mais será viável a prestação[140] ou o recebimento do trabalho, na ótica da relação laboral estabelecida entre as partes, *v.g.* o trabalhador, por doença natural, fica total e definitivamente impossibilitado de prestar o serviço para que foi contratado, não sendo possível ao empregador oferecer-lhe outra função na empresa; por imposição legal ou administrativa, o empregador fica, em definitivo, impedido de exercer a sua atividade (porque foi vedada à iniciativa privada[141] ou porque ocorreu uma cassação do alvará)[142] e
- *superveniente* à celebração do contrato de trabalho.

---

[140] "*I – A ocorrência de um acidente de trabalho que incapacite o trabalhador de forma absoluta e definitiva para o trabalho habitual é causa de caducidade do contrato de trabalho subjacente.*
II – Para que a obrigação se extinga não basta, no entanto, uma alteração das circunstâncias que a torne extraordinariamente onerosa ou excessivamente difícil, sendo necessário que se torne verdadeiramente impossível.
III – Tal impossibilidade deve obedecer a três requisitos: ser superveniente à celebração do contrato de trabalho, ser absoluta, no sentido de ser total (quando o trabalhador não estiver em condições de prestar o trabalho), e ser definitiva.
IV – Uma incapacidade permanente absoluta fixada em 70% contém, em princípio, aqueles três requisitos, não cabendo no disposto na base XLIX da Lei nº 2127 e do artigo 62º do Decreto nº 360/71, que obrigam certas empresas, sempre que admitam pessoal, a dar prioridade em atividades compatíveis com a lesão de que o trabalhador ficou afetado".
Ac. STJ, de 27.01.1999 *in* BMJ, 483, p. 128.

[141] **1** – "*I – A incapacidade definitiva para o trabalho leva a um impedimento definitivo gerador da caducidade do contrato de trabalho.*
II – O posterior exame que considere o trabalhador apto para o trabalho não produz o renascimento do anterior contrato cessado por caducidade".
Ac. STJ, de 02.11.1995 *in* CJ, Ano III, Tomo III, p. 289.

2 – "*I – O contrato de trabalho mantido entre um trabalhador e um proprietário do oficina de reparação de automóveis cessa, por caducidade, se este morre e se os seus herdeiros não continuam a exploração do estabelecimento.*
II – Essa caducidade ocorre na data do óbito, começando a contar-se a partir do dia imediato à data da morte o prazo de prescrição dos créditos laborais do trabalhador.

O contrato caduca igualmente pelo atingimento da reforma por velhice ou invalidez por parte do trabalhador (art. 343º, al. *c)*, do CT).

Na perspetiva da caducidade do contrato de trabalho por invalidez, já se acolhe a impossibilidade prestacional do trabalhador para qualquer tipo de trabalho, o habitualmente exercido ou outro, sendo esse o sinal distintivo entre esta forma de caducidade e a caducidade em geral (impossibilidade para o desempenho habitual e incapacidade de o empregador oferecer outra função ao trabalhador, e, em consequência, nessa hipótese, modificação do próprio contrato de trabalho).

A reforma por velhice não se confunde com a impossibilidade de trabalhar[143], o trabalhador reformado pode estar totalmente apto para o trabalho, nada impede, aliás, que os reformados mantenham automaticamente o vínculo contratual, o que ocorrerá permanecendo o trabalhador ao serviço decorridos 30 dias sobre o conhecimento da reforma ou atingindo o trabalhador os 70 anos de idade (art. 348º)[144].

Mas o estatuto do trabalhador-reformado goza do seguinte regime especial:

Por um lado, a vinculação contratual do trabalhador só ocorrerá por conversão do contrato sem termo em contrato a termo, ou da manutenção do contrato a termo, se for esse o caso, contanto que se mantenha a identidade da outra parte. A pretensa caducidade do contrato de trabalho não permite a celebração de um *novo* contrato (a termo), este elo de continuidade é essencial para a sobrevivência do contrato e da qualidade de trabalhador[145].

III – É irrelevante, para a contagem de tal prazo, o facto do trabalhador ter continuado a executar trabalhos na oficina, para além do decesso do proprietário – uns já aceites antes e outros encomendados de novo – e de ter recebido dos clientes os respetivos pagamentos".
Ac. RC, de 27.11.1997 *in* CJ, Ano XXII, Tomo V, p. 64.

[142] Na verdade, a definitividade da impossibilidade de receber trabalho nem sempre é clara. O empregador que sofreu a ação de despejo, pode não querer, angariar novo locado. Em tal caso, os contratos de trabalho pura e simplesmente caducam, e nenhum controlo há sobre a vontade do empregador.

[143] "A reforma por velhice é, em técnica de seguros sociais, uma invalidez meramente presumida: em muitos casos os trabalhadores reformados trabalham", assim o diz LOBO XAVIER, *op. cit.*, p. 464.

[144] *"I – A caducidade do contrato de trabalho por reforma só opera na data em que ambas as partes tenham dela conhecimento.*
II – O prazo para prescrição dos créditos da entidade patronal ou do trabalhador só começa a correr no dia seguinte àquele a que ambos tiveram conhecimento da reforma".
Ac. STJ, de 30.04.1997 *in* CJ, Ano V, Tomo II, 1997, p. 270.

[145] Ao contrário do que defendemos até hoje, entendemos que juridicamente não há qualquer impedimento a que o trabalhador-reformado angarie um outro emprego, nomeadamente por questões de sobrevivência. Esse contrato, porém, fica sujeito às regras do art. 348º, do CT.

Por outro lado, a conversão do contrato a termo não está sujeita a escrito, colidindo expressamente com o regime formal dos contratos a termo (art. 348º, nº 2, al. *a*), do CT).

O trabalhador que atingida a idade dos 70 anos, continue a trabalhar, sem solicitar a reforma, fica automaticamente sujeito ao regime da contratação a termo (art. 348º, nº 3, do CT).

Ocorrendo a caducidade do contrato, quais os créditos devidos ao trabalhador?

No caso dos contratos a termo, em geral, o trabalhador tem direito a uma compensação correspondente a dois ou três dias de retribuição base e diuturnidades por cada mês completo de duração, consoante o contrato tenha excedido ou não os seis meses (arts. 344º, nº 2 e 345º, nº 4, do CT).

Nos contratos a termo de trabalhador em idade de reforma, é dito claramente que não há atribuição de qualquer compensação ao trabalhador (art. 348º, nº 2, al. *d*), do CT).

Em caso de caducidade por morte ou extinção do empregador, já o trabalhador terá direito a uma compensação, pela qual responde o património da empresa (art. 346º, nº 5, do CT).

Com a Lei nº 53/2011, de 14.08, tratando-se de *novos contratos de trabalho* (celebrados a partir de 01.11.2011) a compensação a que o trabalhador tem direito é determinada de acordo com o disposto no artigo 366º-A, do CT, ou seja, correspondente a 20 dias de retribuição base e diuturnidades por cada ano completo de antiguidade, a suportar pelo empregador e pelo fundo de compensação respetivo (nº 3).

Há ainda a atender aos limites máximos da compensação nos termos previstos no nº 2.

3. Revogação

3.1. Considerações preliminares

O empregador e o trabalhador podem fazer cessar o contrato de trabalho por acordo, diz o art. 349º, do CT.

Esta forma de cessação constitui um afloramento do princípio da liberdade contratual, à faculdade de livremente contratar[146], contrapor-se-ia a liberdade

---

[146] Dispõe o art. 405º (Liberdade contratual), do CC, o seguinte: "1. Dentro dos limites da lei, as partes têm a faculdade de fixar livremente o conteúdo dos contratos, celebrar contratos diferentes dos previstos neste código ou incluir nestes as cláusulas que lhes aprouver".

de deixar de contratar, mas em rigor e face ao contexto jurídico-laboral, esta última liberdade só é exercível pelo trabalhador; ou, no caso da revogação, mediante o acordo de ambos, não autorizando a lei o seu exercício unilateral pelo empregador.

Pelo exercício do ato revogatório, verdadeiro contrato extintivo *ad libitum*, pois não carece de motivação, desvinculam-se as partes da relação jus-laboral, acautelados que estejam alguns requisitos formais.

Explica MOTA PINTO, "Nalguns casos a lei autoriza um dos sujeitos do negócio jurídico a revogá-lo. A revogação tem apenas a consequência de extinguir os efeitos do negócio para o futuro ("ex nunc"); não opera, portanto, retroactivamente.

Pode ter lugar igualmente uma *revogação dos contratos por comum acordo*, eventualmente com eficácia retroativa «inter partes». É o chamado contrato extintivo ou abolitivo ou «contrarius consensus» (cfr. art. 460º, nº 1 do CC). Com este «contrarius consensus» as partes, por mútuo consentimento, extinguem a relação contratual existente entre eles. Esta eliminação de efeitos jurídicos do primeiro contrato terá uma eficácia «ex tunc» ou «ex nunc», conforme a vontade das partes, expressa ou deduzida das circunstâncias do caso concreto. Se o efeito extintivo é querido com eficácia retroativa, o contrato extintivo ou abolitivo implica mais uma resolução do que uma revogação."[147]

Para satisfação de um interesse probatório, além de substantivo (de facto, se as partes não reduzem a escrito o seu consenso, será aplicável o regime da nulidade das declarações negociais impropriamente formuladas, previsto no art. 219º do CC), o acordo de cessação deverá constar de documento escrito assinado por ambas as partes (em arrepio, portanto, do princípio do consensualismo que suporta a celebração contratual), ficando cada uma com um exemplar (art. 349º, nº 2, do CT)[148].

---

[147] *Op. cit.*, p. 620.
[148] *"(...) III – Não se verifica identidade de pedido e causa de pedir entre uma ação em que o trabalhador pediu a declaração de ilicitude ou de irregularidade do despedimento promovido pela empregadora, e uma outra em que esta pediu a condenação do trabalhador a pagar-lhe/restituir-lhe determinada importância que recebeu pela revogação do contrato de trabalho, revogação essa nula por falta de forma.*
IV – Para que o acordo de revogação do contrato de trabalho seja válido é necessário que seja assinado por ambas as partes (artigo 349º, nº 2, do Código do Trabalho/2009).
V – A referida exigência de forma constitui uma formalidade ad substantiam, sendo que a nulidade por falta de forma determina a restituição de tudo o que tiver sido prestado ou, se a restituição em espécie não for possível, o valor correspondente."
Ac. da RE, de 31.05.12 *in* www.dgsi.pt (Proc. Nº 33/11.1TTSTB.E1)

Este escrito que consubstancia a vontade das partes de porem termo ao contrato deverá mencionar a data da sua celebração e o momento a partir do qual produzirá efeitos (art. 349º, nº 3, do CT).

O que visa impedir a exigiência ao trabalhador de um acordo de revogação com a data em branco.

A declaração de revogação pode ser produzida em qualquer *tempus* contratual, havendo perenidade no vínculo ou estando este em crise[149].

3.2. O direito ao arrependimento do trabalhador

O legislador manteve a designação geral de *cessação do acordo de revogação*, sem explicitar qual a figura desvinculante.

O atual regime (na linha do anterior), permite que o trabalhador e apenas este ponha termo ao acordo de revogação do contrato de trabalho (art. 350º, nº 1, do CT).

A revogação do acordo revogatório exercida neste termos consubstancia um verdadeiro *direito ao arrependimento por parte do trabalhador*, que só será vedado, se as assinaturas das partes tiverem merecido reconhecimento notarial presencial (que serve como uma espécie de *blindagem* do contrato extintivo), prevendo-se que, a intervenção notarial[150] dessa entidade só "homologará" os acordos que acautelem os direitos, nomeadamente patrimoniais, do trabalhador, ao mesmo tempo, que sanciona despedimentos simulados (art. 350º, nº 4, do CT).

3.3. A natureza da compensação pecuniária global

No mesmo acordo revogatório podem constar outros efeitos, diversos da cessação do contrato de trabalho.

Na verdade, em face da estabilidade legal da relação de trabalho e do bloqueamento dos despedimentos, a extinção do contrato faz-se muitas vezes através da motivação do trabalhador em consentir na revogação, mediante promessa de indemnização: é o que se chama um «*despedimento negociado*».

---

[149] "I – É admissível a revogação de um contrato de trabalho por mútuo acordo na pendência de um processo de despedimento coletivo. II – (...)".
Ac. RL, de 18.10.1995 *in* CJ, Ano XX, Tomo IV, p. 164.

[150] "O objetivo do legislador consiste, manifestamente, em garantir a genuinidade do acordo de cessação do contrato de trabalho, em particular no que respeita à sua *atualidade*, ou, por outras palavras, à coincidência entre a data da assinatura do trabalhador e aquela em que se pretende fazer valer o acordo", MONTEIRO FERNANDES, "Direito...", 11ª ed., p. 525.

Face ao caráter prospetivo da declaração de revogação, a lei não prevê a atribuição de indemnizações ou compensações adquiridas pelo trabalho prestado.

Não obstante, é frequente o acordo revogatório conferir ao trabalhador uma compensação pecuniária, mais pertinentemente nos casos de *despedimento negociado* simulado em revogação.

O nº 5, do art. 349º, do CT, estabelece uma presunção quanto à compensação pecuniária de natureza global atribuída *ope voluntatis* ao trabalhador.

Entende-se que, em tal compensação, se consideram incluídos e pagos os créditos do trabalhador já vencidos exigíveis em virtude da cessação do contrato de trabalho[151].

Daí que, "qualquer afetação específica de valores desvanece a presunção e autoriza que se faça valer créditos não explicitados", esclarece MENEZES CORDEIRO[152].

Pergunta-se se tal declaração integra uma remissão abdicativa válida e eficaz[153] e assim sendo, qual o seu valor, se *juris tantum* ou *iuris et de iuris*[154].

---

[151] **1** – "*I* – (...).
II – (...).
III – No caso de revogação do contrato de trabalho por acordo das partes, é também no prazo do artigo 38º, nº 1, da LCT, que deve ser proposta a ação visando o pagamento de quaisquer créditos vencidos à data do acordo ou exigíveis em virtude deste, bem como o pedido da declaração da nulidade do referido acordo, por falta de algum dos seus elementos essenciais.
IV – Pretendendo os autores a anulação do negócio jurídico revogatório do contrato de trabalho, com fundamento em vícios da vontade, previstos nos artigos 144º, 212º e 213º do CC, a requerida arguição pode ser feita dentro do prazo (de caducidade) de um ano a partir do conhecimento desses vícios".
Ac. STJ, de 11.11.1998 *in* ADSTA, nº 447, p. 411.
2 – "*I* – Se o trabalhador revogar o acordo que faz cessar o contrato de trabalho (art. 7º, do Dec.-Lei nº 372-A/75) o contrato de trabalho revive.
II – Assim, o prazo de prescrição de um ano dos créditos só trabalhador só começa a contar após a posterior cessação do contrato". Anotação ao Ac. anterior, *loc. cit.*.

[152] "Manual...", p. 465.

[153] **1** – "*I – No documento (acordo) assinado pela entidade empregadora e o trabalhador, extinguindo-se o contrato de trabalho, podem as partes acordar na produção de outros efeitos, diversos da cessação do contrato individual de trabalho, desde que não contrariem a lei.
II – Entre os efeitos voluntários que as partes podem ligar à revogação do contrato destaca-se, pela sua preferência, o estabelecimento de uma compensação pecuniária de natureza global para o trabalhador.
(...) IV – A declaração do trabalhador, inserida em acordo celebrado com a entidade empregadora, de que esta «nada mais lhe deve»* – para além da indemnização que a mesma se comprometeu a pagar-lhe, *«para que tudo o que diz respeito à colaboração do trabalhador fique liquidado»* –, *integra um verdadeiro contrato de remissão, celebrado com o propósito de extinguir a relação obrigacional entre eles existente.
V – Através desse contrato, o trabalhador renunciou, com a aquiescência da entidade empregadora em dívida, afastando definitivamente da sua esfera jurídica os instrumentos de tutela do seu interesse, que a lei lhe conferia, na qualidade de credor (cfr. art. 863-1º do Código Civil)*".

Contra o valor expropriante da declaração (que confirma, em absoluto, a liquidação total do crédito exigível), contrapõe-se o ónus probatório de ilidir a presunção legal, provando, não só que os créditos não foram liquidados ou não o foram integralmente, como são de facto devidos.

Ilisão essa que, sendo possível, será, por certo e muitas vezes, de enorme dificuldade para o trabalhador.

Argumentando contra uma interpretação mais *literalista* da lei, à luz do CTA, João Leal Amado em defesa do valor relativo da declaração presuntiva pergunta: "porquê considerar que estamos perante uma presunção absoluta, a qual, por definição, recusa a busca da verdade, desinteressando-se desta, e não perante uma presunção relativa, a qual sempre se traduz num método, ainda que discutível, de busca daquela?"[155]

Ac. do STJ, de 06.07.1994 *in* BTE, 2ª Série, nº 10-11-12, 1996, p. 991.
No mesmo sentido, Ac. STJ, de 01.10.1997 *in* ADSTA, Ano XXXVII, nº 435, p. 392.
2 – I – *Autor e réu celebraram um Acordo no qual o autor renunciou expressamente a todos os eventuais créditos que tivesse sobre aquele, emergentes do contrato de trabalho com ele estabelecido ou da sua cessação, tendo recebido do réu a título de compensação pecuniária global a quantia de e 64.404,00.*
II – Tal Acordo incorpora um contrato de remissão abdicativa que abrange todos os créditos a que o autor pudesse ter direito por força do contrato de trabalho ou da sua cessação, com a sua consequente extinção.
III – Não é inconstitucional o contrato de remissão abdicativa quando estão em causa relações laborais.
Ac. STJ, de 06.12.2006 *in* CJ, Ano XIV, T. III, p. 300.
[154] Sendo certo que decorre do regime civil que a presunção relativa constitui a regra e a presunção absoluta, a exceção.
As presunções legais podem ser ilididas mediante prova em contrário, exceto nos casos em que a lei o proibir (art. 350º, nº 2, do CC).
"*I – O nº 4 do art. 8º da LCCT, consagra a presunção de que na compensação pecuniária de natureza global as partes incluíram e liquidaram os créditos já vencidos à data da cessação do contrato ou exigível em virtude dessa cessação.*
II – Tal presunção deve qualificar-se como absoluta ou "iuris et de iuris", no sentido de que, na falta de estipulação em contrário, não poderá depois o trabalhador pretender que na compensação pecuniária global não foram incluídos e liquidados alguns créditos já vencidos, de que então era titular, ou exigíveis em virtude da cessação do contrato".
Ac. STJ, de 25.01.1995 *in* QL, nº 4, Ano II, 1995, p. 61.
No mesmo sentido, *v.* Ac. STJ, de 18.06.1997 *in* BMJ, nº 468, p. 279:
"*I – No documento de acordo de cessação do contrato de trabalho as partes podem convencionar a produção de outros efeitos, desde que não contrários à lei.*
II – Se as partes estabelecem uma compensação pecuniária de natureza global, entende-se que naquela compensação foram incluídos e liquidados os créditos já vencidos à data da cessação do contrato ou exigíveis em virtude da mesma, estabelecendo-se uma presunção juris et de jure de que naquela compensação global se incluíram todos os créditos emergentes do contrato de trabalho.
III – Se houver afetação específica de valores no âmbito da referida compensação, a presunção desvanece-se, permitindo que se façam valer créditos não explicitados. (...)".
[155] "Revogação do contrato e compensação pecuniária para o trabalhador: notas a um acordão do Supremo Tribunal de Justiça", QL, nº 3, p. 170.

E mais adiante, "Nenhum fundamento minimamente razoável se descortina para que o legislador tenha vindo (con)fundir dois direitos, perfeitamente autónomos, que normalmente assistem ao trabalhador em caso de revogação do contrato. O direito a receber todos os créditos já vencidos à data da cessação do contrato ou exigíveis em virtude dessa cessação, por um lado; o direito a uma compensação pecuniária pela perda do emprego, por outro".

Face à insuficiência gramatical, parece ser de aplicar dentro do espírito do sistema, o princípio *in dubio pro operario*, permitindo ilidir a presunção invocada contra o direito de crédito do trabalhador[156].

Também aqui, o prazo prescricional para reivindicação dos créditos emergentes da cessação do contrato de trabalho é de um ano, segundo o previsto no art. 337º, do CT[157].

4. O despedimento individual subjetivo
Despedimento subjetivo
(despedimento por facto imputável ao trabalhador)

Motivação própria (art. 351º);
Procedimento próprio (arts. 352º a 358º);
Ilicitude do despedimento (arts. 381º, 382º e 389º a 392º);
Prazo de arguição judicial do despedimento ilícito – 60 dias (art. 387º, nº 2).

4.1. A justa causa de despedimento e os deveres do trabalhador
A liberdade de desvinculação contratual por parte do empregador não tem o mesmo alcance da liberdade que a lei confere ao trabalhador.

---

[156] No sentido de que a presunção do CTN é claramente *iuris et de iure*, dado que o "verbo «entender» foi substituído por «presumir»", *v.* Romano Martinez e *al, op. cit.*, p. 789.

[157] "(...) III – No caso de revogação do contrato de trabalho por acordo de partes, é também no prazo do artigo 38º, nº 1, da Lei do Contrato de Trabalho que deve ser proposta a ação visando o pagamento de quaisquer créditos vencidos à data do acordo ou exigíveis em virtude deste, bem como o pedido de declaração de nulidade do referido acordo, por falta de alguns elementos essenciais previstos no artigo 8º do regime anexo ao Decreto-Lei nº 64-A/89, de 27 de fevereiro.
IV – Pretendendo os autores a anulação do acordo revogatório do contrato de trabalho, com fundamento em vícios de vontade, previstos nos artigos 244º, 252º e 253º do Código Civil, a arguição daquela anulação pode ser feita dentro do prazo de (caducidade) de um ano a partir do conhecimento desses vícios".
Ac. STJ, de 11.11.1998 *in* ADSTA, nº 447, p. 411.

A validade substancial do despedimento impõe que no caso concreto se preencha o *conceito de justa causa*, e a validade formal do mesmo exige que o *procedimento para comprovação dessa justa causa seja realizado*[158].

"Significa isto que a Constituição não se limitou a exigir a motivação do despedimento como pressuposto da licitude do mesmo: ao colocar a segurança no emprego à cabeça do catálogo constitucional dos direitos dos trabalhadores, gozando do regime privilegiado dos direitos, liberdades e garantias, a CRP acolheu o chamado «princípio da coercibilidade do vínculo contratual» (JORGE LEITE), isto é, a ideia de que o contrato de trabalho pode subsistir mesmo contra a vontade da entidade patronal."[159]

O regime do art. 351º, do CT, estabelece o chamado *despedimento-sanção*, aplicável, após adequada ponderação do grau das sanções disciplinares, como censura pela gravidade de comportamento do trabalhador.

A exemplo da lei anterior, o Código do Trabalho adotou, ainda, uma outra forma de despedimento intimamente ligado a causas eminentemente objetivas, que em nada se prendem com o comportamento censurável do trabalhador, articuladas, como estão, a necessidades de reestruturação da empresa **ou** como resposta a situações de crise (decorrentes de questões de mercado, estruturais ou tecnológicas).

O conceito de justa causa haverá que ser determinado atendendo aos princípios, normas e direitos constitucionalmente consagrados (*v.g.*, direito à segurança no emprego, art. 53º, 1ª parte e o direito ao trabalho, art. 59º, nº 1, al. *a*), ambos da CRP; à organização do trabalho – art. 60º, nº 1, al. *b*) da CRP)), concretizáveis caso a caso.

O conceito de justa causa visa, ainda, tornar adequada a sanção aplicável ao ilícito legal ou contratual cometido, limitando nessa matéria o poder dis-

---

[158] A resolução por parte do empregador só é válida por *legal* motivação e de acordo com a tramitação procedimental exigível: "*I – (...) II – O sentido decisivo da declaração negocial é aquele que seria apreendido por um destinatário normal, mediantemente instruído e diligente, colocado na posição do declaratário real, em face do comportamento do declarante.*

III – Assim, escrevendo-se numa carta da entidade patronal dirigida a um seu trabalhador «é com mágoa que me dirijo a V. Exa. a fim de lhe comunicar que não posso continuar a contar com a sua colaboração, dada a abertura do mercado único a partir de 1 de janeiro de p. a., tem de se entender que se trata de uma declaração de rescisão individual do respetivo contrato de trabalho".
Ac. STJ, de 22.01.1997 *in* CJ, Ano V, Tomo I, p. 259.

[159] Cfr. JOÃO LEAL AMADO, "Despedimento ilícito e salários intercalares: a dedução do *alliunde perceptum* – uma boa solução?". – QL, nº 1, p. 43 e ss.

ciplinar do empregador, proibindo a aplicação de sanções abusivas (art. 331º, do CT)[160].

O legislador enuncia, no nº 1, do art. 351º, do CT, o conteúdo de justa causa de despedimento, cuja concretização se deverá operar caso a caso, de acordo com as circunstâncias do tempo em que ocorre. Acerca da oportunidade do elemento contextual, mais propriamente do espírito da época, em face de uma *sociedade erotizada*, v. João L. Amado[161].

O nº 2, do art. 351º, do CT, apresenta uma enumeração exemplificativa dos comportamentos que merecerão esse grau de censura, concretizados sempre casuisticamente ao previsto e estatuído no nº 1, tornando inexigível a manutenção do vínculo laboral e sancionando situações laborais que, por razões impu-

---

[160] 1 – "*I – A sanção disciplinar de suspensão do trabalho com perda de retribuição, revogada pela entidade patronal, que pagou os dias relativos à suspensão deixou de subsistir, pelo que a ação em que se pedia a condenação da entidade patronal no pagamento de tais importâncias perdeu utilidade, devendo ser julgada extinta a instância por inutilidade superveniente da lide.*
II – Só é possível classificar-se de abusiva uma sanção que foi aplicada e se manteve.
III – A indemnização calculada nos termos do nº 3 do artigo 33º do RJCIT pressupõe sempre a aplicação e manutenção de sanção qualificável como abusiva, nos termos do art. 33º desse Regime Jurídico.
IV – Se o trabalhador considera ter direito a uma indemnização pelo facto de ter sido condenado com as consequências daí resultantes, não podendo falar-se em sanção abusiva, que deixou de existir, terá de propor ação, devendo a indemnização, se a ela houver lugar, ser calculada nos termos gerais de direito".
Ac. RL, de 06.03.1996 *in* CJ, Ano XXI, Tomo II, p. 156.
2 – "*I – A entidade patronal detém a exclusiva titularidade do poder disciplinar; o que implica não poder fazer-se um controlo judicial da sanção aplicada de modo a proceder à sua correção, substituindo-a.*
II – Por isso, se o trabalhador impugnar judicialmente a sanção que lhe foi cominada, ao tribunal apenas cabe revogar ou confirmar a sanção, não podendo substituir-se ao empregador na determinação da medida da sanção".
Ac. STJ, de 24.04.1996 *in* QL, nº 8, p.192.
3 – "*Se a entidade patronal aplica uma sanção disciplinar que se vem a considerar desproporcionada para o comportamento do trabalhador, nem por isso se verifica uma violação culposa das garantias legais deste que lhe permita fazer cessar o contrato com justa causa*".
Ac. RL, de 10.07.1985 *in* BTE, 2ª, 1-2/1988, p. 205.
4 – "*I – Prende-se o estabelecimento da indemnização por sanção abusiva com uma das principais especificidades da situação jurídica laboral: o poder disciplinar. A simples existência do poder disciplinar torna substancialmente diferente a posição da entidade patronal, que pode impor sanções, e a posição do trabalhador, que pode ser objeto delas. Na especificidade desta situação (destas diferentes situações) reside o sentido e o «motivo razoável» do aparecimento de uma norma que, como o art. 33º, nº 3, do Decreto-lei nº 49408, de 24 de novembro de 1969, pretende reagir a uma sancionamento disciplinar, tão grave quanto a multa e a suspensão, abusivamente exercido. Não viola, aquela norma o artigo 13º da Constituição. (...)*".
Acordão TC, de 08.11.1995 *in* BMJ, 451, p. 573.

[161] *In* "Pornografia, informática e despedimento (a propósito de um acordão da Relação de Lisboa)", QL, nº 2, p. 109.

táveis ao trabalhador, tenham entrado de tal modo em crise, que não mais se possam manter[162].

Por último, o nº 3, desse artigo estabelece um critério de razoabilidade.

4.2. A violação dos deveres contratuais ou legais

A justa motivação para o despedimento promovido pelo empregador, no âmbito do art. 351º, do CT, haverá que ser aferida à luz da violação legal e contratual levada a cabo pelo trabalhador.

O grau de gravidade do comportamento culposo (que pressupõe uma violação, quer por ação, quer por omissão, dos deveres legais decorrentes do art. 128º, do CT ou contratuais do trabalhador)[163], haverá, ainda, que ser avaliado em ter-

---

[162] *"As previsões referenciadas no nº 2 do art. 9º do Decreto-lei nº 64-A/89, de 27 de fevereiro, representam mera enumeração exemplificativa de comportamentos suscetíveis de constituírem justa causa de despedimento, pelo que a simples verificação objetiva de uma dessa previsões não representa, necessariamente, o preenchimento do conceito definido no nº 1 do mesmo preceito legal".*
Ac. de 12.03.1997 *in* BMJ, 565, p. 654.

[163] *"I – No elenco gradativo das sanções disciplinares – art. 366º do Código do Trabalho de 2003 – o despedimento, sem qualquer indemnização ou compensação, surge como a «ultima ratio», solução reservada às situações de crise irreparável da relação jurídica de trabalho.*
II – A noção de justa causa de despedimento, com os contornos delineados no art. 396º/1 do Código do Trabalho/2003, pressupõem um comportamento culposo do trabalhador, violador de deveres estruturantes da relação juslaboral, que, pela sua gravidade e consequências, torne imediata e praticamente impossível a subsistência do vínculo contratual, impossibilidade perspetivada enquanto inexigibilidade da manutenção do contrato.
III – Viola, grave e culposamente, o dever de obediência o trabalhador que, perante uma legítima ordem de serviço, se recusa a cumpri-la, afirmando que só o faria se a mesma lhe fosse dada por escrito e fundamentadamente, mesmo depois de, num segundo momento, ter sido chamado ao gabinete da direção da R., onde lhe foi explicada a necessidade de tal ordem.
IV – É lícito, enquanto sanção proporcional à gravidade do descrito comportamento, o despedimento com justa causa, cominado em conformidade."
Ac. do STJ, de 25.01.12 *in* www.dgsi.pt (Proc. nº 666/04.2TTVFR.P1.S1)
1 – *"I – O exercício de atividade remunerada durante as férias, sem autorização da entidade patronal, é proibido por lei e constitui o trabalhador em eventual responsabilidade disciplinar e na obrigação de devolver à entidade patronal a retribuição correspondente a férias e respetivo subsídio.*
II – Sendo um comportamento culposo do trabalhador, violador das normas que regulam a relação contratual, terá que haver ponderação daquela gravidade quando envolva um trabalhador sem qualificação, como é o caso dos autos por se tratar de um contrato rural.
III – Assim, não sendo demasiado grave a infração cometida, não pode a atividade do trabalhador acarretar consequências tais que comprometam a relação laboral".
Ac. RC, de 18.01.1996 *in* DLJ, nº 774, Abr./1998, (99), AZ-32304.
2 – *"I – Os elementos decisivos na determinação da existência (ou não existência) de justa causa num despedimento são o grau de culpa do trabalhador no comportamento tido, a gravidade da infração e as suas consequências.*
II – A prática ou a coerência disciplinar duma empresa não podem ser o elemento decisivo na apreciação da justa causa de despedimento.

mos objetivos, segundo o critério do bom *paterfamilias*[164] e da causa adequada à impossibilidade de subsistência do nexo laboral, pois vem atingir os valores que as normas constitucionais pretendem garantir.

Dentro do núcleo exemplificativo do art. 128º, do CT, ressaltam os seguintes deveres do trabalhador:

i) Dever de obediência

O dever de obediência expressa, em particular, a subordinação jurídica que recai sobre o trabalhador.[165]

Só a desobediência *ilegítima* às ordens dadas por responsáveis hierarquicamente superiores revela violação do dever constante da al. *d*), do nº 1, do art. 128º, CT[166]. Assim, não merece censura a desobediência cometida dentro duma permissão ou dum direito superior (*v.g.*, o direito à greve) ou na defesa dos

---

III – Não basta a identidade material das infrações para se concluir pela falta de coerência disciplinar duma entidade patronal, num caso de diferentes sanções disciplinares aplicadas a dois trabalhadores".
Ac. da RP; de 06.05.1996, CJ, Ano XXI, Tomo III, p. 246.

[164] *"I – A existência de justa causa de despedimento exige a verificação cumulativa dos requisitos: um, de natureza subjetiva, traduzido num comportamento culposo do trabalhador; outro, de natureza objetiva, que se traduz na impossibilidade de subsistência da relação de trabalho; existência de causalidade entre aquele comportamento e esta impossibilidade de subsistência da relação laboral.*
II – Tanto a gravidade como a culpa hão de ser apreciadas em termos objetivos e concretos, de acordo com o entendimento de um bom pai de família ou de um empregador normal, em face do caso concreto e segundo critérios de objetividade e razoabilidade.
III – Existe impossibilidade prática de subsistência da relação laboral sempre que, nas circunstâncias concretas, a permanência do contrato e das relações que dele resultem sejam de molde a ferir, de forma exagerada e violenta, a sensibilidade e a liberdade de uma pessoa normal, colocada na posição do empregador, e de modo a abalar e destruir a confiança que entre a entidade patronal e o trabalhador que presidiu à elaboração do contrato de trabalho.
IV – Os comportamentos culposos do trabalhador, violando o dever de assiduidade, com atrasos não justificados na entrada ao serviço que perfazem 10 dias e meio no ano, e os deveres de urbanidade e obediência a ordem legítima, e a sua gravidade, maior quanto às faltas, e também o modo lento como executava as suas tarefas, tornam imediata e praticamente impossível a manutenção da relação laboral".
Ac. STJ, de 10.12.1997 *in* BMJ, 472, p. 321.

[165] *"Em consequência da celebração do contrato de trabalho, o empregador fica investido numa posição de autoridade e constituído no direito de orientar, programa, dirigir e fiscalizar a prestação do trabalho, ficando o trabalhador, naturalmente sujeito às ordens, diretivas e disciplina por aquele estabelecido.*
As necessidades de organização do trabalho e o normal funcionamento da empresa postulam e justificam um poder diretivo que se pretende eficaz de modo a impedir que o trabalhador, com a sua conduta desviante e censurável, no âmbito da empresa e na vigência do contrato, possa por em risco anormal execução do contrato e, assim, prejudicar seriamente os objetivos visados pela organização empresarial".
Ac. do STJ, de 24.02.99, in BMJ, 484, p. 258.

[166] *"I – É legítima a ordem imposta ao trabalhador de usar determinado tipo de vestuário no exercício das suas funções.*
II – A recusa em usar tal vestuário, tendo conhecimento da referida ordem, constitui uma desobediência ilegítima que fundamenta a aplicação de sanção disciplinar".
Ac. RL, de 31.01.2007 *in* CJ, Ano XXXIII, Tomo I, p. 149.

próprios direitos do trabalhador, pondo-se em causa a legitimidade da ordem proferida[167].

A desobediência presume-se culposa, já que pressupõe a violação de deveres contratuais específicos[168-169].

---

[167] 1 – "I – Não é lícito a uma empresa hoteleira, que encerra um snack-bar em funcionamento num hotel por si explorado, colocar um trabalhador, que ali trabalhava como «chefe de snack-bar», a prestar serviços de jardinagem e de limpeza.
II – Não obstante, se temporariamente o referido trabalhador aceitou realizar essas tarefas, constitui um comportamento censurável seu a posterior ocupação por ele do snack-bar encerrado e a recusa em sair do mesmo, contrariando ordens de superiores hierárquicos para que abandonasse o local.
III – A desobediência do trabalhador a essas ordens, embora seja uma conduta censurável, não assume gravidade suficiente para integrar justa causa de despedimento, pois que tal comportamento foi consequência de conduta anterior da empresa, igualmente reprovável, o que atenua a culpa do sancionado com a pena disciplinar máxima".
Ac. STJ, de 08.10.1997 in CJ, Ano V, Tomo III, p. 265.
2 – "I – O regulamento interno da empresa que impõe a sujeição dos trabalhadores ao teste de alcoolemia, a realizar mediante sorteio daqueles, não é inconstitucional, pois não viola o direito à integridade pessoal consagrado no artigo 25º da Constituição.
II – À ordem do empregador, aí contida, para que os seus trabalhadores se submetam ao teste de alcoolemia integra-se no poder diretivo e regulamentar da entidade patronal.
III – A recusa do trabalhador em submeter-se ao teste de alcoolemia viola o dever de obediência e constitui justa causa de despedimento".
Ac. STJ, de 24.06.1998 in BMJ, 478, p. 171.
[168] 1 – "I – Sendo o contrato de trabalho celebrado com base numa recíproca confiança entre empregador e trabalhador, devem as suas relações obedecer aos ditames da boa-fé e desenvolver-se nessa relação de confiança, a qual uma vez quebrada pode constituir justa causa de despedimento.
II – A desobediência do trabalhador sem motivo justificado a ordens expressas da entidade patronal ao arrendar uma casa em Tomar, quando lhe fora determinado instalar-se com a sua equipa em Torres Novas, resultou num encargo para aquela entidade no pagamento da respetiva renda.
Ac. de 22.01.1997 in CJ, Ano V, Tomo I, p. 150.
2 – "(...) – Constitui justa causa de despedimento o facto de um trabalhador com a categoria profissional de encarregado de loja, desempenhando funções de gestão e direção do estabelecimento, ter desobedecido a ordens expressas e legítimas da entidade patronal, permitindo com a sua negligência a adulteração de grande volume de géneros alimentícios, verificada pela brigada da Inspeção Geral de Atividades Económicas, o que ocultou à entidade patronal, a qual só teve conhecimento através do respetivo processo, assim causando com a sua atuação lesão grave de interesses patrimoniais da empresa".
Ac. do STJ, de 04.12.1997 in CJ, Ano V, Tomo III, p. 296.
3 – "I – É lícita a ordem dada por uma entidade patronal a um trabalhador para que passe a trabalhar num outro local de trabalho, distante do anterior cerca de 20 km, se ele dispõe de viatura fornecida pela empresa e de gasolina paga pela mesma e se não tem prejuízos sérios com a mudança.
II – Constitui justa causa de despedimento, nessas circunstâncias, o comportamento dum trabalhador consistente na não aceitação da mudança do seu local de trabalho, na continuação da sua apresentação ao serviço no anterior local onde vinha trabalhando e na sua não comparência no local de trabalho para onde foi transferido pela empregadora, mantendo-se em desobediência a ordens expressas desta referentes a essa transferência".
Ac. da RE, de 28.03.1995 in CJ, Ano XX, Tomo II, p. 287.
4 – "I – Tendo-se o trabalhador, motorista de autocarros de transporte público de passageiros, recusado a trabalhar

ii) *dever de respeito* (art. 128º, nº 1, al. *a*), do CT))[170];

iii) *dever de lealdade* (art. 128º, nº 1, al. *e*), do CT)[171];

como agente único, justifica-se a sua transferência de local de trabalho, não havendo qualquer prejuízo sério do trabalhador, tendo-lhe sido assegurado o seu transporte para o trabalho tanto na ida como no regresso.
II – Compete à entidade patronal estabelecer o horário de trabalho do seu pessoal, mas a alteração do tipo de horário do trabalhador carece de acordo do trabalhador, exceto tratando-se da passagem do horário por turnos para horário fixo.
III – Se a alteração se verificar dentro do mesmo tipo – horário fixo – não há lugar a acordo do trabalhador.
IV – A recusa a cumprir o novo horário de tipo fixo, como o anterior, constitui justa causa de despedimento".
Ac. RL, de 29.03.1995, CJ, Ano XX, Tomo II, p. 174.
5 – "*I – Tendo a entidade patronal proibido o fumo do tabaco nas áreas cobertas da empresa, não assiste aos trabalhadores o direito de interromperem o seu trabalho para irem fumar num espaço, criado pela empregadora nas suas instalações, para a satisfação do hábito tabágico durante os intervalos do período diário laboral.*
II – Constitui justa causa de despedimento, a desobediência dum trabalhador às determinações que lhe haviam sido transmitidas por superiores hierárquicos, no sentido de que não interrompesse o trabalho para ir fumar naquele espaço".
Ac. RP, de 25.03.1996 *in* CJ, Ano XXI, Tomo II, p. 259.
6 – "*I – A entidade patronal pode proibir uma sua trabalhadora de frequentar aulas de condução durante o horário de trabalho.*
II – Se, apesar daquela ordem, a trabalhadora continua a frequentar aquelas aulas, afirmando aquela sua intenção, infringe o dever de obediência.
III – Se a trabalhadora, perante aquela ordem, se dirige ao seu superior hierárquico, em voz alta e exaltada, que não recebia carta nenhuma e que ele não mandava nela como nas suas filhas e lhe chama malcriado e o ameaça de lhe bater, infringe o dever de urbanidade".
Ac. de 19.09.1996 *in* CJ, Ano XXI, Tomo IV, p. 79.
[169] Segundo MENEZES CORDEIRO, "MANUAL...", p. 831, que acrescenta "A jurisprudência exige que a desobediência tenha um mínimo de gravidade o que, em regra, sucede com pessoas de mais responsabilidade".
[170] "*Constitui justa causa de despedimento o comportamento do trabalhador, que exercendo as funções de chefe do setor comercial, dirige convites a trabalhadoras, suas subordinadas, para «sair», deixando claramente perceber que procurava a prática de relações íntimas, convites que perturbaram e incomodaram as visadas, fazendo promessas de celebração de contrato sem termo num caso, e levando à cessação de um contrato de trabalho noutra situação".*
Ac. STJ, de 11.11.1998 *in* ADSTA, Ano XXXVIII, 447, p. 422.
[171] **1** – "*I – Violam o dever de lealdade os comportamentos do empregado bancário que movimenta contas de um cliente sem sua autorização; que transfere fundos para a conta de uma sociedade, de que é sócio, para evitar o cancelamento da sua conta e a rescisão da convenção que permitia que aquela emitisse cheques.*
II – Esses comportamentos constituem justa causa de despedimento. (...).
Ac. STJ, de 10.02.1999 *in* DLJ, nº 719, setembro/1999, (14), AZ-32710.
2 – "(...) *II – Viola o dever de lealdade e de fidelidade, o trabalhador que exerce a atividade de reparação de veículos numa garagem, por conta própria, em concorrência com a sua entidade patronal, que ao tempo explora uma oficina de reparação de veículos, onde o emprega, como mecânico de automóveis.*
III – O referido comportamento do trabalhador constitui justa causa de despedimento".
Ac. RP, de 08.07.1996 *in* CJ, Ano XXI, Tomo IV, p. 261.
3 – "*I – Existe impossibilidade prática de subsistência da relação laboral sempre que se esteja perante uma situação de absoluta quebra de confiança entre as partes, por se terem deixado de verificar as condições mínimas de suporte psicológico de uma vinculação duradoura.*
II – A diminuição da confiança resultante da violação, pelo trabalhador, do dever de lealdade, não se encontra dependente, quer da verificação de prejuízos para a entidade patronal, quer da existência de culpa grave por parte daquele".
Ac. STJ, de 10.02.1999 *in* ADSTA, Ano XXXVIII, nº 454, p. 1297.

O dever de lealdade gera como dever acessório o dever de não-concorrência, suscetível de integrar justa causa de despedimento, seja por dano eventual, seja pela quebra de lealdade e de confiança[172].

O dever de lealdade tem como corolários os deveres de informar e de urbanidade.

O dever de informar está presente, quer na fase preliminar do contrato de trabalho (em que é exigível a informação correta das habilitações do trabalhador, conhecimentos linguísticos e informáticos, experiência, etc.), quer durante a sua execução, aplicando-se as regras gerais do art. 227º, nº 1, do CC.

A viciação destes dados (que estiveram presentes aquando do recrutamento e que subordinam a execução contratual) fere a validade do contrato, por vício na formação da vontade do empregador, para além de legitimar um pedido indemnizatório.

iv) deveres de zelo e diligência (art. 128º, nº 1, als. *c)*, *f)* e *h)*, do CT);

A previsão do art. 351º, nº 2, als. *d)* e *m)*, do CT, pressupõe a violação do dever de diligência[173], "o qual requer ao trabalhador o esforço exigível ao trabalhador normal. Por esta via é possível pôr cobro a situações laborais nas quais o trabalhador seja manifestamente inapto: a violação do dever de diligência acarreta

---

[172] *"1. Entre os deveres em que o trabalhador fica constituído por força do contrato consta o dever de guardar lealdade ao empregador, nomeadamente, não negociando por conta própria ou alheia em concorrência com ele, nem divulgando informações referentes à organização, métodos de produção ou negócios.*
2. A trabalhadora que, graças às funções (de supervisora) que exerce na empresa e no conhecimento de uma proposta que esta fez a um cliente para a prestação de um serviço, propõe a este um valor inferior ao que consta naquela proposta e procede, por conta própria, à realização desse serviço, viola o dever de guardar lealdade à sua entidade empregadora, nomeadamente, o de não negociar por conta própria em concorrência com ela.
3. Neste caso, é indiferente o valor dos prejuízos sofridos para que fique mortalmente afectada a relação de confiança que a entidade empregadora mantinha naquela sua trabalhadora e se torne impossível a manutenção da relação de trabalho, atentas as funções de chefia que a mesma desempenhava na empresa."
Ac. da RL, de 15.06.11 *in* www.dgsi.pt (Proc. nº 644/09.5TTFUN.L1-4)
V. sobre a cláusula de não-concorrência, Júlio Gomes *in* "As cláusulas de não concorrência no Direito do Trabalho", RDES, Janeiro-Março, 1999, p. 7 e ss..

[173] *"(...) II – Se o trabalhador efetua uma manobra com máquina que conduz, sem atenção e sem cuidado e sem atender a sinais que lhe eram feitos e a faz colidir com ela em vigas de aço que a entidade patronal tinha arrumadas, viola o dever de zelo.*
III – Se desse embate resultaram prejuízos para a entidade patronal e se o trabalhador já tinha sido interveniente em outros acidentes, de que também resultaram prejuízos para a entidade patronal, verifica-se a existência de justa causa de despedimento".
Ac. RL, de 10.12.1997 *in* CJ, Ano XXII, Tomo V, p. 166.

presunção de culpa – artigo 799º/1 do CC – sendo certo que, quando grave, ela torna a relação de trabalho inaproveitável"[174].

v) dever de não afetação da relação de confiança[175-176];

vi) dever de assiduidade;

Enquadram aptidão para a justa causa de despedimento as faltas não justificadas que determinem diretamente prejuízos ou riscos graves para a empresa ou quando o número de faltas injustificadas atingir, em cada ano, 5 seguidas ou 10 interpoladas (art. 351º, nº 2, al. *g*), do CT)[177].

---

[174] Menezes Cordeiro, "Manual...", p. 832.

[175] 1 – *"I – (...) II – Tratando-se de falhas laborais grosseiras indesculpáveis num operário especializado, que procurou ocultar das chefias a sua atuação danosa, resultou na perda de confiança que nele depositava a entidade patronal e tornou impossível a manutenção da relação de trabalho".*
Ac. STJ, de 01.10.1997 *in* CJ, Ano V, Tomo III, p. 263

2 – *"I – Os atos da vida privada do trabalhador, estranhos à empresa, só podem justificar a justa causa de despedimento se afetarem valores empresariais objetivos que ponham em causa a confiança necessária à relação laboral ou afetem o prestígio exigido ao trabalhador nas relações com os clientes.*
II – Se um funcionário de um Banco, em dificuldades económicas, solicita a clientes um empréstimo de dinheiro para satisfação de despesas imperiosas, tal comportamento não afeta valores empresariais, não afeta a relação laboral nem o prestígio do funcionário perante os clientes, pelo que não constitui justa causa de despedimento.
Ac. da RC, de 01.06.1995 *in* CJ, Ano XX, Tomo III, p. 85.

3 – *"I – O gerente de um Banco que aprovou, contra as normas internas, operações de crédito através do recurso a reformas fictícias de letras e rotação de cheques, causando prejuízos à sua entidade patronal, viola a confiança inerente ao seu cargo, constituindo-se na situação de justa causa de despedimento.*
II – Podem ser aplicadas sanções diferentes a dois trabalhadores por infração imputada a ambos, se for diferente a respetiva culpabilidade.
III – Também essa diferente sanção pode fundamentar-se no diverso grau hierárquico na empresa".
Ac. STJ, de 21.05.1997 *in* CJ, Ano V, Tomo II, p. 288.

4 – *"(...). III – Os atos apropriativos fraudulentos cometidos pelo trabalhador terão de ser aferidos em relação à suscetibilidade de quebrar a confiança por parte da entidade patronal, independentemente do valor dos objetos apropriados e a maior ou menor acessibilidade aos mesmos".*
Ac. RL, de 05.04.1995 *in* CJ, Ano XX, Tomo II, p. 178.

[176] *"I – Verifica-se a existência de justa causa de despedimento, quando um trabalhador com a categoria de Chefe do Departamento Administrativo e Logístico de determinado empresa, a quem competia, entre outras tarefas, a conferência das senhas de refeição e verificação das faturas emitidas pela empresa fornecedora das refeições, não ter conferido de forma repetida e sistemática as senhas de refeição e as faturas respetivas, do que resultou a sua entidade patronal ter pago 65 mil contos de refeições que não haviam sido fornecidas – o que traduz uma conduta repetidamente negligente e um desinteresse repetido pelo cumprimento das suas obrigações.*
II – Este comportamento tornou praticamente impossível a subsistência da relação de trabalho determinando a falta da indispensável confiança no trabalhador com a categoria de Chefe de Departamento".
Ac. STJ, de 07.05.1997 *in* CJ, Ano V, Tomo II, p. 276.

[177] *"I – Para que as faltas injustificadas constituam justa causa de despedimento, independentemente de produzirem prejuízos ou riscos para a empresa, necessário é que elas revelem um comportamento gravemente culposo por parte do trabalhador.*

Para além dos deveres principais a relação laboral admite um feixe de deveres secundários ou acessórios, como o dever de urbanidade, de boa-fé que são difusamente plasmados pelo corpo do art. 128º, do CT.

A problemática das faltas por motivo de prisão

As faltas ocorridas por motivo de prisão podem sê-lo a título definitivo ou a título preventivo.

Nas faltas em virtude de prisão preventiva impera um *juízo de probabilidade* na condenação do arguido; no primeiro caso, formula-se já um *juízo de culpabilidade.*

Tratando-se de faltas por motivo de prisão preventiva, a jurisprudência e a doutrina oscilam entre a sua justificabilidade e a sua não-justificabilidade[178].

Um setor só aceita a sua justificabilidade, se no processo respetivo o trabalhador vier a ser absolvido[179].

Para as faltas em virtude de sentença de condenação, já haveria a "certeza jurídica de que as faltas daí resultantes podem ser imputadas ao condenado a título de culpa"[180].

II – Recai, assim, sobre a ré (entidade patronal) a alegação e a prova de que as faltas verificadas, pela sua reiteração e motivação, revelaram manifesto desinteresse do trabalhador pelo dever de assiduidade, tornando imediata e praticamente impossível a subsistência da relação de trabalho".
Ac. de 15.05.1987 *in* BMJ, 367, p. 411.

[178] *"(...) III – As faltas dadas em número superior a cinco dias seguidos por motivo de prisão preventiva do trabalhador por infração pela qual veio a ser condenado, embora com pena suspensa, devem considerar-se injustificadas, pois foram dadas por culpa sua".*
Ac. RL, de 17.05.1995 *in* CJ, Ano XX, Tomo III, p. 183.

[179] V. MENDES BATISTA *in* "Faltas por motivo de prisão". – QL, nº 11, p. 67 e ss., sobre uma análise crítica dos acordão a favor e contra a justificação da falta A propósito de determinado acordão que considerou justificáveis as faltas em prisão preventiva seguidas de decisão de absolvição, comenta o A., "Se a sentença fosse de absolvição, o despedimento entretanto ocorrido teria de ficar sem efeito, consubstanciando-se numa decisão precipitada e descabida. Com a agravante de a entidade patronal poder, entretanto, ter feito novas contratações ou ter procedido a alterações organizativas e/ou produtivas. Ou seja, a suspensão do contrato de trabalho operaria retroactivamente.
Se a sentença fosse de condenação, as faltas correspondentes ao período de prisão preventiva, seriam retroactivamente injustificadas, só então validando o despedimento efetuado.
Não se saberia qual a qualificação jurídica do trabalhador entre a data da prisão e a data da sentença de condenação".

[180] *"I – A prisão resultante de condenação constitui motivo de faltas justificadas: na base de tal prisão e das consequentes faltas ao serviço, está sempre um comportamento que o trabalhador quis ou que, podendo evitar tal atuação, não agiu de modo adequado para que o evento criminoso, mesmo que culposo, não ocorresse.*

II – O empregador tem o ónus de provar a falta (art. 342º, do C. Civil), cabendo ao trabalhador provar a sua justificação (arts. 25º, nºs 2 e 4, do Decreto-Lei nº 874/76, de 28.12).

III – Impende sobre o trabalhador, demonstrar que o crime pelo qual o mesmo foi pronunciado e condenado, é de tal modo insignificante que em nada – ou em muito pouco – se repercute sobre a relação laboral.

MENDES BATISTA, em comentário discordante, alega que as faltas por motivo de prisão, não fazem incorrer o trabalhador no regime de faltas injustificadas. Como refere este Autor, "A situação é evidentemente uma situação de impossibilidade de executar a prestação. Mas, embora o impedimento seja respeitante ao trabalhador, não lhe é imputável. A imputabilidade a que se faz referência (...), é uma imputabilidade laboral. O que significa que o trabalhador beneficia do regime da suspensão (ou, se for caso disso, do regime das faltas justificadas), a não ser que tivesse praticado o ato para se furtar à prestação do trabalho"[181].

Tudo gravita à volta da imputabilidade ao trabalhador-arguido da sua conduta extralaboral como impedimento da execução do contrato[182], atendendo-se à imputabilidade laboral como um facto *"pré-ordenado* no sentido de dele resultar a impossibilidade de prestar trabalho"[183]. Acrescenta, ainda, este Autor, que, "Se a imputabilidade tivesse o conteúdo que alguma doutrina e jurisprudência lhe pretende atribuir, a conduta privada das pessoas seria intoleravelmente condicionada, na medida em que teria de ser *determinada* pela preocupação omnipresente de não se ficar impossibilitado de prestar o trabalho"[184].

O próprio comportamento do trabalhador, atuando nessa qualidade, para além de constituir ilícito penal, pode configurar justa causa de despedimento, se subsumível, é certo, ao nº 1, do art. 351º, do CT.

Caso se entenda que, nos casos de prisão efetiva, as faltas são justificadas, coloca-se a questão de saber se a suspensão se converte em cessação do contrato (apesar da impossibilidade, em rigor terminológico, não ser definitiva). Em sentido favorável, MENDES BATISTA "parece-nos que neste caso o contrato de trabalho *pode* cessar por impossibilidade superveniente, absoluta e definitiva – art. 4º, alínea *b)*, da LCCT"[185].

Incluem-se nesta forma de caducidade situações que num entendimento mais exigente não integrariam uma impossibilidade absoluta e definitiva de o empre-

---

IV – Não o provando o trabalhador, e tendo o mesmo sido condenado em pena de prisão em grau significativamente injuriante e com as faltas correspondentes, estão preenchidos todos os requisitos de justa causa de despedimento e de despedimento lícito".
Ac. STJ, de 30.10.87 *in* BMJ, 370, p. 472.
[181] *In* "Faltas por motivo...", 57.
[182] Nas palavras de MENDES BATISTA *in* "Faltas por motivo...", p. 59, "O problema central neste debate é, pois, o problema da imputabilidade, em sede de *valoração laboral*. Não é o problema da ilicitude do ato ou da culpa no âmbito penal".
[183] MENDES BATISTA, *in* "Faltas por motivo...", p. 58.
[184] *Loc. cit..*
[185] "Faltas por motivo...", p. 58.

gador receber a prestação, mas em que se verifica a *perda do interesse do credor na prestação*.

Por outro lado, indaga-se se será legítimo obrigar-se o empregador a lançar mão, repetidas vezes, do trabalho precário, até ao retorno do trabalhador-arguido substituído.

A questão convida de facto à polémica. De um lado, temos uma suspensão indeterminada em nome da garantia ao emprego, que, afastando a conversão da suspensão em cessação contratual, funciona como uma espécie de *sanção acessória* à condenação penal do trabalhador. Por outro lado, a dinâmica empresarial e de produtividade são valores que seriam colocados em crise.

Lobo Xavier estabelece a proximidade entre a impossibilidade (ou melhor, a *incerteza* de prestação laboral nos termos descritos) e a *impossibilidade definitiva do trabalhador prestar trabalho nos moldes previstos para a caducidade contratual*.

Esclarece este Autor, "Entendemos também que devem considerar-se como casos de impossibilidade *definitiva* aqueles em que se comprove que a impossibilidade vai durar tanto tempo que não será exigível à empresa guardar futura e sempre incerta viabilização das relações contratuais. Será o caso, por exemplo, de um trabalhador condenado a longo tempo de prisão ou que se encontra doente há vários anos"[186].

4.3. Prazos prescricionais da infração disciplinar e prazo de caducidade do procedimento

Como questão prévia há que definir e distinguir a prescrição da caducidade.

O não exercício de um direito durante o lapso de tempo estabelecido na lei, gera a sua *caducidade* a "menos que a lei se refira expressamente à *prescrição*" dispõe o n.º 2, do art. 298.º, do CC.

Ensina Manuel de Andrade "o fundamento específico do instituto prescricional (...) é a inércia do respetivo titular, que ou significa renúncia ao seu direito ou de qualquer maneira o torna indigno de proteção jurídica"[187].

E mais adiante, "O *fundamento específico* da caducidade é o da *necessidade de certeza jurídica*. Certos direitos devem ser exercidos durante certo prazo, para que ao fim desse tempo fique inalteravelmente definida a situação jurídica das partes".

Entre as principais diferenças de regime ressaltam:

---

[186] "Curso...", p. 463.
[187] "Teoria Geral da Relação Jurídica", vol. II, Almedina, 1987, p. 464.

i) A prescrição só pode ser invocada por "aquele a quem aproveita", o prescribente (art. 303º, do CC), ao contrário da caducidade, que é apreciada oficiosamente (art. 333º, do CC);

iii) A prescrição admite genericamente os institutos da suspensão e da interrupção (respetivamente, arts. 318º e ss. e 323º e ss., do CC), já a caducidade só excecionalmente se interrompe ou suspende (art. 328º, do CC);

iii) A prescrição interrompe-se pela "citação ou notificação judicial de qualquer ato que exprima, direta ou indiretamente, a intenção de exercer o direito" (art. 323º, nº 1, do CC), por sua vez, a caducidade só é impedida, pela prática do ato com efeito impeditivo (art. 331º, nº 1, do CC).

A infração laboral integra a violação de deveres legais e/ou contratuais por parte do trabalhador com relevância jurídica e, por isso, passíveis de sanção disciplinar a exercer pelo titular do poder diretivo e sancionatório.

O exercício do poder disciplinar, assim conferido ao empregador, é, no entanto, limitado, quer pela prescrição da infração ao fim de um ano a contar do momento em que teve lugar (art. 329º, nº 1, do CT)[188], quer pela caducidade do próprio direito de (re)ação, que ocorrerá caso a ação disciplinar não seja exercida nos 60 dias imediatos ao conhecimento da infração (art. 329º, nº 2, do CT)[189].

---

[188] **1** – *"(...) III – A infração disciplinar prescreve no prazo de um ano a contar da sua prática, mesmo que a infração disciplinar constitua também infração criminal.*
IV – Neste último caso, o prazo de prescrição não se conta a partir do trânsito da sentença que condenou o trabalhador pela infração criminal.
V – A condenação criminal não constitui, só por si, justa causa de despedimento".
Ac. RL, de 18.12.1997 *in* CJ, Ano XXII, Tomo V, p. 172. V. Ac. RP, de 09.12.1997 *in* CJ, Ano XXII, Tomo V, p. 249.
2 – *"I – A prescrição da infração disciplinar, que ocorre no prazo de um ano a contar da sua prática, é independente do facto de a entidade patronal ter tido ou não, conhecimento da sua prática.*
II – O decurso desse prazo prescricional interrompe-se com o início do processo disciplinar. (...)".
Ac. STJ de 09.10.1998 *in* CJ, Ano VI, Tomo I, p. 285.
3 – *"I – Mantendo-se o contrato de trabalho, é sempre de um ano o prazo de prescrição da infração disciplinar, ainda que os factos se revistam de natureza criminal. (...).*
III – Dá-se a prescrição da infração disciplinar logo que decorre o prazo de um ano contado desde a prática do ato, independentemente do seu conhecimento ou desconhecimento por parte da entidade patronal".
Ac. RC de 09.12.1997 *in* CJ, Ano XXII, Tomo V, p. 249.
[189] *"1. O prazo de 60 dias para o exercício da ação disciplinar (prazo de caducidade) assenta na ideia de que a maior ou menor lentidão no desencadeamento do processo disciplinar exprime o grau de relevância atribuído pelo empregador à conduta infratora; se o procedimento disciplinar não se iniciar dentro dos 60 dias subsequentes ao conhecimento da referida conduta, esse facto constitui presunção* iuris et de iure *de irrelevância disciplinar.*

O ilícito disciplinar pode configurar infração instantânea ou continuada.

A relevância da precisão da infração instantânea e da infração continuada é inquestionável para a correta contagem do prazo prescricional. Perante a omissão juslaborista do entendimento de um e outro conceito, teremos que nos socorrer analogicamente do disposto quanto às normas penais.

EDUARDO CORREIA, no que concerne à pluralidade de crimes, explica que, "Quando (...) há uma *pluralidade de atos de vontade*, a unidade criminosa procura justificar-se por recurso ao caráter homogéneo dos atos, ou à conexão de lugar e tempo, ou à unidade do evento, (...), ou, finalmente, à unidade de resolução – que só jurídica e não naturalisticamente pode ter capacidade unificadora da conduta criminosa."[190]

Este Autor, refere que "está-(se) por vezes perante uma série de atividades que, devendo em regra – segundo os princípios até agora expostos – ser tratada nos quadros da pluralidade de infrações, tudo parece aconselhar – que se tomem, unitariamente, como um crime só"[191].

O art. 30º, nº 2, do CP, define como crime continuado, "a realização plúrima do mesmo tipo de crime ou de vários tipos de crime que fundamentalmente protejam o mesmo bem jurídico, executada por forma essencialmente homogénea e no quadro da solicitação de uma mesma situação exterior que diminua consideravelmente a culpa do agente".

Precisando o conceito: "I – Para que exista infração disciplinar continuada é necessário que se verifiquem cumulativamente os seguintes elementos:

a) que as várias condutas infraccionais visem o mesmo bem jurídico;
b) sejam efetuadas de forma homogénea;

---

2. Este prazo conta-se a partir da data em que o empregador, ou o superior hierárquico com competência disciplinar, teve conhecimento da infração e interrompe-se com a comunicação da nota de culpa ao trabalhador ou a partir da data da instauração do procedimento prévio de inquérito.

3. Para a interrupção desse prazo se verificar não basta que o despacho que manda instaurar processo disciplinar seja proferido dentro de 60 dias contados da data do conhecimento dos factos. É necessário também que esse despacho (que manda instaurar processo disciplinar) e a nota de culpa (que inicia esse processo) cheguem ao conhecimento do trabalhador, dentro desse prazo.

4. Só assim o trabalhador tem um efetivo controlo sobre o cumprimento pela entidade empregadora de tal prazo, pois se assim não for, nada impedirá esta de atribuir uma data atrasada a essa decisão apenas para que ela caia dentro dos 60 dias legais".

Ac. RL, de 26.05.08 *in* www.dgsi.pt (Proc. nº 3986/2008-4).

[190] "Direito Criminal", vol. II, Almedina, 1968, p. 199.
[191] *Ob. cit.*, p. 208.

c) que se enquadrem numa mesma situação exógena, que leve à diminuição da culpa do agente", segundo o Ac. STJ, de 14.05.1997 *in* CJ, Ano V, Tomo II, p. 280[192].

Por sua vez, a infração instantânea (como infração singular) é configurada como o preenchimento automático do mesmo tipo legal de crime formado por um único ato de vontade[193].

Caso a infração integre ilícito instantâneo[194], a contagem do prazo inicia-se com a sua perpetração.

Na hipótese de infração permanente ou continuada, a contagem inicia-se a partir do último ato que a integra, *v.g.*, faltas injustificadas.

4.4. Procedimento de despedimento por justa causa

A aplicação de qualquer sanção disciplinar ao trabalhador, ainda que diferente da do despedimento, não pode ser aplicada sem audiência prévia do trabalhador

---

[192] "*II – Não constitui infração disciplinar continuada, a autorização de pagamentos ainda que indevidos, de serviços prestados a uma Companhia de Seguros, por um restaurante e a aquisição, não autorizada, de um «salvado».*

III – Está prescrita, nos termos do nº 3 do art. 27º da LCT, a conduta consistente na aquisição não autorizada, do «salvado», se ocorrida há mais de um ano.

No caso da autorização por um trabalhador de seguros, de pagamentos indevidos e venda ilícita pelo mesmo trabalhador de um «salvado» da seguradora, há identidade do bem jurídico protegido: o interesse patrimonial da entidade patronal. Porém, não há homogeneidade na execução das condutas relativas àquelas infrações disciplinares, nem os mesmos ocorreram no quadro de uma mesma situação exterior propiciadora da sua prática continuada pelo trabalhador.

IV – A não verificação de um dos pressupostos da figura do crime, impõe o seu afastamento, fazendo reverter o caso à figura da acumulação real.

V – Tendo a alegada infração disciplinar de venda de um «salvado», ocorrido em 05.03.93, encontrava-se a mesma extinta por prescrição, em 10.03.94, data em que foi instaurado o processo disciplinar, por já então ter sido ultrapassado o prazo de um ano, a que se refere o nº 3, do art. 27º do RJCIT, aprovado pelo Decreto-Lei nº 49 408, de 21.11.1969".

Ac. STJ, de 14.05.1997 in ADSTA, nº 432, p. 1515.

[193] "*I – Se tiver havido um só desígnio criminoso, o crime há de ser necessariamente único, já que subsumível a um mesmo tipo criminal, ou seja, ofensivo de idêntico bem jurídico.*

II – Ao invés, se o comportamento do arguido revelar uma pluralidade de resoluções poder-se-ão pôr – e só então – as hipóteses de pluralidade de infrações ou de crime continuado.

II – Tendo havido mais do que uma resolução, a regra será o concurso real de crimes, constituindo a continuação criminosa uma exceção a aceitar quando a culpa se mostre consideravelmente diminuída, mercê de fatores exógenos que facilitaram a recaída ou recaídas".

Ac. STJ, de 30.01.1986 *in* BMJ, nº 353, p. 240.

[194] (...) "*II – Sendo a infração disciplinar constituída pela apropriação ilícita duma quantia, ela tem um caráter instantâneo, pelo que a manutenção do resultado lesivo é um mero efeito de tal infração*".

Ac. RP, de 09.12.1997 *in* CJ, Ano XXII, Tomo V, p. 249.

(art. 329º, nº 6 do CT)[195] e quer a tramitação das *sanções conservadoras* corretivas[196] quer a tramitação da *sanção expulsiva* (despedimento sem indemnização ou compensação) devem salvaguardar o direito de defesa do trabalhador, sendo, quanto a esta última, obrigatório desde logo a indicação da vontade de despedir[197], nos termos do nº 1, do art. 353º, do CT.

Não se acolhe entre nós a figura do despedimento indireto ou do despedimento tácito[198], o empregador tem que manifestar expressamente a vontade de despedir, e manifestar essa vontade nos moldes legais consentidos.

---

[195] Cfr. Ac. de 15.06.94 *in* BMJ, nº 438, p. 308.
1 – *"I – O despedimento verbal duma trabalhadora, perpetrado no decurso de processo disciplinar, é ilícito e, como tal, produz de imediato os seus efeitos na esfera jurídica da despedida.*
II – Assim, um subsequente despedimento desta, decretado no final daquele processo disciplinar, de nada aproveita à entidade patronal, que ao tempo já não detinha poder disciplinar sobre a mesma trabalhadora".
Ac. RP, de 17.03.1997 *in* CJ, Ano XXII, Tomo II, p. 243.
2 – *"I – Tendo uma trabalhadora, durante a pendência do processo disciplinar em que era arguida, por carta enviada à sua entidade patronal, rescindido o contrato de trabalho com invocação de justa causa, considera-se extinto esse contrato de trabalho, pois aquela declaração unilateral receptícia tornou-se eficaz logo que recebida pelo destinatário.*
II – Extinto, assim, tal contrato, foi inócuo o despedimento, depois proferido pela entidade de trabalho no processo disciplinar, ficando prejudicada a sua apreciação na ação de impugnação do despedimento".
Ac. de 14.05.1997 *in* CJ, Ano XXII, Tomo III, p. 161
3 – *"I – Em qualquer procedimento disciplinar – ainda que apenas esteja em causa a aplicação de sanção disciplinar de índole conservatória –, a nota de culpa deve revestir a forma escrita e conter a descrição dos comportamentos infraccionais imputados ao trabalhador, com narração do circunstancialismo de tempo, modo e lugar em que os factos ocorreram. (...).*
Ac. STJ, de 15.06.1994 *in* QL, Ano I, nº 2, p. 124.
[196] Como sendo, nos termos do art. 328º, do CT, a repreensão, a repreensão registada, a sanção pecuniária, a perda de dias de férias e a supensão do trabalhador com perda de retribuição.
[197] *"I – Só no processo disciplinar para aplicação de sanção de despedimento a lei exige que a intenção de despedir seja desde logo anunciada ao arguido. Nas restantes sanções, corretivas, mas conservadoras, impõe-se apenas que não sejam aplicadas sem audiência prévia do trabalhador.*
Ac. STJ, de 24.06.1998 *in* ADSTA, nº 445, p. 112.
[198] *"I – No nosso ordenamento jurídico não existe a figura do despedimento tácito.*
II – Se a entidade patronal se limita a praticar atos que levem o trabalhador a despedir-se, rescindindo o seu contrato de trabalho, está-se perante um despedimento indireto e não um despedimento tácito".
Ac. STJ, de 18.05.1984 *in* ADSTA, 274, p. 1188.
B. LOBO XAVIER, P. FURTADO MARTINS e ANTÓNIO NUNES DE CARVALHO *in* "Cessação factual da relação de trabalho e aplicação do regime jurídico do despedimento", RDES, Janeiro-Março1999, Verbo, p. 41 comentam o enquadramento jurisprudencial levado a cabo perante as, assim chamadas, cessações factuais do vínculo laboral que têm vindo a ser entendidas como configurando um despedimento ilícito.
Vejamos os casos em que:
– a causa invocada de cessação do contrato de trabalho é a caducidade, apurando-se mais tarde que tal causa inexiste como tal;
– a qualificação contratual é de trabalho não subordinado, quando afinal o era, e o empregador o denuncia livremente, conforme permite as relações não subordinadas;

O despedimento com justa causa ao integrar a sanção disciplinar mais grave, veio trazer maior *sofisticação* à tramitação do procedimento disciplinar, prevista nos arts. 353º e ss., do CT.

Nota de culpa
O procedimento disciplinar é faseado e inicia-se com a nota de culpa (art. 353º, nº 1, do CT), que circunscreve o factualismo disciplinar em causa e delimita o âmbito das diligências probatórias a requerer[199].

A nota de culpa é usualmente classificada como uma declaração de vontade receptícia ou recipienda. Isto é, logo que chega ao poder ou é conhecida pelo destinatário, torna-se eficaz (art. 224º, nº 1, 1ª parte, do CC)[200], fundamentada e explícita da factualidade subjacente à vontade de pôr termo à vinculação contratual[201]. "A descrição dos factos, deverá assim, ser enquadrada no seu contexto

---

– a invocabilidade da caducidade do contrato de trabalho qualificado como a termo, padecendo este de nulidade.

[199] "*I – O facto de na nota de culpa não constar exatamente a data em que se passaram os factos imputados ao trabalhador-arguido não implica nulidade insuprível do processo disciplinar se o trabalhador na sua resposta mostrou perfeito conhecimento de que factos se tratava e do momento em que eles teriam tido lugar. (...)*".
Ac. RL, de 29.03.1995 in CJ, Ano XX, Tomo II, p. 176.

[200] A declaração recipienda ou receptícia distingue-se da declaração não receptícia ou recipienda, prevista na segunda parte do artigo citado, produzindo, esta última, os respetivos efeitos "logo que a vontade do declarante se manifesta de forma adequada" (2ª parte, do nº 1, do art. 224º, do CC).

[201] 1 – "*(...) III – Não se encontra ferido de qualquer irregularidade o processo disciplinar em que o trabalhador não respondeu à nota de culpa, não obstante a entidade empregadora lhe ter remetido duas cartas registadas com aviso de receção para as duas moradas que o mesmo havia fornecido à empresa, as quais vieram devolvidas com a menção «não reclamada»*".
Ac. STJ, de 13.01.1999 in ADSTA, Ano XXXVIII, nº 450, p. 858.
2 – "*I – A lei não exige que a indicação dos preceitos legais que qualificam os factos como infrações disciplinares seja feita imediatamente a seguir à imputação de cada facto, nada impedindo – designadamente em casos em que é reduzido o número de factos imputados – que a especificação dessas normas se faça na parte final da acusação, desde que daí não resulte, para o arguido, a impossibilidade ou especial dificuldade em estabelecer a relação entre cada conduta fáctica descrita e cada violação disciplinar imputada. (...)*".
Ac. de 20.01.1999 in BMJ, 483, p. 260.
3 – "*I – Se a entidade patronal envia a nota de culpa para a morada indicada pelo trabalhador e constante do ficheiro da empresa, o não recebimento dela pelo trabalhador, que mudou de residência sem indicar a nova à entidade patronal, é da culpa do trabalhador.
II – Neste caso, e se a nota de culpa não for devolvida, considera-se que a mesma foi recebida pelo trabalhador*".
Ac. STJ, de 01.04.1998 in CJ, ano VI, Tomo II, p. 259. No mesmo sentido, Ac. STJ, de 01.07.1998 in DLJ, nº 786, abril/1999, (120), AZ-32589.
4 – "*Se, posteriormente à remessa da nota de culpa, a entidade patronal remete uma adenda a essa nota de culpa, tal adenda é válida, desde que precise, pormenorize, explicite e desenvolva factos e circunstâncias relacionados com o facto essencial constante da nota de culpa*".
Ac. STJ, de 02.11.1995 in CJ, Ano III, Tomo III, p. 292.

próprio, de tempo, modo e lugar, individualizando-os e especificando-os, para permitir ao trabalhador, sendo esse o caso, a sua refutação"[202].

Da nota de culpa deve constar, desde logo, a intenção do empregador de proceder ao despedimento (art. 353º, nº 1, do CT), que deverá ser enviada à comissão de trabalhadores da empresa e à associação sindical respetiva, caso o trabalhador seja representante sindical (nº 2, do mesmo preceito), salvo se se tratar de uma microempresa, ou seja, aquelas que empregam até 10 trabalhadores[203] (art. 358º, do CT).

Se tal intenção não for indicada, considera-se o procedimento inválido, e o despedimento ilícito, por violação do direito de defesa do trabalhador (art. 382º, nº 2, al. *a*), do CT).

Transpondo para a linguagem penal, dir-se-ia que, além da *acusação* que contra ele foi deduzida, o trabalhador deve igualmente conhecer a *moldura penal* aplicável[204].

---

5 – "*I – Nada na lei obriga a entidade patronal a comunicar ao trabalhador, na carta que acompanha a nota de culpa, o local, dia e hora, em que o processo disciplinar pode ser consultado. O que importa é que o processo lhe seja facultado para ele organizar a sua defesa. (...)*".
Ac. RL, de 05.04.1995 *in* CJ, Ano XX, Tomo II, p. 178.

[202] Nosso "Código do Trabalho", em nota ao art. 353º.

[203] Art. 100º.

[204] Acerca da fundamentação da nota de culpa:
"*I – O empregador não é obrigado a indicar, na nota de culpa, as normas jurídicas violadas pelo trabalhador.*
II – Se a decisão de despedimento deu como provado um facto que não constava da nota de culpa, a consequência não é a invalidade do procedimento disciplinar mas sim a de que tal facto não pode ser atendido pelo tribunal na apreciação da justa causa".
Ac. da RP, de 21.05.12 *in* www.dgsi.pt (Proc. nº 1212/09.7TTGMR.P1)
"*I – A nota de culpa deve conter a descrição circunstanciada dos factos imputados ao trabalhador (353º do CT/2009); na decisão de despedimento e na apreciação judicial da sua (i)licitude não poderão ser atendidos factos não constantes da nota de culpa, nem referidos na defesa escrita do trabalhador, salvo se atenuarem a responsabilidade (art. 357º, nº 4, do mesmo); no enquadramento jurídico dos factos ao direito feito pelo tribunal na decisão judicial não poderão ser atendidos factos que não constem da matéria de facto nela dada provada.*"
Ac. da RP, de 14.11.11 *in* www.dgsi.pt (Proc. nº 836/10.4TTVFR-A.P1)
1 – "*I – Não é nulo o processo disciplinar em cuja nota de culpa dirigida ao trabalhador a entidade patronal lhe imputa os factos constantes da acusação deduzida em processo crime, dando por reproduzidas as circunstâncias de modo, tempo e lugar em que foram cometidos os crimes e juntando, para o efeito, cópia dessa acusação.*
II – O direito de defesa do trabalhador fica, assim, eficazmente assegurado com a remissão efetuada na nota de culpa para os factos constantes da acusação crime.
III – Conhecendo o trabalhador os termos da nota de culpa e da acusação crime que integrou aquela, há que concluir que a decisão de despedimento se encontra devidamente fundamentada quando refere que o trabalhador cometeu, nas circunstâncias de modo, tempo e lugar indicadas, os atos que são referidos na nota de culpa, consubstanciadoras das infrações que lhe são imputadas. (...)».
Ac. STJ, de 28.10.1998 *in* STJ BMJ, 480, p. 337.

A nota de culpa pode ser acompanhada da suspensão preventiva do trabalhador[205], sem perda de retribuição (art. 354º, nº 1, do CT). A suspensão pode ser determinada ainda antes da nota de culpa, nos casos previstos no nº 2, do referido art. 354º.

Direito de resposta do trabalhador
Princípio essencial na tramitação do despedimento é o da preservação das garantias de defesa do trabalhador, nomeadamente o direito de resposta à nota de culpa (no prazo de 10 dias úteis), podendo solicitar diligências probatórias a realizar através do empregador e consultar os autos (art. 355º, do CT)[206].

---

2 – "*I – A cessação do contrato de trabalho por despedimento, quanto às grávidas, puérperas e lactantes, carece sempre de parecer favorável dos serviços do Ministério do Emprego e Segurança Social e presume-se feito sem justa causa.*
II – Contudo, para que esse regime possa operar, é necessário que a trabalhadora informe o empregador do seu estado, por escrito, e que apresente um atestado médico comprovativo do mesmo.
III – Nada constando duns autos de suspensão de despedimento acerca de um tal procedimento por parte de uma trabalhadora lactante – sabendo-se apenas que estava a amamentar um filho – este facto é insuficiente para se presumir a inexistência de justa causa no despedimento processado.
IV – Constitui mera irregularidade do processo disciplinar a não obtenção prévia do parecer referido em I".
Ac. da RE, de 05.05.1998 *in* CJ, Ano XXIII, Tomo III, p. 293.
[205] 1 – "*(...) IV – A suspensão antes da comunicação da nota de culpa tem de se fundamentar na necessidade de preservar o ambiente de trabalho ou o desenvolvimento da relação laboral.*
V – Se a entidade patronal suspende o trabalhador antes da comunicação da nota de culpa e não provou aquelas necessidades de preservação do ambiente de trabalho ou de desenvolvimento da relação laboral, pode incorrer na obrigação de indemnizar o trabalhador por danos não patrimoniais".
Ac. STJ, 10.02.1999 *in* DLJ, nº 791, setembro/1999, (141), AZ-32710.
2 – "*– A suspensão do trabalhador antes da notificação da nota de culpa não implica nulidade do processo disciplinar, uma vez que a nulidade desse processo só ocorre quando se verificam quaisquer dos factos constantes das alíneas a), b) e c) do nº 3 do art. 12º do Reg. Jurídico aprovado pelo DL 64-A/89, onde não se inclui aquela suspensão (...)*".
Ac. do STJ, de 04.12.1997 *in* CJ, ano V, Tomo III, p. 296.
3 – "*(...) IV – O artigo 31º, nº 2, da LCT, consagra o princípio da suspensão motivada, limitando-se o artigo 11º, nº 1, da LCCT, a tipificar situações em que a suspensão da prestação laboral se encontra justificada. Assim, a suspensão verbal do trabalhador, não fundamentada e efetuada antes da notificação da nota de culpa, faz incorrer o empregador numa situação de incumprimento culposo do dever de ocupação efetiva, com a consequente responsabilização pelos eventuais prejuízos daí decorrentes para o trabalhador*".
Ac. STJ, de 10.02.1999 *in* ADSTA, Ano XXXVIII, nº 454, p. 1297
4 – "*(...) II – A suspensão preventiva do trabalhador não é uma obrigação da entidade patronal, mas mera faculdade, sem que o não exercício dessa faculdade permita a ilação de que os factos imputados ao arguido não constituem impossibilidade de subsistência da relação laboral (...)*".
Ac. RL, de 05.04.1995, CJ *in* ano XX, Tomo II, p. 178.
[206] "*Não tendo a empregadora respeitado o prazo estipulado, convencionalmente, para a resposta à nota de culpa, é inválido o procedimento disciplinar para efetivação de despedimento por facto imputável ao trabalhador*".
Ac. do STJ, de 29.02.12 *in* www.dgsi.pt (Proc. nº 355/10.9TTBRR-A.L1.S1)
"*I – O processo disciplinar é inválido, por violação do direito de defesa do trabalhador arguido, se o instrutor, apesar de comunicar o prazo em que o processo pode ser consultado, não viabiliza tal consulta, que lhe foi expressa e repetidamente*

A falta de resposta do trabalhador à nota de culpa não constitui confissão extra-judicial dos factos constantes na mesma, cabe ao trabalhador ajuizar sobre a oportunidade de responder ou não à nota de culpa.

O procedimento disciplinar é considerado inválido se não tiver sido respeitado o direito do trabalhador a consultar o processo ou a responder à nota de culpa, ou, ainda, o prazo para resposta à mesma (art. 382º, nº 2, al. *c*), do CT).

Sobre a redução a escrito das declarações prestadas pelas testemunhas arroladas em procedimento disciplinar, profere JORGE LEITE, refere que "A instauração de um processo disciplinar pressupõe uma crise disciplinar e é, por isso, um ato grave da relação laboral, particularmente quando está em risco a manutenção do emprego. Daí que se considere razoável a preocupação da lei em evitar dificuldades de prova dos momentos essenciais do processo disciplinar. (...)

---

pedida, em tal prazo e quando os elementos já constantes do processo, à data de prolação da nota de culpa, não são vertidos integralmente nesta. (...)".
Ac. da RP de 14.11.11 *in* www.dgsi.pt (Proc. nº 37/10.1TTBG.P1)
1 – *I – Em princípio a entidade patronal deve realizar as diligências de prova requeridas pelo trabalhador arguido em processo disciplinar.*
II – Se o trabalhador requereu a realização de junta médica caso se suscitassem dúvidas sobre o seu estado de saúde e juntou exames médicos efetuados e a entidade patronal solicitou ao médico de medicina de trabalho parecer sobre os mesmos não é de concluir que se tenha omitido a realização de uma diligência, a requerida, para defesa do trabalhador.
Ac. da RL, de 23.11.2005, in CJ, Ano XXX, Tomo V, p. 159.
2 – *"I – A única nulidade insuprível dum processo disciplinar para despedimento do trabalhador é a falta de audição do arguido, nas diversas modalidades que ela comporta.*
II – Nesse processo disciplinar a entidade patronal tem sempre a faculdade de recusar as diligências inúteis solicitadas pelo trabalhador, ou seja, aquelas diligências que não interessam ao apuramento dos factos.
III – A não realização de diligências inúteis requeridas, não leva à nulidade do processo disciplinar.
IV – As deficiências da nota de culpa, verificadas quanto aos factos que constituíram a infração disciplinar, não conduzem à nulidade do referido processo, se o trabalhador teve uma perfeita noção de tais factos e se exercitou, com pleno conhecimento do circunstancialismo da infração disciplinar, o seu direito de defesa.
V – (...). VI – (...)".
Ac. RC, de 27.05.1999, CJ *in* Ano XXIV, Tomo III, p. 68.
3 – *"(...) II – Haverá violação do direito de audiência e defesa em processo disciplinar sempre que o enquadramento jurídico-disciplinar acolhido na decisão punitiva apesar de baseado no constante da acusação e representar uma perspetiva nova contra a qual o arguido não teve oportunidade de se defender: sempre que surja uma situação de indefensão, haverá violação do direito de defesa. (...)".*
Ac. de 20.01.1999 *in* BMJ, 483, p. 260.
4 – *"I – Não constitui qualquer irregularidade a notificação da nota de culpa ao trabalhador, com processo disciplinar, sem se referir o local onde se encontra o respetivo processo, pois nenhum preceito legal obriga a tal comunicação.*
II – Faz parte do direito de defesa do arguido a faculdade de consultar o processo disciplinar, mas só deve considerar-se violado quando o trabalhador solicita essa consulta e a mesma lhe é negada".
Ac. de 21.10.1997 *in* BMJ, nº 470 (1997), p. 707.

Parece evidente que só a forma escrita se revela adequada à satisfação da certeza e da segurança jurídica"[207].

Diligências probatórias
A realização das diligências probatórias serão as oportunas e adequadas à descoberta da verdade material[208].
Tendo sido declarado inconstitucional o nº 1 do art. 356º, do CT, o empregador deixa de deter livro arbítrio sobre a oportunidade da diligência probatória.
Entendeu o TC no citado Acordão nº 338/2010, de 08.11, que *"O artigo 356º, nº 1, do atual Código do Trabalho veio facilitar os despedimentos ao eliminar a obrigatoriedade da instrução nos respetivos processos disciplinares.*

O despedimento por iniciativa do empregador deve, em nome da segurança no trabalho e da proibição dos despedimentos sem justa causa, ser precedida de um conjunto de formalidade destinadas, em regra, a dar prévio conhecimento ao trabalhador dos respetivos motivos e a possibilitar-lhe a sua defesa.

Ora, a eliminação da obrigatoriedade da instrução em processo disciplinar, que nos termos do nº 1 do art. 356º passa a depender da vontade do empregador (ou seja, de uma das partes no processo), é suscetível de violar quer o princípio do contraditório quer o princípio do direito de defesa, consagrados expressamente no artigo 32º da Constituição em relação ao processo criminal, mas que, por serem garantias que estão no próprio cerne do princípio do Estado de direito democrático, devem ter-se por inerentes a todos os processos sancionatórios, qualquer, qualquer que seja a sua natureza.

Parece claramente ofensivo das garantias que a Constituição considera inerentes a qualquer processo sancionatório o facto de se colocar nas mãos da parte acusadora o poder de se colocar nas mãos da parte acusada tem direito à realização das diligências destinadas ao apuramento da verdade dos factos."
Com a alteração do CT promovida pela Lei nº 23/2012, de 25.06, retomou-se a obrigatoriedade do empregador realizar as diligências probatórias requeridas na nota de culpa.
A não realização das diligências probatórias pertinentes requeridas pelo trabalhador, nos termos do art. 356º, nºs 1 e 3, do CT, não fere o procedimento

---

[207] "Direito do Trabalho – da Cessação do Contrato de Trabalho", p. 175 e 176, citado em ADSTA, Ano XXXVIII, nº 454, p. 1323.
[208] No que respeita à amplitude do poder de inquirição da entidade patronal, *v.* o Ac. STJ, de 17.02.1999 in ADSTA, Ano XXXVIII, nº 454, p. 1323:
"(...) IV – Tendo a testemunha sido arrolada pelo arguido, não estava a entidade patronal proibida de a ouvir sobre quaisquer outros factos não invocados na resposta à nota de culpa e mesmo aos factos imputados na acusação".

disciplinar de invalidade, tratando-se de meras irregularidades fundadas em deficiência de procedimento (art. 389º, nº 2, do CT).

O despedimento é considerado irregular nos casos em que:

- o empregador não realize as diligências pertinentes requeridas (art. 356º, nº 1, do CT);
- havendo instrução requerida pelo trabalhador, o empregador *não proceda à audição das testemunhas arroladas* (art. 356º, nº 3, do CT).

Em caso de *despedimento irregular* o trabalhador tem apenas direito a indemnização correspondente a metade do valor que resultaria da aplicação do nº 1, do art. 391º, do CT (art. 389º, nº 2, in fine, do CT).

Após conclusão das diligências probatórias, o empregador apresenta cópia integral do processo à comissão de trabalhadores e à associação sindical respetiva, caso o trabalhador seja representante sindical, para estas, no prazo de cinco dias úteis, apresentarem o respetivo parecer (art. 356º, nº 5, do CT). Dispensa-se a apresentação de cópia do processo à comissão de trabalhadores caso o trabalhador comunique ao empregador, nos três dias úteis posteriores à receção da nota de culpa, que o parecer é emitido por determinada associação sindical (nº 6).

Decisão de despedimento
A decisão de despedimento é sempre uma decisão formal e impugnável e, como tal, deve ser reduzida a escrito, fundamentada e comunicada por cópia ou transcrição ao trabalhador (art. 357º, nºs 5 e 6, do CT)[209].

Recebidos os pareceres referidos no art. 356º, nº 5 (ou decorrido o prazo para o efeito), o empregador dispõe de 30 dias para proferir a decisão de despedimento, sob pena de caducidade do direito de aplicar a sanção (nºs 1 e 2).

---

[209] **1 – I** – *Se na empresa não existir comissão de trabalhadores e o trabalhador arguido não for representante sindical a prazo de 30 dias para a aplicação de sanção inicia-se com a conclusão das diligências probatórias requeridas pelo trabalhador na resposta à nota de culpa, e não de outras ordenadas posteriormente pelo empregador.*
II – Para possibilitar a defesa do trabalhador tem este de ter conhecimento pessoal da decisão a aplicar.
III – Se a comunicação for enviada para a residência do trabalhador e este a não receber compete ao empregador provar que a não receção (a existir) se verificou por culpa do trabalhador.
Ac. RL, de 28.11.2007, in CJ, Ano XXXII, Tomo V/2007, p. 152,
"(...) *II – Na sua fase da decisão, o processo disciplinar deve conter a decisão escrita da entidade patronal, onde esta delibera o despedimento do trabalhador e indica os seus fundamentos, cuja cópia terá de ser entregue ao despedido.*
III – Está ferido de nulidade insanável o processo disciplinar donde não conste documento escrito que contenha a referida decisão.
IV – O despedimento opera de imediato, pelo que não pode ser ratificado, se já se tiver verificado a sua nulidade".
Ac. STJ, de 06.12.1995 in CJ, Ano III, Tomo III, p. 301.

Caso a decisão de despedimento e/ou os seus fundamentos não constem de documento escrito, o procedimento será considerado inválido (art. 382º, nº 2, al. *d*), do CT)[210].

A declaração de despedimento, assim delineada, torna-se eficaz logo que chega ao poder do destinatário ou é por ele conhecida ou, ainda, quando só por culpa do trabalhador não foi por ele oportunamente recebida (art. 357º, nº 7, do CT), tem, portanto, o valor de uma declaração rescisória *receptícia* ou *recipienda*[211].

A declaração há de ainda ser univocamente manifestada[212].

Mantém-se a natureza perentória do prazo para emissão da decisão final.

---

[210] 1 – "*I – O despedimento verbal duma trabalhadora, perpetrado no decurso de processo disciplinar, é ilícito e, como tal, produz de imediato os seus efeitos na esfera jurídica da despedida.*
II – Assim, um subsequente despedimento desta, decretado no final daquele processo disciplinar, de nada aproveita à entidade patronal, que ao tempo já não detinha poder disciplinar sobre a mesma trabalhadora".
Ac. de 17.03.97 *in* CJ, Ano XXII, Tomo II, p. 243.
2 – "*(...) II – O facto de na comunicação do despedimento transcrever-se a deliberação da entidade competente na qual se davam como reproduzidos os factos constantes da nota de culpa não envolve nulidade do processo disciplinar, pois faz--se saber ao trabalhador, sem a menor possibilidade de deficiente perceção deste, quais as razões da rescisão contratual*".
Ac. RL, de 17.05.1995 *in* CJ, Ano XX, Tomo III, p. 183.

[211] 1 – "*I – O despedimento caracteriza-se como sendo uma declaração da entidade patronal ao trabalhador que visa produzir a rutura da relação contratual.*
II – Tal declaração torna-se eficaz logo que chegue ao poder do destinatário ou dele seja conhecida, podendo ser expressa, feita por qualquer meio de manifestação de vontade, ou tácita, quando se deduz de factos que com toda a probabilidade a revelem.
III – Não existe despedimento enquanto a entidade patronal continuar a receber a prestação do trabalhador".
Ac. STJ, de 25.11.1998 *in* ADSTA, nº 448, p. 575.
2 – "*I – Constitui meio adequado e idóneo para comunicação da decisão de despedimento, carta registada com aviso de receção, enviada pela entidade patronal para o domicílio do trabalhador (tal como havia acontecido com as anteriores comunicações sobre o processo disciplinar em curso) onde constava cópia, quer da deliberação da gerência quer do relatório final do instrutor do processo para o qual aquela remetia quanto aos fundamentos da decisão.*
II – É assim válida e eficaz a comunicação de despedimento nestes termos levada a cabo, sendo que o não recebimento da mesma pelo trabalhador só a ele poderá ser imputado, conforme preceitua o nº 2, do artigo 224º, do Código Civil.
III – Não enferma de qualquer inconstitucionalidade, designadamente por desconformidade do art. 53º do Código Civil, uma vez que as garantias de defesa ínsitas no princípio da estabilidade do emprego, para além de respeitarem, nuclearmente, ao conhecimento dos factos imputados e à possibilidade da sua impugnação e prova, tendo em vista a decisão final nesse processo, nunca poderiam ser extensivas a situações imputáveis a culpa do trabalhador-arguido".
Ac. STJ, de 01.07.1998, ADSTA, Ano XXXVIII, nº 446, p. 262.

[212] "*A declaração de despedimento como declaração negocial rescisória ou recipienda que é, seja expressa ou tácita, deve ser unívoca, no sentido do trabalhador tomar conhecimento da vontade da entidade patronal de não dar continuação ao contrato de trabalho. Não reveste essa qualidade a imposição feita pela entidade patronal ao seu trabalhador, como condição do pagamento do ordenado do mês vencido, da assinatura, por este, de uma declaração de despedimento*".
Ac. da RC, de 10.12.1998 *in* BMJ, 482, p. 303.

4.5. A suspensão judicial do despedimento

Nos termos do art. 386º, do CT, o trabalhador tem o direito de requerer a suspensão preventiva do despedimento, no prazo de cinco dias úteis a contar da data da receção da comunicação de despedimento, através do *procedimento cautelar especificado de suspensão de despedimento individual*, previsto no CPT (arts. 34º e ss.).

A suspensão assegura a manutenção, ainda que provisoriamente, do vínculo laboral, conservando o trabalhador, em consequência, o direito à retribuição.

Igualmente pode o trabalhador impugnar o despedimento que considera ilícito[213], por violação procedimental ou porque falhou a fundamentação substantiva de justa causa (art. 387º, do CT).

4.6. O procedimento disciplinar nas microempresas

Relativamente às microempresas a lei estabelece um regime próprio de tramitação do procedimento disciplinar (art. 358º, do CT).

O procedimento disciplinar, aqui, caracteriza-se pela simplicidade e celeridade, continuando, no entanto, a manter as seguintes características:

i) manutenção do direito de resposta e de audição do trabalhador;
ii) necessidade de formulação prévia da intenção de despedir[214], que deve ser: fundamentada; discriminativa de todos os factos imputáveis ao trabalhador e comunicada, por escrito, ao trabalhador (art. 353º, do CT).

Nos termos do nº 1, do art. 358º, do CT, excetua-se deste regime, os casos em que o trabalhador-arguido é membro da comissão de trabalhadores ou representante sindical, remetendo-se então para o regime geral dos arts. 358º e ss, do

---

[213] "*I – Encontrando-se o trabalhador acusado em processo crime pelos mesmos factos que são invocados como justa causa de despedimento, a ação de impugnação desse despedimento não deve ser suspensa até decisão da ação penal, por inexistir entre ambas as ações uma relação de prejudicialidade.*
II – Trata-se de ações independentes, com critérios de apreciação e objetivos diferentes, pelo que a decisão do processo crime não condiciona nem prejudica a decisão do processo laboral; neste processo, visa-se o enquadramento disciplinar dos factos, em ordem a apurar se são suscetíveis de integrar justa causa de despedimento, ao passo que no processo crime, se pretende averiguar se tais factos constituem crime, à luz dos conceitos de natureza estritamente penal".
Ac. STJ, de 20.03.1996 *in* QL, nº 8, 1996, p. 191.

[214] "*I – Mesmo nas pequenas empresas é necessária a existência de processo disciplinar.*
II – Esse processo disciplinar deve conter a comunicação da intenção de despedimento acompanhada da intenção de despedimento acompanhada da nota de culpa.
III – Se tal não acontecer, o processo disciplinar é nulo e fundamenta a ilicitude do despedimento".
Ac. RC, de 20.06.1996 *in* CJ, Ano XXI, Tomo III, p. 69.

CT. Igualmente será sempre aplicável o regime de proteção do despedimento da parentalidade, sendo esse o caso, que obriga à tramitação prevista no art. 63º, do CT.

4.7. Créditos salariais emergentes do despedimento ilícito

A ilicitude do despedimento, sem prejuízo de legislação especial, decorre (segundo o previsto nos arts. 381º e 382º, do CT) da:

- motivação política, ideológica, étnica ou religiosa, ainda que com invocação de motivo diverso, conhecido por *despedimento por tendência* (art. 381º, al. *a*), do CT);
- improcedência dos motivos invocados (art. 381º, al. *b*), do CT);
- ausência de procedimento disciplinar, *grosso modo*, ocorreu um despedimento verbal (art. 381º, al. *c*), do CT);
- não solicitação do parecer prévio da entidade competente na área da igualdade de oportunidades entre homens e mulheres, em caso de despedimento de trabalhadora grávida, puérpera ou lactante ou de trabalhador durante o gozo de licença parental inicial, em qualquer das suas modalidades (art. 381º, al. *d*), do CT).
- decurso do prazo de prescrição (e caducidade) estabelecido(s) no art. 329º, nºs 1 e 2, do CT;
- procedimento disciplinar inválido (art. 382º, nº 2, do CT).

Por sua vez, a invalidade procedimental é consequência, de acordo com o nº 2 do art. 382º, do CT:

- da falta da nota de culpa, ou da não redução a escrito da mesma ou da ausência de descrição circunstanciada dos factos imputados ao trabalhador (art. 382º, nº 2, al. *a*), do CT);
- da falta de comunicação da intenção de despedimento que deve ser junta à nota de culpa (art. 382º, nº 2, al. *b*), do CT);
- do desrespeito pelo princípio do contraditório, no que concerne à não concessão ao trabalhador do direito de consultar o processo ou a responder à nota de culpa ou ao desrespeito quanto ao prazo para responder à nota de culpa (art. 382º, al. *c*), do CT);
- da não redução a escrito da decisão de despedimento e respetivos fundamentos, ou de deficiências na respetiva elaboração segundo o preceituado no art. 357º, nº 4 ou 358º, nº 2, do CT (art. 382º, nº 2, al. *d*), do CT).

Em caso de despedimento ilícito, a lei ficciona que o contrato de trabalho termina com o trânsito em julgado da decisão condenatória do empregador (art. 390º, nº 1, do CT), atribuindo ao trabalhador:

a) *o direito indisponível às retribuições vincendas até àquela data* (as chamadas prestações intercalares), como se o contrato de trabalho tivesse continuado em execução[215].

Desse valor[216] são deduzidos os seguintes montantes:

i) as retribuições correspondentes ao período decorrido, desde o despedimento até 30 dias (contados a partir do dia *a quo*, incluindo sábados, domingos e feriados) antes da propositura da ação, se esta não for proposta nos 30 dias subsequentes ao despedimento, por forma a promover a celeridade processual (art. 390º, nº 2, al. *b*), do CT). Com o atual CPT[217], o pagamento de retribuições pelo Estado ocorre decorridos 12 meses após a apresentação do formulário do qual consta declaração do trabalhador de oposição ao despedimento (art. 98º-N, do CPT)[218].

Paralelamente à retroatividade do efeito da ilicitude do despedimento, acolhe-se o regime do art. 795º, nº 2, do CC, como princípio geral aplicável aos contratos sinalagmáticos. Explica João LEAL AMADO, "Ora, não há dúvida de que, no caso vertente, a prestação de trabalho se torna impossível pelo facto do despedimento, imputável ao credor-empregador, pelo que este não fica desobrigado da contraprestação (ou seja, do pagamento da retribuição); mas, se o devedor exonerado (o trabalhador fica, de

---

[215] "*I – É nulo o contrato de trabalho celebrado entre um banco e uma sua trabalhadora, se esta prestou falsas declarações acerca das suas habilitações literárias.*
II – A declaração de nulidade do contrato pelo Banco empregador, logo que tomou conhecimento dessas falsas declarações, leva à cessação do contrato de trabalho.
III – O pedido de declaração de tal nulidade não constitui abuso de direito.
IV – Não obstante a referida nulidade, o contrato declarado nulo produz os seus efeitos, como se válido fosse, em relação ao tempo durante o qual este esteve em execução.
V – Tendo a trabalhadora sido despedida ilicitamente, antes da declaração da nulidade do contrato, deve receber todas as retribuições que lhe sejam devidas até à data dessa declaração, não podendo, todavia, ser reintegrada ao serviço do Banco."
Ac. RC, de 10.07.1997 *in* CJ, Ano XXII, Tomo IV, p. 63.
[216] Correspondente às retribuições intercalares.
[217] Na redação introduzida pelo Decreto-Lei nº 295/2009, de 13.10.
[218] "A declaração de invalidade do despedimento tem, assim, eficácia retroativa, operando *ex tunc* tudo se passando como se a relação laboral jamais tivesse sido interrompida (cf. art. 189º, n.º 1, do Código Civil).",
Ac. STJ, de 11.10.1994 *in* DLJ, nº 766, Ag./1997 (114), AZ-32107.

facto, exonerado do dever de trabalhar, devido ao despedimento) tiver algum benefício com a exoneração (exemplo: rendimentos de um novo emprego), será então o valor desse benefício descontado na contraprestação (isto é, no montantes dos salários intercalares)"[219].

ii) as importâncias recebidas em virtude do despedimento e que não seriam auferidas se este não ocorresse (art. 390º, nº 2, al. *a*), do CT).
A dedução do *alliunde perceptum* (as referidas importâncias) visa evitar a dupla fonte de rendimentos do trabalhador, o que geraria uma iniquidade patrimonial.
Questionava-se então, como hoje se questiona, da bondade do regime consagrado, muitos entendem que premeia o trabalhador negligente e sanciona o trabalhador diligente, este último verá descontada na retribuição devida em sede de despedimento ilícito a remuneração entretanto auferida. Por sua vez, o trabalhador negligente poderá receber exatamente o mesmo que o trabalhador diligente, apesar de nenhum esforço laboral ter dispendido.
Sendo de referir que o prejuízo que advém para o trabalhador diligente não é mais do que um efeito perverso da demora judicial.

iii) prevê-se, ainda, que o subsídio de desemprego seja deduzido na compensação devida (art. 390º, nº 2, al. *c*), do CT), resolvendo assim o problema da falta de cumprimento do reembolso aos cofres da segurança social do subsídio auferido[220].

b) direito à reintegração v. direito a indemnização por antiguidade

– o direito à reintegração e, em consequência, a recuperação dos direitos creditórios e estatutários próprios, como se tivesse estado sempre em serviço (art. 389º, nº 1, al. *b*), do CT)[221] ou,

---

[219] "Despedimento...", p. 46.
[220] **1** – "Nas retribuições que o trabalhador tem direito a receber em caso de despedimento ilícito deve ser deduzido o subsídio de desemprego atribuído pela Segurança Social, devendo a importância correspondente a esse subsídio, após aquela dedução, ser devolvida à Segurança Social".
Ac. RL, de 04.12.2006 *in* CJ, Ano XXXI, T. III, p. 157
2 – "I – Sendo o despedimento ilícito, o trabalhador tem direito às retribuições vencidas entre a data do despedimento e a da decisão.
II – A essas retribuições é de descontar as quantias que o trabalhador recebeu do fundo de desemprego".
Ac. RL, de 29.06.2006 *in* CJ, Ano XXXI, T. III, p. 155.
[221] **1** – "(...) *IV – Tendo a sentença condenado a ré a reintegrar o trabalhador, tal reintegração significa a reconstituição ope curia do vínculo laboral, não passando de uma declaração judicial de subsistência ou manutenção do contrato de*

– o recebimento de uma indemnização por antiguidade, aceitando o trabalhador, neste caso, a cessação contratual ilícita (art. 391º, nº 1, do CT).

O direito optativo do trabalhador deve, nos termos legais, ser exercido até à sentença, e uma vez declarado, torna-se irrevogável.

Ao interesse do trabalhador em gerir o seu tempo de escolha, contrapõe-se a segurança empresarial do empregador, que não pode ser confrontado com um pedido de reintegração quando (contando legitimamente com a dissolução contratual, de acordo com o declarado pelo trabalhador) já (re)organizou ou recrutou novos trabalhadores.

Na indemnização por antiguidade, a tónica é a atribuição do devido prestacional à luz do princípio da proporcionalidade (omnipresente em todo o Código), de natureza gradativa.

Assim, a indemnização varia entre os 15 e os 45 dias, nos termos do nº 1, do art. 391º, do CT, atendendo ao valor da retribuição e ao grau de ilicitude do despedimento, mantendo-se o limite mínimo geral de três meses (nº 3)[222].

---

trabalho, declaração essa que leva implícita uma condenação do empregador no cumprimento das prestações que se vão vencendo após a declaração de invalidade do despedimento, de tal forma que, se a entidade patronal não cumprir voluntariamente as suas obrigações, o trabalhador poderá intentar diretamente uma ação executiva".
Ac. STJ, de 11.10.1994 *in* DLJ, nº 766, agosto/1997, (114), AZ-32107.
2 – *"I – O trabalhador no ano da reintegração, terá direito a gozar férias como se sempre tivesse estado ao serviço, como qualquer outro trabalhador ou seja, às férias respeitantes ao ano anterior e vencidas em 1 de janeiro desse mesmo ano e não a gozar férias, hipoteticamente acumuladas, dos anos que decorreram entre o despedimento e a reintegração.*
II – Não tem direito ao pagamento de qualquer indemnização em sua substituição, sem prejuízo, todavia, do pagamento em singelo, dessas mesmas férias, pagamento esse que está integrado no das remunerações devidas nos termos do art. 13º da Lei dos Despedimentos".
Ac. RL, 09.06.1999 *in* CJ, Ano XXIV, Tomo III, p. 170
3 – *"I – A entidade patronal condenada a reintegrar o trabalhador não fica obrigada a colocá-lo no lugar concreto em que o trabalhador se encontrava.*
II – É legítima a ordem da entidade patronal que, na reintegração do trabalhador, lhe indica um outro local para prestação da atividade, desde que esta implique o exercício de funções da sua categoria e lhe mantenha o estatuto.
IV – Não há baixa ou alteração de categoria se o trabalhador passar a exercer tarefas do núcleo essencial da sua categoria.
V – A desobediência reiterada às ordens de se apresentar no novo local de trabalho constitui justa causa de despedimento do trabalhador".
Ac. 12.05.1999 *in* CJ, Ano VII, Tomo II, p. 275.
[222] *"I – Nos termos do Código do Trabalho a indemnização de antiguidade em caso de despedimento é fixada pelo tribunal entre 15 a 45 dias de retribuição base e diuturnidades por cada ano completo ou fração de antiguidade.*
II – Nessa fixação deverão ponderar-se o valor da retribuição e o grau de ilicitude do despedimento.
III – Embora o critério da maior ou menor retribuição seja de pouco valor para determinação de dias e a considerar no cálculo da indemnização de antiguidade, já o critério de ilicitude do despedimento deve e pode ser tido em consideração com mais importância para aquela definição do cálculo da indemnização".
Ac. RL, de 16.03.2005 *in* CJ, Ano XXIX, T. IV, p. 224.

O regime do Código do Trabalho limita a indemnização por antiguidade à retribuição base (hoje como no passado, a opção é muito discutível).

Não obstante, o mesmo Código, ao incluir agora a indemnização por todos os danos (patrimoniais e morais), segundo o preceituado no art. 389º, nº 1, al. *a*), do CT; vem acolher, entendemos, o ressarcimento de todos os danos patrimoniais (incluindo os próprios créditos salariais) que extravazam o previsto estritamente no art. 390º, nº 1, do CT. Inclusivé poderá incluir, parece-nos, o próprio direito a férias *perdido*, dado que para o cálculo deste, no contexto da cessação contratual, só se equaciona o tempo de trabalho efetivamente prestado.

No que diz respeito aos *regimes especiais de indemnização*, é de atender às seguintes situações:

- trabalhadora grávida, puérpera e lactante, entre 30 a 60 dias de retribuição base e diuturnidades por cada ano completo ou fração de antiguidade (art. 392º, nº 3, por remissão do art. 63º, nº 8, ambos do CT), desde a data do despedimento até ao trânsito em julgado da decisão final, não podendo ser inferior a 6 meses (art. 392º, nº 3, *in fine*, do CT);
- trabalhador no gozo de licença parental tem direito à mesma proteção no despedimento de trabalhadora grávida, puérpera ou lactante (art. 63º, nº 1, do CT).
- trabalhador representante sindical, membro da comissão de trabalhadores ou membro de conselho de empresa europeu, entre 30 a 60 dias de retribuição base e diuturnidades por cada ano completo ou fração de antiguidade (art. 392º, nº 3, por remissão do art. 410º, nº 6, ambos do CT), desde a data do despedimento até ao trânsito em julgado da decisão final, não podendo ser inferior a 6 meses;
- representante dos trabalhadores para a segurança e saúde no trabalho, entre 30 e 60 dias de retribuição-base e diuturnidades por cada ano completo ou fração de antiguidade (art. 392º, nº 3, do CT), desde a data do despedimento até ao trânsito em julgado da decisão judicial, não podendo ser inferior a 6 meses (por remissão do art. 282º, nº 5, da RCT que invoca o art. 439º, nº 5, do CTA).

c) A ressarcibilidade dos danos, patrimoniais e não patrimoniais

O Código do Trabalho consagra expressamente, a ressarcibilidade dos danos patrimoniais e morais (art. 389º, nº 1, al. *a*), do CT), que mereceu no passado grande controvérsia, apesar de parte da jurisprudência já acolher essa consagração. Sobre o não acolhimento do ressarcimento de danos, como equívoco histórico, *v.* MENEZES CORDEIRO[223].

4.8. Da oposição à reintegração

O art. 392º, do CT, apresenta a polémica *oposição à reintegração*, no caso de micro-empresa[224] ou tratando-se de cargo de administração ou de direção[225].

Também sobre este normativo que foi introduzido pelo CTA, se pronunciou o TC (Ac. nº 306/2003 *in* DR, I-A, de 18.07.2003), decidindo que se está "perante um regime que não ameaça de forma desproporcionada a estabilidade do emprego, até porque só pode funcionar precedendo uma decisão judicial, ou seja, rodeada da garantia do juiz, realizando, em termos não censuráveis, uma concordância prática dos interesses em presença, por isso mesmo não ferindo as exigências constitucionais".

Entre o fazer-se justiça e o promover-se a paz da empresa, o tribunal optou pela segunda possibilidade.

Pensamos que ao impedir certo tipo de reintegração *monetariza-se o despedimento*, que apesar da sua natureza ilícita (e, portanto, sem força extintiva da relação contratual) acaba por ser validado com tal efeito, contra a vontade da parte que não suscitou, no campo dos deveres jurídicos, a desvinculação contratual (pois cremos, se a tivesse suscitado, o despedimento seria então com justa causa).

Validado o direito à oposição, a indemnização devida em substituição da reintegração, é aferida em termos próprios (art. 392º, nº 3, do CT).

4.9. Prazo de impugnação do despedimento

A impugnação do *despedimento singular,* tem agora prazo próprio, de 60 dias a contar da data da receção da comunicação do despedimento (art. 387º, nº 2, do CT).

---

[223] "Manual de Direito do Trabalho", Almedina, 1997, p. 845.
[224] Considerada como tal a que emprega, no máximo, 10 trabalhadores (art. 100º, nº 1, al. *a*), do CT).
[225] Comenta FURTADO MARTINS, "Consequências do despedimento ilícito: indemnização/reintegração", Código do Trabalho – Alguns aspetos cruciais, *Principia*, 2003, p. 57:
"O CT utiliza o conceito de «cargo de administração», na esteira do diploma que regulamenta o trabalho em regime de comissão de serviço, sem, no entanto, esclarecer o que por tal se deve entender. Não estando, certamente, em causa os membros do conselho de administração das sociedades anónimas (já que esse cargo é legalmente incompatível com a situação jurídica de trabalho subordinado) nem os diretores que diretamente reportam à administração (que se integram na segunda categoria), permanecem por clarificar quais as situações que a lei quer abranger".

Sendo comunicada por escrito ao trabalhador a decisão de despedimento individual[226], a ação de impugnação judicial da regularidade e licitude do despedimento inicia-se com a entrega, pelo trabalhador, junto do tribunal competente, de requerimento em formulário eletrónico ou em suporte de papel, do qual consta declaração do trabalhador de oposição ao despedimento (art. 98º-C, nº 1, do CPT)[227].

Em audiência de partes, o empregador expõe sucintamente os fundamentos de facto que motivam o despedimento (art. 98º-I, nº 1, do CPT). Após a resposta do trabalhador, o juiz procurará conciliar as partes (nº 2).

Frustrada a tentativa de conciliação, o juiz procede à notificação imediata do empregador para:

- apresentar articulado para motivar o despedimento[228], juntar o procedimento disciplinar ou os documentos comprovativos do cumprimento das formalidades exigidas, apresentar o rol de testemunhas e requerer quaisquer outras provas (art. 98º-I, nº 4, al. *a*)), sob pena de o despedimento ser considerado lícito, com os legais efeitos (art. 98º-J, nº 3, do CPT) ou,
- fixa a data da audiência final (art. 98º-I, nº 4, al. *b*), do CPT).

Apresentado o articulado para motivar o despedimento, o trabalhador é notificado para contestar, querendo (art. 98º-L, nº 1, do CPT).

Se o trabalhador não contestar, consideram-se confessados os factos articulados pelo empregador[229], sendo logo proferida sentença a julgar a causa conforme for de direito (art. 98º-L, nº 2, do CPT). Na contestação, o trabalhador pode deduzir reconvenção, bem como peticionar créditos emergentes do contrato de trabalho (nº 3).

Após o decurso de 12 meses desde a apresentação do formulário eletrónico ou em suporte de papel até à notificação da decisão de 1ª instância, o pagamento das retribuições devidas ao trabalhador é efetuado pela entidade competente da área da segurança social, conforme dispõe o art. 98º-N, nº 1, do CPT (numa aproximação à solução do ordenamento jurídico espanhol).

---

[226] O procedimento judicial descrito também se aplica a impugnação de despedimento por extinção do posto de trabalho, e no caso de impugnação de despedimento por inadaptação, art. 98º-C, nº 1, do CPT.
[227] Aprovado pelo DL nº 480/99, de 09.11, na redação introduzida pelo DL nº 295/2009, de 13.10.
[228] O empregador apenas pode invocar factos e fundamentos constantes da decisão de despedimento comunicada ao trabalhador (art. 98º-J, nº 1, do CPT).
[229] A produção de tal efeito não se verifica quando em sede de procedimento disciplinar, o trabalhador não contesta a nota de culpa.

Os direitos creditórios emergentes do contrato de trabalho, da sua violação ou cessação estão sujeitos ao prazo prescricional de um ano, conferido para a reclamação de tais créditos (art. 337º, nº 1, do CT).

No restante, são aplicáveis os institutos próprios da prescrição civil, *v.g.*, suspensão e interrupção da prescrição[230].

4.10. A cessação do contrato de trabalho nos contratos a termo

Os contratos a termo apresentam um regime especial de cessação, a exemplo do que já ocorria na lei anterior.

O art. 393º, do CT, mantém parte das dúvidas que, no passado, se suscitavam e, cumulativamente, traz também novos problemas a serem debatidos.

Assim, e quanto ao direito à reintegração ("caso o termo ocorra depois do trânsito em julgado da decisão judicial", nº 2, al. *b*)), mantém em aberto a questão de saber se este direito tem natureza disponível ou indisponível.

Na indemnização por danos patrimoniais e morais, o legislador impôs uma forte restrição à sua latitude quantitativa, pelo que o montante indemnizatório tem como limite as próprias prestações intercalares (nº 2, al. *a*)).

5. Resolução do contrato por iniciativa do trabalhador

5.1. Considerações preliminares

A cessação por iniciativa do trabalhador (o chamado *despedimento indireto*, prevista no art. 340º, al. *g*) e desenvolvida no art. 394º, ambos do CT) configura

---

[230] **1** – "*I – Para que o credor possa beneficiar da interrupção da prescrição referida no nº 2 do artigo 323º do CC é preciso que requeira a citação do R. 5 dias antes do termo do prazo da prescrição e evitar que o retardamento da prescrição lhe seja imputável.*

II – Este princípio aplica-se mesmo no caso de ter sido requerida a citação prévia.

II – Assim, se o A. intenta a ação 3 dias antes do termo do prazo já não pode beneficiar do regime do nº 2 do art. 323º CC", Ac. STJ, de 24.03.1999 in CJ, Ano VII, Tomo II, p. 251.

2 – "*I – A citação só interrompe o prazo prescricional relativamente aos créditos formulados na petição inicial, e não quanto a direitos não acionados.*

II – Em ação proposta pelo trabalhador contra a sua ex-entidade patronal, relativamente a créditos que prescreviam a 2.04.1995, tendo o réu sido citado em 30.03.1995, os efeitos interruptivos desta citação só são oponíveis no que se reporta aos pedidos formulados na petição inicial. Assim, tendo o autor, em 05.05.1995, ampliado o pedido na resposta à contestação, mostram-se prescritos os créditos reclamados no âmbito de tal ampliação, por decurso do prazo previsto no nº 1, do artigo 38º, da LCT. (...)

Ac. STJ, de 11.11.1998 in ADSTA, XXXVIII, nº 448, p. 555.

um direito potestativo[231] do trabalhador[232], de por ato receptício[233] proceder à desvinculação contratual.

A eficácia da declaração assenta em certos pressupostos de validação formal e substancial.

Quanto à matéria substantiva, o art. 394º, do CT, enumera as situações de justa causa, embora não taxativamente, *v.g.*, o direito à ocupação efetiva não se encontra aí plasmado[234].

---

[231] Que implica "um poder de alterar, unilateralmente, através de uma manifestação de vontade, a ordem jurídica", nas palavras de MENEZES CORDEIRO, "Tratado de Direito Civil Português", I, Parte Geral, Tomo I, 1999, Almedina, 1999, p. 127.

[232] **1** – "*I – Constitui abuso de direito o aproveitamento ilegítimo de uma faculdade legal.*
II – Assim, age com abuso de direito um trabalhador que, sabendo que a sua entidade patronal iria proceder à regularização da parte restante dos atrasos salariais, se apressa a rescindir o seu contrato de trabalho, unicamente para alcançar uma indemnização que lhe era devida por lei, violando desta forma os limites impostos pela boa fé e o fim económico e social do direito invocado".
Ac. de 07.06.1995 *in* BTE, 2ª Série, 1996, 7-8-9, p. 764.
2 – "*O facto de a entidade patronal não ter fornecido a viatura que estava distribuída a um seu trabalhador, a qual se avariou em virtude de acidente de viação, não constitui justa causa para o trabalhador rescindir o seu contrato de trabalho, provando-se que a reparação orçaria em centenas de contos, quase igual ao seu valor comercial, não havendo na empresa outro veículo disponível e a situação financeira da empresa não permitir a aquisição de outro, tendo-lhe esta fornecido passe para os transportes públicos e comprometido a pagar-lhe as comissões das vendas por ele efetuadas e sobre as encomendas que lhe fosse diretamente feitas*".
Ac. da RL, de 13.03.1996 *in* CJ, Ano XXI, Tomo II, p. 167.
3 – "*Em caso de despedimento promovido pelo trabalhador, fundado em salários em atraso, a indemnização que lhe é devida pela rescisão contratual tem de ser calculada atendendo à retribuição mensal global por ele auferida e não apenas à sua remuneração de base.*"
Ac. de 23.09.1997 *in* CJ, Ano XXII, Tomo IV, p. 297.

[233] **1** – "*I – A liberdade de desvinculação do trabalhador é absoluta, no sentido de que não pode ser-lhe imposta a subsistência de um vínculo por ele não mais desejado.*
II – Por isso, o ato desvinculatório por parte do trabalhador ainda que seja irregular, não é válido nem sequer ineficaz, produzindo sempre o efeito por ele pretendido – a extinção do contrato de trabalho.
III – A declaração de vontade jurídico-extintiva do trabalhador torna-se eficaz quando chega ao poder da entidade patronal. (...)".
Ac. STJ, de 04.05.1994 *in* QL, no I, nº 1, p. 61.
2 – V. também, Ac. STJ, de 26.02.1988 *in* BMJ, 374, p. 359 e Ac. RL, de 24.04.85 *in* BMJ, nº 53, p. 505: "*I – A rescisão do contrato de trabalho é uma ato recetivo, tornando-se eficaz a declaração de vontade nesse sentido emitida logo que chegue ao poder do destinatário ou que este tome conhecimento. (...)*".

[234] "*(...) II – Constitui justa causa de rescisão do contrato de trabalho pelo trabalhador com a categoria de chefe de secção, o facto deste, ao apresentar-se após a alta da baixa por doença, ter sido instalado na sala de um armazém de eletrónica, sita nas traseiras dos escritórios, numa mesa virada para a parede, sem janela de iluminação direta, local insalubre, não lhe tendo sido distribuídos quaisquer trabalhos.*
III – Com esta atuação culposa a entidade patronal violou os mais elementares dos direitos do trabalhador com a sua categoria, incluindo o da falta de ocupação efetiva."
Ac. RL, de 27.09.1995 *in* CJ, Ano XX, Tomo IV, p. 154.

Acerca da ponderação da justa causa nos mesmos termos da justa causa (subjetiva) de despedimento, parte da nossa jurisprudência entende que deve existir tal ponderação[235], mesmo tratando-se da questão delicada do não pagamento da retribuição, atendendo, nomeadamente, ao seu caráter alimentício, que enquadra a primeira exemplificação do art. 394º, nº 2, alínea *a*), do CT.

5.2. A falta culposa do pagamento pontual da retribuição na forma devida como especial causa resolutiva

Nos termos do art. 278º, nº 5, do CT, o empregador fica constituído em mora se o trabalhador, por facto que não lhe for imputável, não puder dispor do montante da retribuição na data do vencimento (nº 4).

No caso de falta culposa do pagamento pontual da retribuição, o trabalhador pode suspender a prestação de trabalho nos 15 dias seguintes sobre a data do vencimento (art. 325º, do CT) ou resolver o respetivo contrato, quando a falta retributiva se prolongue por período de 60 dias (art. 394º, nº 5, do CT).

A suspensão da execução contratual, de acordo com o formalismo explicitado no art. 325º, do CT, obriga à comunicação de tal faculdade, com a antecedência mínima de 8 dias em relação à data de início da suspensão, ao empregador e à ACT (nº 1, do preceito citado). A mora contratual, neste caso, deve ser declarada pelo empregador, ou pela ACT, havendo recusa daquele em a prestar (nº 3).

O período de 15 dias imposto no nº 1, pode ser encurtado, sempre que o próprio empregador declare por escrito a previsão de não pagamento, até ao termo daquele prazo (nº 2).

Quando a falta de pagamento pontual da retribuição se prolongue por período de 60 dias sobre a data do vencimento, pode o trabalhador resolver o contrato de trabalho (arts. 394º, nº 5 e 395º, nº 2, do CT), tendo ocorrido ou não prévia suspensão contratual.

---

[235] *"I – A justa causa de rescisão deve ser entendida nos mesmos termos da justa causa de despedimento.*
II – Para a rescisão com fundamento em falta de pagamento pontual de retribuições é necessário que se verifiquem dois requisitos: falta de pagamento (elemento objetivo) e culpa da entidade patronal (elemento subjetivo). (...)".
Ac. STJ, de 26.05.1999 *in* CJ, Ano VII, Tomo II, p. 291. No mesmo sentido Ac. RC, de 02.11.1995 *in* CJ, Ano XX, Tomo V, p. 81.

O *período de espera* para o exercício do direito resolutivo pode ser encurtado, mediante declaração do empregador, por escrito, quanto à previsão de não pagamento, até ao termo daquele prazo, do montante da retribuição em falta (art. 394º, nº 5, 2ª parte do CT).

O encurtamento do prazo moratório convence quem considerava excessiva a duração do atraso no pagamento (60 dias), para formação do direito resolutivo, previsto no nº 5, do art. 394º, do CT, tratando-se, como é o caso, de um incumprimento muito especial (o incumprimento das prestações pecuniárias do trabalhador), atento o caráter *alimentício* da retribuição.

Veda-se ao empregador a prática de certos atos (arts. 313º e 324º, do CT), declarando-se ainda anuláveis, em determinado contexto, todos os atos de disposição do património a título gratuito ou oneroso (art. 314º, do CT).

5.3. Pressupostos de validade substancial e formal da resolução

A cessação por resolução opera por redução a escrito, com indicação dos respetivos fundamentos e no prazo legal estabelecido de 30 dias, contados a partir do conhecimento do facto que motivou a resolução (art. 395º, nº 1, do CT).

No caso de mora salarial, a contagem não se inicia com o conhecimento do facto resolutivo, mas do termo do período de 60 dias (ou da declaração do empregador, assumindo tal mora), segundo o disposto no art. 395º, nº 2.

Ainda, sobre o prazo de 30 dias, aplicável, entre outros, à violação culposa de garantias legais ou convencionais do trabalhador ou das condições de segurança e saúde no trabalho, entendemos que o facto relevante para efeito de início da contagem do prazo, será constituído por uma continuidade de factos atentatórios do património ou da pessoa do trabalhador, e que este, em certo momento, entende serem insuportáveis. Trata-se, portanto, de infracções continuadas por parte do empregador e que o trabalhador repudia no limite ou próximo do limite do sacrifício. Só esta interpretação será adequada aos interesses do trabalhador que a lei quer salvaguardar.

Quanto ao prazo da acção de resolução contratual, o CT, é omisso. Pelo que, será, aplicável o regime de prescrição de créditos previstos no art. 337º, sendo que o conteúdo do crédito não possui apenas natureza pecuniária, abrangendo toda a prestação exigível.

No caso de inobservância do prazo legal, a declaração de resolução padece, *tout court* de eficácia, a vinculação contratual mantêm-se, portanto, não sendo de aplicar aqui a penalização para o trabalhador por falta de aviso prévio que a resolução nessa modalidade contempla (art. 401º, do CT).

Fundamentada a resolução, concede a lei ao trabalhador o direito a uma indemnização (art. 396º, do CT)[236].

A *blindagem* da revogação da resolução encontra-se prevista no art. 397º, do CT, que impede que o trabalhador revogue a resolução do contrato, caso a sua assinatura conste de reconhecimento notarial presencial.

5.4. O limite indemnizatório na resolução contratual

Apenas a resolução subjetiva é indemnizável (art. 396º, nº 1, 1ª parte, que remete para o art. 394º, nº 2, ambos do CT).

No art. 396º, nº 1, 2ª parte, do CT, é conferido ao trabalhador o direito a uma indemnização, a determinar entre 15 e 45 dias de retribuição base e diuturnidades por cada ano completo de antiguidade, atendendo ao valor da retribuição e ao grau de ilicitude do comportamento do empregador, não podendo ser inferior a três meses de retribuição base e diuturnidades.

O valor da indemnização pode ser superior ao que resultaria da aplicação do nº 1, sempre que o trabalhador sofra danos patrimoniais e morais de montante mais elevado (nº 3), contanto que demonstrados e provados[237].

---

[236] "I – A indemnização por rescisão com justa causa – ou despedimento ilícito – é fixada entre 15 e 45 dias de retribuição base e diuturnidades por cada ano completo ou fração de antiguidade.
II – Para a fixação daquele período de 15 a 45 dias deve ter-se em conta o valor da retribuição e o grau de ilicitude.
III – Tratando-se de rescisão com justa causa deve atender-se, ainda, à violação pela entidade patronal de direitos políticos, ideológicos, étnicos ou religiosos do trabalhador.
IV – E, tratando-se de fundamentação em salários em atraso deve atender-se às circunstâncias proibitivas à entidade patronal referidas no nº 1 do art. 301º do Regulamento do Cód Trabalho.
V – Compete ao trabalhador alegar e provar os factos donde se possa concluir por uma maior indemnização".
Ac. RL, de 11.01.2006 in CJ, Ano XXXI, T. I, p. 142.

[237] O legislador do CTN não acolheu a solução anterior, que fundia num só dois regimes distintos (o de indemnização por antiguidade e o de indemnização por danos patrimoniais e morais). Com o ónus desta última estar limitada, por sua vez, à própria indemnização por antiguidade do trabalhador.
Esta solução era bastante questionável, em particular, à luz do então nº 2 do art. 441º, do CT, atendendo a que é, especialmente na resolução contratual com justa causa promovida pelo trabalhador que mais se manifestam as situações de abuso e de fraude contratuais por parte do empregador.
Relembremos os fenómenos de *esvaziamento de funções*, de discriminação contra a mulher grávida, de não pagamento de créditos salariais devidos (trabalho suplementar, comissões por vendas realizadas, subsídio por prestação de trabalho noturno), em que o trabalhador, provando a justa causa de impossibilidade laboral, pede a resolução do contrato.
Nestes casos, é justo que o trabalhador reclame a justa indemnização pelas práticas empresariais que feriram a sua dignidade, a sua autoestima, para além, dos prejuízos patrimoniais propriamente ditos que possa ter sofrido, desde que, demonstre o respetivo nexo causal.
Quando o direito à prestação laboral efetiva foi legalmente promovido a garantia do trabalhador (e há agora uma tutela expressa, no domínio laboral, dos direitos de personalidade e dos direitos de igualdade e de não discriminação) assistia-se, algo contraditoriamente, a uma limitação do valor do dano moral e

A exemplo da impugnação judicial de despedimento por facto imputável ao trabalhador a pedido deste, igualmente pode o empregador impunar a resolução promovida pelo trabalhador, em ação judicial intentada para o efeito (art. 398º, nº 1, do CT), no prazo de 1 ano (nº 2)[238], circunscrita aos "factos constantes da comunicação referida no nº 1 do art. 395º" (nº 3). A sanabilidade procedimental manteve-se (art. 398º, nº 4, do CT).

6. Denúncia

Nesta modalidade a causa da cessação não é revelada, podendo ocorrer a todo o tempo, com ressalva da salvaguarda do *tempo de aviso* (art. 400º, do CT), tanto mais longo quanto maior for a antiguidade do trabalhador na empresa (30 dias para os trabalhadores com antiguidade até 2 anos; 60 dias nos restantes casos), por se presumir que será mais penoso e difícil para o empregador promover a substituição do trabalhador, atendendo, nomeadamente, à maior experiência e conhecimentos angariados.

Os prazos referidos podem ser alargados por instrumentos de regulamentação coletiva de trabalho e por contratos individuais de trabalho em algumas situações (*idem*, nº 2).

A inobservância do pré-aviso prevista obriga o trabalhador ao pagamento de uma indemnização correspondente à retribuição base e diuturnidades equivalente ao período de aviso prévio em falta, sem embargo de responsabilidade civil por danos eventualmente causados em virtude da *intempestiva* cessação, se os houver (art. 401º, do CT). A denúncia deve ser realizada, ainda, por escrito (art. 400º, nº 1, do CT), no entanto, a lei não apresenta qualquer sanção para uma denúncia verbalmente formulada[239].

---

patrimonial sofrido. Ele será ressarcível, mas só até ao limite da própria antiguidade do trabalhador, ou seja, quanto mais novo este seja na empresa, menor a tutela ressarcitória.

[238] Relembramos que o prazo conferido ao trabalhador para a impugnação judicial é agora apenas de 60 dias (art. 387º, nº 2, do CT).

[239] "*I – A denúncia do contrato de trabalho pelo trabalhador pode ser validamente efetuada por forma verbal, não sendo necessário para tanto documento escrito, nem o acordo da entidade patronal.*
II – A prova dessa denúncia pode ser efetuada por outros meios, que não a prova documental.
III – A lei apenas exige a forma escrita da comunicação da denúncia para prova de que esta respeitou o prazo de antecedência mínima referido no nº 1 do artigo 447º do Código do Trabalho, não como, condição de validade e eficácia de tal declaração, nem sequer para prova da mesma declaração".
Ac. STJ, de 20.02.2008 *in* CJ, Ano XVI, T. I, p. 286.

A denúncia vale, ainda, para as situações de abandono do trabalho[240] (art. 403º, do CT), considerando-se como tal, a ausência do trabalhador ao serviço acompanhada de factos que revelam a intenção de o não retomar (nº 1), presumindo-se ainda abandono se no período mínimo de 10 dias úteis seguidos (nº 2), não houver qualquer comunicação por parte do trabalhador (presunção ilidível), valendo como denúncia contratual, daí decorrendo a obrigação de indemnização ao empregador (nº 5).

A revogação da denúncia pode igualmente ser *blindada*, caso a assinatura do trabalhador tenha obtido reconhecimento notarial presencial (art. 402º, do CT).

7. Cessação por causas objetivas ligadas à empresa

Despedimentos objetivos

Motivação própria:

- despedimento coletivo (art. 359º);
- despedimento por extinção de posto de trabalho (art. 367º);
- despedimento por inadaptação (art. 373º).

---

[240] 1 – "I – (...)
II – A figura do abandono do trabalho requer a verificação cumulativa de dois elementos:
1º – Um elemento objetivo, constituído pela ausência do trabalhador ao serviço;
2º – Um elemento subjetivo, que se traduz e pela intenção do trabalhador de não mais retomar o trabalho.
III – Assim, a ausência do serviço, para constituir abandono ao trabalho, tem de traduzir um incumprimento voluntário e injustificado do contrato de trabalho, com intenção de rutura tácita deste".
Ac. de 21.10.1997 in CJ, Ano XXII, Tomo IV, p. 301.
2 – "I – Não se verifica a cessação do contrato de trabalho por abandono do trabalhador quando se verifique uma ausência voluntária e injustificada ao serviço por um período inferior a 15 dias, sem que haja da parte dele intenção de romper o contrato ou de não retomar o trabalho com carácter definitivo, embora nada comunique à entidade patronal.
II – Não deve considerar-se haver abandono do trabalhador quando este falta injustificadamente por 9 dias, data a partir da qual entra em regime de baixa por doença, o que chegou ao conhecimento da entidade patronal.
III – Não se verificando os requisitos de abandono, a comunicação da entidade patronal a invocar a cessação do contrato de trabalho equivale a um despedimento do trabalhador, que por não ter sido precedido do processo disciplinar se tem de considerar ilícito".
Ac. de 21.10.1997 in BMJ, 470, p. 700.

Procedimento próprio:

- despedimento coletivo (arts. 360º a 366º);
- despedimento por extinção de posto de trabalho (arts. 368º a 372º);
- despedimento por inadaptação (arts. 374º a 380º).

Tutela creditória comum:

- despedimento coletivo (arts. 364º a 366º);
- despedimento por extinção de posto de trabalho (art. 372º);
- despedimento por inadaptação (art. 379º).

Ilicitude do despedimento:

- despedimento coletivo (arts. 381º; 383º e 389º a 392º);
- despedimento por extinção de posto de trabalho (arts. 381º, 384º e 389º a 392º);
- despedimento por inadaptação (arts. 381º, 385º e 389º a 392º).

Prazo de arguição judicial do despedimento ilícito:

- despedimento coletivo – 6 meses (art. 388º, nº 2);
- despedimento por extinção de posto de trabalho e despedimento por inadaptação – 60 dias (art. 387º, nº 2).

Ausência de procedimento:

- ilicitude do despedimento;
- encerramento selvagem (art. 311º, só para despedimento coletivo e despedimento por extinção de posto de trabalho);
- crime laboral (art. 316º, só para despedimento coletivo e despedimento por extinção de posto de trabalho);
- contraordenações (art. 311º, nº 5).

7.1. Despedimento coletivo

a) Considerações preliminares

A extinção definitiva da empresa não gera despedimento coletivo, sendo causa de caducidade contratual (arts. 346º e 347º, ambos do CT).

Atualmente, a figura do despedimento coletivo está associada à necessidade de *reestruturação* (encerramento de uma ou várias secções ou estrutura equivalente) ou redução de pessoal (*downsizing*), determinada objetivamente por motivos de mercado, estruturais ou tecnológicos, sendo apresentada quase sempre como um alternativa ao encerramento do estabelecimento (art. 359º, do CT).

"O despedimento coletivo está ligado a situações de crise na empresa, surgindo como uma expressão típica do seu poder de gestão, tendo em visa a *sobrevivência empresarial*.

O despedimento abrange uma pluralidade de trabalhadores da empresa, fundando-se a rutura dos contratos numa razão comum a todos eles (restruturação ou redução de pessoal)[241], sendo que o não despedimento de alguns poderá pôr em risco o posto de trabalho de todos[242]."

A nível de dimensão pessoal, o despedimento tem que abranger 2 (no caso de micro-empresa ou de pequena empresa) ou 5 trabalhadores (tratando-se de média ou grande empresa)[243].

As cessações devem ainda ocorrer simultânea ou sucessivamente no período de 3 meses.

A motivação, nos termos restritivos em que é apresentada, não é, no entanto, consensual.

Quanto ao cerne da definição são de destacar a abolição, desde o CTA, da indicação "encerramento definitivo da empresa", que será mais apropriada para a caducidade do contrato de trabalho; e a substituição das referências "motivos estruturais, tecnológicos ou conjunturais" por "motivos de mercado, estruturais ou tecnológicos".

"Superada a prática ingénua que igualiza o despedimento coletivo ao despedimento plural (mais de um ou – melhor dizendo – que atinge mais de que um trabalhador), tem-se sobretudo afirmado um critério quantitativo ou numérico de identificação (nos despedimentos em dado período, dentro de uma unidade produtiva). Se se adota uma técnica de controle numérico haverá que definir exatamente o arco temporal em que se deve proceder ao respetivo cômputo. Não se depreende da lei a necessidade de unicidade do motivo que opere simul-

---

[241] Um mesmo e único ato jurídico do empregador dissolve uma variedade de relações jurídicas laborais, constituídas em momentos diferentes, assente numa motivação alheia à atuação dos trabalhadores, suscitado por razões igualmente não imputáveis ao empregador, ditas objetivas.
[242] V. Paula Quintas e Helder Quintas, "Código do Trabalho...", Almedina, 2012, 3ª ed. (anotação ao art. 359º).
[243] V. art. 100º, do CT.

taneamente ou instantaneamente (...). O despedimento coletivo, que corresponde principalmente a uma decisão que representa uma diminuição do nível de emprego de categoria determinadas, exprime-se em dois momentos: decisão de diminuição de quadros (com os respetivos números de postos de trabalho) e conversão desses números de postos de trabalho em decisões de despedimento (ou outras formas alternativas)", explica BERNARDO LOBO XAVIER[244].

O conceito de empresa laboral, que convirá se apresente o mais lato possível, é, para nós, o defendido por COUTINHO DE ABREU, segundo o qual empresa é a "organização de meios que constitui um instrumento de exercício relativamente continuado de uma atividade de produção, cujos trabalhadores estão sujeitos, individual e coletivamente, ao regime do direito do trabalho"[245].

Mas para os efeitos pretendidos pelo mecanismo do despedimento coletivo, o conceito legal de empresa não se pode esgotar no empregador-empresário.

Igualmente o empregador que não prossegue interesses económicos verá sancionada a sua pretensão de pôr termo a contratos de trabalho dentro dos limites delineados pelo regime do despedimento coletivo.

Em relação ao tipo de trabalhadores que a empresa comporta, a abrangência do preceito terá necessariamente que recair nos trabalhadores que apresentam vinculação à empresa, com caráter mais ou menos permanente.

Os trabalhadores sob contrato a termo (certo ou incerto) não nos parecem fazer parte desse rol. Como contrato precário que é, o contrato a termo não se coaduna com a política de "redimensionamento da empresa" de que fala LOBO XAVIER.

Quanto ao ónus da prova do despedimento coletivo, é à empresa que compete o ónus de alegar os factos que integram os fundamentos apresentados.

LOBO XAVIER[246] critica a aplicação «automática» do art. 342º, do CC, de molde a fazer recair sobre o empregador o ónus de demonstrar os factos constitutivos do seu direito. "Como poderá funcionar completamente tal ónus numa decisão que se não baseia apenas em factos, mas em valorações, apreciações e juízos de prognose?".

---

[244] "O regime dos despedimentos coletivos e as modificações introduzidas pela Lei nº 32/99, de 18.05", EIDT, Almedina, 2001, p. 405.
[245] "Da empresarialidade – as empresa no direito", Almedina, 1996, p. 299.
[246] Em Anotação ao Ac. STJ, de 01.03.2000, RDES, Jan.-Julho 2001, ano XLII, nºs 1 e 2, p. 43.

Na verdade, os factos determinantes do despedimento devem ser perspetivados na situação concreta da empresa, atendendo à queda dos postos de trabalho[247].

O controlo jurisdicional deverá averiguar da justeza da decisão do empregador quanto aos interesses em presença, face ao factualismo, e respeitando os critérios de gestão empresarial.

A Diretiva do Conselho nº 98/59/CE do Conselho (que revogou a Diretiva nº 75/129, de 17.02.75, alterada pela Diretiva 92/56/CEE, do Conselho, de 24 de junho de 1992) enuncia as garantia dos direitos dos trabalhadores face aos despedimentos coletivos.

O Tribunal de Justiça (Acordão de 12.10.2004, http://curia.eu/jurisp.), ainda na vigência do CTA, condenou o Estado Português por transposição incorreta dos arts. 1º, 6º e 7º, da Diretiva citada, declarando que:

"Ao restringir a noção de despedimentos coletivos a despedimentos por razões estruturais, tecnológicas ou conjunturais e ao não alargar esta noção a despedimentos por todas as razões não inerentes à pessoa dos trabalhadores, a República Portuguesa não cumpriu as obrigações que lhe incumbem por força dos artigos 1º e 6º da Diretiva 98/59/CE do Conselho, de 20 de julho de 1998".

"Para o Tribunal de Justiça, na voz do seu Advogado-Geral A. Tizzano, «os casos considerados de falência, liquidação e procedimentos análogos, expropriação, incêndio ou outros motivos de força maior, bem como cessação da atividade da empresa na sequência da morte do empregador» podem subsumir-se no conceito de despedimento coletivo", PAULA QUINTAS[248]. Dessa decisão condenatória não houve ainda, ao que sabemos, qualquer intervenção conformadora do legislador nacional.

Não é permitido celebrar contratos de utilização de trabalho temporário para satisfação de necessidades que foram asseguradas por trabalhador cujo contrato tenha cessado nos 12 meses anteriores por despedimento colectivo ou despedimento por extinção de posto de trabalho (art. 175º, nº 5).

---

[247] Aceitamos a tese de LOBO XAVIER *in* "Regime do Despedimento Coletivo e as Alterações da L nº 32/99", EIDT, vol. III, p. 249, que assenta o ónus patronal sobretudo na demonstração da efetiva queda dos postos de trabalho.

[248] "A *dificultosa* transposição da Diretiva 98/59/CE, do Conselho, de 20 de julho de 1998 (despedimentos coletivos) e a condenação do Estado português", *Scientia Iuridica*, nº 302, p. 321 e ss..

b) *Procedimento em caso de despedimento coletivo*

  i) Comunicações da intenção de proceder ao despedimento, realizadas por escrito e fundamentadas, à comissão de trabalhadores ou, na sua falta, à comissão intersindical ou às comissões sindicais da empresa representativas dos trabalhadores a abranger (art. 360º, nº 1, do CT) ou, na falta destas entidades aos próprios trabalhadores abrangidos (nº 3). A omissão de tal comunicação acarretará a ilicitude do despedimento (art. 383º, al. *a*), do CT);
  ii) Informações e negociações com a entidade representativa dos trabalhadores (art. 361º, do CT), a fim de obter um acordo entre a entidade empregadora e as organizações representativas dos trabalhadores.
  Os serviços do ministério responsável pela área laboral (DGERT) participam no processo de negociação (art. 362º, do CT).
  iii) Decisão da entidade empregadora de proceder ao despedimento (art. 363º, do CT). A omissão do prazo para decidir o despedimento implica a ilicitude do mesmo (art. 383º, al. *b*), do CT).

c) *A ilicitude do despedimento*
A ilicitude está prevista para os casos em que o empregador:

- não procedeu, nos termos do art. 360º, nº 1, do CT, à comunicação da intenção de proceder ao despedimento à comissão de trabalhadores ou, na sua falta, à comissão intersindical ou às comissões sindicais da empresa representativas dos trabalhadores a abranger, ou, na falta destas entidades, aos próprios trabalhadores abrangidos (nº 3), dispõe o art. 383º, al. *a*), 1ª parte, do CT);
- não procedeu, nos termos do art. 360º, nº 4, do CT, ao envio à comissão de trabalhadores dos elementos de informação descriminados no nº 2, do preceito, dispõe o art. 383º, al. *a*), 1ª parte, do CT);
- não promoveu, nos termos do art. 361º, nº 1, do CT, a fase de informações e negociação com a estrutura representativa dos trabalhadores, com vista a um acordo sobre a dimensão e efeitos das medidas a aplicar, dispõe o art. 383º, al. *a*), 2ª parte, do CT;
- não observou, nos termos do art. 363º, nº 1, do CT, o prazo para decidir o despedimento, que obriga a que, na falta de acordo entre as partes, só possa ocorrer no prazo de 15 dias a contar da comunicação de despedimento à comissão de trabalhadores, ou, na sua falta, à comissão intersindical ou às

comissões sindicais (art. 360º, nº 1, do CT), ou, na falta destas entidades, aos próprios trabalhadores abrangidos (nº 3), bem como o prazo para comunicar o mesmo, que obriga ao respeito por um período de aviso prévio, maior ou menor, consoante a antiguidade do trabalhador, indo de 15 a 75 dias, dispõe o art. 383º, al. *b*), do CT).

A não observância do prazo para decidir o despedimento não pode ser confundida com o incumprimento do aviso prévio. Não sendo observado este último, o despedimento é lícito, devendo o empregador apenas pagar a retribuição correspondente ao período de aviso prévio em falta (art. 363º, nº 4, do CT).

- não colocou à disposição do trabalhador despedido, até ao termo do prazo de aviso prévio, a compensação (por antiguidade) prevista no art. 366º e os créditos eventualmente vencidos ou exigíveis em virtude da cessação contratual, dispõe o art. 383º, al. *c*), do CT.

A impugnação do despedimento coletivo só pode ser declarada judicialmente (art. 388º, nº 1, do CT), no prazo de seis meses contados da data da cessação do contrato (nº 2).

O regime creditório do despedimento ilícito, assenta nas seguintes disposições conjugadas:

- art. 389º, nº 1, al. *a*), do CT, que tutela a indemnização por danos (patrimoniais e morais);
- art. 389º, nº 1, al. *b*) e art. 391º, nº 1, ambos do CT, que permite a opção entre a reintegração e a indemnização por antiguidade;
- art. 391º, do CT, que considera a indemnização por antiguidade, tendo esta a seguinte moldura pecuniária: entre 15 e 45 dias de retribuição base e diuturnidades por cada ano completo ou fração de antiguidade, não podendo ser inferior a 3 meses (nº 3).
- art. 390º, do CT, que tutela as prestações intercalares;

Continua por resolver se assiste(m) ao(s) trabalhador(es) direito a reintegração na empresa, atenta a aparente impossibilidade de receber trabalho por parte do empregador.

A reintrodução da presunção da aceitação do despedimento (art. 366º, nº 4, do CT) por quem receba a respetiva compensação, parece-nos legitimar um perigoso cerceamento ao acesso à Justiça, porque atinge os economicamente mais vulneráveis.

d) Os direitos creditórios em caso de licitude do despedimento
São os seguintes os direitos creditórios conferidos ao trabalhador:

- um crédito de horas durante o aviso prévio (maior ou menor, consoante a antiguidade do trabalhador, art. 363º, nº 1, do CT), de dois dias de trabalho por semana, sem perda retributiva (art. 364º, nº 1, do CT), dividido por alguns ou todos os dias da semana (nº 2), mediante comunicação ao empregador, que salvo motivo atendível, deve ser realizada com três dias de antecedência (nº 3).
- o direito a denúnciar o contrato durante o aviso prévio (art. 365º);
- direito a uma compensação (art. 366º).

Com a vigência do regime transitório, aprovado pela Lei nº 69/2013, de 30 de agosto, o disposto no art. 366º, apenas se aplicará aos *contratos celebrados a partir de 1 de outubro de 2013*, ou seja, no caso de despedimento coletivo, o trabalhador tem direito a compensação correspondente a 12 dias de retribuição base e diuturnidades por cada ano completo de antiguidade (art. 366º, nº 1).

O valor da retribuição base mensal e diuturnidades do trabalhador para efeito de cálculo da compensação não pode ser superior a 20 vezes a rmmg (nº 2, al. *a)*);

O montante global da compensação não pode ser superior a 12 vezes a retribuição base mensal e diuturnidades do trabalhador ou 240 veses a rmmg (nº 2, al. *b)*);

O valor diário da retribuição base e diuturnidades é o resultante da divisão por 30 da retribuição base mensal e diuturniudades (nº 2, al. *c)*).

Em caso de fração de ano, o montante da compensação é calculado proporcionalmente (nº 2, al. *d)*).

Presume-se que o trabalhador aceita o despedimento quando recebe a compensação (nº 4), presunção ilidível (nº 5).

O empregador é responsável pelo pagamento da totalidade da compensação, sem prejuízo do direito a reembolso junto do fundo de compensação do trabalho ou mecanismo equivalente e do direito do trabalhador a acionar o fundo de garantia de compensação do trabalho, nos termos da Lei nº 70/2013, de 30 de agosto.

Nos restantes casos de cessação do contrato por despedimento coletivo, será aplicável a lei transitória (Lei nº 69/2013, de 30.08), havendo dois elementos temporais:

- contratos celebrados antes de 1 de novembro de 2011;
- contratos celebrados depois de 1 de novembro de 2011 e até 30 de setembro de 2013.

Contratos celebrados antes de 1 de novembro de 2011 (art. 5º, nº 1, da Lei nº 69/2013, de 30.08)

Aplicação de três fórmulas:

Em relação ao período de <u>duração do contrato até 31 de outubro de 2012</u>, o montante da compensação corresponde a um mês de retribuição base e diuturnidades por cada ano completo de antiguidade ou é calculado proporcionalmente em caso de fração de ano (nº 1, al. *a*));

Em relação ao período de <u>duração do contrato a partir de 1 de novembro de 2012 inclusive e até 30 de setembro de 2013</u>, o montante da compensação corresponde a 20 dias de retribuição base e diuturnidades calculado proporcionalmente ao período efectivo de trabalho prestado (nº 1, al. *b*));

Em relação ao período de <u>duração do contrato a partir de 1 de outubro de 2013</u>, o montante da compensação corresponde à soma dos seguintes montantes:

- Nos casos em que o contrato de trabalho, a 1 de outubro de 2013, ainda não atingiu a duração de três anos, 18 dias de retribuição base e diuturnidades por cada ano completo de antiguidade, no que respeita aos três primeiros anos de duração do contrato (nº 1, al. *c*), subals. *i*) e *iii*));
- 12 dias de retribuição base e diuturnidades por cada ano completo de antiguidade, nos anos seguintes (nº 1, al. *c*), subal. *ii*)).

O montante total da compensação não pode ser inferior a 3 meses de retribuição base e diuturnidades (nº 2).

Aplica-se apenas a regra dos 30 e dos 20 dias, quando resulte um montante de compensação que seja igual ou superior a 12 vezes a retribuição base mensal e diuturnidades do trabalhador ou a 240 vezes a rmmg (nº 6, al. *a*)), não podendo ser superior a 12 vezes a retribuição base mensal e diuturnidades do trabalhador ou a 240 vezes a rmmg (nº 6, al. *b*)).

Contratos celebrados depois de 1 de novembro de 2011 e até 30 de setembro de 2013 (art. 5º, nº 3, da lei nº 69/2013, de 30.08)

Aplicação de três fórmulas:

Em relação ao período de <u>duração do contrato até 30 de setembro de 2013</u>, o montante da compensação corresponde a 20 dias de retribuição base e diuturnidades por cada ano completo de antiguidade ou é calculado proporcionalmente ao período efectivo de trabalho prestado (n.º 3, al. *a*));

Em relação ao período de <u>duração do contrato a partir de 1 de outubro de 2013</u>, o montante da compensação corresponde à soma dos seguintes montantes:

- Nos casos em que o contrato de trabalho, a 1 de outubro de 2013, ainda não atingiu a duração de três anos, 18 dias de retribuição base e diuturnidades por cada ano completo de antiguidade, no que respeita aos três primeiros anos de duração do contrato (n.º 3, al. *b*), subal. *i*) e *iii*));
- 12 dias de retribuição base e diuturnidades por cada ano completo de antiguidade, nos anos seguintes (n.º 3, al. *b*), subal. *ii*)).

Quando da aplicação da regra dos 20 dias resulte um montante da compensação igual ou superior a 12 vezes a retribuição base mensal e diuturnidades do trabalhador ou a 240 vezes a rmmg, não se aplica a regra dos 18/12 dias (n.º 5, al. *a*)).

Quando da aplicação da regra dos 20 dias resulte um montante da compensação inferior a 12 vezes a retribuição base mensal e diuturnidades do trabalhador ou a 240 vezes a rmmg, o montante global da compensação não pode ser superior a estes valores (n.º 5, al. *b*)).

Quer no caso de contratos celebrados antes de 1 de novembro de 2011, quer no caso de contratos celebrados depois de 1 de novembro de 2011 e até 30 de setembro de 2013, na aplicação da regra dos 20 dias e 18/12 dias, o valor da retribuição base e diuturnidades do trabalhador a considerar não poder exceder 20 vezes a rmmg (n.º 4, al. *a*));

O valor diário da retribuição base e diuturnidades é o resultante da divisão por 30 da retribuição base e diuturnidades (n.º 4, al. *b*));

Em caso de fração de ano, o montante da compensação é calculado proporcionalmente (n.º 4, al. *c*)).

Veja-se o seguinte exercício prático:

- Cessação do contrato celebrado antes de 1 de Novembro de 2011

Abel foi admitido em 2 de janeiro de 2001, aufere 1.000€ mensais de retribuição base mensal e 10€ mensais de diuturnidades.

O contrato cessa em 31 de janeiro de 2014.

O trabalhador detém uma antiguidade de 13 anos e 1 mês.

O apuramento da compensação faz-se somando o valor da retribuição base mensal e das diuturnidades.

Havendo três momentos a considerar

I. Até 31 de outubro de 2012

Compensação (€1.000+€10) de 30 dias X 12 anos e 10 meses = ...

Como, nesta primeira fase, o valor da compensação não atingiu nenhum dos limites indicados no art. 5º, nº 5, al.*a*) (12 vezes a retribuição base e diuturnidades ou 240 vezes a RMMG), passar-se-á à segunda fase do cálculo.

Note-se que, se o valor da retribuição base mensal e diuturnidades fosse superior a 20 vezes a RMMG (art. 5º, nº 5, al.*b*)), o valor considerado para efeitos de cálculo teria de ser reduzido para €9.700 (20 x RMMG).

II. De 1 de novembro de 2012 até 30 de setembro de 2013

Compensação (€1.000+€10) de 20 dias X 11 meses = ...

III. De 1 de outubro de 2013 atá 31 de janeiro de 2014

Compensação (€1.000+€10) de 18 dias X 4 meses = ... (art. 5º, nº 1, al. *c*), subal. *i*))

Somados os valores de I. a III., obtém-se uma compensação ilíquida no valor de € ...., valor este que respeita os valores máximos legais, pois:

- é inferior a 240 vezes a RMMG, bem como a 12 vezes a retribuição base e diuturnidades auferidas pelo trabalhador, e , por outro lado (nº 6, al. *b*)),
- é superior ao mínimo de três meses de retribuição base e diuturnidades (nº 2).

– Cessação de contratos celebrados depois de 1 de novembro de 2011

Abel foi admitido em 1 de dezembro de 2011, aufere 1.000€ mensais de retribuição base mensal e 10€ mensais de diuturnidades.

O contrato cessa em 31 de janeiro de 2014.

O trabalhador detém uma antiguidade de 2 anos e dois meses.

O apuramento da compensação faz-se somando o valor da retribuição base mensal e das diuturnidades.

Havendo dois momentos a considerar:

I. Até 30 de setembro de 2013 (art. 5º, nº 3)

Compensação (€1.000+€10) de 20 dias X 1 ano e 9 meses = ...

Como, nesta primeira fase, o valor da compensação não atingiu nenhum dos limites indicados no art. 5º, nº 5, al.*a*), (12 vezes a retribuição base e diuturnidades ou 240 vezes a RMMG), passar-se-á à segunda fase do cálculo.

II. De 1 de outubro de 2013 até 31 de janeiro de 2014
Compensação (€1.000+€10) de 18 dias X 4 meses = ...
A compensação assim calculada encontra-se sujeita aos seguintes limites:

i) o valor da retribuição base e diuturnidades a considerar não pode ser superior a 20 vezes a RMMG, ou seja, €9.700 (o valor da RMMG continua a ser de €485, art. 5º, nº 4, al. *a*));
ii) o montante global da compensação terá como limite máximo um dos seguintes valores:
   – 12 vezes a retribuição base e diuturnidades auferidas pelo trabalhador (nº 5, al. *a*)); ou,
   – 240 vezes a RMMG (nº 5, al. *b*)).

7.2. Despedimento por extinção de postos de trabalho

a) O conceito "despedimento por extinção de postos de trabalho"
Esta forma de cessação individual é justificada por motivos económicos, tanto de mercado, como estruturais ou tecnológicos (art. 367º, do CT).

O nº 1, do art. 368º, do CT, exige que sejam preenchidas, cumulativamente, as seguintes condições:

i) O motivo em causa não seja devido a uma atuação culposa do trabalhador ou do empregador;
ii) Seja praticamente impossível a subsistência da relação de trabalho;
A L nº 27/2014, de 08.05 (proferida após a declaração de inconstitucionalidade emitida pelo Acórdão nº 602/2013, da redacção aprovada pela L nº 23/2012, de 25.06), recupera o sentido da "impossibilidade de subsistência da relação de trabalho", esclarecendo que se considera que a "subsistência da relação de trabalho é praticamente impossível, quando o empregador não disponha de outro compatível com a categoria profissional do trabalhador" (nº 2, do art. 368º).
iii) Não se aplique o regime de despedimento coletivo;
iv) Seja posta à disposição do trabalhador a compensação devida.

Devem, ainda, ser atendidos os critérios estabelecidos pelo nº 2, do art. 368º, do CT.

Os critérios em vigor foram estabelecidos pela L nº 27/2014, de 08.05 (também no seguimento da declaração de inconstitucionalidade proferida pelo Acórdão nº 602/2013, da redacção aprovada pela L nº 23/2012, de 25.06), sendo agora elegíveis, os seguintes:

- a pior avaliação de desempenho, com parâmetros previamente conhecidos pelo trabalhador (al. *a*)). Ou seja, a parametrização da avaliação de desempenho deve ser dada a conhecer previamente ao trabalhador. E este previamente seria aquando da celebração do contrato de trabalho, devendo constar do Manual de Acolhimento que lhe é entregue.
- menores habilitações académicas e profissionais (al. *b*)).
- Fica por averiguar se o critério de selecção é concreto ou abstracto; ou seja, trata-se de maiores habilitações por si só, ou de maiores habilitações no que concerne à função.
- maior onerosidade pela manutenção do vínculo laboral do trabalhador para a empresa (al. *c*));
- Ou seja, retribuições mais elevadas, maiores regalias económicas. Atente-se que entre as maiores habilitações e as menores retribuições, haverá que se encontrar um ponto de equilíbrio.
- menor experiência na função (al. *d*));
- menor antiguidade (al. *e*));
- O critério de antiguidade, que até à L nº 23/2012 era o único atendível, é agora recuperado, apesar de constituir o último critério.

b) *Procedimento em caso de despedimento por extinção de posto de trabalho*

  i) Comunicação, por escrito, à comissão de trabalhadores ou, na sua falta, à comissão intersindical ou comissão sindical, ao trabalhador envolvido e ainda, caso este seja representante sindical, à associação sindical respetiva (art. 369º, nº 1, do CT). A omissão de tal comunicação acarretará a ilicitude do despedimento (art. 384º, al. *c*), do CT);

  ii) Emissão de pareceres das entidade representativas do trabalhador, sobre os motivos e requisitos invocados, podendo ainda apresentarem alternativas que permitam atenuar os efeitos do despedimento (art. 370º, nº 1, do CT).

  A ACT pode ser solicitada a intervir para verificação dos requisitos previstos no art. 368º, nºs 1, als. *c*) e *d*) e nº 2, do CT (art. 370º, nº 2, do CT).

A não intervenção da ACT, apesar de pedida, não gera qualquer invalidade procedimental (cfr. art. 384º, do CT).

iii) Comunicação ao trabalhador, às entidade representativas do trabalhador e à ACT, da decisão da entidade empregadora, reduzida a escrito e fundamentada, de proceder ao despedimento (art. 371º, nºs 1 a 3, do CT). A omissão deste dever de comunicação não implica qualquer invalidade procedimental (cfr. art. 384º, do CT).

iv) Pagamento até ao termo do prazo de aviso prévio da compensação por antiguidade, bem como dos créditos vencidos e dos exigíveis emergentes da cessação contratual (art. 371º, nº 4, do CT), sob pena de ilicitude do despedimento (art. 384º, al. *d*), do CT).

c) A ilicitude do despedimento
A ilicitude está prevista para os casos em que o empregador:

- não cumpriu os requisitos de despedimento por extinção de posto de trabalho, nos termos do art. 368º, nº 1, do CT, dispõe o art. 384º, al. *a*), do CT;
- não respeitou os critérios de concretização de postos de trabalho a extinguir, nos termos do art. 368º, nº 2, do CT, dispõe o art. 384º, al. *b*), do CT; V. os créditos conferidos ao trabalhador em caso de despedimento coletivo.
- não realizou as comunicações devidas à comissão de trabalhadores ou, na sua falta, à comissão intersindical ou comissão sindical, ao trabalhador envolvido e ainda, caso este seja reporesentante sindical, à associação sindical respetiva, nos termos do art. 369º, do CT, dispõe o art. 384º, al. *c*), do CT;
- não colocou à disposição do trabalhador despedido, até ao termo do prazo de aviso prévio, a compensação (por antiguidade) prevista no art. 366º do CT e os créditos eventualmente vencidos ou exigíveis em virtude da cessação contratual, dispõe o art. 384º, al. *d*), do CT.

A não intervenção do ACT não sanciona o despedimento como ilícito, constituindo apenas mera contraordenação de natureza leve (art. 371º, nº 5, do CT).

e) Os direitos creditórios em caso de licitude do despedimento
Os direitos creditórios são os conferidos pelo art. 372º.

A redação do art. 368º, nº 2, do CT foi introduzida pela Lei nº 23/2012, de 25 de junho. Essa redação foi declarada inconstitucional, por violação da proibição de despedimentos sem justa causa consgrada no art. 53º da Constituição (Ac. do TC nº 602/2013, de 20.09.13 *in* www.tribunalconstitucional.pt).

Assim, deve considerar-se repristinada [O efeito repristinatório provoca o ressurgimento da norma que a norma declarada inconstitucional tenha revogado no momento em que entrou em vigor (art. 282º, nº 1, da CRP)] a redação original da Lei nº 7/2009, de 12 de fevereiro, a qual dispõe:

Havendo na secção ou estrutura equivalente uma pluralidade de postos de trabalho de conteúdo funcional idêntico, para concretização do posto de trabalho a extinguir, o empregador deve observar, por referência aos respectivos titulares, a seguinte ordem de critérios:

a) *Menor antiguidade no posto de trabalho;*
b) *Menor antiguidade na categoria profissional;*
c) *Classe inferior da mesma categoria profissional;*
d) *Menor antiguidade na empresa.*

7.3. Despedimento por inadaptação

a) O conceito "despedimento por inadaptação"

O Código do Trabalho admite como fundamento de despedimento do trabalhador a "inadaptação superveniente do trabalhador ao posto de trabalho" (artigo 373º, do CT).

A política subjacente a esta medida visa libertar postos de trabalho que podem ser melhor aproveitados por outro trabalhador, flexibilizando uma escolha mais eficiente de recursos humanos.

Sobre a origem do regime, explica João Soares Ribeiro "O instituto da inadaptação surgiu porque os empresários se queixavam de que não havia nenhum mecanismo legal que lhes permitisse «gerir» os recursos humanos tendo em conta a evolução técnica e tecnológica, o que facilmente lhes fazia perder competividade face às empresas congéneres estrangeiras pelo que, em última análise, a falta dum tal instrumento legal que poderia sacrificar alguns trabalhadores que não conseguiriam acompanhar o progresso, se iria traduzir, a prazo, numa perda irremediável de todos os postos de trabalho daquelas empresas condenadas à obsolescência e à extinção"[249].

Acerca da proximidade entre a figura da inadaptação e da caducidade, comenta Menezes Cordeiro, "há certas modificações tecnológicas na empresa; são dadas ao trabalhador todas as possibilidades de formação profissional; não obstante, ele não se adapta; além disso, não há na empresa outras funções para

---

[249] "Cessação do contrato de trabalho por inadaptação do trabalhador", IV CNDT, Almedina, p. 401.

lhe atribuir. A impossibilidade parece patente. E a assim ser, o novo fundamento mais não seria do que uma forma de caducidade do contrato"[250].

Conceito diferente é o de inaptidão, que, ao contrário da inadaptação, pode ser originária.

Neste caso, o trabalhador desde o início da execução laboral não promove um desempenho adequado ou satisfatório face às exigências do empregador.

A inaptidão será superveniente, quando no decurso do contrato o trabalhador perdeu as aptidões que possuía, sem, no entanto, tal perda motivar a caducidade do contrato (será um dos casos de admissibilidade da mudança de categoria do trabalhador).

O art. 374º, nº 1, do CT, apresenta as situações passíveis de gerar a impossibilidade contratual:

– redução continuada de produtividade ou de qualidade (al. *a*));
– avarias repetidas nos meios afetos ao posto de trabalho (al. *b*));
– riscos para a segurança e saúde do próprio, dos restantes trabalhadores ou de terceiros (al. *c*)).

O nº 2 é dedicado a cargos de complexidade técnica ou de direção, tratando-se de casos em que não se cumpriram os objetivos previamente fixados (formalmente aceites por escrito), sendo tal determinado pelo modo de exercício de funções. A figura da inadaptação neste tipo de cargos apresenta uma opacidade, que exigiria um outro tipo de regulação.

O art. 375º, nº 1, do CT, prevê os requisitos cumulativos do despedimento por inadaptação, por forma a evitar despedimentos sem causa, assim ao trabalhador tem que, cumulativamente, ser fornecida ação de formação profissional adequada às modificações introduzidas no posto de trabalho, sob controlo pedagógico da autoridade competente ou de entidade por esta credenciada (nº 1, al. *b*)) e após o período de formação, é-lhe facultado um «período de adaptação», não inferior a 30 dias (nº 1, al. *c*)).

Ainda, que as modificações no posto de trabalho resultem de "alterações nos processos de fabrico ou de comercialização, de novas tecnologias ou equipamentos baseados em diferente ou mais complexa tecnologia, nos seis meses

---

[250] "Da cessação do contrato de trabalho por inadaptação do trabalhador perante a Constituição da República", RDES, Julho-Dez., 1991, p. 398.

anteriores ao início do procedimento" tendente ao despedimento (art. 375º, nº 1, al. *a*), do CT).

A redação do art. 375º, nº 1, al. *d*), do CT foi introduzida pela Lei nº 23/2012, de 25 de junho. Essa redação foi declarada inconstitucional, por violação da proibição de despedimentos sem justa causa consgrada no art. 53º da Constituição (Ac. do TC nº 602/2013, de 20.09.13 *in* www.tribunalconstitucional.pt).

Assim, considerou-se repristinada [O efeito repristinatório provoca o ressurgimento da norma que a norma declarada inconstitucional tenha revogado no momento em que entrou em vigor (art. 282º, nº 1, da CRP)] a redação original da Lei nº 7/2009, de 12 de fevereiro, a qual previa o seguinte:

Não exista na empresa outro posto de trabalho disponível e compatível com a qualificação profissional do trabalhador.

Entretanto, foi publicada a L nº 27/2014, de 08.05, que indica expressamente o seguinte:

"Não exista na empresa outro posto de trabalho disponível e compatível com a categoria profissional do trabalhador".

Quanto aos trabalhadores com cargos de complexidade técnica, de acordo com o nº 3, do art. 375º, do CT, também se refere a introdução de "novos processos de fabrico, de novas tecnologias ou equipamentos".

Com as alterações promovidas no artigo 375º, pela L nº 23/2012, de 25 de junho, o despedimento ocorre mesmo sem a introdução de novas tecnologias ou outras alterações no local do trabalho, havendo uma modificação substancial da prestação de trabalho, nomeadamente, uma redução continuada de produtividade ou de qualidade.

Esta inadaptação não se deveria (con)fundir com inaptidão.

A inadaptação surge da alteração das condições de trabalho, estando o trabalhador adaptado às existentes e mostrando-se inadaptado às novas condições, às da mudança. Esta foi a génese do despedimento por inadaptação.

A inaptidão demonstra a falta de aptidão do trabalhador para o desempenho pedido. Essa inaptidão, quando originária, é habitualmente demonstrada durante o exercício do período experimental. A inaptidão se superveniente legitima a caducidade do contrato de trabalho por impossibilidade absoluta e definitiva do trabalhador prestar trabalho, na impossibilidade de modificação contratual (art. 343º, al. b)).

O art. 374º, nº 1, honrou o espírito da norma, indicando que se verifica a inadaptação quando há uma redução continuada de produtividade ou de qualidade (al. a)), avarias repetidas nos meios afectos ao posto de trabalho (al. b)) e riscos para a segurança e saúde do trabalhador, de outros trabalhadores ou de terceiros (al. c)).

O art. 375º, nº 1, indica os requisitos para o exercício do direito resolutivo. A inadaptação ocorre na sequência da introdução de modificações no posto de trabalho e, ainda, caso não tenha havido modificações no posto de trabalho se se verificar a existência de uma modificação substancial da prestação realizada pelo trabalhador.

O legislador afasta-se do espírito da norma quando permite no art. 375º, nº 2, o despedimento por inadaptação, mesmo não tendo havido modificações no posto de trabalho, desde que se verifiquem cumulativamente os requisitos previstos nas alíneas a) a d). Ou seja, introduz uma nova forma de despedimento, o despedimento por inaptidão, dado que não ocorreram alterações ao modo prestacional.

Esta nova forma surge encapotadamente no contexto do despedimento por inadaptação, quando deveria ter recebido normativo próprio.

b) Procedimento em caso de despedimento por inadaptação

  i) Comunicação, por escrito, à comissão de trabalhadores ou, na sua falta, à comissão intersindical ou comissão sindical, ao trabalhador e ainda, caso este seja representante sindical, à associação sindical respetiva (art. 376º, nº 1, do CT). A omissão de tal comunicação acarretará a ilicitude do despedimento (art. 385º, al. *b*), do CT);

  ii) Emissão de pareceres das entidades representativas do trabalhador, do trabalhador envolvido e ainda, caso este seja representante sindical, à associação sindical respetiva, sobre os motivos justificativos do despedimento, podendo ainda o trabalhador apresentar os meios de prova que considere pertinentes (art. 377º, do CT).

  iii) Comunicação ao trabalhador, às entidades representativas do trabalhador e à ACT, da decisão da entidade empregadora, reduzida a escrito e fundamentada, de proceder ao despedimento (art. 378º, nºs 1 e 2, do CT). A omissão deste dever de comunicação não implica qualquer invalidade procedimental (cfr. art. 385º, do CT).

c) A ilicitude do despedimento
A ilicitude está prevista para os casos em que o empregador:

- não cumpriu os requisitos de despedimento por inadaptação, nos termos dos arts. 374º, nºs 3 e 4 e 375º, nºs 1 a 3, do CT, dispõe o art. 385º, al. *a*), do CT;
- não realizou as comunicações devidas à comissão de trabalhadores ou, na sua falta, à comissão intersindical ou comissão sindical, ao trabalhador envolvido e ainda, caso este seja representante sindical, à associação sindical respetiva, nos termos do art. 376º, do CT, dispõe o art. 385º, al. *b*), do CT;
- não colocou à disposição do trabalhador despedido, até ao termo do prazo de aviso prévio, a compensação (por antiguidade) prevista no art. 366º, do CT, e os créditos eventualmente vencidos ou exigíveis em virtude da cessação contratual, dispõe o art. 385º, al. *c*), do CT.

A não intervenção do ACT não sanciona o despedimento como ilícito, constituindo apenas mera contraordenação de natureza leve (art. 378º, nº 3, do CT).

e) Os direitos creditórios em caso de licitude do despedimento
Os direitos creditórios são os conferidos pelo art. 379º.
V. os créditos conferidos ao trabalhador em caso de despedimento coletivo.
A L nº 133/2015, de 7 de setembro, cria um mecanismo para proteção das trabalhadoras grávidas, puérperas e lactantes.

Assim, as empresas que, nos dois anos anteriores à candidatura a subsídios ou subvenções públicos, tenham sido condenadas por sentença transitada em julgado por despedimento ilegal de grávidas, puérperas ou lactantes ficam impedidas de serem beneficiárias dos mesmos (artigo 1º).

Constituindo obrigação dos tribunais a comunicação diária à Comissão para a Igualdade no Trabalho e no Emprego das sentenças transitadas em julgado que tenham condenado empresas por despedimento ilegal de grávidas, puérperas ou lactantes (art. 2º, nº 1).

CAPÍTULO X
A PROTEÇÃO DO TRABALHADOR EM CASO DE INSOLVÊNCIA DO EMPREGADOR

O art. 380º, do CTA, surgiu, no contexto, da Diretiva nº 80/987, de 20.10.1980 (alterada pela Diretiva 2002/74/CE, do Parlamento Europeu e do Conselho, de 23.09) que consagra as garantias dos direitos dos trabalhadores face à insolvência do empregador.

Entre nós, a diretiva foi transposta pelo DL nº 507/85, de 27.02, criando o Fundo de Garantia Salarial. O regime do Fundo de Garantia Salarial constava ainda dos arts. 316º a 326º, da RCT.

No CTN, o art. 336º alude ao Fundo de Garantia Salarial para pagamento de créditos emergentes do contrato de trabalho, da sua violação ou cessação, que não possam ser pagos pelo empregador por motivo de insolvência ou de situação económica difícil, remetendo para legislação específica, a que corresponde hoje o Decreto-Lei nº 59/2015, de 21 de abril, revogando finalmente algumas disposições do Regulamento do CTA.

O regime material do Fundo de Garantia Salarial, abrange os casos em que foi proferido(a):

a) sentença de declaração de insolvência do empregador;
b) despacho do juiz que designa o administrador judicial provisório, em caso de processo especial de revitalização;
c) despacho de aceitação do requerimento proferido pelo IAPMEI - Agência para a Competitividade e Inovação, I. P. (IAPMEI, I. P.), no âmbito do procedimento extrajudicial de recuperação de empresas (art. 1º, nº 1).

O Fundo é notificado nos seguintes casos:

a) No âmbito do processo especial de insolvência, o tribunal judicial notifica o Fundo da sentença de declaração de insolvência do empregador, a qual deve ser acompanhada de cópia da petição inicial e dos documentos identificados nas alíneas a) e b) do art. 24.º do Código da Insolvência e da Recuperação de Empresas (CIRE);
b) No âmbito do processo especial de revitalização, o administrador judicial provisório notifica o Fundo da apresentação do requerimento previsto no art. 17.º-C do CIRE com cópia dos documentos indicados nas als. a) e b) do art. 24º do CIRE e referidos na al. b) do nº 3 do artigo 17.º-C do CIRE, bem como do despacho do juiz que o designa;

c) No âmbito do procedimento extrajudicial de recuperação de empresas, o IAPMEI, I. P., notifica o Fundo da apresentação do requerimento de utilização do Sistema de Recuperação de Empresas por Via Extrajudicial (SIREVE), do despacho de aceitação deste requerimento, da celebração e cessação do acordo e da extinção do procedimento (nº 2).

O Fundo assegura o pagamento dos créditos referidos no n.º 1 ao trabalhador que exerça ou tenha exercido habitualmente a sua atividade em território nacional ao serviço de empregador com atividade no território de dois ou mais Estados-Membros, ainda que este seja declarado insolvente por tribunal ou outra autoridade competente de outro Estado-Membro da União Europeia ou outro Estado abrangido pelo Acordo sobre o Espaço Económico Europeu (nº 3).

O FGS salvaguarda os créditos do trabalhador emergentes do contrato de trabalho ou da sua violação ou cessação (art. 2º, nº 1), aos quais são deduzidos, os montantes de quotizações para a segurança social, da responsabilidade do trabalhador; e os valores devidos pelo trabalhador correspondentes à retenção na fonte do imposto sobre o rendimento (art. 2º, nº 2, als. *a*) e *b*)).

O FGS protege os créditos que se tenham vencido nos seis meses anteriores à propositura da ação de insolvência ou à apresentação do requerimento no processo especial de revitalização ou do requerimento de utilização do procedimento extrajudicial de recuperação de empresas (art. 2º, nº 4).

Caso não existam créditos vencidos no período de referência mencionado no número anterior ou o seu montante seja inferior ao limite máximo definido no n.º 1 do artigo seguinte, o Fundo assegura o pagamento, até este limite, de créditos vencidos após o referido período de referência (art. 2º, nº 5).

A compensação devida ao trabalhador por cessação do contrato de trabalho que seja calculada nos termos do art. 366.º do CT, diretamente ou por remissão legal, é paga pelo Fundo, com exceção da parte que caiba ao fundo de compensação do trabalho (FCT), ao fundo de garantia de compensação do trabalho (FGCT) ou a mecanismo equivalente (ME), após o seu acionamento, salvo nos casos em que este não possa ter lugar (art. 2º, nº 6).

O Fundo só assegura o pagamento dos créditos quando o pagamento lhe seja requerido até um ano a partir do dia seguinte àquele em que cessou o contrato de trabalho (art. 2.º, nº 8).

Existe um limite máximo global equivalente a seis meses de retribuição, e com o limite máximo mensal correspondente ao triplo da retribuição mínima mensal garantida (art. 3º, nº 1). Quando o trabalhador seja titular de créditos correspondentes a prestações diversas, o pagamento é prioritariamente imputado à retribuição base e diuturnidades (art. 3º, nº 2).

No atual Código de Insolência e Recuperação de Empresas (CIRE), o insolvente é definido como "o devedor que se encontre impossibilitado de cumprir as suas obrigações vencidas" (art. 3º, nº 1).

No caso de o trabalhador deter créditos, *exclusivamente laborais*, sobre a massa falida e carecer absolutamente de meios de subsistência e não os puder angariar pelo seu trabalho, pode o administrador arbitrar-lhes um subsídio, a título de alimentos e à custa da massa (art. 84º, nº 1, do CIRE).

Para a atribuição dos alimentos, o alimentando tem de provar que carece absolutamente de meios de subsistência e que os não pode angariar pelo trabalho.

A lei não prevê qualquer meio de reação contra a não concessão do subsídio, dado que se trata de um poder discricionário de que goza o administrador e a comissão de credores ou assembleia de credores.

Igualmente a cessação da sua atribuição assenta unicamente na decisão do administrador (art. 84º, nº 2, do CIRE), havendo alteração dos requisitos da atribuição dos alimentos: necessidade do alimentando e possibilidade da massa.

Quanto à posição do trabalhador face à insolvência do empregador, esta, como sabemos, não produz qualquer efeito sobre a relação contratual estabelecida, relembremos que tudo se reconduz ao art. 340º, do CT.

O art. 347º, do CT, refere expressamente que não só a «declaração judicial de insolvência do empregador não faz cessar o contrato de trabalho» (nº 1), como ainda, a cessação laboral deve ser antecedida do *procedimento adotado para o despedimento coletivo*, salvo tratando-se de micro-empresa (nºs 3 e 4).

A dúvida que subsistia quanto à interpretação do art. 347º, nº 5, foi esclarecida pela alteração promovida pela Lei nº 23/2012, de 25.06, a qual dispõe que "o trabalhador tem direito à compensação prevista no art. 366º". Não se equipara esta forma de caducidade à resolução contratual objetiva, não sendo igualmente de aplicar o art. 346º, do CT, sobre a morte do empregador e extinção ou encerramento da empresa, por a figura da insolvência implicar um regime especial[251].

---

[251] Esta solução manifestamente injusta (e que, no nosso entendimento a lei cauciona) é, no entanto, afastada por ROMANO MARTINEZ, que indicava ao tempo do Código de 2003, *in* "Apontamentos sobre a cessação do contrato de trabalho à luz do Código do Trabalho", AAFDL, Lisboa, 2004, p. 55, "(Além disso), em qualquer dos casos, perante a cessação do contrato de trabalho, ao trabalhador cabe o direito à compensação estabelecida no art. 401º do CT. Na falta de uma regra idêntica ao nº 5 do art. 390º do CT, poder-se-ia entender que a cessação do contrato resultante da insolvência do empregador não implicaria o pagamento de uma compensação. De facto, do art. 391º do CT não consta, diretamente, tal obrigação,

Discutia-se se o legislador nacional teria transposto corretamente a Diretiva 98/59/CE, do Conselho, de 20 de julho de 1998 (relativa à aproximação das legislações dos Estados-membros respeitantes aos despedimentos coletivos), ou se teria realizado um acolhimento seletivo.

Hoje e face às razões manifestadas pelo Tribunal de Justiça (Acordão de 12.10.2004, http://curia.eu/jurisp.), conclui-se que, de facto, a transposição não foi corretamente realizada.

Relembre-se que o *encerramento definitivo da estabelecimento* se reconduz agora à figura da caducidade contratual (cfr. o art. 340º).

Para pagamento dos créditos devidos, *v.g.*, salários em atraso, retribuição de férias e respetivo subsídio, detém o trabalhador, na qualidade de credor, o direito à garantia de pagamento, nos moldes consentidos pelo art. 333º, do CT, que protege o trabalhador perante qualquer tipo de incumprimento por parte do empregador e face a créditos de qualquer natureza, desde que laborais.

Nos Procs. apensos nºs C-19/01 e C-84/01, o Tribunal de Justiça das Comunidades foi questionado acerca da possível limitação da obrigação de pagamento das instituições de garantia, perguntando-se se:

"O artigo 4º, nº 3, da Diretiva 80/987/CEE, de 20.10.1980 – na parte em que prevê que os Estados membros, a fim de evitar o pagamento das importâncias que excedam a finalidade social da diretiva, podem fixar um limite para a garantia de pagamento dos créditos em dívida aos trabalhadores assalariados relativos aos últimos três meses da relação de trabalho –, permite impor o sacrifício de parte do crédito daqueles que, sendo o montante da sua remuneração superior ao limite, tenham recebido, nos últimos três meses da relação de trabalho, adiantamentos de montante igual ou superior ao referido limite, ao passo que aqueles que, sendo a sua remuneração inferior ao limite, podem depois obter, somando os adiantamentos pagos pelo empregador e os pagamentos concedido pelo organismo público, o ressarcimento total (ou em percentagem maior) do seu crédito".

mas ela resulta da interpretação integrada dos arts. 390º e 391º do CT: as situações de cessação do contrato relacionadas com a insolvência assentam no pressuposto, efetivo ou previsível, de encerramento da empresa ou estabelecimento (art. 391º, nº 1, parte final e nº 4, do CT) e a caducidade do contrato em caso de encerramento da empresa implica o pagamento ao trabalhador da compensação prevista no art. 401º do CT". Esta posição é mantida pelo A. no Código de 2009, *v.* "Código do Trabalho Anotado", 7ª edição, Almedina, 2009, p. 784.

Tendo o Tribunal de Justiça, no Acordão de 04.03.2004, concluindo perentoriamente que aos Estados-membros não é concedida tal faculdade.

A transposição da diretiva assinalada esteve na origem do importante Ac. *Francovich*, abordando-se a falta de transposição pelo Estado italiano da diretiva em apreço.

Francovich havia prestado trabalho na empresa *CDN Elettronica SnC*, em *Vicenza*, desde 11 de janeiro de 1983 a 7 de abril de 1984, tendo recebido apenas pagamentos esporádicos por conta do seu salário. Em virtude disso, intentou uma ação na *pretura di Vicenza*, que, por decisão de 31 de janeiro de 1985, condenou a empresa demandada no pagamento do montante de cerca de 6 milhões de LIT.

No decurso da fase executiva, o *huisser* do tribunal de *Vicenza*, depois de se ter dirigido várias vezes à sede da empresa e encontrando sempre o estabelecimento encerrado, lavrou uma certidão negativa da penhora.

Francovich invocou então o direito de obter do Estado italiano as garantias previstas pela Diretiva 80/987, ou, acessoriamente, uma indemnização por perdas e danos.

O Tribunal de Justiça entendeu que a diretiva não era possuidora de efeito direto, referindo:

"embora as disposições da Diretiva (...), seja suficientemente precisas e incondicionais no que respeita à determinação dos beneficiários e ao conteúdo da garantia, os interessados não podem, na falta de medidas de aplicação tomadas por um Estado-membro dentro dos prazos, invocar estas disposições perante os orgãos jurisdicionais nacionais em virtude de, por um lado, as *disposições da diretiva não precisarem a identidade do devedor da garantia e por outro, o Estado não poder ser considerado devedor apenas em virtude de não ter tomado dentro dos prazos as medidas de transposição* (itálico nosso)".

Da denegação da produção do efeito direto, surge pela primeira vez, a consagração do princípio da reparação, que é válido para todas as normas comunitárias[252].

No seguimento do Ac. *Francovich*, surge o Ac. *Rosalba Palmisani*[253], tendo por protagonista a mesma diretiva.

---

[252] V. Paula Quintas "A Diretiva nº 80/987...", p. 184.
[253] Ac. de 10.07.97, Proc. nº C-261/95, CJTJ, Lux., SPOCE, 1997, vol. 7, p. 4024.

Rosalba Palmisani exerceu uma atividade assalariada, como operária, na empresa *Vamar*, cuja falência foi declarada por uma decisão do *Tribunal di Frosimone* em 17 de abril de 1985.

No decurso dos doze meses que precederam a declaração de falência, ela adquiriu créditos, resultantes de salários e outras remunerações, no montante total de 8 496 528 LIT, apenas tendo recebido 334 870 LIT, na sequência da distribuição e rateio do produto da liquidação.

Questionou-se então se o Estado italiano ao impôr o prazo prescricional de um ano para a propositura da ação de reparação, estava a atuar de acordo com o Direito Comunitário.

O Tribunal de Justiça entendeu então que é lícito aos Estados membros a fixação de um prazo de propositura das ações judiciais, *contanto que essa modalidade processual não seja menos favorável do que as relativas a ações similares de natureza interna* (itálico nosso).

No Proc. n.º C-137/01, *Barret v. Secretary of State for Employment*[254] questiona-se a legitimidade de uma instituição de garantia que recusa o pagamento dos subsídios de férias em dívida aos trabalhadores e assalariados de uma empresa insolúvel, bem como a regulamentação nacional que limita o direito ao subsídio de férias a um período que se situa nos doze meses anteriores à data da insolvência do empregador.

No Caso *Soghra Gharehveran*[255] discute-se o pagamento com base na lei que institui uma garantia de pagamento do salário, como consequência da liquidação da empresa do empregador.

S. G. foi empregada da *Zarrinen AB*, sociedade que explorava um restaurante, onde, como assalariada, desempenhava algumas funções de contabilidade. O marido detinha a totalidade das ações da sociedade.

Na sequência da falência da *Zarrinen*, S. G. apresentou um pedido de pagamento do seu salário com base na lei de garantia. Este pedido foi indeferido pelo administrador da falência com fundamento em que a trabalhadora era parente próxima do proprietário da totalidade da empresa em falência para que trabalhava.

Ora, entendeu o TJC que, resulta do ponto G da secção I do anexo da diretiva, que a exclusão nele prevista apenas diz respeito aos trabalhadores assalariados que, por si ou com os seus parentes próximos, tenham detido uma parte essen-

---

[254] Atividades n.º 15/01, p. 24.
[255] Proc. N.º C-441/99, Atividades n.º 26/01, p. 11 e ss.

cial da empresa em que trabalhavam, *de modo que esta exclusão não pode, sem se ignorar o texto claro da disposição comunitária acima referida, estender-se aos trabalhadores assalariados cujos parentes próximos eram os únicos a deter uma parte essencial da empresa* (itálico nosso).

CAPÍTULO XI
DIREITOS DE PERSONALIDADE DO TRABALHADOR

1. Enquadramento dos direitos de personalidade do trabalhador, em particular, na fase de recrutamento e seleção

O Código do Trabalho atual mantém o enquadramento próprio para os direitos de personalidade do trabalhador, na perspetiva justamente laboral (arts. 14º a 22º).

O art. 16, nº 1, do CT (sob a epígrafe *Reserva da intimidade da vida privada*), enuncia que "O empregador e o trabalhador devem respeitar os direitos de personalidade da contraparte, cabendo-lhes, designadamente, guardar reserva quanto à intimidade da vida privada".

Por conseguinte, "O empregador não pode exigir ao candidato a emprego ou ao trabalhador que preste informações relativas à sua vida privada, salvo quando estas sejam estritamente necessárias e relevantes para avaliar da respetiva aptidão no que respeita à execução do contrato de trabalho e seja fornecida por escrito a respetiva fundamentação" (art. 17º, nº 1, al. *a*), do CT). A saúde e o estado de gravidez (considerados dados sensíveis) recebem tratamento próprio dado pela al. *b*)).

Ao contrário da al. *a*), não está em causa a aptidão, mas a "natureza da actividade profissional", ou seja, a exigência agora é maior, e só para uma actividade muito específica poderá haver direito a pedir tal informação.

As informações previstas na al. *b*) são prestadas a médico, que só pode comunicar ao empregador se o trabalhador está ou não apto a desempenhar a atividade (nº 2).

Em princípio, não pode ser exigido ao candidato a emprego ou ao trabalhador a realização ou apresentação de testes ou exames médicos, de qualquer natureza, para comprovação das condições físicas ou psíquicas (art. 19º, nº 1, 1ª parte, do CT). No entanto, os testes ou exames médicos serão exigíveis quando tenham por "finalidade a proteção e segurança do trabalhador ou de terceiros ou quando particulares exigências inerentes à atividade o justifiquem", devendo ser indicada por escrita a respetiva fundamentação (2ª parte).

Quanto ao enquadramento jurídico a observar no tocante ao respeito pelos direitos de personalidade, quer na fase de recrutamento e seleção, quer, na fase mais avançada, de contratação, apresentam-se de seguida algumas propostas de trabalho.

Considerações gerais:
Certos questionários colocam na rubrica "interesses pessoais", pedidos de informação sobre passatempos do candidato, preocupações sociais ou pessoais, lista de virtudes e defeitos de si próprio e dos outros, bem como vários "cenários de crise" (do tipo: o seu filho está doente, o que faz? Apresentando-se de seguida três hipóteses diferentes para o candidato escolher uma delas), que visam traçar o perfil psicossocial do candidato. Ainda é bastante comum o pedido de cartas manuscritas para efeito de exame grafológico com o mesmo propósito.

Todo este tipo de práticas empresariais de recrutamento terá que ser analisado à luz do art. 17º, nº 1, do CT, que estabelece na sua primeira parte um princípio geral de proteção absoluta, e no segundo segmento abre uma exceção respeitante às informações *estritamente necessárias e relevantes para avaliar da respetiva aptidão*.

O legislador permite, portanto, que atentos os princípios da adequabilidade e proporcionalidade, certas informações sejam partilhadas, quando é a própria aferição da aptidão que está em causa (na linha da previsão do art. 5º, nº 1, al. *c*) da L nº 67/98, de 26.10).

A posição do médico assume a máxima relevância, por um lado, por ser quem está em posição de aferir da aptidão e capacidade do trabalhador ou do candidato; por outro, pela salvaguarda imposta pela deontologia profissional que ao médico cabe respeitar.

Ainda, o nº 1, do art. 17º, do CT, obriga à respetiva fundamentação do pedido de informação, a fim de permitir ao próprio candidato ajuizar da sua pertinência e legitimidade.

É a figura do *consentimento informado* em toda a sua extensão que aqui tem lugar. Assim, deve o trabalhador ser informado da identidade do responsável pelo tratamento e, se for caso disso, do seu representante (art. 10º, nº 1, al. *a*) da L nº 67/98, de 26.10), das finalidades do tratamento de dados (al. *b*)), dos destinatários ou categorias de destinatários dos dados (al. *c*)), do caráter obrigatório ou facultativo da resposta, bem como as possíveis consequências se não responder (al. *c*)); da existência e condições do direito de acesso e de retificação (al. *c*)).

Qualquer tratamento de dados pessoais (definido como "qualquer informação, de qualquer natureza e independentemente do respetivo suporte, incluindo som e imagem, relativa a uma pessoa singular identificada ou identificável", art. 3º, al. *a*) da L nº 67/98) está sujeito à Lei de Proteção de Dados Pessoais[256].

Citam-se de seguida algumas das autorizações de isenção da Comissão Nacional de Proteção de Dados (CNPD), http://www.cnpd.pt/atos/isencoes.

No entanto, os responsáveis pelos tratamentos dos dados abrangidos por estas isenções, devem, cumprir as seguintes obrigações:
 "– Proceder ao tratamento dos dados pessoais estritamente dentro dos limites estabelecidos pela CNPD nas suas Autorizações de Isenção, publicadas em Diário da República;

---

[256] O tratamento de dados sensíveis, encontra-se sujeito a notificação à CNPD, *v.* formulário anexo.

– Prestar sempre ao titular dos dados o direito de informação que a lei lhe garante, como o direito de acesso, retificação, oposição e eliminação;
– Cumprir os princípios de proteção de dados de lealdade, licitude, legitimidade e pertinência no tratamento dos dados".

2. Realização de testes e exames médicos

O art. 19º, do CT, prevê que, "Para além das situações previstas na legislação relativa a segurança e saúde no trabalho", outras situações legitimem a realização de testes e exames médicos.

Em matéria de segurança e saúde no trabalho, a regulação legislativa existente assenta nas normas do próprio Código do Trabalho, dedicadas, respetivamente à segurança e saúde no trabalho, aos acidentes de trabalho e às doenças profissionais (arts. 281º a 284º do CT).

O regime de reparação de acidentes de trabalho e de doenças profissionais foi regulado pela L nº 98/2009, de 04.09 e o regime jurídico da promoção da segurança e saúde no trabalho, pela L nº 102/2009, de 10.09 (alterada pelas L nºs 42/2012, de 28.08 e 3/2014, de 28.09)[257].

"As doenças são declaradas através do chamado Boletim de Declaração Obrigatória, ou, em caso de emergência, através de declaração imediata à Autoridade de Saúde.

São consideradas como doenças obrigatórias as doenças infeciosas que podem constituir um perigo para a comunidade em geral, tendo o regime de declaração obrigatória em vista o acionamento do plano de controlo epidemológico *(v.g.*, isolamento do doente, vigilância clínica), de molde a diminuir ou afastar os riscos de contágio na comunidade".

3. Doenças de declaração obrigatória

Sobre a questão do dever de informação que recai sobre o trabalhador quanto ao seu estado de saúde, nomeadamente, se é portador do vírus da sida, aplica--se a tabela de doenças de declaração obrigatória (em caso de doença e em caso de morte), prevista na Portaria nº 1071/98, de 31.12, alterada pela Portaria nº 258/2005, de 16.03, de acordo com o Código da 10ª Revisão da Classifica-

---

[257] Paula Quintas, *Os direitos de personalidade consagrados no Código do Trabalho na perspetiva exclusiva do trabalhador subordinado – Direitos (Des)figurados*, Tese de Doutoramento, Almedina, 2013, p. 292.

ção Internacional de Doenças (CID), e utilizando a respetiva nomenclatura nosológica, que nos parece constituir um contributo precioso para aferir desse dever de informação, a aferir não como valor discriminatório, naturalmente, mas apenas como informação relevante para adequação das condições de trabalho, atendendo a que a notificação à autoridade de saúde é apenas obrigatória para o médico do trabalho:

O Parecer nº 16/96, de 17 de janeiro, do Conselho Nacional de Ética para as Ciências da Vida, considerou necessária a realização de testes de HIV para os manipuladores de líquidos biológicos (na qual se inclui a ciência médica e afim), dadores de sangue, dadores de esperma e dadores de tecidos e órgãos.

Continua por esclarecer quais as profissões vedadas a um portador de HIV, matéria sensível e sempre difícil[258].

4. Dos testes de despistagem de consumo de álcool ou droga

Conforme alertou a CNPD ("http://www.cnpd.pt/atos") podendo o estado de embriaguez, alcoolismo ou toxicodependência causar "privação permanente ou acidental do uso da razão do sinistrado", facto relevante para a chamada exclusão de responsabilidade do empregador por acidente de trabalho, bem como, face à proteção especial a conceder a terceiros, justifica-se a realização de tais exames no estritamente necessário a tal prevenção.

Contanto que os princípios omnipresentes na tutela à vida privada do trabalhador (adequabilidade, proporcionalidade, e boa-fé) sejam respeitados.

---

[258] Continua polémico o decidido pelo AC. de 24.09.09 *in* CJ, Ano XVI, T. III, p. 266:
"I – Resultando provado que a doença HIV positivo, que afecta o autor não o impossibilita de realizar todo e qualquer trabalho, mas apenas o torna incapaz de exercer a sua actividade habitual de cozinheiro, tal significa que o mesmo pode desempenhar outra actividade que seja compatível com as limitações resultantes de tal doença.
II – Demonstrando que todas as outras funções que o autor poderia exercer ao serviço da ré estão preenchidas por pessoal especificamente formado, não existindo vagas nas quais pudesse ser colocado, afins ou funcionalmente ligadas ou não às de cozinheiro, ainda que ao mesmo fosse proporcionada formação específica, verifica-se, assim, a impossibilidade superveniente, definitiva e absoluta da prestação daquele, ocorrendo, por isso, uma situação de caducidade do contrato de trabalho.
III – Assim, tendo a ré operado a cessação do contrato de trabalho, com tal fundamento, essa cessação é legal, daí que não tenha ocorrido despedimento ilícito do autor.
IV – Não há violação dos arts. 13º, 25º, 26º, 53º e 58º da CRP, na medida em que nenhuma discriminação se fez ao autor, em função da doença, ao enquadrar-se a sua situação na al. b) do art. 387º do CT, face a uma qualificação da mesma como de impossibilidade superveniente, absoluta e definitiva da prestação de trabalho pelo autor à ré".
Ac. STJ, de 24.09.09 in CJ, Ano XVI, T. III, p. 266.

Melhor explica Amadeu Guerra "(...) justifica-se que o direito à privacidade seja limitado quando estes factos tenham repercussões negativas na relação de trabalho, haja razões de interesse público relevante ou a necessidade de controlo estiver em conflito com outros direitos constitucionalmente consagrados. Ora, para algumas categorias profissionais – *v.g.*, pilotos, pessoal de bordo ou controladores de tráfego aéreo, motoristas, cirurgião, maquinista de comboios, gruistas – admite-se que sejam tomadas medidas de vigilância e de registo automatizado de meios auxiliares de diagnóstico ou de testes para prevenir perigos para a sua integridade física ou para terceiros"[259].

Conclui a CNPD, «a realização de exames fora do contexto dos serviços de medicina do trabalho apresenta um grande perigo de proliferação de tratamentos de dados de saúde e da vida privada dos trabalhadores, com riscos acrescidos de exames "coercivos" desenquadrados de uma prevenção integrada de promoção e vigilância da saúde do trabalhador. Por outro lado, há um risco acrescido de interconexão de tratamentos tendentes a integrar informação exaustiva sobre o estado de saúde do trabalhador, na medida em que não está regulada a relação de interdependência entre os médicos referidos no artigo 19º, nº 3 e os médicos do trabalho"».

5. Da informação genética

O art. 24º, nº 1, do CT, prevê que todos os trabalhadores têm direito à igualdade de oportunidades e de tratamento.

O art. 25º, nº 1, do CT, reitera a proibição de discriminação, no entanto, o nº 2, apresenta uma importante derrogação, quando legitima o comportamento discriminatório do empregador, em virtude da natureza das atividades profissionais em causa ou do contexto da sua execução (profissões de grande *stress*, de maior fadiga física e mental, propícias a depressões e frustração do trabalhador), desde que essa prática constitua um requisito justificável, proporcional e determinante para o exercício da atividade profissional, e o objetivo legítimo. Permite-se portanto uma clara violação do princípio da igualdade em função de finalidades de eficiência e rentabilidade empresariais (o trabalhador menos propenso a certo tipo de desgaste físico e/ou mental, faltará menos; uma eventual situação de incapacidade para o trabalho não se manifesta precocemente, com o inerente prejuízo em recrutar e formar novo trabalhador).

---

[259] "A privacidade no local de trabalho", Almedina, 2004, p. 282.

Será de ponderar até que ponto é que a conduta do empregador legitimada por lei no seu estrito interesse (e não propriamente no interesse do trabalhador) não colide com os arts. 58º e 59º, da CRP, dedicados ao Direito ao Trabalho e ao Direito dos Trabalhadores e com o disposto na recente Lei de Informação Genética Pessoal e Informação de Saúde[260] que dispõe que:

> "Ninguém pode ser discriminado, sob qualquer forma, em função dos resultados de um teste genético diagnóstico, de heterozigotia, pré-sintomático ou preditivo, incluindo para efeitos de obtenção ou manutenção de emprego..." (art. 11º, nº 2).
> "A contratação de novos trabalhadores não pode depender de seleção assente no pedido, realização ou resultados prévios de testes genéticos" (art. 13º, nº 1).

Ao contrário ainda da permissão geral contida no Código do Trabalho relativamente à divulgação do resultado de *testes ou exames médicos* mediante autorização do candidato a emprego ou trabalhador (art. 19º, nºs 1 e 3), a Lei de Informação Genética proíbe expressamente a imposição aos trabalhadores da realização de *testes genéticos* (ou a divulgação de resultados previamente obtidos), mesmo que com o consentimento daqueles (art. 13º, nº 2).

6. Meios de vigilância à distância

Matéria sujeita a notificação à CNPD (pelo artigo 27º, nº 1 da L nº 67/98 e pelo nº 1, do art. 20º, do CT).

A crítica anteriormente feita quanto ao desenquadramento entre certas práticas laborais e os regimes de segurança e saúde mantém-se também neste ponto.

O art. 20º, nº 3, do CT, explicita que cabe ao empregador um especial dever de informação, nos casos em que existem meios de vigilância à distância, do seguinte teor: "Este local encontra-se sob vigilância de um circuito fechado de televisão" ou "Este local encontra-se sob vigilância de um circuito fechado de televisão, procedendo-se à gravação de imagem e som"[261].

Para além de todos os casos previstos nas regulações sobre higiene e segurança no trabalho, em que a entidade empregadora é obrigada a zelar pela segurança

---

[260] Aprovada pela L nº 12/2005, de 26.01, regulamentada pela DL nº 131/2014, de 29.08.
[261] Sobre esta matéria, *v.* ainda a Lei de Segurança Privada, aprovada pela L nº 34/2014, de 29.08.

e higiene no local de trabalho, de modo a proteger a saúde do trabalhador e de terceiros, o Código do Trabalho permite a utilização de meios de vigilância sempre que tenham por finalidade a "proteção e segurança de pessoas e bens" ou "quando particulares exigências inerentes à natureza da atividade o justifiquem" (art. 20º, nº 2, do CT).

A CNPD autorizou a utilização de uma câmara na zona de acesso aos balneários, mais propriamente nas escadas exteriores de acesso, quando informada que no local "não há qualquer tipo de movimentação de pessoas durante o período de laboração", não sendo as escadas utilizadas para aceder aos balneários, "uma vez que o mesmo é feito pelo interior da fábrica. Além do mais, a câmara permite o acesso a bombas do sistema de combate a incêndios" (Autorização nº 21/2006, www.cnpd.pt/bin/decisoes/2006/htm).

Recentemente a jurisprudência estabeleceu que:

"É lícito o visionamento de imagens captadas por videovigilância como meio de prova em processo judicial em que se discute comportamento do trabalhador, se servir apenas para o empregador confirmar actuação daquele atentatória da segurança de pessoas e bens e não para o controlo do seu desempenho profissional".
Ac. RL, de 16.11.11 *in* CJ, Ano XXXVI, T. V, p. 165.

Tendo a arguida, no período que medeia entre o dia 12/01/04 e, pelo menos, 18/05/05, instalado no local de trabalho meios de vigilância à distância – câmaras fixas, sistema VI85017 Pal, para captação de imagens com gravação – sem, para tanto, ter obtido prévia autorização da Comissão Nacional de Proteção de Dados a permitir a sua utilização, esta sua conduta violou o disposto nos arts. 28º, nº 1 (conjugado com o art. 20º, nº 2, do Cód. do Trabalho) e 472º, nº 1, da Lei nº 35/04, de 29/07 e art. 620º, nº 4, al. d), do Cód. do Trabalho, praticando, assim, contraordenação muito grave prevista e punida nos citados preceitos legais.
Ac. RP, de 15.12.2007 *in* CJ, Ano XXXII, T. I p. 222

I – A instalação de sistema de videovigilância nos locais de trabalho envolve a restrição do direito de reserva da vida privada e apenas poderá mostrar-se justificada quando for necessária à prossecução de interesses legítimos e dentro dos limites definidos pelo princípio da proporcionalidade.

II – O empregador pode utilizar meios de vigilância à distância sempre que tenha por finalidade a proteção e segurança de pessoas e bens, devendo entender-se, contudo, que essa possibilidade se circunscreve a locais abertos ao público ou a espaços de acesso a pessoas estranhas à empresa, em que exista um razoável risco de ocorrência de delitos contra as pessoas ou contra o património.

III – Por outro lado, essa utilização deverá traduzir-se numa forma de vigilância genérica destinada a detetar factos, situações ou acontecimentos incidentais, e não numa vigilância diretamente dirigida aos postos de trabalho ou ao campo de ação dos trabalhadores.

IV – Os mesmos princípios têm aplicação mesmo que o fundamento da autorização para a recolha de gravação de imagens seja constituído por um potencial risco para a saúde pública que possa advir do desvio de medicamentos do interior de instalações de entidade que se dedica à atividade farmacêutica.

V – Nos termos das precedentes proposições, é ilícita, por violação do direito de reserva da vida privada, a captação de imagem através de câmaras de vídeo instaladas no local de trabalho e direcionadas para os trabalhadores, de tal modo que a atividade laboral se encontre sujeita a uma contínua e permanente observação.

Ac. de 21.02.2006 *in* PDT, nº 72, p. 48

Em que termos deve ser feita essa utilização, e segundo que limites, fica por esclarecer. A norma apresenta-se algo isolada, e a sua excessiva autonomia pode suscitar comportamentos abusivos, desproporcionados e, por conseguinte, lesivos da esfera de interesses e direitos do trabalhador e de terceiros.

A CNPD (no sítio já citado) aconselha a regulamentação deste artigo para consideração de aspetos como *v.g.*, «"o direito de acesso", o tempo de conservação, a forma como deve ser assegurado o direito de informação a outras pessoas que frequentam o estabelecimento mas não são trabalhadores, se existem situações em que o titular se pode opor ao tratamento de dados por razões ponderosas e legítimas, que tipo de acesso pode ter o responsável às imagens recolhidas e para que finalidades».

7. Confidencialidade de mensagens e de acesso a informação

O nº 2 do art. 22º, do CT, permite ao empregador estabelecer regras de utilização dos meios de comunicação na empresa, nomeadamente do correio eletrónico. O empregador pode decretar a proibição absoluta de uso destes meios ou a permissão absoluta ou relativa, contanto que dê a conhecer ao trabalhador, através do contrato de trabalho, regulamento interno ou outro, qual o grau de tolerância concedido.

Em matéria de e-mail a CNPD, na Autorização nº 891/2005 (www.cnpd.pt/bin/decisoes/2005/htm) estabeleceu os seguintes princípios gerais:

"a. O facto de a entidade empregadora proibir a utilização do e-mail para fins privados não lhe dá o direito de abrir, automaticamente, o e-mail dirigido ao trabalhador (cf. Artigo 21 nº 1 do CT[262]).

b. A entidade empregadora não deve fazer um controlo permanente e sistemático do e-mail dos trabalhadores.

c. Para assegurar objetivos de controlo a entidade empregadora pode adotar os «procedimentos preventivos» para – sempre com o conhecimento dos trabalhadores – fazer uma «filtragem» de certos ficheiros que, pela natureza da atividade desenvolvida pelo trabalhador podem indiciar, claramente, não se tratar de e-mails de serviço (*vg.* ficheiros «.exe», .mp3 ou de imagens).

d. Em matéria de acesso entende que este se deve limitar à visualização dos endereços dos destinatários, o assunto a data e hora do envio."

À CNPD foi endereçada uma denúncia contra a empresa LIDL por alegadamente no «acordo para utilização do e-mail e internet», constar a seguinte cláusula: "Declaro que autorizo a empresa a consultar a minha caixa postal eletrónica, bem como a tomar conhecimento das páginas da Internet a que acedi." A empresa respondeu que nunca efetuou, nem efetua, o controlo sobre a utilização do correio eletrónico e internet". A CNPD considerou que, em nome do princípio da transparência (art. 2º, da Lei 67/98) "o LIDL deve informar os trabalhadores de que ainda não realiza qualquer tratamento, informando-os de novo quando se propuser retomar o projeto de controlo dos seus dados neste domínio". (Deliberação nº 36/2004, www.cnpd.pt/bin/decisoes/2004/htm).

---

[262] Que hoje corresponde ao art. 22º.

CAPÍTULO XII
IGUALDADE E NÃO DISCRIMINAÇÃO

1. Considerações preliminares
Os arts. 23º a 32º, do CT, cuidam da política de igualdade e de não-discriminação visando todos os trabalhadores nacionais, todos os comunitários (decorrente esse efeito do conceito de cidadania comunitária) e todos os trabalhadores estrangeiros.

O art. 59º, nº 1, da CRP, confere a necessária paridade entre todos os trabalhadores, quando prevê, a abolição da "distinção em função da idade, sexo, raça, cidadania, território de origem, religião, convicções políticas ou ideológicas".

Esta matéria foi ainda regulada pelo CT, que apresenta disposições dedicadas à igualdade e não discriminação (arts. 23º a 29º), e à igualdade e não discriminação em função do sexo (arts. 30º a 32º).

A nível de preceito constitucional, o art. 13º, nº 1, da CRP, estabelece que "todos os cidadãos são iguais perante a lei" (*vertente positiva*). Por outro lado, o nº 2, do mesmo artigo determina a proibição de discriminação entre os cidadãos, em razão da raça, credo e sexo (*vertente negativa*).

A interpretação do art. 13º, da CRP, deve ter sempre presente que não é admitida qualquer distinção entre os sexos não fundamentada, arbitrária ou contrária aos princípios constitucionais.

Para GOMES CANOTILHO E VITAL MOREIRA, "as medidas de diferenciação deverão ser materialmente fundadas sob o ponto de vista da segurança jurídica, da proporcionalidade, da justiça e da solidariedade e não se baseiam em qualquer motivo constitucionalmente impróprio"[263].

O princípio da igualdade é igualmente plasmado na determinação do valor da retribuição (art. 270º, do CT), que haverá que ser articulado com o art. 24º, nº 1 e nº 2, al. *c*), do CT, que refere, amplamente, o direito à igualdade no que concerne às condições de trabalho.

O princípio terá de ser entendido no contexto da *quantidade* (duração e intensidade), *natureza* (dificuldade, penosidade e perigosidade) e *qualidade* (conhecimentos práticos e capacidade) do trabalho prestado.

---

[263] "Constituição da República Anotada", vol. I, 4ª edição, Coimbra Editora, 2007, p. 128.

Ressalve-se que discriminação não se confunde com diferenciação, a primeira só existe quando perante a quantidade, natureza e qualidade do trabalho prestado, a retribuição é desigual[264].

O art. 23º, nº 1, do CT, proíbe as práticas discriminatórias, quer diretas, quer indiretas. O conceito de discriminação direta encontra-se previsto no nº 1, al. *a*), e o de discriminação indireta, na al. *b*). As definições de trabalho igual e de trabalho de valor igual constam das als. *c*) e *d*).

---

[264] *"I – Por forma a excluir a discriminação ou os privilégios, a igualdade consignada constitucionalmente não significa uma igualdade absoluta em todas as circunstâncias, nem obsta ou proíbe tratamento diferenciado. No âmbito da proteção deste princípio importa que a diferenciação seja materialmente fundada sob o ponto de vista da segurança jurídica e não se baseia em qualquer motivo inadmissível em termos legais e constitucionais. Consequentemente, a diferenciação de tratamento estará legitimada sempre que se baseie numa distinção objetiva de situações e não se fundamente em nenhum dos motivos indicados no nº 2, do art. 13º, da CRP (ascendência, sexo, raça, língua, território de origem, religião, convicções políticas ou ideológicas, instrução, situação económica ou condição social), tenha um fim legítimo segundo o ordenamento constitucional positivo e se revele necessária, adequada e proporcionada à satisfação do objetivo que se pretende atingir.*

II – Haverá violação do princípio da igualdade em termos salariais se a diferenciação da retribuição não resultar de critérios objetivos, ou seja, se o trabalho prestado pelo trabalhador discriminado for igual ao dos restantes trabalhadores, não só quanto à natureza, mas também em termos de qualidade e quantidade.

III – O princípio constitucional de «a trabalho igual salário igual» não proíbe que o mesmo tipo de trabalho seja remunerado em termos quantitativamente diferentes consoante seja prestado por pessoas mais ou menos habilitadas, com mais ou menos tempo de serviço, com mais ou menos experiência profissional.

IV – Vemos pois que o princípio da igualdade salarial assenta num conceito de igualdade real com aplicação ao nível das relações estabelecidas, obedecendo-a uma dinâmica valorativa cujo apuramento só pode ser aferido e concretizado casuísticamente, o que pressupõe, necessariamente, a mesma dimensão na realidade material fornecida pelo caso concreto.

V – De acordo como alcance deste princípio e sob a perspetiva da sua interação com o princípio da filiação, poderá resultar o afastamento deste quanto ao âmbito pessoal da aplicação das cláusulas normativas das convenções coletivas. Com efeito, e por via do princípio da igualdade salarial, poderá ser dado o mesmo tratamento remuneratório a trabalhadores sindicalizados em associações sindicais não signatárias de determinada convenção coletiva (ou mesmo trabalhadores não sindicalizados), desde que o trabalho dos mesmos seja desenvolvido em três condições de igualdade: natureza, quantidade e qualidade.

VI – Não viola o princípio da igualdade salarial a não aplicação do esquema remuneratório previsto em ACT a trabalhadores da mesma empresa sindicalizados em sindicato que não subscreveu tal acordo coletivo e que, igualmente, se recusaram a assinar, individualmente, uma declaração de adesão global a tal regime. Com efeito, para que tais trabalhadores pudessem beneficiar do estatuto de remuneração previsto naquele ACT, impunha-se que o seu desempenho, não só fosse da mesma natureza dos trabalhadores abrangidos pelo acordo coletivo, mas também que o exercício da sua atividade tinha a mesma duração, intensidade e penosidade, ou seja, que a sua prestação era qualitativa e quantitativamente igual à atividade desenvolvida pelos trabalhadores que aceitaram as condições de trabalho constantes de tal instrumento de regulamentação coletiva".

Ac. STJ, de 25.01.2001 *in* ADSTA, Ano XL, nº 479, p. 1511.

A discriminação direta é definida "sempre que, em razão de um fator de discriminação, uma pessoa seja sujeita a tratamento menos favorável do que aquele que é, tenha sido ou venha a ser dado a outra pessoa em situação comparável"[265].

A discriminação diz-se indireta "sempre que uma disposição, critério ou prática aparentemente neutro seja suscetível de colocar uma pessoa, por motivo de discriminação, numa posição de desvantagem comparativamente com outras, a não ser que essa disposição, critério ou prática seja objetivamente justificado por um fim legítimo e que os meios para o alcançar sejam adequados e necessários".

A discriminação direta "faz imediatamente apelo ao fator discriminatório (por exemplo, um anúncio de oferta de emprego apenas para homens)", a indireta "recorre a outros fatores que aparentemente não têm conteúdo discriminatório, mas que mediante uma análise mais cuidada revelam tê-lo, exemplificando a lei com a referência ao estado civil ou à situação familiar", explica JÚLIA CAMPOS[266].

Para MARIA MANUELA MAIA DA SILVA, o conceito de discriminação indireta partiu da teoria do impacto ou efeito adverso, tendo na origem o Ac. *Griggs*, "onde o Tribunal Supremo considerou serem proibidas não só as discriminações diretas mas também as práticas que, sendo formalmente justas, são discriminatórias na sua realização, salvo se o empresário provasse a necessidade empresarial (*business necessity*). (...). Assim, seria considerada discriminatória e por isso ilegal, por exemplo, uma prática de emprego se o demandante provasse que a mesma produzia um impacto adverso sobre um grupo de mulheres e o demandado não conseguisse provar que a prática estava relacionada com o trabalho e era necessária para a empresa, bem como se o demandante apresentasse uma política alternativa e o demandado se negasse a aplicá-la."[267]

A Autora estabelece então os seguintes elementos de caracterização do conceito de discriminação indireta:

---

[265] Acerca da discriminação com base na idade, na fase de recrutamento, *v*. a carta do Provedor de Justiça Europeu ao Presidente do PE quanto ao serviço de recrutamento das CE (ombudsman.eu.int), em que alerta para o facto de "a administração da instituição a que V. Exa. preside ainda recorre ao limite de idade. Essa Instituição está, assim, a dar uma indicação aos empregadores de toda a Europa e dos países candidatos que as pessoas com mais de 45 anos (o limite de idade usado com maior frequência) podem ser legalmente discriminada e excluídas no mercado de trabalho, desrespeitando, dessa forma, a Carta dos Direitos Fundamentais". No seguimento desta denúncia, a Comissão e o PE decidiram pôr imediatamente fim à utilização de limites de idade nos processos de recrutamento dos funcionários europeus".
[266] *Op. cit.,* p. 302.
[267] "A discriminação sexual no mercado de trabalho – Uma reflexão sobre as discriminações diretas e indiretas", QL, nº 15, p. 89.

- existência de uma medida prática ou critério que, apesar de formalmente neutros (ou seja, aplicável tanto a homens como a mulheres), são discriminatórios em virtude do seu efeito sobre as mulheres. Contanto que o empregador não consiga provar que são necessárias para a empresa ou para o posto de trabalho;
- efeito desproporcionalmente mais desfavorável sobre os trabalhadores de um sexo;
- efeito supra individual da prática discriminatória, atingindo um grupo de pessoas[268].

A discriminação simulada ou indireta opera através de critérios pretensamente neutros, mas produz de facto uma desigualdade de resultado.

O 25º, nº 2, do CT, autoriza, no entanto, o empregador a promover *juízos de seleção*, que não serão considerados discriminatórios, tendo em conta a "natureza das atividades profissionais" ou "o contexto da execução" do contrato de trabalho, e o respeito pelos princípios de proporcionalidade e adequabilidade.

No Caso *Johnston*[269] o diferendo reportava-se à não renovação do contrato de trabalho a tempo inteiro da trabalhadora para o exercício de funções de polícia na Irlanda do Norte e da recusa em lhe dar uma formação profissional no manejo e uso de armas de fogo, fundamentando-se tal decisão na salvaguarda da segurança do Estado e na garantia da segurança e ordem públicas numa situação de graves perturbações internas.

O TJCE começa por afirmar que o art. 2º, nº 2, da Diretiva deve ser interpretado restritivamente, uma vez que prevê uma derrogação a um direito individual consagrado neste diploma (embora admita que os Estados possam ter em consideração exigências de garantia da ordem pública, ao apreciar o fator sexo como condição determinante no exercício da atividade profissional de polícia, para reservar estas funções a homens equipados com armas de fogo).

De qualquer modo, cumpre respeitar o princípio da proporcionalidade, o qual exige que as exceções aos princípios gerais da ordem jurídica comunitária não ultrapassem os limites do que é adequado e necessário para atingir o objetivo

---

[268] No Proc. C-224/01 (*Gerhard Kobler*), o Ac. do Tribunal de 30.09.2003, no site www.euro.lex,int, o Tribunal de Justiça foi mais longe, configurando como discriminação indireta um subsídio de antiguidade (mesmo que denominado prémio de fidelidade) que só toma em consideração a antiguidade adquirida em universidades do Estado-membro em causa, por violação do art. 39º CE e do art. 7º, do Regulamento nº 1612/68.
[269] Proc. nº 222/84, de 15.05.86, CJTJ, 1986-5, p. 1651.

visado. Por tal, rejeita expressamente derrogações ao princípio da igualdade no acesso ao emprego fundamentadas em risco ou perigo que afeta nos mesmos termos homens e mulheres, ou seja, que não diz respeito de forma exclusiva às mulheres enquanto tais.

No Caso *Lommers*[270] discutiu-se a igualdade de oportunidades entre homens e mulheres. *H. Lommers* é funcionário no Ministério da Agricultura. A sua mulher exerce uma atividade profissional noutro empregador. Em 5 de dezembro de 1995, requereu a reserva de um lugar de infantário para o seu filho nascituro, subvencionado por aquele Ministério. Este pedido foi indeferido pela razão de os funcionários masculinos não poderem beneficiar dos serviços de infantário, ressalvados os casos de urgência. E acrescenta, a distinção entre sexos resulta da necessidade de combater uma situação de sub-representação dos funcionários femininos no seio do ministério.

O TJC entendeu que esta medida derrogatória do princípio da igualdade de oportunidade não viola o art. 2º, nºs 1 e 4, da Diretiva no contexto de uma comprovada insuficiência de estruturas de acolhimento adequadas e acessíveis. Quanto aos casos de urgência, o TJ precisou que a exceção prevista se destina aos funcionários masculinos que assumem sozinhos a guarda dos seus filhos, que, em tal caso, terão acesso a este sistema de infantário nas mesmas condições que os funcionários femininos.

Conforme já referimos a propósito da defesa do património genético, a análise do preceito exige especial cuidado, sob pena de estarmos a promover uma espécie de *seleção natural* de trabalhadores.

No Ac. de 12.10.2004 (Proc. C-313/02, *Nicole Wippel*), o Tribunal de Justiça das Comunidades, analisando a Diretiva 76/207, a propósito da igualdade de tratamento entre trabalhadores a tempo inteiro e a tempo parcial, e partindo do pressuposto de que não são categorias comparáveis, não considerou como medida discriminatória, a fixação, quanto aos segundos, da duração e organização do tempo de trabalho em função do volume de trabalho a prestar, determinado caso a caso, segundo as conveniências do empregador.

Ainda no contexto do tempo de trabalho, mas agora quanto à revogada Diretiva 93/104, discutiu-se o enquadramento da licença por maternidade quando a mesma coincide com as férias de todo o pessoal, (podem/devem as faltas justificadas serem gozadas em tempo de férias?), o Tribunal de Justiça das Comunidades, no Acordão de 18.03.2004, (Proc. C-342/01, *Maria Paz Merino Gómez in*

---

[270] Proc. nº C-476/99, Atividades nº 10/02, p. 7 e ss.

www.euro-lex.int., entendeu que a "trabalhadora deve poder gozar as suas férias anuais num período diferente do período em que se encontra de licença por maternidade igualmente em caso de coincidência entre o período de licença por maternidade e o período fixado a título geral por acordo coletivo para as férias anuais do pessoal."

2. O ónus da prova na discriminação

O nº 5, do art. 25º, do CT, atribui ao trabalhador a prova da discriminação e ao empregador o ónus da prova de inexistência de qualquer critério ou medida discriminatória.

Desta forma, compete ao trabalhador demonstrar o factualismo discriminatório e ao empregador, a prova de que tais factos não integram tais comportamentos.

3. O assédio

No art. 29º, do CT, o legislador define assédio, em geral, como todo o comportamento indesejado (nomeadamente o baseado em fator de discriminação), praticado aquando do acesso ao emprego ou no próprio emprego, trabalho ou formação profissional, com o objetivo ou o efeito de perturbar ou constranger a pessoa, afetar a sua dignidade, ou de lhe criar um ambiente intimidativo, hostil, degradante, humilhante ou desestabilizador.

Estas práticas de assédio têm, na maioria das vezes, a pretensão de, com a desestabilização criada pelo empregador, forçar o trabalhador a promover a desvinculação da empresa (designadamente, nos casos em que, não cometeu qualquer infração laboral, mas deixou de ser desejado ou foi preterido a favor de outro trabalhador).

Esta prática está intimamente ligada às políticas de *esvaziamento de funções*, que o legislador agora censura expressamente, atribuindo, no núcleo das garantias a conceder ao trabalhador, a prestação efetiva de desempenho (art. 128º, al. *b*), do CT)[271].

---

[271] Recentemente estabeleceu a jurisprudência que:
(...) *"II – O assédio moral tem ínsitos, três elementos fundamentais:*
a) Por um lado, o ser um processo, ou seja, não um fenómeno ou um facto isolado, mesmo que de grande gravidade, mas antes um conjunto mais ou menos encadeado de actos e condutas, que ocorrem com um mínimo de periodicidade (por exemplo, pelo menos, uma vez por semana ou por um mês) e de reiteração (designadamente perdurando ao longo de 6 meses).

"A fórmula atual da lei é bastante mais realística do que a versão anterior, que reportava o assédio a fatores de discriminação. As práticas de assédio, no *grosso* dos casos, não manifestam políticas discriminatórias de todo. Pretendem, outrossim, promover, com a desestabilização criada, a cessação do contrato de trabalho por parte do trabalhador, nos casos em que este não cometeu qualquer infração laboral (logo o despedimento com justa causa terá que ser desconsiderado pelo empregador), somente deixou de ser desejado ou foi preterido a favor de outro trabalhador[272]."

A proteção conferida ao trabalhador é alargada ao candidato a emprego, que, pela sua posição, se encontra especialmente vulnerável.

O nº 2, do art. 29º, do CT, dedicado propriamente ao assédio sexual, define-o como "todo o comportamento indesejado de caráter sexual, sob forma verbal, não verbal ou física, com o objetivo ou o efeito" de afetar a dignidade da pessoa ou criar um ambiente intimidativo, hostil, degradante, humilhante ou desestabilizador.

Urge a criminalização do assédio laboral[273].

---

b) Por outro lado, a circunstância de esse conjunto mais ou menos periódico de condutas ter por objectivo o atingimento da dignidade da vítima e o esfacelamento da sua integridade moral e também física, quebrando-lhe a sua capacidade de resistência relativamente a algo que não deseja, e buscando assim levá-la a "quebrar" e a ceder.
c) Por fim, pode dizer-se que constitui também traço característico do assédio moral o aproveitamento da debilidade ou fragilidade da vítima ou de um seu autêntico "estado de necessidade".
III – O assédio moral" no trabalho não se confunde nem com o "stress" (ainda que este possa, por vezes, ser um instrumento de prática daquele), nem com uma relação profissional dura (por exemplo, em virtude de uma chefia muito exigente e pouco cordata mas que não visa esfacelar a integridade moral de ninguém), nem sequer com um mero e isolado episódio mais violento (designadamente, um incidente ou uma discussão particularmente intensos mas sem sequelas), nem se pode confundir com as decisões legítimas advenientes da organização de trabalho, desde que conformes ao contrato de trabalho".
Ac. da RP, de 26.09.11 *in* www.dgsi.pt (Proc. nº 540/09.6TTMTS.P1)
I – Se a entidade patronal, após a reestruturação dos seus serviços esvaziou as funções correspondentes à categoria profissional do trabalhador com uma natureza de perseguição, tal poderá constituir um assédio de natureza moral.
II – A entidade patronal não pode obstar injustificadamente a prestação laboral do trabalhador, que constitui uma das suas garantias, e que constitui uma forma de pressão para o seu afastamento.
III – Se a entidade patronal exercer aqueles assédio e obstáculo, a atitude do trabalhador ao violar perante ela os seus deveres de urbanidade e respeito, embora não totalmente justificável, não possui a gravidade que leve ao seu despedimento.
Ac. RL, de 13.12.2006 *in* CJ, Ano XXXI, T. III, p. 160.
[272] Paula Quintas e Helder Quintas, "Código do Trabalho" (em anotação ao art. 29º).
[273] Para mais desenvolvimentos, v. Paula Quintas, *Os direitos de personalidade consagrados no Código do Trabalho na perspetiva exclusiva do trabalhador subordinado – Direitos (Des)figurados*, Tese de Doutoramento, Almedina, 2013, p. 196.

4. A política de ação positiva (positive action)

O art. 27º, do CT, prevê a prática de medidas discriminatórias temporárias a favor de certos grupos desfavorecidos (*v.g.*, mulheres, deficientes, estrangeiros), com o objetivo, não só, de garantir o exercício dos direitos previstos na lei, como também, de corrigir uma desigualdade de facto (*v.g.*, no caso das mulheres, pela sua condição biológica)[274].

No entanto, nem todo o sistema de quotas é rejeitado. O sistema censurável seria o "absolutamente rígido", indiferente às circunstâncias individuais, mas não o sistema flexível.

O trabalhador vítima de discriminação (em função do sexo, ou outra) pode responsabilizar o empregador pela prática de ato ilícito, englobando aí, nomeadamente, todas as despesas realizadas aquando da candidatura ao emprego, despesas de transporte, vestuário, hospedagem, alimentação (art. 28º, do CT)[275].

A obrigação de indemnizar por danos patrimoniais e não patrimoniais que recai sobre o empregador, terá que ser aferida à luz do regime civil (arts. 483º, 496º e 799º, todos do CC).

---

[274] Sobre a licitude da preferência automática por trabalhadores de um dos sexos, o Tribunal entendeu, no caso *Kalanke*, que tal seria contrário ao princípio da igualdade de tratamento e violaria a Diretiva 76/207/CEE, entendendo que o sistema de quotas femininas é contrário ao direito comunitário.
Kalanke, entendeu que foi preterido pela candidata do sexo feminino, no concurso para o posto de chefe de departamento dos serviços de espaços verdes na cidade, em igualdade de qualificação, em aplicação de uma lei do Estado de *Bremen*, de 20.11.90, relativa à igualdade entre homens e mulheres na função pública. Segundo o art. 4º da referida lei, em caso de admissão, transferência e promoção, deve ser dada preferência aos candidatos de sexo feminino relativamente aos do sexo masculino, em caso de igualdade de qualificação, quando as mulheres estejam subrepresentadas nos diversos graus da categoria profissional ou nos níveis de funções previstos no quadro de pessoal.
O Tribunal de Justiça entendeu que o art. 2º, nº 1 e 4, da Diretiva se opõe a que "havendo condições iguais entre candidatos do sexo diferente, seja dada prioridade aos candidatos femininos nos setores em que as mulheres sejam sub-representadas".
Este entendimento mereceu de Franca Borgogelli a seguinte crítica: "Se é verdade que o instrumento das quotas se apresenta juridicamente controverso e de eficácia duvidosa, o Tribunal não tem em conta o facto de, no caso em questão, se não tratar de um regime de quotas rígido, porquanto a prioridade assegurada às mulheres era subordinada pela lei à igualdade de qualificação e à representação suficiente, não parecendo acolher o significado geralmente atribuído, também com referência ao art. 2º, nº 4, da Diretiva 76/207, ao objetivo da promoção da igualdade de oportunidades entre homens e mulheres", *in* "Direito e a Jurisprudência", *op. cit.*, p. 203.
[275] No Ac. *Dreahmpaelh* (Proc. Nº C-180/95, de 25.04.97) foi dito que o Direito Comunitário se opõe a que um Estado membro, ao decidir sancionar a violação da proibição de discriminação no âmbito de um regime de responsabilidade civil, sujeite a reparação do prejuízo sofrido por discriminações em razão do sexo num processo de recrutamento, à condição de existência de culpa.

5. Da discriminação sexual em especial

Os arts. 30º a 32º, do CT, cuidam da discriminação em especial, mais propriamente em função do sexo.

O art. 31º, do CT, assegura em particular a igualdade retributiva (nº 1), ressalvando as diferenciações em função do mérito, desempenho e antiguidade (nº 3).

O legislador define os conceitos de trabalho igual e de trabalho de valor igual (respetivamente, als. *c*) e *d*) do nº 2, do art. 23º, do CT).

Assim, o primeiro, corresponde ao trabalho em "que as funções desempenhadas ao serviço do mesmo empregador são iguais ou objetivamente semelhantes em natureza, qualidade e quantidade".

O segundo enquadra o trabalho cujas "funções desempenhadas ao serviço do mesmo empregador são equivalentes, atendendo nomeadamente à qualificação ou experiência exigida, às responsabilidades atribuídas, ao esforço físico e psíquico e às condições em que o trabalho é efetuado"[276].

---

[276] Vejamos, em sinopse, alguns dos recentes acordãos comunitários proferidos sobre esta matéria:
O Tribunal de Justiça das Comunidades, no Acordão de 17.09.2002 (Proc. C-320/00, *A G. Lawrence* contra *Regent Care Ltd.*), alertou para o facto do art. 141º, nº 1, CE, exatamente sobre o *princípio do salário igual ou de valor igual*, se limitar a situações em que os homens e as mulheres realizam o seu trabalho para um mesmo empregador. "(...) quando as diferenças verificadas nas condições de remuneração de trabalhadores de sexo diferente que efetuam um mesmo trabalho ou um trabalho de valor igual não podem ser atribuídas a uma única fonte, falta uma entidade que seja responsável pela desigualdade e que possa restabelecer a igualdade de tratamento".
Relativamente à proteção das mulheres em licença de maternidade, o Tribunal de Justiça das Comunidades, no Acordão de 30.03.2004 (Proc. C-147/02, *Michelle K. Alabaster*) e a propósito das políticas de promoção salarial, declara que "qualquer aumento salarial ocorrido entre o início do período abrangido pelo salário de referência e o termo da referida licença seja integrado nos elementos do salário tomados em consideração para o cálculo do montante da referida remuneração."
No Proc. C-117/01 (Ac. de 07.01.2004) discutiu-se a possível exclusão de um parceiro transexual do benefício de um pensão de sobrevivência cuja concessão é limitada ao cônjuge sobrevivo (pensão de viuvez). Esta questão foi analisada à luz do art. 141º, do CE e da Diretiva 75/117/CE, que, em princípio, se opõem a uma legislação que, em violação da CEDH, impede um casal de preencher a condição de casamento necessária para que um deles possa beneficiar de um elemento de remuneração do outro.

CAPÍTULO XIII
DIREITO COMUNITÁRIO

I – Os primórdios da Comunidade. Breve resenha histórica

1. A fase da cooperação

No plano da defesa

a) UEO (União da Europa Ocidental)
A UEO advém da tensão conhecida por «guerra fria», iniciada com a recusa pela então URSS do Plano Marshall.

A UEO é criada pelo Tratado de Bruxelas de 17 de março de 1948, visando substituir o Tratado de Dunquerque (assinado apenas pela França e Grã-Bretanha, em 1947, e que consagra um pacto de aliança e de assistência mútuas, ao tempo, principalmente, dos atos agressores da Alemanha), acolhendo agora, além da França e da Grã-Bretanha, a Bélgica, a Itália, a Holanda, o Luxemburgo e a Alemanha federal (de relevar que esta última se alia, pela primeira vez depois da II Grande Guerra, a um sistema de defesa comum face aos países da Europa Ocidental).

A UEO é caracterizada como organização intergovernamental de simples cooperação, possuindo reduzida eficácia, dado que as decisões que emite não possuem caráter vinculativo, visa sobretudo a assistência mútua no plano da defesa e a resolução pacífica de conflitos.

b) OTAN (ou NATO)
A Organização do Tratado do Atlântico Norte (OTAN) é criada em 4 de abril de 1949, contando com a participação dos EUA e do Canadá.

Visa a organização de um sistema de defesa comum e de segurança – assistência mútua automática – devendo as partes proceder a consultas mútuas, sempre que a integridade territorial, independência política ou segurança sejam postas em causa.

O fim do Pacto de Varsóvia deveria, para alguns, ter provocado a extinção da NATO, mas tal não aconteceu, a NATO mantém-se e estreita as relações com a Federação Russa.

Os dois blocos geopolíticos celebram em 24.05.97, o "Ato Fundador das Relações Mútuas de Cooperação e Segurança".

Este acordo estabelece pela primeira vez relações formais e estreitas entre os «velhos adversários». O acordo garantiu à Federação Russa o acesso a uma série de contrapartidas económicas, passando pela integração no G7.

Quanto à União Europeia é ainda em torno da NATO, que assenta a defesa comum, apesar da criação da Política Externa e de Segurança Comum (PESC).

No plano económico

a) O Plano Marshall e a criação da Organização Europeia de Cooperação Económica (OECE)

A OECE, organização de mera cooperação, surge para viabilizar a ajuda norte-americana no esforço de reconstrução europeia, quanto à forma de repartição e utilização desse auxílio económico-financeiro entre os Estados da Europa.

O Plano foi extensivo à URSS que recusa, sendo aceite apenas pelos países da Europa Ocidental.

Os objetivos da OECE são essencialmente os de proceder à reconstrução do aparelho de produção de bens alimentares e de produtos industriais, abolir as restrições quantitativas ao comércio intraeuropeu e instituir uma união europeia de pagamentos, para facilitar as trocas comerciais.

b) A Organização de Cooperação e Desenvolvimento Económico (OCDE)

A OECE é, mais tarde, substituída pela OCDE, passando a integrar agora os EUA e o Canadá.

Com a criação da Associação Europeia de Comércio Livre (AECL) e das Comunidades Europeias, a sua atuação perdeu grande parte da relevância inicial.

Mantém, no entanto, ainda algum interesse: procede, no âmbito da política económica mundial, à definição de objetivos e acordos comuns, estabelecimento de medidas, realização de inquéritos e estatísticas intergovernamentais e aconselhamento dos governos dos Estados participantes.

Colabora com a Comunidade Europeia (art. 304º TR), na coordenação das políticas económicas, no desenvolvimento da economia mundial e na melhoria das condições de vida.

No plano político

a) Conselho da Europa

Para assegurar a unidade europeia, na sequência do Congresso de Haia (convocado para discussão das teses a favor do federalismo ou da mera cooperação, relativas ao movimento de integração), surge, em 1949, o Conselho da Europa, de vocação meramente intergovernamental.

Trata-se, no fundo, da criação de uma Assembleia Europeia eleita democraticamente para debater a criação de uma União ou Federação aberta a todas as nações europeias de regime democrático visando defender uma Carta de Direitos do Homem. A tutela dos Direitos do Homem é a sua principal tarefa. Cabe ao Conselho da Europa a outorga da Convenção Europeia dos Direitos do Homem, da Carta Social Europeia, do Código Europeu de Segurança Social, da Convenção Europeia sobre o Estatuto Legal dos Trabalhadores Migrantes.

O Conselho da Europa impõe como condições de adesão a pertença a território europeu e a vigência no país participante de princípios democráticos (pluripartidarismo e democracia representativa, daí a retirada da Grécia em 1969, quando os coronéis tomaram o poder, readerindo em 1974)[277].

– A fase da integração

a) Comunidade Europeia do Carvão e do Aço (CECA)
A Europa debatia-se ao tempo com três importantes questões:
- a questão económica, fruto da debilitação económica do pós-guerra e na necessidade de reorganização da siderurgia europeia (carvão e aço);
- a questão política, centrada na premência da regulação das relações franco-alemãs para eliminação de eventuais conflitos; de facto, as rivalidades franco-alemãs deram origem a três guerras: a guerra franco-prussiana de 1870 que teve por centro a Alsácia e a Lorena; a I e a II Grande Guerras;
- a questão mais ampla da unificação europeia (tendência federalista), superando as organizações de mera cooperação.

Schuman propõe a colocação em conjunto da produção franco-alemã (carvão e aço, setores-chave, vitais para o armamento, aproveitando a Autoridade Inter-

---

[277] Sobre esta temática, *v.* João Mota de Campos e João Luiz Mota de Campos, "Manual de Direito Comunitário", Coimbra Editora, 2007.

nacional do RUHR), sobre uma autoridade comum, aberta a todos os outros países da Europa.

A Alemanha, a Itália, a Bélgica, a Holanda e o Luxemburgo aderiram e instituiu-se a CECA, pelo Tratado de Paris de 1951.

A CECA não possuía vocação perpétua, prevendo um prazo de vigência de 50 anos.

b) Comunidade Económica Europeia (CEE) e Comunidade Europeia de Energia Atómica (EURATOM ou CEEA)
Sob proposta holandesa dirigida aos restantes membros da CECA, reuniu a Comissão Spaak, concluindo pela necessidade de formação de mais duas Comunidades, uma de vocação eminentemente económica, outra para regular a energia e as matérias nucleares.

Regulada a questão do carvão e do aço, pretende-se investir na generalidade dos produtos e dos setores da economia, através da criação de uma união aduaneira.

Do art. 23º, nº 1, do então TR constava expressamente que a "Comunidade assenta numa união aduaneira que abrange a totalidade do comércio de mercadorias e implica a proibição, entre os Estados-membros, de direitos aduaneiros de importação e de exportação e de quaisquer encargos de efeito equivalente, bem como a adoção de Pauta Aduaneira Comum nas suas relações com países terceiros".

A CEE e a EURATOM são instituídas por dois Tratados de 1957, assinados em Roma.

A Grã-Bretanha não faz parte dos Estados fundadores das Comunidades, tendo criado logo depois, pela Convenção de Estocolmo de 04 de janeiro de 1960, com Portugal, Suécia, Noruega, Dinamarca, Áustria e Suíça, uma Associação Europeia de Comércio Livre, competindo com a CEE no estabelecimento de uma união aduaneira.

A EFTA apresenta como objetivo principal a eliminação dos obstáculos às trocas comerciais mediante a progressiva abolição dos direitos aduaneiros e das restrições quantitativas nas relações entre os seus membros, com dois importantes condicionamentos:

A liberdade de trocas seria limitada aos produtos industriais (com exclusão dos produtos agrícolas e pescas), e não se estabeleceu uma pauta aduaneira comum em relação aos países exteriores à zona de comércio livre, dando assim a cada Estado Membro inteira liberdade para praticar a política comercial e aduaneira que julgue conveniente.

Este sistema obriga ao controlo permanente das importações vindas dos outros Estados-membros, mediante *certificados de origem* que comprovam que a mercadoria importada foi produzida nos países membros.

2. A teoria da integração económica – os cinco patamares

a) Zona de comércio livre
Na zona de comércio livre vigora a livre circulação de mercadorias, abolindo-se no interior da zona, os direitos aduaneiros e as restrições quantitativas.

Fora da zona, no entanto, mantém-se a autonomia pautal de cada Estado, não há uma política aduaneira comum.

Para evitar a perversidade do regime, que permite que o Estado terceiro faça penetrar os seus produtos pelo país da zona com menor encargo aduaneiro, impôs-se a *regra da origem* das mercadorias, a fim de distinguir os produtos originários da zona dos que não o são.

"Os embaraços decorrentes da situação descrita podem ainda ver-se consideravelmente agravados, na medida em que se impõem definir com rigor os critérios de *determinação da origem* de um produto quando este é o resultado de um processo de produção que comporta a utilização, em percentagem variável de matérias-primas e de componentes importadas de terceiros países (é o problema da definição das *regras de origem*)"[278].

b) A união aduaneira
Para além de uma zona de comércio livre, esta fase de integração obriga ao estabelecimento de uma política aduaneira comum, fixando a pauta aduaneira comum (PAC) ou tarifa aduaneira comum (TAC), o que significa que os produtos que entram na CE sofrem uma mesma imposição comunitária.

O art. 23º do então TR postulava a união aduaneira como fase preliminar da Comunidade.

O art. 25º do então TR proibia os direitos aduaneiros ou encargos de efeito equivalente entre os Estados-Membros da Comunidade Europeia, e os arts. 28º e 29º TR proíbiam as restrições quantitativas ou medidas de efeito equivalente.

---

[278] MOTA CAMPOS e outro, "Manual...", p. 514.

c) O mercado comum
O mercado comum alarga a livre circulação às pessoas, serviços e capitais (as chamadas Quatro Liberdades), o que implica o estabelecimento de políticas comuns (política agrícola comum, política comum dos transportes, política comercial comum).

Mais tarde, o mercado interno vem abolir todas as barreiras a essa livre circulação. O art. 3º, *c*), do então TR previa a abolição, entre os Estados-Membros, dos obstáculos à livre circulação de mercadorias, de pessoas, de serviços e de capitais.

d) A união económica
Os arts. 98º e ss., do então TR pressuponham uma harmonização das várias legislações nacionais (v.g., direito societário, direito fiscal) no setor económico, a coordenação das diferentes políticas económicas, financeiras e monetárias sob uma autoridade comum e a substituição de determinadas políticas nacionais por políticas comunitárias.

e) A união económica e monetária
A união económica e monetária assenta na fixação de câmbios fixos, na convertibilidade obrigatória e ilimitada das diferentes moedas nacionais, numa política monetária unificada e num controlo das reservas e das taxas de câmbio.

"União monetária não significa, necessariamente, moeda única emitida por um Banco Central da união sob a forma de moedas ou notas de banco com igual valor, idêntica expressão facial e curso forçado em todos os países membros"[279].

3. Os alargamentos da Comunidade

a) Primeiro alargamento
Em 1972 aderem a Grã-Bretanha, a Irlanda e a Dinamarca.

A adesão da Grã-Bretanha põe fim a um complicado processo de negociações, iniciado em 1961, aquando da formulação do primeiro pedido de adesão, indeferido pelo veto do Governo francês.

---

[279] MOTA CAMPOS e outro, "Manual...", p. 518.

b) Segundo alargamento
Ocorre a adesão da Grécia em 1981. Desde 1961 que vigorava o Tratado de Associação com a Comunidade que previa a instituição de uma união aduaneira.

c) Terceiro alargamento
Portugal e Espanha aderem em 1986.

Portugal havia apresentado o seu pedido de adesão em 1977, na sequência das negociações entre a Grã-Bretanha e a Comunidade, sendo, na altura, membro da EFTA.

Na sequência da candidatura da Grã-Bretanha em 1961, Portugal inicia as negociações com a Comunidade Europeia, posteriormente suspensas com o veto francês à adesão da Grã-Bretanha. As negociações são retomadas em 1967, com o segundo pedido de adesão da Grã-Bretanha, ficando novamente suspensas com o segundo veto francês.

Só em 1971, no seguimento do Congresso de Haia, de 1969, e com a adesão da Irlanda, Dinamarca e Grã-Bretanha à Comunidade (1972), se restabelecem as negociações que conduziriam em 1972 e por um período transitório de 4 anos e meio, ao estabelecimento de uma zona de comércio livre limitada aos produtos industriais.

Em 28.03.77, Portugal formaliza o seu pedido de adesão às Comunidades.

d) Quarto alargamento
Em 1 de janeiro de 1995, a União Europeia passa a ser constituída por 15 membros, com a adesão da Finlândia, Suécia e Áustria.

e) Quinto alargamento
Em 1 de maio de 2004, aderem Chipre, Eslováquia, Eslovénia, Estónia, Hungria, Letónia, Lituânia, Malta, Polónia e República Checa.

f) Sexto alargamento
Aderem a Bulgária e a Roménia em 01 de janeiro de 2007.

g) Oitavo alargamento
Adesão da Croácia em junho de 2013.

II – As fontes de Direito Comunitário

1. As fontes de Direito Comunitário originário

a) Os Tratados de Paris e de Roma

O Direito Comunitário Originário é constituído pelos Tratados de Paris e de Roma e por todos os atos e tratados que os alteraram.

"Os Tratados de Paris e de Roma, no seu conjunto, têm sido, não sem razão, considerados como a «*Constituição*» da Comunidade Europeia.

Neles figura, além do mais, o *enunciado dos objetivos fundamentais, a definição da estrutura institucional, as bases essenciais do direito económico, financeiro e social das Comunidades*, as disposições relativas à *salvaguarda da ordem jurídica* que os Tratados instituíram"[280].

O Tratado CEE foi considerado como um Tratado-Quadro, pois moldurava as finalidades gerais e as competências para os atingir.

Já os Tratados CECA e EURATOM enquadravam o Tratado-lei, ou Tratado--regra, desenvolvendo os objetivos a alcançar.

b) Ato Único Europeu

O Ato Único Europeu teve por objetivo rever, em 1986, o conteúdo dos três tratados constitutivos das Comunidades (daí denominar-se Ato Único), integrando, ainda, no quadro comunitário questões de cooperação política (CPE, futura Política Externa e de Segurança Comum).

Explica Sónia Teixeira "Esta revisão teve como antecedente um ambicioso projeto do PE, usualmente conhecido por projeto Spinelli, que arrogava poderes exacerbados para o órgão de que era originário, pretendendo instaurar o federalismo como forma de integração, falando por isso mesmo no princípio da subsidiariedade"[281]. O compromisso a que se chegou dota o Parlamento Europeu de algumas formas de cooperação com os restantes órgãos comunitários, instituindo um novo procedimento decisório, o processo de cooperação.

O Ato Único Europeu entrou em vigor em 01.07.87[282], institucionalizando os objetivos e as ações do Livro Branco de 14.06.85. Esse Livro enumerava as razões

---

[280] Mota Campos e outro, "Manual...", p. 290.
[281] "A proteção dos Direitos Fundamentais na Revisão do Tratado da União Europeia", AAFDL; Lisboa, 1998.
[282] "...após o alargamento da Comunidade a três novos Estados-membros, Grécia em 1981, Portugal e Espanha que ratificaram o Tratado de Adesão em 1986, curiosamente no mesmo dia, em Portugal de manhã e em Espanha à tarde", Sónia Teixeira, *op. cit.*, p. 11, nota 2.

impeditivas da existência do mercado interno e proponha as medidas a adotar pelo Conselho a fim de criar o «grande mercado interno» até 01.01.93; inventariando todas as barreiras físicas, técnicas e fiscais existentes, que justificavam os controlos nas fronteiras e entravavam o funcionamento do mercado.

O mercado interno apresentava-se mais amplo do que o mercado comum (que se satisfaz com a existência de fronteiras, embora abertas), pois visava um espaço geográfico e económico único, sem fronteiras internas, realçando o direito de circulação e de estabelecimento dos cidadãos da Comunidade.

O mercado interno decorria da unificação dos vários mercados nacionais dos Estados-membros, assegurando um espaço geográfico e económico único, destituído de fronteiras burocráticas[283].

O Ato Único Europeu apelava ainda "à dimensão social do mercado interno".

O 140º, do TR, alargou a competência da CE ao permitir adotar, por maioria qualificada, diretivas fixando «prescrições mínimas progressivamente aplicáveis» em matéria *nomeadamente* de condições de trabalho, formação e aperfeiçoamento profissionais, segurança social e proteção contra acidentes e doenças profissionais.

Neste contexto foi adotado um importante conjunto de diretivas sobre higiene e segurança no trabalho.

No que respeita às relações coletivas, o novo 138º TR dispôs que "O diálogo entre os parceiros sociais ao nível comunitário pode conduzir, se estes o entenderem desejável, a relações contratuais, incluindo acordos".

c) Tratado da União Europeia (ou Tratado de Maastricht)
Com o Tratado da União Europeia assinado em 07 de fevereiro de 1992, com entrada em vigor em novembro de 1993[284], nasce a União Europeia, resultando da União das três Comunidades já existentes.

---

[283] Fronteiras burocráticas internas, no que concerne ao controlo de mercadorias (controlos veterinários e fitossanitários apenas nos locais de produção e comercialização), no que concerne ao controlo de pessoas nas fronteiras (existente nas matérias referentes a emigração de países terceiros); fronteiras físicas, tendo em vista a eliminação dos controlos das pessoas e mercadorias; fronteiras técnicas, prevendo a harmonização das legislações nacionais relativas à liberdade de estabelecimento das profissões liberais, reconhecimento de equivalência de diplomas, liberdade de circulação de serviços; fronteiras fiscais, introduzindo-se o IVA e harmonizando-se as taxas dos impostos sobre o consumo), possibilitando total liberdade de circulação dos fatores de produção.
Em desenvolvimento, *v*. PAULO DE PITTA E CUNHA, "A União Monetária e suas implicações", *in* A União Europeia, Curso de Estudos Europeus, Universidade de Coimbra, p. 48.
[284] "Não obstante o conturbado processo da sua entrada em vigor, uma vez que, a Dinamarca se pronunciou negativamente aquando do primeiro referendo, o que causava um imbróglio institucional, só

Com o Tratado de *Maastricht* assinado em 07.02.1992 foi instituída uma nova arquitetura comunitária que assenta agora em três pilares:

i) o primeiro, das Comunidades propriamente ditas (art. 1º TUE), comunitarizou políticas que até aqui eram vistas como e apenas de *interesse comum* para os Estados-membros; propõe-se a integração comunitária, passando-se de uma fase de mera cooperação para uma etapa mais avançada.
Explica Maria João Palma e Luís Duarte d'Almeida "A integração assenta na autolimitação das esferas de soberania dos Estados-membros que, com fundamento constitucional, acordam no exercício comum de um determinado leque de poderes soberanos, definindo para o efeito uma estrutura organizativa, procedimentos de atribuição do exercício de competências e meios de controlo da legalidade"[285].
"O Ato Único Europeu inscreveu, pela primeira vez, na matriz institutiva das Comunidades Europeias, uma fórmula genérica de fundamentalização de direitos. (...). Seria, contudo, necessário aguardar pelo Tratado da União Europeia para localizar este compromisso de princípio no próprio articulado do Tratado"[286].
Referia o art. 17º, nº 1 do TR: "É instituída a cidadania da União. É cidadão da União qualquer pessoa que tenha a nacionalidade de um Estado-membro. A cidadania da União é complementar da cidadania nacional e não a substitui".
Para Sónia Teixeira, "Cidadania é ao mesmo tempo que a identidade nacional um vínculo jurídico e político, que se traduz na pertença de um indivíduo a um Estado, e o constitui perante esse Estado num particular conjunto de direitos e obrigações. É um vínculo entre o indivíduo e uma entidade política – Estado – que assume uma importância primordial uma vez que é através desse vínculo que se define um dos seus elementos estruturantes, a população ou povo Estadual, para além de lhe conferir três níveis de direitos, segundo Carlos Closas: primeiro, o direito que garante a igualdade dos indivíduos perante a lei; segundo, direitos

---

tendo sido possível ultrapassá-lo através da Declaração Europeia de Edimburgo, que veio realizar uma verdadeira operação de cosmética ao Tratado, uma vez que para os restantes EM ficou exatamente igual, ao mesmo tempo que respondeu às exigências da Dinamarca", Sónia Teixeira, *op. cit.*, p. 11, nota 3.
[285] "Direito Comunitário", AAFDL, Lisboa, 2000, p. 18.
[286] Maria Luísa Duarte, "Estudos de Direito da União e das Comunidades Europeias", Coimbra Editora, 2000, p. 16.

políticos que permitem ao indivíduo participar no exercício da soberania nacional, terceiro, os direitos sociais que são o marco final do desenvolvimento da cidadania"[287].

O conceito de cidadania europeia consagra uma multiplicidade de direitos interligados entre si: o direito de circular e permanecer na Comunidade, independentemente do exercício de uma atividade económica (art. 18º TR); o direito de eleger e de ser elegido nas eleições locais ou europeias, com base exclusivamente no critério da residência (art. 19º TR); o direito à proteção diplomática em países terceiros (art. 20º TR); o direito de petição direta ao Parlamento Europeu no que concerne a questões integradas nos domínios de atividade da Comunidade (art. 21º, nº 1 TR); direito de acesso ao Provedor de Justiça (art. 21º, nº 2 TR), a este cabe examinar as queixas de «má administração» da atuação das instituições comunitárias.

ii) o segundo consagra a Política Externa e de Segurança Comum (PESC, art. 11º TUE);

iii) e o terceiro reporta-se à administração interna e aos assuntos judiciários (agora inserido no Título VI – Cooperação policial e judiciária em matéria penal), cujo objetivo é alcançar uma cooperação mais estreita entre autoridades judiciárias no âmbito da cooperação judiciária (arts. 29º e 31º do TUE), e entre as forças policiais, autoridades aduaneiras e outras, tanto diretamente, como através do Serviço Europeu de Polícia (EUROPOL)[288], no âmbito da cooperação policial (arts. 29º e 30º do TUE)[289].

A política comum de vistos (uma das políticas comunitarizadas no seio da União Europeia prevista no art. 62º TR), ponto importante para o controlo das fronteiras externas, desdobra-se, nomeadamente, na criação "de listas de países terceiros cujos nacionais devem ser detentores de visto na passagem das fronteiras externas e daqueles cujos nacionais estão isentos dessa obrigação" (art. 61º-i)

---

[287] *Op. cit.*, p. 74.
[288] Conforme esclarece M. GORJÃO-HENRIQUES, "Direito Comunitário", Almedina, 2002, p. 71, nota 81, "exemplo desta maior cooperação é a instituição da «Europol», como instrumento privilegiado de luta contra certas formas de criminalidade internacional, maxime pela instalação «de um sistema de intercâmbio de informações no âmbito de uma Unidade Europeia de polícia (...). Esta nova entidade, que alguns chamam o «FBI europeu», não está sujeita a controlo por parte do TJCE (...)".
[289] Em desenvolvimento, *v.* ANA MARIA GUERRA MARTINS, "O Tratado da União Europeia – Contributo para a sua compreensão", *Lex*, Ed. Jurídicas, Lisboa, 1993 e CARLA AMADO GOMES, "A Natureza Constitucional do Tratado da União Europeia", *Lex*, Ed. Jur., Lisboa, 1997.

TR), processos e condições de emissão de vistos pelos Estados-membros (*ii*)), modelo-tipo de visto (*iii*), regras em matéria de visto uniforme (*iv*))[290].

Nos segundos e terceiros pilares o lema é ainda a cooperação entre os Estados, vigorando aí a regra da unanimidade.

O acordo *Schengen* entrou em vigor em 26.03.1995, incluído no terceiro pilar, pelo Tratado de Amesterdão, assinado por Portugal, Espanha, Alemanha, França, Bélgica, Luxemburgo, Holanda, Grécia, Áustria, Itália, Suécia, Finlândia e Dinamarca. Ficaram de fora a Grã-Bretanha e a Irlanda. O acordo visa simplificar a circulação de pessoas e mercadorias entre os países da União Europeia, signatários do Acordo.

A Convenção de Aplicação do Acordo de *Schengen* (CAAS) tem por finalidade proceder à supressão gradual dos controlos nas fronteiras internas comuns, implicando um reforço de controlo nas fronteiras externas. Esclarece F. Lucas Pires, (...) Talvez devamos, porém, distinguir duas dimensões diferentes: a da *liberdade de entrada* e a da *liberdade de circulação* na Europa comunitária de cidadãos de países terceiros. De modo grosseiro e liminarmente, podia dizer-se que, em princípio, as entradas curtas, de tipo turístico, até três meses, são "comunitarizadas". Verificadas certas condições, asseguram ao contemplado a concessão de um visto uniforme e a liberdade de circulação em todo o território comunitário durante esse período. Em compensação, as entradas longas, por mais de três meses, motivadas pela emigração ou o asilo, com exceção dos motivos humanitários ou de reunificação familiar, embora objeto de consulta e cooperação enquanto assunto de "interesse comum" (art. K1), continuam, em grande parte, "nacionalizadas" Daí decorre uma política harmonizada de concessão de vistos a cidadãos estrangeiros, um sistema de inscrição de pessoas não admissíveis (inscritos no Sistema de Informação *Schengen* ou na lista nacional) e uma política comum para a concessão do direito de asilo[291].

O TUE institui, ainda, um novo processo decisório, o processo de codecisão, com um importante aumento dos poderes do Parlamento Europeu.

---

[290] Entre nós, em 1997, foi aprovada uma proposta de referendo respeitante ao Tratado de Amesterdão, tendo o Presidente da República algumas dúvidas sobre a sua constitucionalidade, submete a proposta à apreciação do Tribunal Constitucional.
Por acórdão nº 531/98, de 29 de julho, o Tribunal Constitucional pronuncia-se pela inconstitucionalidade da pergunta "Concorda com a continuação da participação de Portugal na construção da União Europeia no quadro do Tratado de Amesterdão?", por lhe faltar clareza e objetividade.

[291] Para maiores e melhores desenvolvimentos, *v.* Miguel Gorjão-Henriques, "Aspetos Gerais dos Acordos de Schengen na Perspetiva da Livre Circulação de Pessoas na União Europeia", *in* Temas de Integração, Universidade de Coimbra, 1996, 2º semestre, 1º vol., p. 47 e ss.

Quanto à política social, face à recusa do Reino Unido em subscrever o Acordo sobre Política Social (já antes não aderira à Carta Social), incluiu-se esse Acordo em anexo ao Tratado da União, mas não fazendo parte dele. O Reino Unido ficou, portanto, somente vinculado às normas sociais do Tratado de Roma e do Ato Único Europeu.

"A situação tinha implicações desfavoráveis, designadamente no plano social, com a legitimação do *dumping* social no interior da Comunidade"[292].

d) Tratado de Amesterdão
A revisão operada pelo Tratado de Amesterdão advém da necessidade da União Europeia se preparar para os alargamentos a Leste.

O Tratado aprovado em 02.10.97 entra em vigor em 1 de maio de 1999 e é ratificado entre nós pelo Decreto do Presidente da República nº 65/99, de 19.02.

Procedeu-se ao alargamento no âmbito do processo de codecisão (o qual confere ao Parlamento Europeu o poder de alterar e/ou rejeitar uma proposta legislativa, quase como se do Conselho se tratasse).

Destacam-se as seguintes inovações:

i) a inclusão de novo título dedicado ao emprego e a incorporação do "Acordo sobre Política Social no Tratado (a partir da adesão do Reino Unido).
"O Tratado de Amesterdão expande o campo de reconhecimento a certos direitos que dependem, tradicionalmente, da decisão soberana dos Estados: direitos relacionados com a matéria de vistos, asilo, imigração e outras políticas relativas à livre circulação de pessoas"[293], estabelecendo uma cláusula sancionatória para os Estados membros que violem os princípios fundamentais da UE (liberdade, democracia, respeito pelos direitos humanos e Estado de Direito).

ii) a *comunitarização* do terceiro pilar. Assim, o Parlamento Europeu passará a ser consultado em qualquer decisão nestes domínios, a Comissão assumirá o seu direito de iniciativa e o Tribunal de Justiça passará a exercer o controlo judicial da legalidade das medidas tomadas.
Prevê uma cláusula de flexibilidade, que permite as "cooperações reforçadas", *i.e.*, a possibilidade de alguns Estados-membros que pretendam avançar mais depressa do que outros em alguns domínios da integração, o

---

[292] Conclui JOSÉ JOÃO ABRANTES in "Do Tratado de Roma ao Tratado de Amesterdão...", p. 169.
[293] MARIA LUÍSA DUARTE, *op. cit.*, p. 17.

fazerem, desde que seja para favorecer a realização dos objetivos da União, respeito pelos princípios do Tratado e das instituições, seja utilizado apenas em último recurso, envolva uma maioria de Estados-membros, não afete o acervo comunitário, nem as competências, direitos, obrigações e interesses dos Estados membros não participantes, não diga respeito à cidadania comunitária, nem possa originar qualquer discriminação entre os cidadãos comunitárias.

e) Tratado de Nice
O Conselho de Nice anuncia que "O Conselho Europeu congratula-se com a proclamação conjunta pelo Conselho, pelo Parlamento Europeu e pela Comissão, da Carta dos Direitos Fundamentais, que congrega num único texto os direitos civis, político, económicos e sociais e de sociedade até aí expressos em diversas fontes internacionais, europeias e nacionais. O Conselho Europeu deseja que à Carta se dê a mais vasta divulgação possível junto dos cidadãos da União", acabando, no entanto, por a Carta não ser incluída quer no Tratado da Comunidade Europeia, quer no Tratado União Europeia, ficando somente uma referência na Ata Final da Conferência de Nice sobre o futuro debate do estatuto da Carta[294].

"Certos autores, como se sabe, têm defendido a existência de uma constituição europeia ou a afirmação de um poder constituinte europeu em *Maastricht*, em Amesterdão e, eventualmente, em Nice; e outros entendem que se estaria numa fase de pré-Constituição ou de uma Constituição transnacional". No entanto, não há nestes tempos um poder constituinte que apele à sua criação.

Na verdade, continua o A., "Não existe um povo europeu que seja titular desse poder constituinte. Não há um povo europeu; há sim um conjunto de povos europeus. Nem há cidadãos europeus; há cidadãos de diferentes Estados europeus – aos quais são atribuídos certos direitos económicos e políticos comuns e nisto consiste, justamente, aquilo a que se chama cidadania europeia (sempre dependente, portanto, de cidadania própria de cada Estado comunitário)"[295].

f) Tratado Constitucional Europeu
Em 29 de outubro de 2004, foi assinado pelos 25 Estados-membros, em Roma, o Tratado Constitucional Europeu (TCE).

---

[294] Contra a dotação de uma pretensa Constituição Europeia, afirma JORGE MIRANDA *in* "Direito Constitucional III", Lisboa, AAFDL, 2001, p. 11.
[295] *Op. cit.*, p. 12.

Resultava do respetivo preâmbulo que este novo Tratado se inspirou: *"no património cultural, religioso e humanista da Europa, de que emanaram os valores universais que são os direitos invioláveis e inalienáveis da pessoa humana, bem como a liberdade, a democracia, a igualdade e os Estado de Direito."*

O TCE deveria ser posteriormente ratificado pelos respetivos Estados, com eventual recurso a referendo nacional, a fim de entrar em vigor no ordenamento jurídico comunitário, o que não chegou a ocorrer.

g) Tratado de Lisboa (Tratado reformador do Tratado Constitucional Europeu)
Em 13 de dezembro de 2007, foi assinado o Tratado de Lisboa, tendo em vista ultrapassar o impasse criado pela não ratificação por certos países do Tratado Constitucional Europeu.

O funcionamento da União Europeia assenta no Tratado de Lisboa e no TUE (art. 1º-A, nº 2, do Tratado de Lisboa).

O Tratado reformador introduz alterações no processo legislativo europeu tendo em vista afilizá-lo e democratizá-lo:

- a codecisão é agora denominada processo legislativo ordinário, constituindo o principal processo de decisão da União Europeia, para a adoção de um regulamento, uma diretiva ou uma decisão, participando o Conselho, que vota por maioria qualificada, e o Parlamento Europeu (art. 249º-A, do Tratado de Lisboa).
- o cálculo da maioria qualificada no Conselho é alterado a partir de 2014: o processo decisório obriga ao voto favorável de, pelo menos, 55% dos Estados membros, representando, pelo menos, 65% da população da União. O bloqueio só pode existir através da congregação de, pelo menos, quatro Estados-membros (art. 205º, nº 3, do Tratado de Lisboa).
- distingue-se entre atos normativos legislativos e não legislativos (art. 249º--B, do Tratado de Lisboa).

A União Europeia possui três esferas de competências:

- competências exclusivas, em que só a União pode intervir, nos termos do princípio da atribuição (art. 3º-B, nºs 1 e 2 do TUE e art. 2º-A, nº 1, do Tratado de Lisboa);
- competências partilhadas, em que coopera com os Estados-membros, sem que estes possam pôr em causa as políticas comuns (através do controlo da

subsidiariedade, art. 3º-B, nº 3 do TUE e art. 2º-A, nº 2 e art. 2º-C, nº 2, do Tratado de Lisboa);
- competências complementares, com o fim de apoiar a ação dos Estados membros (art. 2º-A, nº 5 e art. 2º-E, do Tratado de Lisboa).

Há um reforço dos direitos de cidadania europeia (art. 17º do Tratado de Lisboa).

A Carta dos Direitos Fundamentais, que constitui um catálogo de direitos dos cidadãos europeus, não faz parte do Tratado, apesar de vinculativa.

A Política Externa e de Segurança Comum e o Espaço de Liberdade, Segurança e Justiça são reforçados (arts. 61º a 63º-B, do Tratado de Lisboa).

Os três pilares são eliminados.

A União pode aderir à Convenção Europeia dos Direitos do Homem (art. 2º-B, do Tratado de Lisboa).

2. As fontes de Direito Comunitário Derivado

O Direito Comunitário Derivado é composto pelos chamados atos normativos, *i.e.*, regulamentos, diretivas e decisões. As recomendações e os pareceres têm outra estrutura, não sendo atos normativos, pois não têm caráter vinculativo (art. 288º, do TFUE).

O regulamento é ainda uma norma de caráter *geral* (aplicando-se à generalidade de Estados-membros), ao contrário da diretiva, que pode assumir um caráter geral ou *particular*, dirigindo-se, neste último caso, apenas aos Estados que dela carecem, para harmonização dos restantes Estados, que já contêm no respetivo ordenamento jurídico essa tutela.

O regulamento é obrigatório em todos os seus elementos (art. 288º, 2.§, do TFUE), já a diretiva só obriga o Estado destinatário a prosseguir determinado resultado, deixando-lhe a liberdade de escolha dos meios e métodos para o atingir, configurando verdadeira discricionariedade de transposição (art. 288º, 3§, do TFUE).

O traço distintivo entre a diretiva e o regulamento assenta na aplicabilidade direta deste último: a diretiva ao contrário do regulamento é uma norma de duplo grau[296], carece sempre de intervenção normativa nacional, não sendo

---

[296] "(...) no primeiro, faria ainda parte do Direito Comunitário, impondo sobre o Estado destinatário uma obrigação de resultado, para depois, encerrada essa etapa, incorporar o direito interno (2º grau), através

diretamente aplicável, exige a incorporação num diploma legal publicado de acordo com as regras de Direito constitucional (art. 288º, 3º §, do TFUE).

A versatilidade dos instrumentos técnico-jurídicos utilizados variará de ordenamento jurídico para ordenamento jurídico, dentro dos limites expressos ou implícitos da lei constitucional ou geral. Entre nós, a Quarta Revisão Constitucional (L nº 1/97, de 20.09), estreitou o leque de instrumentos técnico-jurídicos com aptidão transpositiva, aos instrumentos legislativos por excelência: lei e decreto-lei seja qual for a matéria a converter em direito nacional.

Hoje, portanto, o cidadão nacional sabe com a certeza e a segurança que a publicação oficial nos dá, que na inexistência de lei ou de decreto-lei de transposição, não houve transposição de todo, desde que a referida omissão ocorra durante o período concedido para a transposição, podendo vir a integrar segundo vários A. comunitaristas violação do direito comunitário (apresentando-se não como única voz de discordância, SACHA PRECHAL) como, para efeito, nomeadamente, e quanto ao contencioso comunitário, ação de condenação do Estado em causa.

A omissão legislativa do Estado, ou do próprio órgão legiferante, no caso português, não se esgota na não transposição de todo em todo, duas outras hipóteses há ainda a considerar: a da transposição deficiente, que pode assumir várias modalidades e a falta de exequibilidade da norma transposta.

Neste último aspeto, assume particular relevância o princípio do *efeito bloqueador* construído pela jurisprudência comunitária, o Estado destinatário não pode obstucalizar a entrada em vigor da diretiva, após a publicação desta ou no decurso do seu processo de formação. Esta última omissão é, hoje assente, equivale à falta de transposição pura e simples, não podendo o Estado, profícuo legislador, invocar que a diretiva já se encontra vertida e quiçá a produzir efeitos no direito nacional, quando, *v.g.*, o decreto-lei em questão se encontra por regulamentar.

A distinção entre diretivas e regulamentos é mais aparente do que real, o TJC sempre afirmou a irrelevância da forma do ato sobre o seu conteúdo, pois certas diretivas são, no fundo, verdadeiros regulamentos (a nomenclatura formal teve que abrir espaço para as chamadas diretivas-regulamentares).

---

da transposição efetuada pelos meios e procedimentos adequados disponíveis no ordenamento jurídico do Estado em causa, dotada ou com aptidão para produzir efeito *erga omnes*", PAULA QUINTAS *in* "Da problemática do efeito direto nas diretivas comunitárias", *Dixit*, 2000, p. 77.

3. Princípios fundamentais do Direito Comunitário

3.1. Princípio do primado (ou princípio da primazia comunitária ou princípio da preferência comunitária)

Visando o Direito Comunitário atingir a uniformidade e facultar aos particulares a proteção dos direitos conferidos em seu favor[297], necessariamente terá que se sobrepor a todo o direito nacional[298], quer anterior, quer posterior[299], seja qual for a sua fonte. Pretendendo-se assim que o Direito Comunitário produza o mesmo efeito ou efeito idêntico em todo o espaço comunitário.

O Direito Comunitário prima portanto sobre as leis internas originárias, por força do art. 8º, nº 2, da CRP.

E qual a hierarquia entre uma norma de direito comunitário derivado e o direito interno?

Os tratados constitutivos da Comunidade não se referem a tal questão. No entanto, tanto o TJC como as jurisdições nacionais têm aceite que não se aplique qualquer norma interna contrária anterior ou posterior conflituante com o direito derivado, pois o Direito Comunitário carece de produzir o mesmo efeito ou um efeito idêntico em todo o espaço comunitário.

No Ac. *Simmenthal*, o Tribunal de Justiça sustentou a superioridade do Direito Comunitário sobre todo o direito interno (inclusive a Constituição), pois, caso contrário, o Direito Comunitário filtrado pelas diversas constituições, veria perdida a sua uniformidade e, por consequência, precludiria o princípio da igualdade jurídica dos cidadãos.

Conclui J. V. LOUIS, "a integração, no direito de cada Estado-membro, de disposições provenientes de fonte comunitária e, mais geralmente, os termos e o espírito do tratado, têm por corolário a impossibilidade, para os Estados, de fazerem prevalecer, sobre uma ordem jurídica por eles aceite numa base de reciprocidade, uma medida unilateral posterior que não se lhe pode opor; ao direito emergente do Tratado, emanado de uma fonte autónoma, não poderia assim, em razão da sua natureza específica original, ver-se confrontado judicialmente com

---

[297] Sobre alguns dos princípios a seguir enunciados, v. MARIA JOÃO PALMA, "Breves notas sobre a invocação das normas das diretivas comunitárias perante os tribunais nacionais", 1ª reimpressão, AAFDL, 2000.
[298] Ac. Costa/ENEL, de 15.07.64, Proc. nº 6/64, SPOCE, vol. X/2, p. 1141.
[299] Ac. *Simmenthal*, de 09.03.78, Proc. nº 106/77, SPOCE, vol. I, p. 629.

um texto interno qualquer que fosse posta em causa a base jurídica da própria Comunidade."[300]

V., ainda, sobre esta matéria os Ac. *Costa/ENEL; von Colson*[301]; *Factortame*[302], verdadeiras celebridades jurídicas.

3.2. Princípio da solidariedade ou da cooperação

O princípio impõe que "os Estados-membros deverão tomar todas as medidas necessárias ao cumprimento do Direito Comunitário (vertente positiva do princípio), devendo, por outro lado, abster-se de tomar quaisquer medidas que posam pôr em perigo a realização dos objetivos do Tratado (vertente negativa)"[303].

O princípio da cooperação está estritamente ligado ao princípio da autonomia institucional, que "se prende com o facto de não obstante o processo legislativo ter lugar nas instâncias supranacionais, a aplicação e execução das normas comunitárias recair sobre os órgãos nacionais administrativos e jurídicos, pelo que estamos perante uma estrutura descentralizada de aplicação", SÓNIA TEIXEIRA[304].

3.3. Princípio do adquirido comunitário ou do acervo comunitário

Este princípio exige aos Estados-membros aderentes uma aceitação integral do adquirido pela Comunidade até então, não assistindo aos Estados a faculdade de se excluírem do processo de integração ou harmonização, em certas matérias, invocando a sua qualidade de Estado não membro aquando do processo de decisão.

3.4. Princípio da aplicabilidade direta

"O conceito de aplicabilidade direta (...), prende-se com a forma de integração do Direito Comunitário originário ou derivado na ordem jurídica de cada Estado membro"[305].

A norma jurídica comunitária está apta a conferir direitos e a impor obrigações aos Estados-membros, aos seus órgãos e aos particulares, como o faz a

---

[300] "A Ordem Jurídica Comunitária", 3ª edição, Bruxelas, Comissão das Comunidades Europeias, Col. Perspetivas Europeias, p. 123.
[301] Ac. de 10.04.84, Proc. nº 14/83, CJTJ, vol. II, p. 1891.
[302] Ac. de 19.06.90, Proc. nº C-213/89, CJTJ, vol. VI, p. I-2433.
[303] *Op. cit.*, p. 63.
[304] MARIA JOÃO PALMA e LUÍS DUARTE D'ALMEIDA, *op. cit.*, p. 63.
[305] PAULA QUINTAS *in* "Da problemática...", p. 55.

lei nacional, *não carecendo*, para produzir efeitos na ordem jurídica interna, *de ser transformada em direito interno*. Este princípio é aplicável aos regulamentos comunitários, já quanto às diretivas não beneficiam desse tipo de aplicabilidade, carecem sempre de transposição, ou seja, de incorporação no direito nacional de acordo com as técnicas legislativas vigentes. Quando o Estado-membro viola o dever de transposição, é conferido, em determinado contexto, ao particular, o benefício de invocar diretamente a norma comunitária não acolhida internamente (havendo aí, de alguma forma, uma aplicação direta da norma comunitária ao caso concreto), tal faculdade recebe o nome de efeito direto.

3.5. Princípio do efeito direto

"O critério do efeito direto ou princípio da efetividade é inteiramente uma criação jurídica do Tribunal de Justiça das Comunidades, que foi afirmado como uma lógica e necessária consequência do princípio do primado do Direito comunitário, tendo, por finalidade, nomeadamente, a integração desse mesmo Direito e a igualdade jurídica dos cidadãos comunitários"[306].

Para minorar perante o particular os efeitos negativos da não transposição, admite-se que este invoque, em determinado contexto, diretamente o conteúdo da diretiva. Tal faculdade é, como vimos, designada por efeito direto.

O efeito direto pode então ser definido como a aptidão da norma para, preenchidos certos requisitos, conferir direitos, impor obrigações ou proteger interesses legítimos, sendo aplicada pelos órgãos jurisdicionais, contra o Estado membro (*efeito direto vertical*) ou contra outro particular (*efeito direto horizontal*).

"Corolário do conceito de efeito direto, é, em sede de direito comunitário originário e derivado, a suscetibilidade de determinadas disposições comunitárias dirigidas aos Estados-membros, serem invocáveis pelos particulares, na ausência de texto nacional ou na presença de texto insuficiente (denominada *invocabilidade de substituição*), para aplicação da diretiva diretamente aos factos; e ainda, afastando a aplicação de normas internas incompatíveis com a norma comunitária (chamada *invocabilidade de exclu*são), desempenhando aí igualmente um papel de controlo da legalidade das normas internas"[307].

O efeito direto vertical é visto como consequência da proibição do *estoppel*, os Estados-membros não podem beneficiar da sua omissão para negar direitos

---

[306] Paula Quintas *in* "Da problemática...", p. 89.
[307] Paula Quintas *in* "Da problemática...", p. 94.

a particulares (daí a legitimidade do efeito direto vertical) ou para lhe impor sanções (decorrendo a negação do efeito direto vertical invertido).

Para a produção do efeito direto, a norma carece dos seguintes requisitos:

i) *Clareza ou precisão*, ou seja, existe imperatividade do *facere* ou do *non facere*, a norma não tem um conteúdo demasiado vago ou genérico. Os titulares do direito conferido pela diretiva sabem em concreto quais as suas obrigações e quais os direitos respetivos.

ii) *Completude e perfeição*, a norma não carece de intervenção complementar ou se carece, não assiste ao Estado-membro margem de apreciação, a norma basta-se a si própria (*autossuficiência da norma*).

iii) *Incondicionalidade*, a norma não apresenta qualquer condição, termo, prazo ou reserva, ou, se apresenta, está sujeita a controlo jurisdicional.

Apesar do alargamento às diretivas do princípio do efeito direto, não se apagou a diferença entre diretiva e regulamento, pois a diretiva continua a exigir o preenchimento casuístico dos requisitos de clareza e certeza, não condicionalidade e perfeição das situações jurídicas nela previstas[308], ou seja, o efeito direto das diretivas não é automático, pelo contrário, reveste um caráter excecional, pois depende da verificação dos requisitos jurídicos enunciados, quanto à norma em causa, e um certo comportamento, quanto ao Estado-membro destinatário, como já analisamos. Embora, e numa segunda fase, o Tribunal de Justiça das Comunidades tenha consagrado determinado grupo de normas[309], como detentoras de efeito direto, abstraindo da ponderação caso a caso, para determinar se se encontram preenchidas as condições para tal. Não obstante, será correto afirmar que as diferenças entre diretivas e regulamentos se têm vindo a esbater, com a inerente erosão da arquitetura jurídica do Direito Comunitário derivado fundador, desde que se atribuiu aos Estados-membros, em determinadas maté-

---

[308] No Ac. *Watson e Belmann*, Proc. nº 118/75, de 07.07.1976, CJTJ, Lux., SPOCE, 1976, 1ª parte, p. 1185, foi entendido que todas as medidas adotadas pela Comunidade em aplicação dos artigos 48º e 66º TCEE, possuem efeito direto.

[309] Explica J. V. LOUIS, *op. cit.*, p. 75, «o grande rigor de certas diretivas – que está longe de ser geral – é exigido pela necessidade de cobrir eficazmente uma matéria, muitas vezes técnica, como é o caso dos entraves ao comércio. Além disso, é a desconfiança dos Estados em relação aos seus parceiros que engendra muitas vezes a minúcia das diretivas pois que se teme, com ou sem razão, que qualquer falha na regulamentação seja por outros utilizada para dela se tirar vantagem concorrencial».

A maior ou menor liberdade conferida aos Estados-membros depende pois do objetivo a atingir, por ex. tratando-se de unificar padrões de fabrico, a diretiva de tão pormenorizada deixa aos Estados-membros pouca liberdade de ação.

rias, somente a liberdade de adotar a forma adequada para a transposição, regulando-se ainda, exaustivamente os meios de execução (daí que, como já referido, tal género de diretivas, sejam denominadas de diretivas regulamentares) e por outro lado, pelo efeito dos próprios princípios gerais de direito, nomeadamente, o da *efetiva proteção do particular*.

A aceitação do efeito direto nas diretivas comunitárias
O alargamento às diretivas do princípio do efeito direto, tem como principal argumento a preservação do seu efeito útil, esvaziado caso os cidadãos do Estado faltoso fossem impedidos de as invocar perante os órgãos competentes. Conforme entendimento no Acórdão Nederlandse Ondernemingen, «no caso em que as autoridades comunitárias obrigaram, por meio de diretiva, os Estados-membros a adotarem um comportamento determinado, o efeito útil de tal ato achar-se-ia enfraquecido se os particulares fossem impedidos de o invocar em juízo e os órgãos jurisdicionais nacionais impedidos de o tomar em consideração enquanto elemento do direito comunitário».

A aceitação do *princípio do efeito direto* levanta, no entanto, uma série de questões que comprometem, em alguns casos, a própria eficácia do princípio. Propomo-nos analisar algumas delas.

i) Uma primeira questão prende-se com a possibilidade de produção de efeito direto quando ainda não se encontra esgotado o prazo de transposição concedido. Por outras palavras, existe já uma verdadeira obrigação jurídica, não obstante, esse prazo não ter ainda expirado?

No caso *Ratti* foi entendido pelo Tribunal de Justiça das Comunidades que o efeito direto não se produz enquanto a diretiva não for obrigatória para o Estado-membro destinatário, pois ainda não haveria, na verdade, violação dessa obrigação comunitária por parte do Estado.

ii) Questiona-se ainda se o particular pode apelar diretamente à diretiva para corrigir a legislação nacional quando o Estado-membro a transpõe, antes do tempo, mas o faz incorretamente.

T. C. HARTLEY[310], esclarece que assim como o Estado não pode ser beneficiado com o seu comportamento faltoso (na linha do argumento da proibição do *estoppel*), também não poderia ser prejudicado por uma transposição antes da data-limite. Posição contrária, perfilham aqueles que entendem que se o Estado

---

[310] "European Community Contract Law", vol. I, Kluwer Law International, 1997, p. 428.

se propôs acolher a diretiva antes de esgotado o tempo concedido, então obrigou-se de igual modo a acolher as obrigações que aquela encerra nos seus precisos termos. Além disso, gerar-se-ia certa confusão jurídica, não aconselhável porquanto poder-se-ia sempre alegar que houve já transposição e só depois se verificaria que ela foi deficiente.

iii) Se a diretiva é transposta, o particular pode recorrer a ela em vez de à legislação interna?

O Tribunal de Justiça entendeu que o efeito direto também se verifica quando as medidas de aplicação da diretiva foram efetivamente tomadas, *i.e.*, não há qualquer reprovação a tecer ao Estado-membro quanto a uma eventual omissão ou abstenção, mas ainda assim assiste ao particular o direito de não só invocar uma disposição de uma diretiva perante a jurisdição nacional no sentido de fazer apreciar se as autoridades nacionais competentes (no exercício da faculdade que lhes é reservada quanto à forma e aos meios de execução, respeitando os limites de apreciação traçados pela diretiva), a transpuseram convenientemente; como ainda, em face de medidas de aplicação incorretas ou insuficientes, de beneficiar diretamente das disposições da diretiva que preencham as condições de eficácia[311]. Ou seja, admite-se a já referida *invocabilidade de substituição*.

iv) A mera transposição incorreta, apesar de realizada de boa-fé responsabiliza o Estado-membro?

Para CONOR QUIGLEY[312], a responsabilização do Estado-membro só é possível se a interpretação incorreta for considerada suficientemente grave, ao contrário do que sempre sucederá quando o Estado pura e simplesmente não transpõe a diretiva, apesar da limitação dos poderes de apreciação dessa posição. No mesmo sentido decidiu o Ac. *British Telecom*[313], o Estado-membro apesar de ter transposto a diretiva incorretamente, não poderia ser responsabilizado, pois a violação (de boa-fé) não teria sido suficientemente grave.

v) Um outro aspeto de enorme pertinência diz respeito à contagem dos prazos de prescrição do exercício do direito que cabe ao particular. Havendo uma transposição tardia, os prazos nacionais processuais e procedimentais para acionar os mecanismos necessários para assegurar os direitos conferidos pela diretiva contam-se a partir de quando?

---

[311] V. Ac. *Rutili*, de 28.10.75, Proc. nº 36/75, CJTJ, parte 2, p. 1219.
[312] Ac. de 26.03.96, Proc. nº C-392/93, CJTJ, 1996, vol. III, p. I-1631.
[313] Ac. de 25.07.1991, Proc. nº C-208/90, CJTJ, Lux., SPOCE, 1991, vol. VII/1, ISSN 011.5072, p. 4272.

Em *Emmott*[314] esta questão foi abordada e resolvida em termos definitivos através de uma fórmula que ficou conhecida por *regra de Emott*, a qual dispõe que os prazos nacionais de prescrição só começam a correr a partir do momento em que a diretiva seja corretamente transposta e não a partir da expiração da data-limite de transposição concedida ao Estado.

A solução encontrada coaduna-se ou tenta coadunar-se com o contexto de *proteção máxima dos direitos concedidos ao particular*, pois a contagem prescricional só se inicia quando é o próprio Estado que põe termo ao incumprimento.

vi) Havendo omissão por parte do Estado, esgotado o prazo previsto, a transposição que haverá então que efetuar, deve retroagir à data-limite de transposição (a mesma questão pode ser colocada quando há transposição, mas deficiente)?

No pressuposto de que a transposição tardia ou a falta de transposição gera consequências indemnizatórias, o Tribunal de Justiça consagrou no Ac. *Bonifaci* a aplicação retroativa e completa da diretiva, para remediar tais consequências, salvo se os beneficiários demonstrarem a existência de prejuízos adicionais, pois então a simples retroatividade não será suficiente.

O Tribunal entende que no caso de a diretiva prever vantagens a favor dos particulares, tais vantagens devem ser-lhes concedidas desde a data-limite de transposição, respeitando todos os seus direitos adquiridos. É o simples e mero facto de a data para a realização da transposição ter expirado, que consagra a favor dos particulares determinados direitos, *direitos adquiridos* a partir da omissão do Estado.

A transposição além de *retroativa*, deverá ser ainda *plena*, colocando os particulares na posição que teriam se tivesse havido uma transposição correta e tempestiva; e explícita, *i.e*, realizada mediante disposições expressas, claras e sem lacunas, dotadas de efeito direto similar ao das medidas de execução para o futuro.

vii) E havendo uma transposição retroativa, essa retroatividade pode atingir as relações jurídicas constituídas à luz da não-transposição? Parece-nos que não, devido, nomeadamente, ao princípio da certeza jurídica, apenas haverá lugar ao direito à indemnização.

viii) Havendo atraso na transposição, os direitos consagrados na diretiva comunitária a favor dos particulares devem ser respeitados a partir de quando?

---

[314] Ac. de 10.07.97, Proc. nºs C-94/97 e C-95/97, CJTJ, vol. 7, p. I-3969. *V.* ainda Ac. *Frederica Maso*, de 10.07.97, Proc. nº 373/95, CJTJ, Lux., SPOCE, 1995, vol. 7, ISSN 1022-8454, p. 4051.

Pelo raciocínio desenvolvido no Ac. *Bonifaci,* que consagrou a transposição retroativa, a resposta só poderá ser a de atribuir direitos aos particulares desde a expiração do prazo concedido e não evidentemente a partir do momento em que a transposição foi realizada.

Foi aqui novamente desenvolvido pelo Tribunal o *princípio da proteção máxima do particular,* o que permite que os direitos concedidos já o sejam desde a expiração do prazo e não somente a partir do momento em que há transposição ou transposição adequada. É a obrigação jurídica de transpor que impende sobre o Estado que permite a invocabilidade imediata dos direitos dos particulares, esgotado o prazo para o efeito.

ix) Pode o Estado-membro contrariar as disposições da diretiva ainda em formação, nomeadamente quando já tendo sido publicada ainda não se esgotou o prazo de transposição concedido[315]?

Pelo *efeito bloqueador (Sperrwirkung)* o Estado-membro deve abster-se de a contrariar ou de dificultar a sua entrada em vigor, nomeadamente, tomando medidas incompatíveis com ela[316]. O *efeito bloqueador* como corolário do primado, impede a tomada de medidas distorcivas por parte do Estado, quando ainda não se esgotou o prazo para o exercício da obrigação jurídica de transpor. Não se lhe pede que promova os mecanismos e meios necessários para receber e executar a diretiva, tão só que não contrarie a sua aptidão normativa, assumindo uma posição conformante passiva.

x) Devem os tribunais aplicar a diretiva *ex officio,* ou é-lhes pedido somente que ao aplicarem a norma nacional a interpretem à luz do Direito Comunitário (de acordo, portanto, com o *princípio da interpretação conforme)?*

No Ac. *Verholen*[317], o prazo de transposição já tinha expirado e a diretiva não tinha sido invocada pela parte. O Tribunal de Justiça entendeu que o Direito Comunitário não preclude a possibilidade de o tribunal examinar, de sua própria iniciativa, se a lei nacional está em conformidade com o Direito Comunitário[318].

---

[315] Incumbe ao Estado não apenas tornar inaplicável de pleno direito, qualquer norma de direito interno contrária, "mas também impedir a formação válida de novos atos legislativos nacionais, na medida em que sejam incompatíveis com normas do direito comunitário", repete o Ac. *Ministero delle Finanze/ /IN.Co.GE,* de 22.10.98, Proc. nºs C-10/97 e C-22/97, Atividades nº 25/98, p. 2.
[316] Ac. de 11.07.91, Proc. nº C-87/90, C-88/90 e C-89/90, CJTJ, 1991, vol. 7/1, p. I-3757.
[317] SACHA PRECHAL, "Community Law in National Courts: the lessons from *van Schijndel*", CMLR, Kluwer Law Publ., London, Mart. Nij. Publ., nº 3, 1998, junho, p. 681, deduz do Ac. *Verholen,* que os tribunais nacionais devem aplicar o Direito Comunitário *ex officio,* quando tal obrigação existe a nível nacional, bem como quando tal é permitido pela lei nacional e necessário para proteger os interesses individuais.
[318] Cfr. Ac. de 14.12.1995, Proc. nº C-312/93, CJTJ, Lux., SPOCE, 1995, vol. 12, p. 5429.

Pode acontecer, não obstante, que a aplicação *ex officio*, e dizemos aplicação e não interpretação, do Direito Comunitário seja limitada pelos procedimentos nacionais. Sobre essa questão respondeu o Tribunal de Justiça claramente no Ac. *Peterbroeck*, *"o Direito Comunitário pode opor-se à aplicação de uma norma processual nacional que impeça, i.e, torne impossível ou excessivamente difícil a aplicação do Direito Comunitário, o órgão jurisdicional nacional de apreciar ex officio a compatibilidade de um ato de direito interno com uma disposição comunitária, quando esta última não for invocada pelo particular".* Nas Conclusões, o Advogado-Geral refere que é obrigação dos tribunais não só invocarem oficiosamente a norma comunitária, como ainda afastarem, por sua iniciativa uma lei interna contrária à norma comunitária, desde que esta tenha efeito direto.

Ora, parece concluir-se que, quem afasta uma lei, igualmente deve aplicar, por sua própria iniciativa, a norma comunitária.

Ou, nas palavras de SACHA PRECHAL[319], se os tribunais nacionais são obrigados ou podem dar efetividade às regras nacionais vinculativas, também deveriam ser obrigados a dar efetividade às regras nacionais, mas tendo por limite os procedimentos nacionais, *i.e*, quando há para os tribunais nacionais tal obrigação.

Mas, o Tribunal de Justiça quedou-se, cautelosamente, pelo seguinte argumento: *"O Direito Comunitário não impõe que os órgãos jurisdicionais nacionais suscitem oficiosamente um fundamento assente na violação de disposições comunitárias, quando a análise deste fundamento implique a renúncia ao dispositivo".*

Consoante vigore na ordem jurídica interna, o princípio do dispositivo ou o princípio da oficiosidade, pode a suscitação da norma comunitária ser ou não provocada pelo próprio órgão jurisdicional, o que vai criar disparidades entre os diferentes e variegados ordenamentos jurídicos e, dentro do mesmo ordenamento, entre os diferentes ramos do Direito.

Sendo certo, não obstante, que sempre as modalidades processuais que variam de Estado-membro para Estado-membro têm limites impostos pelo próprio Tribunal de Justiça, nomeadamente o *princípio da efetividade*, enunciado em *Peterbroeck*.

Quanto às medidas de execução das diretivas, o Tribunal de Justiça das Comunidades entendeu que «(...) *do art. 189º-3*[320] *TCE resulta que a execução das diretivas*

---

[319] *Loc. cit..*
[320] Segundo as próprias Conclusões do Advogado-Geral Sir Gordon Slynn, que entendeu que «uma diretiva *só* entra em jogo, para permitir aos particulares invocar direitos contra o Estado que falte às suas obrigações (...). O cidadão pode invocá-las contra o Estado, seja para atacar, seja para se defender».

comunitárias, deve ser assegurada por medidas de aplicação adequadas, tomadas pelos Estados-membros. Somente em circunstâncias especiais, designadamente quando um Estado-membro se abstenha de tomar as medidas de execução exigidas, ou tenha adotado medidas não conformes com a diretiva, é que o Tribunal reconheceu o direito dos particulares invocarem em justiça uma diretiva contra um Estado-membro em falta. Esta garantia mínima que decorre do caráter vinculativo da obrigação imposta aos Estados-membros por força do art. 189º-3, não poderia servir de justificação a um Estado-membro para se dispensar de tomar, em tempo útil, medidas de aplicação adequadas ao objeto de cada diretiva».

No Ac. *Marshall I*, o TJCE confirmou em absoluto, a aptidão da diretiva para produzir efeito direto vertical[321] (interpretando de forma extensiva o conceito de Estado, *i.e*, seja qual for a qualidade em que este intervenha, dentro ou fora das funções clássicas que exerce) quando sem margem para dúvidas refere que tal possibilidade apenas existe relativamente ao Estado-membro destinatário e aos órgãos desse Estado[322].

O Acórdão *Marshall* representa, não obstante, um retrocesso face à posição assumida em *Defrenne II*, tendo então sido entendido que uma norma possui efeito direto quando cria *obrigações na esfera não só dos Estados-membros mas também dos particulares* (denominado *efeito direto horizontal*)[323].

Para CARMEN PLAZA MARTIN[324], o Acórdão *Marshall I* acarretou graves consequências para o processo jurídico comunitário, invocando nomeadamente:

---

[321] Jurisprudência confirmada, posteriormente, nos Acs. *Pretore di Salo*, de 17.03.1987, Proc. nº 14/86, CJTJ, SPOCE, 1987, vol. VI, ISSN 1011-5072; *Kolpinghuis Nijmegen*, de 08.10.1987, Proc. nº 870/86, CJTJ, Lux., SPOCE, 1987, vol. XIX, p. 3969; *Faccini Doris*, de 14.07.94, Proc. Nº C-91/92, CJTJ, 1994, vol. VII, p. I-3325.
[322] À posição do TJC no Ac. *Marshall* não é alheia a pressão exercida pelo *Conceil d'Etat* e pelo *Bundesfinanzhof*, que com muitas reticências aceitavam o próprio efeito direto vertical.
V., ainda, Acs. *Pretore di Salo*; *Kolpinguis Nijmegen*.
[323] Furthering the effectiveness of EC directives and the judicial protection of individual rights thereunder», ICLQ, The British Institute of International and Comparative Law, vol. 43, parte 1, Jan. 1994, p. 29.
[324] Relativamente a este último argumento, *v*. as Conclusões no Ac. *Marshall I*, do Advogado-Geral Sir Gordon Slynn, quando sustenta que o Estado como entidade indivisa, enquanto empregador não deve ser equiparado a um empregador privado, pois o Estado pode legiferar, o que não acontece com um empregador privado. E é precisamente como legiferante que pode tomar as medidas corretivas, se faltou à sua obrigação de executar a diretiva em causa.
No Ac. *Foster*, de 12.07.1990, Proc. nº C-188/89, CJTJ, Lux., SPOCE, 1990, vol. IX, ISSN 1011-5072, p. I-3313, o TJCE não comungou deste entendimento, referindo que, «não há qualquer razão para que uma diretiva não produza efeito direto em relação a organismos instituídos pelo Estado mas com funções diferentes das funções clássicas do Estado», reconhecendo o próprio Tribunal que as funções clássicas do Estado podem variar de um Estado para outro e de uma época para outra, o que contenderia com a desejável aplicação uniforme do direito comunitário e com a segurança jurídica.

- A restrição da efetividade das diretivas dentro da ordem jurídica interna;
- O prejuízo para a uniformidade do Direito Comunitário, atribuindo aos cidadãos dos Estados-membros um *estado de imunidade* face às obrigações decorrentes da diretiva, em detrimento dos cidadãos dos Estados-membros que a transpuseram;
- A discriminação dos particulares, titulares ativos da relação jurídica, dos Estados-membros que não transpuseram a diretiva, nomeadamente no campo laboral, prejudicando os empregados das empresas privadas face aos das empresas públicas[325].

O Tribunal de Justiça no Ac. *Foster* indicou como critério para determinar se se trata de uma órgão público, a possibilidade de *seja qual for a natureza do organismo*, ter sido encarregado, por um ato de natureza pública, de prestar, sob controlo deste, um serviço de interesse público e que disponha, para esse efeito, de poderes especiais que exorbitem das normas aplicáveis às relações entre particulares[326]. O que pode levar à responsabilização de entidades que nada têm a ver com a função de transposição da diretiva.

O Acórdão sublinhou, neste contexto, que «*as disposições de uma diretiva podiam ser invocadas contra autoridades fiscais*[327], *coletividades territoriais*[328], *autoridades constitucionalmente independentes encarregadas da manutenção da ordem e da segurança públicas, bem como autoridades públicas que assegurem serviços de saúde públicos*».

A doutrina tem entendido que este critério afinal não assegurou uma definição comum, dando azo, pelo contrário, a uma grande margem de apreciação

---

[325] Sobre o conceito funcional de Estado e para uma análise critica ao Acordão, *v.* Sacha Prechal, "Directives...", p. 79.
[326] Acordãos *Becker*, de 19.01.82, Proc. nº 8/81, CJTJ, vol. I, p. 53.; *Busseni*, de 22.02.1990, Proc. nº C-221/88, CJTJ, Lux., SPOCE, 1990, vol. VIII, p. I-495.
[327] Acordão *Constanzo*, de 22.06.1989, Proc. nº 103/88, CJTJ, Lux., SPOCE, 1989, vol. VI, p. 1839.
[328] Ac. de 17.05.1990, Proc. nº C-262/88, CJTJ, Lux., SPOCE, 1990, vol. V, ISSN 1011-5072, p. I-1938. O recorrente (Barber) intentou uma ação contra o Guardian (empregador), alegando ter sido vítima de uma discriminação proibida pelos art. 1º-*a*)-*i*) e 6º-2-*a*) e *b*) do «Sex Discrimination Act 1975», pelo art. 119º TCE e pela Diretiva 75/117, sobre igualdade de remuneração, e pela Diretiva 76/207, sobre igualdade de tratamento.
Esclarece o Advogado-Geral, «a questão já não é saber se o nº 1 do artigo 5º da Diretiva 76/207 criou para o Guardian obrigações a que correspondem direitos na esfera jurídica do particular – a norma não o faz por si só, mas sim a de saber se Barber pode opor ao Guardian a omissão de um Estado-membro que negligenciou o respeito da sua obrigação de transposição do direito comunitário, quando esta omissão lesa os seus direitos».
Em *Barber* foi admitido o efeito horizontal com base diretamente no art. 119º (como também já o tinha sido em *Defrenne*), contornando-se a questão de o transpôr igualmente para as diretivas.

por parte dos tribunais nacionais, o que sempre prejudicará, repita-se, a uniformidade do Direito Comunitário.

Como bem aponta o Advogado-Geral *van Gerven* no Acórdão *Barber*, o Acórdão *Marshall I* ao «*basear o efeito direto duma diretiva relativamente a um Estado-membro na falta de transposição por parte deste da diretiva para a legislação nacional*», colocou a questão do efeito direto *horizontal* das normas da diretiva, numa perspetiva muito própria.

Assim, a questão do efeito direto horizontal de uma diretiva reconduz-se à possibilidade de um particular invocar o desrespeito, por um Estado-membro, de uma diretiva, que vincula esse Estado-membro, no litígio que o opõe a outro particular, exigindo-lhe determinado comportamento, ou inversamente, à questão de saber se este último pode beneficiar da omissão de um Estado-membro para negar a outro particular (o seu empregado) uma regalia legítima, baseada no direito comunitário[329].

Por *efeito direto em relação a terceiros* (também denominado *efeito em relação a terceiros das normas das diretivas – Drittwirkung*), entende-se, portanto, que a norma em apreciação pode também atingir a esfera jurídica de um *terceiro*, ou seja, de uma entidade ou pessoa que não aquela em relação à qual a disposição impõe diretamente obrigações ou confere direitos.

A este respeito, *van Gerven*[330] questiona se a jurisprudência que consagra o efeito direto vertical deve ser alargada no sentido de que um particular, que de forma alguma depende de autoridades públicas, deixe de poder beneficiar, nas suas relações com outros particulares, da omissão do Estado-membro e, deste modo, se abstenha de invocar uma norma (legal ou contratual) contrária à diretiva.

Com efeito, não se exclui que se entenda o princípio *nemo auditur* como uma «*proibição geral de beneficiar da negligência de uma outra pessoa, desde que, nos termos da referida jurisprudência, esse princípio tenha uma aplicação de tal modo lata que deixe de remeter para uma omissão «pessoal» do Estado-membro enquanto legislador*».

---

[329] J. STUYCK e P. WYTINCK, «Case Law», CMLR, Kluwer Law International, London, Martinus Nijhoff Pub., ISSN 0165-0750, vol. 28, 1991, p. 205, restringem o conceito, aceitando o efeito horizontal meramente a título de exceção, em sede de litígio, *i.e.*, um particular poderia judicialmente opor a outro, um direito conferido por uma diretiva (chamado *efeito horizontal passivo*, ou *efeito horizontal mitigado*). V. o já citado Ac. *Smith*, supra nota 26. Ainda, NADINE DANTONEL-COR, "La violation dela norme communautaire et la responsabilité extracontractuel de État", RTDE, Paris, nº 1, Jan.-Mars., 1998.34 année, p. 76 e ss; SACHA PRECHAL, "Directives...", p. 291.

[330] V. *Reyners*, de 21.06.74, Proc. nº 2/74, CJTJ, 1974, p. I-631.

Ou seja, dever-se-ia aplicar o princípio *nemo auditur* também às relações de puro direito privado (baseada na omissão de um Estado-membro)?

Concluindo que, o Tribunal de Justiça das Comunidades ainda não avançou nesse sentido, limitando os efeitos do princípio *nemo auditur* às pessoas que dependem da esfera das autoridades públicas e em relação às quais o Estado tem, por conseguinte, uma determinada responsabilidade.

O que para *van Gerven*, se, por um lado, parece oportuno, sob pena de o princípio perder o seu significado original; por outro, gera uma impossibilidade no que respeita à eliminação das desigualdades de tratamento entre empregadores do setor público e do setor privado, bem como problemas de delimitação, em função da noção de «Estado», do setor público e do setor privado.

3.6. Princípio da uniformidade

O Direito Comunitário deve ser interpretado e aplicado de igual modo seja qual for o Estado em questão. O reenvio prejudicial protagoniza um importante papel no princípio da uniformidade, estabelecendo um processo de cooperação horizontal entre o juiz nacional e o juiz comunitário. O marco é, sem dúvida, o Ac. CILFIT[331], refere NUNO PIÇARRA, "nele se confirma, à guisa de enquadramento geral, que a obrigação estabelecida pelo terceiro parágrafo do artigo 177º, se integra no âmbito da colaboração entre os órgãos jurisdicionais nacionais incumbidos da aplicação do direito comunitário e o TJ, com o objetivo de garantir a correta aplicação e a interpretação uniforme deste direito no conjunto dos Estados-Membros e de evitar divergências de jurisprudência no interior da comunidade, mais concretamente, que se consolide uma jurisprudência nacional em contradição com o direito comunitário. Frisa-se igualmente (...) que o art. 177º, «mão constitui um expediente jurídico colocado à disposição das partes num processo pendente num órgão jurisdicional nacional», não bastando, portanto, que uma questão de interpretação seja suscitada pelas partes para que o juiz de última instância fique obrigado ao seu reenvio"[332].

Combatendo a *teoria do ato claro*, na qual se escudam alguns Estados, a qual não suscita o mínimo entrave interpretativo, dado que a norma é perfeitamente clara, para além de qualquer dúvida razoável, o Tribunal estabelece a obrigação dos tribunais nacionais chamarem à colação o Tribunal de Justiça, sempre que do escla-

---

[331] Ac. de 06.10.82, Proc. nº 283/81.
[332] "O Tribunal de Justiça das Comunidades Europeias como Juiz Legal e o processo do artigo 177º do Tratado CEE", AAFDL, 1991, p. 19.

recimento prévio da questão a interpretar dependa a decisão final do caso concreto, a menos que não haja, de facto, qualquer margem para a dúvida razoável.
O Tribunal de Justiça é chamado a intervir sobre:

   i) a interpretação de todo o Direito Comunitário;
   ii) a validade do Direito Comunitário Derivado.

3.7. Princípio da interpretação conforme ou princípio do efeito indireto

O princípio da interpretação conforme apela a que, na reconstrução interpretativa levada a cabo pelos tribunais e demais autoridades, a norma nacional a interpretar o seja em conformidade com os ditames teleológicos do Direito Comunitário.

Este princípio visa construtivamente preencher a lacuna deixada pela denegação de produção do efeito direto horizontal.

O princípio foi reconhecido principalmente nos Casos *von Colson*[333] e *Harz*[334].

"Estes últimos sublinham a anomalia decorrente da distinção entre ente público e ente privado (...), ambos os particulares invocam a Diretiva 76/207 (sobre igualdade de tratamento entre homens e mulheres no emprego), *von Colson* contra o serviço prisional alemão, logo um orgão público; e *Harz* contra um ente privado.

O Tribunal de Justiça das Comunidades evitando a questão da dicotomia ente privado-ente público, resolveu os litígios com base no art. 5º TR (que encerra a obrigatoriedade dos tribunais nacionais interpretarem a lei nacional à luz dos objetivos previstos no Direito Comunitário, recaindo tal obrigação sobre todos os orgãos do Estado, *i.e*, o legislativo, o executivo e o judicial), permitindo que o Direito comunitário fosse aplicado indiretamente, através da interpretação, posição que ficaria conhecida por princípio do efeito indireto ou *von Colson* (e ainda princípio da substancialidade efetiva e princípio da interpretação conforme)"[335].

3.8. Princípio da responsabilização estatal

Existindo violação do Direito Comunitário, o respetivo Estado pode ser responsabilizado pelos danos causados, através da competente ação de indemnização a propor na jurisdição nacional.

---

[333] Ac. de 10.04.84, Proc. nº 14/83, CJTJ, vol. II, p. 1891.
[334] Ac. de 10.04.84, Proc. nº 79/83, CJTJ, vol. IV, p. 1921.
[335] PAULA QUINTAS *in* "Da problemática...", p. 155.

O marco quanto à responsabilização do Estado destinatário da diretiva é, sem dúvida, o Ac. *Francovich*, que lançou um princípio geral de reparação por omissão legislativa (mais propriamente não cumprimento por parte do Estado italiano da obrigação de transposição da Diretiva nº 80/987, relativa à proteção dos trabalhadores assalariados em caso de insolvência do empregador)[336].

Foi aí entendido que a diretiva em questão não possuía efeito direto, *"embora as disposições da Diretiva (...), sejam suficientemente precisas e incondicionais no que respeita à determinação dos beneficiários e ao conteúdo da garantia, os interessados não podem, na falta de medidas de aplicação tomadas por um Estado-membro dentro dos prazos, invocar estas disposições perante os órgãos jurisdicionais nacionais em virtude de, por um lado, as disposições da diretiva não precisarem a identidade do devedor da garantia e por outro, o Estado não poder ser considerado devedor apenas em virtude de não ter tomado dentro dos prazos as medidas de transposição"*.

Assim, e numa primeira abordagem a reparação que cabe ao Estado foi concedida apenas na presença de efeito direto da norma jurídica protectiva, a partir de *Francovich*, o direito à reparação colhe para todas as normas comunitárias, possuidores ou não desse efeito (*critério de cumulação*), em nome, aliás, do *princípio da proteção judicial efetiva*, se outras razões não sobejassem. Sobre o princípio da proteção judicial efetiva, enquadrando um novo *"Ius Commune"*[337].

A reparação a atribuir assenta também aqui no critério da igualdade, quer entre os próprios Estados-membros, quer ainda, e principalmente, quanto ao respetivo ordenamento jurídico nacional. As modalidades processuais e procedimentais ao alcance do particular para fazer valer a norma nacional terão que ser igualmente concedidas estando em causa a aplicação e execução da norma comunitária.

No Ac. *Palmisani* foi analisada uma determinada questão prescricional, mais concretamente, se o prazo de preclusão de um ano que o legislador italiano fixou para a propositura da ação de indemnização destinada a ressarcir os que sofreram um prejuízo no decurso do período em que a Diretiva 80/987/CEE

---

[336] Em desenvolvimento *v.* P. CRAIG, "Francovich, remedies and the scope damages liability", LQR, London, Steven & Sons, Ltd., nº 109, 1993, p. 595, quanto à questão da responsabilização do Estado por ação ou por omissão, *v.* MARIA LÚCIA AMARAL PINTO, "Responsabilidade do Estado e dever de indemnizar do legislador", Coimbra Editora, 1998, p. 742; RUI MEDEIROS, "Ensaio sobre a responsabilidade civil do Estado por atos legislativos", Livraria Almedina, 1992, p. 130 e ss.
[337] *V.* ROBERTO CARANTA, "Case Law", CMLR, Kluwer Law Internat., London, Mart. Nij. Publ., 1995, vol. 32, p. 703.

(que motivou, aliás, o Ac. *Francovich*) ainda não se encontrava transposta, é conforme ao direito comunitário.

Assim, uma mesma diretiva enriquece o património jurídico da Comunidade com dois importantes contributos, um quanto à responsabilização estatal[338], no campo substantivo, outro quanto ao critério da similitude, no aspeto adjetivo!

Em relação a que ações ou omissões é o Estado responsável? O Tribunal de Justiça estabeleceu que a responsabilidade do Estado depende da «*natureza da violação do direito comunitário*», estabelecendo dois regimes distintos, consoante o Estado disponha de um amplo ou reduzido/inexistente poder de apreciação.

Foi no caso *Francovich*, em que a violação consistiu, como vimos, no desrespeito pela obrigação de transposição da diretiva, que se impuseram os seguintes pressupostos materiais mínimos, segundo o critério de limitada ou inexistente margem de apreciação de que disponham as autoridades nacionais no exercício da sua atividade legislativa ou na subordinação ao Direito Comunitário, de forma a que o direito à reparação seja comum em todos os Estados-membros[339]:

a) o resultado prescrito pela diretiva implique a atribuição de direitos a favor dos particulares (equiparando, para este efeito, os interesses legítimos aos direitos subjetivos);

b) que o conteúdo desses direitos (mesmo o conteúdo mínimo) possa ser identificado com base nas disposições da diretiva (ou seja, determinável no seu objeto);

O direito à reparação subsiste, conforme já referido, mesmo que à norma não seja reconhecido efeito direto (como aconteceu em *Francovich*, apesar do conteúdo do direito ser suficientemente preciso e incondicional)[340].

---

[338] Sujeita ao *princípio do tratamento nacional*, que obriga a que a tutela jurisdicional concedida seja semelhante àquela que é concedida às normas jurídicas internas que atribuem posições jurídicas análogas; ao *princípio da equivalência ou da não discriminação*, quanto à decisão judicial propriamente dita, que não poderá ser menos desfavorável do que aquela que é proferida nos casos de idêntica violação da ordem jurídica interna, ou torne praticamente impossível, na prática, o exercício dos direitos conferidos pela ordem jurídica comunitária *(princípio da efetividade)*.
Para maiores e melhores desenvolvimentos, *v.* COBNOR QUIGLEY, *op. cit.*, 31; VAN GERVEN, "Bridging...", p. 682 e 693; e STEPHEN WEATHERILL, *op. cit.*, p. 118.

[339] V. CARMEN PLAZA MARTIN, *op. cit.*, p. 42; SACHA PRECHAL, "Directives...", p. 318.

[340] O TJCE entendeu neste Ac. que, «embora as disposições da Diretiva nº 80/987, relativa à proteção dos trabalhadores assalariados em caso de insolvência do empregador, sejam suficientemente precisas e incondicionais no que respeita à determinação dos beneficiários e ao conteúdo da garantia, os interessados não podem, na falta de medidas de aplicação tomadas por um Estado-membro dentro dos prazos, invocar estas disposições perante os orgãos jurisdicionais nacionais em virtude de, por um lado, as disposições da diretiva não precisarem a identidade do devedor da garantia e por outro, o Estado não poder ser

Pois se originariamente, conforme exposto no Ac. *Rewe*, o direito à reparação colhia apenas para as normas comunitárias possuidoras de efeito direto, posteriormente e como dissemos, graças ao contributo de *Francovich*, veio-se alargar tal direito a todas as normas comunitárias, possuidoras (*critério de cumulação*) ou não desse efeito. Aliás, a reparação quando não há efeito direto funciona exatamente com um caráter subsidiário, sob pena da pretensão do particular não receber direito que a acolhesse[341].

c) exista um nexo de causalidade entre a violação da obrigação que incumbe ao Estado (não se exigindo para o efeito uma decisão judicial que comprove a violação, determinada quer pelo juiz comunitário, quer pelo nacional, se competente para tal[342]) e o prejuízo sofrido pelas pessoas lesadas[343]. Claro está que a definição de nexo de causalidade e circunstâncias que o interrompam é matéria estritamente de direito nacional.

Em *Brasserie du Pêcheur e Factortame III* estava em causa um amplo poder de apreciação que cabia ao Estado, o Tribunal de Justiça manteve a exigibilidade das primeira e terceira condições enunciadas (respetivamente, que a norma tenha por objeto conferir direitos aos particulares e verificação de nexo de causalidade entre a violação da obrigação comunitária por parte do Estado e o prejuízo sofrido), acrescentando, agora, um novo requisito quanto à ilegalidade do comportamento. Assim, a responsabilidade não pode surgir se não tiver

---

considerado devedor apenas em virtude de não ter tomado dentro dos prazos as medidas de transposição». Ou seja, falha a precisão e incondicionalidade da norma no que concerne à identidade do devedor. Além *de Francovich*, v., ainda, *F. Doris, El Corte Inglés* e *Dillenkofer*.

[341] Neste sentido, P. Craig, «Francovich, Remedies and the Scope Damages Liability», LQR, London, Steven & Sons, Ltd., nº 109, 1993, p. 595.

[342] Conforme concedeu o TJCE nos Acs. *Dillenkofer* e *Brasserie du Pêcheur*. Sobre a decisão judicial tomada em sede de reenvio prejudicial, v. Nadine Dantonell-Cor, *op. cit.*, p. 76.

[343] V. Conclusões do Advogado-Geral Tesauro, Ac. *Brasserie*, p. I-1098, acerca do TJCE se ter quedado pelas condições enunciadas, não precisando os conceitos referentes à ilegalidade do comportamento do autor do dano e da efetividade do dano.
Acerca desta questão, v., ainda, Maria Luísa Duarte, «A cidadania da União e a responsabilidade dos Estados por violação do Direito Comunitário», Lisboa, *Lex*-Edições Jurídicas, 1994, p. 72 e R. Joliet, «Le Droit institutionnel des Communautés Européennes – Le contentieux», Liége, 1981, p. 260 e ss..
Sacha Prechal, "Directives...", p. 332, levanta uma curiosa questão acerca da relevância ou não da própria transposição para efeito de verificação do nexo de causalidade, segundo o A., o Estado-membro pode não transpôr a diretiva criada e ser concebível que possa invocar em sua defesa que, mesmo com a diretiva corretamente transposta, não haveria garantias de que o particular acatasse os deveres nela impostos, frustrando-se, por consequência, o nexo de causalidade entre o comportamento do Estado e o prejuízo sofrido.

sido cometida uma violação suficientemente caracterizada (ou seja, manifesta e grave dos limites que são impostos à sua própria discricionariedade, como a seguir se transcreve[344]) de uma regra hierarquicamente superior de direito que proteja os particulares (a ilegalidade de um ato normativo implica a sua oposição a uma norma hierarquicamente superior), sendo pois, o próprio princípio do primado que pode ser posto agora em causa[345].

Quanto a esta condição, o Tribunal precisou que, «*o critério decisivo para considerar que ela se verificou é o da violação manifesta e grave*[346], *por um Estado-membro, dos limites que se impõe ao seu poder de apreciação. A este respeito, entre os elementos que o órgão jurisdicional competente pode ser levado a tomar em consideração, figuram o grau de clareza e precisão da regra violada, o âmbito da margem de apreciação que a regra violada deixa às autoridades nacionais ou comunitárias, o caráter intencional ou involuntário do incumprimento verificado ou do prejuízo causado, o caráter desculpável ou não de um eventual erro de direito, o facto de as atitudes adotadas por uma instituição comunitária terem podido contribuir para a omissão, a adoção ou a manutenção de medidas ou práticas nacionais contrárias ao direito comunitário*»[347].

Esta condição relevante quando o Estado disponha de um amplo poder discricionário, não pode ser esquecida igualmente em sede de transposição de diretivas, pois apesar da vinculação ao resultado a atingir, beneficia ainda o Estado de uma maior ou menor liberdade conformadora consoante a margem de apreciação atribuída[348], para além da própria liberdade de não atuar. Parece então que a inexistência de qualquer medida de transposição de uma diretiva «para a consecução do resultado nela prescrito no prazo para o efeito estabelecido constitui, por si só, uma violação caracterizada do direito comunitário»[349].

---

[344] V. Ac. *Klaus Konle*, Proc. nº C-302/97, *in* Atividades do TJCE nº 05/99, Lux., SPOCE, 1999, p. 2.
[345] O qual impõe a não aplicação de uma lei contrária ao Direito Comunitário, e, por consequência, tem inerente o ressarcimento dos prejuízos provocados pela lei contrária, enquanto vigente.
[346] No Ac. *British Telecom*, a questão do grau de gravidade que o comportamento do Estado assume, foi abordada em termos de afastamento da responsabilização do Estado, pois apesar da transposição efetuada ser incorreta, não teria sido suficientemente grave. V., também, NADINE D., *op. cit.*; SACHA PRECHAL, "Directives...".
[347] V., ainda, Advogado-Geral Tesauro, no Ac. *British Telecom*, p. I-1651, ponto 36.
[348] Assim entendeu o TJCE nos Acs. *Lomas*, (neste Ac. o princípio da responsabilidade estatal alargou-se às violações do Direito Comunitário em consequência de decisões administrativas); e *British Telecom*. Sobre a menor liberdade de apreciação, *v.* as diretivas-regulamentares, que de tão exaustivas deixam ao Estado diminuta liberdade de conformação.
[349] Em sede de transposição incorreta, mas não integrando uma violação suficientemente caracterizada, *v.* Ac. *British Telecom*.

No que concerne ao dever de reparação, o seu alcance tanto colhe para as violações totais (não-transposição de todo em todo da diretiva em causa), como parciais[350] (transposição inadequada ou insuficiente), pois, estas últimas, nos seus efeitos práticos, são suscetíveis de se assemelharem à pura e absoluta inércia do Estado destinatário. Mas é exatamente o comportamento positivo do Estado e o grau de culpa que lhe subjaz que podem tornar problemática a sua responsabilização.

Acerca do juízo de culpabilidade, aceita-se sem reservas a responsabilidade de tipo objetivo, o Advogado-Geral Tesauro, nos Proc. *British Telecom* e *Erich Dillenkofer* (e atente-se bem à violação em causa nos dois acórdãos), afirma que «*a obrigação de reparação a cargo do Estado não pode estar subordinada à averiguação da existência de uma componente subjetiva (negligência ou dolo), que acompanhe a violação de indemnizar do Estado-membro não cumpridor*». E em *Brasserie*, afirma que, «*a violação, o ilícito se verifica no momento em que o Estado não conseguiu realizar o resultado pretendido pela norma*».

Entendemos, portanto, que, atento o tipo de violação que a não-transposição da diretiva enquadra, a responsabilidade do Estado não exige como pressuposto a culpa, trata-se de uma responsabilidade sem culpa, sendo pois suficiente uma imputação objetiva, por danos causados[351].

Aliás, pode ocorrer que o Estado-membro destinatário tenha, aliás, transposto a diretiva corretamente, e uma interpretação inesperada do TJCE, que contrarie a transposição realizada, venha colocar o Estado responsável pelos prejuízos sofridos.

Quem define a extensão do dano indemnizável, é o próprio Tribunal ou são os tribunais nacionais?

No Acórdão *Marshall I*, o Tribunal esclareceu que quando ao Estado-membro incumbe proceder a uma reparação, esta deve ser integral, não podendo «*ser fixado a priori um limite ao seu montante*».

Van Gerven, "ECJ case Law", p. 300, transpondo o incumprimento para o domínio privado, entende de forma lata que as violações realizadas por particulares em virtude das obrigações que o Direito Comunitário impõe, devem ser igualmente enquadradas em termos de Direito Comunitário.

[350] V. Jodephine Steiner, «From direct effects...», p. 11; F. Schockweller, G. Wivenes e J. M. Godart, «Le régime de la transposition extracontractuelle du fait d'actes juridiques dans la Communauté Européennes», RTDE, Paris, Éditions Sirey, Jan.-Mar., 1990, p. 53 e ss.

[351] Quando subjetiva, deveria ser suficiente como prova de culpa, para os tribunais nacionais, a declaração nesse sentido do próprio TJCE, segundo entendimento manifestado no Ac. *Brasserie*, p. I-1044 e nas Conclusões do Advogado-Geral Mischo no Ac. *Francovich*, p. 5397, col. dir..

Embora respeitando a autonomia dos Estados-membros, o TJCE recusa a exclusão do lucro cessante dos particulares, perante o objeto da reparação, aceitando, ainda, indemnizações específicas, como a indemnização exemplar do direito inglês, desde que aceites no direito nacional.

A ação de indemnização deverá possuir um caráter subsidiário, face às ações nacionais que permitam uma outra via de direito, por ex. através do recurso de anulação?

Esta é uma questão de direito interno que não compete ao TJCE resolver. O Direito Comunitário parece que exigirá apenas que o Direito interno respeite os princípios da equivalência e da efetividade, já enunciados.

No que concerne ao contencioso propriamente dito, ao particular (recorrente não privilegiado ou ordinário) cabe apenas invocar o incumprimento do Estado (considerando que não foram acatadas as obrigações que lhe incumbem no quadro da ordem jurídica comunitária), perante os tribunais nacionais, sendo-lhe vedado, portanto, o recurso ao TJCE, como forma de sancionar tal incumprimento, pois decorre do próprio tratado (arts. 227º e 226º TR), que tal recurso é reservado aos Estados-membros e à Comissão.

Desta forma, a função de vigilância que caberá aos particulares só poderá ser exercida a nível interno.

Ora, há uma diferença fundamental entre a ação por incumprimento comunitária e a ação por incumprimento nacional, pois «*a ação de um particular visa salvaguardar os direitos individuais num caso concreto, enquanto que a intervenção da Autoridade Comunitária visa assegurar a observância geral e uniforme da regra comunitária*»[352].

4. As instituições da União Europeia

As esferas institucionais da União não se assemelham à clássica separação entre poderes, não se pode dizer que a cada órgão corresponda um determinado e único poder.

As instituições da União Europeia são constituídas pelo Parlamento Europeu, o Conselho Europeu, o Conselho, a Comissão Europeia, o TJUE, o Banco Central Europeu e o Tribunal de Contas (art. 9º do TUE).

---

[352] V. J. Mota de Campos, «A Salvaguarda Jurisdicional da Legalidade Comunitária», Lisboa, Ordem dos Advogados-Conselho Geral, 1983, Instituto da Conferência e A. Barbosa de Melo, «Notas de Contencioso Comunitário», Coimbra, 1986, p. 55.

Quanto ao poder legislativo
O Parlamento Europeu exerce, juntamente com o Conselho, a função legislativa (art. 9º-A, nº 1, do TUE). Essa função é igualmente realizada pelo Conselho, juntamente com o Parlamento Europeu (art. 9º-C, nº 1, do TUE).
O art. 288º, § 1º, do TFUE, refere as instituições que adotam regulamentos, diretivas, decisões, recomendações e pareceres.
O Conselho Europeu não exerce função legislativa (art. 9º-B, nº 1, do TUE).
Os atos legislativos da União só podem ser adotados sob proposta da Comissão, salvo disposição em contrário dos Tratados (art. 9º-D, nº 2, do TUE).

Quanto ao poder executivo
Este poder cabe, em regra, à Comissão, que "promove o interesse geral da União e toma as uiniciativas adequadas para esse efeito" (art. 9º-D, nº 1, do TUE).
A Comissão desempenha além das funções executivas, funções de fiscalização (é vista como a guardiã dos Tratados), representando, essencialmente, os interesses próprios da União (art. 9º-D, nº 1, do TUE).

Quanto ao poder judicial
O poder judicial é exercido pelo Tribunal de Justiça da União Europeia, o qual integra o Tribunal Geral e os tribunais especializados (art. 8º-F, nº 1, do TUE).

5. Os órgãos da Comunidade

Conselho
O Conselho é composto por um representante de cada Estado-membro ao nível ministerial, com "poderes para vincular o Governo do respetivo Estado-Membro e exercer o direito de voto" (art. 9º-C, nº 2, do TUE), é, portanto, assumido como órgão comunitário, no entanto, é também um órgão intergovernamental.
O Conselho é designado como um órgão itinerante: "Os «representantes» dos Estados-membros não são permanentes: quando se discutem assuntos gerais, estão normalmente presentes os Ministros dos Negócios Estrangeiros dos Estados-membros (*Conselho para Assuntos Gerais*); em discussões mais específicas estarão presentes os Ministros nacionais das respetivas pastas.
O Comité dos Representantes Permanentes (COREPER) assegura a continuidade dos trabalhos, promovendo, no seu seio, o diálogo entre os vários represen-

tantes dos Governos, controlando os grupos de trabalho que funcionam junto do Conselho e – tarefa essencial – preparando os trabalhos do Conselho"[353].

Comissão
A Comissão "promove o interesse geral da União e toma as iniciativas adequadas para eese efeito" (art. 9º-D, nº 1, do TUE).

Os membros da Comissão são escolhidos de entre os nacionais dos Estados--Membros, com base num sistema de rotação rigorosamente igualitária entre os Estados-Membros que "permita refletir a posição demográfica e geográfica relativa dos Estados-Membros no seu conjunto" (art. 9º-D, nº 5, do TUE).

A Comissão nomeada entre a data de entrada em vigor do Tratado de Lisboa e 31 de outubro de 2014 é constituída por um nacional de cada Estado-membro, incluindo o seu Presidente e o Alto Representante da União para os Negócios Estrangeiros e a Política de Segurança, que é um dos vice-presidentes (art. 9º-D, nº 4, do TUE).

A Comissão detém um leque vasto de poderes:

Detém o poder de impulso legislativo (art. 9º-D, nº 2, do TUE); impõe-se como guardiã dos Tratados; controla a aplicação do direito da União; executa o Orçamento e gere os programas; exerce funções de coordenação, de execução e de gestão; representa a União, salvo em matéria de política externa e de segurança comum (art. 9º-D, nº 1, do TUE). Em sede de contencioso comunitário, pode formular uma queixa contra o Estado por incumprimento (arts. 226º e 228º, do Tratado de Lisboa).

Desde o Tratado de Nice, que a Comissão tem um presidente, conforme preceitua o atual art. 9º-D, nº 7, do TUE: "O Conselho Europeu, deliberando por maioria qualificada, propõe ao Parlamento Europeu um candidato ao cargo de Presidente da Comissão".

Parlamento Europeu
O Parlamento Europeu é composto por representantes dos cidadãos da União (art. 9º-A, nº 2, do TUE), eleitos por sufrágio direto e universal (nº 3). Todos os cidadãos comunitários elegem esse representante e todos os cidadãos são elegíveis.

Este órgão que não se pode equiparar a um parlamento nacional, possui, entre outras, as seguintes funções:

---

[353] MARIA JOÃO PALMA e LUÍS DUARTE D'ALMEIDA, *op. cit.*, p. 75.

i) competência legislativa (art. 9º-A, nº 1, do TUE e art. 191º, do Tratado de Lisboa).

ii) poder decisório em matéria orçamental (art. 9º-C, nº 1, do TUE); poderes de controlo político, interpelando as instituições (art. 193º, do Tratado de Lisboa); discutindo publicamente o relatório geral anual da Comissão (art. 200º, do Tratado de Lisboa); apreciando as moções de censura dirigidas à Comissão (art. 201º, do Tratado de Lisboa); constituindo uma comissão de inquérito temporária para analisar "alegações de infração ou de má administração na aplicação do direito comunitário" (art. 193º, 1º §, do Tratado de Lisboa).

O poder de controlo político desta instituição foi reforçado, elegendo o candidato a Presidente da Comissão, proposto pelo Conselho Europeu (art. 9º-D, nº 7, TUE).

iii) De assinalar a possibilidade de exercício do direito de petição ao Parlamento Europeu, por qualquer cidadão da União ou qualquer outra pessoa singular ou coletiva com residência ou sede estatutária num Estado membro (art. 194º, do Tratado de Lisboa), sobre qualquer questão que se integre nos domínios dos assuntos comunitários.

Ainda, o direito de recurso, por parte de qualquer cidadão comunitário ou qualquer pessoa singular ou coletiva com residência ou sede estatutária num Estado membro, ao Provedor de Justiça Comunitário, nomeado pelo Parlamento Europeu, sobre aspetos de má administração na atuação das instituições ou organismos comunitários, com exceção do Tribunal de Justiça e do Tribunal de Primeira Instância no exercício das respetivas funções jurisdicionais (art. 195, nº 1, do Tratado de Lisboa).

Tribunal de Justiça

O Tribunal de Justiça da União Europeia inclui o Tribunal de Justiça, o Tribunal Geral e tribunais especializados (art. 9º-F, do TUE).

Cabe ao Tribunal de Justiça garantir "o respeito do direito na interpretação e aplicação dos Tratados" (art. 9º-F, nº 1, do TUE). Cabe-lhe, ainda, decidir sobre os recursos interpostos por um Estado-membro, por uma instituição ou por pessoas singulares ou coletivas; conhecer a título prejudicial, a pedido dos órgãos jurisdicionais nacionais, sobre a interpretação do direito da União ou sobre a validade dos atos adotados pelas instituições e nos demais casos previstos pelos Tratados (art. 9º-F, nº 3, do TUE).

Nos termos do art. 9º-F, nº 2, do TUE, o Tribunal de Justiça é composto por um juiz de cada Estado-membro, sendo assistido por oito Advogados-Gerais (art. 222º, do Tratado de Lisboa). O Advogado-Geral é uma figura importada do direito francês, tendo funções idênticas ao Comissário do Governo junto do *Conseil d'Etat*. Francês"[354].

Conselho Europeu
O Conselho Europeu é assumido como instituição comunitária porque a sua criação de deve às necessidades de construção europeia, institucionalizada no Ato Único Europeu.

Apresenta-se como instrumento de concertação política e de cooperação em matéria de política externa e de segurança comuns, e como instância de apelo e órgão de decisão, não exercendo função legislativa.

Dispõe o art. 9º-B, nº 1, do TUE: "O Conselho Europeu dá à União os impulsos necessários ao seu desenvolvimento e define as orientações e prioridades políticas gerais da União".

O Conselho Europeu é composto pelos Chefes de Estado ou de Governo dos Estados-membros, bem como pelo seu Presidente e pelo Presidente da Comissão (art. 9º-B, nº 2, do TUE). Elege o seu Presidente por maioria qualificada, por um mandato de dois anos e meio, renovável uma vez (art. 9º-B, nº 5, do TUE).

O Conselho Europeu, deliberando por maioria qualificada, com o acordo do Presidente da Comissão, nomeia o Alto Representante da União para os Negócios Estrangeiros e a Política de Segurança (art. 9º-E, nº 1, do TUE). O Alto Representante é um dos vice-presidentes da Comissão (art. 9º-E, nº 4, do TUE).

---

[354] MARIA JOÃO PALMA e LUÍS DUARTE D'ALMEIDA, *op. cit.*, ps. 95 e 96.

CAPÍTULO XIV
DIREITO COMUNITÁRIO DO TRABALHO

1. O Direito Comunitário do Trabalho

Explica MARIA LUÍSA DUARTE, "A designação Direito Comunitário do Trabalho não é unívoca no seu sentido, nem consensual na doutrina. Podemos, com efeito, descortinar nesta expressão pelos menos duas aceções: em sentido restrito, o Direito Comunitário do Trabalho é o conjunto de regras que regulam, de modo específico, o estatuto do trabalhador comunitário; em sentido amplo, o Direito Comunitário do Trabalho surge como sinónimo de Direito Social, cujo âmbito material de aplicação se estende aos domínios conexos da proteção social dos trabalhadores em geral, comunitários e não-comunitários (melhoria das condições devida e de trabalho; segurança social)"[355].

A criação desta nova ciência, reflete-se igualmente em todos os ordenamentos que o acolhem, nomeadamente no nosso.

"Podemos dizer que a mutação do Direito do Trabalho nacional que se tem vindo a desenvolver é no sentido da sua comunitarização, fruto do fenómeno da harmonização comunitária, quer tendo por fundamento o próprio Direito Comunitário originário, quer por impulso e imposição dos regulamentos e das diretivas comunitários, não por real e efetiva transferência de poderes dos Estados a favor da Comunidade, mas pela cada vez maior preocupação com a dimensão social do espaço comunitário, ao arrepio, portanto, da tendência neo-liberal que o criou.

O Tribunal de Justiça tem protagonizado ainda um notável papel de integração do Direito Comunitário e do direito nacional, com uso e abuso (dizemos abuso face à tendência atual de espartilhar o recurso a essa via) do mecanismo do reenvio prejudicial, e na resolução propriamente dita dos casos confiados à sua jurisdição.

Para as diretivas, a querela doutrinária do efeito jurídico direto horizontal ainda se impõe, colhendo, no entanto, aqui e ali, argumentos de peso a favor da concessão desse efeito, aliás, muitos deles, dos *Wise Men* da Comunidade.

Curiosamente, um dos primeiros acórdãos que o admitiu em tais termos, questionava o efeito horizontal do seio do próprio Tratado, mais propriamente do então art. 141º, do TR. A concessão do efeito direto horizontal àquela norma

---

[355] "Estudos de Direito da União das Comunidades Europeias", Coimbra Editora, p. 256.

do Tratado, teve por fundamento exatamente o caráter discriminatório de separação entre o setor privado e o setor público garantindo os trabalhadores face a entidades patronais do setor público em detrimento daqueles que negoceiam com particulares[356]".

2. A liberdade de circulação de trabalhadores

O Título III, do Tratado de Lisboa (arts. 39º a 59º) postula a livre circulação de pessoas, de serviços e de capitais.

O Capítulo I dedica-se à consagração da liberdade dos trabalhadores (arts. 39º a 42º); o Capítulo II, ao direito de estabelecimento (arts. 43º a 48º-A); o Capítulo III, aos serviços (arts. 49º a 55º), e o Capítulo IV, aos capitais e aos pagamentos (arts. 56º a 59º).

O Título IV inclui o espaço de liberdade, segurança e justiça (relacionado com as políticas de vistos, asilo, imigração e outras políticas relativas à livre circulação de pessoas).

Refere o art. 39º, nº 2, do Tratado de Lisboa que "A livre circulação dos trabalhadores implica a abolição de toda e qualquer discriminação em razão da nacionalidade, entre os trabalhadores dos Estados-Membros, no que diz respeito ao emprego, à remuneração e demais condições de trabalho".

O legislador comunitário acompanhou o nacional, que igualmente prevê na Constituição da República Portuguesa o princípio da igualdade de tratamento (art. 59º).

Nos termos do nº 3, do art. 39º, do Tratado de Lisboa, a livre circulação de trabalhadores é analisada em quadríplice:

  i) possibilidade de responder a ofertas de trabalho;
  ii) direito à livre deslocação para o efeito, dentro do espaço comunitário;
  iii) direito à fixação de residência num dos Estados-membros para o exercício de uma atividade laboral;
  iv) direito à permanência no país destinatário dessa prestação, findo o seu exercício.

---

[356] PAULA QUINTAS *in* "A Diretiva nº 80/987 (quanto à aproximação das legislações dos Estados-membros respeitantes à proteção dos trabalhadores assalariados em caso de insolvência do empregador) – o antes e o depois de *Francovich*", QL, nº 16, p. 176 e ss.

Segundo FRANCA BORGOGELLI[357] os âmbitos temáticos em que a harmonização mais se vem impondo são as questões relacionadas com a igualdade de tratamento entre homens e mulheres, a "preferência pelo modelo participativo nas relações coletivas a nível de empresa, fundado nos direitos de informação e consulta, sem tomar posição sobre a forma de representação dos trabalhadores a nível de empresa," a proteção da saúde e da segurança no trabalho, "confiado a um modelo integrado de compromisso das partes, entidade empregadora e trabalhador, e de peritos privados e públicos, na atividade de controlo e promoção"; e uma conceção das crises ou da transformação da empresa nas suas "manifestações típicas de redução de pessoal, da transferência de empresas, da insolvência do empregador, como fenómeno coletivo dos trabalhadores e dos poderes públicos, realizadas sobretudo por via de procedimentalização".

A intervenção comunitária em matéria social não faz parte das preocupações dos Estados fundadores da Comunidade, o núcleo essencial foi sempre o da integração económica, e não propriamente o da coesão social.

Por isso, conclui JOSÉ JOÃO ABRANTES "muitas das normas de caráter social são apenas consequência ou condição da livre circulação de trabalhadores, verdadeira base do mercado comum do trabalho, em conjugação com medidas e políticas de formação profissional e de ajustamento entre a procura e a oferta de emprego"[358].

Da política social da Comunidade destacam-se as preocupações com a melhoria do ambiente de trabalho, com as condições de trabalho, a informação e consulta dos trabalhadores, as condições de emprego, a integração dos trabalhadores excluídos, a igualdade entre homens e mulheres.

Após Nice, mantém-se na exclusiva competência dos Estados as matérias referentes às remunerações, direito sindical, direito de greve e direito de *lock out* (art. 137º, nº 5, do Tratado de Lisboa).

2.1. A Carta Social Europeia

A Carta Social Europeia, criada sob a égide do Conselho da Europa, foi assinada em Turim em 18.10.61 e entrou em vigor em 26.02.65[359].

---

[357] "O direito e a jurisprudência social comunitária", QL, nºs 9-10, p. 188.
[358] "Do Tratado de Roma ao Tratado de Amesterdão – a caminho de um Direito do trabalho europeu?", QL, nº 16, p. 164.
[359] Entre nós, a Carta foi ratificada pela Resolução da Assembleia da República nº 21/91, de 06.08, DR, I-A, de 06.08.91.

A Carta Social Europeia visa completar, no âmbito comunitário, a Convenção Europeia dos Direitos do Homem, que não aborda os direitos económicos e sociais.

A Carta concede, entre outros, os seguintes direitos, que destacamos:

- Direito ao Trabalho (art. 1º); Direito sindical (art. 5º); Direito à negociação coletiva, incluindo o direito à greve (art. 6º)[360]; Direito à segurança social (art. 12º); Direito à assistência médica (art. 13º); Direito a proteção económica e social da família (art. 16º); Direito dos trabalhadores migrantes e das suas famílias à proteção e à assistência (art. 19º).

2.2. Carta Comunitária dos Direitos Sociais Fundamentais dos Trabalhadores

A Carta Comunitária dos Direitos Sociais Fundamentais dos Trabalhadores, foi aprovada no Conselho Europeu de Estrasburgo, de 8 e 9 de dezembro de 1989, por 11 dos então doze Estados-Membros (o Reino Unido exerceu o direito de *opting out*).

Comenta FRANCA BORGOGELLI, "Não deixa (...) de ser significativo que a Comunidade Europeia, quando decide adotar um programa próprio de intervenção na área dos direitos sociais, incluindo o reconhecimento do direito de greve, acolha o modelo *standard* da Carta Social do Conselho da Europa de 1961, o que suscita alguma perplexidade[361]".

De facto, no catálogo dos princípios, desprovido de vinculatividade jurídica mas assaz significativo no plano político e programático, contido na Carta Comunitária dos Direitos Sociais Fundamentais dos Trabalhadores, (...) afirma-se que «o direito de recorrer, em caso de conflito de interesses, a ações coletivas compreende o direito de greve, sem prejuízo das obrigações resultantes das regulamentações nacionais e dos contratos coletivos»".

E mais adiante, refere a A. citada, "A exclusão da greve da competência comunitária pode significar que os Estados-Membros da União Europeia não têm intenção, no momento, de prosseguir na construção de um *standard* comunitário de tutela do direito de greve. Pode perguntar-se se tal limitação deve ser interpretada como opção por um modelo de concertação, que exclua o conflito do programa de diálogo social, ou se simplesmente foi ditada pelo temor de uma standardização rígida de formas de tutela que anule as diferenças nacionais (...).

---

[360] Do artigo 2º, da Resolução da AR consta que "A vinculação ao art. 6º não afeta no que respeita ao parágrafo 4º, a proibição do *lock out* estabelecida no nº 3 do art. 57º da CRP".
[361] *Op. cit.*, p. 193.

É significativa a menção na mesma disposição de um direito de *lock-out* juntamente com o direito de greve, em contraste com os princípios constitucionais de numerosos Estados da União que negam a igualdade das partes no conflito social. Tal menção não está subavaliada: há quem dela tenha deduzido que a regra comunitária imporia aos Estados-membros o reconhecimento de um direito de *lock-out* numa condição de igualdade com o direito de greve"[362].

Para SABINA PEREIRA DOS SANTOS "A Carta Comunitária, apesar da importância do seu conteúdo, assume mais o sentido de uma declaração política (uma declaração de intenção) do que o de um instrumento jurídico (...).

Três principais ideias orientam o compromisso político dos Estados signatários: a necessidade de aproximação da legislação laboral dos Estados-membros, no sentido de equivalência de resultados, o estabelecimento de um *standard* laboral comunitário mínimo que permita evitar o perigo do *dumping* social e o reconhecimento, ao nível comunitário, de um conjunto de direitos fundamentais de natureza social"[363].

2.3. Carta dos Direitos Fundamentais da União Europeia

Pela primeira vez, a Comunidade dota-se de um elenco escrito de direitos fundamentais, depois da sua inclusão dispersa no Tratado da União Europeia e de Amesterdão.

Explica GOMES CANOTILHO, "O seu primeiro objetivo é, assim, a *positivação* de direitos através da sua incorporação jurídica no ordenamento da União. Em segundo lugar, pretende-se positivar os direitos conferindo-lhes um valor de *Fundamental Rights* e atribuindo-lhes uma hierarquia materialmente superior no quadro das fontes de direito da União Europeia"[364].

Atendendo a que a Comunidade não é signatária da Convenção Europeia dos Direitos do Homem (CEDH), entende-se o alcance desta Carta, que reúne "«os direitos fundamentais vigentes a nível da União», para assim adquirirem «maior visibilidade»"[365].

A Carta dos Direitos Fundamentais vem então marcar politicamente a natureza da União, relevando a necessidade de garantir os direitos das pessoas no centro de atuação do processo de integração europeia.

---

[362] *Op. cit.*, p. 194.
[363] Direito do Trabalho e Política Social na União Europeia", *Principia*, 2000, p. 94.
[364] "Carta de Direitos Fundamentais da União Europeia", Coimbra Editora, 2002, p. 13.
[365] MIGUEL GORJÃO-HENRIQUES, "Uma carta sem destino?", Temas de Integração, 5º vol., 1º semestre, nº 9, p. 114.

Acerca da juridificação da Carta, a Comissão dos Assuntos Europeus da Assembleia da República apresentou as seguintes Conclusões:

"*a.* Primeiro, na negação de uma eventual estadualização e até constitucionalização da UE, como consequência direta e/ou necessária da aprovação da Carta;
b. Segundo, na ideia de que os direitos fundamentais aí inscritos não deveriam envolver apenas os direitos e liberdades civis e políticas, antes estendendo-se para, entre outros, os direitos sociais e económicos e os chamados de terceira geração;
c. Terceiro, na consequência de que a Carta deveria constituir-se como instrumento jurídico obrigatório (única forma de fazer sentido);
d. Quarto, no consenso quanto aos destinatários da Carta (os órgãos das Comunidades e União Europeias e não os Estados), conclusão ligada ao entendimento de que os Estados se encontram dotados de meios de tutela dos direitos fundamentais bem mais desenvolvidos e aperfeiçoados;
e. Quinto, na comum afirmação da insuficiência dos mecanismos de garantia associados e previstos para a Carta (estão mesmo ausentes os mecanismos externos de controlo), a impôr como preferível a adesão da CE (...) à CEDH"[366].

O título IV (Solidariedade) apresenta especial interesse, encontrando-se previstos, no âmbito social, os seguintes direitos:

Direito à informação e à consulta dos trabalhadores na empresa (art. 27º, da Carta; *no TCE, art. 87º*); Direito de negociação e de ação coletiva (art. 28º, da Carta; *no TCE, art. 88º*); Direito de acesso aos serviços de emprego (art. 29º, da Carta; *no TCE, art. 89º*); Proteção em caso de despedimento sem justa causa (art. 30º, da Carta; *no TCE, art. 90º*); Condições de trabalho justas e equitativas (art. 31º, da Carta; *no TCE, art. 91º*); Proibição do trabalho infantil e proteção dos jovens no trabalho (art. 32º, da Carta; *no TCE, art. 92º*); Vida familiar e vida profissional (art. 33º, da Carta; *no TCE, art. 93º*); Segurança social e assistência social (art. 34º, *da Carta; no TCE, art. 94º*); Proteção da saúde (art. 35º, da Carta; *no TCE, art. 95º*); Acesso a serviços de interesse económico geral (art. 36º, da Carta; *no TCE, art. 96º*).

---

[366] MIGUEL GORJÃO-HENRIQUES, "Uma Carta...", p. 115.

Apesar de não inserida formalmente no Tratado de Lisboa, a Carta dos Direitos Fundamentais, constitui, fonte vinculativa. Desta forma, os cidadãos comunitários serão destinatários dos direitos consagrados na Carta, podendo invocá-los no ordenamento jurídico nacional, prescindindo-se de ato próprio de receção.

3. Liberdade de circulação de trabalhadores comunitários na Comunidade

3.1. A Diretiva 2004/38/CE do Parlamento Europeu e do Conselho, de 29 de abril de 2004 relativa ao direito de livre circulação e residência dos cidadãos da União e dos membros das suas famílias no território dos Estados-Membros

A diretiva citada revogou, desde 30 de abril de 2006, a Diretiva do Conselho nº 68/360/CEE, de 15 de outubro de 1968[367].

É explicado no ponto 3 do preâmbulo que:

"A cidadania da União deverá ser o estatuto fundamental dos nacionais dos Estados-membros quando estes exercerem o seu direito de livre circulação e residência. É, pois, necessário, codificar e rever os instrumentos comunitários em vigor que tratam separadamente a situação dos trabalhadores assalariados, dos trabalhadores não assalariados, assim como dos estudantes e de outras pessoas não ativas, a fim de simplificar e reforçar o direito de livre circulação e residência de todos os cidadãos da União".

A Diretiva 2004/38/CE concedeu até 30 de abril de 2006, prazo para a respetiva transposição (art. 40º). Portugal veio em 09 de agosto de 2006, pela Lei nº 37/2006, proceder a tal ato, revogando, por consequência, o Decreto-Lei nº 60/93, de 3 de março.

---

[367] Explica MARIA LUÍSA DUARTE, "A Liberdade de circulação de pessoas e a ordem pública no direito comunitário", Coimbra Editora, 1992, p. 72: "A primeira etapa da livre circulação de trabalhadores ficou marcada pela aprovação do Regulamento nº 15, de 16 de agosto de 1961, e pela Diretiva do mesmo dia, a qual suprimia o visto de entrada e de saída, passando o exercício do direito de entrada e saída a depender somente da apresentação do passaporte ou bilhete de identidade. Nesta fase, a circulação de trabalhadores estava condicionada pelo limite da prioridade dos trabalhadores nacionais, cuja invocação deixará de ser possível, na segunda etapa, nos termos do Regulamento nº 38/64, de 25 de março, e da Diretiva 64/240, do mesmo dia. A Diretiva nº 64/240 aboliu as autorizações de trabalho e substituiu as autorizações de residência por títulos de residência, meramente declarativos do direito. No entanto, admitia-se que um Estado-membro suspendesse a livre circulação por razões de excedente de mão de obra numa profissão ou numa região. A Diretiva nº 64/221, de 25 de fevereiro, foi, igualmente, aprovada nesta fase e mantém-se em vigor".

a) Âmbito de aplicação pessoal da diretiva
A diretiva aplica-se a todos os cidadãos da União que se desloquem ou residam num Estado-Membro que não aqueles que são nacionais, bem como aos membros das suas famílias (cônjuge, parceiro com quem um cidadão comunitário constituiu uma parceria registada considerada como equiparável ao casamento pelo Estado de acolhimento[368]; descendentes diretos, ou do cônjuge ou parceiro, com menos de 21 anos de idade ou a cargo[369]; ascendentes diretos, ou do cônjuge ou do parceiro, que estejam a cargo, segundo a definição apresentada pelo art. 2º, nº 2) que os acompanhem ou que a eles se reúnam (art. 3º, nº 1).

O art. 3º, nº 1, da L nº 37/2007, de 09.08, possui idêntica formulação. No entanto, a versão nacional é mais alargada: o nº 2 do mesmo preceito adianta que é facilitada, nos termos da lei geral, a entrada e residência de qualquer outro familiar, independentemente da sua nacionalidade, que, no país do qual provenha, esteja a cargo do cidadão da União que tem direito a residência a título principal ou que com este viva em comunhão de habitação, ou quando o cidadão da União tiver imperativamente de cuidar pessoalmente do membro da sua família por motivos de saúde graves.

b) Âmbito de aplicação material da diretiva
A diretiva regula as condições que regem o direito de livre circulação e residência no território dos Estados-membros pelos cidadãos da União e membros das respetivas famílias (art. 1º, al, *a*)); o direito de residência permanente (al. *b*)) e as restrições a tais direitos por razões de ordem pública, de segurança pública ou de saúde pública (al. *c*)).

O art. 1º, nº 1, da L nº 37/2007, de 09.08, possui idêntica formulação.

c) Livre regime de entrada e saída
Todos os cidadãos da União [definidos como "qualquer pessoa que tenha nacionalidade de um Estado-Membro" (art. 2º, nº 1, da Diretiva)][370], "sem prejuízo das disposições em matéria de documentos de viagem aplicáveis aos controlos nas fronteiras nacionais", têm o direito de entrar e sair do espaço comunitário

---

[368] V. L nº 7/2001, de 11.05, que estabelece, no ordenamento jurídico nacional, a união de facto, como instituto (relativamente) equiparável ao casamento.

[369] "Consideram-se a cargo os membros da família cujo sustento é assegurado pelo trabalhador, ainda que lhes não assista um direito a alimentos ", explica MOTA CAMPOS, "Direito Comunitário", III vol. Lisboa, Fundação *Calouste Gulbenkian*, 1991, p. 271.

[370] V. art. 2º, al. *a*), da L nº 37/2007, de 09.08.

mediante a simples apresentação do bilhete de identidade ou de passaporte válido.

E os membros das suas famílias que não possuem a nacionalidade de um Estado-Membro, devem apenas munir-se de um passaporte válido, prescindindo-se de visto de entrada[371] (art. 4º, nº 1).

No que respeita ao *direito de entrada*, aos cidadãos comunitários só pode ser exigido o bilhete de identidade ou passaporte válido (art. 5º, nº 1, da Diretiva). Não podendo ser exigido ao cidadão um "visto de entrada ou formalidade equivalente" (2º § do nº 1, do art. 5º, da Diretiva).

O art. 4º, nº 1, da L nº 37/2007, de 09.08, acompanha o teor do preceito comunitário.

No que diz respeito aos "membros da família que não tenham a nacionalidade de um Estado-membro só estão sujeitos à obrigação de visto de entrada nos termos do Regulamento CE nº 539/2001 ou, se for caso disso, da legislação nacional. Para efeitos da presente diretiva, a posse do cartão de residência válido a que se refere o art. 10º isenta esses membros da família da obrigação de visto" (art. 5º, nº 2, da Diretiva).

O art. 4º, nº 2, da L nº 37/2007, de 09.08, preceitua que os familiares não comunitários só estão sujeitos à obrigação de visto de entrada "nos termos das normas em vigor na União Europeia, beneficiando, porém, de todas as facilidades para a obtenção dos vistos necessários, os quais são concedidos a título gratuito e com a tramitação especial que garanta a celeridade na emissão".

No que concerne ao *direito de saída*, "não pode ser exigido às pessoas referidas no nº 1 um visto de saída ou formalidade equivalente" (art. 4º, nº 2, da Diretiva).

O art. 5º, nº 1, da L nº 37/2007, de 09.08, apresenta teor semelhante, salvaguardando as "disposições em matéria de documentos de viagem aplicáveis ao controlo nas fronteiras nacionais".

d) Direito de residência não permanente
A diretiva simplificou o regime de residência do cidadão comunitário, tendo sido substancialmente aligeiradas as formalidades administrativas.

---

[371] Conforme é esclarecido no ponto 5 do preâmbulo da diretiva: "O direito de todos os cidadãos da União circularem e residirem livremente no território dos Estados-membros implica, para que possa ser exercido em condições objetivas de liberdade e de dignidade, que este seja igualmente concedido aos membros das suas famílias, independentemente da sua nacionalidade".

Assim, distingue-se entre direito de residência até três meses (art. 6º) e por mais de três meses (art. 7º).

O *direito de residência até três meses* é livremente exercido "sem outras condições e formalidades" além da posse de um bilhete de identidade ou passaporte válido (nº 1, do art. 6º), sendo igualmente válido para os membros da família não comunitários, desde que munidos de passaporte válido, acompanhem ou se reúnam ao cidadão comunitário (nº 2)[372], contanto que não constitua uma sobrecarga não razoável para o regime da segurança social do Estado de acolhimento (art. 14º).

O *direito de residência por mais de três meses* obriga aos requisitos previstos no nº 1, do art. 7º, que têm subjacente a existência de meios de subsistência e a não oneração do regime de segurança social nacional. V. quanto ao ordenamento jurídico nacional, o art. 7º, da L nº 37/2007, de 09.08, muito semelhante ao preceito comunitário.

Aboliu-se a exigência de "cartão de residência de nacional de um estado-membro", apenas se prevendo que no caso de períodos de residência superiores a três meses, "O Estado-membro de acolhimento pode exigir que os cidadãos da União se registem junto das autoridades competentes" (art. 8º). Para a emissão do certificado de registo basta a apresentação do bilhete de identidade ou passaporte, uma confirmação de emprego pelo empregador ou uma certidão de emprego ou a prova de que o cidadão exerce uma atividade não assalariada (art. 8º, nº 3).

O art. 14º da lei portuguesa estipula que o registo deve ser efetuado no "prazo de 30 dias após decorridos três meses da entrada no território nacional" (nº 1), junto da "câmara municipal da área de residência" (nº 2).

A emissão do cartão apenas se mantém para os familiares não comunitários (art. 9º, da Diretiva). Para estes deve ser emitido pelo Estado de acolhimento o "cartão de residência de membro da família de um cidadão da União" (art. 10º, nº 1, da Diretiva). O pedido de obtenção do referido cartão será instruído com os elementos previstos no nº 2 do art. 10º.

A respetiva validade foi fixada em 5 anos, a contar da data da sua emissão ou para o período previsto de residência do cidadão comunitário, se inferior a cinco anos (art. 11º, nº 1, da Diretiva).

A L nº 37/2007, de 09.08, estabelece que o pedido do cartão de residência é "efetuado junto da direção ou delegação regional do Serviço de Estrangeiros e

---

[372] V. Art. 6º da L n.º 37/2007, de 09.08.

Fronteiras da área da residência, no prazo de 30 dias após decorridos três meses da entrada no território nacional" (art. 15º, nºs 1 e 2).

Nos termos da Diretiva 2004/38/CE o cidadão comunitário que tiver deixado de exercer uma atividade assalariada ou não assalariada mantém o estatuto de trabalhador assalariado ou não assalariado (art. 7º, nº 3), nos casos de incapacidade temporária de trabalho, resultante de doença ou acidente (al. *a*)); e de desemprego involuntário, embora sujeito a determinados requisitos (als. *b*) e *c*)). O art. 7º, nº 3, da L nº 37/2007, de 09.08, apresenta teor semelhante.

Igualmente a morte ou partida do cidadão comunitário não afeta o direito de residência dos familiares não comunitários (art. 12º, da Diretiva), bem cimo o divórcio, anulação do casamento ou cessação da parceria registada (art. 13º, da Diretiva). O art. 8º, nº 1, da L nº 37/2007, de 09.08, acompanha o preceito comunitário.

e) Direito de residência permanente
Os cidadãos comunitário que tenham residido legalmente por um período de cinco anos consecutivos ou antes desse período, se preencherem os requisitos do art. 17º, têm direito de residência permanente (art. 16º, nº 1, da Diretiva). O art. 10º, nº 1, da L nº 37/2007, de 09.08, corrobora o preceito comunitário.

"A continuidade da residência não é afetada por ausências temporárias que não excedam seis meses por ano, nem por ausências mais prolongadas para cumprimento de obrigações militares, nem por uma ausência de 12 meses consecutivos no máximo, por motivos importantes", exemplificados no preceito (nº 2). Quanto à ordem jurídica nacional, *v.* art. 10º, nº 4, da L nº 37/2007, de 09.08.

"Uma vez adquirido, o direito de residência permanente só se perde devido a ausência do Estado-membro de acolhimento por um período que exceda dois anos consecutivos" (nº 4). Cfr. com o art. 10º, nº 5, da L nº 37/2007, de 09.08.

Igualmente beneficiários do direito são os familiares não comunitários, nos termos previstos no art. 18º. Na lei portuguesa, *v.* o art. 12º, da L nº 37/2007, de 09.08.

f) Restrições ao direito de entrada e ao direito de residência por razões de ordem pública, de segurança pública ou de saúde pública
Conforme já advinha da diretiva anterior, a Diretiva 2004/38 aceita restrições à livre circulação e residência dos cidadãos e dos membros das suas famílias, comunitários ou não, em nome da *ordem pública, de segurança pública ou de saúde*

pública. Estas restrições não podem ser invocadas com fins económicos (art. 27º, nº 1).

Na ordem jurídica nacional, este tema encontra-se tratado nos arts. 22º a 24º da L nº 37/2007, de 09.08.

i) A reserva de ordem pública e da segurança pública
Os conceitos expostos obrigam a uma concretização que, necessariamente, diferirá de Estado para Estado, oferecendo maior ou menor dificuldade de precisão do respetivo conteúdo.

No entanto, sublinha o Tribunal de Justiça, no Ac. *van Duyn*[373], "a noção de ordem pública deve ser *entendida restritivamente*, de forma a que o seu alcance não seja determinado unilateralmente por cada Estado membro sem controlo das instituições comunitárias" (itálico nosso).

No Ac. *Rutili*[374] (*Rolan Rutili* era um trabalhador francês alvo duma interdição em vários departamentos franceses, baseada na atividade sindical), o Tribunal de Justiça considerou que "a circunstância do art. 8º do Regulamento 1612/68 garantir a igualdade de tratamento em matéria de filiação nas organizações sindicais e de exercício dos direitos sindicais tem por consequência direta que a reserva de ordem pública não pode ser invocada por motivos que se prendam com o exercício efetivo desses direitos reconhecidos aos trabalhadores".

A diretiva obriga a que a decisão restritiva do Estado respeite os pressupostos plasmados no nº 2 do art. 27º:

– conformidade com o princípio da proporcionalidade;
– "Com base nesta disposição ficam, desde logo, proibidas as expulsões coletivas de todos os nacionais de um certo Estado-Membro ou de toda uma categoria profissional de trabalhadores, «as medidas tomadas contra cidadãos comunitários, com base na salvaguarda da ordem pública, não podem ser desligadas do caso individual» (Acórdão *Bonsignore*)[375], o que impede, de

---

[373] Acórdão de 04.12.1974, Proc. nº 41/74/CJTJ, Lux, SPOCE, 1974, parte 2, p. 1337.
[374] Ac. de 29.10.1975.
[375] No citado acórdão *Bonsignore*, as autoridades alemãs pretendiam expulsar de Colónia um operário italiano que ferira mortalmente um seu irmão ao limpar uma arma de fogo, sem ser detentor de licença de uso e porte de armas.
O objetivo desta medida, de acordo com a administração da cidade de Colónia, era, indiscutivelmente, o de dissuadir os outros estrangeiros de cometerem um delito semelhante. O Tribunal entendeu que uma expulsão baseada num objetivo de «dissuasão coletiva» toma em consideração outros elementos para além do comportamento pessoal, pelo que não pode ser admitida à luz do §1, do artigo 3º, da diretiva.

igual modo, as expulsões justificadas por motivos de dissuasão ou de prevenção geral, intimidando os trabalhadores estrangeiros"[376];
– baseada exclusivamente no comportamento pessoal;
– irrelevância de condições penais para, por si só, decretar tais medidas de restrição[377].

No passado, porém, o Tribunal de Justiça revelou certa incoerência interpretativa.
No Ac. *van Duyn* (Ac. de 04.12.74), "ao apreciar um diferendo entre a cidadão holandesa *van Duyn* e as autoridades inglesas que pretendiam recusar-lhe a entrada no Reino Unido por considerarem que a atividade que a Sra. *van Duyn* iria exercer, em território britânico, concretamente um emprego assalariado na Igreja de Cientologia da Califórnia, era contrária à ordem pública, apesar de qualquer cidadão britânico poder ser membro de tal organização, bem como exercer, no seu seio, uma atividade profissional, o Tribunal afirmou que «pode relevar do comportamento pessoal o facto de se pertencer a uma organização cujas atividades constituem um perigo social, apesar de não serem proibidas aos nacionais."
Como vemos, o Tribunal violou claramente os princípios da assimilação e da igualdade de tratamento entre cidadãos comunitários e cidadãos nacionais.
Já no Ac. *Adoni*, o Tribunal inverte a sua posição:
"A cidadã francesa R. *Adoni* contestou a decisão das autoridades belgas de lhe recusarem uma autorização de residência em virtude de trabalhar «num bar suspeito do ponto de vista dos costumes, onde as empregadas tinham a possibilidade de se isolarem com os clientes», comportamento considerado contrário à ordem pública, na medida em que a prática da prostituição não era legalmente censurada aos cidadãos belgas. (...).
O Tribunal decidiu que «um Estado membro não pode expulsar ou recusar a entrada no seu território a um cidadão doutro Estado-membro por força dum comportamento que, no âmbito dos seus nacionais, não dá lugar a medidas repressivas destinadas a combatê-lo»", ROBALO CORDEIRO, "Lições de Política e Direito Social Europeu", Univ. de Coimbra, Faculdade de Direito, Curso de Estudos Europeus, 1991, p. 236.
[376] ROBALO CORDEIRO, *op. cit.*, p. 233.
[377] No Ac. *Bouchereau*, (Ac. de 27.10.1977) um cidadão francês, mecânico no Reino Unido desde 1975, confessou em juízo estar na posse ilegal de estupefacientes. Condenado por tal, ficou submetido a um regime de liberdade condicional, durante o qual as autoridades detetaram na sua residência determinadas quantidades de LSD e de anfetaminas.
O Tribunal rejeitou a medida de expulsão, entendendo que "a apreciação da salvaguarda da ordem pública não coincide necessariamente com a que está na base de uma condenação penal, sendo necessária a existência, para além da afetação da ordem social que qualquer infração à lei constitui, duma ameaça real e suficientemente grave afetando um interesse fundamental da sociedade".
A existência de condenações penais só poderá ser invocada, na medida em que "testemunhe uma tendência presente e futura a agir de maneira contrária à ordem pública".
Recentemente, o Tribunal de Justiça das Comunidades no Ac. *Donatella Calfa* (Proc. C-348/96), reiterou o entendimento de que "para a coordenação de medidas especiais relativas aos estrangeiros em matéria de deslocação e estada justificadas por razões de ordem pública, segurança pública e saúde pública, opõem-se (a) uma regulamentação que, à parte algumas exceções, em particular de ordem familiar, impõe ao orgão jurisdicional nacional a obrigação de ordenar a expulsão, a título definitivo, do território, dos nacionais de outros Estados-Membros condenados pelos delitos de aquisição e posse de estupefacientes para seu uso pessoal".

ROBALO CORDEIRO, conclui que a noção de ordem pública exige o preenchimento cumulativo de três requisitos:

"1. Terá de verificar-se uma alteração da ordem social consubstanciada num comportamento pessoal do arguido reprimido pelas autoridades (a nível penal ou outro), que também, seja sancionado aos cidadãos nacionais.
2. Exigir-se-á, por outro lado, que esse comportamento seja suficientemente grave, pelo que não bastará que as autoridades nacionais, face ao caso concreto, apurem uma clara tendência do indivíduo para manter esse comportamento no futuro:
3. Finalmente, tal comportamento deverá constituir uma ameaça a um interesse fundamental da sociedade"[378].

---

[378] *Op. cit.*, p. 240.
No Ac. *Olazabal* (Proc. nº C-100/2001, Atividades nº 33/2002) discutiu-se a legalidade de medidas que limitam o direito de residência do cidadão espanhol *Oteiza Olazabal*, a uma parte do território francês.
Em 23 de abril de 1988, *Olazabal* foi detido no território francês no quadro de um processo instaurado na sequência do rapto de um industrial de Bilbau (Espanha) reivindicado pela ETA. Em 8 de julho de 1991, foi condenado pelo *Tribunal de Grande Instance de Paris* (França), pronunciando-se em matéria correcional, a dezoito meses de prisão, oito dos quais de pena suspensa, e a quatro anos de proibição de residência por associação de malfeitores destinada a perturbar a ordem política pela intimidação ou pelo terror.
Invocando a sua qualidade de cidadão comunitário, *Olazabal* solicitou um título de residência. As autoridades administrativas francesas indeferiram o pedido, concedendo-lhe, porém, autorizações provisórias de estadia. Por outro lado, submeteram-no a uma medida de vigilância especial (...), proibindo a sua residência em nove departamentos. Esta medida extinguiu-se em julho de 1995.
Em 1996, *Olazabal*, que até esse momento tinha vivido no departamento de *Hauts-de-Seine*, decidiu estabelecer-se no departamento dos *Pyrénnes-Artlantiques*, confinante com a Espanha, e mais precisamente com a comunidade autónoma do país Baco.
O Tribunal de Justiça das Comunidades decidiu que: "nem o art. 39º CE nem as disposições de direito derivado que aplicam a liberdade de circulação dos trabalhadores se opõem a que um Estado-Membro decrete, relativamente a um trabalhador migrante cidadão de outro Estado-Membro, medidas de polícia administrativa que limitem o direito de residência deste trabalhador a uma parte do território nacional desde que:
– razões de ordem pública ou de segurança pública baseadas no seu comportamento individual o justifiquem;
– sem essa possibilidade, estas razões só possam conduzir, devido à sua gravidade, a uma medida de proibição de permanência ou de expulsão da totalidade do território nacional, e
– o comportamento que o Estado-Membro em causa pretende evitar dê lugar, quando seja um comportamento dos seus próprios nacionais, a medidas repressivas ou a outras medidas reais e efetivas destinadas a combatê-lo".

A ameaça deve ser real, atual e suficientemente grave, não sendo aceitáveis justificações não relacionadas com o caso individual ou baseadas em motivos de prevenção geral (art. 27º, nº 2, *in fine*).

A diretiva estatui ainda que o Estado promotor da medida deve tomar em consideração, a "duração da residência da pessoa em questão no seu território, a idade, o seu estado de saúde, a sua situação familiar e económica, a sua integração social e cultural no Estado-membro de acolhimento e a importância dos laços com o seu pais de origem" (art. 28º, nº 1).

ii) A reserva de saúde pública
Ao contrário da Diretiva anterior, a Diretiva nº 2004/38 não estabelece uma listagem taxativa de doenças que podem levar à recusa de entrada de cidadãos. A listagem mantém-se exaustiva, mas agora de acordo com as "doenças com potencial epidémico definidas pelos instrumentos pertinentes da Organização Mundial de Saúde", bem como outras doenças infeciosas ou parasitárias contagiosas, contanto que os nacionais do Estado de acolhimento sejam igualmente delas protegidos (*princípio da equiparação*), de acordo com o art. 29º, nº 1[379].

A superveniência de doenças (sendo assim considerada aquela que ocorre três meses depois da entrada no território) não constitui justificação para o afastamento do território (nº 2).

g) Proteção contra o afastamento
Relativamente ao afastamento fundado em razões de *ordem pública* ou de *segurança pública*, o Estado-Membro de acolhimento deve tomar em consideração, entre outros elementos:

- a duração da residência no território nacional;
- a idade (quanto mais elevada, mais difícil será o afastamento);
- o estado de saúde;
- a situação familiar e económica,
- a integração social e cultural no Estado-membro de acolhimento e
- a importância dos laços com o seu país de origem (art. 28º, nº 1).

---

[379] No Ac. *Emir Grul*, o Tribunal entendeu que a restrição da saúde pública "não se destina a excluir da aplicação dos princípios da livre circulação o setor da saúde pública, enquanto setor económico e do ponto de vista do acesso ao emprego, mas sim a permitir a recusa do acesso ou da permanência no seu território a pessoas cujo acesso ou permanência constitua, em si, um perigo para a saúde pública".

O grau de ponderação estabelecido terá subjacente que quanto maior for, *v.g.*, a respetiva duração de residência, mais onerosa se torna a medida de afastamento, atendendo à integração na sociedade de acolhimento do cidadão em causa. Igual entendimento será estabelecido quanto mais avançada for a idade e mais fortes os laços familiares.

No caso de o cidadão comunitário (ou os membros das suas famílias, independentemente da sua nacionalidade) com direito de residência permanente, a medida de afastamento só poderá ser tomada por "razões graves de ordem pública ou se segurança pública" (nº 2).

Não pode ainda ser decidido o afastamento, "exceto se a decisão for justificada por razões imperativas de segurança pública", no caso de o cidadão comunitário preencher as condições previstas no nº 3.

Em qualquer um dos casos que admitem o afastamento, é conferido ao cidadão comunitário o direito a ser notificado por escrito, "de uma forma que lhe permita compreender o conteúdo e os efeitos" da decisão (art. 30º, nº 1). O cidadão é informado de forma clara e completa das razões do afastamento (nº 2), a menos que a tal se oponham "interesses de segurança do Estado" (*in fine*).

A notificação para o afastamento deve indicar:

- o tribunal ou autoridade administrativa competentes para conhecer um pedido de recurso ou de impugnação, e o prazo concedido para o efeito;
- o prazo para abandono do território que, em princípio, corresponderá a um mês (nº 3).

O art. 31º estabelece as garantias processuais conferidas ao cidadão.

Admite-se o levantamento da decisão de interdição de entrada, preenchidas as condições referidas no art. 32º).

O afastamento a título de sanção ou de medida acessória de uma pena privativa da liberdade só é possível nos termos do art. 33º.

Na ordem jurídica nacional, este tema encontra-se tratado nos arts. 25º a 28º da L nº 37/2007, de 09.08.

h) Conceito de trabalhador comunitário
"Verifica-se uma dificuldade real quando procuramos identificar no estatuto do trabalhador comunitário os direitos e garantias de uma plena e completa integração no Estado-membro de acolhimento. Ao mesmo tempo que se alterou o Tratado de Roma para nele prever um estatuto de cidadania. (...) Ao mesmo tempo que o Juiz comunitário procura acentuar a dimensão integrada dos direi-

tos dos trabalhadores comunitários, continuam em vigor regras aprovadas há décadas e que refletem uma visão predominantemente economicista dos fins subjacentes à promoção da livre circulação dos trabalhadores"[380].

O Direito Comunitário propositadamente não definiu legalmente o conceito, que tem vindo a ser sedimentado pela jurisprudência, deixando para os respetivos Estados-membros tal regulação em conformidade com cada um dos ordenamentos jurídicos. Apesar de haver todo o interesse numa definição comunitária de trabalhador para evitar a discriminação ou a violação do princípio do tratamento nacional e acautelar a efetividade do Direito Comunitário.

GORJÃO-HENRIQUES[381] propõe como definição de trabalhador comunitário a de um nacional de um Estado membro ou membro da família de um nacional de um Estado membro que exerceu, exerce ou pretende exercer uma atividade económica assalariada.

O conceito comunitário de trabalhador é apresentado no Ac. *Laurie-Blum*[382], referindo o Tribunal de Justiça que "a característica essencial da relação de trabalho é a circunstância de uma pessoa realizar, durante certo tempo, em benefício de outra e sob a sua direção, as prestações em contrapartida das quais recebe uma remuneração[383]". O conceito também abrange, os que procuram emprego (*ainda* não são trabalhadores) e os antigos trabalhadores (*já* não são trabalhadores).

Quando a relação laboral cessa, o interessado perde, em princípio, a qualidade de trabalhador, entendendo-se, no entanto, por um lado, que essa qualidade pode produzir determinados efeitos após a cessação da relação laboral e, por outro, que uma pessoa que verdadeiramente procura um emprego deve também ser havida como trabalhador[384].

Ensina ANA MARIA GUERRA MARTINS, "Para o TJ, trabalhador é um ser humano que exerceu, exerce ou pretende exercer uma atividade económica e assalariada, visto que as normas, construídas a partir da situação de quem exerce uma atividade assalariada atual, abrangem igualmente quem está em condições de exercer uma tal atividade, tendo-a já exercido ou não.

---

[380] MARIA LUÍSA DUARTE, "Estudos...", p. 292.
[381] "Direito Comunitário", Almedina, 2002, p. 371.
[382] Ac. de 03.07.1986, Proc. nº 66/85.
[383] V. a explicitação destes três critérios em *Levin*, de 28.03.1982, proc. nº 53/81 e *Kempf*, de 03.06.1986, proc. nº 139/85, em www.euro.lex.
[384] Ac. *G. Leclere*, Proc. nº C-43/99, Atividades nº 14/01, p. 10.

A noção de trabalhador deve, portanto, interpretar-se de modo extensivo, tendo o Tribunal procurado critérios objetivos que caracterizam a relação de trabalho, como sejam os direitos e os deveres das pessoas envolvidas. Para o Tribunal a característica essencial da relação de trabalho é a circunstância de uma pessoa realizar, durante certo tempo, em benefício de outra e sob a sua direção, as prestações em contrapartida das quais recebe uma remuneração[385]".

3.2. O Regulamento 1612/68, de 15.10.1968, que consagra a livre circulação dos trabalhadores na Comunidade

A Diretiva 2004/38/CE, do Parlamento Europeu e do Conselho de 29.04.2004 revogou os arts. 10º e 11º do presente Regulamento (alterado pelos Regulamentos nº 312/76/CEE, de 09.02.76 e nº 2434/92, de 26.08.92).

As *novidades* trazidas pelo Regulamento 1612/68 foram a supressão da carta de trabalho, o princípio da preferência comunitária, o mecanismo de compensação das ofertas e pedidos de empregador e o recrutamento direto.

a) Supressão da carta de trabalho
O Regulamento dispõe que "os nacionais de um Estado-membro, independentemente do local da sua residência, têm o direito de aceder a uma atividade assalariada e de a exercer no território de outros Estado-membro, em conformidade com as disposições legislativas, regulamentares e administrativas que regem o emprego dos trabalhadores nacionais deste Estado" (art. 1º, nº 1).

Qual o critério adotado, o da residência, alargando-se a aplicação do Direito Comunitário a cidadãos estrangeiros que residam ou trabalhem no espaço comunitário ou restringindo-se o conceito aos cidadãos comunitários residentes no espaço comunitário?

Conforme explica MARIA LUÍSA DUARTE "A conjugação dos dois critérios – nacionalidade e residência – permitiria a invocação de um direito de livre circulação por pessoas numa das seguintes situações: 1) nacional de Estado-membro, residente no espaço comunitário; 2) nacional de Estado-membro residente fora do espaço comunitário; 3) residente em Estado-membro, mas com nacionalidade de Estado terceiro. Mas não parece ser esta a solução consagrada no Tratado e no direito derivado. No âmbito do direito de estabelecimento e da prestação de serviços não subsistem dúvidas quanto à exigência do critério nacionalidade, embora conjugado, no caso dos serviços e do esta-

---

[385] "Curso de Direito Constitucional da União Europeia", Almedina, 2004, p. 594.

belecimento secundário, com o requisito do prévio estabelecimento num dos Estados-membros. Quanto à livre circulação dos trabalhadores, a legislação adotada pelo Conselho em execução das regras do Tratado assenta no critério da nacionalidade"[386].

b) Preferência comunitária
O nº 2, do art. 1º concede ao cidadão comunitário a mesma prioridade que é concedida aos nacionais do Estado destinatário da prestação de trabalho.
A discriminação será feita em relação aos cidadãos não comunitários.
MIGUEL GORJÃO-HENRIQUES[387] explica que primeiro beneficiam do princípio da preferência os cidadãos comunitários ou nacionais do EEE, beneficiários de convenções regidas pelo direito comunitário; criadores de empresas ou gerentes efetivos de empresas; beneficiários de direito de asilo, proteção humanitária e proteção temporária. Num segundo e último degrau de preferência *"a mão de obra não comunitária com residência legal permanentemente num Estado membro e já inserida no mercado de trabalho regular."*
Não existe ainda a consagração da livre circulação de nacionais de países terceiros, quando permaneçam na Comunidade na qualidade de trabalhadores de um determinado Estado-membro.

c) Recrutamento direto
O art. 2º prevê a troca de pedidos e ofertas de emprego, bem como a celebração e execução de contratos de trabalho.

d) As limitações linguísticas
O último parágrafo, do nº 1, do art. 3º permite que, no acesso a certos empregos, os Estados-membros possam impor regras próprias em matéria de conhecimentos linguísticos[388].
Para evitar que os conhecimentos linguísticos fomentem a desigualdade, haverá que aferir, em concreto, o tipo de funções a desempenhar[389].

---

[386] "A liberdade de circulação de pessoas e a ordem pública no Direito Comunitário", Coimbra Editora, 1992, p. 113.
[387] "A Europa e o «Estrangeiro»: Talo(s) ou Cristo?", Temas de Integração, Almedina, 3º vol., 2º semestre de 1998, número 6, p. 41.
[388] Nomeadamente que saibam ler e/ou escrever na língua oficial do país destinatário.
[389] Parece que e compreensivelmente, o requisito será de exigir para o desempenho de determinadas funções. V. conclusões do AG *Darmon* no Ac. *GROENER*, de 28.11.1989, Proc. nº 379/87.

e) A igualdade de condições de trabalho e de regalias sociais

O art. 7º consagra o *princípio da assimilação* do trabalhador comunitário ao trabalhador nacional, em todas as condições de emprego e de trabalho, nomeadamente, em matéria de remuneração, de despedimento e de reintegração profissional ou de reemprego, se ficar desempregado.

f) Vantagens sociais

O nº 2, do art. 7º prevê expressamente que o trabalhador comunitário goza das mesmas vantagens sociais e fiscais que os trabalhadores nacionais, obrigando a uma interpretação extensiva, pois as regalias concedidas *podem emanar ou não de determinada prestação laboral,* contanto que sejam igualmente reconhecidas aos trabalhadores nacionais.

A noção de vantagens sociais, engloba "todas as vantagens que ligadas ou não a um contrato são geralmente reconhecidas aos trabalhadores nacionais, principalmente em função da sua qualidade objetiva de trabalhadores ou do simples facto da sua residência sobre o território nacional e cuja extensão aos trabalhadores migrantes doutro Estado-membro aparece desde logo como apta a facilitar a sua mobilidade no interior da Comunidade[390]".

O A. enuncia, a título exemplificativo:

– redução sobre o preços de transportes a favor da família numerosa (Acórdão *Christini,* Proc. nº 32/75, de 30.09.71);
– pensão social, garantindo um modo geral com mínimo de existência;
– rendimento garantido a pessoas idosas a favor de ascendentes a cargo do trabalhador (Ac. *Castelli,* Proc. nº 261/83, de 12.07.84);
– subsídio especial de velhice (Ac. *Frascogna,* Proc. nº 256/86, de 09.07.87);
– empréstimo pelo nascimento duma criança (Ac. *Reina,* Proc. nº 65/81, de 14.01.82).

Explica MOITINHO DE ALMEIDA[391], "No caso *Ugliola*[392] entendeu-se que os artigos 48º do Tratado e 7º do Regulamento nº 1612/68 impõem que seja contado,

---

[390] DAVID PINA, "Comentário ao Ac. Lopes da Veiga", Coleção Divulgação, nº 10, Ano 4, p. 172.
[391] "Direito comunitário – A Ordem Jurídica Comunitária – As Liberdades Fundamentais na CEE", Lisboa, 1985, Centro de Publicações do Ministério da Justiça.
[392] *Ugliola*, de nacionalidade italiana, trabalhava numa leitaria na RFA desde 1961 e, a dada altura, teve que interromper o seu trabalho assalariado na RFA, para se deslocar a Itália para cumprir o serviço militar. De regresso ao seu posto de trabalho, foi-lhe recusado o pagamento do subsídio de natal, em virtude de não lhe ter sido contado, para efeitos de tempo de serviço, o período passado em Itália no cumprimento

para efeito de antiguidade na empresa, o período em que o trabalhador prestou serviço militar no Estado-membro da nacionalidade, quando, no que respeita aos trabalhadores nacionais do Estado de acolhimento o serviço militar nele prestado seja, para esse efeito, tido em consideração. E o mesmo art. 7º foi entendido como impondo a igualdade de tratamento no que respeita à proteção especial, designadamente contra o despedimento, que a legislação de um Estado-membro atribua a categorias específicas de trabalhadores por motivos de caráter social (acórdão *Pieter Marsman*), a medidas, previstas numa legislação nacional, com vista a permitir a diminuídos a recuperação da sua capacidade para o trabalho (acórdão *Michel S.*)[393], a um subsídio por separação, pago como complemento de salário, sendo desnecessário distinguir se o pagamento é realizado facultativamente ou por obrigação, legal ou contratual (acórdão *Stogiu*), a vantagens sociais, como cartões de redução de preço de transporte, emitidos por um organismo nacional de caminhos de ferro em benefício de famílias numerosas, e isto mesmo que tal benefício só tenha sido solicitado após a morte do trabalhador em proveito da sua família que permanecera no Estado-membro de acolhimento (acórdão *Anita Cristini*), e a empréstimos sem juros concedidos, aquando do nascimento, por um estabelecimento de crédito de direito público a familiares com baixo rendimento e para favorecer a natalidade (acórdão *Letízia Reina*)"[394].

---

das suas obrigações militares. A entidade patronal sustentava que, apesar de na RFA o serviço militar contribuir para o cálculo da antiguidade, a legislação alemã não poderia ser aplicada dado que não dizia respeito ao direito do trabalho mas sim a uma área situada fora da jurisdição comunitária, como era a da defesa nacional, *in* ROBALO CORDEIRO, *op. cit.*, p. 196.

[393] Discutia-se a possibilidade de um filho de um trabalhador italiano, empregado na Bélgica, usufruir ou não do benefício de um «fundo de recuperação social dos diminuídos» que a lei belga (de 1963) reservava a cidadãos belgas. Era evidente que a concessão ao jovem *Michel*, diminuído mental, deste benefício social não estava, nem de longe nem de perto, relacionada com qualquer atividade laboral do trabalhador, nem sequer dizia respeito ao próprio trabalhador. O Tribunal, porém, entendeu que a igualdade de tratamento, em matéria de regalias sociais, é aplicável mesmo às situações que estão fora das relações de trabalho; e se é aplicável aos trabalhadores, como já tinha sido declarado no caso *Ugliola*, é-o também à sua família, *in* ROBALO CORDEIRO, *op. cit.*, p. 197.

[394] No recente Ac. *Ghislain Leclere* foram suscitadas cinco questões de reenvio prejudicial no quadro de um processo movido por *G. Leclere* e mulher, *Alina Deaconescu*, ambos de nacionalidade belga, à *Caisse nationale des prestations familiales* (a seguir «Caixa»), instituição luxemburguesa, por causa das recusa desta em conceder aos demandantes no processo principal o benefício dos subsídios luxemburgueses de maternidade, nascimento e educação a favor do filho do casal nascido em 13.03.95, com fundamento no facto de os demandantes não residirem no Luxemburgo.
Desde o nascimento do filho, o casal recebe abonos de família da Caixa. Esta recusa, no entanto, pagar-lhe os outros subsídios previstos na legislação luxemburguesa pelo nascimento de um filho.
O Tribunal de Justiça das Comunidades entendeu da validade da exclusão dos subsídios especiais de nascimento e adoção, entre os quais figuram, no caso do Luxemburgo, os subsídios pré-natal e de nascimento.

g) Exercício de direitos sindicais
O art. 8º postula o direito dos trabalhadores comunitários se filiarem nas organizações sindicais do Estado de acolhimento, exercendo todos os direitos inerentes a essa qualidade.

h) O emprego na Administração Pública
O nº 4, do art. 39º, do TR exclui da livre circulação dos trabalhadores os empregos na Administração Pública.

Para ANA MARIA GUERRA MARTINS, o "Tribunal entende que se trata dos empregos que comportam uma participação, direta ou indireta, no exercício de um poder de autoridade pública ou em funções que tenham por objeto a salvaguarda dos interesses gerais do Estado ou das coletividades públicas"[395].

Relativamente ao subsídio luxemburguês de maternidade, pode ser legitimamente imposta uma condição de residência no Estado da instituição competente para a concessão de prestações estreitamente relacionadas com o meio social.
Quanto ao subsídio luxemburguês para educação, este tem como objetivo compensar a perda de rendimentos sofrida quando um dos progenitores se dedica principalmente, em casa, à educação dos filhos de menos de 2 anos (Proc. nº C-43/99, Atividades nº 14/2001, p. 7).
No Proc. C-184/99 (Atividades nº 22/2001, p. 9 e ss), *Rudy Grzelczyk* em litígio contra o centre *public d'aide sociale de CPAS* (França), analisou-se a decisão deste organismo de retirar o benefício do pagamento do mínimo de meios de subsistência (a seguir «*minimex*»).
Em 1995 *R. G.*, de nacionalidade francesa, iniciou estudos universitários em educação física na Universidade de *Louvain*, vindo, por isso, residir para a Bélgica. Durante os três primeiros anos de estudos, suportou as despesas com o seu sustento, alojamento e estudos, exercendo vários pequenos trabalhos assalariados e obtendo facilidades de pagamento.
No início do seu quarto e último ano de estudos, requereu ao CPAS o pagamento do «*minimex*».
Resulta do processo que um estudante de nacionalidade belga que, sem ter a qualidade de trabalhador na aceção do Regulamento nº 1612/68, se encontrasse em condições idênticas às de *R. G.*, reuniria as condições necessárias para obter o benefício do «*minimex*». O facto de *R. G.* não ser de nacionalidade belga constitui o único obstáculo à concessão do «*minimex*» ao mesmo e, por isso, é pacífico que se trata de uma discriminação apenas com base na nacionalidade.
No âmbito de aplicação do Tratado, uma discriminação deste tipo é, em princípio, proibida pelo artigo 6º, do mesmo. No caso vertente, este artigo deve ser lido em conjugação com as disposições do Tratado relativas à cidadania da União para apreciar o respetivo âmbito de aplicação.
No Ac. *Marie-Nathalie D'Hoop* (Proc. nº C-224/98, Atividades nº 21/2002), o Tribunal de Justiça das Comunidades decidiu que "O direito comunitário opõe-se a que um Estado-Membro recuse a um dos seus nacionais, estudante à procura do primeiro emprego, a concessão dos subsídios de inserção, pela única razão de este estudante ter concluído os seus estudos secundários noutro Estado-Membro".
Efetivamente, o estatuto de cidadão da União tende a ser o estatuto fundamental dos nacionais dos Estados-membros que permite, aos que entre estes se encontrem na mesma situação, obter, independentemente da sua nacionalidade e sem prejuízo das exceções expressamente previstas a este respeito, o mesmo tratamento jurídico.
[395] "Curso...". p. 551.

Trata-se de um conceito delimitado e estabelecido pelo próprio ordenamento jurídico comunitário[396].

4. Regime jurídico de entrada, permanência, saída e afastamento de estrangeiros do território nacional

O novo regime jurídico de entrada, permanência, saída e afastamento de estrangeiros do território nacional foi aprovado pela L nº 23/2007, de 04.07, alterada pela L nº 29/2012, de 09.08[397] e pela L nº 63/2015, de 30-06.

O contrato de trabalho com trabalhador estrangeiro ou apátrida consta do art. 5º, do CT. A título de formalidades contratuais são de destacar, as seguintes indicações:

- referência ao visto de entrada[398] ou ao título de autorização de residência do trabalhador no território português (art. 5º, nº 1, al. *b*), do CT);
- indicação da atividade do empregador (art. 5º, nº 1, al. *c*), do CT), do local e período normal de trabalho (al. *e*)) e valor, periodicidade e forma de pagamento da retribuição (al. *f*));

---

[396] No acordão *Reyners* (Ac. de 21.06.74, Proc. nº 2/74) o Tribunal de Justiça das Comunidades decretou que o conceito "resulta da soberania e autoridade do Estado; implica, para quem a exerce, a faculdade de utilizar prerrogativas alheias ao direito comum, privilégios de autoridade pública e poderes de coerção sobre os cidadãos".
No *caso Comissão v. Bélgica* (Ac. de 17.12.80, Proc. nº 149/79), o Tribunal de Justiça acolheu o *critério funcional* em detrimento do critério institucional, afirmando que os empregos de administração pública são aqueles que "comportam uma participação direta ou indireta no exercício do poder público e nas funções que têm por objeto a salvaguarda dos interesses gerais do Estado e de outras coletividades públicas".
No Ac. *Lawrie-Blum* (Ac. de 03.07.86, Proc. nº 66/85), acrescentou que "supõem, por tal facto, da parte dos seus titulares, a existência de uma relação especial de solidariedade para com o Estado, bem como a reciprocidade dos direitos e deveres que estão na base do vínculo de nacionalidade", independentemente do vínculo jurídico estabelecido, pois, acrescente o mesmo acórdão, "o acesso a certos cargos públicos não poderia ser limitado pelo facto de, num dado Estado membro, as pessoas chamadas a desempenhar tais cargos serem colocadas sob o estatuto de funcionários. Fazer depender a aplicação do art. 48º, nº 4, da natureza jurídica do vínculo que une o trabalhador à Administração daria com efeito aos Estados membros a possibilidade de determinarem, a seu contento, os cargos abrangidos por esta disposição de exceção".

[397] Posteriormente, regulamentada pelo Decreto-Regulamentar nº 84/2007, de 05.11.

[398] O art. 5º, nº 1, al. *b*), do CT, refere "visto de trabalho" que hoje corresponde ao visto de estada temporária para prestação de atividade profissional, e indica "autorização de residência ou permanência", no entanto, esta última, hoje não existe. A autorização de residência pode ser, no entanto, temporária ou permanente. A lei prevê ainda a concessão de visto de residência para exercício de atividade profissional subordinada (art. 59º, nº 1).

- o trabalhador deve anexar ao contrato de trabalho a identificação e domicílio da pessoa(s) beneficiária(s) da pensão em caso de morte resultante de acidente de trabalho ou doença profissional (nº 2);
- o exemplar do contrato de trabalho que ficar com o empregador deve ter apensos documentos comprovativos do cumprimento das obrigações legais relativas à entrada ou residência do cidadão em Portugal, sendo apensas cópias dos mesmos documentos ao restante exemplar (nº 4)[399].

A L nº 23/2007, de 04.07, apresenta, a exemplo do regime anterior, definição dos conceitos mais relevantes, nomeadamente, considera:

- *Convenção de Aplicação:* "A Convenção de Aplicação do Acordo de *Schengen*, de 14 de junho de 1985, assinada em *Schengen* em 19 de junho de 1990" (al. *e*), do art. 3º).

A CAAS visa proceder à supressão gradual dos controlos nas fronteiras internas comuns, implicando um esforço de controlo nas fronteiras externas.
"Este sistema de informação insere dados pessoais com as seguintes finalidades:

- detenção para efeitos de extradição;
- procura em caso de desaparecimento, procura de menores ou de pessoas que devam ser internadas, mediante decisão de uma autoridade competente;
- detenção para comparecer perante a justiça, mesmo na qualidade de testemunha, no âmbito de um processo penal ou para cumprir uma pena privativa da liberdade;
- vigilância discreta e controlo específico para a repressão de infrações penais e para a prevenção de ameaças à segurança pública ou para a prevenção de ameaças graves à segurança do Estado;
- não admissão no território, por força de uma decisão administrativa ou judiciária tomada em conformidade com as normas processuais nacionais ou com base numa ameaça pública ou segurança nacional, ou devido ao não cumprimento das disposições nacionais aplicáveis à entrada e à estada de estrangeiros (indicações relativas a não nacionais da União Europeia"[400].

---

[399] Não se entende que a lei caucione a entrega ao empregador dos documentos comprovativos do cumprimento das obrigações legais relativas à entrada ou residência do cidadão em Portugal, retirando-os ao trabalhador, o que colocará este numa posição de eventual vulnerabilidade.
[400] www.cnpd.pt/schengen/scheng-main.htm.

- *Residente legal*: "O cidadão estrangeiro habilitado com título de residência em Portugal, de validade igual ou superior a um ano (al. *p*), do art. 3º);
- *Título de residência*: "O documento emitido de acordo com as regras e o modelo uniforme em vigor na União Europeia ao nacional de Estado terceiro com autorização de residência" (al. *r*), do art. 3º);
- *Zona internacional do porto ou aeroporto*: "a zona compreendida entre os pontos de embarque e desembarque e o local onde forem instalados os pontos de controlo documental de pessoas" (al. *u*), do art. 3º).

A lei atual não define estrangeiro, ao contrário do regime anterior, podendo, no entanto, por aplicação do art. 17º, do TR, ser considerado estrangeiro todo o que não possui a nacionalidade de um dos Estados-membros.

A atividade profissional é agora enquadrada em três categorias, não tendo subjacente a distinção entre contrato de trabalho e contrato de prestação de serviços: *atividade altamente qualificada* (al. *a*), do art. 3º); *atividade profissional independente* (al. *b*), do art. 3º) e *atividade profissional de caráter temporário* (al. *c*), do art. 3º). São acolhidas, pela primeira vez, as qualificações de "Estagiário não remunerado" (al. *l*), do art. 3º); e Investigador (al. *p*), do art. 3º).

4.1. Entrada no território nacional

A entrada em território português efetua-se pelos postos de fronteira qualificados para esse efeito (art. 6º, nº 1), sendo *sujeitos a controlo nos postos de fronteira* os indivíduos que entrem em território nacional, sempre que provenham ou se destinem a Estados que não sejam Parte na Convenção de Aplicação (nº 2).

Os cidadãos estrangeiros que entrem no País por uma *fronteira não sujeita a controlo*, vindos de outro Estado membro, são obrigados a declarar esse facto no prazo de 3 dias úteis a contar da data de entrada (art. 14º, nº 1). O nº 3 isenta, dessa declaração, os estrangeiros residentes ou autorizados a permanecer no País por período inferior a seis meses (al. *a*)), os que beneficiem do regime comunitário ou equiparado (al. *c*)) e os que se instalem em estabelecimentos hoteleiros ou noutro tipo de alojamento (al. *b*)).

Neste último caso, é sobre a estrutura de alojamento que incumbe a declaração (art. 16º, nº 1), por meio de boletim de alojamento, que se destina a permitir o controlo dos cidadãos estrangeiros em território nacional (art. 15º, nº 1).

Tal estrutura enquadra os empreendimentos turísticos (art. 4º do Decreto-Lei nº 39/2008, de 7 de março), divididos em estabelecimentos hoteleiros, aldeamentos turísticos, apartamentos turísticos, conjuntos turísticos, empreendimentos de turismo de habitação, empreendimentos de turismo no espaço rural, parques de campismo e de caravanismo e empreendimentos de turismo da Natureza. Bem como, entendemos, estabelecimentos de alojamento local (art. 3º, do citado diploma).

As condições gerais de entrada obrigam, como decorria do regime anterior à existência dos seguintes documentos:

– documento de viagem reconhecido como válido (art. 9º, nº 1), o qual deve ser superior à duração da estada (nº 2).

Os documentos de viagem podem ser emitidos pelas autoridades portuguesas ou por autoridades estrangeiras.

No primeiro caso, e de acordo com o art. 17º, podem as autoridades emitir: passaporte para estrangeiros (al. *a*)), título de viagem para refugiados (al. *b*)), salvo-conduto (al. *c*)), documento de viagem para afastamento coercivo ou expulsão judicial de ciadadãos nacionais de Estados terceiros (al. *d*)), e lista de viagem para estudantes (al. *e*)).

Os documentos de viagem emitidos por autoridades estrangeiras, carecem de ser visados pelo SEF (art. 28º).

– visto de entrada válido e adequado à finalidade da deslocação (art. 10º, nº 1).

Os *vistos concedidos no estrangeiro* podem ser de escala aeroportuária (art. 45º, al. *a*)), de curta duração (al. *c*)), de estada temporária (al. *d*)) e para obtenção de autorização de residência, adiante designado visto de residência (al. *e*)).

O <u>visto de escala aeroportuária</u> "destina-se a permitir ao seu titular, quando utilize uma ligação internacional, a passagem por um aeroporto de um Estado Parte na Convenção de Aplicação" (art. 49º, nº 1).

O visto pode ser concedido para uma ou várias entradas, não podendo a duração de cada trânsito exceder cinco dias (nº 2).

O <u>visto de curta duração</u> "destina-se a permitir a entrada em território português ao seu titular para fins que, sendo aceites pelas autoridades competentes, não justifiquem a concessão de outro tipo de visto" (art. 51º, nº 1). Mantém, portanto, a sua natureza residual, exemplificando a lei com fins de turismo e de visita ou acompanhamento de familiares que sejam titulares de visto de estada temporária.

O visto pode ser concedido com um prazo de validade de um ano e para uma ou mais entradas (não podendo a estada exceder três meses por semestre), segundo o n.º 2.

A concessão do visto obriga ao preenchimento das condições gerais impostas pelo art. 52º.

O <u>visto de estada temporária</u> destina-se a permitir ao seu titular receber tratamento médico (art. 54º, nº 1. al. *a*)), e novidade absoluta, permitir o exercício:

- de uma atividade profissional, subordinada ou independente, de caráter temporário, cuja duração não ultrapasse, em regra, os seis meses (al. *c*) e art. 56º),
- de investigação científica durante um período de tempo inferior a um ano (al. *d*) e art. 57º),
- de uma atividade desportiva amadora, certificada pela respetiva federação, desde que o clube ou associação desportiva se responsabilize pelo alojamento e cuidados de saúde (al. *e*)).

Também permite a transferência de cidadãos nacionais de Estados Partes na OMC (al. *b*)) e a permanência por períodos superiores a três meses, em casos excecionais (al. *f*)).

A concessão do visto obriga ao preenchimento das condições gerais impostas pelo art. 52º.

O <u>visto de residência</u> "destina-se a permitir ao seu titular a entrada em território português a fim de solicitar autorização de residência" (art. 58º, nº 1).

O visto é válido por duas entradas e permite a permanência por um período de quatro meses (nº 2).

A concessão do *visto de residência para exercício de atividade profissional subordinada* continua a depender da "existência de oportunidades de emprego" (art. 59º, nº 1). Para o efeito, o Instituto do Emprego e da Formação Profissional, I. P., bem como os respetivos departamentos de cada região autónoma, mantêm um sistema de informação permanentemente atualizado e acessível ao público, através da Internet, das ofertas de emprego abrangidas pelo nº 1, divulgando-as por iniciativa própria ou a pedido das entidades empregadoras ou das associações de imigrantes reconhecidas como representativas das comunidades imigrantes pelo ACIDI, I. P., nos termos da lei (nº 2). Até ao limite desse contingente e para as ofertas de emprego não preenchidas, pode ser emitido visto de residência para exercício de atividade profissional subordinada aos nacionais de Estados terceiros que possuam contrato de trabalho ou promessa de contrato de trabalho ou possuam habilitações, competências ou qualificações reconhecidas e adequadas para o exercício de uma atividade profissional e beneficiem de uma manifestação individualizada de interesse da entidade empregadora (nº 5).

A concessão do visto obriga ao preenchimento das condições gerais impostas pelo art. 52º.

Aboliram-se os vistos de estudo e de trabalho e renomeou-se o visto de residência, precisando a sua falta de autonomia, de facto, trata-se de um visto atribuído *para* obtenção de autorização de residência.

Os *vistos concedidos em posto de fronteira* podem ser vistos de curta duração (al. *b*)), e especial (al. *c*)). Os vistos de curta duração só podem ser concedidos para uma entrada e a sua validade não deve ultrapassar 15 dias (art. 67º, nº 2).

O visto especial é concedido por razões humanitárias ou de interesse nacional a cidadãos estrangeiros que não reúnam os requisitos legais exigíveis para o efeito (art. 68º, nº 1).

Além da documentação exposta, o cidadão estrangeiro tem que provar que dispõe de "meios de subsistência suficientes, quer para o período da estada, quer para a viagem para o país no qual a sua admissão esteja garantida" (art. 11º), ou, em alternativa, apresentar termo de responsabilidade subscrito por cidadão nacional ou estrangeiro habilitado a permanecer regularmente em território português (art. 12º).

O estrangeiro que entre ou permaneça ilegalmente no território português é afastado coercivamente ou expulso judicialmente do país (art. 134º, nº 1, al. *a*)).

4.2. Recusa de entrada

A entrada em território português é recusada aos cidadãos estrangeiros que:

- não reúnam cumulativamente os requisitos legais de entrada, previstos, respetivamente, nos arts. 9º a 12º (art. 32º, nº 1, al. *a*));
- estejam indicados para efeitos de não admissão no SIS (art. 32º, nº 1, al. *b*)); ou
- estejam indicados para efeitos de não admissão no Sistema Integrado de Informações do SEF (art. 32º, nº 1, al. *c*)), nos termos do art. 33º; ou
- constituam perigo ou grave ameaça para a ordem pública, a segurança nacional, a saúde pública ou para as relações internacionais de Estados--membros da União Europeia, vem como de Estados onde vigore a Convenção de Aplicação (art. 32º, nº 1, al. *d*)).

Com a lei atual ficou esclarecido que não pode haver recusa de entrada a cidadãos que tenham nascido em território português e aqui residam habitualmente (art. 36º, al. *a*)), tenham efetivamente a seu cargo filhos menores de nacionalidade portuguesa ou estrangeira, neste caso, com residência legal em Portugal, sobre os quais exerçam efetivamente as responsabilidades parentais e a quem assegurem o sustento e a educação (al. *b*)).

A decisão de recusa de entrada é proferida, após audição do cidadão (art. 38º, nº 1), sujeita a impugnação judicial (art. 39º).

4.3. Residência em território nacional

A residência em território nacional depende de autorização de residência. Esta compreende dois tipos:

a) temporária (art. 74º, nº 1, al. a))
Esta autorização é válida pelo período de um ano contado a partir da data da emissão do respetivo título e é renovável por períodos sucessivos de dois anos (art. 75º, nº 1).
É concedida segundo as condições gerais fixadas no art. 77º.

b) permanente (art. 74º, nº 1, al. b))
Esta autorização não tem limite de validade (art. 76º, nº 1), o título deve, no entanto, ser renovado de cinco em cinco anos ou sempre que se verifique a alteração dos elementos de identificação nele registados (nº 2).
É concedida segundo as condições gerais fixadas no art. 80º

4.3.1. Autorização de residência para exercício de atividade profissional

Para além das condições gerais fixadas no art. 77º, podem ser concedidas, provando o cidadão estrangeiro que reúne as condições específicas, autorizações de residência para as seguintes finalidades:

– *Autorização de residência para exercício de atividade profissional subordinada*
Esta autorização depende da existência de contrato de trabalho, de entrada e permanência regular em território nacional e de inscrição e situação regularizada perante a segurança social (art. 88º, nºs 1 e 2).

– *Autorização de residência para exercício de atividade profissional independente*
Esta autorização exige a constituição de uma sociedade nos termos da lei, ou declaração de início de atividade como pessoa singular ou celebração de contrato

de prestação de serviços; habilitação para exercício profissional independente (quando necessário); existência de meios de subsistência; inscrição na segurança social; e, quando exigível, declaração da ordem profissional respetiva de que o requerente preenche os respetivos requisitos de inscrição (art. 89º, nº 1).

– *Autorização de residência para atividade de investigação ou altamente qualificada*

A autorização para exercício de uma atividade de investigação, de uma atividade docente num estabelecimento de ensino superior ou de uma atividade altamente qualificada exige a admissão da colaboração num centro de investigação oficialmente reconhecido, nomeadamente através da celebração de um contrato de trabalho, de um contrato de prestação de serviços ou de uma bolsa de investigação científica e inscrição na segurança social (art. 90º, nº 1).

4.3.2. Autorização de residência para reagrupamento familiar

A legitimidade ativa do cidadão que solicita reagrupamento familiar encontra-se sujeita às seguintes condições:

- posse de autorização de residência válida;
- permanência dos membros da família fora de território nacional, tendo o cidadão estrangeiro residente vivido com eles noutro país, ou encontrando-se dependentes dele; ou que com ele coabitaram;
- os laços familiares podem ser anteriores ou posteriores à entrada do residente (art. 98º, nº 1);
- os membros da família são os constantes da lista referida no art. 99º. Além do cônjuge (art. 99º, nº 1, al. *a*)), é igualmente admitido o(a) unido(a) de facto (art. 100º, nº 1, al. *a*)).
- o cidadão residente que solicita o reagrupamento deve dispor de alojamento e meios de subsistência (art. 101º, nº 1).

Sempre que um pedido de reagrupamento é deferido, é imediatamente emitido ao(s) familiar(es) um visto de residência, que permite a entrada em território nacional (art. 64º). Esse visto é posteriormente *convertido* em autorização de residência de duração idêntica à do residente (107º, nº 1).

Ao membro da família do titular de uma autorização de residência permanente é emitida uma autorização de residência renovável, válida por dois anos (art. 107º, nº 2).

Decorridos dois anos após a emissão da primeira autorização (não permanente ou permanente) os membros da família do cidadão residente podem solicitar autorização de residência autónoma, desde que:

- subsistam os laços familiares; ou,
- independentemente de tal, o requerente tenha filhos menores residentes em Portugal (art. 107º, nº 3).

Antes de decorridos dois anos, o nº 4 prevê, a concessão de autorização autónoma em casos excecionais (*v.g.*, separação judicial de pessoas e bens, divórcio, viuvez, morte de ascendente ou descendente, acusação pelo M.P. pela prática de crime de violência doméstica, e quando seja atingida a maioridade).

Relativamente à primeira autorização de residência concedida ao cônjuge (ou ao/à unido(a) de facto, acrescentaríamos) ao abrigo do reagrupamento familiar exige-se ainda que o casamento (relação) perdure há mais de cinco anos com o residente (art. 107º, nº 5).

Norma nova é a constante do art. 108º, que visa combater o *reagrupamento familiar de conveniência*, tendo em vista a entrada ou residência regular, e que terá por consequência o cancelamento da autorização de residência (art. 108º).

4.4. Afastamento do território nacional

Acompanhando o regime anterior, o capítulo dedicado a esta matéria, apresenta um conjunto de disposições gerais (arts. 134º a 144º), o afastamento coercivo determinado por autoridade administrativa (arts. 145º a 150º) e a expulsão judicial, dividida agora em pena acessória de expulsão (art. 151º) e medida autónoma de expulsão judicial (arts. 152º a 158º).

O art. 134º apresenta os fundamentos gerais da expulsão.

O art 135º, inovadoramente, explicita os casos em que o cidadão estrangeiro não pode ser expulso:

- quando tenha nascido em território português e aqui resida habitualmente (al. *a*));
- tenha efetivamente a seu cargo filhos menores de nacionalidade portuguesa a residir em Portugal sobre os quais exerça efetivamente as responsabilidades parentais e a quem assegure o sustento e a educação (al. *b*));
- que se encontre em Portugal desde idade inferior a 10 anos e aqui resida habitualmente (al. *d*)). A motivação da presente norma derrogatória é muito semelhante ao polémico nº 4 do art. 101º, do regime anterior, que também estabelecia limites à expulsão, *mas apenas enquanto medida acessória*.

O afastamento compreende duas possibilidades: o afastamento coercivo (ato tomado eventualmente contra a vontade do expulsando), que implica um procedimento administrativo próprio e o abandono voluntário do território nacional, que se basta com uma simples notificação (art. 138º).

Para além das medidas de coação previstas no CPP, podem ser declaradas, havendo perigo de fuga, e em substituição da prisão preventiva (que vigorava no anterior regime, art. 117º, nº 2), as seguintes:

- apresentação periódica ao SEF (art. 142º, nº 1, al. *a*));
- obrigação de permanência na habitação com utilização de meios de vigilância eletrónica (al. *b*));
- colocação do expulsando em centro de instalação temporária ou em espaço equiparado (al. *c*)).

Manteve-se que a expulsão não pode ser efetuada para qualquer país onde o estrangeiro possa ser perseguido por motivos que justificam o direito de asilo ou, e *ex novo*, onde o cidadão possa sofrer tortura, tratamento desumano ou degradante (art. 143º).

O prazo de interdição de até um período de cinco anos pode ser aumentado (art. 144º).

4.4.1. Expulsão determinada por autoridade administrativa

O estrangeiro que entre[401] ou permaneça[402] ilegalmente em território nacional é, nos termos do nº 1, do art. 146º, *detido* por autoridade policial (sendo competentes para efetuar detenções, as autoridades e os agentes de autoridade do SEF, da Guarda Nacional Republicana, da Polícia de Segurança Pública, da Polícia Judiciária e da Polícia Marítima, esclarece o nº 7), e, sempre que possível entregue ao SEF acompanhado do respetivo auto, devendo ser presente no prazo máximo de quarenta e oito horas ao juiz para validação da detenção e eventual aplicação de medida de coação.

Concomitantemente é dado conhecimento ao SEF para que promova o competente processo visando o afastamento do cidadão estrangeiro (art. 146º, nºs 2 e 4), podendo este ficar a aguardar a decisão de expulsão em centro de instalação temporária (nº 2).

O cidadão estrangeiro que manifeste vontade de abandonar voluntariamente o território nacional é entregue à custódia do SEF para efeitos de condução ao posto de fronteira (art. 147º, nº 1).

---

[401] Destituído de documentos de viagem (art. 9º) ou visto de entrada (art. 10º).
[402] *V.g.*, após expirado o prazo de validade do respetivo visto.

Neste caso, e rompendo também com a polémica da lei anterior, o período de inibição, apesar de aplicável, decai para um ano (nº 2). O cidadão é inscrito no SIS e na lista nacional de pessoas não admissíveis durante esse período (nº 3).

Não havendo lugar a abandono voluntário, dá-se início ao procedimento de expulsão, facultando-se ao cidadão estrangeiro as garantias de defesa que fazem parte da nossa ordem constitucional, sendo-lhe concedido o direito de ser ouvido (art. 148º, nº 1), de conhecer as razões subjacentes à decisão de expulsão (art. 149º, nº 3) e à impugnação judicial (art. 150º), apesar de com mero efeito devolutivo.

O nº 2 permite que o cidadão expulsando recorra aos processos urgentes ou com efeito suspensivo.

A decisão de expulsão é da competência do diretor-geral do SEF (art. 149º, nº 1), sendo comunicada ao ACIDI, I.P, e ao Conselho Consultivo e notificada ao expulsando (nº 2).

Ao cidadão que abandone voluntariamente o território não lhe é aplicável o prazo de interdição de entrada (art. 138º).

4.4.2. Expulsão judicial

4.4.2.1. Pena acessória de expulsão

O art. 140º, nº 4, explica que a expulsão é determinada por autoridade judicial "quando revista a natureza de pena acessória ou quando o cidadão estrangeiro objeto da decisão tenha entrado ou permanecido regularmente em Portugal".

A pena acessória de expulsão (associada à pena privativa da liberdade como sanção principal) pode ser aplicada ao cidadão estrangeiro não residente, residente e residente com carácter de permanência. O grau de tolerância do ordenamento jurídico de acolhimento eleva-se à medida em que o estatuto do cidadão estrangeiro se torne mais semelhante ao de um nacional. Assim, admite-se para um *não residente* como motivo de expulsão a condenação por crime doloso em pena superior a 6 meses de prisão efetiva (art. 151º, nº 1). Já para um *residente* a lei exige uma moldura penal efetiva superior a 1 ano de prisão devendo, ainda ter-se em conta, os vários critérios de ponderação explicitados no nº 2. E para um *residente permanente* a pena acessória de expulsão só pode ser aplicada quando a conduta do cidadão "constitua uma ameaça suficientemente grave para a ordem pública ou segurança nacional" (nº 3).

A execução da pena acessória ocorre logo que estejam cumpridos metade ou dois terços da pena de prisão (nº 4), ou pelo menos metade da pena (nº 5).

4.4.2.2. Medida autónoma de expulsão judicial

Sempre que tenha conhecimento de qualquer facto que possa constituir fundamento de afastamento coercivo ou de expulsão (previsto no art. 134º), o SEF organiza um processo onde sejam recolhidas as provas que habilitem à decisão (art. 153º, nº 1).

Parece-nos, portanto, que a principal marca distintiva entre este processo judicial autónomo de expulsão e a expulsão administrativa, é o facto de não existir qualquer situação de irregularidade de entrada, mas motivos que associados à ordem pública, segurança nacional e outros, tornem *indesejável* o cidadão em questão.

Recebido o processo de expulsão, o juiz marca julgamento (art. 154º, nº 1), sendo obrigatória a presença do cidadão expulsando (nº 2). A este é concedido o direito de defesa, podendo apresentar contestação, testemunhas e outros meios de prova (nº 3).

A decisão judicial deve indicar os respetivos fundamentos, as obrigações legais do expulsando, a interdição de entrada em território nacional e a indicação do país para onde não deve ser encaminhado (art. 157º, nº 1).

A execução da decisão implica a inscrição do expulsando no SIS ou na lista nacional de pessoas não admissíveis pelo período de interdição de entrada (nº 2).

Da decisão judicial cabe recurso com efeito devolutivo (art. 158º, nº 2).

A decisão de expulsão judicial de um residente de longa duração (art. 125º) só pode basear-se na circunstância de este representar uma ameaça real e suficientemente grave para a ordem pública ou a segurança pública, não devendo basear-se em razões económicas (art. 136º, nº 1).

CAPÍTULO XV
RESPONSABILIDADE PENAL E RESPONSABILIDADE CONTRAORDENACIONAL

1. Responsabilidade penal

1.1. Considerações preliminares
No domínio do Direito Penal são de destacar os seguintes princípios fundamentais:

a) Princípio da legalidade (nullum crimen sine lege)
Segundo o qual só pode ser punido criminalmente o facto descrito e declarado passível de pena por lei anterior ao momento da sua prática (art. 1º, nº 1, do CP).

b) Princípio da não retroatividade da lei penal
Ao abrigo deste princípio, as penas e as medidas de segurança são determinadas pela lei vigente no momento da prática do facto (arts. 2º, nº 1, do CP).
Este princípio está igualmente consagrado no nº 1, do art. 29º, da CRP.

c) Princípio da proibição da analogia
À luz deste princípio não é permitido o recurso à analogia para qualificar um facto como crime (art. 1º, nº 3, do CP).

d) Princípio da aplicação da lei (ou do regime) mais favorável (lex mellior)
O princípio da aplicação da lei mais favorável implica que se uma lei criminal vigente no momento da prática do facto punível apresentar um regime diferente de uma outra estabelecida posteriormente, é sempre aplicada a que concretamente se apresentar mais favorável ao agente, salvo se este já tiver sido condenado por sentença transitada em julgado (art. 2º, nº 4, do CP).
Este princípio está igualmente consagrado no nº 4, do art. 29º, da CRP.
A definição de crime pressupõe a enumeração e concretização dos diversos elementos que o compõe (EDUARDO CORREIA *in* "Direito Criminal", vol. I, p. 198).
"Assim, o crime, como preceito de espécie que é, supõe uma série hierarquizada de conceitos que, de degrau em degrau, se vão obtendo pela sucessiva abstração dos seus diversos elementos".

No fim desse processo chegamos a um "conceito mais vasto, substracto de todos os outros, que é justamente a *"ação naturalística – uma modificação do mundo exterior, ligada causalmente à vontade, cega e indiferente a todo o juízo de valor"*, loc. cit..

A doutrina aponta, ainda, um conceito formal de crime, definindo-o como uma desobediência à lei criminal.

Nos termos do art. 13º, do CP, só é punível o facto praticado com dolo, ou, nos casos especialmente previstos na lei, com negligência.

O dolo e a negligência constituem as formas que a culpa pode revestir.

Quanto ao dolo, podemos considerar:

a) *O dolo direto*, em que o agente representando um facto que preenche um tipo de crime, atua com intenção de o realizar (art. 14º, nº 1, do CP);

b) *O dolo indireto*, quando o agente representa a realização de um facto que preenche um tipo de crime como consequência necessária da sua conduta (art. 14º, nº 1, do CP) e

c) *O dolo eventual*, quando a realização de um facto que preenche um tipo de crime for representada como consequência possível da conduta e o agente atua conformando-se com aquela realização (art. 14º, nº 1, do CP).

Por sua vez, a negligência pode ser:

a) *Consciente*, quando o agente representa como possível a realização de um ato que preenche um tipo de crime mas atua sem se conformar com essa realização (art. 15º, al. *a*), do CP) e

b) *Inconsciente*, quando o agente não chega sequer a representar a possibilidade de realização do facto (art. 15º, al. *b*), do CP).

O Código Penal consagra um conjunto de causas que excluem a ilicitude e a culpa, quais sejam:

a) A exclusão da ilicitude propriamente dita (art. 31º);
b) A legítima defesa (art. 32º);
c) Direito de necessidade (art. 34º);
d) Estado de necessidade desculpante (art. 35º);
e) Conflito de deveres (art. 36º);
f) Obediência indevida desculpante (art. 37º);
g) Consentimento (art. 38º) e
h) Consentimento presumido (art. 39º).

O Direito Penal do Trabalho visa "a proteção «penal» dos interesses dos trabalhadores (individuais e coletivos), mas, simultaneamente, é um instrumento de disciplina, regulação e regulamentação da ordem social e, nessa perspetiva, avultam os interesses da Administração Pública", JOÃO CORREIA *in* "Direito Penal Laboral – As contraordenações laborais", QL, nº 15, ps. 31 e 32.

1.2. Sujeitos dos crimes laborais
No âmbito do Direito Penal tem vigorado, com relativo aceitação, o princípio da responsabilidade criminal das pessoas singulares.

No entanto, este princípio, intocável durante longos anos, sofreu com a L nº 59/2007, de 04.09, um significativo abalo.

Com efeito, enquanto que os nºs 2 a 11, do art. 11º, do CP (na redação introduzida pela L nº 59/2007) passaram a definir, de forma mais rigorosa e exaustiva, o regime da responsabilidade criminal das pessoas coletivas, os arts. 90º-A a 90º-M, do CP (aditados pela mesma L nº 59/2007), por seu turno, estabeleceram as penas aplicáveis a estas.

No domínio da responsabilidade penal laboral, as pessoas coletivas e entidades equiparadas são responsáveis, nos termos gerais, pelos crimes previstos no CT (art. 546º, do CT).

1.3. Alguns exemplos de tipos de crime diretamente ou indiretamente conectados ou conectáveis com o Direito do Trabalho
Código Penal:

Crimes de perigo comum (crime de *mero* perigo concreto, punindo-se o comportamento *potencialmente* comissivo ou omissivo do empregador):

– Crime de infração de regras de construção, dano em instalações e perturbação de serviços (art. 277º, nº 1, als. *a*) e *b*));
– Crime de maus tratos (art. 152º-A);
– Crime de violação de regras de segurança (art. 152º-B);
– Crime de escravidão (art. 159º);
– Crime de tráfico de pessoas (art. 160º).

Código do Trabalho

– Crime por utilização indevida de trabalho de menor (art. 82º);
– Crime de desobediência por não cessação da atividade de menor (art. 83º);
– Responsabilidade penal em caso de encerramento de empresa ou estabelecimento (art. 316º);

- Efeitos para o empregador de falta de pagamento pontual da retribuição (art. 324º);
- Crime por violação da autonomia ou independência sindical, ou por ato discriminatório (art. 407º);
- Crime de retenção de quota sindical (art. 459º);
- Responsabilidade penal em matéria de greve (art. 543º);
- Responsabilidade penal em matéria de *lock-out* (art. 545º);
- Desobediência qualificada (art. 547º).

2. Responsabilidade contraordenacional

2.1. Considerações preliminares

O regime jurídico das contraordenações laborais encontra-se, atualmente, consagrado, nos arts. 548º a 566º, do CT e na L nº 107/2009, de 14.09 (que aprovou o regime processual aplicável às contraordenações laborais e de segurança social). No anterior CT, tal regime estava previsto nos arts. 614º a 640º (Regime geral) e arts. 641º a 689º (Das contraordenações em especial).

Nos termos do art. 549º, do CT, às contraordenações laborais aplicam-se, em primeira linha, as disposições do CT e, subsidiariamente, o regime geral das contraordenações, aprovado pelo DL nº 433/82, de 27.10 (com as sucessivas alterações).

Uma das grandes especificidades do regime jurídico das contraordenações laborais face ao regime geral é a regra da punibilidade da negligência (art. 550º, do CT).

Ao invés, de acordo com o nº 1, do art. 8º, do DL nº 433/82, só é punível o facto praticado com dolo ou, nos casos especialmente previstos na lei, com negligência (regime semelhante ao do CP).

A atuação dolosa ou negligente tem relevância, desde logo, para determinação dos valores das coimas (art. 554º).

No domínio do Direito contraordenacional valem alguns dos princípios em que assenta o Direito Penal, designadamente:

a) Princípio da legalidade
Segundo o qual só pode ser punido como contraordenação, o facto descrito e declarado passível de coima por lei anterior ao momento da sua prática (art. 2º, do DL nº 433/82).

b) Princípio da não retroatividade da lei penal

Ao abrigo deste princípio, a punição da contraordenação é determinada pela lei vigente no momento da prática do facto ou do preenchimento dos pressupostos de que depende (art. 3º, nº 1, do DL nº 433/82).

Este princípio está igualmente consagrado no nº 1, do art. 29º, da CRP.

c) Princípio da aplicação da lei (ou do regime) mais favorável (lex mellior)

O princípio da aplicação da lei mais favorável implica que se a lei vigente no momento da prática do facto punível apresentar um regime diferente de uma outra estabelecida posteriormente, é sempre aplicada a que concretamente se apresentar mais favorável ao agente, salvo se este já tiver sido condenado por sentença transitada em julgado (art. 3º, nº 2, do DL nº 433/82).

Este princípio está igualmente consagrado no nº 4, do art. 29º, da CRP.

O art. 548º, do CT define contraordenação laboral como "o facto típico, ilícito e censurável que consubstancie a violação de uma norma que consagre direitos ou imponha deveres a qualquer sujeito no âmbito das relações laborais e que seja punível com coima."

2.2. Sujeitos

No domínio da L nº 116/99, de 04.08, a definição de contraordenação laboral (mais precisamente o seu âmbito subjetivo) tinha sido objeto de algumas críticas, na medida em que, se restringia aos sujeitos de relação de trabalho "isto é, aos empregadores e trabalhadores (ou seus representantes)", deixando, assim, "de fora vários outros sujeitos aos quais a própria lei pretendia também aplicar, e aplicava, coimas como era, desde logo, o caso do *"dono da obra"* constante do elenco do artigo 4º do regime de 1999"[403].

Assim, na definição de contraordenação laboral prevista no art. 614º, do anterior CT (atual art. 548º, do CT), o legislador adotou uma expressão mais ampla ("qualquer sujeito no âmbito de relação laboral").

Conforme considerava SOARES RIBEIRO[404], no âmbito subjetivo deste artigo cabem agora, não só os sujeitos da relação laboral (empregador e trabalhador), como também, *v.g.*, o dono da obra, o trabalhador independente, o autor do projeto, a associação sindical, etc..

---

[403] SOARES RIBEIRO *in* "Contraordenações Laborais", ps. 219 e 220.
[404] *Op. cit.*, p. 220.

Quando um tipo contraordenacional tiver por agente o empregador abrange também a pessoa coletiva, a associação sem personalidade coletiva, bem como a comissão especial (art. 551º, nº 2, do CT).

Se o infrator for pessoa coletiva, respondem pelo pagamento da coima, solidariamente com aquela, os respetivos administradores, gerentes ou diretores (nº 3, do art. 551º, do CT)[405].

No que concerne especificamente ao pagamento da coima convém destacar a responsabilidade solidária do contratante (salvo se demonstrar que agiu com a diligência devida), nos casos em que o subcontratante, ao executar toda ou parte do contrato nas instalações daquele ou sob a sua responsabilidade, violar disposições a que corresponda uma infração muito grave (nº 4, do art. 551º, do CT).

2.3. Sanções e Coimas

Ao abrigo do disposto no art. 553º, do CT, as infrações contraordenacionais classificam-se nos seguintes escalões:

- leves;
- graves e
- muito graves.

No âmbito do CT, os valores das coimas correspondentes a cada escalão de gravidade da infração variam em função:

a) do volume de negócios da empresa (art. 554º, nº 1, do CT);
b) do grau de culpa (art. 554º, nº 1, do CT);
c) da natureza e estrutura do agente (art. 555º, nº 1, do CT). Com efeito, nos casos em que o agente não tenha trabalhadores ao serviço ou, sendo pessoa singular, não exerça um atividade com fins lucrativos corresponde o valor de coimas previstas no nºs 2, 3 e 4, do art. 555º, do CT;
d) do tipo de norma violada (art. 556º, nº 1, do CT). Nos termos desta disposição, os valores máximos das coimas aplicáveis a infrações muito graves previstos no nº 4, do art. 554º são elevados para o dobro nas situações de violação de normas sobre:
- trabalho de menores;

---

[405] Para maiores desenvolvimentos sobre o tema da responsabilidade conjunta contraordenacional do empregador e simultaneamente da própria pessoa coletiva, v. SOARES RIBEIRO *in* "Contraordenações Laborais", ps. 227 e ss..

- segurança e saúde no trabalho;
- direitos de estruturas de representação coletiva dos trabalhadores e
- direito à greve.

Uma nota para referir que, em caso de reincidência, os limites mínimo e máximo da coima são elevados em um terço do respectivo valor, não podendo esta ser inferior ao valor da coima aplicada pela infração anterior desde que os limites mínimo e máximo desta não sejam superiores aos daquela (art. 561º, nº 2, do CT).

Considera-se reincidente o agente que cometa uma contraordenação grave praticada com dolo ou uma contraordenação muito grave, se entre as duas infrações tiver decorrido um prazo superior ao da prescrição da primeira (art. 561º, nº 1, do CT).

A determinação da medida da coima faz-se em função:

a) da gravidade da contraordenação, da culpa, da situação económica do agente e do benefício económico que este retirou da prática da contraordenação (art. 18º, nº 1, do DL nº 433/82 *ex vi* art. 559º, nº 1, do CT);

b) da medida do incumprimento das recomendações constantes do auto de advertência, a coação, falsificação, simulação ou de outro meio fraudulento usado pelo agente (art. 559º, nº 1, do CT) e

c) no caso de violação de normas de segurança e saúde no trabalho, dos princípios gerais de prevenção a que devem obedecer as medidas de proteção, bem como da permanência ou transitoriedade da infração, do número de trabalhadores potencialmente afetados e das medidas e instruções adotadas pelo empregador para prevenir os riscos (art. 559º, nº 2, do CT).

O montante das coimas é apurado com referência a uma UC (Unidade de Conta).

A UC é a unidade de conta processual com base na qual é expressa a taxa de justiça (art. 5º, nº 1, do Regulamento das Custas Processuais, aprovado pelo DL nº 34/2008, de 26.02).

A UC é atualizada anual e automaticamente de acordo com o indexante dos apoios sociais (IAS), devendo atender-se, para o efeito, ao valor de UC respeitante ao ano anterior (art. 5º, nº 2, do Regulamento das Custas Processuais).

O destino das coimas está previsto no art. 566º, do CT.

No domínio do Regime Geral das Contraordenações (aplicável, subsidiariamente, ao regime das contraordenações laborais por força do art. 549º, do CT), a autoridade administrativa ou o tribunal podem autorizar o pagamento da coima dentro de prazo que não exceda um ano, sempre que a situação económica do arguido o justifique (art. 88º, nº 4).

Paralelamente, o nº 5, do referido art. 88º, admite a possibilidade de a autoridade administrativa ou o tribunal autorizar o pagamento em prestações da coima, contanto a última das prestações não vá para além dos dois anos subsequentes ao caráter definitivo ou ao trânsito em julgado da decisão. A falta de pagamento de uma das prestações implica o vencimento das restantes.

O art. 562º, do CT, prevê a aplicação, cumulativamente com a coima, das seguintes sanções acessórias:

a) publicidade;
b) Interdição do exercício de atividade no estabelecimento, unidade fabril ou estaleiro onde se verificou a infração, por um período até dois anos;
c) Privação do direito de participar em arrematações ou concursos públicos por um período até dois anos.

PARTE II
DO PROCESSO DO TRABALHO

CAPÍTULO I
INTRODUÇÃO

O processo laboral é o ramo do direito público que adjetiva o Direito Laboral.

O processo pode ser definido como a sequência de atos articulados entre si, com vista à prossecução de determinado fim.

Para ÁLVARO LOPES-CARDOSO[406] o processo laboral ou processo do trabalho será "a sequência de atos destinados à justa composição de um conflito de interesses (litígio) privados, relativos à disciplina do trabalho ou com ele conexos, mediante a intervenção de um órgão imparcial de autoridade, o tribunal".

O Processo do Trabalho (embora regulado subsidiariamente pela legislação processual comum, civil ou penal, aplicável nos termos do art. 2º, nº 1, al. *a*), do CPT) goza de uma autonomia jurídico-normativa que tem vindo a ganhar uma dimensão e alcance notáveis.

De facto, em determinado momento, tornou-se essencial a intervenção de um Direito Processual que adjetivasse o Direito Laboral (não esqueçamos que o fenómeno do trabalho subordinado é um fenómeno moderno, que ganhou especial relevância jurídica após a Revolução Industrial).

O desenvolvimento do Direito do Trabalho, enquanto sistema, assenta na constatação "da ineficácia do direito civil para resolver alguns problemas laborais em concreto e para compensar genericamente a situação de debilidade económica e jurídica do trabalhador subordinado"[407].

Conclui a mesma autora[408], "A perspetiva dogmática civilista da relação de trabalho tem como pressuposto axiológicos e técnico-jurídicos os princípios da liberdade e da igualdade dos sujeitos privados e a estrutura tripartida da figura da *locatio conductio* (...).

A perspetiva laboralista da relação de trabalho tem como ponto de partida a crítica dos pressupostos da conceção civilista e assenta no reconhecimento da dependência do trabalhador e na pessoalidade do vínculo laboral".

---

[406] "Manual de Processo do Trabalho", Livraria Petrony, 2000, p. 16.
[407] PALMA RAMALHO *in* "Da autonomia dogmática do Direito do Trabalho", Almedina, 2000, p. 213.
[408] *Op. cit.*, p. 271.

Em suma, o Processo do Trabalho (na medida em que, adjetiva um ramo do direito que, dadas as suas particularidades, apresenta autonomia dogmática) carecia de uma regulamentação própria.

CAPÍTULO II
UMA BREVÍSSIMA RESENHA HISTÓRICA DO CÓDIGO DE PROCESSO DO TRABALHO

A regulamentação autónoma do Processo Laboral tem história recente na nossa Ordem Jurídica.

Depois da reorganização jurisdicional empreendida em 1933, o sistema de regulação do processo especial do trabalho viria a ser instituído pelo DL nº 24363, de 15 de agosto de 1934. Sistema este que se revelaria "inconveniente pela sua prolixidade e inadequação às necessidades de adjetivação autónoma do direito do trabalho", cfr. preâmbulo do DL nº 45 497, de 30 de dezembro de 1963.

Os primeiros (verdadeiros) Códigos de Processo do Trabalho foram arrastados pelas reformas empreendidas no Código de Processo Civil, o qual, como Código-pai, reclamava um regime jurídico do processo laboral ajustado à sua *medida*.

O primeiro Código de Processo nos tribunais do Trabalho (aprovado pelo DL nº 30 910, de 3 de novembro de 1940) surge logo após a publicação do CPC de 1939, da autoria do saudoso Prof. ALBERTO DOS REIS, que marcou um avanço extraordinário nos terrenos jurídico-normativos do processo civil.

O segundo Código de Processo do Trabalho (aprovado pelo DL nº 45497, de 30 de dezembro de 1963) surge na sequência da reforma do CPC de 1961.

Quando o legislador *pretendeu dar à luz o filho antes do nascimento do pai* motivou um caos que viria a ser atenuado mediante manobras legislativas pouco recomendáveis.

A *estória* merece ser contada.

Em 1979, o DL nº 537/79, de 31.12, aprovou um novo Código de Processo do Trabalho antes de se iniciar a profunda revisão do Código de Processo Civil.

Nos termos do art. 3º, desse diploma, o referido Código entraria em vigor em 08 de abril de 1980. Início de vigência que, contudo, viria a ser sucessivamente protelado.

Assim, em 26 de dezembro de 1980, a L nº 48/80 suspendeu a aplicação do *feliz* Código até 01 de outubro de 1981.

No preâmbulo do DL n.º 272-A/81, de 30 de setembro, que viria a aprovar um novo Código, lia-se o seguinte:

"Não se considera este faseamento o mais indicado mas os antecedentes aconselham a não inversão repentina do método. (...)
É do conhecimento geral ter o Ministério da Justiça iniciado os trabalhos de revisão do processo civil e, por tal motivo difere-se no presente diploma o início da vigência do Código de Processo de Trabalho para 1 de janeiro de 1982. Mas não só por esta razão, pois torna-se indispensável permitir o debate público do novo Código(...)".

Por sua vez, o art. 3.º, do DL n.º 272-A/81, de 30.09, preceituava o seguinte:

"Este diploma entra em vigor no dia 1 de janeiro de 1982, ficando, entretanto, revogado o Decreto-Lei n.º 537/79, de 31 de dezembro, pelo que vigorará, até aquela data, o Código de Processo do Trabalho aprovado pelo Decreto-Lei n.º 45 497, de 30 de dezembro de 1963".

Sem comentários.

O Código de Processo do Trabalho, atualmente em vigor, foi aprovado pelo DL n.º 480/99, de 09.11 e resulta da necessidade de eliminar algumas "desarmonias com a nova legislação processual civil, em que nem sempre se torna fácil estabelecer a distinção entre a subsidiariedade da sua aplicação ou a especialidade do direito processual do trabalho, entretanto imodificado" e de introduzir "preceitos de compatibilização com as novas realidades" com incidência no mundo laboral. Cfr. Respetivo preâmbulo.

Para CARLOS ALEGRE[409], o longo preâmbulo do Decreto-Lei n.º 480/99 *"faz supor uma ampla reforma, uma vez que seriam necessárias detalhadas explicações para o justificar".* Acontece que, "O preâmbulo é, todo ele, um texto ideologicamente datado e a presente "reforma" não será mais duradoura que as anteriores. É, apenas, paleativa, até se definir o que verdadeiramente se pretende da justiça laboral".

---

[409] "Código de Processo do Trabalho Anotado", Almedina, 2001, p. 7.

CAPÍTULO III
PRINCÍPIOS GERAIS DO DIREITO PROCESSUAL LABORAL

Os princípios gerais do Direito Processual do Trabalho regulam, supletivamente e numa determinada ordem hierárquica, o Processo do trabalho (art. 1º, nº 2, al. *d*), do CPT).

1. Princípio da conciliação

O princípio da conciliação pode ser definido como o princípio segundo o qual as partes devem ser conduzidas para uma tentativa de composição amigável do litígio, procurando-se, assim, minimizar as sequelas e os incómodos inerentes à demanda judicial.

Manifestação deste princípio é a audiência de partes, novidade do CPT de 1999, prevista no art. 54º, nº 2.

Lembremos que a tentativa de conciliação das partes deve também realizar-se na audiência final (art. 70º, nº 1, do CPT).

2. Princípio do baixo custo da demanda

De acordo com este princípio o trabalhador teria direito a um regime de custas judiciais especialmente favorável.

CARLOS ALEGRE[410], entendia que tal princípio não vigorava "em Portugal, muito embora o Código das Custas Judiciais, aqui e ali, refira alguns baixos custos".

Reflexos deste princípio era o art. 14º, nº 1, als. *d*) e *q*), do CCJ, segundo o qual:

> "A taxa de justiça é reduzida a metade, não sendo devida taxa de justiça subsequente nos processos emergentes de acidente de trabalho ou de doença profissional terminados na fase contenciosa por decisão condenatória imediata ao exame médico e nos acordos em matéria laboral homologados na fase conciliatória do processo, desde que nessa fase lhe tenha sido posto termo".

Com a entrada em vigor do Regulamento das Custas Processuais (aprovado pelo DL nº 34/2008, de 26.02), gozam de isenção de custas apenas os trabalha-

---

[410] "Código de Processo...", p. 29.

dores ou familiares, em matéria de direito do trabalho, quando sejam representados pelo Ministério Público ou pelos serviços jurídicos do sindicato, quando sejam gratuitos para o trabalhador, desde que o respetivo rendimento ilíquido à data da proposição da ação ou incidente ou, quando seja aplicável, à data do despedimento, não seja superior a 200 UC (art. 4º, nº 1, al. *h*)).

3. Princípio da equidade

O princípio da equidade procura garantir que os cidadãos tenham um processo justo e um julgamento equitativo.

Este princípio está plasmado no art. 20º, nº 4, da CRP (e nos arts. 10º da DUDH e 6º, nº 1, da CEDH) e manifesta-se nos princípios do contraditório repetidamente consagrado no CPT (*v.g.*, a al. *b*), do art. 27º e art. 72º) e da igualdade consagrado no art. 4º, do CPC e art. 10º, do DUDH.

A equitatividade, aqui reclamada, assenta na imparcialidade e independência do tribunal (art. 10º, do DUDH e art. 6º, nº 1, da CEDH), na publicidade das audiências (art. 10º, do DUDH e art. 6º, nº 1, da CEDH), no princípio do juiz natural (art. 6º, nº 1, da CEDH) e no proferimento da decisão num prazo razoável (art. 6º, nº 1, da CEDH)[411].

4. Princípio da celeridade

O processo de trabalho, dada a necessidade de preservação da paz social e a natureza e implicações sociais, económicas e humanas que a relação jurídico-laboral comporta, deve ter um andamento especialmente célere e regular.

Vejamos alguns exemplos em que este princípio se manifesta:

- No processo civil, o prazo para contestar é de 30 (art. 569º, do CPC). Por sua vez, no processo laboral, o prazo de contestação é de 10 dias (art. 56º, al. *a*), do CPT);
- No processo civil, o prazo para interposição do recurso é de 30 dias (art. 638º, do CPC). Por seu lado, no processo de trabalho, o prazo de interposição do recurso de apelação ou de revista é de 20 dias (cfr. o art. 80º, nº 1, do CPT). Se o recurso tiver por objeto a reapreciação da prova gravada, a este prazo acrescem 10 dias (cfr. o art. 80º, nº 3, do CPT).

---

[411] Cfr. TEIXEIRA DE SOUSA *in* "Estudos sobre o novo Processo Civil", 2ª Edição, Lex, 1997, ps. 39 e 40.

5. Princípio da simplicidade da tramitação processual

Este princípio está intimamente ligado com o da celeridade e assenta nos mesmos fundamentos.

Procura-se, aqui, garantir que o conjunto de atos judiciais a realizar tenham uma interligação e um ajustamento ao fim do processo, originando, assim, uma tramitação processual célere, pouco incómoda e económica.

A este propósito, convém referir que impende sobre o juiz o dever de determinar a prática dos atos que melhor se ajustem ao fim do processo (art. 56º, al. *b*), do CPT).

6. Não obrigatoriedade de patrocínio de advogado ou solicitador

Este princípio, elencado por CARLOS ALEGRE[412], traduz-se numa perspetiva segundo a qual o Ministério Público surge como principal defensor e protetor dos trabalhadores.

Reflexo deste princípio é o preceituado no art. 7º, al. *a*), do CPT, de acordo com o qual o Ministério Público exerce o patrocínio dos trabalhadores e seus familiares.

Este autor acaba por admitir que "Este princípio é substancialmente reduzido na prática, sobretudo porque vem faltando uma certa "cultura" do Ministério Público, nos Tribunais de Trabalho, no sentido de que estará numa primeira linha da defesa judiciária dos interesses dos trabalhadores".

De salientar que, no âmbito dos acidentes de trabalho, este princípio tem forte aplicação prática.

7. O princípio da condenação extra vel ultra petitum

O princípio da condenação *extra vel ultra petitum* é uma emanação do princípio da verdade material e consiste numa das pedras de toque do processo laboral.

Segundo este princípio, o juiz deve condenar para além do pedido quando:

- tal resulte da matéria provada ou de factos notórios (considerando-se estes como os factos que são do conhecimento geral e os que o tribunal tem conhecimento por força do exercício das sua funções, art. 412º, do CPC) e

---

[412] "Código de Processo...", p. 29.

– estejam em causa preceitos inderrogáveis de leis ou instrumentos de regulamentação coletiva de trabalho.

Este princípio está expressamente consagrado no art. 74º, do CPT.

8. O princípio da prevalência da justiça material sobre a justiça formal

De acordo com este princípio o tribunal deve procurar a reconstrução histórica dos factos, sem se sujeitar apenas à contribuição das partes e à existência de irregularidades formais, recorrendo-se dos meios processualmente admissíveis.

Alguns exemplos de manifestação deste princípio são:

- o suprimento de exceções dilatórias e convite ao aperfeiçoamento, art. 61º, do CPT e
- a possibilidade de ampliação da base instrutória, art. 72º, do CPT.

CAPÍTULO IV
PRINCÍPIOS GERAIS DO PROCESSO CIVIL

De acordo com o art. 1º, nº 2, al. *e*), do CPT, os princípios gerais do Direito Processual Civil regulam, supletivamente e em última instância, a parte processual civil do CPT (compreendida no livro I, arts. 2º a 186º-J), vejamos alguns desses princípios.

1. Princípio da justiça
O princípio da justiça é sem dúvida o princípio norteador mais importante do Direito Processual, sendo comum a todas as formas de processo e a todos os ramos do universo jurídico-processual.

Todo e qualquer cidadão tem direito e cria expectativas de ter um "julgamento justo", ou seja, de ver analisada e apreciada a sua pretensão de modo justo e equitativo.

O princípio da justiça impõe a obrigatoriedade das partes serem tratadas, no acesso, na defesa, na participação e na apreciação com igualdade.

O princípio da justiça está consagrado no art. 20º, nº 4, da CRP (e nos arts. 10º da DUDH e 6º, nº 1, da CEDH).

2. Direito de acesso à justiça
Princípio constitucionalmente consagrado no art. 20º, da CRP e que se traduz no direito que qualquer cidadão tem de aceder à justiça para defesa dos seus direitos e interesses legalmente protegidos, independentemente da sua condição económica.

3. Princípio do inquisitório
No CPC anterior, apesar das alterações que vinham sendo introduzidas, continuávamos a considerar que o princípio do dispositivo constituía um princípio típico do processo civil. Segundo este princípio cabia às partes alegar os factos que integravam a causa de pedir (art. 264º, do CPC de 1961, atual art. 5º nº 1, do CPC).

No entanto, já com a reforma de 95/96, o princípio do inquisitório passou a ganhar terreno, gozando, no art. 265º, nº 3, de uma consagração legal, ainda que sistematicamente discreta.

Com o novo CPC, o legislador optou por autonomizar, no art. 411º, este princípio. De acordo com este preceito (que corresponde ao referido art. 265º, nº 3), incumbe ao juiz realizar ou ordenar, mesmo oficiosamente, todas as diligências necessárias ao apuramento da verdade e à justa composição do litígio, quanto aos factos de que lhe é lícito conhecer.

4. Princípio da igualdade das partes

O princípio da igualdade das partes está consagrado expressamente no art. 4º, do CPC. "Este preceito estabelece que o tribunal deve assegurar, durante todo o processo, um estatuto de igualdade substancial das partes, designadamente no exercício de faculdades, no uso dos meios de defesa e na aplicação de cominações ou de sanções processuais"[413].

5. Princípio do prazo razoável

Princípio constitucionalmente consagrado no art. 20º, nº 5, da CRP e que se traduz na necessidade de o processo se desenrolar num período de tempo necessário à realização do fim que se propõe atingir, tendo em conta a simplicidade ou complexidade da causa e os direitos e interesses a proteger e/ou satisfazer.

6. Princípio da publicidade

Segundo o princípio da publicidade, "*As audiências dos tribunais são públicas, salvo quando o próprio decidir o contrário, em despacho fundamentado para salvaguarda da dignidade das pessoas e da moral pública, ou para garantir o seu normal funcionamento*", arts. 206º, da CRP, 606º, do CPC, 10º DUDH e 6º, nº 1, da CEDH.

7. Princípio do direito à prova

Teixeira de Sousa[414] fala de um direito à prova, que consiste na faculdade que as partes têm de utilizar todo e qualquer meio de prova legalmente admissível.

---

[413] Teixeira de Sousa *in* "Estudos sobre...", p. 42.
[414] "Estudos sobre...", p. 56.

Vejamos algumas consagrações legais deste princípio destacadas por este autor:

- Art. 6º, nº 3, al. *d*), da CEDH, segundo o qual, o acusado tem o direito de interrogar ou fazer interrogar as testemunhas de acusação e de defesa;
- Art. 7º, nº 4 (anterior art. 266º, nº 4), de acordo com o qual, sempre que alguma das partes alegue justificadamente dificuldade séria em obter documento ou informação que condicione o eficaz exercício de faculdade ou o cumprimento de ónus ou dever processual, deve o juiz, sempre que possível, providenciar pela remoção do obstáculo.

8. Princípio da efetividade

"A produção da prova orienta-se por um princípio de efetividade, através do qual se procura evitar que essa atividade se torne impossível por não ter sido realizada no momento oportuno"[415].

9. Princípio da livre apreciação da prova

Este princípio consiste no facto da prova produzida estar sujeita à livre apreciação do tribunal, que assenta na prudente convicção do tribunal acerca de cada facto, "ou seja, em regras da ciência e do raciocínio e em máximas de experiência".[416] Cfr. art. 607º, nº 5 (anterior art. 655º, nº 1).

10. Princípio da fundamentação

De acordo com este princípio, o tribunal deve especificar os fundamentos de facto e de direito que justificam a decisão, sob pena de nulidade da sentença. Cfr. art. 615º, nº 1, al. *b*), do CPC (anterior art. 668º, nº 1, al. *b*)).

11. Princípio da adequação formal

Nos termos do art. 547º, do CPC (anterior art. 265º-A), que consagra este princípio, o *"juiz deve adotar a tramitação processual adequada às especificidades da causa e*

---

[415] TEIXEIRA DE SOUSA *in* "Estudos sobre...", p. 336.
[416] TEIXEIRA DE SOUSA *in* "Estudos sobre...", p. 345.

adaptar o conteúdo e a forma dos atos processuais ao fim que visam atingir, assegurando um processo equitativo".

12. Princípio da imparcialidade do tribunal

De acordo com este princípio, o juiz deve ser independente e neutro na apreciação da causa.

TEIXEIRA DE SOUSA[417], distingue as garantias de imparcialidade em:

– garantias materiais (que se reportam à liberdade do tribunal perante qualquer outro órgão de soberania) e
– garantias pessoais ("que protegem o juiz em concreto: são elas a irresponsabilidade (art. 5º EMJ) e a inamovibilidade (art. 6º EMJ)").

Quanto às garantias de imparcialidade prevista no CPC, cfr. os arts. 115º a 118º (impedimentos) e 119º a 129º (suspeições).

13. Princípio do contraditório

O princípio do contraditório confere à parte o direito de ser informada da propositura de um ação contra si e de ser ouvida antes da decisão e, ainda, o direito a ser informada dos atos praticadas pela contraparte e a responder aos mesmos.

O princípio do contraditório está consagrado no art. 3º, do CPC.

14. Princípio da boa fé

Segundo este princípio as partes devem agir de boa fé e observar os deveres de cooperação. Cfr. art. 8º, do CPC (anterior art. 266º-A).

A atuação contrária à boa fé processual é punível nos termos da litigância de má fé. Cfr. art. 542º, do CPC (anterior art. 456º).

15. Princípio da cooperação

Ao abrigo do princípio da cooperação, os intervenientes processuais, na condução e intervenção judiciais, devem cooperar entre si "concorrendo para se

---

[417] "Estudos sobre...", p. 40.

obter, com brevidade e eficácia, a justa composição do litígio" cfr. art. 7º, do CPC (anterior art. 266º, nº 1).

16. Princípio da aquisição processual

Nos termos deste princípio, a matéria que tenha sido carreada para os autos é por este adquirida, impondo-se, assim, a ambas as partes, independentemente de quem a invocou.

Reflexo legal deste princípio é o art. 413º, do CPC (anterior art. 515º), de acordo com o qual, o tribunal deve considerar todas as provas produzidas, tenham ou não emanado da parte que as devia produzir.

17. Princípio da celeridade

O princípio da celeridade processual está previsto no art. 6º, nº 1, do CPC (anterior 265º, nº 1), de acordo com o qual, cumpre *"ao juiz, sem prejuízo do ónus de impulso especialmente imposto pela lei às partes, dirigir ativamente o processo e providenciar pelo seu andamento célere, promovendo oficiosamente as diligências necessárias ao normal prosseguimento da ação, recusando o que for impertinente ou meramente dilatório e, ouvidas as partes, adotando mecanismos de simplificação e agilização processual que garantam a justa composição do litígio em prazo razoável"*.

18. Princípio da concentração

Segundo o princípio da concentração "torna-se indispensável que entre os diversos atos de instrução e a decisão não medeie nenhum interregno. (...) Há que concentrar quanto possível os atos de instrução, discussão e julgamento de cada causa, para que possam ser eficazmente aproveitados no ato decisório os tais coeficientes específicos de valorização do contacto direto do julgador como meios de prova"[418].

19. Princípio da continuidade da audiência

A audiência é contínua, só podendo ser interrompida por motivos de força maior ou absoluta necessidade ou quando o juiz decidir o contrário, em despacho fun-

---

[418] ANTUNES VARELA, SAMPAIO E NORA/MIGUEL BEZERRA *in* "Manual de Processo Civil", 2ª Edição, Coimbra Editora, 1985, p. 659.

damentado, para salvaguarda da dignidade das pessoas e da moral pública, ou para garantir o seu normal funcionamento. Cfr., conjugadamente, os nºs 1 e 2, do art. 606º, do CPC (anterior 656º).

20. Princípio da plenitude da assistência dos juízes

De acordo com este princípio, se durante a audiência final falecer ou se impossibilitar permanentemente o juiz, repetem-se os atos já praticados; sendo temporária a impossibilidade, interrompe-se a audiência pelo tempo indispensável, a não ser que as circunstâncias aconselhem a repetição dos atos já praticados, o que é decidido sem recurso, mas em despacho fundamentado, pelo juiz substituto. Cfr. o art. 605º, nº 1, do CPC (anterior 654º, nº 2).

21. Princípio da imediação

Ao abrigo do princípio da imediação, "o julgador da matéria de facto deve ter o contacto mais direto possível com as pessoas ou coisa que servem de fontes de prova"[419].

Este princípio manifesta-se nos arts. 486º (anterior art. 588º), 490º (anterior art. 612º), 500º (anterior art. 621º) e 604º (anterior art. 652º).

---

[419] ÁLVARO LOPES-CARDOSO in "Manual de...", p. 43.

CAPÍTULO V
PRINCÍPIOS GERAIS DO PROCESSO PENAL

Nos termos do disposto no art. 1º, nº 2, al. *e*), do CPT, os princípios gerais do Direito Processual Penal regulam, supletivamente, os casos omissos, vejamos alguns desses princípios.

1. Princípio da investigação ou da verdade material ou do inquisitório
"Com o princípio da investigação pretende-se a traduzir *o poder-dever que ao tribunal incumbe de esclarecer e instruir autonomamente, mesmo para além das contribuições da acusação e da defesa, o "facto" sujeito a julgamento, criando aquele mesmo as bases necessárias à sua decisão*"[420].

2. O princípio da oficialidade
De acordo com este princípio, a iniciativa de investigar a prática de um crime e a decisão de a submeter ou não a julgamento pertence a uma entidade pública (o Ministério Público, art. 221º, nº 1, da CRP).

"O princípio do monopólio estadual da função jurisdicional constitui hoje um alicerce inatacável de todas as sociedades (v. entre nós, o art. 205º da CRP)"[421].

3. Princípio do juiz natural ou legal
O Princípio do juiz natural ou legal implica que nenhuma causa possa ser subtraída ao tribunal cuja competência esteja fixada em lei anterior (art. 32º, nº 9, da CRP).

Este princípio procura evitar a designação arbitrária de um juiz para um determinado processo.

4. O princípio da legalidade
O princípio da legalidade implica a obrigatoriedade do Ministério Público promover o procedimento criminal, abrindo inquérito sempre que tiver sido

---

[420] FIGUEIREDO DIAS *in* "Direito Processual Penal", secção de textos da FDC, 1988-9, p. 107.
[421] FIGUEIREDO DIAS *in* "Direito Processual...", p. 86.

conhecimento de um crime (art. 241º e ss., do CPP) e deduzindo acusação se tiver recolhido indícios suficientes da sua prática e da sua autoria (arts. 262º, nº 2 e 283º, nº 1, ambos do CPP).

Nestes termos, o Ministério Público não tem a liberdade de promover ou não promover, de acusar ou não acusar. Com efeito, a sua atuação está estritamente vinculada à lei e não a juízos de oportunidade.

5. Princípio do acusatório

Este princípio está consagrado no art. 32º, nº 5, da CRP, segundo o qual, *"o processo criminal tem estrutura acusatória, estando a audiência de julgamento e os atos instrutórios que a lei determinar subordinados ao princípio do contraditório"*.

O princípio do acusatório implica que o processo penal se inicie "com a acusação pelo ofendido ou quem o represente e desenvolve-se com pleno contraditório entre o acusador e o acusado, pública e oralmente, perante a passividade do juiz que não tem qualquer iniciativa em ordem à aquisição da prova, recaindo o encargo da prova sobre o acusador"[422].

6. Princípio da igualdade de oportunidades

Ao abrigo deste princípio, o processo deve estar estruturado de molde a garantir que a acusação e a defesa disponham dos mesmos direitos e deveres no âmbito da intervenção judicial.

Convém lembrar que o arguido tem a possibilidade de usar todos os meios necessários à sua defesa (art. 32º, nº 1, da CRP).

7. O princípio do contraditório

O princípio do contraditório está consagrado no nº 5, do art. 32º, da CRP (*vide*, ainda, o art. 10º, da DUDH e o art. 6º, da CEDH).

O princípio do contraditório confere ao arguido os direitos de ser ouvido antes de ser tomada qualquer decisão e de ser informado dos atos praticadas pela contraparte, podendo responder aos mesmos.

---

[422] Germano Marques da Silva *in* "Curso de Processo Penal", Vol. I, Verbo, 2000, ps. 58 e 59.

Conforme salienta Figueiredo Dias[423], de acordo com este princípio, *"toda a prossecução processual de cumprir-se de modo a fazer ressaltar não só as razões da acusação, mas também as da defesa"*.

8. Princípio da suficiência
De acordo com este princípio, o processo penal é competente para apreciar todas as questões cuja solução tenha interesse e/ou seja necessária para a decisão a tomar (art. 7º, do CPP).

9. Princípio da concentração
O princípio da concentração reivindica uma tramitação unitária, continuada e concentrada (do ponto de vista temporal e espacial) do processo penal.

O princípio da concentração, na perspetiva temporal, está consagrado na parte final do nº 1, do art. 32º, da CRP, nos termos da qual, o arguido deve ser julgado no mais curto prazo compatível com as garantias de defesa. Cfr. o art. 328º, do CPP.

O princípio da concentração, na perspetiva espacial, resulta da oralidade e imediação e exige que a audiência de julgamento se desenrole no mesmo local.

10. O princípio da livre apreciação da prova
O princípio da livre apreciação da prova está previsto no art. 127º, do CPP, nos termos do qual, *"Salvo quando a lei dispuser diferentemente, a prova é apreciada segundo as regras da experiência e a livre convicção da entidade competente"*.

Na opinião de Figueiredo Dias[424], *"a liberdade de apreciação da prova é, no fundo, uma liberdade de acordo com um dever – o dever de perseguir a chamada "verdade material" –, de tal sorte que a apreciação há de ser, em concreto, reconduzível a critérios objetivos e, portanto, em geral suscetível de motivação e controlo (possa embora a lei renunciar à motivação e ao controlo efetivos)"*.

---

[423] "Direito Processual...", p. 108.
[424] "Direito Processual...", p. 139.

11. Princípio in dubio pro reo

Princípio constitucionalmente consagrado no art. 32º, nº 2, 1ª parte, da CRP, segundo o qual, *"Todo o arguido se presume inocente até ao trânsito em julgado da sentença de condenação".*

12. Princípio da publicidade

Nos termos deste princípio, *"As audiências dos tribunais são públicas, salvo quando o próprio decidir o contrário, em despacho fundamentado para salvaguarda da dignidade das pessoas e da moral pública, ou para garantir o seu normal funcionamento"*, arts. 206º, da CRP.

Vide os arts. 10º DUDH e 6º, nº 1, da CEDH.

No âmbito do CPP, o princípio da publicidade está previsto no art. 321º.

13. Princípio da oralidade

Segundo este princípio, a atividade processual deve ser exercida, oralmente, na presença dos agentes processuais.

Alguns reflexos deste princípio estão previstos nos arts. 96º, 298º, 348º, 350º, 355º, 360º, 363º e 423º, todos do CPP.

14. O princípio da imediação

O princípio da imediação pode ser definido *"como a relação de proximidade comunicante entre o tribunal e os participantes no processo, de modo tal que aquele possa obter um perceção própria do material que haverá de ter como base da sua decisão"*[425].

---

[425] FIGUEIREDO DIAS *in* "Direito Processual...", p. 158.

CAPÍTULO VI
ESPÉCIES E FORMAS DO PROCESSO LABORAL

Quanto à espécie, o processo laboral é declarativo ou executivo. Por sua vez, o processo declarativo pode ser comum ou especial.

O processo declarativo comum aplica-se nos casos em que não há processo especial correspondente (art. 48º, nº 3, do CPT) e segue a tramitação dos arts. 54º e ss. (art. 49º, nº 1, do CPT).

Nos casos omissos aplica-se o regime do processo sumário, previsto nos arts. 783º a 791º, do CPC (art. 49º, nº 2, do CPT).

Os processos especiais são os seguintes:

a) Ação de impugnação judicial da regularidade e licitude do despedimento (arts. 98º-B a 98º-P, do CPT);

b) Processos emergentes de acidente de trabalho e de doença profissional (arts. 99º a 155º, do CPT);

c) Processos de impugnação de despedimento coletivo (arts. 156º a 161º, do CPT);

d) Processo do contencioso de instituições de previdência, abono de família e associações sindicais, associações de empregadores ou comissões de trabalhadores (arts. 162º a 186º, do CPT).

e) Impugnação da confidencialidade de informações ou da recusa da sua prestação ou da realização de consultas (arts. 186º-A a 186º-C, do CPT);

f) Tutela da personalidade do trabalhador (arts. 186º-D a 186º-F, do CPT);

g) Ações relativas à igualdade e não discriminação em função do sexo (arts. 186º-G a 186º-I, do CPT);

h) Processo de contraordenação (art. 186º-J, do CPT);

i) Ação de reconhecimento da existência de contrato de trabalho (arts. 186º-K a 186º-R, do CPT, aditados pela L 63/2013, de 27.08).

CAPÍTULO VII
PROCESSO DO TRABALHO DECLARATIVO COMUM

1. Petição inicial

Considerações preliminares
A petição inicial é o articulado promotor e percursor do processo, através do qual o Autor manifesta a sua pretensão e deduz o pedido que lhe está subjacente.
Este impulso judicial assenta no princípio do dispositivo.

Estrutura
A petição inicial divide-se em quatro partes:

1º *Cabeçalho*
Que contém a designação do tribunal e respetivo juízo em que a ação é proposta, a identificação das partes e a forma do processo. Cfr. as als. *a)* e *c)*, do nº 1, do art. 552º, do CPC (anterior art. 467º);

2º *Narração*
Na narração, o Autor expõe os os factos essenciais que constituem a causa de pedir e as razões de direito que servem de fundamento à ação. Cfr. a al. *d)*, do nº 1, do art. 552º, do CPC (anterior art. 467º);

3º *Conclusão*
A conclusão destina-se à formulação do pedido. Cfr. a al. *e)*, do nº 1, do art. 552º, do CPC (anterior art. 467º);

4º *Indicações complementares*
Esta parte da petição inicial deverá conter:

– o valor da causa, Cfr. a al. *f)*, do nº 1, do art. 552º, do CPC (anterior art. 467º);
– a assinatura do seu subscritor;

No processo civil, o autor, à semelhança do que se verifica no processo laboral (art. 63º, nº 1, do CPT), tem agora, no final da petição, que apresentar o rol de testemunhas e requerer outros meios de prova (art. 552º, nº 2, do CPC).

Requisitos

Os requisitos da petição inicial estão previstos no 552º, do CPC (anterior art. 467º), aplicável por remissão ao processo do trabalho.

Nos termos deste artigo, a petição inicial deve conter:

a) *A designação do tribunal e respetivo juízo em que a ação é proposta (nº 1, al. a)*

A matéria da competência dos tribunais em processo laboral está compreendida nos arts. 10º a 20º, do CPT.

b) *A identificação das partes, com indicação dos seus nomes, domicílios ou sedes e, sempre que possível, números de identificação civil e de identificação fiscal, profissões e locais de trabalho (nº 1, al. a))*

A matéria da capacidade judiciária e da legitimidade para ser parte está prevista nos arts. 11º a 39º, do CPC (anteriores arts. 11º e 31º-B, respetivamente).

c) *A indicação do domicílio profissional do mandatário judicial (nº 1, al. b))*

A matéria do patrocínio judiciário está consagrada nos arts. 40º a 52º, do CPC (anteriores arts. 32º e 44º, respetivamente).

No âmbito do processo do trabalho, convém lembrar que a constituição de mandatário judicial faz cessar a representação ou o patrocínio oficioso que estiver a ser exercido, art. 9º, do CPT.

d) *A indicação da forma de processo (nº 1, al. c))*

O CPT de 1999 estabeleceu uma tramitação única para o processo declarativo comum.

Quanto às espécies de processo, *vide* considerações supra.

e) *A exposição dos factos essenciais que constituem a causa de pedir e as razões de direito que servem de fundamento à ação (nº 1, al. d))*

A fundamentação de facto, aqui exigida, consiste na exposição factual dos acontecimentos cuja ocorrência originou e motivou a pretensão do Autor e que constitui a causa de pedir. Correspondendo esta "ao núcleo fáctico essencial tipicamente previsto por uma ou mais normas como causa do efeito de direito material pretendido", Lebre de Freitas *in* "A acção declarativa comum", Coimbra Editora, 2000, p. 37.

A fundamentação de direito, por sua vez, traduz-se no chamamento e invocação do Direito que é aplicável à situação jurídica em causa.

f) *A formulação do pedido (nº 1, al. e))*

O pedido pode ser definido como o meio através do qual as partes requerem "do tribunal o meio de tutela jurisdicional destinado à reparação da violação ou ao afastamento da ameaça", Antunes Varela/J. Miguel Bezerra/

SAMPAIO E NORA *in* "Manual de Processo Civil", 2ª Edição, Coimbra Editora, 1985.
Os pedidos podem ser:
– alternativos. Cfr. o art. 553º, do CPC (anterior art. 468º);
– subsidiários. Cfr. o art. 554º, do CPC (anterior art. 469º);
– cumulativos. Cfr. o art. 555º, do CPC (anterior art. 470º).
No que concerne a estes últimos, convém esclarecer que a cumulação só é admitida se os pedidos forem compatíveis.
No âmbito do processo laboral, é permitido ao Autor aditar novos pedidos e causas de pedir (art. 28º, nº 1, do CPT) quando:
– ocorram, até à audiência de discussão e julgamento, factos que permitam ao Autor deduzir novos pedidos a que corresponda a mesma forma de processo ou
– o Autor justifique a não inclusão de factos ocorridos antes da propositura da acção e que permitem deduzir novos pedidos (arts. 28º, nºs 2 e 3).

g) A declaração do valor da causa (nº 1, al. f))
O valor da causa é o valor certo, expresso em moeda legal atribuído a uma causa e que representa a utilidade económica do pedido. Cfr. o nº 1, do art. 296º, do CPC (anterior art. 305º).
A matéria do valor da causa está prevista nos arts. 296º a 310º, do CPC (anteriores 305º e 319º, respetivamente).
Quanto ao valor da causa nas acções de impugnação da regularidade e licitude do despedimento, cfr. o art. 98-P, do CPT.

h) A designação do agente de execução incumbido de efectuar a citação ou o mandatário judicial responsável pela sua promoção (nº 1, al. g))
Com a petição inicial, o Autor:
  i) deve juntar à petição inicial o documento comprovativo do prévio pagamento da taxa de justiça devida ou da concessão do benefício de apoio judiciário, na modalidade de dispensa do mesmo. Cfr. o nº 3, do art. 552º, do CPC (anterior 467º);
  ii) pode requerer a produção antecipada de prova, nos termos do art. 420º, do CPC (anterior art. 521º);
  iii) deve apresentar o rol de testemunhas (art. 63º, nº 1, do CPT).
O Autor só pode arrolar:
– 10 testemunhas para prova dos fundamentos da acção (art. 64º, nº 1, do CPT);

– 3 testemunhas sobre cada facto, não contando as que declarem nada saber (art. 65º, do CPT).

Tenhamos presente que o rol de testemunhas pode ser alterado ou aditado até 20 dias antes da data em que se realize a audiência final, sendo a parte contrária notificada para usar, querendo, de igual faculdade no prazo de 5 dias (art. 63º, nº 2, do CPT);

v) pode requerer quaisquer outras provas (art. 63º, nº 1, do CPT);

vi) pode requerer a citação prévia à distribuição. Cfr. o nº 1, do art. 561º, do CPC (anterior art. 478º).

Se a citação não se realiza dentro de 5 dias depois de ter sido requerida, por causa não imputável ao Autor, tem-se a prescrição por interrompida logo que decorram os cinco dias (art. 323º, nº 2, do CC).

Modo de apresentação

A instância inicia-se pela propositura da acção.

Por sua vez, a acção considera-se proposta, intentada ou pendente logo que a respectiva petição inicial seja recebida na secretaria. Cfr. o nº 1, do art. 259º, do CPC (anterior art. 267º).

Note-se, no entanto, que o ato da proposição não produz efeitos em relação ao réu senão a partir do momento da citação, salvo disposição legal em contrário. Cfr. o nº 2, do art. 259º, do CPC (anterior art. 267º).

Nas acções emergentes de acidente de trabalho, a instância inicia-se com o recebimento da participação (art. 26º, nº 4, do CPT).

Por seu turno, na acção de impugnação da regularidade e licitude do despedimento, a instância inicia-se com o recebimento do requerimento de oposição ao despedimento (cfr., conjugadamente, os arts. 26º, nº 4, do CPT e 387º, nº 2, do CT).

Finalmente, na ação de reconhecimento da existência de contrato de trabalho, a instância inicia-se com o recebimento da participação (cfr. art. 26º, nº 6, do CPT na versão introduzida pela L nº 63/2013, de 27.08).

O início da instância impede a prescrição e a caducidade (arts. 323º e 331º, ambos do CC).

A petição inicial é apresentada a juízo preferencialmente por transmissão electrónica de dados, nos termos definidos na portaria prevista no nº 1, do art. 132º, do CPC (anterior art. 138º-A), valendo como data da prática do acto processual a da respectiva expedição. Cfr. o nº 1, do art. 144º, do CPC (anterior (art. 150º).

A portaria a que alude este artigo é, atualmente, a Portaria nº 280/2013, de 26.08.

O envio da petição inicial por transmissão electrónica pode ser feito em qualquer dia e independentemente da hora da abertura e do encerramento dos tribunais. Cfr. o nº 4, do art. 137º, do CPC (anterior art. 143º).

Neste caso, a petição inicial e os documentos que a devam acompanhar devem ser apresentados por transmissão electrónica, ficando o Autor dispensado de remeter os respectivos originais. Cfr. o nº 2, do art. 144º, do CPC (anterior art. 150º).

Os documentos, assim, apresentados têm a força probatória dos originais, nos termos definidos para as certidões. Cfr. o nº 4, do art. 144º, do CPC (anterior art. 150º).

Esta forma de apresentação não tem lugar, designadamente, quando o seu formato ou a dimensão dos ficheiros a enviar não o permitem, nos termos definidos na portaria prevista no nº 1 do artigo 132º. Cfr. o nº 3, do art. 144º, do CPC (anterior nº 4, do art. 150º).

Não obstante a apresentação por transmissão electrónica, o Autor, sempre que o juiz o determine, tem o dever de exibir a petição inicial e os respectivos originais em suporte de papel. Cfr. o nº 5, do art. 144º, do CPC (anterior nº 8, do art. 150º).

Por força do nº 2, do art. 4º, da Portaria nº 280/2013, o juiz pode determinar a exibição das peças processuais em suporte de papel e dos originais dos documentos juntos pelas partes por transmissão electrónica de dados, designadamente, quando:

a) Duvidar da autenticidade ou genuinidade das peças ou dos documentos;
b) For necessário realizar perícia à letra ou assinatura dos documentos.

De acordo com o nº 7, do art. 144º, do CPC (anterior nº 2, do art. 150º), a petição inicial, nas causas que não importe a constituição de mandatário e em que a parte não esteja patrocinada, pode, igualmente, ser apresentada a juízo por uma das seguintes formas:

a) *Entrega na secretaria judicial, valendo como data da prática do ato processual a da respetiva entrega;*
A petição inicial deve ser entregue na secretaria judicial do tribunal durante as horas de expediente do serviço. Cfr. nº 3, do art. 137º, do CPC (anterior art. 143º, nº 3);

b) *Remessa pelo correio, sob registo, valendo como data da prática do acto processual a da efectivação do respectivo registo postal;*
c) *Envio através de telecópia, valendo como data da prática do acto processual a da expedição.*

O envio da petição inicial através de telecópia pode ser feito em qualquer dia e independentemente da hora da abertura e do encerramento dos tribunais. Cfr. o art. 137º, nº 4, do CPC (anterior art. 143º, nº 4);

d) *Envio através de correio normal.*

Embora a lei nada diga, Abrantes Geraldes in "Temas da Reforma ...", p. 228, entende que nada impede o envio da petição por correio normal, assumindo o Autor o risco de extravio ou de demora "por tempo superior àquele com que razoavelmente poderia contar".

Não devemos esquecer que, neste caso, a instância considera-se iniciada com o efectivo recebimento.

Nas ações em que haja mandatário constituído, a exposição dos factos na petição inicial deve ser deduzida por artigos. Cfr. nº 2, do art. 147º, do CPC (anterior nº 2, do art. 151º).

Recusa da petição inicial pela secretaria
Os motivos de recusa de recebimento pela secretaria têm natureza meramente natureza formal.

Ao abrigo do disposto no art. 558º, do CPC (anterior art. 474º), a secretaria pode recusar o recebimento da petição inicial quando esta:

- Não tenha endereço (al. a));
- *Esteja endereçada a outro tribunal, juízo do mesmo tribunal ou autoridade (al. a));*
- *não indique os nomes, domicílios ou sedes e, sempre que possível, números de identificação civil e de identificação fiscal, profissões e locais de trabalho (cfr., conjugadamente, a al. b) e a al. a), do nº 1, do art. 552º, do CPC);*
- *não indique o domicílio profissional do mandatário judicial (al. c));*
- *não indique a forma de processo (al. d));*
- *não indique o valor da causa (al. e));*
- *não tenha sido comprovado o prévio pagamento da taxa de justiça devida ou a concessão de apoio judiciário (al. f));*
- *não esteja assinada (al. g));*
- *não esteja redigida em língua portuguesa (al. h));*
- *o papel utilizado não obedeça aos requisitos regulamentares (al. i)).*

Perante a recusa de recebimento da petição inicial, o Autor pode:

1º Reclamar para o juiz. Cfr. o nº 1, do art. 559º, do CPC (anterior nº 1, do art. 475º).
Se o juiz confirmar o não recebimento o Autor pode, ainda, apresentar recurso para a Relação. Cfr. o nº 2, do art. 559º, do CPC (anterior nº 2, do art. 475º);

2º Apresentar outra petição. Cfr. o art. 560º, do CPC (anterior art. 476º) ou

3º se a recusa tiver sido motivada pelo não junção de documento comprovativo do pagamento da taxa de justiça devida ou documento que ateste a concessão do apoio judiciário, juntar tal documento, no prazo de 10 dias subsequentes à recusa de recebimento ou de distribuição da petição, ou à notificação da decisão judicial que a haja confirmado. Cfr. o art. 560º, do CPC (anterior art. 476º).

Nestes dois últimos casos, a acção considera-se proposta na data em que foi apresentada a petição cujo recebimento tinha sido recusado. Cfr. o art. 560º, do CPC (anterior art. 476º).

No processo especial de impugnação judicial da regularidade e licitude do despedimento e por força do art. 98º-E, do CPT, o recebimento do requerimento de declaração do trabalhador de oposição ao despedimento pode ser recusado pela secretaria quando:

a) Não conste de modelo próprio;
b) Omita a identificação das partes;
c) Não tenha sido junta a decisão de despedimento;
d) Não esteja assinado.

A secretaria deve indicar o fundamento da rejeição (corpo do art. 98º-E, do CPT).

2. Despacho liminar

No âmbito do processo civil, mais precisamente com a reforma do CPC de 1995/96, o despacho liminar passou a ter um carácter residual.

Ao abrigo do disposto 226º, nº 4, do CPC (anterior art. 234º, nº 4), o despacho liminar é obrigatório:

a) Nos casos especialmente previstos na lei;
b) Nos procedimentos cautelares e em todos os casos em que incumba ao juiz decidir da prévia audiência do requerido;
c) Nos casos em que a propositura da acção deva ser anunciada, nos termos da lei;
d) Quando se trate de citar terceiros chamados a intervir em causa pendente;
e) No processo executivo, nos termos dos nºs 6 e 7 do artigo 726º;
f) Quando se trate de citação urgente.

No âmbito do processo laboral, a petição inicial é, desde logo, apreciada pelo juiz.

Esta apreciação liminar visa, por um lado, impedir o prosseguimento de acções manifestamente infundadas ou afectadas por vícios de tal forma graves que levariam à absolvição da instância e, por outro, evitar despesas e transtornos desnecessários para o Réu.

ABRANTES GERALDES *in* "Temas da Reforma ...", p. 244, em elogio ao despacho liminar do CPC (anterior à reforma de 1995/96), refere que este, pelos motivos acima expostos, "garantia uma melhor imagem dos tribunais".

Nos termos do art. 54º, do CPT, o juiz deve proferir despacho liminar com uma das seguintes finalidades:

1. *convidar o autor a aperfeiçoar a petição inicial, se nela detectar obscuridades, deficiências ou incoerências.*

O convite ao aperfeiçoamento está previsto em termos mais amplos no art. 590º, nºs 2, al. b), 3 e 4, do CPC (anterior art. 508º, nºs 1, al. *b*), 2 e 3) e pode subdividir-se num convite:

1.1 – ao suprimento de irregularidades da petição inicial, designadamente: a falta de requisitos legais e a não apresentação de documento essencial ou de que a lei faça depender o prosseguimento da causa. Cfr. art. 590º, nº 3, do CPC (anterior art. 508º, nº 2).

Se o Autor não suprir as irregularidades da petição, o juiz, em princípio, deve abster-se de conhecer o mérito da causa e absolver o Réu da instância. Cfr. MONTALVÃO MACHADO *in* "O dispositivo e os Poderes do Tribunal À Luz do Novo Código de Processo Civil", 2ª Edição, Almedina, 2001, p. 252.

Por outro lado, se o Autor não juntar o documento essencial para a prova de determinado facto, este deverá considerar-se como não provado. Cfr. MONTALVÃO MACHADO *in* "O dispositivo...", p. 252.

1.2 – ao aperfeiçoamento da petição inicial quando esta contenha factos articulados de modo insuficiente ou impreciso.

O juiz, aqui, convida, o Autor a apresentar uma nova petição inicial corrigida ou completada. Cfr. art. 590º, nº 4, do CPC (anterior art. 508º, nº 3).

Se o Autor não apresentar nova peça processual, não sofrerá nenhuma consequência concreta.

Conforme refere MONTALVÃO MACHADO *in* "O dispositivo...", p. 259, se "as partes querem permanecer na "obscuridade fáctica", assumem um risco que não pode ser contrariado pelo juiz".
Ou

2. *Indeferir a petição inicial*

Nos termos do disposto no art. 590º, nº 1, do CPC (anterior art. 234º-A, nº 1, para o qual remete o art. 54º, nº 1, do CPT) o juiz pode indeferir a petição inicial quando o pedido seja manifestamente improcedente ou quando ocorram, de forma evidente, excepções dilatórias insupríveis de conhecimento oficioso.

Os casos de indeferimento liminar (figura adjectiva que assenta no princípio da economia processual) "correspondem a situações em que a petição inicial apresenta **vícios formais** ou **substanciais** de tal modo graves que permitem prever, logo nesta fase, que jamais o processo assim iniciado terminará com uma decisão de mérito, ou que é inequívoca a inviabilidade da pretensão apresentada pelo autor", ABRANTES GERALDES *in* "Temas da Reforma ...", p. 255.

Note-se que, neste caso, o Autor pode apresentar outra petição inicial (cfr., conjugadamente, a parte final do art. 590º, nº 1 e o art. 560º, ambos do CPC (anteriores arts. 234º-A, nº 1 e 476º, respetivamente).

As excepções dilatórias motivam o indeferimento liminar quando:

– *ocorram de modo evidente, ou seja, se resultarem da simples leitura da petição inicial e dos documentos que a acompanhem;*
– *sejam insupríveis e*
– *sejam de conhecimento oficioso.*

Vejamos alguns exemplos de excepções dilatórias que motivam o indeferimento liminar:

i) Incompetência absoluta. Cfr. o art. 99º, nº 1, do CPC (anterior art. 105º, nº 1);
ii) Falta de personalidade judiciária, salvo o previsto no art. 14º, do CPC (anterior art. 8º);
iii) Ilegitimidade singular;
iv) Ineptidão da petição inicial. Cfr. o art. 186º, do CPC (anterior art. 193º). Para maiores desenvolvimentos acerca da insanabilidade da ineptidão da petição inicial, *vide* MONTALVÃO MACHADO *in* "O dispositivo...", ps. 265 e ss..

Perante o indeferimento liminar da petição inicial, o Autor pode apresentar nova petição inicial, no prazo de 10 dias contados da notificação do respectivo despacho, considerando-se a acção proposta na data em que a primeira petição inicial foi apresentada, conforme resulta da leitura. Cfr., conjugadamente, a parte final do art. 590º, nº 1 e o art. 560º, ambos do CPC (anteriores arts. 234º-A, nº 1 e 476º, respetivamente).

Como é evidente, a nova petição inicial fica sujeita a nova apreciação liminar.

3. Audiência de partes

A audiência de partes, prevista no art. 55º, do CPT, pode afirmar-se como a principal novidade do Código de Processo do Trabalho, aprovado pelo DL nº 480//99, de 09.11.

De acordo com o preâmbulo do referido diploma, esta audiência visa "permitir uma mais fácil conciliação mediante acordo equitativo, visto o litígio ainda não se ter verdadeiramente sedimentado nem radicalizado e, desse modo, ser previsível uma maior disponibilidade das partes para o consenso, tanto mais que tudo se desenrolará já na presença mediadora do juiz".

Para além disso, a mesma procura simplificar a tramitação e a definição do verdadeiro objecto do processo, permitindo "na maioria dos casos, estabelecer *ab initio* o agendamento de todos os posteriores actos processuais, com o conhecimento imediato de todos os intervenientes, assim se evitando a necessidade de múltiplos despachos de simples expediente do juiz minorando a intervenção da secretaria".

Nos termos do art. 54º, nº 2, do CPT, estando a acção em condições de prosseguir, o juiz designa data para a audiência de partes, a realizar no prazo de 15 dias.

No processo especial de impugnação judicial da regularidade e licitude do despedimento, a audiência de partes deverá realizar-se no prazo de 15 dias após o recebimento do requerimento de oposição ao despedimento (cfr. o art. 98º-F, nº 1, do CPT).

O Autor é notificado para comparecer pessoalmente (art. 54º, nº 3, do CPT).

O Réu é citado para comparecer pessoalmente, sendo-lhe entregue duplicado da petição inicial e cópia dos documentos que a acompanhem (art. 54º, nºs 3 e 4, do CPT).

Autor e Réu podem fazer representar-se por mandatário judicial com poderes especiais para confessar, transigir ou desistir.

Em relação ao processo especial de impugnação judicial da regularidade e licitude do despedimento, *vide* o art. 98º-F, nº 2, do CPT.

Conforme sublinha LOPES CARDOSO *in* "Manual...", p. 157, se o mandatário não tiver poderes suficientes para confessar, desistir ou transigir "nada impede que intervenha como «gestor de negócios» (hipótese em que terá de justificar imediatamente a «urgência» da sua intervenção – nº 1, do art. 41º, do CPC) ou, já como mandatário, ao abrigo do disposto no art. 40º, do mesmo Código".

Em ambos estes casos, a actuação do mandatário está sujeita a ratificação do seu representado, sob pena de:

a) No caso de falta, insuficiência e irregularidade do mandato, ficar sem efeito tudo o que tiver sido praticado pelo mandatário, devendo este ser condenado nas custas respectivas e, se tiver agido culposamente, na indemnização dos prejuízos a que tenha dado causa, conforme resulta do nº 2, do art. 48º, do CPC (anterior nº 2, do art. 40º);

b) no caso da gestão de negócios, o gestor ser condenado nas custas que provocou e na indemnização do dano causado à parte contrária ou à parte cuja gestão assumiu. Cfr. o art. 49º, nº 2, do CPC (anterior art. 41º, nº 2).

Tramitação

1. A audiência é presidida pelo juiz que a declara aberta.
2. De seguida, o Autor expõe os fundamentos de facto e de direito da sua pretensão.
3. O Réu apresenta a sua resposta.
4. O juiz procede à tentativa de conciliação obrigatória nos termos dos arts. 51º a 53º, do CPT.

A tentativa de conciliação, de acordo com o nº 2, do art. 51º, do CPT, destina-se a pôr termo ao litígio mediante acordo equitativo.

Nos termos do nº 2, do art. 52º *ex vi* nº 2, do art. 55º, ambos do CPT, o juiz certifica-se:

- da capacidade das partes e
- da legalidade do resultado da conciliação ("nomeadamente no que diz respeito a direitos indisponíveis", *v.* MENDES BATISTA *in* "Código de Processo...", p. 106).

No auto de conciliação deve constar:

a) a certificação da capacidade das partes e da legalidade do resultado da conciliação (nº 2, do art. 52º *ex vi* nº 2, do art. 55º, ambos do CPT);
b) pormenorizadamente os termos do acordo, no que diz respeito, a prestações, respectivos prazos e lugares de cumprimento (nº 1, do art. 53º *ex vi* nº 2, do art. 55º, ambos do CPT).
Se houver cumulação de pedidos, o acordo deve discriminar os pedidos por ele abrangidos (nº 2, do art. 53º *ex vi* nº 2, do art. 55º, ambos do CPT);
c) os fundamentos que, no entendimento das partes, justificam a persistência do litígio (nº 3, do art. 53º *ex vi* nº 2, do art. 55º, ambos do CPT).

A desistência, a confissão ou a transacção efectuadas na audiência de partes não carecem de homologação para produzir efeitos de caso julgado, constituindo, assim, título executivo. Cfr. LOPES CARDOSO *in* "Manual...", p. 158.

À desistência, à confissão e à transacção em processo laboral, aplica-se o regime previsto nos arts. 283º a 291º, do CPC (anteriores arts. 293º a 301º).

Nos termos do nº 1, do art. 542º, do CPC (anterior nº 1, do art. 456º para o qual remete o nº 5, do art. 54º, do CPT), a parte que faltar injustificadamente à audiência de partes pode ser condenada em multa e numa indemnização à parte contrária, se esta a pedir (sanções previstas para a litigância de má fé).

No processo especial de impugnação judicial da regularidade e licitude do despedimento, o art. 98º-G, nº 1, do CPT determina que se o empregador não comparecer na audiência de partes, nem se fizer representar nos termos do nº 2 do art. 98º-F, tendo sido ou devendo considerar-se regularmente citado, o juiz:

a) Ordena a notificação do empregador para apresentar articulado para motivar o despedimento, juntar o procedimento disciplinar ou os documen-

tos comprovativos do cumprimento das formalidades exigidas, apresentar o rol de testemunhas e requerer quaisquer outras provas;
b) Fixa a data da audiência final.

De notar, ainda, que, se a falta for julgada injustificada, o empregador fica sujeito às sanções previstas no Código de Processo Civil para a litigância de má--fé (art. 98º-G, nº 2, do CPT).

Por seu turno, se o trabalhador não comparecer na audiência de partes, nem se fizer representar nos termos do nº 2 do artigo 98º-F, nem justificar a sua falta nos 10 dias subsequentes, tendo sido ou devendo considerar-se regularmente notificado, o juiz determina a absolvição do pedido (art. 98º-H, nº 1, do CPT).

Se a falta for considerada justificada, procede-se à marcação de nova data para a realização da audiência de partes (art. 98º-H, nº 2, do CPT). Neste caso e de acordo com o art. 98º-H, nº 3, do CPT, se o trabalhador, tendo sido ou devendo considerar-se regularmente notificado, não comparecer na nova data, nem se fizer representar nos termos do nº 2, do art. 98º-F:

i) O juiz ordena a notificação do empregador e fixa a data da audiência final, nos termos das alíneas a) e b), do nº 1 do artigo 98º-G, caso a falta seja considerada justificada;

ii) O juiz determina a absolvição do pedido, caso a falta seja considerada injustificada.

Conforme previsto no art. 56º, do CPT, se a conciliação se frustrar a audiência prossegue (pois como vimos a conciliação não é única finalidade da audiência de partes), devendo o juiz:

a) Ordenar a imediata notificação do réu para contestar, no prazo de 10 dias. No âmbito do processo civil, o Réu é citado para contestar. Cfr. art. 569º, do CPC (anterior art. 486º). Por sua vez, no processo laboral, o Réu é citado para comparecer na audiência de partes (art. 54º, nº 3, do CPT). Sendo assim, e porque a citação constitui um acto único, o Réu, no foro laboral é notificado (e não citado) para contestar.

O prazo para contestar é de 10 dias, contados a partir da respectiva notificação.

Acontece que, na prática, o prazo para contestar é superior. Com efeito, a citação (para comparecer na audiência de partes) é acompanhada do duplicado da petição inicial e da cópia dos documentos que a acompanham (art. 54º, nºs 3 e 4, do CPT).

Assim, ao prazo de 10 dias acresce, na prática (repita-se), o prazo que decorreu desde a citação até à audiência de partes;

b) Determinar a prática dos actos que melhor se ajustem ao fim do processo, bem como as necessárias adaptações, depois de ouvidas as partes presentes. Com o CPT (aprovado pelo DL nº 480/99), "*institui-se* uma única forma de processo, *com tramitação simplificada, mas em termos suficientemente maleáveis para, sem quebra de garantias, permitir adequação às situações de diversa complexidade colocadas perante o tribunal, deixando-se ao critério do juiz a escolha daquelas que, em razão de maior complexidade exijam uma ritualismo de conformação mais ampla*", cfr. preâmbulo daquele diploma.

Neste seguimento, a presente alínea confere ao juiz o poder de adequação ao fim do processo.

O conteúdo prático desta alínea tem sido discutido pela nossa doutrina. Para Lopes Cardoso *in* "Manual...", p. 161, a faculdade de adequação aqui prevista limita-se "praticamente, à questão do «número de articulados»; à questão dos «prazos», do «número de testemunhas», à questão do tempo concedido para as «alegações orais» ou a «discussão escrita» do aspecto jurídico da causa.

O que, deve reconhecer-se, é muito pouco para justificar a inserção duma tal norma que será mais um quebra-cabeças para o juiz que lhe encontrar utilidade.

Cremos que, em boa verdade, cairá em desuso (se desde logo por este não começar)";

c) Fixar a data da audiência final, mediante acordo com os mandatários. Cfr. o art. 151º, nº 1, do CPC (anterior art. 155º, nº 1, para o qual remete a al. *c*), do art. 56º, do CPT).

Os mandatários impedidos de comparecer na data designada, em virtude de outro serviço judicial marcado, devem comunicar tal facto ao tribunal e identificar expressamente a diligência e o processo a que respeita, no prazo de 5 dias, propondo datas alternativas, após contacto com os restantes mandatários interessados. Cfr. o art. 151º, nº 2, do CPC (anterior art. 155º, nº 2, para o qual remete a al. *c*), do art. 56º, do CPT).

O juiz, ponderadas as razões aduzidas, pode alterar a data inicialmente fixada. Cfr. o art. 151º, nº 3, do CPC (anterior art. 155º, nº 3, para o qual remete a al. *c*), do art. 56º, do CPT).

Se houver lugar a audiência prévia, fica sem efeito a data designada para a audiência final (nº 3, do art. 62º, do CPT).

No processo especial de impugnação judicial da regularidade e licitude do despedimento, o empregador, depois de declarada aberta a audiência pelo juiz, expõe sucintamente os fundamentos de facto que motivam o despedimento (art. 98º-I, nº 1, do CPT).

Após a resposta do trabalhador, o juiz procurará conciliar as partes, nos termos e para os efeitos dos arts. 52º e 53º, do CPT (art. 98º-I, nº 2, do CPT).

Caso verifique que à pretensão do trabalhador é aplicável outra forma de processo, o juiz abstém-se de conhecer do pedido, absolve da instância o empregador, e informa o trabalhador do prazo de que dispõe para intentar acção com processo comum (art. 98º-I, nº 3, do CPT).

De acordo com o nº 4, do art. 98º-I, frustrada a tentativa de conciliação, na audiência de partes o juiz:

a) Procede à notificação imediata do empregador para, no prazo de 15 dias, apresentar articulado para motivar o despedimento, juntar o procedimento disciplinar ou os documentos comprovativos do cumprimento das formalidades exigidas, apresentar o rol de testemunhas e requerer quaisquer outras provas;

b) Fixa a data da audiência final.

4. Contestação

Noção
A contestação é a peça processual escrita, na qual o Réu, chamado a juízo, responde à petição inicial apresentada pelo Autor.

A contestação está regulada nos arts. 569º e ss., do CPC (anteriores arts. 486º e ss.).

Modalidades
Na contestação, o Réu pode defender-se por impugnação ou por excepção. Cfr. o art. 571º, nº 1, do CPC (anterior art. 487º, nº 1).

a) Na defesa por impugnação, o Réu limita-se a recusar a pretensão do Autor, negando a versão dos factos por este apresentada.

A defesa por impugnação pode subdividir-se em:

a.1 – *Defesa por impugnação de facto.* Neste caso, o Réu opõe-se "à versão da realidade apresentada pelo autor, negando os factos alegados, como causa de pedir, na petição inicial", Lebre de Freitas *in* "A acção...", p. 83.

A impugnação dos factos pode ser:
- *directa* quando o Réu nega frontal e cabalmente os factos aduzidos pelo Autor, afirmando que os mesmos não se verificaram.
- *indirecta* quando o Réu, confessando ou admitindo partes dos factos alegados pelo Autor, "afirma, por sua vez, factos cuja existência é incompatível com a realidade de outros também alegados pelo autor no âmbito da mesma causa de pedir", Lebre de Freitas *in* "A acção...", p. 83.

a.2 – *Defesa por impugnação de direito.* Aqui, o Réu contradiz o efeito jurídico que o autor pretende extrair dos factos vertidos, "pondo em causa a determinação, interpretação ou aplicação da norma de direito feita pelo autor na petição inicial", Lebre de Freitas *in* "A acção...", p. 83.

b) Na defesa por excepção, o Réu, sem negar propriamente a realidade dos factos articulados na petição, nem atacar isoladamente o feito jurídico que deles se pretende extrair, alega factos novos que obstam à apreciação do mérito da acção ou que, servindo de causa impeditiva, modificativa ou extintiva do direito invocado pelo Autor, determinam a improcedência total ou parcial do pedido. Cfr. o art. 571º, nº 2, parte final, do CPC (anterior art. 487º, nº 2, parte final). Vide, ainda, Antunes Varela/Miguel Bezerra/Sampaio e Nora *in* "Manual...", p. 291.

As excepções podem ser dilatórias ou perentórias. Cfr. o art. 576º, nº 1, do CPC (anterior art. 493º, nº 1).

b.1. As excepções dilatórias obstam a que o tribunal conheça do mérito da causa e dão lugar à absolvição da instância ou à remessa do processo para outro tribunal. Cfr. o art. 576º, nº 2, do CPC (anterior art. 493º, nº 2).

As excepções dilatórias tipificadas no art. 577º, do CPC (anterior art. 494º), são os seguintes:

i) A incompetência absoluta e relativa do tribunal
A *incompetência absoluta* resulta da infracção das regras de competência em razão da matéria e da hierarquia e das regras de competência internacional. Cfr. o art. 96º, al. a), do CPC (anterior art. 101º).

A verificação da incompetência absoluta implica a absolvição do réu da instância ou o indeferimento em despacho liminar, quando o processo o comportar. Cfr. o art. 99º, nº 1, do CPC (anterior art. 105º, nº 1).

No entanto, se a incompetência for decretada depois de findos os articulados, podem estes ser aproveitados desde que:

– o autor requeira, no prazo de 10 dias a contar do trânsito em lugado da decisão, a remessa do processo ao tribunal em que a acção deveria ter sido proposta;
– O Réu não ofereça oposição justificada. Cfr. o art. 99º, nº 2, do CPC (anterior art. 105º, nº 2).

Por seu lado, a *incompetência relativa* resulta da infração das regras de competência fundadas no valor da causa, na divisão judicial do território ou decorrentes do estipulado na convenção prevista no artigo 95º. Cfr. o art. 102º, do CPC (anterior art. 108º).

A incompetência relativa implica que o processo seja remetido para o tribunal competente. Cfr. o art. 105º, nº 3, do CPC (anterior art. 111º, nº 3);

ii) A nulidade de todo o processo
O processo é nulo quando a petição inicial for inepta. Cfr. o art. 186º, nº 1, do CPC (anterior art. 193º, nº 1).

A nulidade do processo implica a absolvição do Réu da instância. Cfr. o art. 278º, nº 1, al. *b*), do CPC (anterior art. 288º, nº 1, al. *b*)).

Convém, no entanto, lembrar que a arguição da ineptidão poderá não proceder se se constatar que o Réu interpretou convenientemente a petição inicial. Cfr. o art. 186º, nº 3, do CPC (anterior art. 193º, nº 3);

iii) A falta de personalidade ou de capacidade judiciária de alguma das partes
A personalidade judiciária consiste na susceptibilidade de ser parte. Cfr. o art. 11º, nº 1, do CPC (anterior art. 5º, nº 1).

Quem tiver personalidade jurídica (art. 66º, do CC) tem igualmente personalidade judiciária. Cfr. o art. 11º, nº 2, do CPC (anterior art. 5º, nº 2).

A falta de personalidade jurídica implica a absolvição do Réu da instância. Cfr. o art. 278º, nº 1, al. *c*), do CPC (anterior art. 288º, nº 1, al. *c*)).

A capacidade judiciária consiste na susceptibilidade de estar, por si, em juízo. Cfr. o art. 15º, nº 1, do CPC (anterior art. 9º, nº 1).

De acordo com o art. 15º, nº 2, do CPC (anterior art. 9º, nº 2), a capacidade judiciária tem por base e por medida a capacidade de exercício de direitos.

A capacidade de exercício de direitos "é a idoneidade para actuar juridicamente, exercendo direitos ou cumprindo deveres, adquirindo direitos ou assumindo obrigações, por *acto próprio e exclusivo* ou mediante um *representante voluntário ou procurador*, isto é, um representante escolhido pelo próprio representado", MOTA PINTO in "Teoria Geral...", p. 212.

A incapacidade judiciária e irregularidade da representação são supríveis nos termos dos arts. 27º e 28º, do CPC (anteriores arts. 23º e 24º).

Se a falta de capacidade judiciária não for sanada, o Réu deverá ser absolvido da instância, conforme resulta do art. 278º, nºs 1, al. *e*), 2 e 3, do CPC (anterior art. 288º, nºs 1, al. *e*), 2 e 3);

iv) A falta de autorização ou deliberação que o autor devesse obter
Nestes casos, a lei substantiva exige que o Autor, para a propositura da acção, esteja munido de autorização (v.g., a autorização ao tutor, art. 1938º, nº 1, al. *e*), do CC) ou da deliberação de um órgão (*v.g.*, autorização concedida ao administrador do condomínio pela assembleia de condóminos, nos termos do art. 1437º, nº 1, do CC ou ao órgão da administração da associação pela assembleia geral, ao abrigo do nº 2, do art. 172º, do CC). *Vide* LEBRE DE FREITAS E OUTROS *in* "Código de Processo...", Vol. 2º, p. 308.

A falta de autorização ou de deliberação deverá ser sanada, nos termos do art. 29º, do CPC (anterior art. 25º), sob pena de o Réu será absolvido da instância. Cfr. o art. 278º, nºs 1, al. *e*), 2 e 3, do CPC (anterior art. 288º, nºs 1, al. *e*), 2 e 3);

v) A ilegitimidade de alguma das partes
Nos termos do art. 30º, nºs 1 e 2, do CPC (anterior art. 26º, nºs 1 e 2), o Autor é parte legítima quando tem interesse directo em demandar (traduzido na utilidade derivada da procedência da acção). Por sua vez, o Réu é parte legítima quando tem interesse directo em contradizer (traduzido no prejuízo que advenha da procedência da acção).

Os sujeitos da relação controvertida, tal como é configurada pelo Autor, presumem-se partes legítimas. Cfr. o art. 30º, nº 3, do CPC (anterior art. 26º, nº 3).

A ilegitimidade é sanável "quando resulta de não ter demandado, ou não ter sido demandada, determinada pessoa, que devia tê-lo sido juntamente com o autor ou com o Réu", LEBRE DE FREITAS *in* "A acção...", p. 95.

Nos termos do art. 261º, nº 1, do CPC (anterior art. 269º, nº 1), a ilegitimidade plural pode ser suprimida com a intervenção da parte que não esteja em juízo.

Quanto à intervenção, veja-se os arts. 311º e ss., do CPC (anteriores arts. 320º e ss.).

Se a ilegitimidade não for ou não puder ser sanada, o Réu deve ser absolvido da instância. Cfr. o art. 278º, nºs 1, al. *d*), 2 e 3, do CPC (anterior art. 288º, nºs 1, al. *d*), 2 e 3);

vi) A coligação ilegal de Autores ou Réus
A coligação de Autores ou Réus, por pedidos diferentes, é permitida quando:

- a causa de pedir seja a mesma e única. Cfr. o art. 36º, nº 1, do CPC (anterior art. 30º, nº 1);
- os pedidos estejam entre si numa relação de prejudicialidade ou de dependência. Cfr. o art. 36º, nº 1, do CPC (anterior art. 30º, nº 1);
- sendo diferente a causa de pedir, a procedência dos pedidos principais dependa essencialmente da apreciação dos mesmos factos ou da interpretação e aplicação das mesmas regras de direito ou de cláusulas de contrato perfeitamente análogas. Cfr. o art. 36º, nº 2, do CPC (anterior art. 30º, nº 2);
- os pedidos contra os vários Réus se baseiem na invocação da obrigação cartular, quanto a uns, e da respectiva relação subjacente, quanto a outros. Cfr. o art. 36º, nº 3, do CPC (anterior art. 30º, nº 3).

Se a coligação não tiver por base a conexão entre os pedidos exigida pelo art. 36º, o juiz notifica o Autor para, no prazo fixado, indicar qual o pedido que pretende ver apreciado no processo, sob cominação de, não o fazendo, o Réu (ou os Réus) ser absolvido da instância. Cfr. o art. 38º, nº 1, do CPC (anterior art. 31º-A, nº 1);

vii) Pluralidade subjectiva fora dos casos previstos o art. 39º, do CPC (anterior art. 31º-B)
O Autor tem o possibilidade de deduzir o mesmo pedido subsidiariamente contra Réu diverso do demandado a título principal, caso alegue dúvida fundamentada sobre o sujeito da relação controvertida. Cfr. o art. 39º, do CPC (anterior art. 31º-B).

Podemos, assim, concluir que se não for alegada dúvida sobre o sujeito da relação controvertida (ou, sendo ela alegada, não tiver sido devidamente fundamentada), a pluralidade subjectiva subsidiária não é admissível. Neste caso, o Réu deve ser absolvido da instância, nos termos do art. 278º, nº 1, al. *e*), do CPC (anterior art. 288º, nº 1, al. *e*));

viii) Falta de constituição de mandatário nos processos indicados no art. 40º, nº 1, do CPC (anterior art. 32º, nº 1)
De acordo com este artigo, a constituição de mandatário e obrigatória:

   a) nas causas de competência de tribunais com alçada, em que seja admissível recurso ordinário;
   b) nas causas em que seja sempre admissível recurso, independentemente do valor e
   c) nos recursos e nas causas propostas nos tribunais superiores.

A parte que não constituir advogado, sendo obrigatória a sua constituição, é notificada para o fazer, sob pena de o Réu ser absolvido da instância, de não ter seguimento o recurso ou de ficar sem efeito a defesa. Cfr. o art. 41º, do CPC (anterior art. 33º);

ix) Falta, insuficiência e irregularidade do mandato
No caso de falta, insuficiência e irregularidade do mandato, fica sem efeito tudo o que tiver sido praticado pelo mandatário, devendo este ser condenado nas custas respectivas e, se tiver agido culposamente, na indemnização dos prejuízos a que tenha dado causa. Cfr. o nº 2, do art. 48º, do CPC (anterior nº 2, do art. 40º).

Por outro lado, o Réu deve ser absolvido da instância, nos termos do art. 278º, nº 1, al. *e*), do CPC (anterior art. 288º, nº 1, al. *e*)).

x) A litispendência ou o caso julgado
A litispendência e o caso julgado estão regulados nos arts. 580º e ss., do CPC (anteriores arts. 497º e ss.).

A litispendência ou o caso julgado implicam a absolvição da instância. Cfr. o art. 278º, nº 1, al. *e*), do CPC (anterior art. 288º, nº 1, al. *e*));

xi) A preterição do tribunal arbitral necessário ou a violação de convenção de arbitragem
O regime do tribunal arbitral necessário está previsto nos arts. 1082º e ss., do CPC (anteriores arts. 1525º e ss.).

A violação de convenção de arbitragem, na qual as partes se obrigam a recorrer a árbitros, constitui excepção dilatória.

A preterição do tribunal arbitral necessário ou a violação de convenção de arbitragem implica que o Réu seja absolvido da instância. Cfr. o art. 278º, nº 1, al. *e*), do CPC (anterior art. 288º, nº 1, al. *e*));

b.2. As excepções peremptórias importam a absolvição total ou parcial do pedido e consistem na invocação de factos que impedem, modificam ou extinguem o efeito jurídico dos factos articulados pelo autor. Cfr. o art. 576º, nº 3, do CPC (anterior art. 493º, nº 3).

Prazo
O Réu, na audiência de partes, é notificado para contestar no prazo de 10 dias (art. 56º, al. *a*), do CPT).

Se o Ministério Público patrocina um trabalhador (Réu na acção) deve declarar, no prazo inicial para contestar, que assumiu esse patrocínio, contando-se o prazo para contestar a partir dessa declaração (art. 58º, nº 1, do CPT).

O prazo para contestar pode ser prorrogado, até 10 dias, quando:

– O Ministério Público tiver pedido, fundamentadamente, tal prorrogação com base na falta de informações que não poderá obter atempadamente ou quando tenha de aguardar resposta a consulta feita a instância superior. Cfr. o art. 569º, nº 4, do CPC (anterior art. 486º, nº 4, para o qual remete o art. 58º, do CPT) ou

– O Réu ou o seu mandatário tenha requerido tal prorrogação, em virtude de motivo ponderoso que impeça ou dificulte a organização da defesa respectiva. Cfr. o art. 569º, nº 5, do CPC (anterior art. 486º, nº 5, para o qual remete o art. 58º, do CPT).

A contestação pode, ainda, ser apresentada fora de prazo se o Réu alegar a verificação de evento que não lhe seja imputável (nem aos seus representantes ou mandatários) e que obste à apresentação atempada da contestação. Trata-se, aqui, da figura do justo impedimento prevista no nº 4, do art. 139º, do CPC (anterior nº 4, do art. 145º) e no art. 140º, do CPC (anterior art. 146º).

Conforme resulta do nº 5, do art. 139º, do CPC (anterior nº 5, do art. 145º), independentemente de justo impedimento, a contestação pode ser apresentada nos três primeiros dias úteis subsequentes ao termo do prazo, contanto o Réu pague, imediatamente, uma multa fixada nos seguintes termos:

a) Se o ato for praticado no 1º dia, a multa é fixada em 10 % da taxa de justiça correspondente ao processo ou ato, com o limite máximo de 1/2 UC;

b) Se o ato for praticado no 2º dia, a multa é fixada em 25 % da taxa de justiça correspondente ao processo ou ato, com o limite máximo de 3 UC;
   c) Se o ato for praticado no 3º dia, a multa é fixada em 40 % da taxa de justiça correspondente ao processo ou ato, com o limite máximo de 7 UC.

Se a multa não for paga no prazo supra referido, o Réu será notificado para pagar a multa acrescida de uma penalização de 25% do seu valor, desde que se trate de acto praticado por mandatário. Cfr. o nº 6, do art. 139º, do CPC (anterior nº 6, do art. 145º).

No processo especial de impugnação judicial da regularidade e licitude do despedimento, o trabalhador, depois de apresentado o articulado do empregador, é notificado para, no prazo de 15 dias, contestar, querendo (cfr. o art. 98º-L, nº 1, do CPT).

Modo de apresentação
Vide considerações tecidas sobre petição inicial.

Ónus de impugnação e revelia
A revelia pode ser:

   a) Absoluta
   Existe revelia absoluta quando o Réu não intervém de nenhuma forma em juízo. Cfr. o 566º, do CPC (anterior art. 483º) ou
   b) Relativa
   Neste caso, o Réu não contesta, mas manifesta-se no processo, mediante constituição de mandatário ou por outro modo qualquer.

Ao contestar, deve o réu tomar posição definida perante os factos que constituem a causa de pedir invocada pelo autor. Cfr. o 574º, nº 1 do CPC (anterior art. 490º, nº 1).

A impugnação não tem de ser feita "facto por facto, individualizadamente, podendo ser genérica", LEBRE DE FREITAS E OUTROS *in* "Código de Processo...", Vol. 2º, p. 298.

De acordo com o art. 57º, nº 1, do CPT, os factos articulados pelo Autor consideram-se confessados quando:

   – o Réu não contestar (tendo sido ou devendo considerar-se regularmente citado na sua própria pessoa) ou
   – tenha juntado procuração a mandatário judicial no prazo da contestação.

Estamos perante um *efeito cominatório semi-pleno*, segundo o qual, a não apresentação de contestação implica, apenas a confissão dos factos e não a admissão da matéria de direito, "impondo-se o *princípio de conhecimento do mérito da causa*, ainda que com a possibilidade de o juiz poder decidir simplificadamente", MENDES BATISTA *in* "Código de Processo...", p. 120.

Se o Réu não contestar, o tribunal profere sentença a julgar a causa conforme for de direito (art. 57º, nº 1, parte final, do CPT).

Esta sentença pode limitar-se à parte decisória, precedida da identificação das partes e da fundamentação sumária do julgado, desde que a causa se revista de manifesta simplicidade (art. 57º, nº 2, do CPT).

Aliás, a fundamentação pode ser feita mediante simples adesão ao alegado pelo Autor, nos casos em que, os factos confessados conduzam à procedência da acção (art. 57º, nº 2, do CPT).

Nos termos do art. 568º, do CPC (anterior art. 485º), o efeito cominatório semi-pleno não se verifica:

a) Quando, havendo vários réus, algum deles contestar, relativamente aos factos que o contestante impugnar;
b) Quando o réu ou algum dos réus for incapaz, situando-se a causa no âmbito da incapacidade, ou houver sido citado editalmente e permaneça na situação de revelia absoluta;
c) Quando a vontade das partes for ineficaz para produzir o efeito jurídico que pela ação se pretende obter;
d) Quando se trate de factos para cuja prova se exija documento escrito.

Elementos e instrução

De acordo com o disposto no art. 572º, do CPC (anterior art. 488º), na contestação deve o Réu:

a) Individualizar a ação;
b) Expor as razões de facto e de direito por que se opõe à pretensão do autor. Nas ações, nos seus incidentes e nos procedimentos cautelares, havendo mandatário constituído, é obrigatória a dedução por artigos dos factos invocados na contestação. Cfr. o art. 147º, nº 2, do CPC (anterior art. 151º, nº 2);
c) Expor os factos essenciais em que se baseiam as exceções deduzidas, especificando-as separadamente, sob pena de os respetivos factos não se considerarem admitidos por acordo por falta de impugnação e

d) Apresentar o rol de testemunhas e requerer outros meios de prova. No caso do processo laboral, este dever já decorria do art. 63º, nº 1, do CPT.

Tenhamos presente que o rol de testemunhas pode ser alterado ou aditado até 20 dias antes da data em que se realize a audiência final, sendo a parte contrária notificada para usar, querendo, de igual faculdade no prazo de 5 dias (art. 63º, nº 2, do CPT).

O Réu só pode arrolar:

- 10 testemunhas para prova dos fundamentos da defesa (art. 64º, nº 1, do CPT);
- 3 testemunhas sobre cada facto, não contando as que declarem nada saber (art. 65º, do CPT).

Se o Réu deduzir reconvenção pode apresentar mais 10 testemunhas para prova dos seus fundamentos (art. 64º, nº 2, do CPT). Na nossa opinião, continua a valer o limite de 3 testemunhas sobre cada facto (art. 65º, do CPT).

A propósito é de referir que, com a contestação, o Réu:

a) deve juntar documento comprovativo do pagamento de taxa de justiça devida ou da concessão de apoio judiciário, na modalidade de dispensa do mesmo. Cfr. o art. 552º, nº 3, do CPC (anterior art. 467º, nº 3) *ex vi* art. 570º, nº 1, do CPC (anterior art. 486º-A, nº 1).

Se o Réu estiver a aguardar decisão sobre a concessão do benefício de apoio judiciário, pode juntar comprovativo da apresentação do respectivo requerimento. Cfr. o art. 570º, nº 1, do CPC (anterior art. 486º-A, nº 1).

Caso o apoio judiciário seja indeferido, o Réu deverá comprovar o prévio pagamento da taxa de justiça ou juntar ao processo o respetivo documento comprovativo no prazo de 10 dias a contar da notificação da decisão de indeferimento. Cfr. o art. 570º, nº 2, do CPC (anterior art. 486º-A, nº 2).

Na falta de junção do documento comprovativo do pagamento da taxa de justiça devida ou de comprovação desse pagamento, no prazo de 10 dias a contar da apresentação da contestação, a secretaria notifica o interessado para, em 10 dias, efetuar o pagamento omitido com acréscimo de multa de igual montante, mas não inferior a 1 UC nem superior a 5 UC. Cfr. o art. 570º, nº 3, do CPC (anterior art. 486º-A, nº 3);

b) pode requerer a produção antecipada de prova, nos termos do art. 420º, do CPC (anterior art. 521º).

Quanto aos duplicados e cópias a apresentar com a contestação, cfr. considerações tecidas sobre a petição inicial.

Estrutura
Cfr. considerações tecidas a propósito da petição inicial.

Notificação da contestação ao Autor
A contestação é notificada ao Autor (art. 59º, nº 1, do CPT).

Caso existam várias contestações, a notificação tem lugar depois de apresentada a última ou de haver decorrido o prazo para o seu oferecimento (art. 59º, nº 1, do CPT).

Para LOPES CARDOSO *in* "Manual ...", p. 172, a falta de contestação também deve ser notificada ao Autor, habilitando-o a exercer o direito de opção do art. 13º, da LCCT (actual art. 391º, do CT).

Convém, no entanto, lembrar que o trabalhador pode não ser o Autor da acção.

Reconvenção ou pedido reconvencional

Considerações preliminares
A reconvenção consiste no pedido autónomo formulado pelo Réu contra o Autor, no âmbito da acção por este instaurada. Como refere ANTUNES VARELA/ MIGUEL BEZERRA/SAMPAIO E NORA *in* "Manual...", p. 323, na reconvenção "há uma contrapretensão do réu, há um verdadeiro contra-ataque desferido pelo reconvinte (Réu, parêntesis nosso) contra o reconvindo (Autor, parêntesis nosso). Passa a haver assim *uma nova acção* dentro do *mesmo processo*. O pedido reconvencional é *autónomo*, na medida em que transcende a simples improcedência da pretensão do autor e os corolários dela decorrentes".

Admissibilidade e requisitos
Nos termos do art. 30º, nº 1, do CPT, a reconvenção é admissível quando:

a) o pedido do Réu emerge de facto jurídico que serve de fundamento à acção.
   Diferentemente, no âmbito do processo civil, a reconvenção é admitida não só quando emerge de facto jurídico que serve de fundamento à acção, mas também, quando emerge de facto jurídico que serve de fundamento à defesa. Cfr. o art. 266º, nº 2, al. *a*), do CPC (anterior art. 274º, nº 2, al. *a*));

b) a questão reconvencional tenha uma relação de conexão com a acção, por acessoriedade, complementaridade ou dependência, nos termos das als. *o*) e *n*), do art. 126º, da L nº 62/2013, de 26.08 (Lei de Organização do Sistema Judiciário). No regime anterior a esta lei, cfr. as als. *o*) e *p*), do art. 85º, da L nº 3/99, de 13.01 (que aprovou a LOFTJ) e a al. *p*), do art. 118º, da L nº 52/2008, de 28.08 (que aprovou a Nova LOFTJ).

Segundo MENDES BATISTA *in* "Código de Processo...", p. 76, "o pedido tem de estar objectivamente subordinado ao pedido principal sendo dele dependente (**acessoriedade**), de ter subjacente uma relação que foi controvertida por vontade das partes em complemento da do pedido principal, sem prejuízo de ambas as relações manterem a sua autonomia (**complementaridade**), ou de existir uma relação, embora autónoma, entre os dois pedidos, constituindo o pedido principal o suporte imprescindível do outro (**dependência**)";

c) o Réu invoque a compensação. Neste caso, não é necessário que entre a acção e a reconvenção haja uma relação de acessoriedade, complementaridade ou dependência (cfr. al. *o*), do art. 126º, da L nº 62/2013, de 26.08). No regime anterior a este lei, *vide* os arts. 85º, als. *p*) e *o*), da L nº 3/99 e 118º, al. *p*), da L nº 52/2008, de 28.08 (que aprovou a Nova LOFTJ).

Em qualquer um dos casos é, ainda, necessário que:

– o valor da causa exceda a alçada do tribunal (art. 30º, nº 1, do CPT).

Em matéria cível, a alçada dos tribunais de 1º instância é de €5 000, nos termos do art. 44º, nº 1, da L nº 62/2013 (LOSJ). No regime anterior, cfr. art. 24º, da LOFTJ.

O valor da causa, para efeitos de determinação da admissibilidade da reconvenção, é o valor indicado na petição inicial e não este valor acrescido do da reconvenção.

Note-se que, de acordo com o nº 2, do art. 299º, do CPC (anterior nº 2, do art. 308º), o valor do pedido formulado pelo réu só é somado ao valor do pedido formulado pelo autor quando os pedidos sejam distintos, nos termos do disposto no nº 3, do art. 530º, do CPC (anterior nº 4 do artigo 447º-A). De qualquer forma, este aumento do valor da causa só produz efeitos quanto aos actos e termos posteriores à reconvenção. Cfr o nº 3, do art. 299º, do CPC (anterior nº 3, do art. 308º);

– ao pedido do Réu corresponda a mesma espécie de processo que corresponde ao pedido do Autor (art. 30º, nº 2, do CPT).

As espécies de processo laboral estão elencadas no art. 21º, do CPT;

– o tribunal da acção seja competente em razão da nacionalidade, da matéria e da hierarquia, para apreciar as questões deduzidas por via de reconvenção, sob pena de absolvição da instância do reconvindo. Cfr. o art. 93º, nº 1, do CPC (anterior art. 98º, nº 1).

O reconvinte deve na contestação:

– identificar e deduzir separadamente a reconvenção. Cfr. o art. 583º, nº 1, do CPC (anterior art. 501º, nº 1);
– expor os fundamentos da reconvenção. Cfr. o art. 583º, nº 1, do CPC (anterior art. 501º, nº 1). Fundamentos esses que consistem nos factos essenciais que constituem a causa de pedir e nas razões de direito que servem de fundamento à pretensão reconvencional. Cfr., conjugadamente, os arts. 583º, nº 1 e 552º, nº 1, al. *d*), do CPC (anteriores arts. 501º, nº 1 e 467º, nº 1, al. *d*), respetivamente);
– formular o pedido reconvencional. Cfr. o art. 583º, nº 1, do CPC (anterior art. 501º, nº 1);
– declarar o valor da reconvenção. Cfr. o art. 583º, nº 2, do CPC (anterior art. 501º, nº 2).

Se os pedidos forem distintos, o valor do pedido reconvencional é somado ao valor do pedido formulado pelo autor. Cfr. o art. 299º, nº 2, do CPC (anterior art. 308º, nº 2). Não se considera distinto o pedido, designadamente, quando a parte pretenda conseguir, em seu benefício, o mesmo efeito jurídico que o autor se propõe obter ou quando a parte pretenda obter a mera compensação de créditos. Cfr. o art. 530º, nº 3, do CPC (anterior art. 447º-A, nº 3).

Se não for indicado o valor da reconvenção, a contestação não deixa de ser recebida, mas o reconvinte é convidado a fazê-lo, sob pena de a reconvenção não ser atendida. Cfr. o art. 583º, nº 2, do CPC (anterior art. 501º, nº 2).

Conforme já referimos, o reconvinte pode apresentar 10 testemunhas para prova dos fundamentos da reconvenção (art. 64º, nº 2, do CPT). Em nossa opinião, continua a valer o limite de 3 testemunhas sobre cada facto (art. 65º, do CPT).

5. Resposta

Noção e considerações preliminares

A resposta é o articulado através do qual o Autor responde à contestação do Réu, quando nesta tenha sido deduzida excepção e/ou formulado pedido reconvencional (art. 60º, nº 1, do CPT).

No âmbito do processo civil, o articulado de resposta à contestação é a réplica. Cfr. os arts. 584º e ss., do CPC (anteriores arts. 502º e ss.).

Com o CPC/2013, a réplica passou a ser admissível apenas para:

a) o autor deduzir toda a defesa quanto à matéria da reconvenção. Cfr. o art. 584º, nº 1, do CPC (anterior art. 502º, nº 1, 2ª parte);

b) nas ações de simples apreciação negativa, o autor impugnar os factos constitutivos que o réu tenha alegado e para alegar os factos impeditivos ou extintivos do direito invocado pelo réu. Cfr. o art. 584º, nº 2, do CPC (anterior art. 502º, nº 2).

Requisitos de admissibilidade

Nos termos do art. 60º, nºs 1 e 2, do CPT, a resposta é admissível quando:

– o Réu se tiver defendido por excepção dilatória ou peremptória (art. 60º, nº 1, do CPT);
– o Réu tiver deduzido pedido reconvencional (art. 60º, nº 1, do CPT).

Para que a resposta seja admissível é, ainda, necessário que a valor da causa exceda a alçada do tribunal (art. 60º, nº 1, do CPT).

Em matéria cível, a alçada dos tribunais de 1º instância é de €5 000, nos termos do art. 44º, nº 1, da L nº 62/2013 (LOSJ). No regime anterior, cfr. art. 24º, da LOFTJ.

Para CARLOS ALEGRE *in* "Código de Processo...", p. 179, o requisito do valor da causa só se aplica quando a resposta tenha por base a dedução de excepção.

Se a resposta se destina, apenas, a responder ao pedido reconvencional "não é necessária a verificação cumulativa" de tal requisito.

A resposta deve assentar, apenas, na excepção ou na reconvenção deduzidas. Desta forma, "O autor não pode aproveitar a resposta à contestação para tentar corrigir, completar ou esclarecer a petição inicial.

Se exceder o âmbito da matéria da excepção, o articulado deve ser considerado nulo na parte em que excede tais limites – art. 201º do CPC", MENDES BATISTA *in* "Código de Processo...", p. 126.

No processo especial de impugnação judicial da regularidade e licitude do despedimento, se o trabalhador se tiver defendido por excepção, pode o empregador responder à respectiva matéria no prazo de 10 dias; havendo reconvenção, o prazo para resposta é alargado para 15 dias (cfr. o art. 98º-L, nº 4, do CPT). De notar que, os nºs 2 e 3, do art. 60º, do CPT e o art. 266º, do CPC (anterior art. 274º) são aqui aplicáveis (art. 98º-L, nº 5, do CPT).

Por seu turno, na acção de impugnação da resolução do contrato intentada pelo empregador, a resposta é ainda admissível quando o Réu (trabalhador) tiver corrigido o vício (que serviu de base à impugnação da ilicitude) até ao termo do prazo para contestar (cfr., conjugadamente, o nº 2, do art. 60º, do CPT e o art. 398º, nº 4, do CT).

Prazos

A resposta deve ser apresentada no prazo de:

- 10 dias, se o Réu tiver deduzido excepção (art. 60, nº 1, 1ª parte, do CPT) ou
- 15 dias, se tiver havido reconvenção (art. 60, nº 1, 2ª parte, do CPT).
- 10 dias, se o Réu (trabalhador) tiver corrigido o vício (que serviu de base à impugnação da ilicitude da resolução) até ao termo do prazo para contestar (cfr., conjugadamente, o nº 2, do art. 60º, do CPT e o art. 398º, nº 4, do CT).

À semelhança da contestação, também a resposta pode ser apresentada fora de prazo, contanto o Autor alegue a verificação de evento que não lhe seja imputável (nem aos seus representantes ou mandatários) e que obste à apresentação atempada da resposta. Fala-se, aqui, do instituto do justo impedimento previsto no nº 4, do art. 139º, do CPC (anterior nº 4, do art. 145º) e no art. 140º, do CPC (anterior art. 146º). Cfr. considerações tecidas a propósito da contestação.

Modo de apresentação

Quanto ao modo de apresentação, *vide* considerações tecidas acerca da petição inicial.

No que diz respeito à resposta, importa referir ainda que na mesma deve ser:

a) indicado o rol de testemunhas (art. 63º, nº 1, do CPT).
   Tenhamos presente que o rol de testemunhas pode ser alterado ou aditado até 20 dias antes da data em que se realize a audiência final, sendo a parte contrária notificada para usar, querendo, de igual faculdade no prazo de 5 dias (art. 63º, nº 2, do CPT).

Se o Réu deduzir reconvenção, o Autor tem a faculdade de arrolar mais 10 testemunhas para prova dos fundamentos da defesa (art. 64º, nº 2, do CPT). Em nossa opinião, continua a valer o limite de 3 testemunhas sobre cada facto (art. 65º, do CPT);

b) requerido qualquer outro meio de prova (art. 63º, nº 1, do CPT).

Ónus de impugnação

O Autor, na resposta, deve tomar posição definida perante os factos articulados na contestação e que servem de fundamento à excepção e/ou reconvenção deduzidas. Cfr. o art. 574º, nº 1, do CPC (anterior art. 490º, nº 1, para o qual remete o nº 4, do art. 60º, do CPT).

Conforme leitura conjugada do nº 2, do art. 574º, do CPC (anterior nº 2, do art. 490º) e do nº 4, do art. 60º, do CPT, os factos que não sejam impugnados consideram-se admitidos por acordo, salvo se:

– estiverem em oposição com a versão global apresentada na petição inicial;
– não for admissível a sua confissão ou
– só puderem ser provados por documento escrito.

A impugnação não tem de que ser feita "facto por facto, individualizadamente, podendo ser genérica", LEBRE DE FREITAS E OUTROS *in* "Código de Processo...", Vol. 2º, p. 298.

De igual forma, também são considerados confessados os factos pessoais ou de que o Autor deva ter conhecimento e que declare não saber se são reais.

Ao invés, são considerados impugnados, os factos que o Autor não deva conhecer ou que não sejam pessoais e que declare não saber se são reais. Cfr. conjugadamente, o nº 3, do art. 574º, do CPC (anterior nº 3, do art. 490º) e o nº 4, do art. 60º, do CPT.

Contra-resposta

Na opinião de CARLOS ALEGRE *in* "Código de Processo...", p. 180, "Não se vislumbram razões para impedir que o réu se defenda de alguma excepção que o autor", na sua resposta, "tenha deduzido, no âmbito da reconvenção".

Também MENDES BATISTA *in* "Código de Processo ...", p. 125, defenda tal possibilidade. Para este autor "o réu tem direito de contra-resposta, se, no caso de na reconvenção, o autor deduzir alguma excepção, não obstante uma interpretação literal do art. 60º o não admitir".

A este propósito, *vide* o nº 4, do art. 3º, do CPC, o qual constitui uma manifestação do princípio do contraditório.

6. Articulados supervenientes

Noção
Os articulados supervenientes são os articulados que carreiam para o processo, os factos constitutivos, modificativos ou extintivos de qualquer direito (ou direitos) alegado na acção, que sejam supervenientes ao termo dos prazos fixados para o contestação e para a resposta. Cfr. o art. 588º, nºs 1 e 2, do CPC (anterior art. 506º, nºs 1 e 2).

Admissibilidade
Conforme resulta da leitura adaptada do art. 588º, do CPC (anterior art. 506º), os articulados supervenientes são admissíveis para deduzir factos constitutivos, modificativos ou extintivos de qualquer direito (ou direitos) alegado na acção que tenham ocorrido:

- depois do termo dos prazos fixados para a contestação e para a resposta (superveniência objectiva);
- antes do termo dos prazos fixados para a contestação e para a resposta, mas que a parte só tenha tido conhecimento posteriormente (superveniência subjectiva).

A superveniência subjectiva tem que ser alegada e provada, ou seja, a parte, que apresenta o articulado, deve provar que teve conhecimento do facto depois do termo dos prazos fixados para a contestação e para a resposta.

Se a superveniência não for provada "o articulado deve ser rejeitado, é uma decorrência do dever judicial de rejeição por verificação da apresentação do articulado fora de prazo", LEBRE DE FREITAS E OUTROS *in* "Código de Processo...", Vol. 2º, p. 341.

No âmbito do processo laboral, os articulados supervenientes são (para além das situações previstas no art. 588º, do CPC) também admissíveis para que o Autor deduza contra o Réu novos pedidos que tenham como causa factos que:

- ocorram antes da audiência de discussão e julgamento (art. 28º, nº 2 *ex vi* art. 60º, nº 3, ambos do CPT);
- tenham ocorrido antes da propositura da acção, desde que, justifique a sua não inclusão na petição inicial (art. 28º, nº 3 *ex vi* art. 60º, nº 3, ambos do CPT).

Os novos pedidos não podem corresponder a uma espécie de processo diferente.

Os regimes contidos nos arts. 588º, do CPC (anterior art. 506º) e 28º, do CPT (preceitos para os quais remete o nº 3, do art. 60º, do CPT), apresentam uma diferença essencial:

"– nos casos do art. 506º, nºs 1 e 2, os factos supervenientes (constitutivos, modificativos ou extintivos) dizem respeito ao *direito accionado*;
– nos casos do art. 28º, nºs 2 e 3, os factos supervenientes não dizem respeito ao direito accionado, mas a *novos direitos* (nº 1).

Nas situações do artigo 506º, nºs 1 e 2, a causa de pedir mantém-se a mesma; nas situações do artigo 28º, são *aditados novos pedidos e causas de pedir*.", CARLOS ALEGRE *in* "Código de Processo...", p. 180.

Momento de apresentação
Conforme decorre do nº 3, do art. 588º, do CPC (anterior nº 3, do art. 506º), os articulados supervenientes devem ser oferecidos:

a) Na audiência prévia, quando os factos hajam ocorrido ou sido conhecidos até ao respetivo encerramento;
b) Nos 10 dias posteriores à notificação da data designada para a realização da audiência final, quando não se tenha realizado a audiência prévia.
Lembremos que no processo laboral, as partes, na audiência de partes, são logo notificadas da data designada para a realização da audiência final (art. 56º, al. c), do CPT). Sendo assim, a presente alínea não terá grande aplicabilidade no processo laboral. LOPES CARDOSO *in* "Manual...", p. 182, vai mais longe, defendendo que "terá necessariamente que entender-se que a al. b), do nº 3, do art. 506º, do CPC, é *inaplicável* ao processo laboral socorrendo-me, para o fazer do nº 3, do art. 1º, do Código de Processo de Trabalho, sobre a inaplicabilidade das normas subsi diárias quando incompatíveis com a *índole* do processo nele re gulado";
c) Na audiência final, se os factos ocorreram ou a parte deles teve conhecimento em data posterior às referidas nas alíneas anteriores.

Modo de apresentação
Vide as considerações desenvolvidas para os outros articulados.

No articulado superveniente devem ser oferecidas, desde logo, as respectivas provas. Cfr. o art. 588º, nº 5, do CPC (anterior art. 506º, nº 5).

Despacho liminar
Nos termos conjugados dos arts. 588º, nº 4, do do CPC (anterior art. 506º, nº 4) e 60º, nº 3, do CPT, o juiz, depois de receber o articulado superveniente, profere despacho liminar no sentido de:
a) rejeitá-lo quando, por culpa da parte, for apresentado fora de tempo ou quando os factos alegados não interessam à boa decisão da causa ou
b) admitir o articulado, ordenando a notificação da parte contrária para responder em 10 dias.

Resposta
Depois de notificada do articulado superveniente, a parte contrária tem 10 dias, para apresentar a sua resposta, devendo oferecer, desde logo, as respectivas provas. Cfr., conjugadamente, o art. 588º, nºs 4 e 5, do CPC (anterior art. 506º, nºs 4 e 5) e o art. 60º, nº 3, do CPT.

Conforme resulta da leitura conjugada dos arts. 588º, nº 4 e 587º, do CPC (anteriores arts. 506º, nº 4 e 505º, respetivamente), no caso de falta de resposta ou falta de impugnação dos novos factos alegados é aplicável o disposto no art. 574º, do CPC (anterior art. 490º).

Se os articulados supervenientes se destinarem à dedução de novos pedidos e causas de pedir (art. 28º, do CPT), o Réu é notificado para contestar tanto a matéria do aditamento como a sua admissibilidade.

Os factos articulados que interessem à decisão da causa constituem tema da prova nos termos do disposto no artigo 596º. Cfr. o art. 588º, nº 6, do CPC (anterior art. 506º, nº 6).

7. Saneamento

Findo os articulados o juiz:
1. nos termos do art. 590º, nº 1, do CPC (anterior art. 508º, nº 1, para o qual remete o art. 61º, nº 1, do CPT), profere, sendo caso disso, despacho pré-saneador destinado a:

a) Providenciar pelo suprimento de exceções dilatórias, nos termos do nº 2 do artigo 6º;
b) Providenciar pelo aperfeiçoamento dos articulados, nos termos dos números seguintes. V. as considerações tecidas sobre o despacho liminar;
c) Determinar a junção de documentos com vista a permitir a apreciação de exceções dilatórias ou o conhecimento, no todo ou em parte, do mérito da causa no despacho saneador.

Conforme resulta da leitura conjugada dos arts. 27º e 61º, nº 1, ambos do CPT, o despacho supra referido não afasta o dever que impende sobre o juiz de, até à audiência de discussão e julgamento:

i) Mandar intervir na acção qualquer pessoa e determinar a realização dos actos necessários ao suprimento da falta de pressupostos processuais susceptíveis de sanação;
ii) Convidar as partes a completar e a corrigir os articulados, quando no decurso do processo reconheça que deixaram de ser articulados factos que poderiam interessar à decisão da causa.

2. se o processo já contiver os elementos necessários e a simplicidade da causa o permitir, pode, ainda:

– julgar procedente alguma excepção dilatória ou nulidade que lhe cumpra conhecer;
– decidir do mérito da causa (art. 61º, nº 2, do CPT).

Em qualquer uma das situações, o juiz não pode decidir questões de direito ou de facto, sem que as partes tenham tido a possibilidade de sobre elas se pronunciarem. Cfr., conjugadamente, os arts. 3º, nº 3, do CPC e 61º, nº 2, do CPT;

3. Convocar audiência prévia.

Importa aqui notar que embora o art. 62º, do CPT aluda à audiência preliminar e ao regime previsto no art. 508º-A, do CPC, tal alusão deve ser considerada como reportando-se agora à audiência prévia, a qual está regulada nos arts. 591º e ss., do CPC.

8. Audiência prévia

Considerações preliminares
A audiência prévia consiste na diligência processual em que intervêm as partes e os seus mandatários e que funciona como antecâmara da audiência final.

Admissibilidade
No âmbito do processo laboral, a audiência prévia só se realiza se a complexidade da causa o justificar (art. 62º, nº 1, do CPT).

"Está na inteira disponibilidade do juiz convocar ou não a audiência preliminar, visto que será ele quem tem de apreciar da «complexidade» do processo", LOPES CARDOSO *in* "Manual...", p. 188.

Ao invés, no âmbito do processo civil, a audiência prévia é de realização obrigatória. Cfr. o art. 591º, do CPC (anterior art. 508º-A).

De acordo com o art. 592º, nº 1, do CPC (anterior art. 508º-B), a mesma só não se realiza:

a) Nas ações não contestadas que tenham prosseguido em obediência ao disposto nas alíneas *b)* a *d)* do artigo 568º;
b) Quando, havendo o processo de findar no despacho saneador pela procedência de exceção dilatória, esta já tenha sido debatida nos articulados.

Nos termos conjugados do art. 593º, nº 1 e 591º, nº 1, als. *d)*, *e)* e *f)*, do CPC, o juiz, nas ações que hajam de prosseguir, pode dispensar a realização da audiência prévia quando esta se destine apenas a:

i) Proferir despacho saneador, nos termos do nº 1 do artigo 595º;
ii) Determinar, após debate, a adequação formal, a simplificação ou a agilização processual, nos termos previstos no nº 1 do artigo 6º e no artigo 547º;
iii) Proferir, após debate, o despacho previsto no nº 1 do artigo 596º e decidir as reclamações deduzidas pelas partes.

Prazo
Ao abrigo do disposto no nº 2, do art. 62º, do CPT, a audiência prévia deve realizar-se no prazo de 20 dias "após a prolação do despacho de pré-saneamento" (art. 61º, nº 1, do CPT), LOPES CARDOSO *in* "Manual...", p. 188.

Finalidades

O despacho que marque a audiência prévia indica o seu objeto e finalidade, mas não constitui caso julgado sobre a possibilidade de apreciação imediata do mérito da causa. Cfr. o art. 591º, nº 2, do CPC (anterior art. 508º-A, nº 3 para o qual remete o art. 62º, do CPT).

Conforme prevê o art. 591º, nº 1, do CPC (anterior art. 508º-A, nº 1 para o qual remete o art. 62º, do CPT), a audiência prévia destina-se a algum ou alguns dos fins seguintes:

a) Realizar tentativa de conciliação, nos termos do artigo 594º.

Tentativa de conciliação que, como já vimos, foi previamente realizada na audiência de partes, nos termos do art. 55º, nº 2 (cfr. as considerações aí tecidas). Para Carlos Alegre *in* "Código de Processo ...", p. 184, a tentativa de conciliação não se deve repetir, porquanto "não foi produzido nenhum acto judiciário, pelas partes, que o justifique, a menos que uma delas ou ambas, o requeira. A ser, assim, será uma segunda tentativa de conciliação";

b) Facultar às partes a discussão de facto e de direito, nos casos em que ao juiz cumpra apreciar exceções dilatórias ou quando tencione conhecer imediatamente, no todo ou em parte, do mérito da causa;

c) Discutir as posições das partes, com vista à delimitação dos termos do litígio, e suprir as insuficiências ou imprecisões na exposição da matéria de facto que ainda subsistam ou se tornem patentes na sequência do debate.

A este propósito, convém lembrar que incumbe ao juiz convidar as partes ao suprimento das insuficiências ou imprecisões na exposição ou concretização da matéria de facto alegada, fixando prazo para a apresentação de articulado em que se complete ou corrija o inicialmente produzido. Cfr. o art. 590º., nº 4, do CPC (anterior art. 508º, nº 3, para o qual remete o art. 61º, nº 1, do CPT). Aliás, o juiz logo que receba a petição inicial pode convidar liminarmente o autor a completá-la ou esclarecê-la (art. 54º, nº 1, do CPT);

d) Proferir despacho saneador, nos termos do nº 1 do artigo 595º.

O despacho saneador é logo ditado para a ata; quando, porém, a complexidade das questões a resolver o exija, o juiz pode excecionalmente proferi-lo por escrito, suspendendo-se a audiência prévia e fixando-se logo data para a sua continuação, se for caso disso. Cfr. o art. 595º, nº 2, do CPC (anterior art. 510º, nº 2);

e) Determinar, após debate, a adequação formal, a simplificação ou a agilização processual, nos termos previstos no n.º 1 do artigo 6.º e no artigo 547.º;
f) Proferir, após debate, o despacho previsto no n.º 1 do artigo 596.º e decidir as reclamações deduzidas pelas partes;
g) Programar, após audição dos mandatários, os atos a realizar na audiência final, estabelecer o número de sessões e a sua provável duração e designar as respetivas datas.

Como vimos, a data da audiência final é logo fixada na audiência de partes (art. 56.º, al. c), do CPT). Por este motivo e para evitar incongruências nos regimes aplicáveis, o legislador consagrou, expressamente no art. 62.º, al. c), do CPT, que, havendo lugar a audiência prévia, a data designada para a audiência final fica, desde logo, sem efeito.

Falta de comparência
Se as partes ou os seus mandatários não comparecerem na audiência prévia a mesma não é adiada. Cfr. o art. 591.º, n.º 3 (anterior art. 508.º-A, n.º 3, para o qual remete o art. 62.º, do CPT).

9. Despacho saneador

Se não houver lugar a audiência prévia, "em vez do despacho *pré-saneador* já referido, previsto no n.º 1, do art. 61.º, o juiz proferirá **despacho saneador**, no prazo de 20 dias, entrando-se na fase do *saneamento do processo*, i. é., da apreciação das questões que devam impedir a sua prossecução, da fixação da matéria que mereça ser controvertida para apreciação da causa", LOPES CARDOSO *in* "Manual ...", p. 194.

Nos termos do art. 595.º, n.º 1, do CPC (anterior art. 510.º, n.º 1), o despacho saneador destina-se a:

a) Conhecer das exceções dilatórias e nulidades processuais que hajam sido suscitadas pelas partes, ou que, face aos elementos constantes dos autos, deva apreciar oficiosamente. Neste caso, o despacho constitui, logo que transite, caso julgado formal quanto às questões concretamente apreciadas. Cfr. o art. 595.º, n.º 3, do CPC (anterior art. 510.º, n.º 3);
b) Conhecer imediatamente do mérito da causa, sempre que o estado do processo permitir, sem necessidade de mais provas, a apreciação, total ou par-

cial, do ou dos pedidos deduzidos ou de alguma exceção perentória. Neste caso, o despacho fica tendo, para todos os efeitos, o valor de sentença. Cfr. o art. 595º, nº 3, do CPC (anterior art. 510º, nº 3).

10. Instrução e Prova

Noções e considerações prévias
A instrução é o "período da acção que se destina à assunção dos meios de prova relativos aos factos (...)", ANTUNES VARELA/MIGUEL BEZERRA/SAMPAIO E NORA *in* "Manual...", p. 429.

O regime da instrução está previsto nos arts. 410º e ss., do CPC (anteriores arts. 513º e ss.) aplicáveis ao processo laboral por força dos arts. 1º, nº 2, al. *a)* e 49º, ambos do CPT.

No âmbito da instrução, é de salientar o dever, que impende sobre todas as pessoas, sejam ou não partes na causa, de prestar a sua colaboração para a descoberta da verdade, respondendo ao que lhes for perguntado, submetendo-se às inspeções necessárias, facultando o que for requisitado e praticando os atos que forem determinados. Cfr. o art. 417º, nº 1, do CPC (anterior art. 519º, nº 1, do CPC).

As provas têm por função a demonstração da realidade dos factos (art. 341º, do CC).

"O valor da prova é livremente apreciado pelo tribunal, segundo a sua prudente convicção", LOPES CARDOSO *in* "Manual ...", p. 201.

Com efeito, o art. 607º, nº 5, 1ª parte, do CPC (anterior art. 655º, nº 1), consagra o princípio da livre apreciação da prova, segundo a prudente convicção acerca de cada facto.

Note-se que a livre apreciação não abrange os factos para cuja prova a lei exija formalidade especial, nem aqueles que só possam ser provados por documentos ou que estejam plenamente provados, quer por documentos, quer por acordo ou confissão das partes. Cfr. o art. 607º, nº 5, 2ª parte, do CPC (anterior art. 655º, nº 2).

Convém referir que a "prova assenta na certeza subjectiva da realidade do facto, ou seja, no (alto) grau de probabilidade de verificação do facto, suficiente para as necessidades práticas da vida; a verosimilhança, na simples probabilidade da sua verificação", ANTUNES VARELA/MIGUEL BEZERRA/SAMPAIO E NORA *in* "Manual...", p. 436.

Ónus da prova
Quem invoca um direito tem o ónus de provar os respectivos factos constitutivos (art. 342º, nº 1, do CC).
Por seu turno, quem alega factos impeditivos, modificativos ou extintivos de um direito tem o dever de os provar (art. 342º, nº 2, do CC).
Em caso de dúvida quanto à natureza do facto, o mesmo deve ser considerado constitutivo (art. 342º, nº 3, do CC).
Nos termos do art. 344º, do CC, o ónus da prova inverte-se quando:

a) haja presunção legal (nº 1);
b) seja dispensado ou liberado (nº 1);
c) seja admitida por convenção válida (nº 1).

Conforme disposto no art. 345º, do CC, a convenção sobre prova é nula quando:

- estejam em causa direitos indisponíveis (nº 1);
- a inversão torne excessivamente difícil a uma das partes o exercício do direito (nº 1);
- exclua algum meio legal de prova (nº 2);
- admita algum meio de prova diverso dos legais (nº 2);
- as determinações legais quanto à prova tiverem por fundamento razões de ordem pública (nº 2).

Indicação das provas
Nos termos do art. 63º, nº 1, do CPT, as partes devem juntar documentos, apresentar o rol de testemunhas e requerer quaisquer meios de prova nos articulados.
A propósito do processo especial de impugnação judicial da regularidade e licitude do despedimento, cfr. o art. 98º-L, nº 6, do CPT.
Por sua vez, também agora no domínio do processo civil, os meios de prova devem ser apresentados e requeridos na petição inicial (art. 552º, nº 2, do CPC) ou na contestação (art. 572º, al. *d*), do CPC).

Meios de prova
Os meios de prova são os elementos de que o julgador (no caso da prova produzida em juízo) se pode servir para formar a sua convicção acerca dum facto. Cfr. ANTUNES VARELA/MIGUEL BEZERRA/SAMPAIO E NORA *in* "Manual...", p. 467.

1. Prova por documentos

Diz-se documento qualquer objecto elaborado pelo homem com o fim de reproduzir ou representar uma pessoa, coisa ou facto (art. 362º, do CC).

O regime jurídico da prova documental está previsto nos arts. 362º a 387º, do CC e nos arts. 423º a 451º, do CPC (anteriores arts. 523º a 551º-A).

Os documentos devem ser juntos com os articulados, art. 63º, nº 1, do CPT. Cfr., no mesmo sentido, o art. 423º, nº 1, do CPC (anterior art. 523º, nº 1).

O art. 423º, nº 2, do CPC (anterior art. 523º, nº 2), permite a junção de documentos até 20 dias antes da data em que se realize a audiência final.

Após este limite temporal, só são admitidos os documentos cuja apresentação não tenha sido possível até àquele momento, bem como aqueles cuja apresentação se tenha tornado necessária em virtude de ocorrência posterior. Cfr. o art. 423º, nº 3, do CPC (anterior art. 524º, nº 1).

2. Prova por confissão

O juiz pode, mediante requerimento ou oficiosamente, determinar a comparência pessoal das partes para a prestação de depoimento sobre os factos que interessam à decisão da causa.

O regime da prova por confissão das partes está previsto nos arts. 452º a 465º, do CPC (anteriores arts. 552º a 567º).

3. Prova por declarações de parte

O CPC/2013 veio introduzir a prova por declarações de parte. Com efeito, nos termos do art. 466º, nº 1, do CPC, as partes podem requerer, até ao início das alegações orais em 1ª instância, a prestação de declarações sobre factos em que tenham intervindo pessoalmente ou de que tenham conhecimento direto.

O tribunal aprecia livremente as declarações das partes, salvo se as mesmas constituírem confissão (art. 466º, nº 3, do CPC).

4. Prova pericial

A prova pericial tem como finalidade a percepção ou apreciação de factos por meio de peritos, quando sejam necessários conhecimentos especiais que os julgadores não possuem, ou quando os factos, relativos a pessoas, não devam ser objecto de inspecção judicial (art. 388º, do CC).

O regime jurídico da prova pericial está previsto nos arts. 388º e 389º, do CC e nos arts. 467º a 489º, do CPC (anteriores arts. 568º a 591º).

5. Prova por inspecção

A inspecção judicial pode ser definida como o exame de coisas e pessoas, levado a cabo pelo tribunal, com vista ao esclarecimento de qualquer facto com interesse para a decisão da causa.

O tribunal na sua actividade inspectora pode deslocar-se ao local em questão ou mandar proceder à reconstituição dos factos. Cfr. o art. 490º, nº 1, do CPC (anterior art. 612º, nº 1).

A inspecção judicial pode ser realizada oficiosamente ou mediante requerimento. Cfr. o art. 490º, nº 1, do CPC (anterior art. 612º, nº 1).

Neste caso, a parte que a requer deverá fornecer os meios adequados à sua realização, salvo se estiver isenta ou dispensada do pagamento de custas. Cfr. o art. 490º, nº 2, do CPC (anterior art. 612º, nº 2).

O regime jurídico da inspecção judicial está previsto nos arts. 390º e 391º, do CC e nos arts. 490º (anterior art. 612º) a 494º, do CPC.

6. Prova testemunhal

"Diz-se *testemunha* a pessoa que, não sendo parte na acção, nem seu representante, é chamada a narrar as suas percepções sobre factos passados que interessam ao julgamento da causa.

O *depoimento testemunhal* (o testemunho) constitui assim uma *declaração de ciência*, que só pela *qualidade do sujeito* (declarante) se distingue do *depoimento de parte*", ANTUNES VARELA/MIGUEL BEZERRA/SAMPAIO E NORA in "Manual...", p. 609.

No processo laboral, as partes devem juntar com os articulados o rol de testemunhas (art. 63º, nº 1, do CPT). Rol este que pode ser alterado ou aditado até 20 dias antes da data em que se realize a audiência final, sendo a parte contrária notificada para usar, querendo, de igual faculdade no prazo de 5 dias (art. 63º, nº 2, do CPT).

As partes só podem arrolar:

– 10 testemunhas para prova dos fundamentos da acção e da defesa (art. 64º, nº 1, do CPT);
– 3 testemunhas sobre cada facto, não contando as que declarem nada saber (art. 65º, do CPT).

Havendo reconvenção, as partes podem apresentar mais 10 testemunhas para prova dos fundamentos da reconvenção e da respectiva defesa (art. 64º, nº 2, do CPT). Continuando, em nossa opinião e conforme já referimos por diversas vezes, a valer o limite de 3 testemunhas sobre cada facto (art. 65º, do CPT).

O regime jurídico da prova testemunhal está previsto nos arts. 392º e 396º, do CC e nos arts. 495º a 526º, do CPC (anteriores arts. 616º a 645º).

No que concerne à prova testemunhal no âmbito do processo laboral, v. os arts. 64º a 67º, do CPT.

11. Discussão e julgamento

Noções
A discussão é a fase do processo ulterior à instrução e que consiste, essencialmente, na apreciação crítica da prova sobre a matéria de facto que interessa à decisão da causa.

A discussão verifica-se a "meio da audiência de discussão e julgamento, a que é costume chamar-se audiência final.

Esta, portanto, comporta três momentos, com três tipos de actividades distintas:

— um primeiro momento com actividades de instrução (audição da prova);
— um segundo momento com actividades de discussão;
— o terceiro momento com o julgamento de facto", CARLOS ALEGRE *in* "Código de Processo ...", p. 191.

Por sua vez, "o julgamento é a fase destinada à *decisão final* da causa, não excluindo a expressão *final* a possibilidade de impugnação da decisão, mediante recurso", ANTUNES VARELA/MIGUEL BEZERRA/SAMPAIO E NORA *in* "Manual...", p. 647.

Audiência de julgamento

1. Princípio da continuidade da audiência
A audiência é contínua, só podendo ser interrompida por motivos de força maior ou absoluta necessidade ou no caso de impossibilidade temporária do juiz. Cfr., conjugadamente, os arts. 606º, nº 2 e 605º, nº 1, do CPC (anteriores arts. 656º, nº 2 e 654º, nº 2, respetivamente).

2. Tramitação

2.1. Chamamento das pessoas convocadas (art. 70º, nº 1, do CPT).

No domínio do processo laboral, Autor e Réu devem comparecer pessoalmente no julgamento (art. 71º, nº 1, do CPT).

Quanto às testemunhas v. arts. 66º e 67º, do CPT.

2.2. Tentativa de conciliação

Depois do chamamento das pessoas convocadas, o juiz procura conciliar as partes (art. 70º, nº 1, do CPT).

A audiência só é aberta se a conciliação se frustrar.

A tentativa de conciliação está regulada nos arts. 51º a 53º, do CPT.

A propósito do art. 70º, do CPT, MENDES BATISTA in "Código de Processo ...", p. 140, sustentava que, a "não realização da tentativa de conciliação antes da audiência de discussão e julgamento constitui **nulidade processual**, por se tratar de uma irregularidade com influência no desfecho da causa, mas tem de ser imediatamente arguida se a parte estiver presente, por si ou por mandatário".

2.3. Produção da prova e ampliação da base instrutória

A produção da prova pode ser entendida como a actividade de constatação da veracidade dos factos alegados, através das diligências e elementos probatórios legalmente admissíveis.

Nos termos do art. 72º, nº 1, do CPT, se o juiz, no âmbito da produção de prova, se aperceber de factos novos que considere relevantes para a boa decisão da causa:

- deve ampliar a base instrutória. Neste caso, às partes é conferida a faculdade de indicar ou requerer imediatamente as respectivas provas, podendo fazê-lo no prazo de 5 dias, em caso de reconhecida impossibilidade (art. 72º, nº 2, do CPT) ou
- não havendo base instrutória (como já vimos, o juiz pode, nos termos do art. 49º, nº 3, do CPT, abster-se de fixar a base instrutória se a simplicidade da matéria de facto o permitir), deverá considerá-los na decisão da matéria de facto.

2.4. Discussão

Depois de produzida a prova apresentada, é dada a palavra primeiro ao Advogado do Autor e depois ao Advogado do Réu, para, duma só vez e por período não superior a 1 hora, alegarem sobre a matéria de facto e de direito (art. 72º, nº 3, do CPT).

2.5. Designação de técnico

De acordo com o art. 601º, nº 1, do CPC (anterior art. 649º, nº 1, para o qual remete o art. 72º, nº 6, do CPT), o juiz, em qualquer altura do processo (antes, durante ou depois dos debates) e quando a tecnicidade da matéria de facto o justifique, pode:

- designar pessoa competente para assistir à audiência final e que aí preste os esclarecimentos necessários e
- requisitar os pareceres técnicos indispensáveis ao apuramento da verdade dos factos.

2.6. Ampliação da matéria de facto

Ao abrigo do disposto no art. 72º, nº 4, do CPT, o tribunal pode ampliar a matéria de facto que seja relevante para a boa decisão da causa, desde que a mesma:

- tenha sido articulada;
- decorra da instrução e
- resulte da discussão.

Ao contrário do previsto na ampliação da base instrutória (art. 72º, nº 2, do CPT), o legislador, na ampliação da matéria de facto, não consagrou expressamente o princípio do contraditório, não colhendo, assim, o entendimento defendido nos trabalhos preparatórios.

Não obstante, LOPES CARDOSO in "Manual ...", ps. 226 e 227, defende que, tal princípio (consagrado no nº 3, do art. 3º, do CPC) é aplicável no foro laboral por força da al. a), do nº 2, do art. 1º, do CPT.

Assim, para este autor, *loc. cit.*, "o tribunal deverá, apesar da falta de formulação expressa, dar a conhecer a natureza da ampliação da matéria de facto que tenciona efectuar e deixar as partes pronunciarem-se, antes de decidir".

2.7. Decisão final

Se a causa apresentar questões de direito que sejam de simples apreciação e interpretação, o tribunal pode ditar a sentença para a acta ou lavrá-la imediatamente por escrito, nos termos do art. 73º, nº 2, do CPT.

Neste caso e de acordo com o disposto no nº 3, do art. 73º, do CPT, a decisão pode limitar-se à:

- identificação das partes;
- sucinta fundamentação de facto e de direito do julgado e
- decisão.

Podemos, assim, concluir que, quando a simplicidade das questões de direito o permitir, a sentença em processo laboral pode ser proferida sem obedecer às formalidades do art. 607º, do CPC (anterior art. 659º).

3. Faltas de comparência

No âmbito do processo laboral, Autor e Réu devem comparecer pessoalmente na audiência final (art. 71º, nº 1, do CPT).

A falta de qualquer pessoa que deva comparecer deverá ser justificada na própria audiência ou nos cinco dias imediatos, salvo tratando-se de pessoa de cuja audição prescinda a parte que a indicou. Cfr. o art. 603º, nº 3, do CPC (art. 651º, nº 6).

No âmbito do processo laboral, vejamos as seguintes situações:

a) Se alguma das partes faltar injustificadamente e não se fizer representar por mandatário judicial, consideram-se provados os factos alegados pela outra parte que forem pessoais do faltoso (art. 71º, nº 2, do CPT);

b) Se ambas as partes faltarem injustificadamente e não se fizerem representar por mandatário judicial, consideram-se provados os factos alegados pelo autor que sejam pessoais do Réu (art. 71º, nº 3, do CPT);

c) Se alguma ou ambas as partes apenas se fizerem representar por mandatário judicial, o juiz ordenará a produção da prova que haja sido requerida e se revele possível e a demais que considere indispensável, julgando a causa conforme for de direito (art. 71º, nº 4, do CPT).

Podemos daqui extrair que a falta injustificada de alguma ou de ambas as partes não é motivo de adiamento.

Para efeitos do art. 71º, do CPT, "São factos pessoais aqueles que a parte, seja pessoa física ou pessoa colectiva, não desconhece ou em relação aos quais não lhe é lícito invocar desconhecimento.

Os factos pessoais da pessoa colectiva referem-se naturalmente aos de esta e não aos dos seus representantes. O que equivale a dizer que se estes forem substituídos, os factos são sempre da entidade colectiva e não dos titulares dos órgãos que, em concreto, os praticam.", MENDES BATISTA *in* "Código de Processo ...", p. 142.

4. Motivos de adiamento
Nos termos do art. 70º, nº 4, do CPT, a audiência só pode ser adiada uma vez e se se verificarem, cumulativamente, os seguintes requisitos:

- o acordo das partes.
"O acordo das partes, por si só, não é susceptível de provocar o adiamento da audiência", CARLOS ALEGRE *in* "Código de Processo ...", p. 196
e
- a existência de fundamento legal.

No âmbito do processo civil, os casos de não realização da audiência estão previstos no art. 603º, do CPC (anterior art. 651º). Com efeito, nos termos do nº 1, deste preceito, verificada a presença das pessoas que tenham sido convocadas, realiza-se a audiência, salvo se houver impedimento do tribunal, faltar algum dos advogados sem que o juiz tenha providenciado pela marcação mediante acordo prévio ou ocorrer motivo que constitua justo impedimento.

12. Sentença

Noção
A sentença é o acto judicial que contém a decisão sobre o mérito da causa ou sobre alguma excepção e/ou incidente que hajam sido invocados e provocados.
"A *sentença final* contém a *decisão da causa*, marcando a der radeira fase do período do julgamento e constituindo o momento culminante do processo no juízo de 1º instância", ANTUNES VARELA/MIGUEL BEZERRA/SAMPAIO E NORA *in* "Manual...", p. 663.

Formalidades
Em regra, a sentença proferida em processo laboral está sujeita às formalidades do art. 607º, do CPC (anterior art. 659º). No entanto, se a simplicidade da causa o permitir o juiz pode, logo após o debate, ditar para a acta ou lavrar imediatamente por escrito a sentença, nos termos do art. 73º, nº 2, do CPT, limitando--se esta a identificar as partes e a conter os fundamentos e a decisão do julgado (art. 73º, nº 3, do CPT).

Ao abrigo do disposto no art. 607º, do CPC, a sentença deve:

1º – Identificar as partes (nº 2);

2º – Identificar o objecto do litígio, enunciando, de seguida, as questões que ao tribunal cumpre solucionar (nº 2);

3º – discriminar os factos que considera provados (nº 3).

Na fundamentação da sentença, o juiz declara quais os factos que julga provados e quais os que julga não provados, analisando criticamente as provas, indicando as ilações tiradas dos factos instrumentais e especificando os demais fundamentos que foram decisivos para a sua convicção; o juiz toma ainda em consideração os factos que estão admitidos por acordo, provados por documentos ou por confissão reduzida a escrito, compatibilizando toda a matéria de facto adquirida e extraindo dos factos apurados as presunções impostas pela lei ou por regras de experiência (nº 4).

Note-se ainda que o juiz aprecia livremente as provas segundo a sua prudente convicção acerca de cada facto; a livre apreciação não abrange os factos para cuja prova a lei exija formalidade especial, nem aqueles que só possam ser provados por documentos ou que estejam plenamente provados, quer por documentos, quer por acordo ou confissão das partes (nº 5);

4º – Indicar, interpretar e aplicar as normas jurídicas correspondentes (nº 3);

5º – Conter a decisão final (nº 3).

6º – Condenar os responsáveis pelas custas processuais (nº 6).

A sentença conhece, em primeiro lugar, das questões processuais que possam determinar a absolvição da instância, segundo a ordem imposta pela sua precedência lógica art. 608º, nº 1, do CPC (anterior art. 660º, nº 1).

Os casos de absolvição da instância, bem como o seu alcance e efeitos, estão previstos nos arts. 278º, nº 1 e 279º, ambos do CPC (anteriores arts. 288º, nº 1 e 289º, respetivamente).

Conforme alerta LOPES CARDOSO *in* "Manual ...", p. 231, nota 1, o facto de tais questões "já anteriormente deverem ter sido apreciadas não obsta a que a sentença final as deva apreciar e julgar se o não tiver feito antes, por falta de elementos necessários à sua resolução ou por qualquer outra circunstância".

O julgamento prévio de alguma excepção dilatória ou nulidade está previsto no art. 61º, nº 2, do CPT.

Depois de conhecidas as questões processuais que possam determinar a absolvição da instância, o tribunal decide do mérito da causa, sendo o Réu condenado ou absolvido (total ou parcialmente) do pedido.

O juiz deve resolver todas as questões que as partes tenham submetido à sua apreciação, excetuadas aquelas cuja decisão esteja prejudicada pela solução dada a outras. Cfr. o art. 608º, nº 2, 1ª parte, do CPC (anterior art. 660º, nº 2, 1ª parte). Por outro lado, não pode ocupar-se senão das questões suscitadas pelas partes, salvo se a lei lhe permitir ou impuser o conhecimento oficioso de outras. Cfr. o art. 608º, nº 2, 2ª parte, do CPC (anterior art. 660º, nº 2, 2ª parte).

Prazo
A sentença deve ser proferida no prazo de 20 dias após o encerramento da audiência final (art. 73º, nº 1, do CPT).

Causas de nulidade
De acordo com o disposto no nº 1, do art. 615º, do CPC (anterior nº 1, do art. 668º), a sentença é nula quando:

a) Não contenha a assinatura do juiz.
   Para LEBRE DE FREITAS E OUTROS *in* "Código de Processo...", Vol. 2º, p. 668, apenas a falta da assinatura consiste numa verdadeira nulidade, porquanto trata-se dum requisito de forma essencial. "O acto nem sequer tem a aparência de sentença, tal como não têm a respectiva aparência o documento autêntico e o documento particular não assinados (arts. 370-1 CC e 373-1 CC)".
   A falta de assinatura do juiz pode ser suprida (oficiosamente ou a requerimento de qualquer das partes), enquanto for possível colher a assinatura do juiz que proferiu a sentença, devendo este declarar no processo em que data apôs a assinatura. Cfr. o nº 2, do art. 615º, do CPC (anterior nº 2, do art. 668º);

b) Não especifique os fundamentos de facto e de direito que justificam a decisão;

c) Os fundamentos estejam em oposição com a decisão ou ocorra alguma ambiguidade ou obscuridade que torne a decisão ininteligível;

d) O juiz deixe de pronunciar-se sobre questões que devesse apreciar ou conheça de questões de que não podia tomar conhecimento;

e) O juiz condene em quantidade superior ou em objeto diverso do pedido. Tenhamos presente que, no domínio do processo laboral vigora o princípio da condenação *extra vel ultra petitum*, que se traduz no dever de o juiz condenar em quantidade superior ou em objecto diverso quando verificadas determinadas circunstâncias (art. 74º, do CPT).

Os casos de nulidade previstas nas als. *b)* a *e)* "constituem, rigorosamente, situações de anulabilidade da sentença, e não de verdadeira nulidade", LEBRE DE FREITAS E OUTROS *in* "Código de Processo...", Vol. 2º, p. 669.

As causas de nulidade das als. *b)* e *c)* respeitam à estrutura da sentença. Por sua vez, as das als. *d)* e *e)* respeitam aos seus limites. Cfr. LEBRE DE FREITAS E OUTROS, *loc. cit.*.

Conforme resulta do art. 77º, nº 1, do CPT, a arguição das nulidades é feita expressa e separadamente no requerimento de interposição de recurso, "sob pena de intempestividade e, por isso dela se não tomar conhecimento", MENDES BATISTA *in* "Código de Processo ...", p. 149.

Verificadas as nulidades das als. *b)* a *e)*, do nº 1, do art. 615º, do CPC (anteriores als. *b)* a *e)*, do nº 1, do art. 668º), as partes podem:

i) argui-las em requerimento dirigido ao juiz que proferiu a sentença, quando desta não caiba recurso (art. 77º, nº 2, do CPT).

O prazo de arguição, nos casos em que não haja recurso, é de 10 dias, nos termos do art. 149º, nº 1, do CPC (anterior art. 153º, nº 1), "já que não existe prazo especialmente fixado na lei", LOPES CARDOSO *in* "Manual ...", p. 240.

A decisão sobre a nulidade cabe, aqui, ao juiz que proferiu a sentença (art. 77º, nº 3, do CPT).

"A extemporaneidade da arguição da nulidade é uma questão de conhecimento oficioso, pelo que a falta de audição das partes sobre tal questão não constitui violação do princípio do contraditório", MENDES BATISTA *in* "Código de Processo ...", p. 150.

ii) apresentar recurso, tendo como fundamento qualquer uma dessas nulidades. Cfr. o art. 615º, nº 4, parte final do CPC (anterior art. 668º, nº 4, parte final).

Quanto aos prazos, *vide* considerações tecidas sobre os recursos.

A decisão sobre a nulidade cabe, aqui, ao tribunal superior (art. 77º, nº 3, do CPT).

Ao abrigo dos princípios da economia e celeridade processuais, a lei confere ao juiz a possibilidade de suprir as nulidades invocadas, nos termos do art. 77º, nº 3, *in fine*, do CPT.

Saliente-se que, caso tenha havido recurso, as nulidades devem ser supridas antes da respectiva subida (parte final, do nº 3, do art. 77º, do CPT).

Esclarecimento ou reforma da sentença
Não cabendo recurso da decisão, o art. 616º, nº 2, do CPC, prevê a possibilidade de qualquer das partes requerer a reforma da sentença quando, por manifesto lapso do juiz:

a) Tenha ocorrido erro na determinação da norma aplicável ou na qualificação jurídica dos factos;
b) Constem do processo documentos ou outro meio de prova plena que, só por si, impliquem necessariamente decisão diversa da proferida.

A parte pode ainda requerer, no tribunal que proferiu a sentença, a sua reforma quanto a custas e multa (art. 616º, nº 1, do CPC). Note-se, contudo, que, cabendo recurso da decisão que condene em custas ou multa, aquele requerimento é feito na alegação (Cfr., conjugadamente, os nºs 1 e 3, do art. 616º, do CPC).

O pedido de reforma deve ser apresentado no prazo geral de 10 dias, previsto no art. 149º, nº 1, do CPC (anterior art. 153º, nº 1).

A condenação extra vel ultra petitum
No âmbito do processo civil vigora o princípio segundo o qual é vedado ao tribunal condenar em quantia superior ou em objecto diverso do que se pedir, sob pena de nulidade da sentença. Cfr. o art. 615º, nº 2, al. *e*), do CPC (anterior art. 668º, nº 2, al. *e*)).

Por seu turno, como já referimos, no domínio do processo laboral vigora, como pedra de toque, o princípio da condenação *extra vel ultra petitum*, que se traduz no dever de o juiz condenar em quantidade superior ou em objecto diverso quando verificadas determinadas circunstâncias (art. 74º, do CPT).

Procurou-se, com este princípio, dotar o processo laboral de um mecanismo jurídico-processual (diferente do previsto no processo civil), que permita garantir a prevalência da justiça material sobre a justiça formal.

Por outro lado, "A possibilidade de condenação *ultra petita* é uma decorrência natural do princípio da irrenunciabilidade de determinados direitos do trabalhador.

Assim, só os direitos irrenunciáveis constituem preceitos inderrogáveis", MENDES BATISTA *in* "Código de Processo ...", p. 146.

Nos termos do art. 74º, do CPT, o dever de condenar *extra vel ultra petitum* depende dos seguintes requisitos:

i) que tal resulte da matéria provada ou de factos notórios.

Os factos notórios podem ser definidos como os factos que são do conhecimento geral e/ou que o tribunal tem conhecimento por força do exercício das sua funções [art. 412º, do CPC (anterior art. 514º)] e

ii) estejam em causa preceitos inderrogáveis de leis ou instrumentos de regulamentação colectiva de trabalho.

Para efeitos deste princípio, os preceitos inderrogáveis são entendidos como as disposições que consagrem direitos irrenunciáveis do trabalhador, como por exemplo, o direito à retribuição (arts. 258º e ss., do CT), **"mas apenas na vigência do contrato**, dada a situação de subordinação jurídica em que se encontra o trabalhador relativamente à entidade patronal", MENDES BATISTA *in* "Código de Processo ...", p. 146.

O princípio da condenação *ultra petita* é aplicável "tanto ao autor como ao réu, independentemente da posição em que figurem trabalhador e entidade patronal", MENDES BATISTA *in* "Código de Processo ...", p. 147.

Foi com base nesta realidade, que o TC (no Ac. nº 644/94, de 13 de Dezembro, publicado no DR, II Série, de 01 de Fevereiro de 1995) considerou não haver, aqui, violação do princípio da igualdade, previsto no art. 13º, da CRP.

De qualquer forma, às partes interessadas, deve ser sempre garantida a possibilidade de se pronunciarem sobre a condenação *ultra petita*, sob pena de estarmos, aí sim, perante uma verdadeira inconstitucionalidade (cfr. o Ac. do TC nº 605/95, publicado no DR, II Série, de 15 de Março de 1996).

Notificação
A sentença é notificada às partes e aos respetivos mandatários (art. 24º, nº 1, do CPT).

Nos casos de representação ou patrocínio oficioso, a notificação é feita simultaneamente ao representado ou patrocinado e ao representante ou patrono oficioso (art. 24º, nº 2, do CPT).

Caso julgado
"Diz-se que a sentença faz *caso julgado* quando a decisão nela contida se torna *imodificável*. A *imodificabilidade* da decisão constitui assim a pedra de toque do *caso julgado*. A sentença converte-se em caso julgado quando os tribunais já a

não podem *modificar*", Antunes Varela/Miguel Bezerra/Sampaio e Nora *in* "Manual...", p. 702.

De acordo com o art. 628º, do CPC (anterior art. 677º), a decisão considera-se transitada em julgado logo que não seja susceptível de recurso ordinário ou de reclamação.

O trânsito em julgado implica que a sentença passe, quanto à relação material controvertida, a ter força obrigatória dentro e fora do processo. Falamos, aqui, do chamado caso julgado material. Cfr. o art. 619º, nº 1, do CPC (anterior art. 671º, nº 1).

Se houver repetição de causas, nos termos definidos pelo art. 581º, do CPC (anterior art. 498º), posterior à decisão proferida na primeira que já não admita recurso, há lugar à excepção de caso julgado. Cfr. o art. 580º, nº 1, do CPC (anterior art. 497º, nº 1).

As decisões que recaiam unicamente sobre a relação processual têm força obrigatória dentro do processo. Nesta hipótese, estamos perante o caso julgado formal. Cfr. o art. 620º, do CPC (anterior art. 672º).

Se existirem duas decisões contraditórias sobre a mesma pretensão (quer da relação material, quer da relação processual) deverá ser cumprida a que passou em julgado em primeiro lugar. Cfr. o art. 625º, do CPC (anterior art. 675º).

No âmbito do processo laboral, são de salientar duas especificidades.

Em primeiro lugar, tratando-se de litisconsórcio (previsto no art. 3º, do CPT), a sentença constitui caso julgado em relação a todos os trabalhadores, conforme resulta do art. 78º, nº 1, do CPT.

Em segundo lugar, nas acções relativas a direitos respeitantes aos interesses colectivos das associações sindicais e de empregadores, a sentença constitui caso julgado em relação ao trabalhador que renunciou à intervenção no processo, cfr., articuladamente, os arts. 78º, nº 2 e 5º, ambos do CPT.

13. Recursos

Noção

No nosso sistema processual, os recurso são "meios de impugnação destinados à eliminação ou correcção das decisões judiciais inválidas, erradas ou injustas por devolução do seu julgamento ao órgão jurisdicional hierarquicamente superior, no caso dos *recursos ordinários*, ou sem devolução do julgamento a outro órgão, por a reponderação da decisão competir ao próprio órgão jurisdicional que a emitiu, nos caso dos *recursos extraordinários*", AMÂNCIO FERREIRA *in* "Manual dos Recursos em Processo Civil", 8ª Edição, Almedina, 2008, p. 70.

Admissibilidade
Nos termos do art. 629º, nº 1, do CPC (anterior art. 678º, nº 1, para o qual remete o corpo do art. 79º, do CPT), só é admissível recurso ordinário nas causas de valor superior à alçada do tribunal de que se recorre e se a decisão impugnada for desfavorável ao recorrente em valor superior a metade da alçada desse tribunal.

No âmbito do anterior CPT, discutia-se a questão de saber se a regra da sucumbência era aplicável no foro laboral.

O CPT (aprovado pelo DL 480/99) consagrou expressamente que "também no foro laboral tem aplicação a regra da sucumbência estabelecida no Código de Processo Civil, sem prejuízo dos casos em que, por força da natureza dos valores em discussão, o recurso até à Relação é sempre admissível, e a cujo elenco se acrescenta o relativo às causas respeitantes à determinação da categoria profissional", conforme se lê no respectivo preâmbulo.

Ao abrigo do disposto no art. 79º, do CPT, o recurso para a Relação é sempre admissível, independentemente do valor da causa e da sucumbência:

a) nas acções em que esteja em causa a determinação da categoria profissional, o despedimento do trabalhador, a sua reintegração na empresa e a validade ou subsistência do contrato de trabalho;
b) nos processos emergentes de acidente de trabalho ou de doença profissional;
c) nos processos do contencioso das instituições de previdência, abono de família e associações sindicais.

Espécies ou modalidades
No que concerne às espécies de recurso, não existem diferenças entre o processo civil e o processo laboral.

A propósito é de referir que a secção I, do Capítulo VI (referentes aos recursos), do CPC é aplicável a qualquer espécie de recurso.

Nesta matéria podemos distinguir:

a) **Os recursos ordinários**
Os recursos ordinários só são admissíveis para reapreciação de uma decisão que não tenha transitada em julgado.

Os recursos ordinários são:

a.1. O recurso de apelação

O recurso de apelação é o recurso ordinário da decisão do tribunal de 1ª instância que ponha termo ao processo (art. 79º-A, nº 1, do CPT).

Conforme resulta do nº 2, do art. 79º-A, do CPT, cabe ainda recurso de apelação das seguintes decisões do tribunal de 1ª instância:

a) Da decisão que aprecie o impedimento do juiz;
b) Da decisão que aprecie a competência do tribunal;
c) Da decisão que ordene a suspensão da instância;
d) Dos despachos que excluam alguma parte do processo ou constituam, quanto a ela, decisão final, bem como da decisão final proferida nos incidentes de intervenção de terceiro e de habilitação;
e) Da decisão prevista na alínea *a)* do nº 3 do artigo 98º-J;
f) Do despacho que, nos termos do nº 2 do artigo 115º, recuse a homologação do acordo;
g) Dos despachos proferidos depois da decisão final;
h) Decisões cuja impugnação com o recurso da decisão final seria absolutamente inútil;
i) Nos casos previstos nas alíneas *c), d), e), h), i), j)* e *l)* do nº 2 do artigo 691º do Código de Processo Civil (atual art. 644º) e nos demais casos expressamente previstos na lei.

As restantes decisões proferidas pelo tribunal de 1ª instância podem ser impugnadas no recurso que venha a ser interposto da decisão final (art. 79º-A, nº 3, do CPT). Neste caso, o tribunal só dá provimento às decisões impugnadas conjuntamente com a decisão final quando a infracção cometida possa modificar essa decisão ou quando, independentemente desta, o provimento tenha interesse para o recorrente (art. 79º-A, nº 4, do CPT).

Se não houver recurso da decisão final, as decisões interlocutórias que tenham interesse para o apelante independentemente daquela decisão podem ser impugnadas num recurso único, a interpor após o trânsito da referida decisão (art. 79º-A, nº 5, do CPT).

O regime jurídico específico do recurso de apelação está previsto nos arts. 644º a 670º, do CPC (anteriores arts. 691º a 720º, respetivamente).

a.2. O recurso de revista

O recurso de revista é o recurso ordinário, interposto para o Supremo Tribunal de Justiça, que tem por base a reapreciação do acórdão da Relação, proferido sobre decisão da 1ª instância, que conheça do mérito da causa ou que ponha termo ao processo, absolvendo da instância o réu ou algum dos réus quanto a pedido ou reconvenção deduzidos. Cfr. o art. 671º, nº 1, do CPC (anterior art. 721º, nº 1).

O regime jurídico específico do recurso de revista está previsto nos arts. 671º e 687º, do CPC (anteriores arts. 721º a 732-Bº).

a.3. O recurso para o Tribunal Constitucional

O recurso para o Tribunal Constitucional "é igualmente um recurso ordinário, porque deve ser interposto antes do trânsito em julgado da decisão (cfr. arts. 70º, nº 2, e 75º, nº 1, LTC)", TEIXEIRA DE SOUSA in "Estudos sobre ...", ps. 391 e 392.

As decisões judiciais de que cabe recurso para o Tribunal Constitucional estão elencadas no art. 70º, nº 1, da LTC.

b) **Os recursos extraordinários**

Os recursos extraordinários só podem ser interpostos depois do trânsito em julgado da sentença ou acórdão objecto do recurso.

Os recursos extraordinários são:

b.1 – O recurso para uniformização de jurisprudência

O recurso para uniformização de jurisprudência é o recurso extraordinário para o pleno das secções cíveis quando o Supremo Tribunal de Justiça proferir acórdão que esteja em contradição com outro anteriormente proferido pelo mesmo tribunal, no domínio da mesma legislação e sobre a mesma questão fundamental de direito. Cfr. o art. 688º, do CPC (anterior art. 763º).

O regime jurídico específico do recurso para uniformização de jurisprudência está previsto nos arts. 688º e 695º, do CPC (anteriores arts. 763º a 770º).

b.2 – O recurso de revisão

O recurso de revisão é o recurso extraordinário que consiste no "expediente processual que faculta a quem tenha ficado vencido num processo anteriormente terminado a sua reabertura, mediante a invocação de certas causas taxativamente indicadas na lei", AMÂNCIO FERREIRA in "Manual ...", ps. 305 e 306.

O regime jurídico específico do recurso de revisão está previsto nos arts. 696º a 702º, do CPC (anteriores arts. 771º a 777º).

c) *O Recurso independente*
"O recurso independente tem vida própria, desenvolvendo-se por si só, independentemente da posição a assumir pela parte contrária", AMÂNCIO FERREIRA in "Manual ...", p. 90.

O recurso independente está consagrado no art. 633º, do CPC (anterior art. 682º).

d) *O Recurso subordinado*
"O recurso subordinado tem a sua existência dependente da do recurso independente, mantendo-se apenas enquanto este subsistir", AMÂNCIO FERREIRA *in* "Manual ...", p. 87.

O recurso subordinado está consagrado no art. 633º, do CPC (anterior art. 682º).

e) *O Recurso por adesão*
Verifica-se o recurso por adesão "sempre que, havendo vários compartes em regime de litisconsórcio voluntário ou de coligação e com interesse comum, um dos vencidos, que não interpôs atempadamente recurso, vem declarar que deseja aproveitar o recurso interposto pelo seu comparte", AMÂNCIO FERREIRA *in* "Manual ...", p. 90.

O recurso por adesão está consagrado art. 634º, do CPC (anterior art. 683º).

Quanto à classificação doutrinária entre recursos puros e recursos mistos, v. AMÂNCIO FERREIRA *in* "Manual ...", ps. 92 e ss.

Prazos
O prazo de interposição do recurso de apelação ou de revista é de 20 dias (art. 80º, nº 1, do CPT).

Nos casos previstos nos nºs 2 e 4, do art. 79º-A, do CPT, o prazo para a interposição de recurso reduz-se para 10 dias (art. 80º, nº 2, do CPT).

Se o recurso de apelação tiver por objecto a reapreciação da prova gravada, ao prazo de interposição acrescem 10 dias (art. 80º, nº 3, do CPT).

O recorrido pode apresentar a sua alegação, em prazo igual ao previsto para a interposição de recurso (art. 81º, nº 2, do CPT).

No caso de haver recurso subordinado, o recurso deve ser interposto no mesmo prazo da alegação do recorrido (art. 81º, nºs 4 e 2).

Os prazos de interposição de recurso contam-se a partir da notificação da decisão. Cfr. o art. 638º, nº 1, do CPC (anterior art. 685º, nº 1).

Convém ter presente que a decisão final é notificada às partes e aos respectivos mandatários (art. 24º, nº 1, do CPT).

Nos casos de representação ou patrocínio oficioso, a notificação é feita simultaneamente ao representado ou patrocinado e ao representante ou patrono oficioso, independentemente de despacho (art. 24º, nº 2, do CPT).

Em qualquer um dos casos, os prazos para apresentação de quaisquer requerimentos contam-se a partir da notificação ao mandatário, representante ou patrono oficioso (art. 24º, nº 4, do CPT).

Tratando-se de despachos ou sentenças orais, reproduzidos no processo, o prazo de interposição corre do dia em que foram proferidos, se a parte estiver presente ou tiver sido notificada para assistir ao acto. Cfr. o art. 638º, nº 3, do CPC (anterior art. 685º, nº 3).

Modo de interposição

Nos termos do nº 1, do art. 81º, do CPT, o requerimento de interposição deve conter:

- a identificação da decisão recorrida, especificando, se for caso disso, a parte a que o recurso se restringe e
- a respectiva alegação.

Conforme resulta do nº 2, do art. 639º, do CPC (anterior nº 2, do art. 685º-A), se o recurso versar sobre matéria de direito, as conclusões devem indicar:

a) As normas jurídicas violadas;
b) O sentido com que, no entender do recorrente, as normas que constituem fundamento jurídico da decisão deviam ter sido interpretadas e aplicadas;
c) Invocando-se erro na determinação da norma aplicável, a norma jurídica que, no entendimento do recorrente, devia ter sido aplicada.

Por sua vez, se o recurso versar sobre matéria de facto deve, nos termos do nº 1, do art. 640º, do CPC (anterior nº 1, do art. 685º-B), indicar, sob pena de rejeição:

a) Os concretos pontos de facto que considera incorretamente julgados;
b) Os concretos meios probatórios, constantes do processo ou de registo ou gravação nele realizada, que impunham decisão sobre os pontos da matéria de facto impugnados diversa da recorrida;

c) A decisão que, no seu entender, deve ser proferida sobre as questões de facto impugnadas.

À interposição do recurso de revista aplica-se o regime estabelecido no CPC (art. 81º, nº 5, do CPT).

Admissão, indeferimento, retenção ou subida do recurso
Por força da remissão do art. 83º-A, nº 1, do CPT, para o art. 691º-A, nº 1, do CPC (atual art. 644º, nº 1, al. a)), podemos considerar que sobem nos próprios autos as apelações das decisões, proferidas em 1ª instância, que ponham termo à causa ou a procedimento cautelar ou incidente processado autonomamente.

As restantes apelações sobem em separado (art. 83º-A, nº 2, do CPT).

De acordo com o disposto no nº 1, do art. 82º, do CPT, a subida do recurso deverá ser ordenada quando:

– a decisão seja recorrível;
– o recurso tenha sido interposto tempestivamente;
– o recorrente tenha legitimidade.

Ao abrigo do disposto no art. 631º, do CPC (anterior art. 680º), têm legitimidade para interpor recursos:

– quem, sendo parte principal na causa, tenha ficado vencido (nº 1);
– as pessoas directa e efectivamente prejudicadas pela decisão, ainda que não sejam partes na causa ou sejam apenas partes acessórias (nº 2);
– no caso de litígio assente sobre acto simulado das partes, o terceiro que se considere prejudicado com a sentença. Cfr., conjugadamente, o nº 3 e o art. 696º, al. g), do CPC (anterior art. 771º). Considerando-se como terceiro o incapaz que interveio no processo como parte, mas por intermédio de representante legal. art. 631º, nº 3, 2ª parte, do CPC (anterior art. 680º, nº 3, 2ª parte).

Se a subida não for ordenada, o recorrente pode apresentar reclamação (art. 82º, nº 2, do CPT).

Depois de apresentada a reclamação pode acontecer uma de duas situações:

– o juiz defere-a, mandando subir o recurso (art. 82º, nº 3, do CPT) ou

– o juiz indefere-a, mandando ouvir a parte contrária, salvo se tiver sido impugnada unicamente a admissibilidade do recurso. Neste caso, a reclamação subirá ao tribunal superior para que o relator decida a questão no prazo de 5 dias (art. 82º, nº 4, do CPT).

Efeitos
Os efeitos do recurso são diferentes consoante a espécie de recurso apresentado.

O recurso de apelação tem efeito meramente devolutivo, sem necessidade de declaração (art. 83º, nº 1, do CPT), podendo a parte vencedora executar imediatamente a sentença.

No entanto e conforme admite o art. 83º, nº 2, do CPT, o recorrente pode obter o efeito suspensivo se no requerimento de interposição de recurso, requerer a prestação de caução da importância em que foi condenado.

A caução pode ser prestada por meio:

– de depósito efectivo na Caixa Geral de Depósitos;
– de fiança bancária ou
– de seguro-caução.

Requerida a prestação de caução, o juiz fixará um prazo nunca superior a 10 dias para que a mesma seja prestada (art. 83º, nº 4, do CPT).

De acordo com o art. 83º, nº 5, do CPT, o incidente de prestação de caução é processado nos próprios autos.

O regime do incidente da prestação de caução está previsto nos arts. 906º e ss., do CPC (anteriores arts. 981º e ss.).

Se a caução não for prestada no prazo fixado a sentença poderá ser executada de imediato, logrando-se, em absoluto, a tentativa de obter efeito suspensivo (art. 83º, nº 4, do CPT).

De igual forma, também o recurso de apelação, em processo civil, tem efeito meramente devolutivo. Cfr. o art. 647º, nº 1, do CPC (anterior art. 692º, nº 1).

Os casos em que o recurso de apelação tem efeito suspensivo estão previstos nos nºs 2 e 3, do art. 647º, do CPC (anteriores nºs 2 e 3, do art. 692º).

O recurso de revista, em regra, tem efeito meramente devolutivo, salvo quando estiverem em causa questões sobre o estado das pessoas. Neste caso, tem efeito suspensivo. Cfr. o art. 676º, nº 1, do CPC (anterior art. 723º, nº 1).

Julgamento

Ao julgamento do recurso em processo laboral aplicam-se as disposições do CPC, que regulamentam o julgamento do recurso de apelação e de revista (art. 87º, nº 1, do CPT). O julgamento do recurso de apelação é regulamentado pelos arts. 652º e ss. (anteriores arts. 700º e ss.). Por sua vez, o julgamento do recurso de revista é regulamentado pelos arts. 679º e ss. (anteriores arts. 726º e ss.).

PARTE III
MINUTAS

CAPÍTULO I
CONTRATOS DE TRABALHO

(PROPOSTA DE) CONTRATO SEM TERMO

Entre ..., com sede ..., pessoa coletiva nº ..., registada na Conservatória do Registo Comercial de ..., sob o nº ..., aqui representada pelo seu sócio-gerente, ..., com poderes para o ato, adiante designada por Primeira Outorgante;

E

..., portador do BI nº ..., contribuinte nº ..., residente na Rua ..., adiante designado por Segundo Outorgante;

É celebrado e reciprocamente aceite entre as partes outorgantes o presente **contrato de trabalho sem termo**, nos seguintes termos:

CLÁUSULA 1ª
(Funções pretendidas e mobilidade funcional)

1. A Primeira Outorgante, no exercício da sua atividade de ..., contrata o Segundo Outorgante para, sob a sua direção e orientação, desempenhar as funções de ....

2. O Segundo Outorgante deverá ainda, acessoriamente, realizar quaisquer outras tarefas que lhe sejam indicadas pela Primeira Outorgante, para as quais tenha qualificação ou capacidade bastantes e que tenham afinidade funcional com as que habitualmente correspondem às suas funções normais, sem qualquer prejuízo para a sua posição na empresa.

CLÁUSULA 2ª
(Início dos efeitos)

O presente contrato de trabalho produzirá os seus efeitos a partir de ...

CLÁUSULA 3ª
(Local de trabalho)

1. O Segundo Outorgante desempenhará as funções na sede da Primeira Outorgante, sita na Rua ....

2. O Segundo Outorgante, atenta a natureza das funções pretendidas, deverá realizar as deslocações necessárias ao bom desempenho dessas funções, em todo o território nacional, por períodos de tempo de ... a ... dias, as quais serão integralmente suportadas pela Primeira Outorgante.

CLÁUSULA 4ª
(Período normal de trabalho)

O período normal de trabalho a prestar pelo Segundo Outorgante é de 40 horas semanais, distribuídas por 5 dias da semana, de segunda a sexta-feira, entre as 8:00h e as 12:00h e as 14:00h e as 18:00h.

CLÁUSULA 5ª
(Duração das férias)

O Segundo Outorgante terá direito a um período anual de férias de 22 dias úteis.

CLÁUSULA 6ª
(Aviso prévio)

O Segundo Outorgante pode denunciar o presente contrato, independentemente de justa causa, mediante comunicação à Primeira Outorgante, por escrito, com a antecedência mínima de 30 ou 60 dias, conforme tenha, respetivamente, até dois anos ou mais de dois anos de antiguidade.

CLÁUSULA 7ª
(Valor, forma e data de pagamento da retribuição)

1. Como contrapartida do trabalho prestado, o Segundo Outorgante auferirá a retribuição base mensal ilíquida de ... euros.

2. O Segundo Outorgante tem direito ao valor diário de ... euros, a título de subsídio de alimentação.

3. A referida retribuição será liquidada através de transferência bancária (conforme NIB indicado pelo Segundo Outorgante), até ao último dia útil do mês a que respeita.

CLÁUSULA 8ª
(Período experimental)

Durante os primeiros 90 dias de vigência, o presente contrato poderá ser denunciada por qualquer das partes, sem invocação de justa causa, nem direito a qualquer compensação ou indemnização.

CLÁUSULA 9ª
(Deveres do trabalhador)

O Segundo Outorgante fica especialmente obrigado, além do cumprimento de todos os demais deveres que da relação de trabalho resultam para o trabalhador:

a) A desempenhar as suas funções com total zelo e diligência, responsabilizando-se pela adequada utilização e conservação do equipamento técnico que lhe seja confiado, bem como, pessoal e integralmente, nos termos gerais, pelo ressarcimento de quaisquer prejuízos que venha a causar à Primeira Outorgante, direta ou indiretamente, por um grave e/ou negligente desempenho de funções, nomeadamente, eventual extravio de equipamento ou danificação do mesmo, sem prejuízo de procedimento disciplinar;

b) A observar rigoroso sigilo relativamente a toda a informação que venha a obter na execução do presente contrato, nomeadamente, as comunicações que lhe são dirigidas ou informações perante si divulgadas, estejam elas relacionadas com a Primeira Outorgante, respetivos clientes, fornecedores, instituições bancárias e de crédito ou outros intervenientes;

c) A acatar a proibição geral de copiar ou utilizar para outros fins, que não os eminentemente profissionais, bem como transmitir ou facultar a terceiros, as bases de dados a que tenha acesso, sejam do empregador ou de terceiros;

d) A respeitar as regras e procedimentos técnicos e de segurança no trabalho emanados pela Primeira Outorgante, bem como aquelas que digam diretamente respeito à conduta a observar nas instalações, nomeadamente, manuseamento de aplicações informáticas, de equipamentos técnicos e de outros mecanismos de precisão;

e) A observar o dever de não-concorrência durante a vigência do presente contrato.

CLÁUSULA 10ª
(Testes e exames médicos)

Para o bom desempenho das funções pretendidas e tendo em consideração que a atividade a exercer implica um grande desgaste físico e psíquico, aceita o Segundo Outorgante a sujeição aos estritamente necessários e adequados testes e exames médicos para comprovação da respetiva aptidão profissional.

CLÁUSULA 11ª
(Fundo de Compensação do Trabalho e Fundo de Garantia de Compensação do Trabalho)

A Primeira Outorgante irá aderir ao Fundo de Compensação do Trabalho e, automaticamente, ao Fundo de Garantia de Compensação do Trabalho.

CLÁUSULA 12ª
(Deveres das partes em virtude da cessação contratual)

1. Em caso de cessação do presente contrato, o Segundo Outorgante deve devolver imediatamente à Primeira Outorgante os instrumentos de trabalho e quaisquer outros objetos que sejam pertença deste, sob pena de incorrer em responsabilidade civil pelos danos causados.

2. Em caso de cessação do presente contrato, a Primeira Outorgante é obrigada a entregar ao Segundo Outorgante um certificado de trabalho, indicando as datas de admissão e de saída, o cargo que desempenhou, bem como, os documentos previstos na legislação da Segurança Social.

CLÁUSULA 13ª
(Lei aplicável)

Em tudo o que não se achar especialmente previsto no presente contrato, aplicam-se as disposições do Código do Trabalho, aprovado pela Lei nº 7/2009, de 12 de fevereiro e respetiva legislação complementar.

O presente contrato é feito em duplicado, ficando um exemplar na posse de cada um dos Outorgantes.

_____, ... de .... de ......

A Primeira Outorgante,

_____

O Segundo Outorgante,

_____

Notas:

O empregador deve informar o trabalhador sobre aspectos relevantes do contrato de trabalho (art. 106º, nº 1, do CT). Por sua vez, o trabalhador deve informar o empregador sobre aspectos relevantes para a prestação da actividade laboral (art. 106º, nº 2, do CT).

Em relação ao dever do empregador, o art. 106º, nº 3, do CT, contém um núcleo de informações essenciais. A violação do disposto em qualquer das alíneas deste preceito constitui contra-ordenação grave (art. 106º, nº 3, do CT).

A L nº 53/2011, de 14.10, que alterou o CT, aditou ao elenco do nº 3, do art. 106º, do CT, a al. *m*), nos termos da qual o empregador tinha o dever de prestar informações sobre a identificação do fundo de compensação do trabalho a que estivesse vinculado.

Na redacção introduzida pela L nº 23/2012, de 25.06, a alínea *m*), do nº 3, continuava a impor ao empregador o dever de informar o trabalhador sobre a identificação do fundo de compensação do trabalho, sendo de destacar, em relação à versão da L nº 53/2011, a eliminação da expressão "*a que o empregador está vinculado*" e a introdução das referências a "*mecanismo equivalente*" (ao fundo de compensação) e "*legislação específica*".

Finalmente, com a L nº 69/2013, de 30.08, a alínea *m*), para além do fundo de compensação do trabalho ou mecanismo equivalente, passou a fazer referência ao fundo de garantia de compensação do trabalho.

(PROPOSTA DE) CONTRATO A TERMO CERTO

Entre ..., ..., com sede ..., pessoa coletiva nº ..., registada na Conservatória do Registo Comercial de ..., sob o nº ..., aqui representada pelo seu sócio-gerente, ..., com poderes para o ato, adiante designada por Primeira Outorgante;

E

..., portador do BI nº ..., contribuinte nº ..., residente na Rua ..., adiante designado por Segundo Outorgante;

É celebrado e reciprocamente aceite entre as partes outorgantes o presente **contrato de trabalho a termo certo**, nos seguintes termos:

CLÁUSULA 1ª
(Funções pretendidas e mobilidade funcional)

1. A Primeira Outorgante, no exercício da sua atividade de indústria de componentes de automóveis, contrata o Segundo Outorgante para, sob a sua direção e orientação, desempenhar as funções de ....

2. O Segundo Outorgante deverá ainda, acessoriamente, realizar quaisquer outras tarefas que lhe sejam indicadas pela Primeira Outorgante, para as quais tenha qualificação ou capacidade bastantes e que tenham afinidade funcional com as que habitualmente correspondem às suas funções normais, sem qualquer prejuízo para a sua posição na empresa.

CLÁUSULA 2ª
(Local de trabalho)

O Segundo Outorgante desempenhará as suas funções na sede da Primeira Outorgante, sita na Rua ....

CLÁUSULA 3ª
(Período normal de trabalho)

1. O período normal de trabalho a prestar pelo Segundo Outorgante é de 35 horas semanais, distribuídas por 5 dias da semana, de segunda a sexta-feira, entre as 22:00h e as 2:00h e as 3:00h e as 7:00h.

2. O Segundo Outorgante aceita qualquer alteração do horário de trabalho, na vigência do presente contrato, atentos os limites legais.

CLÁUSULA 4ª
(Valor, forma e data de pagamento da retribuição)

1. Como contrapartida do trabalho prestado, o Segundo Outorgante auferirá a retribuição base mensal ilíquida de ... euros.

2. O Segundo Outorgante terá um subsídio de refeição de ... euros, por cada dia completo de trabalho.

3. O Segundo Outorgante terá um subsídio por prestação de trabalho noturno de ... euros, por cada dia completo de trabalho.

4. A referida retribuição será liquidada através de transferência bancária (conforme NIB indicado pelo Segundo Outorgante), até ao último dia útil do mês a que respeita.

CLÁUSULA 5ª
(Motivação do contrato e adequabilidade temporal)

1. Ao abrigo do disposto na al. *f)*, do nº 2, do art. 140º, do CT, o presente contrato a termo é motivado por um acréscimo excecional de atividade, na sequência de uma política de expansão para o mercado exterior, nomeadamente, para o francês, adotada pela Primeira Outorgante.

2. Política de expansão essa que originou um aumento considerável do volume de encomendas de bancos estofados, modelo ..., por parte da cliente francesa ..., sendo os atuais recursos humanos da Primeira Outorgante insuficientes para responder a tal aumento.

3. Contudo e dado tratar-se de uma linha de produção nova, não pode a Primeira Outorgante garantir a estabilidade do novo mercado e a manutenção do volume de encomendas atual, pelo que, o reforço dos meios humanos será temporário, e adequado às respetivas necessidades de expansão.

CLÁUSULA 6ª
(Duração do contrato)

1. O contrato de trabalho que agora se celebra tem a duração de um ano, iniciando-se em ... e terminando em ....

2. O empregador e o trabalhador comunicarão, com um aviso prévio de, respetivamente, quinze ou oito dias, a vontade de o não renovar, conforme o previsto no nº 1, do art. 344º, do CT.

CLÁUSULA 7ª
(Regime de férias)

1. O Segundo Outorgante tem direito, em cada ano civil, a um período de férias retribuídas, que se vence em 1 de Janeiro.

2. O período anual de férias tem a duração mínima de 22 dias úteis.

3. No ano da admissão, o Segundo Outorgante tem direito a dois dias úteis de férias por cada mês de duração do contrato, até 20 dias, cujo gozo pode ter lugar após seis meses completos de execução do contrato.

4. No caso de o ano civil terminar antes de decorrido o prazo referido no número anterior, as férias são gozadas até 30 de Junho do ano subsequente.

5. Da aplicação do disposto nos números 3 e 4 não pode resultar o gozo, no mesmo ano civil, de mais de 30 dias úteis de férias.

6. As férias referidas no número anterior são gozadas imediatamente antes da cessação do contrato, salvo acordo dos Outorgantes.

CLÁUSULA 8ª
(Período experimental)

Durante os primeiros 30 dias de vigência do presente contrato, qualquer das partes o poderá denunciar, sem invocação de justa causa, nem direito a qualquer compensação ou indemnização.

CLÁUSULA 9ª
(Fundo de Compensação do Trabalho e Fundo de Garantia de Compensação do Trabalho)

A Primeira Outorgante irá aderir ao Fundo de Compensação do Trabalho e, automaticamente, ao Fundo de Garantia de Compensação do Trabalho.

CLÁUSULA 10ª
(Deveres das partes em virtude da cessação contratual)

1. Em caso de cessação do presente contrato, o Segundo Outorgante deve devolver imediatamente à Primeira Outorgante os instrumentos de trabalho e quaisquer outros objetos que sejam pertença deste, sob pena de incorrer em responsabilidade civil pelos danos causados.

2. Em caso de cessação do presente contrato, a Primeira Outorgante é obrigada a entregar ao Segundo Outorgante um certificado de trabalho, indicando as datas de admissão e de saída e os cargo ou cargos que desempenhou, bem como, os documentos previstos na legislação de Segurança Social.

O presente contrato é feito em duplicado, ficando um exemplar na posse de cada um dos Outorgante.

_____, ... de .... de ......

A Primeira Outorgante,

_____

O Segundo Outorgante,

_____

Notas:

O contrato de trabalho a termo está sujeito a forma escrita (art. 141º, nº 1, do CT), sob pena de conversão em contrato sem termo (al. c), do nº 1, do art. 147º, do CT).

De acordo, ainda, com o nº 1, do art. 141º, do CT, o contrato de trabalho a termo deve conter:

a) Identificação, assinaturas e domicílio ou sede das partes;
b) Atividade do trabalhador e correspondente retribuição;
c) Local e período normal de trabalho;
d) Data de início do trabalho;
e) Indicação do termo estipulado e do respetivo motivo justificativo;
f) Datas de celebração do contrato e, sendo a termo certo, da respetiva cessação.

Quanto à cláusula 1ª:

Nos termos do art. 141º, nº 1, al. *b*), 1ª parte, do CT, o contrato deve conter a indicação da atividade do trabalhador.

O nº 2, da cláusula 1ª, recebe o regime da mobilidade funcional, previsto no art. 120º, do CT.

Quanto à cláusula 3ª:

As definições de período normal de trabalho e de horário de trabalho estão, respetivamente, previstas nos arts. 198º e 200º, do CT.

Compete ao empregador a definição do horário de trabalho (art. 212º, nº 1, do CT), sob consulta das comissões de trabalhadores, ou, na sua falta, das comissões intersindicais, das comissões sindicais ou dos delegados sindicais (art. 212º, nº 3, do CT).

Questiona-se se a indefinição do horário de trabalho, que cria uma vulnerabilidade na posição do trabalhador, não colide com o princípio da determinabilidade do objeto negocial (art. 280º, nº 1, do CC).

Nos termos do art. 203º, do CT, o limite máximo de trabalho não pode exceder 8h por dia nem 40h por semana.

Na ausência de fixação por instrumento de regulamentação coletiva de trabalho, trabalho noturno é o trabalho prestado entre as 22 horas de um dia e as 7 horas do dia seguinte (art. 223º, nº 2, do CT).

A prestação de trabalho noturno beneficia de um acréscimo de 25% relativamente à retribuição do trabalho equivalente prestado durante o dia (art. 266º, nº 1).

Quanto à cláusula 4ª:

A retribuição deve constar do contrato (art. 141º, nº 1, al. *b*), 2ª parte, do CT).

O conceito de retribuição base está definido no art. 262º, nº 2, al. *a*), do CT, encontrando-se associado estritamente à atividade desempenhada no período normal de trabalho.

O empregador pode efetuar o pagamento por meio de cheque, vale postal ou depósito à ordem do trabalhador (art. 276º, nº 2, do CT).

Quanto à cláusula 5ª:

O contrato de trabalho a termo deve conter a indicação do termo estipulado e do respetivo motivo justificativo (art. 141º, nº 1, al. *e*), do CT).

Uma vez que o art. 140º, nº 1, do CT, contém uma *cláusula geral de admissibilidade*, há que ponderar se, em concreto, a motivação acolhida não representa "fraude" ao contrato de trabalho a termo, a qual implica a conversão do contrato a termo em contrato sem termo (art. 147º, nº 1, als. *a*) e *b*), do CT).

Importa ainda salientar que também a omissão ou indicação insuficiente das referências ao termo e ao motivo justificativo implicam tal conversão (art. 147º, nº 1, al. *c*), do CT).

Sobre o empregador impende o ónus probatório quanto à factualidade invocada na motivação (art. 140º, nº 5, do CT).

Quanto à cláusula 6ª:

O contrato de trabalho a termo deve conter as datas de celebração, início e cessação do contrato (art. 141º, nº 1, als. *d*) e *f*), do CT).

O contrato de trabalho a termo em que falte, simultaneamente, as datas de celebração do contrato e de início do trabalho considera-se contrato sem termo (al. *c*), do nº 1, do art. 147º, do CT).

Se o contrato não fizer referência apenas à data de início do trabalho, considera-se que o mesmo tem início na data da sua celebração (art. 141º, nº 2, do CT).

Quanto à cláusula 7ª:

O regime de férias para contratos de duração igual ou superior a seis meses, encontra-se previsto no art. 239º, do CT.

O tempo de férias no ano da admissão contratação do trabalhador está preceituado no nº 1, sendo de dois dias úteis por cada mês de duração do contrato, até 20 dias.

A retribuição de férias corresponde à retribuição correspondente ao trabalho efetivamente prestado (art. 264º, nº 1, do CT).

O subsídio de férias compreende a retribuição base e outras prestações retributivas que sejam contrapartida do modo específico da execução do trabalho (nº 2, do art. 264º, do CT).

Quanto à cláusula 8ª:

O período experimental, nos contratos a termo, encontra-se previsto no art. 112º, nº 2, do CT.

Quanto à cláusula 10ª:

O art. 342º, do CT, estipula o dever de devolução de instrumentos de trabalho.

Nos termos do art. 341º, nº 1, do CT, cessando o contrato de trabalho, o empregador deve entregar ao trabalhador:

a) Um certificado de trabalho, indicando as datas de admissão e de cessação, bem como o cargo ou cargos desempenhados. Este certificado só pode conter outras referências a pedido do trabalhador (art. 341º, nº 2, do CT);

b) Outros documentos destinados a fins oficiais, designadamente os previstos na legislação de segurança social, que deva emitir mediante solicitação.

A violação do disposto no art. 341º, do CT, constitui contraordenação leve (art. 341º, nº 3, do CT).

(PROPOSTA DE) ACORDO DE RENOVAÇÃO DE CONTRATO A TERMO CERTO

Entre ..., com sede ..., pessoa coletiva nº ..., registada na Conservatória do Registo Comercial de ..., sob o nº ..., aqui representada pelo seu sócio-gerente, ..., com poderes para o ato, adiante designada por Primeira Outorgante;

E

..., portador do BI nº ..., contribuinte nº ..., residente na Rua..., adiante designado por Segundo Outorgante, tendo em consideração que a Primeira e o Segundo Outorgantes:

a) celebraram, em ..., um contrato de trabalho a termo certo com a duração de um ano, renovável nos termos do art. 148º, do CT, por iguais períodos e que

b) pretendem renovar o referido contrato por mais 1 ano,

É celebrado e reciprocamente aceite entre as partes outorgantes a presente **renovação do contrato de trabalho a termo certo supra referido**, nos seguintes termos:

CLÁUSULA 1ª
(Funções pretendidas, mobilidade funcional, local de trabalho)

1. O Segundo Outorgante continua a estar obrigado a desempenhar as funções de ...., na sede da Primeira Outorgante, sita na Rua ..., sob a direção e orientação desta.

2. O Segundo Outorgante continua a estar obrigado a, acessoriamente, realizar quaisquer outras tarefas que lhe sejam indicadas pela Primeira Outorgante, para as quais tenha qualificação ou capacidade bastantes e que tenham afinidade funcional com as que habitualmente correspondem às suas funções normais, sem qualquer prejuízo para a sua posição na empresa.

CLÁUSULA 2ª
(Período normal de trabalho)

1. O período normal de trabalho a prestar pelo segundo outorgante continua a ser de 35 horas semanais, distribuídas por 5 dias da semana, de segunda a sexta-feira, entre as 22:00h e as 2:00h e as 3:00h e as 7:00h.

2. O Segundo Outorgante continua a aceitar qualquer alteração do horário de trabalho, na vigência do presente contrato, atentos os limites legais.

CLÁUSULA 3ª
(Retribuição)

1. Como contrapartida do trabalho prestado, o Segundo Outorgante continua a auferir a retribuição base mensal ilíquida de ... euros.

2. O Segundo Outorgante continua a ter direito a um subsídio de refeição de ... euros, por cada dia completo de trabalho.

3. O Segundo Outorgante continua a ter direito a um subsídio por prestação de trabalho noturno de ... euros, por cada dia completo de trabalho.

CLÁUSULA 4ª
(Motivação da renovação)

1. A presente renovação é motivado por um acréscimo excecional de atividade, na sequência de uma política de expansão para o mercado exterior, nomeadamente, para o francês adotada pela Primeira Outorgante, ao abrigo do disposto na al. *f)*, do nº 2, do art. 140º, do CT.

2. Política de expansão essa que originou um aumento considerável do volume de encomendas de bancos estofados da cliente francesa ..., que renovou por mais um ano o contrato de fornecimento celebrado com a Primeira Outorgante.

3. A Primeira Outorgante, dado tratar-se de uma linha de produção nova que depende exclusivamente da referida cliente, continua a não pode garantir a estabilidade do novo mercado e a manutenção do volume de encomendas atual, pelo que, o reforço dos meios humanos será temporário, e adequado às respetivas necessidades de expansão.

CLÁUSULA 5ª
(Duração da renovação)

O contrato a termo certo é renovado pelo período de um ano, iniciando-se em ... e terminando em ....

O presente acordo de renovação é feito em duplicado, ficando um exemplar na posse de cada um dos Outorgante.

_____, ... de .... de ......

A Primeira Outorgante,

_____

O Segundo Outorgante,

_____

Notas:

O contrato de trabalho a termo certo pode ser renovado até três vezes, não podendo a sua duração exceder, em regra, 3 anos (art. 148º, nº 1, al. *c*), do CT), sob pena de ser considerado contrato sem termo (art. 147º, nº 2, al. *b*), do CT).

A renovação do contrato está sujeita à verificação da sua admissibilidade, nos termos previstos para a sua celebração, bem como a iguais requisitos de forma no caso de se estipular período diferente (art. 149º, nº 3, do CT), sob pena de o contrato ser considerado sem termo (art. 147º, nº 2, al. *a*), do CT).

Considera-se como único contrato aquele que seja objeto de renovação (art. 149º, nº 4, do CT).

Por acordo das partes, o contrato a termo certo pode não estar sujeito a renovação (art. 149º, nº 1, do CT). Na falta de declaração das partes em contrário, o contrato renova-se no final do termo estipulado, por igual período (art. 149º, nº 2, do CT).

(PROPOSTA DE) CONTRATO A TERMO INCERTO

Entre ..., com sede ..., pessoa coletiva nº ..., registada na Conservatória do Registo Comercial de ..., sob o nº ..., aqui representada pelo seu sócio-gerente, ..., com poderes para o ato, adiante designada por Primeira Outorgante;
E
..., portador do BI nº ..., contribuinte nº ..., residente na Rua ..., adiante designado por Segundo Outorgante;
É celebrado e reciprocamente aceite entre as partes outorgantes o presente **contrato de trabalho a termo incerto**, nos seguintes termos:

CLÁUSULA 1ª
(Funções pretendidas e mobilidade funcional)

1. A Primeira Outorgante, no exercício da sua atividade de indústria de componentes de automóveis, contrata o Segundo Outorgante para, sob a sua direção e orientação, desempenhar as funções de ....
2. O Segundo Outorgante deverá ainda, acessoriamente, realizar quaisquer outras tarefas que lhe sejam indicadas pela Primeira Outorgante, para as quais tenha qualificação ou capacidade bastantes e que tenham afinidade funcional com as que habitualmente correspondem às suas funções normais, sem qualquer prejuízo para a sua posição na empresa.

CLÁUSULA 2ª
(Local de trabalho)

O Segundo Outorgante desempenhará as suas funções na sede da Primeira Outorgante, sita na Rua ....

CLÁUSULA 3ª
(Período normal de trabalho)

O período normal de trabalho a prestar pelo Segundo Outorgante é de 40 horas semanais, distribuídas por 5 dias da semana, de segunda a sexta-feira, entre as 9:00h e as 13:00h e as 14:00h e as 18:00H.

CLÁUSULA 4ª
(Valor, forma e data de pagamento da retribuição)

1. Como contrapartida do trabalho prestado, o Segundo Outorgante auferirá a retribuição base mensal ilíquida de ... euros.

2. O Segundo Outorgante terá um subsídio de refeição de ... euros, por cada dia completo de trabalho.

3. A referida retribuição será liquidada através de transferência bancária (conforme NIB indicado pelo Segundo Outorgante), até ao último dia útil do mês a que respeita.

CLÁUSULA 5ª
(Motivação do contrato e adequabilidade temporal)

Segundo o previsto no art. 140º, nº 1, alínea *b*), do CT, o presente contrato a termo é motivado pela necessidade de substituição direta do trabalhador ..., em relação ao qual se encontra pendente em juízo ação de apreciação da licitude do despedimento, a correr seus termos na ... Secção do Trabalho, do Tribunal Judicial da Comarca de ..., sob o nº ....

CLÁUSULA 6ª
(Duração do contrato)

1. O contrato de trabalho, que agora se celebra, dura por todo o tempo necessário para a substituição da trabalhadora ausente, iniciando-se em ....

2. O empregador comunicará, com o aviso prévio legalmente previsto, a caducidade contratual, nos termos do nº 1, do art. 345º, do CT.

CLÁUSULA 7ª
(Regime de férias)

1. O Segundo Outorgante tem direito, em cada ano civil, a um período de férias retribuídas, que se vence em 1 de Janeiro.

2. O período anual de férias tem a duração mínima de 22 dias úteis.

3. No ano da admissão, o Segundo Outorgante tem direito a dois dias úteis de férias por cada mês de duração do contrato, até 20 dias, cujo gozo pode ter lugar após seis meses completos de execução do contrato.

4. No caso de o ano civil terminar antes de decorrido o prazo referido no número anterior, as férias são gozadas até 30 de Junho do ano subsequente.

5. Da aplicação do disposto nos números 3 e 4 não pode resultar o gozo, no mesmo ano civil, de mais de 30 dias úteis de férias.

6. As férias referidas no número anterior são gozadas imediatamente antes da cessação do contrato, salvo acordo dos Outorgantes.

CLÁUSULA 8ª
(Fundo de Compensação do Trabalho e Fundo de Garantia de Compensação do Trabalho)

A Primeira Outorgante irá aderir ao Fundo de Compensação do Trabalho e, automaticamente, ao Fundo de Garantia de Compensação do Trabalho.

CLÁUSULA 9ª
(Deveres das partes em virtude da cessação contratual)

1. Em caso de cessação do presente contrato, o Segundo Outorgante deve devolver imediatamente à Primeira Outorgante os instrumentos de trabalho e quaisquer outros objetos que sejam pertença deste, sob pena de incorrer em responsabilidade civil pelos danos causados.

2. Em caso de cessação do presente contrato, a Primeira Outorgante é obrigada a entregar ao Segundo Outorgante um certificado de trabalho, indicando as datas de admissão e de saída e o cargo ou cargos que desempenhou, bem como, os documentos previstos na legislação de Segurança Social.

O presente contrato é feito em duplicado, ficando um exemplar na posse de cada um dos Outorgantes.

_____, ... de .... de ......

A Primeira Outorgante,

_____

O Segundo Outorgante,

_____

Notas:
Cfr. notas ao contrato a termo certo.

(PROPOSTA DE) CONTRATO DE TRABALHO
COM PLURALIDADE DE EMPREGADORES

Entre ..., com sede ..., pessoa coletiva nº ..., registada na Conservatória do Registo Comercial de ..., sob o nº ..., aqui representada pelo seu sócio-gerente, ..., com poderes para o ato;
..., com sede ..., pessoa coletiva nº ..., registada na Conservatória do Registo Comercial de ..., sob o nº ..., aqui representada pelo seu sócio-gerente, ..., com poderes para o ato, na qualidade de primeira e segunda empregadoras

E

..., portador do BI nº ..., contribuinte nº ..., residente na Rua ..., adiante designado por Trabalhador

é celebrado, ao abrigo do art. 101º, do CT, o presente contrato de trabalho com pluralidade de empregadores, nos seguintes termos:

CLÁUSULA 1ª
(Relação societária)

1. A Primeira Empregadora dedica-se à atividade de indústria de componentes automóveis.

2. A Segunda Empregadora dedica-se à venda de automóveis e componentes para automóveis.

3. A Primeira Empregadora detém 40% do capital social da Segunda Empregadora. Por sua vez, a Segunda Empregadora é detentora de 35%, do capital social da Primeira Empregadora.

Assim, entre ambas existe uma relação societária de participações recíprocas.

CLÁUSULA 2ª
(Representação)

A Primeira Empregadora representa a Segunda Empregadora no cumprimento dos deveres e exercício dos direitos emergentes do presente contrato de trabalho.

CLÁUSULA 3ª
(Funções pretendidas e mobilidade funcional)

1. Pelo presente contrato, o Trabalhador obriga-se a, sob a direção e orientação, da Primeira e Segunda Empregadoras, exercer as funções de ....

2. O Trabalhador deverá ainda, acessoriamente, realizar quaisquer outras tarefas que lhe sejam indicadas pela Primeira e Segunda Empregadoras, para as quais tenha qualificação ou capacidade bastantes e que tenham afinidade funcional com as que habitualmente correspondem às suas funções normais, sem qualquer prejuízo para a sua posição na empresa.

CLÁUSULA 4ª
(Local de trabalho)
O Trabalhador desempenhará as suas funções nas sedes da Primeira e Segunda Empregadoras, sitas, respetivamente, nas Ruas .... e ....

CLÁUSULA 5ª
(Período normal de trabalho)
1. O período normal de trabalho a prestar pelo Trabalhador é de 40 horas semanais, distribuídas por 5 dias da semana, de segunda a sexta-feira, entre as 22:00h e as 2:00h e as 3:00h e as 7:00h.
2. O Trabalhador aceita qualquer alteração do horário de trabalho, na vigência do presente contrato, atentos os limites legais.

CLÁUSULA 6ª
(Valor, forma e data de pagamento da retribuição)
1. Como contrapartida do trabalho prestado, o Trabalhador auferirá a retribuição base mensal ilíquida de ... euros.
2. O Trabalhador terá um subsídio de refeição de ... euros, por cada dia completo de trabalho.
3. O Trabalhador terá um subsídio por prestação de trabalho noturno de ... euros, por cada dia completo de trabalho.
4. A referida retribuição será liquidada através de transferência bancária (conforme NIB indicado pelo Trabalhador), até ao último dia útil do mês a que respeita.

CLÁUSULA 7ª
(Duração do contrato)
O presente contrato de trabalho é celebrado por tempo indeterminado, iniciando-se em ....

CLÁUSULA 8ª
(Duração das férias)
O Trabalhador terá direito a um período anual de férias de 22 dias úteis.

CLÁUSULA 9ª
(Período experimental)
Durante os primeiros 90 dias de vigência do presente contrato, qualquer das partes o poderá denunciar, sem invocação de justa causa, nem direito a qualquer compensação ou indemnização.

CLÁUSULA 10ª
(Fundo de Compensação do Trabalho e Fundo de Garantia de Compensação do Trabalho)
As Primeira e Segunda Empregadoras irão aderir ao Fundo de Compensação do Trabalho e, automaticamente, ao Fundo de Garantia de Compensação do Trabalho.

CLÁUSULA 11ª
(Deveres das partes em virtude da cessação contratual)

1. Em caso de cessação do presente contrato, o Trabalhador deve devolver imediatamente à Primeira e Segunda Empregadoras os instrumentos de trabalho e quaisquer outros objetos que sejam pertença destas, sob pena de incorrer em responsabilidade civil pelos danos causados.

2. Em caso de cessação do presente contrato, a Primeira e Segunda Empregadoras são obrigadas a entregar ao Trabalhador um certificado de trabalho, indicando as datas de admissão e de saída e os cargo ou cargos que desempenhou, bem como, os documentos previstos na legislação de Segurança Social.

O presente contrato é feito em triplicado, ficando um exemplar na posse de cada uma das partes.

_____, ... de .... de ......

A Primeira Outorgante,
_____

A Segunda Outorgante,
_____

O Trabalhador,
_____

Notas:

Quanto ao cabeçalho:

O contrato de trabalho com pluralidade de empregadores está sujeito a forma escrita, devendo conter a identificação, assinaturas e domicílio ou sede das partes (art. 101º, nº 2, alínea *a*), do CT). A violação desta norma constitui contraordenação grave (nº 6, do art. 101º, do CT).

A violação de requisitos indicados nos nºs 1 ou 2, do art. 101º, do CT, confere ao trabalhador o direito de optar pelo empregador ao qual fica vinculado (nº 5, do art. 101º, do CT).

Quanto à cláusula 1ª:
O contrato de trabalho com pluralidade de empregadores só é válido se entre estes existir uma relação societária de participações recíprocas, de domínio ou de grupo, ou se tiverem estruturas organizativas comuns (art. 101º, nº 1, do CT). A violação desta norma constitui contraordenação grave (nº 6, do art. 101º, do CT).

De notar que, cessando a relação societária ou organizatória existente entre os empregadores, considera-se que o trabalhador fica apenas vinculado ao empregador que assumiu a representação dos demais (cfr., conjugadamente, a al. *c*), do nº 2 e o nº 4, do art. 101º, do CT).

Quanto à cláusula 2ª:
O contrato de trabalho com pluralidade de empregadores deve indicar o empregador que representa os demais no cumprimento dos deveres e no exercício dos direitos emergentes do contrato de trabalho (art. 101º, nº 2, alínea *c*), do CT). A violação desta norma constitui contraordenação grave (nº 6, do art. 101º, do CT).

Importa, contudo, referir que os empregadores são solidariamente responsáveis pelo cumprimento das obrigações decorrentes do contrato de trabalho, cujo credor seja o trabalhador ou terceiro (art. 101º, nº 3, do CT).

Quanto às cláusulas 3ª, 4ª e 5ª:
O contrato de trabalho com pluralidade de empregadores deve indicar a atividade do trabalhador, o local e o período normal de trabalho (art. 101º, nº 2, alínea *b*), do CT). A violação desta norma constitui contraordenação grave (nº 6, do art. 101º, do CT).

(PROPOSTA DE) CONTRATO
DE CEDÊNCIA OCASIONAL DE TRABALHADOR

Entre ..., com sede ..., pessoa coletiva nº ..., registada na Conservatória do Registo Comercial de ..., sob o nº ..., aqui representada pelo seu sócio-gerente, ..., com poderes para o ato, adiante designada por Primeira Outorgante;

..., com sede ..., pessoa coletiva nº ..., registada na Conservatória do Registo Comercial de ..., sob o nº ..., aqui representada pelo seu sócio-gerente, ..., com poderes para o ato, adiante designada por Segunda Outorgante;

..., portador do BI nº ..., contribuinte nº ..., residente na Rua ..., adiante designado por Trabalhador;

É celebrado e reciprocamente aceite entre as partes outorgantes o presente **contrato de cedência ocasional de trabalhador**, nos seguintes termos:

CLÁUSULA 1ª
(Objeto do contrato)
1. As Outorgantes são sociedades coligadas entre si.
2. Pelo presente contrato, a Primeira Outorgante cede temporariamente à Segunda Outorgante o Trabalhador supra identificado, sem prejuízo da manutenção do vínculo contratual consigo estabelecido.

CLÁUSULA 2ª
(Concordância do trabalhador)
1. O Trabalhador está vinculado à Primeira Outorgante por contrato de trabalho sem termo.
2. O Trabalhador concorda com a presente cedência.
3. O Trabalhador irá exercer as seguintes funções: ...

CLÁUSULA 3ª
(Duração da cedência)
A cedência acordada é realizada pelo período de seis meses, tendo início em ... e termo em ...

CLÁUSULA 4ª
(Valor, forma e data de pagamento da retribuição)
1. Durante o período de vigência deste contrato, o Trabalhador cedido auferirá, como contrapartida do trabalho prestado, a retribuição base mensal ilíquida de ... euros.
2. Cabe à Primeira Outorgante pagar ao Trabalhador cedido a retribuição devida.

3. A referida retribuição será liquidada através de transferência bancária, até ao último dia útil do mês a que respeita.

CLÁUSULA 5ª
(Regime da prestação de trabalho)

Durante a execução do presente contrato, o Trabalhador fica sujeito ao regime de trabalho aplicável à Segunda Outorgante, no que respeita ao modo, lugar, duração de trabalho, suspensão do contrato de trabalho, segurança e saúde no trabalho e acesso a equipamentos sociais.

CLÁUSULA 6ª
(Regime das férias)

O Trabalhador tem direito, na proporção do tempo de duração do presente contrato, a férias, subsídios de férias e de Natal e outros subsídios regulares e periódicos que pela Segunda Outorgante sejam devidos aos seus trabalhadores por idêntica prestação de trabalho.

Este contrato é feito em triplicado, ficando cada uma das partes com um exemplar.

_____, ... de .... de ......

A Primeira Outorgante,

_____

A Segunda Outorgante,

_____

O Trabalhador,

_____

Notas:

A cedência ocasional de trabalhadores consiste na disponibilização temporária de trabalhador, pelo empregador, para prestar trabalho a outra entidade, a cujo poder de direção aquele fica sujeito, mantendo-se o vínculo contratual inicial (art. 288º, do CT).

O regime jurídico da cedência ocasional de trabalhadores está previsto nos arts. 289º a 293º, do CT.

Quanto ao cabeçalho:
A cedência deve ser titulada por acordo escrito que contenha a identificação, assinaturas e domicílio ou sede das partes, bem como a identificação do trabalhador cedido (art. 290º, nº 1, alíneas *a*) e *b*), do CT). A violação desta norma constitui contraordenação leve (nº 3, do art. 290º, do CT).

Quanto à cláusula 1ª:
Uma das condições exigidas para a licitude da cedência é que a mesma ocorra entre sociedades coligadas, em relação societária de participações recíprocas, de domínio ou de grupo, ou entre empregadores que tenham estruturas organizativas comuns (art. 289º, nº 1, al. *b*), do CT). A violação desta norma constitui contraordenação grave (nº 3, do art. 289º, do CT).

Em caso de cessação do acordo de cedência ocasional, de extinção da entidade cessionária ou de cessação da atividade para que foi cedido, o trabalhador regressa ao serviço do cedente, mantendo os direitos que tinha antes da cedência, cuja duração conta para efeitos de antiguidade (art. 290º, nº 2, do CT). A violação desta norma constitui contraordenação grave (nº 3, do art. 290º, do CT).

Quanto à cláusula 2ª:
A licitude da cedência depende da verificação, entre outras, das seguintes condições:
– O trabalhador esteja vinculado ao empregador cedente por contrato de trabalho sem termo (art. 289º, nº 1, al. *a*), do CT);
– O trabalhador concorde com a cedência (art. 290º, nº 1, al. *c*), do CT).

A este propósito importa salientar que, a cedência só é legítima se o documento que a titula contiver declaração de concordância do trabalhador (art. 290º, nº 1, al. *e*), do CT). A violação desta norma constitui contraordenação grave (nº 3, do art. 290º, do CT).

A cedência deve ser titulada por documento que contenha a atividade a prestar pelo trabalhador (art. 290º, nº 1, al. *c*), do CT). A violação desta norma constitui contraordenação leve (nº 3, do art. 290º, do CT).

Quanto à cláusula 3ª:
A cedência só é lícita se não exceder um ano, renovável por iguais períodos até ao máximo de cinco anos (art. 289º, nº 1, al. *d*), do CT).

A violação desta norma constitui contraordenação grave (nº 3, do art. 289º, do CT).

Por outro lado, importa, ainda, referir que, a cedência deve ser titulada por documento que contenha a data do seu início e da sua duração (art. 290º, nº 1, al. *d*), do CT). A violação desta norma constitui contraordenação leve (nº 3, do art. 290º, do CT).

Quanto à cláusula 4ª:
O trabalhador cedido tem direito a auferir a retribuição mínima que, em instrumento de regulamentação coletiva de trabalho aplicável ao cedente e ao cessionário, corresponda às suas funções, ou à praticada por este para as mesmas funções, ou à retribuição auferida no momento da cedência, consoante a que for mais elevada (art. 291º, nº 5, al. *a*), do CT). A violação desta norma constitui contraordenação grave (nº 7, do art. 291º, do CT).

Quanto à cláusula 5ª:
Durante a cedência ocasional, o trabalhador está sujeito ao regime de trabalho aplicável ao cessionário no que respeita ao modo, local, duração de trabalho, suspensão do contrato de trabalho, segurança e saúde no trabalho e acesso a equipamentos sociais (art. 291º, nº 1, do CT).

Quanto à cláusula 6ª:
O trabalhador tem direito, na proporção da duração da cedência ocasional, a férias, subsídios de férias e de Natal e outras prestações regulares e periódicas a que os trabalhadores do cessionário tenham direito por idêntica prestação de trabalho (art. 291º, nº 5, al. *b*), do CT). A violação desta norma constitui contraordenação grave (nº 7, do art. 291º, do CT).

Quanto à parte final:
Conforme já referimos, a cedência deve ser titulada por documento assinado pelas partes (art. 290º, nº 1, al. *a*), do CT). A violação desta norma constitui contraordenação leve (nº 3, do art. 290º, do CT).

(PROPOSTA DE) CONTRATO DE TRABALHO TEMPORÁRIO

Entre ..., com sede ..., pessoa colectiva nº ..., registada na Conservatória do Registo Comercial de ..., sob o nº ..., titular do alvará de autorização para o exercício da actividade de empresa de trabalho temporário, com o nº ..., datado de ..., aqui representada pelo seu sócio-gerente, como poderes para o ato, adiante designada por Primeira Outorgante,

E

..., portador do BI nº ..., contribuinte nº ..., residente na Rua ..., adiante designado por Segundo Outorgante;

Tendo presente que:

– a Primeira Outorgante pode, em virtude dos objectivos que prossegue e da licença obtida para o efeito, contratar trabalhadores para serem utilizados por terceiros, que deles careçam, e que, para o efeito, tenham celebrado consigo o competente contrato de utilização de trabalho temporário, tudo ao abrigo do regime legal do trabalho temporário;

– a Primeira Outorgante, no exercício da sua actividade, irá celebrar Contrato de Utilização de Trabalho Temporário, com a empresa..., com sede ..., pessoa colectiva nº ..., registada na Conservatória do Registo Comercial de ..., sob o nº ..., adiante designada por Empresa Utilizadora e

– o Segundo Outorgante tem pleno conhecimento dos factos supra enunciados, bem como do regime legal aplicável, aceitando trabalhar nos termos deste,

É celebrado e reciprocamente aceite entre as partes outorgantes o presente **contrato de trabalho temporário**, o qual se rege pelas seguintes cláusulas:

CLÁUSULA 1ª
(Funções pretendidas e mobilidade funcional)

1. Pelo presente contrato, o Segundo Outorgante é contratado pela Primeira Outorgante para, sob a direção e orientação da Empresa Utilizadora supra identificada, desempenhar as funções de ....

2. O Segundo Outorgante deverá ainda, acessoriamente, realizar quaisquer outras tarefas que lhe sejam indicadas pela Primeira Outorgante, para as quais tenha qualificação ou capacidade bastantes e que tenham afinidade funcional com as que habitualmente correspondem às suas funções normais, sem qualquer prejuízo para a sua posição na empresa.

CLÁUSULA 2ª
(Motivação do contrato e adequabilidade temporal)

1. Segundo o previsto na alínea *f)*, do nº 1, do art. 140º *ex vi* corpo do nº 1, do art. 175º e art. 180º, ambos do CT, o presente contrato é motivado pelo acréscimo ou excecional de atividade, mais propriamente a necessidade de assegurar uma bolsa permanente de guias turísticos, para acompanhar os participantes e adeptos do evento desportivo ...

2. A Empresa Utilizadora não tem qualquer expectativa de conseguir manter as necessidades de recursos humanos que motivam a celebração do presente contrato, porquanto o evento desportivo referido no ponto 1 da presente cláusula tem natureza pontual e duração limitada.

CLÁUSULA 3ª
(Local de trabalho)

O Segundo Outorgante desempenhará as suas funções na Rua ....

CLÁUSULA 4ª
(Período normal de trabalho)

O período normal de trabalho a prestar pelo Segundo Outorgante é de 40 horas semanais, distribuídas por 5 dias da semana, de segunda a sexta-feira, das 8:00h às 12:00h e das 14:00h às 18:00h e será cumprido através da sua integração no horário de trabalho em vigor no departamento e área da Empresa Utilizadora a que o trabalhador irá ficar afeto.

CLÁUSULA 5ª
(Valor, forma e data de pagamento da retribuição)

1. Como contrapartida do trabalho prestado, o Segundo Outorgante auferirá a retribuição base mensal ilíquida de ... euros.

2. O Segundo Outorgante terá um subsídio de refeição de ... euros, por cada dia completo de trabalho.

3. A retribuição do Segundo Outorgante será paga através de transferência bancária (conforme NIB indicado) até ao último dia do mês a que diz respeito.

CLÁUSULA 6ª
(Qualificação e duração do contrato)

1. O presente contrato é celebrado a termo certo, com início em ... e termo em ....

2. Nos termos do nº 1, do art. 344º *ex vi* nº 6, do art. 182º, ambos do CT, a Primeira Outorgante e o Segundo Outorgante comunicarão, com um aviso prévio de, respectivamente, 15 e 8 dias, a vontade de não renovar o presente contrato.

CLÁUSULA 7ª
(Férias e Subsídios de Férias e de Natal)

O Segundo Outorgante tem direito, em proporção da duração do presente contrato, a férias, subsídios de férias e de Natal, bem como a outros prestações regulares e periódicas a que os trabalhadores da Empresa Utilizadora tenham direito por trabalho igual ou de valor igual.

CLÁUSULA 8ª
(Fundo de Compensação do Trabalho e Fundo de Garantia de Compensação do Trabalho)
A Primeira Outorgante irá aderir ao Fundo de Compensação do Trabalho e, automaticamente, ao Fundo de Garantia de Compensação do Trabalho.

_____, ... de .... de ......

A Primeira Outorgante,

_____

O Segundo Outorgante,

_____

Notas:

O contrato de trabalho temporário era definido como "o contrato de trabalho "triangular" "em que a posição contratual da entidade empregadora é desdobrada entre a empresa de trabalho temporário (que contrata, remunera e exerce poder disciplinar) e o utilizador (que recebe nas suas instalações um trabalhador que não integra os seus quadros e exerce em relação a ele, por delegação da empresa de trabalho temporário, os poderes de autoridade e de direção próprios da entidade empregadora)", cfr. preâmbulo do DL nº 358/89, de 17.10.

O exercício das empresas de trabalho temporário, as suas relações contratuais com os trabalhadores temporários e com os utilizadores, bem como o regime de cedência ocasional de trabalhadores encontravam-se, total e exclusivamente, regulados pelo DL nº 358/89, de 17.10, com as alterações introduzidas pela Declaração de Retificação nº 30.11.1989 (publicada no DR nº 276), pela L nº 39/96, de 31.08 e pela L nº 146/99, de 01.09.

Com a entrada em vigor do anterior Código do Trabalho (aprovado pela L nº 99/2003, de 27.08) foram revogados os arts. 26º a 30º, do DL nº 358/89, de 17.10, que regulavam apenas o regime jurídico da cedência ocasional de trabalhadores, cfr. art. 21º, nº 1, al. n), da Lei preambular.

O regime jurídico da cedência ocasional de trabalhadores ficou compreendido nos arts. 322º a 329º, do anterior CT. Por sua vez, o regime jurídico do trabalho temporário passou a estar regulado na L nº 19/2007, de 22.05, que revogou, integralmente, o DL nº 358/89, de 17.10.

Nos termos da al. *d*), do art. 2º, da referida Lei, o contrato de trabalho temporário era definido como o contrato de trabalho a termo celebrado entre uma empresa de trabalho temporário e um trabalhador, pelo qual este se obriga, mediante retribuição daquela, a prestar temporariamente a sua atividade a utilizadores, mantendo o vínculo jurídico--laboral à empresa de trabalho temporário.

O atual CT revogou as alíneas *d*) a *f*), do art. 2º, os nºs 2 e 9, do art. 6º, os nºs 2 e 3, do art. 13º, os arts. 7º, 14º a 40º, 42º, 44º na parte relativa a contraordenações por violação de normas revogadas e nº 1 e alíneas *d*) e *e*) do nº 2, do art. 45º, todos da L nº 19/2007, de 22.05. Os restantes artigos da L nº 19/2007, foram revogados pelo DL nº 260/2009, de 25 de setembro, que regulou, designadamente, o exercício e licenciamento da atividade da empresa de trabalho temporário.

O contrato de trabalho temporário é atualmente definido como o contrato de trabalho a termo celebrado entre uma empresa de trabalho temporário e um trabalhador, pelo qual este se obriga, mediante retribuição daquela, a prestar a sua atividade a utilizadores, mantendo-se vinculado à empresa de trabalho temporário (art. 172º, al. *a*), do CT).

O contrato de trabalho temporário está sujeito a forma escrita (corpo do nº 1, do art. 181º, do CT). Na falta de documento escrito, considera-se que o trabalho é prestado à empresa de trabalho temporário em regime do contrato de trabalho sem termo (art. 181º, nº 2, do CT).

Quanto ao cabeçalho:

O contrato de trabalho temporário deve conter a identificação, assinaturas, domicílio ou sede das partes e número e data do alvará da licença da empresa de trabalho temporário (al. *a*), do nº 1, do art. 181º, do CT).

A violação desta norma constitui contraordenação leve imputável à empresa de trabalho temporário (art. 181º, nº 5, do CT).

Quanto à cláusula 1ª:

O contrato de trabalho temporário deve conter a atividade contratada (al. *c*), do nº 1, do art. 181º, do CT).

A violação desta norma constitui contraordenação leve imputável à empresa de trabalho temporário (art. 181º, nº 5, do CT).

Quanto à cláusula 2ª:

O contrato de trabalho temporário deve conter a indicação dos motivos que justificam a celebração do contrato, com menção concreta dos factos que os integram (al. *b*), do nº 1, do art. 181º, do CT).

Em caso de omissão ou insuficiência da indicação do motivo justificativo da celebração do contrato, considera-se que o trabalho é prestado à empresa de trabalho temporário em regime do contrato de trabalho sem termo (art. 181º, nº 2, do CT).

Convém lembrar que o contrato temporário está sujeito às regras constantes do regime do contrato a termo, embora sendo em relação a este um contrato hiperprecário.

A necessidade contratualmente acolhida tem, portanto, natureza temporária e só nesse contexto deve ser admitido o contrato.

A celebração de contrato de trabalho temporário a termo certo ou incerto só é permitida nas situações previstas para a celebração de contrato de utilização consagradas no art. 175º, do CT (art. 180º, nº 1, do CT), sob pena de nulidade do termo (art. 180º, nº 2, do CT).

Sendo nulo o termo, considera-se que o trabalho é prestado pelo trabalhador à empresa de trabalho temporário em regime de contrato de trabalho sem termo (art. 180º, nº 2, 2ª parte, do CT).

Quanto às cláusulas 3ª e 4ª:

O contrato de trabalho temporário deve conter o local e o período normal de trabalho (al. *d*), do nº 1, do art. 181º, do CT).

A violação desta norma constitui contraordenação leve imputável à empresa de trabalho temporário (art. 181º, nº 5, do CT).

Quanto à cláusula 5ª:

O contrato de trabalho temporário deve conter a retribuição (al. *e*), do nº 1, do art. 181º, do CT).

A violação desta norma constitui contraordenação leve imputável à empresa de trabalho temporário (art. 181º, nº 5, do CT).

O trabalhador cedido tem direito à retribuição mínima de instrumento de regulamentação coletiva de trabalho aplicável à empresa de trabalho temporário ao utilizador que corresponda às suas funções, ou à praticada por este para trabalho igual ou de valor igual, consoante a que for mais favorável (art. 185º, nº 5, do CT).

Quanto à cláusula 6ª:

O contrato de trabalho temporário deve conter a data de início do trabalho e o termo do contrato (als. *f*) e *g*), do nº 1, do art. 181º, do CT).

A não indicação da data de início do trabalho constitui contraordenação leve imputável à empresa de trabalho temporário (art. 181º, nº 5, do CT).

Na falta de menção do termo do contrato, o contrato considera-se celebrado pelo prazo de um mês, não sendo permitida a sua renovação (art. 181º, nº 3, do CT).

A duração do contrato de trabalho temporário a termo certo, incluindo renovações, não pode exceder dois anos, ou seis ou 12 meses quando aquele seja celebrado, respetivamente, em caso de vacatura de posto de trabalho quando decorra processo de recrutamento para o seu preenchimento ou de acréscimo excecional de atividade da empresa (art. 182º, nº 3, do CT).

À caducidade do contrato de trabalho temporário a termo é aplicável o disposto nos artigos 344º e 345º do CT, consoante se trate de termo certo ou incerto (art. 182º, nº 6, do CT).

Quanto à cláusula 7ª:

O trabalhador tem direito, em proporção da duração do respetivo contrato, a férias, subsídios de férias e de Natal, bem como outras prestações regulares e periódicas a que os trabalhadores do utilizador tenham direito por trabalho igual ou de valor igual (art. 185º, nº 6, do CT).

A retribuição do período de férias e os subsídios de férias e de Natal do trabalhador contratado por tempo indeterminado para cedência temporária são calculados com base na média das retribuições auferidas nos últimos 12 meses, ou no período de execução do contrato se este for inferior, sem incluir as compensações referidas no art. 184º, do CT e os períodos correspondentes (art. 185º, nº 7, do CT).

O trabalhador temporário cedido a utilizador no estrangeiro por período inferior a oito meses tem direito ao pagamento de um abono mensal a título de ajudas de custo até ao limite de 25% do valor da retribuição base (art. 185º, nº 8, do CT).

Quanto à parte final:

O contrato de trabalho temporário deve conter a assinatura das partes, ficando um exemplar com o trabalhador (art. 181º, nºs 1, al. *a*) e 4, do CT).

A violação desta norma constitui contraordenação leve imputável à empresa de trabalho temporário (art. 181º, nº 5, do CT).

O contrato de trabalho temporário deve conter a data da celebração (art. 181º, nº 1, al. *h*), do CT).

(PROPOSTA DE) CONTRATO DE TRABALHO DOMÉSTICO

Entre ..., portadora do BI nº ..., contribuinte nº ..., residente na Rua ..., adiante designada por Primeira Outorgante

E

..., portadora do BI nº ..., contribuinte nº ..., residente na Rua ..., adiante designada por Segunda Outorgante;

É celebrado e reciprocamente aceite entre as partes outorgantes o presente **contrato de trabalho doméstico**, nos seguintes termos:

CLÁUSULA 1ª
(Funções pretendidas)

Pelo presente contrato a Primeira Outorgante admite a Segunda Outorgante para, sob a sua direção e orientação, desempenhar as funções de empregada doméstica, cuidando das necessidades gerais de arrumação, limpeza e asseio do agregado familiar da Primeira Outorgante, podendo, eventualmente, confecionar algumas refeições e tomar sobre a sua vigilância os seus filhos menores.

CLÁUSULA 2ª
(Local de trabalho)

A Segundo Outorgante desempenhará as suas funções na casa de morada de família da Primeira Outorgante, sita na Rua ....

Cláusula 3ª
(Período normal de trabalho)

1. O período normal de trabalho a prestar pela Segunda Outorgante é fixado no seguinte horário de trabalho: das 9:00H às 18:00h, de segunda a sexta-feira.

2. Dentro do período normal de trabalho são conferidos os seguintes intervalos para refeições:

Das 12:00h às 13:00h e das 16:00h às 16h30m.

CLÁUSULA 4ª
(Valor, forma e data de pagamento da retribuição)

1. Como contrapartida do trabalho prestado, a Segunda Outorgante auferirá a retribuição base mensal ilíquida de ... euros.

2. A Segunda Outorgante terá direito diariamente a almoço.

3. A retribuição em dinheiro será liquidada, através de cheque, até ao último dia útil do mês a que respeita.

CLÁUSULA 5ª
(Duração do contrato)

O presente contrato é celebrado sem termo, iniciando-se nesta data.

CLÁUSULA 6ª
(Regime de férias)

A Segunda Outorgante tem direito a 22 dias úteis de férias retribuídas e subsidiadas.

Cláusula 7ª
(Período experimental)

Durante os primeiros 90 dias de vigência do presente contrato, qualquer das partes o poderá denunciar, sem invocação de justa causa, nem direito a qualquer compensação ou indemnização.

CLÁUSULA 8ª
(Deveres das partes em virtude da cessação contratual)

1. Em caso de cessação do presente contrato, a Segunda Outorgante deve devolver imediatamente à Primeira Outorgante os instrumentos de trabalho e quaisquer outros objetos que sejam pertença desta, sob pena de incorrer em responsabilidade civil pelos danos causados.

2. Em caso de cessação do presente contrato, a Primeira Outorgante é obrigada a entregar à Segunda Outorgante um certificado de trabalho, indicando as datas de admissão e de saída e o cargo que desempenhou, bem como, os documentos previstos na legislação de Segurança Social.

O presente contrato é feito em duplicado, ficando um exemplar na posse de cada uma das partes.

_____, ... de .... de ......

A Primeira Outorgante,

_____

A Segunda Outorgante,

_____

Notas:

O Código do Trabalho não revogou o DL nº 235/92, de 24.10, que regula o regime do trabalho doméstico.

A redução a escrito do contrato de trabalho doméstico só é imposta quando este seja celebrado a termo (art. 3º, do DL nº 235/92, de 24.10), sob pena de conversão em contrato sem termo, de acordo com o nº 3, do art. 5º, do diploma citado.

Na prestação do trabalho doméstico só podem ser admitidos menores que já tenham completado 16 anos de idade (art. 4º, nº 1, do DL nº 235/92), estando a admissão sujeita a comunicação à ACT instruída com os elementos previstos no nº 2.

Quanto à cláusula 1ª:

O art. 2º, do DL nº 235/92, estabelece um leque exemplificativo bastante alargado das necessidades próprias ou específicas de um agregado familiar.

Quanto à cláusula 3ª:

O período normal de trabalho não pode exceder as 44 horas (art. 13º, nº 1, do DL nº 235/92).

O trabalhador tem direito a intervalos para refeições e descanso (art. 14º, nº 1, do DL nº 235/92).

O repouso noturno deverá ser de, pelo menos, 8 horas consecutivas, cuja interrupção só poderá ocorrer por motivos graves, imprevistos ou de força maior, ou em virtude de assistência a doentes ou crianças até aos 3 anos (nº 2).

Quanto à cláusula 4ª:

A retribuição pode ser paga em dinheiro ou em espécie, designadamente, alimentação e alojamento (art. 9º, nº 2, do DL nº 235/92).

A retribuição vence-se, salvo estipulação em contrário, no termo da unidade de tempo que servir de base para a sua fixação (nº 1, do art. 10º, do DL nº 235/92).

Quanto à cláusula 5ª:

O contrato de trabalho doméstico pode ser celebrado sem termo ou a termo.

O contrato de trabalho será celebrado a termo quando se verifique a natureza transitória ou temporária do trabalho a prestar (art. 5º, nº 1, do DL nº 235/92), na falta de indicação de prazo, o contrato é celebrado pelo período em que persistir o motivo determinante (art. 5º, nº 3, do DL nº 235/92).

Ainda, poderá ser a termo certo, havendo acordo das partes, mas com o limite temporal de um ano (art. 5º, nº 2, do DL nº 235/92).

A falta de motivação do contrato torna nula a estipulação do termo (art. 5º, nº 4, do DL nº 235/92).

Quanto à cláusula 6ª:
O trabalhador doméstico tem direito a 22 dias úteis de férias retribuídas (art. 16º, nº 1, do DL nº 235/92) e subsidiadas (art. 18º, do DL nº 235/92).

Nos contratos a termo cuja duração não atinja um ano, o período de férias corresponde a dois dia úteis por cada mês completo de trabalho (art. 16º, nº 4, do DL nº 235/92).

Quanto à cláusula 7ª:
O período experimental é fixado em 90 dias, podendo ser eliminado ou reduzido por vontade das partes (art. 8º, nº 1, do DL nº 235/92).

Havendo cessação do contrato de trabalho, na vigência do período experimental, deve ser concedido ao trabalhador alojado um prazo não inferior a 24 horas para abandono do alojamento (nº 3).

Quanto à cláusula 9ª:
O certificado de trabalho consta do art. 35º, do DL nº 235/92.

(PROPOSTA DE) CONTRATO DE TRABALHO COM ESTRANGEIRO

Entre ..., com sede ..., pessoa coletiva nº ..., registada na Conservatória do Registo Comercial de ..., sob o nº ..., aqui representada pelo seu sócio-gerente, ..., com poderes para o ato, adiante designada por Primeira Outorgante

E

..., (nacionalidade), nascido em ..., detentor do Passaporte nº ..., contribuinte nº ..., residente na Rua ..., adiante designado por Segundo Outorgante;

É celebrado e reciprocamente aceite entre as partes outorgantes o presente **contrato de trabalho a termo**, com as seguintes cláusulas:

CLÁUSULA 1ª
(Funções pretendidas)

1. A Primeira Outorgante, no exercício da sua atividade de ..., contrata o Segundo Outorgante para, sob a sua direção e orientação, desempenhar as funções de ....

2. O Segundo Outorgante deverá ainda, acessoriamente, realizar quaisquer outras tarefas que lhe sejam indicadas pela Primeira Outorgante, para as quais tenha qualificação ou capacidade bastantes e que tenham afinidade funcional com as que habitualmente correspondem às suas funções normais, sem qualquer prejuízo para a sua posição na empresa.

CLÁUSULA 2ª
(Local de trabalho)

O Segundo Outorgante desempenhará as suas funções na sede da Primeira Outorgante, sita na Rua ....

CLÁUSULA 3ª
(Período normal de trabalho)

O período normal de trabalho a prestar pelo Segundo Outorgante é de 40 horas semanais, distribuídas por 5 dias da semana, de segunda a sexta-feira, entre as 08:00h e as 12:00h e as 14:00h e as 18:00h.

CLÁUSULA 4ª
(Valor, forma e data de pagamento da retribuição)

1. Como contrapartida do trabalho prestado, o Segundo Outorgante auferirá a retribuição base mensal ilíquida de ... euros.

2. O Segundo Outorgante terá um subsídio de refeição de ... euros, por cada dia completo de trabalho.

3. A retribuição será liquidada, através de cheque, até ao último dia útil do mês a que respeita.

CLÁUSULA 5ª
(Motivação do contrato e adequabilidade temporal)

De acordo com o previsto no art. 140º, nº 2, al. alínea *h*), do CT, o presente contrato é motivado pela execução da obra ...

CLÁUSULA 6ª
(Duração do contrato)

1. O contrato de trabalho que agora se celebra tem a duração de seis meses, iniciando-se em ... e terminando em ....

2. A Primeira Outorgante e o Segundo Outorgante comunicarão, com um aviso prévio de, respetivamente, 15 e 8 dias, a vontade de não renovar o presente contrato, nos termos do nº 1, do art. 344º, do CT.

CLÁUSULA 7ª
(Regime de férias)

1. O Segundo Outorgante tem direito, em cada ano civil, a um período de férias retribuídas, que se vence em 1 de Janeiro.

2. O período anual de férias tem a duração mínima de 22 dias úteis.

3. No ano da admissão, o Segundo Outorgante tem direito a dois dias úteis de férias por cada mês de duração do contrato, até 20 dias, cujo gozo pode ter lugar após seis meses completos de execução do contrato.

4. No caso de o ano civil terminar antes de decorrido o prazo referido no número anterior, as férias são gozadas até 30 de Junho do ano subsequente.

5. Da aplicação do disposto nos números 3 e 4 não pode resultar o gozo, no mesmo ano civil, de mais de 30 dias úteis de férias.

6. As férias referidas no número anterior são gozadas imediatamente antes da cessação do contrato, salvo acordo dos Outorgantes.

CLÁUSULA 8ª
(Período experimental)

No presente contrato, não há lugar a período experimental.

CLÁUSULA 9ª
(Documentos comprovativos de entrada regular)
1. O Segundo Outorgante é portador da autorização de residência, nº...., válida até ....
2. O Segundo Outorgante assume o compromisso de manter válidos os documentos comprovativos de entrada regular em Portugal, para efeitos de celebração e execução do presente contrato.
3. O Segundo Outorgante deverá comunicar à Primeira Outorgante qualquer acontecimento que ponha em crise a manutenção de entrada regular em Portugal.

CLÁUSULA 10ª
(Fundo de Compensação do Trabalho e Fundo de Garantia de Compensação do Trabalho)
A Primeira Outorgante irá aderir ao Fundo de Compensação do Trabalho e, automaticamente, ao Fundo de Garantia de Compensação do Trabalho.

CLÁUSULA 11ª
(Certificado de trabalho)
Em caso de cessação do presente contrato, a Primeira Outorgante é obrigada a entregar ao Segundo Outorgante um certificado de trabalho, indicando as datas de admissão e de saída, o cargo que desempenhou, bem como, os documentos previstos na legislação de Segurança Social.

O presente contrato é feito em duplicado, sendo um exemplar para cada um dos Outorgantes.

_____, ... de .... de ......

A Primeira Outorgante,

_____

O Segundo Outorgante,

_____

Em Anexo identificação de beneficiário de pensão.

Notas:
O formalismo particular do contrato com estrangeiro, atenta a especial vulnerabilidade do trabalhador, vem indicado no art. 5º, nº 1, do CT, destacando-se a obrigatoriedade das seguintes menções:

a) Identificação, assinaturas e domicílio ou sede das partes;

b) Referência ao visto de trabalho ou ao título de autorização de residência ou permanência do trabalhador em território português.
c) Atividade do empregador;
d) Atividade contratada e retribuição do trabalhador;
e) Local e período normal de trabalho;
f) Valor, periodicidade e forma de pagamento da retribuição;
g) Datas da celebração do contrato e do início da prestação de atividade.

O nº 2, do art. 5º, do CT, impõe a anexação ao contrato da identificação e domicílio do pessoa ou pessoas beneficiárias de pensão em caso de morte resultante de acidente de trabalho ou doença profissional.

O contrato de trabalho celebrado com trabalhador estrangeiro está sujeito a forma escrita (corpo do nº 1, do art. 5º, do CT).

O contrato de trabalho deve ser elaborada apenas em duplicado (art. 5º, nº 3). Isto porque, nos termos do art. 5º, nº 5, do CT, a comunicação à ACT será efetuado mediante formulário eletrónico, sem necessidade de envio de um exemplar do contrato.

Cabe ao empregador a comunicação, à ACT, da celebração do contrato de trabalho com estrangeiro, antes do início da sua execução (art. 5º, nº 5, al. a), do CT).

Igualmente, ocorrendo a cessação do contrato, deve o empregador, no prazo de 15 dias, comunicar tal facto à ACT (art. 5º, nº 5, al. b), do CT).

O disposto no art. 5º, do CT, não é aplicável a contrato de trabalho de cidadão nacional de país membro do Espaço Económico Europeu ou de outro Estado que consagre igualdade de tratamento com cidadão nacional em matéria de livre exercício de atividade profissional (nº 6, do art. 5º, do CT).

(PROPOSTA DE) ANEXO DE IDENTIFICAÇÃO DE BENEFICIÁRIO DE PENSÃO

Eu, ..., titular de visto válido com o nº ..., detentor do Passaporte nº ..., contribuinte nº ..., Beneficiário da Segurança Social nº ..., residente na Rua ..., em cumprimento do disposto no art. 5º, nº 2, do CT, informo que a identificação e o domicílio da minha mulher, que será a beneficiária de pensão em caso de morte resultante de acidente de trabalho ou doença profissional, é:

Nome: ..., portadora do Passaporte nº ...
Domicílio: Rua ...

O Declarante,

_____

Notas:

De acordo com o disposto no art. 5º, nº 2, do CT, o trabalhador deve anexar ao contrato a identificação e domicílio da pessoa ou pessoas beneficiárias de pensão em caso de morte resultante de acidente de trabalho ou doença profissional.

(PROPOSTA DE) CONTRATO DE TRABALHO EM COMISSÃO DE SERVIÇO

Entre ..., com sede ..., pessoa colectiva nº ..., registada na Conservatória do Registo Comercial de ..., sob o nº ..., aqui representada pelo seu sócio-gerente, ..., com poderes para o ato, adiante designada por Primeira Outorgante;

E

..., portador do BI nº ..., contribuinte nº ..., residente na Rua ..., adiante designado por Segundo Outorgante;

É celebrado e reciprocamente aceite entre as partes outorgantes o presente **contrato de trabalho em comissão de serviço**, nos seguintes termos:

CLÁUSULA 1ª
(Admissão e funções)

A Primeira Outorgante, no exercício da sua actividade de ..., admite ao seu serviço, para prestar funções de ..., em regime de comissão de serviço.

CLÁUSULA 2ª
(Local de trabalho)

O Segundo Outorgante desempenhará as suas funções na sede da Primeira Outorgante, sita na Rua ....

CLÁUSULA 3ª
(Período normal de trabalho)

O período normal de trabalho a prestar pelo Segundo Outorgante é de 40 horas semanais, distribuídas por 5 dias da semana, de segunda a sexta-feira, entre as 8:00h e as 12:00h e as 14:00h e as 18:00h.

CLÁUSULA 4ª
(Valor, forma e data de pagamento da retribuição)

1. Como contrapartida do trabalho prestado, o Segundo Outorgante auferirá a retribuição base mensal ilíquida de ... euros.

2. O Segundo Outorgante terá um subsídio de refeição de ... euros, por cada dia completo de trabalho.

3. A referida retribuição será liquidada através de transferência bancária (conforme NIB indicado pelo Segundo Outorgante), até ao último dia útil do mês a que respeita.

CLÁUSULA 5ª
(Duração)

1. O presente contrato é celebrado por ... anos, iniciando-se em ...

2. Com a cessação da presente comissão de serviço, o Segundo Outorgante passará a desempenhar as funções de ...

CLÁUSULA 6ª
(Duração de férias)

O Trabalhador terá direito a um período anual de férias de 22 dias úteis.

CLÁUSULA 7ª
(Cessação)

Qualquer um dos outorgantes pode pôr termo à comissão de serviço, mediante aviso prévio por escrito, com a antecedência mínima de 30 ou 60 dias, consoante aquela tenha durado, respectivamente, até dois anos ou período superior.

CLÁUSULA 8ª
(Fundo de Compensação do Trabalho e Fundo de Garantia de Compensação do Trabalho)

A Primeira Outorgante irá aderir ao Fundo de Compensação do Trabalho e, automaticamente, ao Fundo de Garantia de Compensação do Trabalho.

O presente contrato é feito em duplicado, ficando um exemplar na posse de cada um dos Outorgantes.

_____, ... de .... de ......

ASSINATURA DA PRIMEIRA OUTORGANTE:
_____

ASSINATURA DO SEGUNDO OUTORGANTE:
_____

Notas:

Nos termos do art. 161º, do CT, pode ser exercido, em comissão de serviço, cargo de administração ou equivalente, de direção ou chefia diretamente dependente da administração ou de diretor-geral ou equivalente, funções de secretariado pessoal de titular de qualquer desses cargos, ou ainda, desde que instrumento de regulamentação coletiva de trabalho o preveja, funções cuja natureza também suponha especial relação de confiança em relação a titular daqueles cargos e funções de chefia.

O contrato para o exercício de funções em comissão de serviço está sujeito a forma escrita (corpo do nº 3, do art. 162º, do CT). A falta de redução a escrito constitui contra--ordenação leve (nº 6, do art. 162º, do CT).

Note-se, contudo, que o contrato que não tenha a forma escrita não se considera em regime de comissão de serviço (art. 162º, nº 4, do CT).

Quanto ao cabeçalho:
O contrato para o exercício de funções em comissão de serviço deve conter a identificação, o domicílio ou a sede das partes (art. 162º, nº 3, al. *a*), do CT).

Quanto à cláusula 1ª:
O contrato para o exercício de funções em comissão de serviço deve conter indicação das funções a desempenhar, com menção expressa do regime de comissão de serviço (art. 162º, nº 3, al. *b*), do CT). A falta desta menção constitui contra-ordenação grave (nº 6, do art. 162º, do CT).

Para além do mais, o contrato que não contenha aquela indicação não se considera em regime de comissão de serviço (art. 162º, nº 4, do CT).

Quanto à cláusula 5ª:
No caso de trabalhador admitido em regime de comissão de serviço que se preveja permanecer na empresa, o contrato deve conter a actividade que vai exercer após cessar a comissão (art. 162º, nº 3, al. *d*), do CT). A falta desta menção constitui contra-ordenação grave (nº 6, do art. 162º, do CT).

Quanto à cláusula 7ª:
Esta regra está contida no art. 163º, nº 1.

Note-se que, nos termos do nº 2, deste preceito, a falta de aviso prévio não obsta à cessação da comissão de serviço, constituindo a parte faltosa na obrigação de indemnizar a contraparte nos termos do art. 401º, do CT.

No caso de cessação da comissão de serviço por iniciativa do empregador que não corresponda a despedimento por facto que seja imputável ao trabalhador, este, tendo sido admitido para trabalhar naquele regime, tem direito à indemnização prevista no art. 366º, do CT (art. 164º, nº 1, al. *c*), do CT).

Quanto à parte final:
O contrato para o exercício de funções em comissão de serviço deve conter a assinatura das partes (art. 162º, nº 3, al. *a*), do CT).

CAPÍTULO II
DENÚNCIA

(PROPOSTA DE) DECLARAÇÃO DE DENÚNCIA DURANTE O PERÍODO EXPERIMENTAL

Exma. Senhora:
...
Rua ...

... (data)
Registada c/Aviso de Receção

ASSUNTO: Denúncia do contrato de trabalho durante o período experimental

Exma. Senhora,

No uso da faculdade conferida pelo art. 114º, nº 1, do CT, venho denunciar o contrato de trabalho celebrado em ..., cuja execução se encontra em período experimental.

Como os meus melhores cumprimentos.

O trabalhador (ou o empregador).
_____

Notas:

Se o período experimental tiver durado mais de 60 dias, a denúncia do contrato por parte do empregador depende de aviso prévio de sete dias (art. 114º, nº 2, do CT).

Por sua vez, se o período experimental tiver durado mais de 120 dias, a denúncia do contrato por parte do empregador depende de aviso prévio de 15 dias (art. 114º, nº 3, do CT).

O não cumprimento, total ou parcial, dos referidos períodos de aviso prévio determina o pagamento da retribuição correspondente ao aviso prévio em falta (art. 114º, nº 4, do CT).

(PROPOSTA DE) COMUNICAÇÃO DE CADUCIDADE DO CONTRATO DE TRABALHO A TERMO CERTO, POR PARTE DO EMPREGADOR

Exmo. Senhor:
...
Rua...

... (data)
Registada c/Aviso de Receção

ASSUNTO: Caducidade do contrato de trabalho a termo certo

Exmo. Senhor,

Dando cumprimento ao disposto no nº 1, do artigo 344º, do CT, sou pela presente a informar que pretendemos fazer cessar o contrato de trabalho a termo certo celebrado em ..., com esta empresa, pelo que o mesmo caducará, em ....

Com os nossos cumprimentos,

O empregador,
_____

Notas:

1. O contrato de trabalho a termo certo caduca no final do prazo estipulado, ou da sua renovação, desde que o empregador ou o trabalhador comunique à outra parte a vontade de o fazer cessar, por escrito, respectivamente, 15 ou oito dias antes de o prazo expirar (art. 344º, nº 1, do CT).

2. Em caso de caducidade de contrato de trabalho a termo certo decorrente de declaração do empregador, o trabalhador tem direito a compensação correspondente a 18 dias de retribuição base e diuturnidades por cada ano completo de antiguidade, calculada nos termos do artigo 366º (art. 344º, nº 2, do CT, na redação introduzida pela L nº 69/2013 de 30.08).

(PROPOSTA DE) COMUNICAÇÃO DE CADUCIDADE
DE CONTRATO DE TRABALHO A TERMO CERTO, POR PARTE DO TRABALHADOR

Exmo. Senhor:
...
Rua ...

... (data)
Registada c/Aviso de Receção

ASSUNTO: Caducidade do contrato de trabalho a termo certo

Exmo. Senhor,

Dando cumprimento ao disposto no nº 1, do art. 344º, do CT, venho informar que pretendo fazer cessar o contrato de trabalho a termo certo celebrado com a V. empresa em ..., pelo que o mesmo caducará em ....

Com os melhores cumprimentos,

O trabalhador,
_____

(PROPOSTA DE) COMUNICAÇÃO DE CADUCIDADE DE CONTRATO DE TRABALHO A TERMO INCERTO, POR PARTE DO EMPREGADOR

Exmo. Senhor:

...

Rua ...

... (data)
Registada c/Aviso de Receção

ASSUNTO: Caducidade do contrato de trabalho a termo incerto

Exmo. Senhor,

Dando cumprimento ao disposto no nº 1, do art. 345º, do CT, vimos informar que o contrato de trabalho a termo incerto celebrado em ..., com esta empresa, cessará por caducidade, em ..., atendendo à conclusão da obra de construção civil sita em ....

Com os nossos melhores cumprimentos,

O empregador,

_____

Notas:

1. De acordo com o nº 1, do art. 345º, do CT, o período de aviso prévio imposto ao empregador está fixado em:
– 7 dias, para os casos em que o contrato tenha durado até 6 meses;
– 30 dias, para os casos em que o contrato tenha durado entre 6 meses a 2 anos;
– 60 dias, para os casos em que o contrato tenha durado por mais de 2 anos.

A falta de observância do aviso prévio não invalida a comunicação de caducidade, implicando somente o pagamento da retribuição, correspondendo ao período de aviso prévio em falta (nº 3, do art. 345º, do CT).

No entanto, se o trabalhador permanecer em atividade após a data de caducidade indicada na comunicação do empregador ou, na falta desta, decorridos 15 dias após a verificação do termo, o contrato converte-se em contrato sem termo (art. 147º, nº 2, al. c), do CT).

2. De acordo com art. 345º, nº 4, do CT, na redação introduzida pela L nº 69/2013 de 30.08, em caso de caducidade de contrato de trabalho a termo incerto, o trabalhador tem direito a compensação que corresponde à soma dos seguintes montantes:

a) A 18 dias de retribuição base e diuturnidades por cada ano completo de antiguidade, no que respeita aos três primeiros anos de duração do contrato;

b) A 12 dias de retribuição base e diuturnidades por cada ano completo de antiguidade, nos anos subsequentes.

(PROPOSTA DE) DECLARAÇÃO DE DENÚNCIA
DE CONTRATO DE TRABALHO SEM TERMO POR PARTE DO TRABALHADOR

Exmo. Senhor:

...

Rua ...

... (data)
Registada c/Aviso de Receção

ASSUNTO: Denúncia do contrato de trabalho sem termo

Exmo. Senhor,

De acordo com o previsto no artigo 400º, nº 1, do CT, venho denunciar o contrato de trabalho celebrado com a V. empresa em ..., com produção de efeitos a partir de ..., dando cumprimento aos ... dias de aviso prévio imposto por lei.

Solicito, ainda, a liquidação de todos os créditos emergentes da presente cessação.

Como os meus melhores cumprimentos,

O trabalhador,

_____

Notas:

A declaração de denúncia do contrato de trabalho por parte do trabalhador, é possível em qualquer momento contratual.

Tal declaração deve, no entanto, cumprir um prazo de aviso prévio. Prazo esse cujo incumprimento (embora não invalide a declaração de denúncia) faz incorrer o trabalhador na obrigação de indemnizar o empregador (art. 401º, do CT).

No regime geral da denúncia, a lei separa os contratos sem termo dos contratos a termo:

– para os contratos *sem termo*, impõe-se um prazo de aviso prévio de 30 ou 60 dias, consoante se trate de um contrato de duração inferior ou superior a dois anos (art. 400º, nº 1, do CT).

Relativamente a trabalhadores que ocupem cargos de administração ou direção ou com funções de representação ou de responsabilidade, por contrato de trabalho ou por instrumento de regulamentação coletiva, pode ser estipulado um prazo de aviso prévio até 6 meses (art. 400º, nº 2, do CT).

– para os contratos *a termo*, impõe-se um prazo de aviso prévio de 30 ou de 15 dias, consoante o contrato tenha uma duração de pelo menos seis meses ou inferior (art. 400º, nº 3, do CT).

Para o contrato a termo incerto, o prazo de aviso prévio é calculado com base na duração do contrato já decorrida (art. 400º, nº 4, do CT).

Nos termos do art. 402º, nº 1, do CT, a declaração de denúncia, que não tenha sido objeto de reconhecimento notarial presencial, pode ser revogada até ao 7º dia seguinte à data em que a mesma chega ao poder do empregador, mediante comunicação dirigida a este.

(PROPOSTA DE) DECLARAÇÃO DE CESSAÇÃO DE CONTRATO DE TRABALHO PELO EMPREGADOR EM VIRTUDE DE ABANDONO DO TRABALHO

Exmo. Senhor:
...
Rua ...

... (data)
Registada c/Aviso de Receção

ASSUNTO: Cessação do contrato de trabalho pelo empregador em virtude de abandono do trabalho

Exmo. Senhor,

Atendendo a que V. Exa. não comparece ao trabalho desde ... até à presente data, sem ter apresentado qualquer justificação para tal ausência, presumimos o seu abandono do trabalho.

Nestes termos e caso não indique e prove, dentro de prazo razoável, motivo de força maior impeditivo da comunicação da ausência, consideraremos extinto o contrato de trabalho celebrado, nos termos do disposto no nº 4, do art. 403º, do CT.

A ausência de V. Exa. deve ser entendida como uma verdadeira denúncia, que, por não ter respeitado o prazo de aviso prévio imposto por lei, nos permite reclamar uma indemnização pelos prejuízos causados, neste caso, correspondente a ... dias de retribuição base e diuturnidades, nos termos do art. 401º *ex vi* art. 403º, nº 5, ambos do CT.

Como os nossos melhores cumprimentos,

O empregador,

_____

Notas:

A declaração de cessação do contrato de trabalho só é eficaz se comunicada por carta registada com aviso de receção para a última morada conhecida do trabalhador (nº 3, do art. 403º, do CT).

O abandono do trabalho implica o pagamento de uma indemnização de valor igual à retribuição base e diuturnidades correspondentes ao aviso prévio em falta, sem embargo de responsabilidade civil por danos se esta existir (art. 401º *ex vi* art. 403º, nº 5, ambos do CT).

Considera-se presunção de abandono do trabalho o comportamento do trabalhador que revela a vontade de não retomar o serviço (nº 1, do art. 403º, do CT).

Presume-se o abandono do trabalho em caso de ausência de trabalhador do serviço durante, pelo menos, 10 dias úteis seguidos, sem que o empregador seja informado do motivo da ausência (art. 403º, nº 2, do CT).

CAPÍTULO III
REVOGAÇÃO

(PROPOSTA DE) ACORDO DE REVOGAÇÃO DO CONTRATO DE TRABALHO

Entre ..., portadora do BI nº ..., contribuinte nº ..., residente na Rua ..., adiante designada por Primeira Outorgante
E
..., portadora do BI nº ..., contribuinte nº ..., residente na Rua ..., adiante designado por Segunda Outorgante;
é realizado o presente **acordo de revogação do contrato de trabalho**, nos termos seguintes:

Cláusula 1ª

As Outorgantes declaram que, entre ambas, foi celebrado um contrato de trabalho com início em ..., mediante o qual, a Segunda Outorgante, sob as ordens e direção da Primeira Outorgante, exerceu as funções de ....

Cláusula 2ª

Nos termos do art. 349º e ss., do CT, as Outorgantes fazem, pelo presente acordo, cessar, nesta data, o contrato referido, deixando este de produzir todo e qualquer efeito jurídico, decorrido que esteja o período de revogação facultado à segunda outorgante.

Cláusula 3ª

Em cumprimento e para os efeitos do nº 4, do art. 10º, do Decreto-Lei nº 220/2006, de 03 de Novembro, refira-se que a presente revogação assentou nos seguintes motivos, os quais constituem fundamento para despedimento por extinção do posto de trabalho:

a) A Primeira Outorgante, no período compreendido entre ... e ... tinha um volume de encomendas que lhe permitiam obter uma facturação na ordem dos € ... mensais;

b) Os encargos gerais mensais da Primeira Outorgante ascendiam e ascendem, nesta data, à quantia de € ...;

c) Sucede que, desde ..., tem-se assistido a uma redução drástica do volume de encomendas;

d) Em consequência, a Primeira Outorgante, desde essa data, tem vindo a apresentar uma facturação média mensal na ordem dos € ...;

e) Valor esse manifestamente reduzido para fazer face aos referidos encargos gerais;

f) Sendo certo que, a curto e médio prazo, não se perspectivam aumentos do volume de encomendas e correspondente facturação;

g) Acresce que, a referida redução do volume de encomendas, principalmente dos produtos ..., teve ainda como consequência a diminuição do volume de produção destes produtos, a qual no caso do posto de trabalho ocupado pela Segunda Outorgante determinou o esvaziamento das funções aí exercidas e, em virtude disso, a necessidade da sua extinção;

h) Com efeito, o posto de trabalho da Segunda Outorgante integrava-se apenas na linha de produção dos produtos ...;

i) Esta situação de crise empresarial constitui um motivo de mercado e estrutural que fundamenta o despedimento por extinção do posto de trabalho;

j) Pelo exposto e numa derradeira tentativa de assegurar a viabilidade e a manutenção da empresa e dos restantes postos de trabalho, a Primeira Outorgante vê-se forçada a fazer cessar o contrato de trabalho celebrado com a Segunda Outorgante.

Cláusula 4ª

A presente cessação de contrato de trabalho encontra-se compreendida nos limites estabelecidos na al. *a)*, do nº 4, do art. 10º, do Decreto-Lei nº 220/2006, de 03 de Novembro, conforme foi transmitido à Segunda Outorgante.

Cláusula 5ª

1. Pela cessação do contrato de trabalho, em virtude do presente acordo, à Segunda Outorgante é atribuída a quantia de ... euros, a título de compensação pecuniária global incluindo-se neste montante, todos e quaisquer créditos salariais vencidos e exigíveis.

2. A Segunda Outorgante dá, por este meio, a respetiva quitação, não podendo exigir, seja a que título for, da Primeira Outorgante, qualquer quantia emergente da cessação do presente contrato, conforme disposto no nº 5, do art. 349º, do CT.

O presente contrato é feito em duplicado, ficando um exemplar na posse de cada uma das Outorgantes.

_____, ... de .... de ......

A Primeira Outorgante,

_____

A Segunda Outorgante,

_____

Notas:

O empregador e o trabalhador podem fazer cessar o contrato de trabalho por acordo (nº 1, do art. 349º, do CT).

O acordo de revogação deve constar de documento assinado por ambas as partes, ficando cada uma com um exemplar (nº 2, do art. 349º, do CT). A violação desta norma constitui contraordenação leve (nº 6, do art. 349º, do CT).

O documento deve mencionar expressamente a data de celebração do acordo e a de início da produção dos respetivos efeitos (nº 3, do art. 349º, do CT). A violação desta norma constitui contraordenação leve (nº 6, do art. 349º, do CT).

As partes podem, simultaneamente, acordar outros efeitos, dentro dos limites da lei (nº 4, do art. 349º, do CT).

Se, no acordo ou conjuntamente com este, as partes estabelecerem uma compensação pecuniária global para o trabalhador, presume-se que esta inclui os créditos vencidos à data da cessação do contrato ou exigíveis em virtude desta (nº 5, do art. 349º, do CT).

Para efeitos de atribuição do subsídio de desemprego, considera-se desemprego involuntário a cessação do contrato de trabalho por acordo fundamentada em motivos que permitam o recurso ao despedimento coletivo ou por extinção do posto de trabalho (art. 10º, nºs 1 e 4, do DL nº 220/2006, de 03.11).

Na declaração comprovativa da situação de desemprego, nos casos de cessação do contrato de trabalho por acordo, o empregador tem de declarar os fundamentos que permitam o recurso ao despedimento coletivo ou por extinção do posto de trabalho, sem prejuízo de, a qualquer momento, lhe poder ser exigida a exibição de documentos probatórios dos fundamentos invocados (art. 74º, nº 1, do DL nº 220/2006, de 03.11).

Para efeitos de atribuição do subsídio de desemprego e no caso de cessação do contrato de trabalho por acordo fundamentado em motivos que permitam o recurso ao despedimento coletivo ou por extinção do posto de trabalho, o art. 10º, nº 4, do DL nº 220/2006, de 03.11, impõe os seguintes limites:

a) Nas empresas que empreguem até 250 trabalhadores, são consideradas as cessações de contrato de trabalho até três trabalhadores inclusive ou até 25% do quadro de pessoal, em cada triénio;

b) Nas empresas que empreguem mais de 250 trabalhadores, são consideradas as cessações de contrato de trabalho até 62 trabalhadores inclusive, ou até 20% do quadro de pessoal, com um limite máximo de 80 trabalhadores em cada triénio.

Estes limites são aferidos por referência aos três últimos anos, cuja contagem se inicia na data da cessação do contrato, inclusive, e pelo número de trabalhadores da empresa no mês anterior ao da data do início do triénio, com observância do critério mais favorável (art. 10º, nº 5, do DL nº 220/2006, de 03.11).

Refira-se ainda que o empregador tem de declarar que a cessação do contrato de trabalho se encontra compreendida nos referidos limites e que informou o trabalhador desse facto (art. 74º, nº 2, do DL nº 220/2006, de 03.11).

(PROPOSTA DE) DECLARAÇÃO DE CESSAÇÃO DO ACORDO REVOGATÓRIO DO CONTRATO DE TRABALHO

Exmos. Senhores:
...
Rua ...

... (data)
Registada c/Aviso de Receção

ASSUNTO: Acordo revogatório do contrato de trabalho

Exmos. Senhores,

No uso da faculdade conferida pelo artigo 350º, nº 1, do CT, venho extinguir o acordo revogatório do contrato de trabalho entre nós celebrado, em ..., com efeitos a partir desta data.

Em consequência, junto, em anexo, cheque nº ..., sacado sobre o Banco ..., à V. ordem, titulando a quantia de ... euros, recebida a título de compensação pecuniária global.

Com os meus cumprimentos,

O trabalhador,
_____

Notas:

O *direito ao arrependimento* que o art. 350º, do CT acolhe, visa, essencialmente, permitir ao trabalhador um prazo de reflexão.

São três os requisitos exigidos para este direito:

– exercício até ao 7º dia seguinte à data da celebração do acordo revogatório (art. 350º, nº 1, do CT);

– comunicação por escrito (art. 350º, nº 1, do CT);

– entrega ou disponibilização do valor da compensação pecuniária eventualmente paga (art. 350º, nº 3, do CT).

Se a vontade do trabalhador tiver sido viciada, este direito não preclude a aplicação do regime civil (arts. 246º, 247º, 253º e 255º, todos do CC).

CAPÍTULO IV
SUSPENSÃO

1. Suspensão do Contrato de Trabalho com Base no Não Pagamento Pontual da Retribuição

(PROPOSTA DE) COMUNICAÇÃO AO EMPREGADOR

Exmos. Senhores:
...
Rua ...

... (data)
Registada c/Aviso de Receção

ASSUNTO: Suspensão do contrato de trabalho com fundamento na falta de pagamento pontual da retribuição

Exmos. Senhores,

De acordo com o previsto no artigo 325º, nº 1, do CT, sou pela presente a suspender o contrato de trabalho celebrado com a V. empresa em..., com base no não pagamento culposo da retribuição base e respetivas prestações complementares, do mês de ..., sem que haja quaisquer expectativas de os receber.

Em conformidade com o disposto na parte final do nº 1, do art. 325º, do CT, a presente suspensão produzirá os seus efeitos a partir do dia ....

Com os melhores cumprimentos,

O trabalhador,
_____

Notas:
Quando a falta de pagamento pontual da retribuição se prolongue por período de 15 dias sobre a data do vencimento, o trabalhador pode suspender o contrato de trabalho,

mediante comunicação ao empregador e à ACT, com a antecedência mínima de oito dias em relação à data do início da suspensão (art. 325º, nº 1, 1ª parte, do CT).

A faculdade de suspender o contrato de trabalho pode ser exercida antes de esgotado o período de 15 dias supra referido quando o empregador declare por escrito a previsão de não pagamento, do montante da retribuição em falta até ao termo daquele prazo (art. 325º, nº 2, do CT).

A falta de pagamento pontual da retribuição por período de 15 dias deve ser declarada, a pedido do trabalhador, pelo empregador ou, em caso de recusa, pela ACT, no prazo de cinco ou 10 dias, respetivamente (art. 325º, nº 3, do CT).

2. Suspensão do Contrato de Trabalho por Facto Respeitante ao Empregador

(PROPOSTA DE) COMUNICAÇÃO DE INTENÇÃO DE SUSPENSÃO DO CONTRATO DE TRABALHO (ART. 299º, Nº 1, DO CT)

                                          Comissão de Trabalhadores
                                          ...
                                          Rua ...

                                                         ... (data)
                                      Registada c/ Aviso de Receção

ASSUNTO: Comunicação de intenção de suspensão do contrato de trabalho

Exmos. Senhores,

   I – Em cumprimento do disposto no nº 1, do art. 299º, do Código do Trabalho (CT), somos pelo presente a comunicar a intenção de suspender os contratos de trabalho dos seguintes 5 trabalhadores:

   1. ...
Morada: Rua ...
Data de nascimento: ...
Data de admissão: ...
Número de beneficiário da Segurança Social: ...
Situação perante a Segurança Social: ...
Profissão: ...
Categoria: ...
Retribuição: ...

   2. ...
Morada: Rua ...
Data de nascimento: ...
Data de admissão: ...
Número de beneficiário da Segurança Social: ...
Situação perante a Segurança Social: ...

Profissão: ...
Categoria: ...
Retribuição: ...

3. ...
Morada: Rua ...
Data de nascimento: ...
Data de admissão: ...
Número de beneficiário da Segurança Social: ...
Situação perante a Segurança Social: ...
Profissão: ...
Categoria: ...
Retribuição: ...

4. ...
Morada: Rua ...
Data de nascimento: ...
Data de admissão: ...
Número de beneficiário da Segurança Social: ...
Situação perante a Segurança Social: ...
Profissão: ...
Categoria: ...
Retribuição: ...

5. ...
Morada: Rua ...
Data de nascimento: ...
Data de admissão: ...
Número de beneficiário da Segurança Social: ...
Situação perante a Segurança Social:...
Profissão: ...
Categoria: ...
Retribuição: ...

II – Os fundamentos económicos e financeiros da suspensão são os seguintes:
A empregadora, "..., Lda.", com sede na Rua ..., Pessoa Coletiva nº ..., dedica-se, essencialmente, ao fabrico e comercialização de materiais artísticos e decorativos.

A empregadora no período compreendido entre ... e ... tinha um volume de encomendas que lhe permitiam obter uma faturação na ordem dos € ... mensais.

Os encargos gerais mensais da empregadora ascendem, nesta data, à quantia de € ....

Sucede que desde ... tem-se assistido a uma redução do volume de encomendas.

Em consequência, a empregadora apresenta, desde essa data, uma faturação média na ordem dos € ....

Valor esse manifestamente reduzido para fazer face aos referidos encargos gerais.

Sendo certo que, a curto e médio prazo, não se perspetivam aumentos do volume de encomendas e correspondente faturação.

Esta situação de crise empresarial, na medida em que afeta gravemente a atividade normal da empresa, não deixa outra alternativa que não seja a suspensão dos contratos de trabalho.

Suspensão essa que, por outro lado, se revela como a medida indispensável para assegurar a viabilidade da empresa e a manutenção dos postos de trabalho.

III – O critério de seleção dos trabalhadores a abranger assenta no facto de os mesmos ocuparem os setores onde a quebra de produção é mais acentuada.

IV – A suspensão dos contratos de trabalho em causa terá uma duração de 6 meses.

V – Em anexo enviamos quadro de pessoal discriminado por secções.

A empregadora,

_____

Notas:

Nos termos do nº 1, do art. 299º, do CT, o empregador comunica, por escrito, à comissão de trabalhadores ou, na sua falta, à comissão intersindical ou comissões sindicais da empresa representativas dos trabalhadores a abranger, a intenção de reduzir ou suspender a prestação do trabalho, informando-as simultaneamente sobre:

a) Fundamentos económicos, financeiros ou técnicos da medida;
b) Quadro de pessoal, discriminado por secções;
c) Critérios para selecção dos trabalhadores a abranger;
d) Número e categorias profissionais dos trabalhadores a abranger;
e) Prazo de aplicação da medida;
f) Áreas de formação a frequentar pelos trabalhadores durante o período de redução ou suspensão, sendo caso disso.

O empregador disponibiliza, para consulta, os documentos em que suporta a alegação de situação de crise empresarial, designadamente de natureza contabilística e financeira (cfr. nº 2, do art. 299º).

Na falta de comissão de trabalhadores, de comissão intersindical ou comissões sindicais da empresa representativas dos trabalhadores a abranger, o empregador comunica, por escrito, a cada trabalhador, a intenção de reduzir ou suspender a prestação de trabalho (art. 299º, nº 3, do CT). Os trabalhadores podem, nos cinco dias posteriores à recepção da comunicação, designar de entre eles uma comissão representativa com o máximo de três ou cinco elementos, consoante a medida abranja até 20 ou mais trabalhadores (art. 299º, nº 3, *in fine*, do CT).

Neste caso, o empregador disponibiliza, ao mesmo tempo, para consulta dos trabalhadores, a informação referida no nº 1 e envia a mesma à comissão representativa que seja designada (cfr. nº 4, do art. 299º).

(PROPOSTA DE) ATA DE REUNIÃO DE NEGOCIAÇÃO PROMOVIDA AO ABRIGO DO DISPOSTO NO ART. 300º, Nºs 1 E 2, DO CT

Aos .... de .... de ... e em cumprimento do disposto no art. 300º, nºs 1 e 2, do CT, realizou-se, na Rua ..., sede social da empregadora "... Lda.", Pessoa Coletiva nº ..., uma reunião de negociação com vista a um acordo sobre a duração e âmbito da suspensão dos contratos de trabalho dos seguintes trabalhadores:

– ...
– ...
– ...
– ...
– ...

Nesta reunião estiveram presentes os trabalhadores a abranger, o Sr. ..., na qualidade de legal representante da empregadora e o Sr...., na qualidade de representante da Comissão de Trabalhadores.

Iniciada a mesma, o representante legal da empregadora reiterou a intenção de suspender os contratos de trabalho nos termos e fundamentos constantes da comunicação feita à comissão de trabalhadores e os trabalhadores a abranger.

Não tendo sido apresentada nenhuma opinião, sugestão ou proposta foi acordado, por unanimidade, o seguinte:

I. A empregadora no período compreendido entre ... e ... tinha um volume de encomendas que lhe permitiam obter uma faturação na ordem dos € ... mensais (cfr. doc. nº 1 anexado a esta ata).

II. Os encargos gerais da empregadora ascendem nesta data à quantia de € ... mensais (cfr. doc. nº 2 anexado a esta ata).

III. Sucede que desde ... tem-se assistido a uma redução do volume de encomendas.

IV. Em consequência, a empregadora apresenta, desde essa data, uma faturação média na ordem dos € ... mensais (cfr. doc. nº 3 anexado a esta ata).

V. Valor esse manifestamente reduzido para fazer face aos referidos encargos gerais.

VI. Sendo certo que, a curto é médio prazo, não se perspetivam aumentos do volume de encomendas e correspondente faturação.

VII. Esta situação de crise empresarial, na medida em que afeta gravemente a atividade normal da empresa, não deixa outra alternativa que não seja a suspensão dos contratos de trabalho.

VIII. Suspensão essa que, por outro lado, se revela como a medida indispensável para assegurar a viabilidade da empresa e a manutenção dos postos de trabalho.

IX. O critério de seleção dos trabalhadores a abranger assenta no facto de os mesmos ocuparem os setores onde a quebra de produção é mais acentuada.

***X.** A presente suspensão dos contratos de trabalho abrange os seguintes 5 trabalhadores:*
1. ...
2. ...
3. ...
4. ...
5. ...
***XI.** A suspensão dos contratos de trabalho em causa terá uma duração de 6 meses.*

Nada mais havendo a tratar, foi dada por encerrada a sessão da qual para constar se lavrou a presente ata que vai ser assinada por todos os presentes.

Notas:

Depois da comunicação à comissão de trabalhadores (ou, na sua falta, à comissão intersindical ou comissões sindicais da empresa representativas dos trabalhadores a abranger) o empregador promove, nos 5 dias posteriores, uma fase de informações e negociação com a estrutura representativa dos trabalhadores, com vista a um acordo sobre a modalidade, âmbito e duração das medidas a adotar (cfr., conjugadamente, os arts. 299º, nºs 1 e 4 e 300º, nº 1, do CT).

A ata das reuniões de negociação deve conter a matéria acordada e, bem assim, as posições divergentes das partes, com as opiniões, sugestões e propostas de cada uma (art. 300º, nº 2, do CT).

(PROPOSTA DE) COMUNICAÇÃO DE INTENÇÃO DE SUSPENSÃO DO CONTRATO DE TRABALHO (ART. 300º, Nº 3, DO CT)

Exmo. Senhor:
...
Rua ...

... (data)
Registada c/ Aviso de Receção

ASSUNTO: Comunicação de decisão de suspensão

Exmo. Senhor,

Em cumprimento do disposto no nº 3, do art. 300º, do CT, somos pelo presente a comunicar a suspensão do seu contrato de trabalho.

Neste seguimento aproveitamos ainda para anexar os fundamentos, data de início e termo da referida suspensão.

A empregadora,

_____

INFORMAÇÕES A PRESTAR AO TRABALHADOR EM CUMPRIMENTO DO DISPOSTO NO ART. 300º, Nº 3, DO CT

A empregadora, "..., Lda.", com sede no Rua ..., Pessoa Coletiva nº ..., dedica-se, essencialmente, ao fabrico e comercialização de materiais artísticos e decorativos.

I – FUNDAMENTOS ECONÓMICOS E FINANCEIROS DA SUSPENSÃO

A empregadora no período compreendido entre ... e ... tinha um volume de encomendas que lhe permitiam obter uma faturação na ordem dos € ... mensais.

Os encargos gerais mensais da empregadora ascendem nesta data à quantia *de* € ....

Sucede que desde ... tem-se assistido a uma redução do volume de encomendas.

Em consequência, a empregadora apresenta, desde essa data, uma faturação média na ordem dos € ... mensais.

Valor esse manifestamente reduzido para fazer face aos referidos encargos gerais.

Sendo certo que, a curto é médio prazo, não se perspetivam aumentos do volume de encomendas e correspondente faturação.

Esta situação de crise empresarial, na medida em que afeta gravemente a atividade normal da empresa, não deixa outra alternativa que não seja a suspensão dos contratos de trabalho.

Suspensão essa que, por outro lado, se revela como a medida indispensável para assegurar a viabilidade da empresa e a manutenção dos postos de trabalho.

II – DATAS DE INÍCIO E TERMO DA APLICAÇÃO

A suspensão dos contratos de trabalho terá a duração de 6 meses, com início no dia ... e termo em ....

A empregadora,

_____

Notas:

Celebrado o acordo ou, na falta deste, após terem decorrido cinco dias sobre o envio da informação prevista nos nºs 1 ou 4 do art. 299º ou, na falta desta, da comunicação referida no nº 3 do mesmo artigo, o empregador comunica por escrito, a cada trabalhador, a medida que decidiu aplicar, com menção expressa do fundamento e das datas de início e termo da medida (cfr. nº 3, do art. 300º).

(PROPOSTA DE) COMUNICAÇÃO À COMISSÃO DE TRABALHADORES (ART. 300º, Nº 4, DO CT)

Comissão de Trabalhadores ...
Rua ...

... (data)
Registada c/ Aviso de Receção

ASSUNTO: Comunicação nos termos do art. 300º, nº 4, do Código do Trabalho

Exmos. Senhores,

Em cumprimento do disposto no nº 4, do art. 300º, do CT, somos pelo presente a remeter os seguintes elementos, relativos à suspensão do contrato de trabalho dos trabalhadores ...:

a) ata da reunião de negociação a que alude o nº 2, do art. 300º, do CT;

b) relação contendo o nome dos trabalhadores, morada, datas de nascimento e de admissão na empresa, situação perante a segurança social, profissão, categoria e retribuição e

c) a medida individualmente adotada, com indicação das datas de início e termo da aplicação.

A empregadora,

_____

(PROPOSTA DE) COMUNICAÇÃO À SEGURANÇA SOCIAL (ART. 300º, Nº 4, DO CT)

Instituto de Solidariedade e Segurança Social do ...
Centro Distrital de Solidariedade e Segurança Social
Rua ...

... (data)
Registada c/ Aviso de Receção

ASSUNTO: Comunicação nos termos do art. 300º, nº 4, do Código do Trabalho

Exmos. Senhores,

Em cumprimento do disposto no nº 4, do art. 300º, do CT, somos pelo presente a remeter os seguintes elementos, relativos à suspensão do contrato de trabalho dos trabalhadores ...:
a) ata da reunião de negociação a que alude o nº 2, do art. 300º, do CT;
b) relação, contendo o nome dos trabalhadores, morada, datas de nascimento e de admissão na empresa, situação perante a segurança social, profissão, categoria e retribuição e
c) a medida individualmente adotada, com indicação das datas de início e termo da aplicação.

A empregadora,

_____

(PROPOSTA DE) RELAÇÃO DE TRABALHADORES E MEDIDAS INDIVIDUALMENTE ADOTADAS, COM INDICAÇÃO DAS DATAS DE INÍCIO E TERMO DA APLICAÇÃO PARA EFEITOS DO ART. 300º, Nº 4, DO CT

1. ...
Morada: Rua ...
Data de nascimento: ...
Data de admissão: ...
Número de beneficiário da Segurança Social: ...
Situação perante a Segurança Social: ...
Profissão: ...
Categoria: ...
Retribuição: ...
Medida adotada: Suspensão do contrato de trabalho
Data de início da suspensão: ...
Data do termo da suspensão: ...

2. ...
Morada: Rua ...
Data de nascimento: ...
Data de admissão: ...
Número de beneficiário da Segurança Social: ...
Situação perante a Segurança Social: ...
Profissão: ...
Categoria: ...
Retribuição: ...
Medida adotada: Suspensão do contrato de trabalho
Data de início da suspensão: ...
Data do termo da suspensão: ...

3. ...
Morada: Rua ...
Data de nascimento: ...
Data de admissão: ...
Número de beneficiário da Segurança Social: ...
Situação perante a Segurança Social: ...

Profissão: ...
Categoria: ...
Retribuição: ...
Medida adotada: Suspensão do contrato de trabalho
Data de início da suspensão: ...
Data do termo da suspensão: ...

4. ...
Morada: Rua ...
Data de nascimento: ...
Data de admissão: ...
Número de beneficiário da Segurança Social: ...
Situação perante a Segurança Social: ...
Profissão: ...
Categoria: ...
Retribuição: ...
Medida adotada: Suspensão do contrato de trabalho
Data de início da suspensão: ...
Data do termo da suspensão: ...

5. ...
Morada: Rua ...
Data de nascimento: ...
Data de admissão: ...
Número de beneficiário da Segurança Social: ...
Situação perante a Segurança Social: ...
Profissão: ...
Categoria: ...
Retribuição: ...
Medida adotada: Suspensão do contrato de trabalho
Data de início da suspensão: ...
Data do termo da suspensão: ...

Notas:
Depois de comunicar a cada trabalhador, por escrito, a medida que decidiu aplicar, o empregador remete à estrutura representativa dos trabalhadores e à segurança social,

a ata das reuniões de negociação, bem como relação de que conste o nome dos trabalhadores, morada, datas de nascimento e de admissão na empresa, situação perante a segurança social, profissão, categoria e retribuição e, ainda, a medida individualmente adotada, com indicação das datas de início e termo da aplicação (cfr., conjugadamente, os nºs 2 e 4, do art. 300º, do CT).

CAPÍTULO V
RESOLUÇÃO

1. Resolução do Contrato de Trabalho com Fundamento em Comportamento Não Culposo do Empregador (Transferência para Outro Local de Trabalho)

(PROPOSTA DE) DECLARAÇÃO

Exmos. Senhores:
...
Rua ...

... (data)
Registada c/Aviso de Receção

ASSUNTO: Resolução do contrato de trabalho com fundamento em comportamento não culposo do empregador

Exmos. Senhores,

De acordo com o previsto no artigo 194º, nº 5, do CT, venho resolver o contrato de trabalho celebrado com a V. empresa em ....

A motivação da presente resolução assenta na ordem de transferência para outro local de trabalho, mais propriamente do ..., para o ..., em virtude de mudança total do estabelecimento comercial onde prestava serviço.

A presente resolução assenta nos seguintes factos:

a) Na minha habitação, sita na Rua ..., vivo com o meu marido e os meus dois filhos menores, um com 5 anos e outro com 8 meses;

b) O meu local de trabalho situava-se na Rua ...;

c) Entre a minha habitação e o meu local de trabalho medeiam aproximadamente 4 km;

d) Nas minhas deslocações para o trabalho não despendo mais de 10 minutos na ida e 10 minutos na volta;

e) Os meus filhos frequentam o Jardim de infância ..., o qual fica perto do meu local de trabalho e da minha habitação;

f) A localização da minha habitação esteve sempre associada ao meu local de trabalho;

g) Todo o meu quotidiano de vida está condicionado pela localização do meu local de trabalho e da minha residência;

h) As instalações do ..., sitas na Rua ..., situam-se a nunca menos de 90 km de distância da minha habitação;

i) Para fazer tal trajeto, terei, em circunstâncias normais, de despender nunca menos de 1 hora na ida e 1 hora na volta;

j) Sempre sem contar com a enorme intensidade de tráfego, muito frequente nas vias de trânsito que ligam ... a ..., designadamente a ...;

Pelo exposto, é inequívoco que a transferência em causa provocaria um prejuízo sério, para efeitos do art. 194º, nº 5, do CT.

Neste contexto, reclamo o pagamento de € ..., a título de compensação, bem como, o ressarcimento dos restantes créditos emergentes da cessação do contrato de trabalho.

Com os melhores cumprimentos,

O trabalhador,

_____

Notas:

1. Nos termos do artigo 194º, nº 1, al *a*), do CT, o empregador pode transferir o trabalhador para outro local de trabalho se a alteração resultar da mudança ou extinção, total ou parcial, do estabelecimento onde o trabalhador prestava trabalho.

2. Em tal circunstância, o trabalhador tem a faculdade de resolver o contrato, se tiver prejuízo sério, com direito à compensação prevista no art. 366º, do CT (cfr. o art. 194.°, n.° 5, do CT).

2. Resolução do Contrato de Trabalho com Fundamento em Comportamento Não Culposo do Empregador (Necessidade de Cumprimento de Obrigações Legais Incompatíveis com a Continuação ao Serviço)

(PROPOSTA DE) DECLARAÇÃO

Exmo. Senhor:
...
Rua...

... (data)
Registada c/Aviso de Receção

ASSUNTO: Resolução do contrato de trabalho com fundamento em comportamento não culposo do empregador

Exmo. Senhor,

De acordo com o previsto no artigo 394º, nº 3, al. a), do CT, venho resolver o contrato de trabalho celebrado com a V. empresa em ....

A motivação da presente resolução assenta na necessidade de cumprimento de obrigações legais incompatíveis com a continuação do contrato, mais propriamente o exercício de mandato como deputado à Assembleia da República.

Com os melhores cumprimentos,

O trabalhador,
_____

3. Resolução do Contrato de Trabalho com Fundamento em Comportamento Culposo do Empregador (Falta Culposa do Pagamento Pontual da Retribuição)

(PROPOSTA DE) DECLARAÇÃO

Exmo. Senhor:
...
Rua ...

... (data)
Registada c/Aviso de Receção

ASSUNTO: Resolução do contrato de trabalho com fundamento em comportamento culposo do empregador

Exmo. Senhor,

De acordo com o previsto no artigo 394º, nº 2, al. a), do CT, venho resolver o contrato de trabalho celebrado com a V. empresa em ....

A motivação da presente resolução assenta no não pagamento culposo da retribuição base, e respetivas prestações complementares, dos meses de ..., sem que haja quaisquer expectativas de os receber.

O descrito incumprimento torna impossível a manutenção da relação laboral, atendendo a que a única fonte de subsistência de toda a m/ família é constituída pelo meu rendimento de trabalho, não sendo possível, por conseguinte, aguardar por mais tempo o pagamento dos créditos devidos. A cessação do presente contrato produz efeitos a partir de ....

Em consequência aguardo o ressarcimento de todos os créditos devidos.

Como os melhores cumprimentos,

O trabalhador,
_____

Notas:

Nos termos do art. 278º, nº 5, do CT, o empregador fica constituído em mora "se o trabalhador, por facto que não lhe for imputável, não puder dispor do montante da retribuição na data do vencimento".

O empregador que falte culposamente ao cumprimento de prestações pecuniárias, constitui-se na obrigação de pagar os correspondentes juros de mora (art. 323º, nº 2, do CT).

O trabalhador pode suspender a prestação de trabalho nos 15 dias seguintes (art. 325º, nº 1, do CT) ou, caso a falta de pagamento se prolongue por período de 60 dias, resolver o contrato (art. 394º, nºs 2, al. a) e 5, do CT).

Este prazo resolutivo visa demonstrar uma presunção de justa causa para a resolução do contrato de trabalho. Assim, presume-se com justa causa, uma resolução contratual assente no incumprimento culposo continuado do empregador por período superior a 60 dias.

Nos termos do art. 395º, nºs 1 e 2, do CT, o trabalhador nos 30 dias a contar do termo do período de 60 dias deve resolver o contrato de trabalho, sob pena de caducidade.

A resolução com justa causa atribui ao trabalhador o direito a uma indemnização, a determinar entre 15 e 45 dias de retribuição base e diuturnidades por cada ano completo de antiguidade, atendendo ao valor da retribuição e ao grau de ilicitude do comportamento do empregador, não podendo ser inferior a 3 meses (art. 396º, nº 1, do CT).

O empregador pode impugnar judicialmente a resolução, com base na sua ilicitude, um ano a contar da data da mesma (art. 398º, nºs 1 e 2, do CT).

Os factos constantes do teor da declaração de resolução serão os únicos atendíveis para a apreciação da ilicitude da resolução (art. 398º, n. 3, do CT).

Na impugnação da resolução, o trabalhador pode corrigir os vícios procedimentais até ao termo do prazo para contestar (art. 398º, n. 4, do CT).

Em caso de resolução ilícita, o art. 399º, do CT, confere ao empregador o direito a uma indemnização pelos prejuízos causados.

4. Resolução do Contrato de Trabalho com Fundamento em Comportamento Culposo do Empregador (Condições de Segurança e Saúde no Trabalho)

(PROPOSTA DE) DECLARAÇÃO

Exmo. Senhor:
...
Rua ...

... (data)
Registada c/Aviso de Receção

ASSUNTO: Resolução do contrato de trabalho com fundamento em comportamento culposo do empregador

Exmo. Senhor,

De acordo com o previsto no artigo 394º, nº 2, al. d), do CT, venho resolver o contrato de trabalho celebrado com a V. empresa em ....

A motivação da presente resolução assenta na falta culposa das seguintes condições de segurança e saúde no trabalho:
– ...
– ...

o que torna impossível e insustentável a manutenção da relação laboral.

Acresce que o trágico acidente de ..., que ocasionou a morte de 2 trabalhadores e me provocou graves lesões, motivado por atuação culposa de V. Exas. quanto à inobservância das normas de segurança (de acordo com a sentença proferida, nos autos ....) coloca-me numa posição de especial vulnerabilidade, ansiedade e sofrimento.

Neste contexto, venho reclamar a quantia de € ..., a título de indemnização correspondente a ... dias de retribuição base e diuturnidades por cada ano completo de antiguidade, bem como o pagamento dos restantes créditos emergentes da cessação do presente contrato de trabalho.

Como os melhores cumprimentos,

O trabalhador,

_____

Notas:

A falta culposa de condições de segurança e saúde no trabalho, constitui justa causa de resolução contratual por parte do trabalhador (art. 394º, nº 2, al. *d*), do CT).

A resolução com justa causa atribui ao trabalhador o direito a uma indemnização, a determinar entre 15 e 45 dias de retribuição base e diuturnidades por cada ano completo de antiguidade, atendendo ao valor da retribuição e ao grau de ilicitude do comportamento do empregador, não podendo ser inferior a 3 meses (art. 396º, nº 1, do CT).

5. Resolução do Contrato de Trabalho com Fundamento em Comportamento Culposo do Empregador (Violação do Dever de Respeito, de Urbanidade, Mudança de Categoria)

5.1. Declaração

(PROPOSTA DE) DECLARAÇÃO

...
Rua ...

... (data)
Registada c/ Aviso de Receção

ASSUNTO: Resolução com justa causa

Exmo. Senhor:

Sou pela presente a resolver, com justa causa, o contrato de trabalho que celebrei com V. Exa., em ..., com base nos seguintes fundamentos:
1. No dia ..., disse-me, na presença de .... e de ..., o seguinte:
"Tu aqui não mandas nada, nenhum subordinado teu te deve respeito".
2. No dia ..., disse-me, na presença de ...., o seguinte:
"És um ladrão, um chulo andas-me a chular desde sempre".
3. No dia ..., disse-me, na presença de .... e ..., o seguinte:
"Se eu pudesse malhava-te de pancada, se eu um dia te apanho sem ninguém ver...".
4. No dia ..., disse-me, na presença de .... e ..., o seguinte:
"Tu não queres ir embora? É que a partir de hoje não tens mais acesso ao computador".
5. No dia ..., retirou-me o acesso ao sistema informático da empresa, ficando impossibilitado de gerir stocks, aceder a fichas de clientes, processar faturas, emitir recibos, o que dificultou, em larga medida, o meu desempenho profissional.
6. Em ..., deu-me a seguinte ordem:
"A partir de agora vais trabalhar para o armazém, sito na Rua..., e tens que registar o material que entra e que saí".
7. A partir desse dia, passei a prestar serviço nesse local, onde haviam algumas caixas contendo material não usado, uma secretária e uma cadeira.

8. De ... a ..., cumpri com o meu horário de trabalho, ficando no referido armazém sentado à espera da recolha ou depósito de material.

9. Acontece que, durante esse período, nesse local não foi recolhida nem depositada uma única peça, aliás, não entrou ninguém.

10. O isolamento a que fui sujeito afetou, como é natural, todo o meu património profissional, designadamente capacidade, conhecimentos, contactos, enriquecimento e reconhecimento profissionais.

11. Deixei de exercer funções inerentes à minha categoria, aliás deixei de exercer quaisquer funções.

Assim, o comportamento desrespeitoso e ofensivo da minha dignidade pessoal e profissional observado por V. Exa. torna impossível e insuportável a minha continuidade ao trabalho, em consequência, resolvo pela presente o contrato de trabalho celebrado com V. Exa. e reclamo os créditos em dívida.

Como os melhores cumprimentos,

O trabalhador,

_____

5.2. Impugnação judicial da resolução

(PROPOSTA DE) PETIÇÃO INICIAL

TRIBUNAL JUDICIAL DA COMARCA ...
... Secção do trabalho, de instância central, com sede em ...

..., residente na Rua..., NIF ..., vem propor

AÇÃO DECLARATIVA COMUM EMERGENTE DE CONTRATO DE TRABALHO, contra

..., com sede na Rua ..., PC nº ...,
nos termos e com os seguintes fundamentos:

DO CONTRATO

1º

O Autor é proprietário de um estabelecimento comercial sito na Rua ..., onde se dedica à atividade de reparação e venda de material informático.

2º

No exercício da sua atividade, admitiu, em ..., ao seu serviço o Réu,

3º

para desempenhar as seguintes funções (que sempre desempenhou de facto):
Introdução da identificação dos produtos para venda no sistema informático;

4º

Venda ao público;

5º

Elaboração de relatório de contas diário.

6º

Laborando no aludido estabelecimento das 9:00 horas às 13:00 horas e das 14:00 horas às 18;00 horas, de segunda-feira a sexta-feira,

7º

mediante uma retribuição mensal de € ....

8º
No dia ..., o Réu resolveu o contrato de trabalho referido.

DA INEXISTÊNCIA DOS FACTOS QUE MOTIVARAM A RESOLUÇÃO

9º
É falso que o Autor tenha dito ao Réu, no dia ... e na presença de .... e ..., o seguinte: "Tu aqui não mandas nada, nenhum subordinado teu te deve respeito".

10º
É falso que o Autor tenha dito ao Réu, no dia ... e na presença de ...., o seguinte: "És um ladrão, um chulo andas-me a chular desde sempre".

11º
É falso que o Autor tenha dito ao Réu, no dia ... e na presença de .... e ..., o seguinte: "Se eu pudesse malhava-te de pancada, se eu um dia te apanho sem ninguém ver...".

12º
É falso que o Autor tenha dito ao Réu, no dia ... e na presença de .... e ..., o seguinte: "Tu não queres ir embora? É que a partir de hoje não tens mais acesso ao computador".

13º
O Autor nunca faltou ao respeito, injuriou ou maltratou o Ré, pelo contrário sempre o tratou, como aliás faz com todos os seus trabalhadores, com o maior respeito e consideração.

14º
Pelo exposto são falsos os factos vertidos nos pontos 1, 2, 3 e 4, da carta de resolução apresentada pelo Réu junta como doc. nº 1.

15º
O sistema informático da empresa do Autor é de acesso livre, não sendo necessário nenhum código para o efeito.

16º
Ao Autor não só nunca foi negado o acesso ao sistema informático da empresa, como também, nunca lhe foi impedido que: gerisse stocks, acedesse a fichas de clientes, processasse faturas, emitisse recibos.

17º
Pelo exposto, é falso o vertido no ponto 5, da carta de resolução apresentada pelo Réu.

18º
O estabelecimento do Autor é constituído por um espaço de venda direta a clientes não comerciantes e um espaço de atendimento e venda a clientes comerciantes.

19º
Em ..., o trabalhador ..., que prestava funções no espaço de venda e atendimento a clientes comerciantes, teve um grave acidente de trabalho.

20º
Em virtude disso, o Autor pediu ao Réu que substituísse esse colega até à sua alta clínica.

21º
Ao que o Réu consentiu, passando, a partir de ..., a prestar funções no espaço destinado a clientes comerciantes.

22º
Tal espaço era e continua a ser composto por um balcão, três secretárias, 10 estantes, 8 cadeiras e diverso material para venda.

23º
Aí exerciam funções, para além do Autor, o Sr. ... e o Sr. ....

24º
O primeiro dedicava-se e dedica-se à venda direta ao público.

25º
O Segundo dedicava-se e dedica-se à reparação de material.

26º
O movimento e circulo de clientes no espaço de atendimento e venda a comerciantes é, desde sempre, muita maior do que no espaço de venda a não comerciantes.

27º
Por outro lado, o contacto com os clientes é muito mais aliciante e estimulante, dado o grau de tecnicidade envolvido.

28º
Durante o período em que esteve nesse espaço, o Réu atendeu inúmeros clientes, emitiu recibos, fez encomendas, elaborou relatórios de contas, ordenou reparações.

29º
Sendo assim, não houve nenhuma baixa de categoria, bem pelo contrário.

30º
Pelo exposto, é falso que o Autor tenha dado ao Réu, em ..., a seguinte ordem:
"A partir de agora vais trabalhar para o armazém e tens que registar o material que entra e que saí".

31º
É falso que no espaço em causa existam apenas algumas caixas contendo material não usado, uma secretária e uma cadeira, bem como é falso que o Réu tenha ficado, durante o período de ... a ..., sentado à espera da recolha ou depósito de material.

32º
É falso que durante esse período, nesse local não tenha sido recolhida nem depositada uma única peça, nem tenha entrado uma única pessoa.

33º
É Falso que o Réu tenha sido isolado e que tenha deixado de exercer quaisquer funções.

34º
Pelo exposto, são falsos os factos alegados nos pontos 6, 7, 8, 9, 10 e 11, da carta de resolução apresentada pelo Réu.

35º
Em suma, o Autor não violou nenhum direito ou garantia do Réu, pelo que não praticou nenhum comportamento que configurasse justa causa de resolução.

36º
Termos em que deve a resolução do Réu ser declarada ilícita, nos termos do art. 398º, nº 1, do CT.

DA INDEMNIZAÇÃO PELA RESOLUÇÃO ILÍCITA

37º
No dia ..., o Réu atendeu o Sr. ..., que encomendou material informático destinado à vigilância

e segurança, pelo mesmo foi dito que precisava desse material, impreterivelmente, no dia ... e que passaria na loja para o levantar.

38º
Tendo o Réu, nessa data, assumido que o material estaria disponível.

39º
Para responder a tal encomenda, o Réu teria que solicitar ao fornecedor do Autor duas peças de origem alemã que demorariam cerca de dois dias a chegar.

40º
Seria, ainda necessário, fazer a formatação do respetivo SOFTWARE.

41º
Acontece que, após a resolução, o Réu não mais compareceu ao serviço, abstendo-se de encomendar as peças referidas, como também de solicitar a formatação do SOFTWARE.

42º
Em ..., o Sr. ... dirigiu-se ao estabelecimento do Autor para levantar a encomenda.

43º
Acontece que, a encomenda não estava pronta, não só porque o Réu não providenciou pela sua entrega, como também, porque não comunicou a nenhum colega que a mesma tinha sido pedida.

44º
O cliente ficou extremamente indignado, até porque precisava daquele material (como aliás tinha dito ao Réu) impreterivelmente, para esse dia.

45º
Perante tal situação, decidiu não levar nenhum material, nem fazer nenhuma encomenda, pois tinha perdido a confiança naquela casa.

46º
O Autor se tivesse vendido o referido material teria lucrado a quantia de € ....

47º
Pelo exposto, deve o Réu ser condenado a pagar ao Autor a quantia de € ..., a título de indemnização pelos prejuízos causados em virtude da ilicitude da resolução, conforme previsto no art. 399º, do CT.

Termos em que deve a presente ação ser julgada provada e procedente, e em consequência, ser:

I – declarada ilícita a resolução do contrato de trabalho promovida pelo Réu;

II – o Réu condenada a pagar ao Autor a quantia de € ..., a título de indemnização pelos prejuízos causados em virtude da ilicitude da resolução, a que acrescem os respetivos juros legais.

PROVA TESTEMUNHAL:
1. ..., residente na Rua...;
2. ..., residente na Rua...;
3. ..., residente na Rua....

VALOR: € ....

JUNTA: 1 documento, procuração forense, DUC e comprovativo do pagamento de taxa de justiça.

O Advogado,

_____

Notas:

A propósito da indicação do tribunal, no cabeçalho da presente peça processual, note-se que, com a publicação da L nº 62/2013, de 26 de agosto, que aprovou a LOSJ, foi introduzida uma reorganização judiciária, que rompeu com as nomenclaturas anteriores. Esta lei viria a ser regulamentada pelo DL nº 49/2014, de 27.03.

Vejamos, a título de exemplo, a reorganização levada a cabo nos 2 maiores distritos do país.

No Tribunal Judicial da Comarca de Lisboa existem 2 secções do trabalho, de instância central, respetivamente, com sedes em Lisboa e no Barreiro (cfr. art. 84º, nº 1, als. *l*) e *m*), do DL nº 49/2014).

No Tribunal Judicial da Comarca de Lisboa Norte existem 3 secções do trabalho, de instância central, respetivamente, com sedes em Loures, em Torres Vedras e em Vila Franca de Xira (cfr. art. 86º, nº 1, als. *g*) a *i*), do DL nº 49/2014).

Finalmente, no Tribunal Judicial da Comarca de Lisboa Oeste existem 2 secções do trabalho, de instância central, respetivamente, com sedes em Sintra e em Cascais (cfr. art. 88º, nº 1, als. *j*) e *k*), do DL nº 49/2014).

Por seu turno, no Tribunal Judicial da Comarca do Porto existem 5 secções do trabalho, de instância central, respetivamente, com sedes no Porto, na Maia, em Matosinhos, em Valongo e em Vila Nova de Gaia (cfr. art. 93º, nº 1, als. *n*) a *r*), do DL nº 49/2014).

No Tribunal Judicial da Comarca do Porto Este existe uma secção do trabalho, com sede em Penafiel (cfr. art. 95º, nº 1, al. *e*), do DL nº 49/2014).

(PROPOSTA DE) CONTESTAÇÃO

TRIBUNAL JUDICIAL DA COMARCA ...
... Secção do trabalho, de instância central, com sede em ...

Proc. nº ...

..., Réu, nos autos à margem identificados, vem

APRESENTAR A SUA CONTESTAÇÃO,

nos termos e com os seguintes fundamentos:

DO CONTRATO

1º
São verdadeiros os factos vertidos nos arts. 1º, 2º, 6º, 7º e 8º, da petição inicial.

2º
É falso que a atividade do Réu se limitasse à introdução da identificação dos produtos para venda no sistema informático, à venda ao público e elaboração de relatório de contas diário.

3º
O Réu, sob a autoridade e direção do Autor, cumpriu com zelo, assiduidade e competência as funções de chefe de vendas para que foi contratado.

4º
No exercício da sua atividade, o Réu chefiava uma equipa constituída pelos trabalhadores ..., dando-lhes instruções e ordens, controlava e geria os stocks da empresa, contactava com clientes e promovia a realização de negócios.

5º
Enfim, era o único e principal responsável pela direção de vendas, o que contribuía para a sua realização e enriquecimento profissionais.

6º
Pelo exposto é falso o vertido nos arts. 3º, 4º e 5º, da petição inicial.

DOS FACTOS QUE MOTIVARAM A RESOLUÇÃO COM JUSTA CAUSA

7º
No dia ..., o Autor disse ao Réu, na presença de .... e ..., o seguinte:
"Tu aqui não mandas nada, nenhum subordinado teu te deve respeito", ponto 1, da carta de resolução junta com a petição inicial, como doc. nº 1.

8º
No dia ..., o Autor disse ao Réu, na presença de ...., o seguinte:
"És um ladrão, um chulo andas-me a chular desde sempre", ponto 2, da carta de resolução.

9º
No dia ..., o Autor disse ao Réu, na presença de .... e ..., o seguinte:
"Se eu pudesse malhava-te de pancada, se eu um dia te apanho sem ninguém ver...", ponto 3, da carta de resolução.

10º
No dia ..., o Autor disse ao Réu, na presença de .... e ..., o seguinte:
"Tu não queres ir embora? É que a partir de hoje não tens mais acesso ao computador", ponto 4, da carta de resolução.

11º
Pelo exposto, é falso o vertido nos arts. 9º, 10º, 11º, 12, 13º e 14º, da petição inicial.

12º
No dia ..., o Réu deixou de ter acesso ao sistema informático da empresa.

13º
Em virtude disso, ficou impossibilitado de gerir stocks, aceder a fichas de clientes, processar faturas, emitir recibos, o que dificultou, em larga medida, o seu desempenho profissional (ponto 5, da carta de resolução).

14º
Não obstante, cumpriu, como sempre fez, as suas obrigações.

15º
Tais circunstâncias contribuíram, sobremaneira, para o desequilíbrio emocional e psíquico do Réu,

16º
que passaria a enfrentar uma relação de tensão insuportável dentro dos limites do humanamente exigível.

17º
Pelo exposto, é falso o vertido nos arts. 15º, 16º e 17º, da petição inicial.

18º
O estabelecimento do Autor é constituído não só por um espaço de venda direta a clientes não comerciantes e um espaço de atendimento e venda a clientes comerciantes, mas também por um armazém nas traseiras aonde é depositado material.

19º
Em ..., o Autor deu ao Réu a seguinte ordem:
"A partir de agora vais trabalhar para o armazém nas traseiras e tens que registar o material que entra e que saí".

20º
A partir desse dia, o Réu passou a prestar serviço nesse local,

21º
onde haviam algumas caixas contendo material não usado, uma secretária e uma cadeira.

22º
De ... a ..., o Réu cumpriu com o seu horário de trabalho, ficando no referido armazém sentado à espera da recolha ou depósito de material.

23º
Acontece que, durante esse período, nesse local não foi recolhida nem depositada uma única peça, aliás, não entrou nenhuma pessoa.

24º
O isolamento a que o Réu foi sujeito afetou, como é natural, todo o seu património profissional, designadamente capacidade, conhecimentos, contactos, enriquecimento e reconhecimento profissionais.

25º
O comportamento do Autor traduz-se numa clara baixa de categoria,

26º
porquanto as tarefas (ou melhor a ausência delas) que passou a exigir ao Réu correspondem, inequivocamente, a uma categoria inferior àquela de que este era titular.

27º
Pelo exposto, é falso o vertido nos arts. 18º, 20º, 21º, 23º, 28º, 29º, 30º, 31º, 32º e 33º, da petição inicial.

28º
Quanto ao alegado no art. 19º, da petição inicial, o Réu desconhece a sua veracidade, o que, por não serem factos pessoais ou de que deva ter conhecimento equivale à sua impugnação expressa, nos termos do art. 490º, nº 3, do CPC.

29º
O empregador tem o dever de respeitar e tratar com urbanidade e probidade o trabalhador, de lhe proporcionar boas condições de trabalho e de contribuir para a elevação da sua produtividade e empregabilidade, conforme preceituam as als. *a)*, *c)* e *d)*, do nº 1, do art. 127º, do CT.

30º
Por outro lado, nos termos da al. *e)*, do nº 1, do art. 129º, do CT, é proibido ao empregador mudar o trabalhador para categoria inferior.

31º
Com os comportamentos ora imputados, o Autor violou, entre outros, os deveres elencados no art. 127º, nº 1, als. *a)*, *c)* e *d)* e as garantias previstas no art. 129º, nº 1, als. *c)* e *e)*, ambos do CT,

32º
o que constitui justa causa de resolução, nos termos, entre outras, das als. *b)* e *f)*, do nº 2, do art. 394º, do CT.

33º
Pelo exposto, é falso o vertido nos arts 35º e 36º, da petição inicial.

DA RESOLUÇÃO COM JUSTA CAUSA

34º

A conduta do Autor, tornou, pela sua gravidade e consequências, manifestamente insustentável a manutenção do vínculo laboral, forçando o Réu, em ..., a resolver o contrato de trabalho em causa.

DA INDEMNIZAÇÃO PELA ALEGADA RESOLUÇÃO ILÍCITA

35º

O Réu não atendeu o Sr. ..., no dia ..., aliás não conhece, nem nunca viu essa pessoa.

Sendo, assim, nunca o referido Sr. ... encomendou ao Réu material informático destinado à vigilância e segurança, e muito menos lhe disse que precisava desse material, impreterivelmente, no dia ... e que passaria na loja para o levantar.

36º

Por esse motivo não encomendou as peças referidas, como também não solicitou a formatação do SOFTWARE.

37º

Pelo exposto, são falsos os factos vertidos nos arts. 37º, 38º, 41º, 42º e 43º, da petição inicial, que, assim, se impugnam.

38º

A Ré desconhece a veracidade dos factos constantes dos arts. 42º, 44º, 45º e 46º, da petição inicial o que, por não serem factos pessoais ou de que deva ter conhecimento, equivale à sua impugnação expressa, nos termos do art. 490º, nº 3, do CPC.

39º

Assim, o Autor não tem direito a reclamar a quantia peticionada no art. 47º, da petição inicial.

DA RECONVENÇÃO

40º

O trabalhador, em caso de resolução com justa causa, tem direito a uma indemnização que deverá ser fixada entre 15 e 45 dias de retribuição base e diuturnidades por cada ano completo de antiguidade, art. 396º, nº 1, do CT.

41º
No caso *sub iudice*, os comportamentos do Autor que motivaram a resolução são especialmente graves.

42º
Por outro lado, o valor da retribuição do Réu é baixo.

43º
Em consequência, deve o Autor ser condenado a pagar ao Réu, a quantia de € ..., a título de indemnização por antiguidade, calculada da seguinte forma:
€ ... (45 dias de retribuição) x ... (antiguidade) = € ...
A que acresce a quantia correspondente à fração do ano da cessação (art. 396º, nº 2, do CT), no montante de € ...

44º
O Autor deve ser condenado a pagar ao Réu a quantia de € ..., a título de retribuição correspondente a férias e subsídio de férias vencidas em ... e não gozadas, conforme previsto no art. 245º, nº 1, al. *a*), do CT.

45º
O Autor, de acordo com art. 245º, nº 1, al. *a*), do CT, deve ser condenado a pagar ao Réu a quantia de € ..., a título de retribuição correspondente a férias e subsídio de férias proporcionais ao tempo de serviço prestado no ano da cessação.

46º
Nos termos da al. *b*), do art. 263º, do CT, o Réu tem, ainda, direito ao pagamento da quantia de €..., a título de subsídio de Natal proporcional ao tempo de serviço prestado no ano da cessação.

Termos em que deve a presente ação ser julgada não provada e improcedente, devendo ser declarada a licitude da resolução e, em consequência:
I – o Réu ser absolvido do pedido;
II – a reconvenção ser julgado procedente e provada, devendo o Autor ser condenado a pagar ao Réu, a esse título, as seguintes quantias:
– de € ..., a título de indemnização por antiguidade,
– de € ..., a título de retribuição correspondente a férias e subsídio de férias vencidas em janeiro de ... e não gozadas;

– de € ..., a título de retribuição correspondente a férias e subsídio de férias proporcionais ao tempo de serviço prestado no ano da cessação;

– de € ..., a título de subsídio de Natal proporcional ao tempo de serviço prestado no ano da cessação,

no montante global de € ..., a que acrescem os respetivos juros legais.

PROVA TESTEMUNHAL:
1. ..., residente na Rua...;
2. ..., residente na Rua...;
3. ..., residente na Rua...;

VALOR: € ....

JUNTA: Procuração forense, DUC e comprovativo do pagamento de taxa de justiça.

O Advogado,

CAPÍTULO VI
DESPEDIMENTOS

1. Despedimento por Facto Imputável ao Trabalhador

(PROPOSTA DE) AUTO DE OCORRÊNCIA

A trabalhadora ... praticou as seguintes condutas:
a) No dia ..., desobedeceu ao seu superior hierárquico o Sr. ..., gerente do empregador, recusando limpar o balcão de atendimento a clientes.
b) No dia ..., disse ao Sr. ..., gerente do empregador, a seguinte frase:
"*O Senhor aqui não manda nada, se quer a loja limpa, limpe-a Você*".
c) No dia ..., furtou da caixa registadora a quantia de € ...;
d) No dia ..., furtou da caixa registadora a quantia de € ....
Tais factos foram presenciados pelas seguintes testemunhas:
1. ..., gerente de loja, residente na Rua...;
2. ..., caixa, residente na Rua....
3. ..., vendedor, residente na Rua....
Tais condutas, para além de afetarem a confiança e o respeito que existia na relação de trabalho que tínhamos com essa trabalhadora, constituem infração disciplinar, motivos pelos quais promovemos a instauração de inquérito à trabalhadora ..., de modo a aferir qual a sua culpa.
Para o efeito nomeamos instrutora do processo a Exma. Sra. Dra. ...., Advogada, com escritório na Rua ...
Aproveitamos, ainda, para juntar cópia do contrato celebrado como a trabalhadora ....
.... (data)

A empregadora,

_____

(PROPOSTA DE) TERMO DE ABERTURA

Aos ..., no seguimento:
– da nota de ocorrência junta a fls. ... referente a comportamentos alegadamente praticados pela trabalhadora ..., caixa e vendedora da empresa ..., suscetíveis de integrar sanção de disciplinar;
– da respetiva instrução para abertura do presente procedimento disciplinar e
– da minha nomeação como instrutora,
procede-se à abertura de inquérito para averiguação e apuramento da eventual responsabilidade da referida trabalhadora.

Neste âmbito serão convocadas para comparecer no meu escritório, no próximo dia ..., a fim de serem inquiridas, as seguintes testemunhas:
1. ..., gerente de loja, residente na Rua...;
2. ..., caixa, residente na Rua....
3. ..., vendedor, residente na Rua....

Com a nota de ocorrência foi junta cópia do contrato de trabalho celebrado entre a trabalhadora ... e a empregadora ...
...., ...(data)

A Instrutora,

_____

(PROPOSTA DE) CARTA DE NOTIFICAÇÃO DE TESTEMUNHAS

Exmo. Senhor:
...
Av. ...
...

... (data)
Registada c/Aviso de Receção

ASSUNTO: Notificação para inquirição no âmbito do inquérito instaurado contra a trabalhadora ...

Exmo. Senhor:

Somos pela presente a solicitar a V. Exa. que compareça no meu escritório, sito na Rua ..., no dia ..., pelas ... horas, para ser inquirida no âmbito do inquérito em epígrafe.

Com os meus melhores cumprimentos,

A Instrutora,
_____

Notas:
A convocação das testemunhas pode ser feita por carta ou mediante entrega pessoal.

(PROPOSTA DE) AUTO DE DECLARAÇÃO DE CONVOCAÇÃO PESSOAL DE TESTEMUNHAS

Eu, ..., trabalhadora da empresa ..., residente na Rua ..., declaro que fui convocada pela Exma. Sra. Dra. ..., instrutora do inquérito instaurada à Exma. Senhora, ..., para comparecer no seu escritório, sito na Rua ..., no dia ..., pelas ... horas, para ser inquirida no âmbito desse mesmo inquérito.

A declarante,

_____

(PROPOSTA DE) AUTO DE INQUIRIÇÃO DE TESTEMUNHAS

Aos ..., perante mim, ..., instrutora do inquérito instaurada pela empresa ... contra a trabalhadora ..., compareceu o Exmo. Sr. ..., indicado como testemunha nos presentes autos, o qual inquirido sobre os factos declarou o seguinte:

"1. No dia ..., dei ordem à trabalhadora ..., caixa e vendedora da empresa ..., para que esta limpasse o balcão de atendimento a clientes, ao que a mesma desobedeceu, recusando realizar tal tarefa, sem dar qualquer satisfação ou justificação.

2. No dia ..., a mesma trabalhadora, após lhe ter ordenado que limpasse as estantes de arquivo, disse-me o seguinte:

"O Senhor aqui não manda nada, se quer a loja limpa, limpe-a Você".

3. As referidas ordens foram dadas por mim dentro do maior profissionalismo e respeito.

4. Tais factos foram presenciados pela trabalhadora ...".

Nada mais tendo a acrescer foi o presente auto, depois de lido e conferido, atestado conforme e devidamente assinado.

A instrutora,

_____

O declarante,

_____

(PROPOSTA DE) AUTO DE INQUIRIÇÃO DE TESTEMUNHAS

Aos ..., perante mim, ..., instrutora do inquérito instaurada pela empresa ... contra a trabalhadora ..., compareceu a Exma. Sra. D. ..., indicada como testemunha nos presentes autos, a qual inquirida sobre os factos declarou o seguinte:

"1. No dia ..., o Sr. ..., gerente, pediu à trabalhadora ... que limpasse o balcão de atendimento a clientes, tendo a mesma recusada realizar tal tarefa, sem apresentar qualquer justificação.

2. No dia ..., ouvi a trabalhadora ..., dizer ao Sr. ..., gerente, o seguinte:

"O Senhor aqui não manda nada, se quer a loja limpa, limpe-a Você".

3. No dia ..., vi a trabalhadora ... furtar da caixa registadora a quantia de € ... de imediato comuniquei tal facto ao Sr. ..., gerente.

4. Não me recorda da presença de outras pessoas, para além do Sr..., gerente".

Nada mais tendo a acrescer foi o presente auto, depois de lido e conferido, atestado conforme e devidamente assinado.

A instrutora,

_____

A declarante,

_____

(PROPOSTA DE) AUTO DE INQUIRIÇÃO DE TESTEMUNHAS

Aos ..., perante mim, ..., instrutora do inquérito instaurada pela empresa ... contra a trabalhadora ..., compareceu o Exmo. Sr. ..., indicado como testemunha nos presentes autos, o qual inquirido sobre os factos declarou o seguinte:

"1. No dia ..., vi a trabalhadora ... furtar da caixa registadora a quantia de € ..., de imediato comuniquei tal facto ao Sr. ..., gerente.

2. Não me recorda da presença de outras pessoas, para além do Sr...., gerente".

Nada mais tendo a acrescer foi o presente auto, depois de lido e conferido, atestado conforme e devidamente assinado.

A instrutora,

_____

O declarante,

_____

(PROPOSTA DE) RELATÓRIO PRELIMINAR

I – No dia ..., a empregadora ..., no uso do poder disciplinar de que é titular, lavrou auto de ocorrência em virtude de comportamentos alegadamente praticados pela trabalhadora ..., caixa e vendedora da empresa ..., suscetíveis de integrar sanção disciplinar, dando instrução para abertura de inquérito, a fim de averiguar todas as circunstâncias de modo, tempo e lugar e de apurar a eventual culpa da referida trabalhadora.

Para o efeito nomeou instrutora a Exma. Sra. Dra. ..., Advogada, com escritório na Rua ....

Ao referido auto, a empregadora juntou cópia do contrato celebrado com aquela trabalhadora e arrolou, para serem inquiridos, o Exmo. Sr. ..., gerente de loja, residente na Rua...; a Exma. Sra. D. ..., caixa, residente na Rua.... e o Exmo. Sr. ... vendedor, residente na Rua...

II – No dia ..., a instrutora, a Exma. Sra. Dra. ..., procedeu à abertura do referido inquérito.

No decurso desse inquérito foram inquiridos, depois de devidamente convocados, o Exmo. Sr. ..., gerente de loja, residente na Rua...; a Exma. Sra. D. ..., caixa, residente na Rua.... e o Exmo. Sr. ... vendedor, residente na Rua...

Analisados e apreciados tais depoimentos escritos, concluímos que, há fortes indícios que a trabalhadora ..., tenha praticado os seguintes factos:

a) no dia ..., desobedeceu ao seu superior hierárquico o Sr. ..., gerente da empregadora, recusando limpar o balcão de atendimento a clientes;

b) no dia ..., disse ao Sr. ..., gerente da empregadora, a seguinte frase:
"O Senhor aqui não manda nada, se quer a loja limpa, limpe-a Você".

c) no dia ..., furtou da caixa registadora a quantia de € ...;

d) no dia ..., furtou da caixa registadora a quantia de € ....

III – Com as condutas supra referidas a trabalhadora:

– desrespeitou e não tratou com urbanidade e probidade os seus superiores hierárquicos e o empregador;

– não realizou o seu trabalho com diligência e zelo;

– não cumpriu as ordens e instruções dadas pelo empregador respeitantes à execução e disciplina do trabalho, violando, entre outros, os deveres previstos nas als. *a)*, *c)* e *e)*, do nº 1, do art. 128º, do CT.

IV – Analogamente, com tais condutas graves e culposas a trabalhadora:

– desobedeceu a ordens dadas por responsáveis hierarquicamente superiores;

– violou direitos e garantias de trabalhadores da empresa;

– provocou repetidamente conflitos com outros trabalhadores da empresa;

– manifestou desinteresse repetido pelo cumprimento, com a diligência devida, das obrigações inerentes ao exercício da sua função;

– lesou interesses patrimoniais sérios da empresa,

assumindo comportamentos que, pela sua gravidade e consequências, tornaram impossível a subsistência da relação de trabalho, constituindo justa causa de despedimento, nos termos do art. 351º, nºs 1 e 2, als. *a)*, *b)*, *c)*, *d)* e *e)*, do CT.

V – Se ficar provado que a trabalhadora ... agiu conforme supra descrito, a empregadora ... pode promover o seu despedimento.

Pelo exposto propõe-se, desde já, que seja elabora a respetiva nota de culpa, que deverá ser comunicada à trabalhadora ... juntamente com a respetiva intenção de despedimento.

...., ...(data)

A Instrutora,

(PROPOSTA DE) AUTO DE ABERTURA DE PROCEDIMENTO DISCIPLINAR

Aos ..., procede-se à abertura de procedimento disciplinar contra a trabalhadora ..., caixa e vendedora da empresa ..., em virtude dos factos constantes do inquérito que aqui se junta.

A instrutora,

_____

(PROPOSTA DE) NOTA DE CULPA

A empresa ..., no âmbito do procedimento disciplinar que move contra a sua trabalhadora ..., caixa e vendedora, com intenção de despedimento, vem, em cumprimento do disposto no art. 353º, nº 1, do CT, deduzir a presente nota de culpa, nos termos e com os seguintes fundamentos:

1º
A empresa ... é titular de um estabelecimento comercial sito na Rua..., onde se dedica à comercialização de vestuário.

2º
Em ..., admitiu ao seu serviço, mediante contrato de trabalho sem termo, a arguida que, sob a sua autoridade e direção, exerce as funções de caixa e de vendedora,

3º
laborando no aludido estabelecimento das ... horas às ... horas e das ... às ...,

4º
mediante uma retribuição horária € ..., calculada nos termos do art. 271º, do CT, a que corresponde uma retribuição mensal de € ....

5º
No dia ..., o Sr. ..., gerente, deu ordem à arguida para que esta limpasse o balcão de atendimento a clientes, ao que a mesma desobedeceu, recusando realizar tal tarefa, sem dar qualquer satisfação ou justificação.

6º
No dia ..., o Sr...., gerente, deu ordem à arguida para que esta limpasse as estantes de arquivo, ao que a mesma respondeu o seguinte:
"O Senhor aqui não manda nada, se quer a loja limpa, limpe-a Você".

7º
Tais ordens foram dadas com o maior profissionalismo e respeito.

8º
Por outro lado, as tarefas que foram solicitadas enquadravam-se no âmbito da atividade para que foi contratada a arguida, nos termos do art. 118º, nº 1, do CT.

9º
No dia ..., a arguida furtou da caixa registadora a quantia de € ....

10º
No dia ..., a arguida furtou da caixa registadora a quantia de € ....

11º
Com as condutas supra referidas, a arguida:
– desrespeitou e não tratou com urbanidade e probidade os seus superiores hierárquicos e a empregadora;
– não realizou o seu trabalho com diligência e zelo;
– não cumpriu as ordens e instruções dadas pela empregadora respeitantes à execução e disciplina do trabalho, violando, entre outros, os deveres previstos nas als. *a)*, *c)* e *e)*, do nº 1, do art. 128º, do CT.

12º
Analogamente, com tais condutas:
– desobedeceu a ordens dadas por responsáveis hierarquicamente superiores;
– violou direitos e garantias de trabalhadores da empregadora;
– provocou repetidamente conflitos com outros trabalhadores da empregadora;
– manifestou desinteresse repetido pelo cumprimento, com a diligência devida, das obrigações inerentes ao exercício da sua função;
– lesou interesses patrimoniais sérios da empregadora, assumindo comportamentos que, pela sua gravidade e consequências, tornaram impossível a subsistência da relação de trabalho, constituindo justa causa de despedimento, nos termos do art. 351º, nºs 1 e 2, als. *a)*, *b)*, *c)*, *d)* e *e)*, do CT.
...., ... (data)

A Instrutora,

(PROPOSTA DE) CARTA DE NOTIFICAÇÃO DA NOTA DE CULPA COM A RESPETIVA INTENÇÃO DE DESPEDIMENTO

Exma. Senhora:
...
Rua ...

... (data)
Registada c/Aviso de Receção

ASSUNTO: Notificação de nota de culpa e de abertura de procedimento disciplinar com intenção de despedimento

Exma. Senhora:

Somos pela presente a comunicar que face ao comportamento manifestado por V. Exa. nos passados dias ..., a empresa ..., sua empregadora, no exercício do poder disciplinar de que é titular, decidiu instaurar-lhe procedimento disciplinar, com intenção de proceder ao seu despedimento com justa causa.

Fica notificada, que deverá, querendo, apresentar a sua defesa por escrito e/ou requerer quaisquer diligências de prova, no prazo de 10 dias úteis a contar, da data de receção da presente comunicação, conforme previsto no art. 355º, do CT.

Em cumprimento do disposto no art. 353º, nº 1, do CT, junto enviamos nota de culpa.

Informo, ainda, que a resposta à nota de culpa deverá ser enviada para o escritório da instrutora nomeada, ..., com escritório na Rua ....

O processo encontra-se à sua disposição para consulta nesta morada.

A Instrutora,
_____

Notas:

A notificação da nota de culpa, juntamente com a comunicação da intenção de despedimento, é obrigatória, nos termos do art. 353º, nº 1, do CT.

A falta de comunicação da intenção de despedimento e da nota de culpa é causa de invalidade do procedimento disciplinar, nos termos do art. 382º, nº 2, als. *a*) e *b*), do CT.

(PROPOSTA DE) CARTA DE REMESSA DE CÓPIA DA COMUNICAÇÃO DA INTENÇÃO DE DESPEDIMENTO E DA NOTA DE CULPA À COMISSÃO DE TRABALHADORES

Comissão de Trabalhadores da empresa ...
Rua ...

... (data)
Registada c/Aviso de Receção

ASSUNTO: Envio de cópia da comunicação de intenção de despedimento e da nota de culpa decorrentes do procedimento disciplinar instaurado à trabalhadora ...

Exmos. Senhores:

Na qualidade de instrutora nomeada no procedimento disciplinar que a empresa ... decidiu instaurar à trabalhadora ..., caixa e vendedora, junto remeto respetiva cópia da comunicação de intenção de proceder ao seu despedimento e da nota de culpa, conforme impõe o art. 353º, nº 2, do CT.

A instrutora,

_____

Notas:

A necessidade de remessa à comissão de trabalhadores da empresa de cópia da comunicação de intenção de despedimento e da nota de culpa está consagrada no art. 353º, nº 2, do CT.

Por força do âmbito da al. *a*), do nº 2, do art. 430º, do anterior CT, discutia-se se a inobservância desta norma seria causa de invalidade do procedimento disciplinar.

Com a redação do art. 382º, nº 2, do atual CT, parece inequívoco que a falta da remissão referida não constitui motivo de invalidade do procedimento disciplinar.

(PROPOSTA DE) TERMO DE ENTREGA DA COMUNICAÇÃO DE DESPEDIMENTO E DA NOTA DE CULPA

Na qualidade de instrutora ..., entreguei, na presente data, à trabalhadora ..., caixa e vendedora, na qualidade de arguida no procedimento disciplinar que lhe foi instaurado pela empresa ..., carta contendo a comunicação da intenção de proceder ao seu despedimento e a respetiva nota de culpa contra si deduzida.

Declara a arguida que as recebeu e que ficou ciente do seu conteúdo, assinando comigo.

...., ... (data)

A trabalhadora arguida,

_____

A instrutora,

_____

Notas:

A comunicação da intenção de despedimento e da nota de culpa, prevista no art. 353º, nº 1, do CT, pode ser efetuada mediante entrega pessoal ao trabalhador.

(PROPOSTA DE) CARTA A ENVIAR RESPOSTA À NOTA DE CULPA

Exma. Senhora:
Dra. ...
Rua ...

... (data)
Registada c/Aviso de Receção

ASSUNTO: Envio de resposta à nota de culpa

Exma. Sra. Dra.,

Sou pela presente a enviar resposta à nota de culpa deduzida contra mim e recebida no dia ....

Com os meus melhores cumprimentos,

A arguida,
_____

JUNTA: Resposta à nota de culpa

Notas:

O exercício do direito de resposta previsto no art. 355º, do CT, resulta do princípio do contraditório.

O desrespeito pelos direitos de resposta e de consulta do processo determina a invalidade do procedimento disciplinar, nos termos do art. 382º, nº 2, al. *c*), do CT.

(PROPOSTA DE) RESPOSTA À NOTA DE CULPA

..., caixa e vendedora, trabalhadora da empresa ..., vem, ao abrigo do art. 355º, do CT,

APRESENTAR A SUA RESPOSTA

à nota de culpa deduzida no âmbito do procedimento disciplinar que lhe foi instaurado, nos termos e com os seguintes fundamentos:

1º
A arguida foi e continua a ser uma trabalhadora responsável, tendo, no exercício das suas funções, agido sempre de modo zeloso, diligente e empenhado.

2º
É falso que, no dia ..., tenha recusado limpar o balcão de atendimento a clientes, após ordem do Sr. ..., gerente.

3º
É, também, falso que, no dia ..., tenha dito ao Sr...., gerente, que este não mandava nada e que se queria a loja limpa a limpasse ele.

4º
Quanto aos furtos de que vem acusada, à arguida cumpre referir que a mesma nunca furtou nada à empregadora.

5º
Pelo que é falso:
Que no dia ..., tenha furtado da caixa registadora a quantia de € ... e

6º
que no dia ..., tenha furtado da caixa registadora a quantia de € ....

7º
Pelo exposto, não correspondem à verdade os factos vertidos nos arts. 5º, 6º, 9º e 10º, da nota de culpa.

8º
Cumpre, ainda, salientar que a arguida nunca entrou em conflito com os seus colegas de trabalho, com a empregadora ou com os seus superiores hierárquicos.

9º
De igual forma, nunca desobedeceu às ordens que lhe foram e continuam a ser dadas.

10º
Em suma, a arguida nunca adotou qualquer comportamento violador dos seus deveres contratuais e/ou que motivasse a aplicação de alguma sanção disciplinar por parte da empregadora.

11º
Assim, é falso o vertido nos arts. 11º e 12º, da nota de culpa.

Termos em que deve o presente procedimento disciplinar ser arquivado.

TESTEMUNHAS A INQUIRIR:
1. ..., caixa, residente na Rua...;
2. ..., comerciante, residente na Rua....

JUNTA: Procuração.

O Advogado,
_____

Notas:
O trabalhador para responder à nota de culpa não tem que constituir mandatário.

(PROPOSTA DE) CARTA DE NOTIFICAÇÃO DO TRABALHADOR-ARGUIDO DA DATA E LOCAL DESIGNADOS PARA INQUIRIÇÃO DAS TESTEMUNHAS POR SI ARROLADAS

Exma. Senhora:

...

Rua ...

... (data)
Registada c/Aviso de Receção

ASSUNTO: Notificação da data e local designados para inquirição da testemunha ... por si arrolada no âmbito do procedimento disciplinar que lhe foi instaurado pela empresa ...

Exma. Senhora:

Sou pela presente e na qualidade de instrutora do procedimento em epígrafe, a comunicar que foi designado o dia ..., pelas ... horas, nas instalações da empresa ..., sitas na Rua ..., para a inquirição de testemunha ..., arrolada por V. Exa.

Desta forma, solicito a V. Exa. que assegure a presença da referida testemunha na hora e local indicados ou, no caso de motivo impeditivo, proceda à comunicação atempada da falta.

Com os meus melhores cumprimentos,

A instrutora,

_____

Notas:

Cabe ao trabalhador assegurar a comparência das testemunhas por si arroladas, na respetiva audição, nos termos do art. 356º, nº 4, do CT.

Se o arguido tiver constituído mandatário, a notificação da data e local designados para a inquirição das testemunhas poderá ser feita neste último.

O empregador, por si ou através de instrutor que tenha nomeado, deve realizar as diligências probatórias requeridas na resposta à nota de culpa, a menos que as considere patentemente dilatórias ou impertinentes, devendo neste caso alegá-lo fundamentadamente por escrito (art. 356º, nº 1, do CT).

(PROPOSTA DE) CARTA DO ARGUIDO A SOLICITAR NOVA DATA PARA INQUIRIÇÃO DE TESTEMUNHA POR SI ARROLADA

Exma. Senhora:
Dra. ...
Rua ...

... (data)
Registada c/Aviso de Receção

ASSUNTO: Impossibilidade de comparência da testemunha ... na data e local designados para a sua inquirição no âmbito do procedimento disciplinar que me foi instaurado pela empregadora ...

Exma. Senhora:

No seguimento da V. missiva de ..., sou pela presente informar que a testemunha ..., não pode comparecer no dia ..., pelas ... horas, nas instalações da empregadora ..., sitas na Rua ..., para a sua inquirição.

Desta forma, solicito a V. designe nova data e local para o efeito referido.

Com os meus melhores cumprimentos,

A arguida,

_____

(PROPOSTA DE) AUTO DE INQUIRIÇÃO
DE TESTEMUNHAS

Aos ..., perante mim, ..., instrutora do inquérito instaurada pela empregadora ... contra a trabalhadora ..., compareceu a Exma. Sra. D. ..., indicada como testemunha nos presentes autos, a qual inquirida sobre os factos declarou o seguinte:

"1. É colega de trabalho da arguida há mais de quatro anos, sempre tiveram e continuam a ter um bom relacionamento.

2. A arguida é muita respeitada e frequentemente elogiada pelos seus superiores hierárquicos.

3. No dia ..., a arguida não esteve nas instalações da empresa sitas na Rua ...".

Nada mais tendo a acrescer foi o presente auto, depois de lido e conferido, atestado conforme e devidamente assinado.

A instrutora,

_____

A declarante,

_____

(PROPOSTA DE) CARTA DE APRESENTAÇÃO
DE CÓPIA INTEGRAL DO PROCEDIMENTO DISCIPLINAR
À COMISSÃO DE TRABALHADORES

Comissão de Trabalhadores da empresa ...
Rua ...

... (data)
Registada c/Aviso de Receção

ASSUNTO: Envio de cópia integral do procedimento disciplinar instaurado à trabalhadora ...

Exmos. Senhores:

Na qualidade de instrutora nomeada no procedimento disciplinar que a empresa ... decidiu instaurar à trabalhadora ..., caixa e vendedora, junto remeto cópia integral do referido procedimento disciplinar, nos termos do art. 356º, nº 5, do CT.

A instrutora,

_____

Notas:

Após a conclusão das diligências probatórias, o empregador apresenta cópia integral do processo à comissão de trabalhadores e, caso o trabalhador seja representante sindical, à associação sindical respetiva, que podem, no prazo de cinco dias úteis, fazer juntar ao processo o seu parecer fundamentado (art. 356º, nº 5, do CT).

(PROPOSTA DE) RELATÓRIO FINAL

1. A empregadora ... é titular de um estabelecimento comercial sito na Rua..., onde se dedica à comercialização de vestuário.

Em ..., admitiu ao seu serviço, mediante contrato de trabalho sem termo, a arguida ... que, sob a sua autoridade e direção, exerceu as funções de caixa e de vendedora, laborando no aludido estabelecimento das ... horas às ... horas e das ... às ..., mediante uma retribuição horária de € ..., calculada nos termos do art. 271º, do CT, a que corresponde uma retribuição mensal de € ....

2. Em ..., foi lavrado auto de ocorrência referente a comportamentos desta, alegadamente violadores dos seus deveres contratuais e que, para além de afetarem a confiança e o respeito que existia na relação de trabalho, constituem infração disciplinar.

Nessa mesma data, a empregadora decidiu instaurar procedimento disciplinar à arguida nomeando como instrutora a Exma. Sra. Dra. ..., Advogada, com escritório na Rua ....

Com a nota de ocorrência foi junta cópia do contrato de trabalho celebrado entre a arguida e a empregadora.

3. Em ..., a instrutora nomeada procedeu à abertura de inquérito para averiguação e apuramento da eventual responsabilidade da arguida e das circunstâncias de modo, tempo e lugar das infrações alegadamente por si cometidas.

Neste âmbito foram inquiridas, em ..., as seguintes testemunhas indicadas no auto de ocorrência: ..., gerente de loja, residente na Rua...; ..., caixa, residente na Rua.... e ..., vendedor, residente na Rua....

4. Em ..., foi elaborado relatório preliminar onde se concluiu que havia fortes probabilidades de a arguida ter praticado os comportamentos de que vinha indiciada.

5. Em ..., procedeu-se à abertura de procedimento disciplinar a esta, em virtude dos factos apurados no inquérito.

6. Em ..., foi elaborada nota de culpa, na qual a arguida foi acusada de ter praticado os seguintes factos:

a) No dia ..., desobedeceu, sem dar qualquer satisfação ou justificação, ao Sr. ..., gerente, recusando limpar o balcão de atendimento a clientes;

b) No dia ..., após lhe terem ordenado que limpasse as estantes de arquivo, disse ao Sr...., gerente, o seguinte:

"O Senhor aqui não manda nada, se quer a loja limpa, limpe-a Você".

c) No dia ..., furtou da caixa registadora a quantia de € ...;

d) No dia ..., furtou da caixa registadora a quantia de € ....

Com as condutas supra referidas, a arguida:

– desrespeitou e não tratou com urbanidade e probidade os seus superiores hierárquicos e a empregadora;

– não realizou o seu trabalho com diligência e zelo;

– não cumpriu as ordens e instruções dadas pela empregadora respeitantes à execução e disciplina do trabalho, violando, entre outros, os deveres previstos nas als. *a)*, *c)* e *e)*, do nº 1, do art. 128º, do CT.

Analogamente, com tais condutas:

– desobedeceu a ordens dadas por responsáveis hierarquicamente superiores;

– violou direitos e garantias de trabalhadores da empregadora;

– provocou repetidamente conflitos com outros trabalhadores da empregadora;

– manifestou desinteresse repetido pelo cumprimento, com a diligência devida, das obrigações inerentes ao exercício da sua função;

– lesou interesses patrimoniais sérios da empregadora, assumindo comportamentos que, pela sua gravidade e consequências, tornaram impossível a subsistência da relação de trabalho, constituindo justa causa de despedimento, nos termos do art. 351º, nºs 1 e 2, als. *a)*, *b)*, *c)*, *d)* e *e)*, do CT.

7. No dia ..., a arguida foi notificada da nota de culpa e da intenção da empregadora proceder ao seu despedimento.

8. No dia ..., foi enviada à Comissão de trabalhadores cópia da comunicação de intenção de despedimento e da nota de culpa decorrentes do procedimento disciplinar instaurado à arguida.

9. Em ..., a arguida, depois de devidamente notificada da nota de culpa, apresentou a sua resposta no prazo legal, alegando em síntese que:

a) Sempre foi uma trabalhadora responsável, tendo, no exercício das suas funções, agido de modo zeloso, diligente e empenhado;

b) no dia ..., não recusou limpar o balcão de atendimento a clientes;

c) no dia ..., não disse ao Sr...., gerente, que este não mandava nada e que se queria a loja limpa a limpasse ele;

d) Nunca furtou nada à empregadora, pelo que é falso que no dia ..., tenha furtado da caixa registadora a quantia de € ... e que no dia ..., tenha furtado da caixa registadora a quantia de € ...;

e) nunca adotou qualquer comportamento violador dos seus deveres contratuais e/ou que motivasse a aplicação de alguma sanção disciplinar por parte da empregadora.

Concluindo pelo arquivamento do procedimento disciplinar que lhe foi instaurado.

10. A arguida arrolou as seguintes testemunhas:

– ..., caixa, residente na Rua...;

– ..., comerciante, residente na Rua....

11. Em ..., a testemunha ..., caixa, foi inquirida sobre os factos dos autos.

12. A testemunha ..., comerciante (arrolada pela arguida) não podia ter conhecimento dos factos dos autos, pois na data em que os mesmos se verificaram encontrava-se ausente do país. Por esse motivo, a sua inquirição era impertinente para o apuramento da verdade e para a demonstração dos factos em causa no presente procedimento disciplinar, pelo que foi dispensada.

13. Em ..., foi enviada, à Comissão de trabalhadores, cópia integral do procedimento disciplinar instaurado à arguida.

14. No presente procedimento disciplinar ficou provado que:

a) A empregadora é titular de um estabelecimento comercial sito na Rua..., onde se dedica à comercialização de vestuário;

b) Em ..., admitiu ao seu serviço, mediante contrato de trabalho sem termo, a arguida que, sob a sua autoridade e direção, exerceu as funções de caixa e de vendedora, laborando no aludido estabelecimento das ... horas às ... horas e das ... às ..., mediante uma retribuição horária de € ..., calculada nos termos do art. 271º, do CT, a que corresponde uma retribuição mensal de € ...;

c) No dia ..., o Sr. ..., gerente, deu ordem à arguida para que esta limpasse o balcão de atendimento a clientes, ao que a mesma desobedeceu, recusando realizar tal tarefa, sem dar qualquer satisfação ou justificação;

d) No dia ..., o Sr...., gerente, deu ordem à arguida para esta limpar as estantes de arquivo, ao que a mesma respondeu o seguinte:

"O Senhor aqui não manda nada, se quer a loja limpa, limpe-a Você";

e) Tais ordens foram dadas com o maior profissionalismo e respeito;

f) Por outro lado, as tarefas que foram solicitadas, enquadravam-se no âmbito da atividade para que foi contratada a arguida, nos termos do art. 118º, nº 1, do CT;

g) No dia ..., a arguida furtou da caixa registadora a quantia de € ...;

h) No dia ..., a arguida furtou da caixa registadora a quantia de € ....

Ficou, assim, provada toda a matéria constante da nota de culpa e que a arguida não conseguiu afastar com a prova apresentada.

A arguida praticou os comportamentos objeto do presente procedimento, apesar de saber que não lhe eram permitidos.

Agiu, assim, livre e conscientemente, sabendo que estava a cometer infrações disciplinares que punham em causa a confiança em que assenta a relação de trabalho e que lesavam os interesses da empregadora.

CONCLUSÕES:

I – No presente procedimento disciplinar ficou provada toda a matéria constante da nota de culpa, que se dá, aqui, por integralmente reproduzida, concluindo-se como na mesma.

II – Com as condutas agora provadas, a arguida:

– desrespeitou e não tratou com urbanidade e probidade os seus superiores hierárquicos e a empregadora;

– não realizou o seu trabalho com diligência e zelo;
– não cumpriu as ordens e instruções dadas pela empregadora respeitantes à execução e disciplina do trabalho, violando, entre outros, os deveres previstos nas als. *a)*, *c)* e *e)*, do nº 1, do art. 128º, do CT.

Analogamente, com tais condutas:
– desobedeceu a ordens dadas por responsáveis hierarquicamente superiores;
– violou direitos e garantias de trabalhadores da empregadora;
– provocou repetidamente conflitos com outros trabalhadores da empregadora;
– manifestou desinteresse repetido pelo cumprimento, com a diligência devida, das obrigações inerentes ao exercício da sua função;
– lesou interesses patrimoniais sérios da empregadora, assumindo comportamentos que, pela sua gravidade e consequências, tornaram impossível a subsistência da relação de trabalho, constituindo justa causa de despedimento, nos termos do art. 351º, nºs 1 e 2, als. *a)*, *b)*, *c)*, *d)* e *e)*, do CT.

Pelo exposto, em nosso opinião, a arguida deverá ser despedida com justa causa.

...., ...(data)

A instrutora,

_____

(PROPOSTA DE) DECISÃO FINAL

I – A empregadora, ..., depois de analisar o procedimento disciplinar que mandou instaurar à trabalhadora ... e as respetivas conclusões, verifica que as imputações que constam da nota de culpa e que aqui se dão como integralmente reproduzidas, foram dadas como provadas.

II – Com as condutas agora provadas a arguida desrespeitou e não tratou com urbanidade e probidade os seus superiores hierárquicos e a empregadora, não realizou o seu trabalho com diligência e zelo e não cumpriu as ordens e instruções dadas pela empregadora respeitantes à execução e disciplina do trabalho, violando, entre outros, os deveres previstos nas als. *a)*, *c)* e *e)*, do nº 1, do art. 128º, do CT.

Analogamente, com tais condutas:
– desobedeceu a ordens dadas por responsáveis hierarquicamente superiores;
– violou direitos e garantias de trabalhadores da empregadora;
– provocou repetidamente conflitos com outros trabalhadores da empregadora;
– manifestou desinteresse repetido pelo cumprimento, com a diligência devida, das obrigações inerentes ao exercício da sua função;
– lesou interesses patrimoniais sérios da empregadora, assumindo comportamentos que, pela sua gravidade e consequências, tornaram impossível a subsistência da relação de trabalho, constituindo justa causa de despedimento, nos termos do art. 351º, nºs 1 e 2, als. *a)*, *b)*, *c)*, *d)* e *e)*, do CT.

Pelo exposto, no âmbito do poder disciplinar de que é titular a empregadora, nos termos do disposto no art. 328º, do CT, decido pelo despedimento imediato com justa causa da arguida, com base nos fundamentos invocados no relatório final que aqui se dão por integralmente reproduzidos.

...., ... (data)

A empregadora,

_____

Notas:

Recebidos os pareceres referidos no nº 5, do art. 356º, do CT, ou decorrido o prazo para o efeito, o empregador dispõe de 30 dias para proferir a decisão de despedimento, sob pena de caducidade do direito de aplicar a sanção (art. 357º, nº 1, do CT).

Quando não exista comissão de trabalhadores e o trabalhador não seja representante sindical, este prazo conta-se a partir da data da conclusão da última diligência de instrução (art. 357º, nº 2, do CT).

A decisão deve ser fundamentada e constar de documento escrito (art. 357º, nº 5, do CT).

Na decisão são ponderadas as circunstâncias do caso, nomeadamente as referidas no nº 3 do artigo 351º, a adequação do despedimento à culpabilidade do trabalhador e os pareceres dos representantes dos trabalhadores, não podendo ser invocados factos não constantes da nota de culpa ou da resposta do trabalhador, salvo se atenuarem a responsabilidade (art. 357º, nº 4, do CT).

Na decisão não podem ser invocados factos constantes da nota de culpa e/ou da resposta do trabalhador, salvo se, atenuarem a responsabilidade (art. 357º, nº 4, do CT).

Se a decisão de despedimento e os seus fundamentos não for comunicada por escrito, o procedimento disciplinar é inválido, nos termos da al. *d*), do nº 2, do art. 382º, do CT.

(PROPOSTA DE) CARTA DE COMUNICAÇÃO DA DECISÃO AO TRABALHADOR

Exma. Senhora:
...
Rua ...

... (data)
Registada c/Aviso de Receção

ASSUNTO: Comunicação da decisão de despedimento proferida no âmbito do procedimento disciplinar que lhe foi instaurado pela empregadora ...

Exma. Senhora:

Somos pela presente a comunicar que, na sequência do procedimento disciplinar que lhe foi instaurado em ..., decidimos proceder ao seu despedimento com justa causa, motivado por comportamentos ilícitos adotados por V. Exa. que, pela sua gravidade e consequências, tornam imediata e praticamente impossível a manutenção da relação de trabalho.

Em cumprimento do disposto no nº 6, do art. 357º, do CT, remetemos em anexo cópia da decisão fundamentada e do relatório final proferidos no âmbito do referido procedimento disciplinar.

Com os nossos melhores cumprimentos,

A empregadora,
_____

JUNTA: Cópia do relatório e da decisão finais.

Notas:

A decisão deve ser comunicada, por cópia ou transcrição, ao trabalhador (art. 357º, nº 6, do CT).

(PROPOSTA DE) CARTA DE REMESSA DE CÓPIA DA COMUNICAÇÃO DA INTENÇÃO DE DESPEDIMENTO E DA NOTA DE CULPA À COMISSÃO DE TRABALHADORES

Comissão de trabalhadores da empresa ...
Rua ...

... (data)
Registada c/Aviso de Receção

ASSUNTO: Comunicação da decisão de despedimento proferida no âmbito do procedimento disciplinar que foi instaurado à trabalhadora ...

Exmos. Senhores:

Somos pela presente a comunicar que, na sequência do procedimento disciplinar que foi instaurado em ..., à trabalhadora ..., caixa e vendedora, decidimos proceder ao seu despedimento com justa causa, motivado por comportamentos ilícitos adotados que, pela sua gravidade e consequências, tornam imediata e praticamente impossível a manutenção da relação de trabalho.

Em cumprimento do disposto no nº 6, do art. 357º, do CT, remetemos em anexo cópia da decisão fundamentada e do relatório final proferidos no âmbito do referido procedimento disciplinar.

Com os nossos melhores cumprimentos,

A empregadora,
_____

JUNTA: Cópia do relatório e da decisão finais.

Notas:

A decisão deve ser comunicada, por cópia ou transcrição, à Comissão de Trabalhadores (art. 357º, nº 6, do CT).

2. Despedimento por Extinção de Posto de Trabalho

(PROPOSTA DE) COMUNICAÇÃO À COMISSÃO DE TRABALHADORES DA NECESSIDADE DE EXTINGUIR O POSTO DE TRABALHO E DE DESPEDIR O TRABALHADOR ENVOLVIDO (ART. 369º, Nº 1, DO CT)

Comissão de trabalhadores da empresa...
Rua...

... (data)
Registada c/ Aviso de Receção

ASSUNTO: Comunicação da necessidade de extinguir posto de trabalho e de despedir o trabalhador envolvido

Exmos. Senhores,

A empregadora..., com sede na Rua..., Pessoa Coletiva nº..., que se dedica à atividade de fabrico e comercialização de acessórios para automóveis vem, em cumprimento do disposto no art. 369º, nº 1, do CT, comunicar a V. Exas. a necessidade de extinguir o único posto de trabalho existente no setor de venda ao público e, consequentemente, de proceder ao despedimento do Exmo. Sr...., com a categoria profissional de ..., que ocupa tal posto.

A referida extinção de posto de trabalho assenta nos seguintes motivos:

a) Em ..., a empregadora criou uma secção de venda ao público;

b) Para o efeito contratou o trabalhador..., com a categoria profissional de caixa;

c) Acontece que, ao contrário do que era esperado, os custos com a manutenção e funcionamento da referida secção têm sido superiores ao valor aí apurado, o que tem provocado a acumulação de sucessivos prejuízos (cfr. registos contabilísticos que se juntam como docs. nºs 1 e 2);

d) Até hoje, a cobertura dos referidos prejuízos tem sido assegurada pelo produto da venda a retalho;

e) Situação que nos últimos meses se revelou insuportável, dado que o volume da venda a retalhistas tem diminuído em larga medida (cfr. extratos de faturas juntos como docs. nºs 3 a 10);

f) Perante este cenário, a empregadora não tem condições para continuar com a secção de venda ao público, pelo que é inevitável o encerramento dessa secção e a extinção do posto de trabalho aí existente;

g) A seleção do trabalhador a despedir assentou no facto de a secção a extinguir ser composto apenas pelo posto de trabalho que o mesmo ocupa.

Com efeito, na secção de venda ao público trabalha apenas o trabalhador a despedir;

h) A empregadora não tem nenhum posto de trabalho compatível com a categoria profissional do trabalhador.

Pelo exposto, não resta outra alternativa que não seja proceder ao despedimento do Exmo. Sr...

Aproveitamos para informar que V. Exas. dispõe do prazo de 10 dias para transmitir à empregadora o vosso parecer.

Com os nossos melhores cumprimentos,

A empregadora,

_____

JUNTA: 10 documentos.

(PROPOSTA DE) CARTA A COMUNICAR AO TRABALHADOR ABRANGIDO A NECESSIDADE DE EXTINGUIR O POSTO DE TRABALHO E DE DESPEDIR O TRABALHADOR ENVOLVIDO (ART. 369º, Nº 1, DO CT)

Exmo. Senhor:
...
Rua...

... (data)
Registada c/ Aviso de Receção

ASSUNTO: Comunicação da necessidade de extinguir posto de trabalho e de proceder a despedimento

Exmo. Senhor,

A empregadora..., com sede na Rua..., Pessoa Coletiva nº..., que se dedica à atividade de fabrico e comercialização de acessórios para automóveis vem, em cumprimento do disposto no art. 369º, nº 1, do CT, comunicar a V. Exa. a necessidade de extinguir o único posto de trabalho existente no setor de venda ao público e, consequentemente, de proceder ao seu despedimento, uma vez que ocupa tal posto de trabalho.

a) Em ..., a empregadora criou uma secção de venda ao público;

b) Para o efeito contratou V. exa., com a categoria profissional de caixa;

c) Acontece que, ao contrário do que era esperado, os custos com a manutenção e funcionamento da referida secção têm sido superiores ao valor aí apurado, o que tem provocado a acumulação de sucessivos prejuízos (cfr. registos contabilísticos juntos como docs. nºs 1 e 2);

d) Até hoje, a cobertura dos referidos prejuízos tem sido assegurada pelo produto da venda a retalho;

e) Situação que nos últimos meses se revelou insuportável, dado que o volume da venda desta secção tem diminuído em larga medida (cfr. extratos de faturas juntos como docs. nºs 3 a 10);

f) Perante este cenário, a empregadora não tem condições para continuar com a secção de venda ao público, pelo que é inevitável o seu encerramento e, consequentemente, a extinção do posto de trabalho aí existente, por si ocupado;

g) A seleção de v. Exa. como trabalhador a despedir assentou no facto de a secção a extinguir ser composto apenas pelo posto de trabalho por si ocupado.

Com efeito, na secção de venda ao público não trabalham outros trabalhadores;

h) A empregadora não tem nenhum posto de trabalho onde V. Exa. possa ser colocado.
Pelo exposto, não resta outra alternativa que não seja proceder ao seu despedimento.

Aproveitamos para informar que V. Exa. dispõe do prazo de 10 dias para transmitir à empregadora o seu parecer.
Com os nossos melhores cumprimentos,

A empregadora,
_____

JUNTA: 10 documentos.

Notas:

De acordo com o art. 369º, nº 1, do CT, o empregador, no caso de despedimento por extinção de posto de trabalho, comunica, por escrito, à comissão de trabalhadores ou, na sua falta, à comissão intersindical ou comissão sindical, ao trabalhador envolvido e ainda, caso este seja representante sindical, à associação sindical respectiva:

a) A necessidade de extinguir o posto de trabalho, indicando os motivos justificativos e a secção ou unidade equivalente a que respeita;

b) A necessidade de despedir o trabalhador afecto ao posto de trabalho a extinguir e a sua categoria profissional;

c) Os critérios para seleção dos trabalhadores a despedir.

O despedimento efetuado com violação do nº 1, do art. 369º, do CT, constitui contraordenação grave (art. 369º, nº 2, do CT).

O despedimento por extinção do posto de trabalho é ilícito se o empregador não fizer as comunicações supra referidas (art. 384º, al. c), do CT).

(PROPOSTA DE) CARTA A ENVIAR PARECER FUNDAMENTADO DO TRABALHADOR (ART. 370º, Nº 1, DO CT)

Exmos. Senhores:
...
Rua...

... (data)
Registada c/ Aviso de Receção

ASSUNTO: Parecer quanto ao despedimento por extinção do posto de trabalho

Exmos. Senhores,

No passado dia ... foi-me comunicada a necessidade de proceder ao meu despedimento por extinção de posto de trabalho.

Neste seguimento, sou pela presente a enviar parecer fundamentado nos termos do art. 370º, nº 1, do CT.

Com os melhores cumprimentos,

O trabalhador,
_____

JUNTA: 1 Parecer.

PARECER

..., trabalhador da empregadora ..., tendo-lhe sido comunicada a necessidade de proceder ao seu despedimento por extinção de posto de trabalho, vem, ao abrigo do art. 370º, nº 1, do CT, apresentar o seu parecer fundamentado, nos seguintes termos:

a) No que diz respeito aos motivos invocados para o encerramento da secção de venda ao público onde exerço funções, nada tenho a opor;

b) É, no entanto, falso que não exista nenhum posto de trabalho onde possa ser colocado;

c) Com efeito, a equipa de vendedores da empresa está atualmente reduzida a 3 trabalhadores, dado que, ao Exmo. Senhor..., que estava responsável pela área ..., foi-lhe concedida a reforma antecipada por motivo de doença;

d) Até hoje, a empregadora não admitiu nenhum trabalhador para ocupar tal posto de trabalho, nem sequer para aí destinou nenhum dos vendedores existentes na empresa;

e) Assim, tendo em consideração a categoria e as habilitações profissionais de que sou titular e a enorme relevância que a área em causa apresenta no volume de negócios da empresa, entendo que devo ser colocado como vendedor na área ....

Pelo exposto, o meu despedimento por extinção de posto de trabalho é ilícito, porquanto não estão preenchidos os respetivos requisitos, designadamente a impossibilidade de subsistência da relação de trabalho, devendo, em consequência, ser arquivado o presente procedimento.

Este é o meu parecer.

O trabalhador,

_____

Notas:

Nos 10 dias posteriores à comunicação prevista no art. 369º, do CT, a estrutura representativa dos trabalhadores, o trabalhador envolvido e ainda, caso este seja representante sindical, a associação sindical respetiva podem transmitir ao empregador o seu parecer fundamentado, nomeadamente sobre os motivos invocados, os requisitos previstos no nº 1 do artigo 368º ou os critérios a que se refere o nº 2 do mesmo artigo, bem como as alternativas que permitam atenuar os efeitos do despedimento (art. 370º, nº 1, do CT).

(PROPOSTA DE) DECISÃO (ART. 371º, Nº 1, DO CT)

Em cumprimento do disposto no art. 371º, nº 1, do CT, a empregadora..., com sede na Rua..., Pessoa Coletiva nº..., que se dedica à atividade de fabrico e comercialização de acessórios para automóveis, no âmbito do procedimento de despedimento por extinção do posto de trabalho do trabalhador..., profere decisão nos seguintes termos e fundamentos:

a) Em ..., a empregadora em causa, criou uma secção de venda ao público;

b) Para o efeito contratou o trabalhador..., com a categoria profissional de caixa;

c) Acontece que, ao contrário do que era esperado, até à presente data os custos com a manutenção e funcionamento da referida secção têm sido superiores ao valor aí apurado, o que tem provocado a acumulação de sucessivos prejuízos (cfr. registos contabilísticos juntos como docs. nºs 1 e 2);

d) Até hoje, a cobertura dos referidos prejuízos tem sido assegurada pelo produto da venda a retalhistas;

e) Situação que nos últimos meses se revelou insuportável, dado que o volume da venda a retalhistas tem diminuído em larga medida (cfr. extratos de faturas juntos como docs. nºs 3 a 10);

f) Perante este cenário, não existem condições para continuar com a secção de venda ao público, pelo que não resta outra alternativa que não seja o seu encerramento e consequente extinção do posto de trabalho aí existente;

g) A seleção do trabalhador a despedir assentou no facto de a secção a extinguir ser composto apenas pelo posto de trabalho que o mesmo ocupa.

Com efeito, na secção de venda ao público trabalha apenas o trabalhador a despedir;

h) Os motivos invocados para o presente despedimento não se verificaram por conduta culposa da empregadora, nem do trabalhador;

i) A subsistência da relação de trabalho estabelecida com o trabalhador é absolutamente impossível, isto porque, a empregadora não tem um posto de trabalho compatível com a sua categoria profissional;

j) Com efeito, a empregadora tem uma equipa de 4 vendedores, sendo certo que pretende revogar o contrato de trabalho de um desses trabalhadores, por força do decréscimo do volume de vendas que se tem verificado desde ... e que se está a tornar incomportável do ponto de vista económico-financeiro;

k) Não existem contratos a termo para as tarefas correspondentes às do posto de trabalho extinto;

l) Neste caso, não é aplicável o regime do despedimento coletivo, dado que o despedimento em causa abrange apenas um trabalhador.

O trabalhador afeto tem direito à quantia de € ..., a título de compensação e créditos vencidos e exigíveis por efeito da cessação do contrato de trabalho, a qual será paga, mediante cheque, no dia ..., pelas ... horas, no Gabinete de Contabilidade da empregadora sito na Rua....

A cessação do contrato de trabalho celebrado com o trabalhador em virtude do despedimento em causa, verificar-se-á no dia ....

.... (data)

A empregadora,

_____

JUNTA: 10 Documentos.

Notas:

1. Nos termos do art. 371º, nº 2, do CT, na redacção introduzida pela L nº 23/2012, de 25.06, a decisão de despedimento é proferida por escrito, dela constando:

a) Motivo da extinção do posto de trabalho;

b) Confirmação dos requisitos previstos no nº 1, do art. 368º.

O nº 4, do art. 368º, do CT (na redação introduzida pela L nº 27/2014, de 08.05), impõe que, para efeito da alínea *b)* do nº 1, do art. 368º, uma vez extinto o posto de trabalho, considera-se que a subsistência da relação de trabalho é praticamente impossível quando o empregador não disponha de outro compatível com a categoria profissional do trabalhador;

c) Prova da aplicação dos critérios de determinação do posto de trabalho a extinguir, caso se tenha verificado oposição a esta.

O nº 2, do art. 368º, do CT (na redação introduzida pela L nº 27/2014, de 08.05), determina que, no caso de haver na secção ou estrutura equivalente uma pluralidade de postos de trabalho de conteúdo funcional idêntico, para determinação do posto de trabalho a extinguir, a decisão do empregador deve observar, por referência aos respetivos titulares, a seguinte ordem de critérios relevantes e não discriminatórios:

– Pior avaliação de desempenho, com parâmetros previamente conhecidos pelo trabalhador;

– Menores habilitações académicas e profissionais;

– Maior onerosidade pela manutenção do vínculo laboral do trabalhador para a empresa;

– Menor experiência na função;
– Menor antiguidade na empresa;

d) Montante, forma, momento e lugar do pagamento da compensação e dos créditos vencidos e dos exigíveis por efeito da cessação do contrato de trabalho. Importa referir que este pagamento deve ser efetuado até ao termo do prazo de aviso prévio (art. 371º, nº 4, do CT).

A não colocação à disposição do trabalhador despedido, até ao termo do prazo de aviso prévio, da compensação e dos créditos vencidos ou exigíveis em virtude da cessação do contrato de trabalho constitui causa de ilicitude do despedimento (art. 384º, al. *d*), do CT);

e) Data da cessação do contrato.

O despedimento efetuado com violação do nº 2, do art. 371º, do CT, constitui contraordenação grave (art. 371º, nº 5, do CT).

2. Em caso de despedimento por extinção do posto de trabalho, o trabalhador tinha direito a compensação correspondente a 20 dias de retribuição base e diuturnidades por cada ano completo de antiguidade (art. 366º, nº 1 *ex vi* art. 372º, do CT, na redacção introduzida pela L nº 23/2012, de 25.06).

Com a L nº 69/2013, o valor de referência da compensação prevista no nº 1, do art. 366º *ex vi* art. 372º, ambos do CT, passou de 20 para 12 dias de retribuição base e diuturnidades.

De acordo com o art. 5º, nº 1, da L nº 69/2013, em caso de cessação de contrato de trabalho celebrado antes de 01.11.2011, a referida compensação é calculada do seguinte modo:

a) Em relação ao período de duração do contrato até 31 de outubro de 2012, o montante da compensação corresponde a um mês de retribuição base e diuturnidades por cada ano completo de antiguidade ou é calculado proporcionalmente em caso de fração de ano;

b) Em relação ao período de duração do contrato a partir de 1 de novembro de 2012 inclusive e até 30 de setembro de 2013, o montante da compensação corresponde a 20 dias de retribuição base e diuturnidades calculado proporcionalmente ao período efetivo de trabalho prestado;

c) Em relação ao período de duração do contrato a partir de 1 de outubro de 2013 inclusive, o montante da compensação corresponde à soma dos seguintes montantes:

　i) A 18 dias de retribuição base e diuturnidades por cada ano completo de antiguidade, no que respeita aos três primeiros anos de duração do contrato;

　ii) A 12 dias de retribuição base e diuturnidades por cada ano completo de antiguidade, nos anos subsequentes;

iii) O disposto na subalínea *i)* aplica-se apenas nos casos em que o contrato de trabalho, a 1 de outubro de 2013, ainda não tenha atingido a duração de três anos.

Note-se que o montante total da compensação calculado nestes termos não pode ser inferior a três meses de retribuição base e diuturnidades (art. 5º, nº 2, da L nº 69/2013).

3. Por sua vez, o nº 3, do art. 5º, da L nº 69/2013, estabelece que, em caso de cessação de contrato de trabalho celebrado depois de 01.11.2011 e até 30.09.2013 inclusive, a compensação prevista no nº 1, do art. 366º, do CT, é calculada do seguinte modo:

a) Em relação ao período de duração do contrato até 30 de setembro de 2013, o montante da compensação corresponde a 20 dias de retribuição base e diuturnidades por cada ano completo de antiguidade ou é calculado proporcionalmente em caso de fração de ano;

b) Em relação ao período de duração do contrato a partir de 1 de outubro de 2013 inclusive, o montante da compensação corresponde à soma dos seguintes montantes:

i) A 18 dias de retribuição base e diuturnidades por cada ano completo de antiguidade, no que respeita aos três primeiros anos de duração do contrato;

ii) A 12 dias de retribuição base e diuturnidades por cada ano completo de antiguidade, nos anos subsequentes;

iii) O disposto na subalínea *i)* aplica-se apenas nos casos em que o contrato de trabalho, a 1 de outubro de 2013, ainda não tenha atingido a duração de três anos.

4. O empregador é responsável pelo pagamento da totalidade da compensação, sem prejuízo do direito ao reembolso, por aquele, junto do fundo de compensação do trabalho ou de mecanismo equivalente e do direito do trabalhador a acionar o fundo de garantia de compensação do trabalho, nos termos previstos em legislação específica (art. 366º, nº 3, na redação introduzida pela L nº 69/2013).

Os regimes jurídicos do fundo de compensação do trabalho, do mecanismo equivalente e do fundo de garantia de compensação do trabalho foram estabelecidos pela L nº 70/2013, de 30 de agosto.

Importa ter presente que esta lei só se aplica aos contratos de trabalho celebrados após a sua entrada em vigor (ou seja, 01.10.2013), tendo sempre por referência a antiguidade, contada a partir do momento da execução daqueles contratos (cfr., conjugadamente, os arts. 2º, nº 2 e 61º, nº 1, da L nº 70/2013).

(PROPOSTA DE) CARTA A COMUNICAR A DECISÃO DE DESPEDIMENTO AO TRABALHADOR (ART. 371º, Nº 3, DO CT)

Exmo. Senhor:
...
Rua...

... (data)
Registada c/ Aviso de Receção

ASSUNTO: Comunicação de decisão de despedimento

Exmo. Senhor,

Em cumprimento do disposto no art. 371º, nº 3, do CT, somos pela presente a comunicar, por cópia, a decisão relativa ao seu despedimento por extinção do posto de trabalho, nos termos e com os fundamentos que constam da mesma.

Com os melhores cumprimentos,

A empregadora,
_____

JUNTA: Uma cópia da decisão.

Nota:
A falta desta comunicação constitui contraordenação grave (art. 371º, nº 5).

(PROPOSTA DE) CARTA A ENVIAR CÓPIA DE DECISÃO DE DESPEDIMENTO À COMISSÃO DE TRABALHADORES (ART. 371º, Nº 3, DO CT)

Comissão de trabalhadores da empresa...
Rua...

... (data)
Registada c/ Aviso de Receção

ASSUNTO: Comunicação de decisão de despedimento

Exmos. Senhores,

Em cumprimento do disposto no art. 371º, nº 3, do CT, somos pela presente a enviar cópia da decisão de despedimento do trabalhador... por extinção do posto de trabalho.

Com os melhores cumprimentos,

A empregadora,

_____

JUNTA: Uma decisão.

Nota:
A falta desta comunicação constitui contraordenação leve (art. 371º, nº 6).

(PROPOSTA DE) CARTA A ENVIAR CÓPIA DE DECISÃO DE DESPEDIMENTO À AUTORIDADE PARA AS CONDIÇÕES DE TRABALHO (ART. 371º, Nº 3, DO CT)

Autoridade para as Condições de Trabalho
Rua ...

... (data)
Registada c/ Aviso de Receção

ASSUNTO: Comunicação de decisão de despedimento

Exmos. Senhores,

Em cumprimento do disposto no art. 371º, nº 3, do CT, somos pela presente a enviar cópia da decisão de despedimento do trabalhador... por extinção do posto de trabalho.

Com os melhores cumprimentos,

A empregadora,
_____

Notas:
Nos termos do art. 371º, nº 3, do CT, o empregador comunica a decisão, por cópia ou transcrição, ao trabalhador, à comissão de trabalhadores e à Autoridade para as Condições de Trabalho (ACT), com antecedência mínima, relativamente à data da cessação, de:
a) 15 dias, no caso de trabalhador com antiguidade inferior a um ano;
b) 30 dias, no caso de trabalhador com antiguidade igual ou superior a um ano e inferior a cinco anos;
c) 60 dias, no caso de trabalhador com antiguidade igual ou superior a cinco anos e inferior a 10 anos;
d) 75 dias, no caso de trabalhador com antiguidade igual ou superior a 10 anos.
A falta desta comunicação constitui contraordenação leve (art. 371º, nº 6).

3. Despedimento por Inadaptação

**(PROPOSTA DE) CARTA A COMUNICAR AO TRABALHADOR
ABRANGIDO A INTENÇÃO
DE PROCEDER AO DESPEDIMENTO (ART. 376º, Nº 1, DO CT)**

Exmo. Senhor:
...
Rua...

... (data)
Registada c/ Aviso de Receção

ASSUNTO: Comunicação da intenção de proceder ao despedimento

Exmo. Senhor,

Em cumprimento do disposto no art. 376º, nº 1, do CT, somos pela presente a comunicar que, a empregadora..., com sede na Rua..., Pessoa Coletiva nº..., que se dedica à atividade de fabrico e comercialização de acessórios para automóveis, tem intenção de proceder ao seu despedimento por inadaptação.

O presente despedimento assenta nos seguintes motivos justificativos:

a) Em ..., a empregadora admitiu ao seu serviço V. Exa., que sob a sua autoridade e direção, exerceu as funções de empregado de escritório na sua sede, mediante a retribuição mensal de €...;

b) As suas funções consistiam, fundamentalmente:
– na emissão de faturas, notas de devolução e guias de transporte;
– no registo do material existente em *stock*;
– no processamento de recibos de remuneração e de mapas de pessoal e de férias;

c) No decurso do ano de ... e daí em diante, a empresa ... viu aumentado o número de pedidos de fornecimento e de notas de encomenda;

d) Por outro lado, grande parte dos clientes começou a sugerir e, nalguns casos, a impor que fossem criadas condições para que as relações comerciais pudessem ser realizadas via eletrónica;

e) Aliás, alguns clientes deixaram de negociar com a empregadora, em virtude de esta não estar munida dos meios tecnológicos essenciais para garantir a celeridade, a simplicidade e o baixo custo necessários nas relações referidas;

f) Neste seguimento, foi solicitado à empresa ... um estudo para aferir quais os programas existentes no mercado que tivessem por objeto o tratamento de pedidos de encomendas, de emissão de faturas e guias de transporte e, simultaneamente, de gestão de recursos humanos e respetivo grau de dificuldade de aprendizagem;

g) Foi, ainda, solicitado que fossem analisados quais os benefícios e inconvenientes da instalação de um programa daquela natureza;

h) Tal estudo concluiu que a instalação desse programa apresentava inúmeros benefícios de ordem tecnológica, económica e comercial, garantindo, acima de tudo, um melhor, mais rápido e menos dispendioso serviço aos clientes (cfr. cópia de estudo que se junta em anexo);

i) Analisado o estudo, optou-se pela instalação do programa ..., principalmente, porque de todos era o que exigia menor esforço de adaptação (cfr. cópia de estudo que se junta em anexo);

j) O referido programa informático destinava-se ao tratamento de pedidos de encomendas, de emissão de faturas e guias de transporte e, simultaneamente, à gestão de recursos humanos.

Em ..., a empregadora ministrou formação profissional adequada às modificações introduzidas no posto de trabalho, por autoridade competente, nos termos da al. *b)*, do nº 1, do art. 375º, do CT.

Formação que foi concluída em ....

Em cumprimento do disposto na al. *c)*, do nº 1, do art. 376º, do CT, comunicamos que os resultados da referida formação foram os seguintes: ....

Em ..., foi instalado o programa referido.

Apesar do período de adaptação de 6 meses (de ... a ...) concedido, V. Exa. não conseguiu, nem consegue, utilizar tal programa, tendo inclusive provocado, por diversas vezes, graves avarias, das quais se destacam as seguintes:

– Nos dias ... apagou todos os ficheiros existentes, o que levou à solicitação dos serviços da empresa ..., que pela recuperação dos ficheiros cobrou a quantia de € ...;

– Nos dias ..., bloqueou o sistema informático, provocando um prejuízo de € ....

De notar que os seus superiores hierárquicos e colegas de trabalho tudo fizeram para que se adaptasse ao novo programa informático.

O que, diga-se desde já, nunca veio a acontecer.

Em respeito pela al. d), do nº 1, do art. 375º, informamos que, a empregadora não tem outro posto de trabalho disponível e compatível com a categoria profissional de V. Exa.

Pelo exposto, não resta outra alternativa que não seja proceder ao seu despedimento por inadaptação.

Aproveitamos para informar que V. Exa. dispõe do prazo de 10 dias para transmitir à empregadora o seu parecer, bem como para juntar os documentos e solicitar as diligências probatórias que se mostrem pertinentes.

...., ... (data)

Com os nossos melhores cumprimentos,

A empregadora,

_____

JUNTA: Cópia de um estudo.

Notas:

1. De acordo com o disposto no nº 1, do art. 375º, do CT, o despedimento por inadaptação só pode ter lugar desde que, cumulativamente, se verifiquem os seguintes requisitos:

a) Tenham sido introduzidas modificações no posto de trabalho resultantes de alterações nos processos de fabrico ou de comercialização, de novas tecnologias ou equipamentos baseados em diferente ou mais complexa tecnologia, nos seis meses anteriores ao início do procedimento;

b) Tenha sido ministrada formação profissional adequada às modificações do posto de trabalho, por autoridade competente ou entidade formadora certificada;

c) Tenha sido facultado ao trabalhador, após a formação, um período de adaptação de, pelo menos, 30 dias, no posto de trabalho ou fora dele sempre que o exercício de funções naquele posto seja susceptível de causar prejuízos ou riscos para a segurança e saúde do trabalhador, de outros trabalhadores ou de terceiros;

d) Não exista na empresa outro posto de trabalho disponível e compatível com a categoria profissional do trabalhador. (Esta alínea que havia sido revogada pela L nº 23/2012, de 25.06, foi, no fundo, agora repristinada pela L nº 27/2014, de 08.05).

2. Nos termos do art. 376º, nº 1, do CT, o empregador comunica, por escrito, ao trabalhador e, caso este seja representante sindical, à associação sindical respetiva:

a) A intenção de proceder ao despedimento, indicando os motivos justificativos;

b) As modificações introduzidas no posto de trabalho ou, caso estas não tenham existido, os elementos a que se referem as alíneas *b)* e *c)*, do nº 2, do art. 375º;

c) Os resultados da formação profissional e do período de adaptação, a que se referem as alíneas *b)* e *c)* do nº 1 e a alínea *d)* do nº 2 do artigo 375º.

Caso o trabalhador não seja representante sindical, decorridos três dias úteis após a receção da comunicação referida no nº 1, do art. 376º, o empregador deve fazer a mesma comunicação à associação sindical que o trabalhador tenha indicado para o efeito ou, se este não o fizer, à comissão de trabalhadores ou, na sua falta, à comissão intersindical ou comissão sindical (art. 376º, nº 2, do CT).

A violação do disposto no art. 376º, nº 1, do CT, integra contraordenação grave (art. 376º, nº 3, do CT).

Se o empregador não tiver feito as comunicações previstas no art. 376º, do CT, o despedimento é ilícito (al. *b*), do art. 385º, do CT).

(PROPOSTA DE) CARTA A COMUNICAR À COMISSÃO DE TRABALHADORES A INTENÇÃO DE PROCEDER AO DESPEDIMENTO (ART. 376º, Nº 2, DO CT)

Comissão de trabalhadores da empresa...
Rua...

... (data)
Registada c/ Aviso de Receção

ASSUNTO: Comunicação da intenção de proceder ao despedimento por inadaptação do trabalhador...

Exmos. Senhores,

Em cumprimento do disposto no art. 376º, nº 2, do CT, somos pela presente a comunicar que, a empregadora..., com sede na Rua..., Pessoa Coletiva nº..., que se dedica à atividade de fabrico e comercialização de acessórios para automóveis, tem intenção de proceder ao despedimento por inadaptação do Exmo. Sr...., empregado de escritório.

O presente despedimento assenta nos seguintes motivos justificativos:

a) Em ..., a empregadora admitiu ao seu serviço o trabalhador... que sob a sua autoridade e direção, exerceu as funções de empregado de escritório na sua sede, mediante a retribuição mensal de €...;

b) As funções do referido trabalhador consistiam, fundamentalmente:
– na emissão de faturas, notas de devolução e guias de transporte;
– no registo do material existente em *stock*;
– no processamento de recibos de remuneração e de mapas de pessoal e de férias;

c) No decurso do ano de ... e daí em diante, a empregadora viu aumentado o número de pedidos de fornecimento e de notas de encomenda;

d) Por outro lado, grande parte dos clientes começou a sugerir e, nalguns casos, a impor que fossem criadas condições para que as relações comerciais pudessem ser realizadas via eletrónica;

e) Aliás, alguns clientes deixaram de negociar com a empregadora, em virtude de esta não estar munida dos meios tecnológicos essenciais para garantir a celeridade, a simplicidade e o baixo custo necessários nas relações referidas;

f) Neste seguimento, foi solicitado à empregadora um estudo para aferir quais os programas existentes no mercado que tivessem por objeto o tratamento de pedidos de encomendas, de emissão de faturas e guias de transporte e, simultaneamente, de gestão de recursos humanos e respetivo grau de dificuldade de aprendizagem;

g) Foi, ainda, solicitado que fossem analisados quais os benefícios e inconvenientes da instalação de um programa daquela natureza;

h) Tal estudo concluiu que a instalação desse programa apresentava inúmeros benefícios de ordem tecnológica, económica e comercial, garantindo, acima de tudo, um melhor, mais rápido e menos dispendioso serviço aos clientes (cfr. cópia de estudo que se junta em anexo);

i) Analisado o estudo, optou-se pela instalação do programa ..., principalmente, porque de todos era o que exigia menor esforço de adaptação (cfr. cópia de estudo que se junta em anexo);

j) O referido programa informático destinava-se ao tratamento de pedidos de encomendas, de emissão de faturas e guias de transporte e, simultaneamente, à gestão de recursos humanos.

Em ..., a empregadora ministrou formação profissional adequada às modificações introduzidas no posto de trabalho, por autoridade competente, nos termos da al. *b)*, do nº 1, do art. 375º, do CT.

Formação que foi concluída em ....

Em cumprimento do disposto na al. *c)*, do nº 1, do art. 376º, do CT, comunicamos que os resultados da referida formação foram os seguintes....

Em ..., foi instalado o programa referido.

Ao trabalhador foi conferido um período de adaptação de 6 meses, mais precisamente de ... a ....

Apesar do período de adaptação concedido, o mesmo não conseguiu, nem consegue, utilizar tal programa, tendo inclusive provocado, por diversas vezes, graves avarias, das quais se destacam as seguintes:

– Nos dias ... apagou todos os ficheiros existentes, o que levou à solicitação dos serviços da empresa ..., que pela recuperação dos ficheiros cobrou a quantia de €...;

– Nos dias ..., bloqueou o sistema informático, provocando um prejuízo de € ....

De notar que os superiores hierárquicos do trabalhador e os seus colegas de trabalho tudo fizeram para que este se adaptasse ao novo programa informático.

O que, diga-se desde já, nunca veio a acontecer.

Em respeito pela al. d), do nº 1, do art. 375º, informamos que, na empresa, não existe outro posto de trabalho disponível e compatível com a categoria profissional do trabalhador.

Pelo exposto, não resta outra alternativa que não seja o despedimento do trabalhador por inadaptação.

Aproveitamos para informar que V. Exas. dispõem do prazo de 10 dias para transmitir à empregadora o vosso parecer.

...., ... (data)

Com os nossos melhores cumprimentos,

A empregadora,

_____

JUNTA: Cópia de um estudo.

(PROPOSTA DE) PARECER SOBRE O DESPEDIMENTO POR INADAPTAÇÃO
(ART. 377º, DO CT)

Exmos. Senhores:
...
Rua...

... (data)
Registada c/ Aviso de Receção

ASSUNTO: Parecer sobre despedimento por inadaptação

Exmos. Senhores,

Tendo sido informado que a empregadora... com sede na Rua..., Pessoa Coletiva nº..., pretende proceder ao meu despedimento por inadaptação, sou pela presente, ao abrigo do disposto no art. 377º, nº 3, do CT, a apresentar o meu parecer fundamentado.

No que diz respeito aos motivos invocados para a instalação do programa informático..., na secção onde exerço funções, nada tenho a opor.

Ao invés, é falso que não me tenha adaptado ao referido programa.

Com efeito, nunca apresentei quaisquer dificuldades na sua utilização, tendo sido, *inclusive*, o trabalhador com melhor desempenho a nível da formação ministrada, cfr. respetivos resultados.

As avarias referidas não me podem ser imputadas.

Com efeito, desconheço que nos dias ... tenha havido eliminação de ficheiros.

Já no que diz respeito aos bloqueios do sistema informático verificados nos dias ..., os mesmo resultaram de um defeito do próprio sistema, como viria a ser admitido pela empresa fornecedora, que, prontamente, assumiu o pagamento da quantia de € ..., a título de indemnização pelos prejuízos sofridos.

Importa ainda referir que de todos os empregados de escritório, sou o que apresenta mais qualificações a nível informático.

Assim, tendo em consideração tais factos entendo que não existem quaisquer motivos para proceder ao meu despedimento por inadaptação.

Este é o meu parecer.

O trabalhador,
_____

Notas:

Nos 10 dias posteriores à comunicação prevista no art. 376º, o trabalhador pode juntar os documentos e solicitar as diligências probatórias que se mostrem pertinentes, sendo neste caso aplicável o disposto nos nºs 3 e 4, do art. 356º, com as necessárias adaptações (art. 377º, nº 1, do CT).

Caso tenham sido solicitadas diligências probatórias, o empregador deve informar o trabalhador, a estrutura representativa dos trabalhadores e, caso aquele seja representante sindical, a associação sindical respetiva, do resultado das mesmas (art. 377º, nº 2, do CT). A violação deste preceito constitui contraordenação grave (art. 377º, nº 4, do CT).

Após as comunicações previstas no art. 376º, o trabalhador e a estrutura representativa dos trabalhadores podem, no prazo de 10 dias úteis, transmitir ao empregador o seu parecer fundamentado, nomeadamente sobre os motivos justificativos do despedimento (art. 377º, nº 3, do CT).

(PROPOSTA DE) DECISÃO (ART. 378º, Nº 1, DO CT)

Em cumprimento do disposto no art. 378º, nº 1, do CT, a empregadora..., com sede na Rua ..., Pessoa Coletiva nº ..., que se dedica à atividade de fabrico e comercialização de acessórios para automóveis, no âmbito do procedimento de despedimento por inadaptação do trabalhador..., profere decisão nos seguintes termos e fundamentos:

a) Em ..., a empregadora admitiu ao seu serviço o Exmo. Senhor... que sob a sua autoridade e direção, exerceu as funções de empregado de escritório na sua sede, mediante a retribuição mensal de €...;

b) As funções do referido trabalhador consistiam, fundamentalmente:
– na emissão de faturas, notas de devolução e guias de transporte;
– no registo do material existente em *stock;*
– no processamento de recibos de remuneração e de mapas de pessoal e de férias;

c) No decurso do ano de ... e daí em diante, a empregadora viu aumentado o número de pedidos de fornecimento e de notas de encomenda;

d) Por outro lado, grande parte dos clientes começou a sugerir e, nalguns casos, a impor que fossem criadas condições para que as relações comerciais pudessem ser realizadas via eletrónica;

e) Aliás, alguns clientes deixaram de negociar com a empregadora, em virtude de esta não estar munida dos meios tecnológicos essenciais para garantir a celeridade, a simplicidade e o baixo custo necessários nas relações referidas;

f) Neste seguimento, foi solicitado um estudo para aferir quais os programas existentes no mercado que tivessem por objeto o tratamento de pedidos de encomendas, de emissão de faturas e guias de transporte e, simultaneamente, de gestão de recursos humanos e respetivo grau de dificuldade de aprendizagem;

g) Foi, ainda, solicitado que fossem analisados quais os benefícios e inconvenientes da instalação de um programa daquele natureza;

h) Tal estudo concluiu que a instalação desse programa apresentava inúmeros benefícios de ordem tecnológica, económica e comercial, garantindo, acima de tudo, um melhor, mais rápido e menos dispendioso serviço aos clientes (cfr. Estudo junto nos autos);

i) Analisado o estudo, optou-se pela instalação do programa ..., principalmente, porque de todos era o que exigia menor esforço de adaptação (cfr. Estudo supra referido);

j) O referido programa informático destinava-se ao tratamento de pedidos de encomendas, de emissão de faturas e guias de transporte e, simultaneamente, à gestão de recursos humanos;

k) Conforme supra referido, em ... foi introduzida, na empregadora, nova tecnologia, isto é, mais de seis meses antes do início do presente procedimento de despedimento;

l) Em ..., a empregadora ministrou formação profissional adequada às modificações introduzidas no posto de trabalho, por autoridade competente. Formação que foi concluída em ....

Ao trabalhador foi ministrada a formação profissional referida, na qual foram apresentados os seguintes resultados...

m) Depois de concluída a formação, foi-lhe conferido um período de adaptação de 6 meses, mais precisamente de ... a ...;

n) O trabalhador sempre exerceu as funções de empregado de escritório, não tendo qualificação profissional para outras tarefas.

Todas as funções de empregado de escritório na empresa implicam o domínio do programa informático ..., aí instalado.

Assim, não existe posto de trabalho disponível e compatível com a sua categoria profissional;

o) A situação de inadaptação em causa não foi determinada pela falta de condições de segurança, higiene e saúde no trabalho (muito menos, imputáveis à empregadora).

Desta forma, encontram-se verificados todos os requisitos previstos no art. 375º, do CT.

O trabalhador abrangido pelo presente despedimento tem direito à quantia de € ..., a título de compensação e créditos vencidos e exigíveis por efeito da cessação do contrato de trabalho, a qual será paga, mediante cheque, no dia ..., pelas ... horas, no Gabinete de Contabilidade da empresa..., sito na Rua....

A cessação do contrato de trabalho celebrado com o trabalhador em virtude do despedimento em causa, verificar-se-á no dia ....

.... (data)

A empregadora,

_____

Notas:

1. Em caso de despedimento por inadaptação, o trabalhador tinha direito a compensação correspondente a 20 dias de retribuição base e diuturnidades por cada ano completo de antiguidade (art. 366º, nº 1 *ex vi* art. 379º, nº 1, do CT).

2. Com a L nº 69/2013, o valor de referência da compensação prevista no nº 1, do art. 366º *ex vi* art. 379º, passou de 20 para 12 dias de retribuição base e diuturnidades.

De acordo com o art. 5º, nº 1, da L nº 69/2013, em caso de cessação de contrato de trabalho celebrado antes de 01.11.2011, a referida compensação é calculada do seguinte modo:

a) Em relação ao período de duração do contrato até 31 de outubro de 2012, o montante da compensação corresponde a um mês de retribuição base e diuturnidades por cada ano completo de antiguidade ou é calculado proporcionalmente em caso de fração de ano;

b) Em relação ao período de duração do contrato a partir de 1 de novembro de 2012 inclusive e até 30 de setembro de 2013, o montante da compensação corresponde a 20 dias de retribuição base e diuturnidades calculado proporcionalmente ao período efetivo de trabalho prestado;

c) Em relação ao período de duração do contrato a partir de 1 de outubro de 2013 inclusive, o montante da compensação corresponde à soma dos seguintes montantes:

   i) A 18 dias de retribuição base e diuturnidades por cada ano completo de antiguidade, no que respeita aos três primeiros anos de duração do contrato;

   ii) A 12 dias de retribuição base e diuturnidades por cada ano completo de antiguidade, nos anos subsequentes;

   iii) O disposto na subalínea *i)* aplica-se apenas nos casos em que o contrato de trabalho, a 1 de outubro de 2013, ainda não tenha atingido a duração de três anos.

Note-se que o montante total da compensação calculado nestes termos não pode ser inferior a três meses de retribuição base e diuturnidades (art. 5º, nº 2, da L nº 69/2013).

3. Por sua vez, o nº 3, do art. 5º, da L nº 69/2013, estabelece que, em caso de cessação de contrato de trabalho celebrado depois de 01.11.2011 e até 30.09.2013 inclusive, a compensação prevista no nº 1, do art. 366º, do CT, é calculada do seguinte modo:

a) Em relação ao período de duração do contrato até 30 de setembro de 2013, o montante da compensação corresponde a 20 dias de retribuição base e diuturnidades por cada ano completo de antiguidade ou é calculado proporcionalmente em caso de fração de ano;

b) Em relação ao período de duração do contrato a partir de 1 de outubro de 2013 inclusive, o montante da compensação corresponde à soma dos seguintes montantes:

   i) A 18 dias de retribuição base e diuturnidades por cada ano completo de antiguidade, no que respeita aos três primeiros anos de duração do contrato;

   ii) A 12 dias de retribuição base e diuturnidades por cada ano completo de antiguidade, nos anos subsequentes;

   iii) O disposto na subalínea *i)* aplica-se apenas nos casos em que o contrato de trabalho, a 1 de outubro de 2013, ainda não tenha atingido a duração de três anos.

4. O empregador é responsável pelo pagamento da totalidade da compensação, sem prejuízo do direito ao reembolso, por aquele, junto do fundo de compensação do trabalho ou de mecanismo equivalente e do direito do trabalhador a acionar o fundo de garantia de compensação do trabalho, nos termos previstos em legislação específica (art. 366º, nº 3, do CT, na redação introduzida pela L nº 69/2013).

Os regimes jurídicos do fundo de compensação do trabalho, do mecanismo equivalente e do fundo de garantia de compensação do trabalho foram estabelecidos pela L nº 70/2013, de 30 de agosto.

Importa ter presente que esta lei só se aplica aos contratos de trabalho celebrados após a sua entrada em vigor (ou seja, 01.10.2013), tendo sempre por referência a antiguidade, contada a partir do momento da execução daqueles contratos (cfr., conjugadamente, os arts. 2º, nº 2 e 61º, nº 1, da L nº 70/2013).

(PROPOSTA DE) CARTA A COMUNICAR A DECISÃO DE DESPEDIMENTO AO TRABALHADOR
(ART. 378º, Nº 2, DO CT)

Exmo. Senhor:
...
Rua...

... (data)
Registada c/ Aviso de Receção

ASSUNTO: Comunicação de decisão de despedimento

Exmo. Senhor,

Em cumprimento do disposto no nº 2, do art. 378º, do CT, somos pela presente a comunicar, por cópia, a decisão de proceder ao seu despedimento por inadaptação.
Com os melhores cumprimentos,

A empregadora,
_____

JUNTA: Uma decisão.

(PROPOSTA DE) CARTA A COMUNICAR A DECISÃO DE DESPEDIMENTO À COMISSÃO DE TRABALHADORES (ART. 378º, Nº 2, DO CT)

Comissão de trabalhadores da empresa...
Rua...

... (data)
Registada c/ Aviso de Receção

ASSUNTO: Comunicação de decisão de despedimento

Exmos. Senhores,

Em cumprimento do disposto no nº 2, do art. 378º, do CT, somos pela presente a comunicar, por cópia, a decisão de proceder ao despedimento por inadaptação do trabalhador....

Com os melhores cumprimentos,

A empregadora,

_____

JUNTA: Uma decisão.

(PROPOSTA DE) CARTA A COMUNICAR A DECISÃO DE DESPEDIMENTO À AUTORIDADE PARA AS CONDIÇÕES DE TRABALHO
(ART. 378º, Nº 2, DO CT)

Autoridade para as Condições de Trabalho
Rua...

... (data)
Registada c/ Aviso de Receção

ASSUNTO: Comunicação de decisão de despedimento

Exmos. Senhores,

Em cumprimento do disposto no nº 2, do art. 378º, do CT, somos pela presente a comunicar, por cópia, a decisão de proceder ao despedimento por inadaptação do trabalhador....

Com os melhores cumprimentos,

A empregadora,

_____

JUNTA: Uma decisão.

Notas:

Nos termos do art. 378º, nº 1, do CT, após a receção dos pareceres referidos no art. 377º ou o termo do prazo para o efeito, o empregador dispõe de 30 dias para proceder ao despedimento, sob pena de caducidade do direito, mediante decisão fundamentada e por escrito de que constem:

a) Motivo da cessação do contrato de trabalho;

b) Confirmação dos requisitos previstos no artigo 375º;

c) Montante, forma, momento e lugar do pagamento da compensação e dos créditos vencidos e dos exigíveis por efeito da cessação do contrato de trabalho;

d) Data da cessação do contrato.

De acordo com o art. 378º, nº 2, do CT, o empregador comunica a decisão, por cópia ou transcrição, ao trabalhador, às entidades referidas nos nºs 1 e 2, do art. 376º e, bem assim, ao serviço com competência inspetiva do ministério responsável pela área laboral, com antecedência mínima, relativamente à data da cessação, de:

a) 15 dias, no caso de trabalhador com antiguidade inferior a um ano;

b) 30 dias, no caso de trabalhador com antiguidade igual ou superior a um ano e inferior a cinco anos;

c) 60 dias, no caso de trabalhador com antiguidade igual ou superior a cinco anos e inferior a 10 anos;

d) 75 dias, no caso de trabalhador com antiguidade igual ou superior a 10 anos.

O não cumprimento deste prazo de aviso prévio constitui contra-ordenação grave (art. 378º, nº 3, do CT).

Durante o período de aviso prévio supra referido, o trabalhador pode:
- gozar de um crédito de horas correspondente a dois dias de trabalho por semana, sem prejuízo da retribuição (art. 364º, nº 1 *ex vi* art. 379º, nº 1, do CT) e
- denunciar o contrato de trabalho, mediante declaração com a antecedência mínima de três dias úteis, mantendo o direito a compensação (art. 365º *ex vi* art. 379º, nº 1, do CT).

O não cumprimento deste período de aviso prévio, não afecta a validade nem prejudica os efeitos do despedimento, mas implica que o contrato cesse apenas depois de decorrido o período de aviso prévio em falta a contar da comunicação de despedimento, devendo o empregador pagar a retribuição correspondente a este período (art. 363º, nº 4 *ex vi* art. 379º, nº 1, do CT).

4. Despedimento Coletivo

(PROPOSTA DE) COMUNICAÇÃO À COMISSÃO DE TRABALHADORES DA INTENÇÃO DE PROCEDER A DESPEDIMENTO COLETIVO (ART. 360º, Nº 1, DO CT) E CONVOCAÇÃO PARA REUNIÃO DE NEGOCIAÇÃO (ART. 361º, Nº 1, DO CT)

Comissão de trabalhadores da empresa ...
Rua ...

... (data)
Registada c/ Aviso de Receção

ASSUNTO: Comunicação da intenção de proceder a despedimento coletivo e convocação para reunião de negociação

Exmos. Senhores,

I – A empregadora..., com sede na Rua..., Pessoa Coletiva nº..., que se dedica à atividade de fabrico e comercialização de vestuário vem, nos termos do art. 360º, do CT, comunicar a intenção de proceder ao despedimento coletivo dos seguintes trabalhadores:
1. ..., com a categoria profissional de embalador, residente na Rua...;
2. ..., com a categoria profissional de caixa, residente na Rua...;
3. ..., com a categoria profissional de vendedora, residente na Rua...

II – O despedimento coletivo a que ora se pretende proceder assenta nos seguintes motivos:
a) A empregadora em ..., criou uma secção de venda ao público;
b) Para o efeito contratou os seguintes trabalhadores:
– ..., embalador, residente na Rua ...;
– ..., caixa, residente na Rua ...;
– ..., vendedora, residente na Rua...;
c) Acontece que, ao contrário do que era esperado, os custos com a manutenção e funcionamento da referida secção têm sido superiores ao valor aí apurado, o que tem provocado a acumulação de sucessivos prejuízos (cfr. registos contabilísticos que se juntam como doc. nº 1);
d) Até hoje, a cobertura dos referidos prejuízos tem sido assegurada pelo produto da venda a retalhistas;

e) Situação que nos últimos meses se revelou insuportável, dado que o volume de vendas deste setor tem diminuído em larga medida (cfr. extratos de faturas juntos como docs. nºs 2 a 10);

f) Perante este cenário, a empregadora não tem condições de continuar com a secção de venda ao público, pelo que não lhe resta outra alternativa que não seja proceder ao seu encerramento;

g) A empregadora não tem postos de trabalho para colocar os trabalhadores abrangidos pelo despedimento coletivo.

III – A empresa... tem 10 trabalhadores conforme quadro de pessoal, discriminado por setores organizacionais, o qual segue em anexo.

IV – O presente despedimento coletivo será efetuado até ao final do mês de....

V – O critério que determinou a seleção dos trabalhadores a abranger assentou no facto de os mesmos terem sido contratados especificamente para laborar na secção que agora se pretende encerrar.

VI – De acordo com o cálculo previsto no art. 366º, nº 1, do CT, os trabalhadores afetos têm direito às seguintes compensações:

1. ..., a quantia de € ...;
2. ..., a quantia de € ...;
3. ..., a quantia de € ...;

VII – Com vista a garantir a realização da fase de informações e negociação a que alude o art. 361º, nº 1, do CT, notificamos V. Exas. para comparecerem no dia ..., pelas ... horas na Sala de Reuniões, da sede da nossa empresa sita na Rua....

Como os nossos melhores cumprimentos,

A empregadora,

_____

JUNTA: 10 documentos e quadro de pessoal.

Notas:

Nos termos do nº 1, do art. 360º, do CT, o procedimento inicia-se com a comunicação da *intenção de proceder ao despedimento* à comissão de trabalhadores, ou, na sua falta, à comissão intersindical ou comissões sindicais da empresa representativas dos trabalhadores a abranger.

Na ausência destas entidades, a comunicação deve ser individualmente dirigida aos trabalhadores que possam ser abrangidos, podendo estes nomear entre si (no prazo de 5 dias úteis contados da data da receção da comunicação), uma comissão representativa, com o máximo de 3 ou 5 membros, consoante o despedimento abranja até 5 ou mais trabalhadores (nº 3, do art. 360º, do CT). Neste caso, o empregador deverá enviar à comissão os elementos de informação que devem acompanhar a comunicação (art. 360º, nºs 2 e 4, do CT).

De acordo com o disposto no nº 2, do art. 360º, do CT, a comunicação da *intenção de proceder ao despedimento coletivo* deve conter:

a) Os motivos invocados para o despedimento coletivo;

b) O quadro de pessoal, discriminado por setores organizacionais da empresa;

c) Os critérios para seleção dos trabalhadores a despedir;

d) O número de trabalhadores a despedir e as categorias profissionais abrangidas;

e) O período de tempo no decurso do qual se pretende efetuar o despedimento;

f) O método de cálculo de compensação a conceder genericamente aos trabalhadores a despedir, se for caso disso, sem prejuízo da compensação estabelecida no art. 366º, do CT ou em instrumento de regulamentação coletiva de trabalho.

Nos termos do art. 381º, al. *c*), do CT, é ilícito o despedimento que não tiver sido precedido do respetivo procedimento.

O art. 383º, al. *a*), do CT, determina, ainda, a ilicitude do despedimento, se o empregador não tiver feito a comunicação prevista nos nºs 1 ou 4, do art. 360º, do CT ou promovido a negociação prevista no nº 1, do art. 361º, do CT.

Constitui contraordenação grave o despedimento efetuado com violação do disposto nos nºs 1 a 4 do art. 360º, do CT (art. 360º, nº 6, do CT).

(PROPOSTA DE) CARTA DE ENVIO DE CÓPIA DE COMUNICAÇÃO DA INTENÇÃO DE PROCEDER A DESPEDIMENTO COLETIVO (ART. 360º, Nº 5, DO CT)

Direção-Geral do Emprego e das Relações de Trabalho
Rua ...

... (data)
Registada c/ Aviso de Receção

ASSUNTO: Envio de cópia de comunicação da intenção de proceder a despedimento coletivo

Exmos. Senhores,

Em cumprimento do disposto no nº 5, do art. 360º, do CT, somos pela presente a enviar cópia da comunicação da intenção de proceder a despedimento coletivo.

Com vista a garantir a realização da fase de informações e negociação a que alude o art. 361º, nº 1, do CT, notificamos V. Exas. para comparecerem no dia ..., pelas ... horas na Sala de Reuniões, da sede da nossa empresa sita na Rua....

Com os meus melhores cumprimentos,

A empregadora,

_____

JUNTA: Uma cópia de comunicação da intenção de proceder a despedimento coletivo.

Notas:

O empregador deve enviar cópia da comunicação da intenção de despedimento ao serviço do ministério responsável pela área laboral com competência para o acompanhamento e fomento da contratação coletiva (nº 5, do art. 360º, do CT), sob pena de incorrer em contraordenação leve (art. 360º, nº 6, do CT).

(PROPOSTA DE) ATA DE REUNIÃO DE NEGOCIAÇÃO
(ART. 361º, Nº 5, DO CT)

Ata de reunião de negociação

No dia ..., pelas ... horas, realizou-se, em cumprimento do disposto no art. 361º, nº 1, do CT, a reunião de negociação entre a empregadora... e a comissão de trabalhadores, no âmbito do despedimento coletivo que abrange os seguintes trabalhadores:

– ..., embalador, residente na Rua ...;
– ..., caixa, residente na Rua ...;
– ..., vendedora, residente na Rua....

Em representação da empregadora esteve presente o Exmo. Senhor... e em representação da comissão de trabalhadores estiveram presentes os respetivos membros os Exmos. Senhores... e ....

Por sua vez, em representação da Direção-Geral do Emprego e das Relações de Trabalho (DGERT) estiveram presentes os Exmos. Senhores... e ....

Depois de apresentadas as posições da empregadora e da Comissão de Trabalhadores ficou aprovada a seguinte matéria:

a) Em ..., a empregadora criou uma secção de venda ao público;
b) Para o efeito contratou os seguintes trabalhadores:
– ..., embalador, residente na Rua ...;
– ..., caixa, residente na Rua ...;
– ..., vendedora, residente na Rua ...;
c) Os custos com a manutenção e funcionamento da referida secção têm sido superiores ao valor apurado, o que tem provocado a acumulação de sucessivos prejuízos;
d) A cobertura dos referidos prejuízos tem sido assegurada pelo produto da venda a retalhistas;
e) Situação que nos últimos meses se revelou insuportável, dado que o volume de vendas deste secção tem diminuído em larga medida;
f) A empregadora não tem condições de continuar com a secção de venda ao público, pelo que não lhe resta outra alternativa que não seja o seu encerramento;
g) A empregadora não tem postos de trabalho para colocar a Exma. senhora..., com a categoria profissional de caixa, e a Exma. Senhora..., com a categoria profissional de vendedora.

No que diz respeito ao Exmo. Senhor..., a comissão de trabalhadores entende que o mesmo pode exercer as funções de embalador na secção de Venda a Retalho, pelos seguintes motivos:

a) Desde ..., o volume de trabalho na secção de Venda a Retalho tem vindo a aumentar em larga medida;
b) O trabalho dessa secção é desempenhado desde ..., pelo Exmo. Senhor...;

c) Desde ..., o Exmo. Senhor... tem tido dificuldade em proceder à embalagem dos produtos o que tem gerado algumas reclamações por parte dos clientes;

d) O trabalho de embalagem dos produtos nas atuais condições implica uma sobrecarga funcional para o Exmo. Senhor...;

e) O Exmo. Senhor..., abrangido pelo despedimento coletivo tem capacidades técnicas e funcionais para exercer a função de embalador naquela secção.

Exposto isto, a comissão de trabalhadores opôs-se ao despedimento do referido trabalhador, propondo que o mesmo fosse colocado na secção de venda a Retalho.

A empregadora reiterou a intenção de proceder ao despedimento do referido trabalhador, alegando que o referido posto de trabalho na secção de venda a Retalho já se encontra ocupado pelo Exmo. Senhor... e que o volume de trabalho aí existente não justifica, de modo algum, a colocação de mais um trabalhador.

O representante da empregadora,

_____

Os representantes da Comissão de Trabalhadores,

_____

Os representantes da Direção-Geral do Emprego e das Relações de Trabalho,

_____

Notas:

Conforme resulta do n.º 1, do art. 361.º, do CT, a fase de informação e negociação entre o empregador e a estrutura representativa dos trabalhadores visa a obtenção de um acordo sobre a dimensão e efeitos:

– das medidas a aplicar;

– de outras medidas que reduzam o número de trabalhadores a despedir e que, serão, no fundo, alternativas ao despedimento coletivo, mais precisamente a suspensão de contratos de trabalho, a redução de períodos normais de trabalho, a reconversão ou reclassificação profissional e a reforma antecipada ou pré-reforma.

O serviço do ministério responsável pela área laboral (DGERT) participa igualmente neste processo de negociação (art. 362.º, n.º 1, do CT), com vista a promover:

– a regularidade instrutória (substantiva e procedimental) e

– a conciliação dos interesses das partes.

O impedimento à participação da DGERT no processo de negociação constitui contraordenação leve (art. 362º, nº 4, do CT).

A pedido de qualquer das partes ou por iniciativa do DGERT, os serviços regionais do emprego e da formação profissional e da segurança social indicam as medidas a aplicar, nas respetivas áreas, de acordo com o enquadramento legal das soluções que sejam adotadas (nº 3, do art. 362º, do CT).

O disposto nos arts. 299º (comunicações) e 300º (Procedimento de informação e negociação), ambos do CT – próprios de situações de redução temporária do período normal de trabalho ou suspensão do contrato de trabalho por facto respeitante ao empregador – não é aplicável nos casos em que aos trabalhadores abrangidos por procedimento de despedimento coletivo sejam aplicadas as medidas de suspensão de contratos de trabalho e redução de períodos normais de trabalho, por forma a se evitar uma *duplicação* de procedimentos (art. 361º, nº 2, do CT).

As medidas de reconversão e reclassificação profissionais, reforma antecipada e pré--reforma, pressupõem o acordo do trabalhador, o que indica que as restantes medidas serão aplicáveis independentemente desse acordo (art. 361º, nº 3, do CT).

As partes podem fazer-se assistir por um perito (art. 361º, nº 4, do CT).

Conforme resulta do nº 5, do art. 361º, do CT, das reuniões de negociação é lavrada ata, contendo a matéria acordada, bem como as posições divergentes das partes e as opiniões, sugestões e propostas de cada uma.

A não promoção da negociação prevista no nº 1, do art. 361º, do CT, implica a ilicitude do despedimento (art. 383º, al. *a*), do CT).

(PROPOSTA DE) CARTA A COMUNICAR A DECISÃO DE DESPEDIMENTO AO TRABALHADOR (ART. 363º, Nº 1, DO CT)

Exmo. Senhor
...
Rua ...

... (data)
Registada c/ Aviso de Receção

ASSUNTO: Comunicação de decisão de despedimento

Exmo. Senhor,

Em cumprimento do disposto no nº 1, do art. 363º, do CT, somos pela presente a comunicar que decidimos proceder ao despedimento de V. Exa., no âmbito do despedimento coletivo que estamos a realizar na nossa empresa.

Despedimento esse que assenta nos seguintes motivos:

a) A empregadora..., em ..., criou uma secção de venda ao público;

b) Para o efeito contratou, para além de V. Exa., os seguintes trabalhadores:

– ..., caixa, residente na Rua ...;

– ..., vendedora, residente na Rua...;

c) Acontece que, ao contrário do que era esperado, os custos com a manutenção e funcionamento da referida secção têm sido superiores ao valor apurado, o que tem provocado a acumulação de sucessivos prejuízos;

d) Até hoje, a cobertura dos referidos prejuízos tem sido assegurada pelo produto da venda a retalho;

e) Situação que nos últimos meses se revelou insuportável, dado que o volume de vendas desta secção tem diminuído em larga medida;

f) Perante este cenário, a empregadora não tem condições para continuar com a secção de venda ao público, pelo que não lhe resta outra alternativa que não seja proceder ao seu encerramento;

g) A empregadora não tem outro posto de trabalho que permita a sua colocação.

O critério que determinou a seleção de V. Exa. assentou no facto de ter sido contratado especificamente, para laborar na secção que agora será encerrada.

A cessação do contrato de trabalho celebrado com V. Exa. decorrente do despedimento em causa, verificar-se-á no dia ....

Informamos, ainda, que V. Exa. tem direito à quantia de € ..., a título de compensação e créditos vencidos e exigíveis por efeito da cessação do contrato de trabalho, a qual será paga, mediante cheque, no dia ..., pelas ... horas, no Gabinete de Contabilidade da empresa..., sito na Rua....

Com os nossos melhores cumprimentos,

A empregadora,

_____

Notas:

1. De acordo com o nº 1, do art. 363º, do CT, celebrado o acordo, ou, na falta deste, decorridos 15 dias sobre a data das comunicações da intenção de proceder a despedimento coletivo previstas nos nºs 1 ou 3, do art. 360º, do CT, o empregador comunica a cada trabalhador abrangido a decisão de despedimento, com menção expressa do motivo e da data de cessação do contrato e indicação do montante, forma, momento e lugar de pagamento da compensação, dos créditos vencidos e dos exigíveis por efeito da cessação do contrato de trabalho, por escrito e com antecedência mínima, relativamente à data da cessação, de:

a) 15 dias, no caso de trabalhador com antiguidade inferior a um ano;

b) 30 dias, no caso de trabalhador com antiguidade igual ou superior a um ano e inferior a cinco anos;

c) 60 dias, no caso de trabalhador com antiguidade igual ou superior a cinco anos e inferior a 10 anos;

d) 75 dias, no caso de trabalhador com antiguidade igual ou superior a 10 anos.

De salientar ainda que o não cumprimento deste procedimento constitui contraordenação grave (art. 363º, nº 6, do CT).

Durante o período de aviso prévio supra referido, o trabalhador pode:

– gozar de um crédito de horas correspondente a dois dias de trabalho por semana, sem prejuízo da retribuição (art. 364º, nº 1, do CT) e

– denunciar o contrato de trabalho, mediante declaração com a antecedência mínima de três dias úteis, mantendo o direito a compensação (art. 365º, do CT).

O não cumprimento deste período, não afeta a validade nem prejudica os efeitos do despedimento, mas implica que o contrato cesse (apenas) depois de decorrido o período de aviso prévio em falta a contar da comunicação de despedimento, devendo o empregador pagar a retribuição correspondente a este período (art. 363º, nº 4, do CT).

A não colocação à disposição do trabalhador despedido, até ao termo do prazo de aviso prévio, da compensação e dos créditos vencidos ou exigíveis em virtude da cessação do contrato de trabalho, constitui causa de ilicitude do despedimento (art. 383º, al. c), do CT).

2. Em caso de despedimento coletivo, o trabalhador tinha direito a compensação correspondente a 20 dias de retribuição base e diuturnidades por cada ano completo de antiguidade (art. 366º, nº 1, do CT, na redacção introduzida pela L nº 23/2012, de 25.06).

Com a L nº 69/2013, o valor de referência da compensação prevista no nº 1, do art. 366º, do CT, passou de 20 para 12 dias de retribuição base e diuturnidades.

De acordo com o art. 5º, nº 1, da L nº 69/2013, em caso de cessação de contrato de trabalho celebrado antes de 01.11.2011, a referida compensação é calculada do seguinte modo:

a) Em relação ao período de duração do contrato até 31 de outubro de 2012, o montante da compensação corresponde a um mês de retribuição base e diuturnidades por cada ano completo de antiguidade ou é calculado proporcionalmente em caso de fração de ano;

b) Em relação ao período de duração do contrato a partir de 1 de novembro de 2012 inclusive e até 30 de setembro de 2013, o montante da compensação corresponde a 20 dias de retribuição base e diuturnidades calculado proporcionalmente ao período efetivo de trabalho prestado;

c) Em relação ao período de duração do contrato a partir de 1 de outubro de 2013 inclusive, o montante da compensação corresponde à soma dos seguintes montantes:

   i) A 18 dias de retribuição base e diuturnidades por cada ano completo de antiguidade, no que respeita aos três primeiros anos de duração do contrato;

   ii) A 12 dias de retribuição base e diuturnidades por cada ano completo de antiguidade, nos anos subsequentes;

   iii) O disposto na subalínea *i)* aplica-se apenas nos casos em que o contrato de trabalho, a 1 de outubro de 2013, ainda não tenha atingido a duração de três anos.

Note-se que o montante total da compensação calculado nestes termos não pode ser inferior a três meses de retribuição base e diuturnidades (art. 5º, nº 2, da L nº 69/2013).

3. Por sua vez, o nº 3, do art. 5º, da L nº 69/2013, estabelece que, em caso de cessação de contrato de trabalho celebrado depois de 01.11.2011 e até 30.09.2013 inclusive, a compensação prevista no nº 1, do art. 366º, do CT, é calculada do seguinte modo:

a) Em relação ao período de duração do contrato até 30 de setembro de 2013, o montante da compensação corresponde a 20 dias de retribuição base e diuturnidades por cada ano completo de antiguidade ou é calculado proporcionalmente em caso de fração de ano;

b) Em relação ao período de duração do contrato a partir de 1 de outubro de 2013 inclusive, o montante da compensação corresponde à soma dos seguintes montantes:

    i) A 18 dias de retribuição base e diuturnidades por cada ano completo de antiguidade, no que respeita aos três primeiros anos de duração do contrato;

    ii) A 12 dias de retribuição base e diuturnidades por cada ano completo de antiguidade, nos anos subsequentes;

    iii) O disposto na subalínea *i)* aplica-se apenas nos casos em que o contrato de trabalho, a 1 de outubro de 2013, ainda não tenha atingido a duração de três anos.

4. O empregador é responsável pelo pagamento da totalidade da compensação, sem prejuízo do direito ao reembolso, por aquele, junto do fundo de compensação do trabalho ou de mecanismo equivalente e do direito do trabalhador a acionar o fundo de garantia de compensação do trabalho, nos termos previstos em legislação específica (art. 366º, nº 3, do CT, na redação introduzida pela L nº 69/2013).

Os regimes jurídicos do fundo de compensação do trabalho, do mecanismo equivalente e do fundo de garantia de compensação do trabalho foram estabelecidos pela L nº 70/2013, de 30 de agosto.

Importa ter presente que esta lei só se aplica aos contratos de trabalho celebrados após a sua entrada em vigor (ou seja, 01.10.2013), tendo sempre por referência a antiguidade, contada a partir do momento da execução daqueles contratos (cfr., conjugadamente, os arts. 2º, nº 2 e 61º, nº 1, da L nº 70/2013).

(PROPOSTA DE) CARTA DE ENVIO DE ATA DAS REUNIÕES DE NEGOCIAÇÃO E RELAÇÃO DOS TRABALHADORES (ART. 363º, Nº 3, AL. A), DO CT)

Direção-Geral do Emprego e das Relações de Trabalho
Rua ...

... (data)
Registada c/ Aviso de Receção

ASSUNTO: Envio de ata das reuniões de negociação e relação de trabalhadores

Exmos. Senhores,

Em cumprimento do disposto na al. a), do nº 3, do art. 363º, do CT, somos pela presente a enviar ata da reunião de negociação.

Junto enviamos, ainda, relação de que consta o nome de cada trabalhador, morada, datas de nascimento e de admissão na empresa, situação perante a segurança social, profissão, categoria, retribuição, a medida decidida e a data prevista para a sua aplicação.

Com os meus melhores cumprimentos,

A empregadora,

_____

JUNTA: Uma ata e uma relação de trabalhadores.

Notas:

Na data em que envia a comunicação aos trabalhadores, o empregador remete ao serviço do ministério responsável pela área laboral (DGERT) a ata das reuniões de negociação ou, na sua falta, informação sobre a justificação de tal falta, as razões que obstaram ao acordo e as posições finais das partes, bem como relação de que conste o nome de cada trabalhador, morada, datas de nascimento e de admissão na empresa, situação perante a segurança social, profissão, categoria, retribuição, a medida decidida e a data prevista para a sua aplicação (art. 363º, nº 3, al. *a*), do CT).

A violação do preceituado no nº 3, do art. 363º, do CT, constitui contraordenação leve (art. 363º, nº 6, do CT).

(PROPOSTA DE) CARTA DE ENVIO DE RELAÇÃO À COMISSÃO DE TRABALHADORES (ART. 363º, Nº 3, AL. B), DO CT)

Comissão de trabalhadores da empresa...
Rua...

... (data)
Registada c/ Aviso de Receção

ASSUNTO: Envio de relação de trabalhadores

Exmos. Senhores,

Em cumprimento do disposto na al. *b)*, do nº 3, do art. 363º, do CT, somos pela presente a enviar relação donde consta o nome de cada trabalhador, morada, datas de nascimento e de admissão na empresa, situação perante a segurança social, profissão, categoria, retribuição, a medida decidida e a data prevista para a sua aplicação.

Com os meus melhores cumprimentos,

A empregadora,
_____

JUNTA: Uma Cópia da Relação de trabalhadores.

Notas:

Na data em que foi expedida aos trabalhadores a decisão de despedimento, o empregador deve remeter à estrutura representativa dos trabalhadores cópia da relação de que conste o nome de cada trabalhador, morada, datas de nascimento e de admissão na empresa, situação perante a segurança social, profissão, categoria, retribuição, a medida decidida e a data prevista para a sua aplicação (art. 363º, nº 3, al. *b*), do CT).

A violação do preceituado no nº 3, do art. 363º, do CT, constitui contraordenação leve, nos termos do art. 363º, nº 6, do CT.

(PROPOSTA DE) RELAÇÃO DE TRABALHADORES
ABRANGIDOS PELO DESPEDIMENTO COLETIVO

1... / residente na Rua ... / nascido no dia .... / admitido na empresa no dia ... / inscrito na segurança social com o nº ..., desde ..., com todos os descontos efetuados até à data / profissão – embalador / categoria – embalador / retribuição – € ....
A este trabalhador foi aplicada a medida de despedimento que irá ser aplicada no dia ....

2... / residente na Rua ... / nascido no dia .... / admitido na empresa no dia ... / inscrito na segurança social com o nº ..., desde ..., com todos os descontos efetuados até à data / profissão – caixa/ categoria – caixa / retribuição – € ....
A este trabalhador foi aplicada a medida de despedimento que irá ser aplicada no dia ....

3... / residente na Rua ... / nascido no dia .... / admitido na empresa no dia ... / inscrito na segurança social com o nº ..., desde ..., com todos os descontos efetuados até à data / profissão – vendedora / categoria – vendedora / retribuição – € ....
A este trabalhador foi aplicada a medida de despedimento que irá ser aplicada no dia ....

...., ... (data)

CAPÍTULO VII
AÇÃO DE IMPUGNAÇÃO JUDICIAL DA REGULARIDADE E LICITUDE DO DESPEDIMENTO

(PROPOSTA DE) ARTICULADO DO EMPREGADOR
(arts. 98º-I, nº 4, al. a) e 98º-J, do CPT)

TRIBUNAL JUDICIAL DA COMARCA ...
... Secção do trabalho, de instância central, com sede em ...

Proc. nº ...

..., empregador nos autos à margem referenciados, vem apresentar,

ARTICULADO PARA MOTIVAR O DESPEDIMENTO POR EXTINÇÃO DO POSTO DE TRABALHO,

Da trabalhadora ...
nos termos e com os fundamentos seguintes:

1º
O empregador dedica-se à comercialização de material elétrico.

2º
Em ..., admitiu ao seu serviço, mediante contrato de trabalho sem termo, a trabalhadora, a qual, sob a sua autoridade e direcção, cumpriu as funções de caixa, no estabelecimento sito na Rua ...,

3º
cumprindo o seguinte horário de trabalho: De Segunda-feira a Sexta–feira das ... às ... e das ... às .... (cfr. doc. nº 1).

4º
A trabalhadora auferia uma retribuição mensal ilíquida de ... (cfr. doc. nº 2).

PROCEDIMENTO DE DESPEDIMENTO POR EXTINÇÃO DO POSTO DE TRABALHO

5º

Em ..., o empregador comunicou à trabalhadora a necessidade de extinguir o seu posto de trabalho e de proceder ao consequente despedimento. Cfr. docs. nºs 3 e 4 (correspondentes às fls. ... a ...., do procedimento de despedimento) e cujos conteúdos se dão por integralmente reproduzidos para todos os efeitos legais.

6º

A trabalhadora não emitiu parecer fundamentado nos termos do art. 370º, nº 1, do Código do Trabalho (de ora em diante CT).

7º

Em ..., o empregador comunicou à trabalhadora a decisão de despedimento por extinção do posto de trabalho, cumprindo assim o disposto no art. 371º, nº 3, do CT. Cfr. docs. nºs 5 e 6 (correspondentes às fls. ... a ...., do procedimento de despedimento) e cujos conteúdos se dão por integralmente reproduzidos para todos os efeitos legais.

8º

Na mesma data, o empregador comunicou à Autoridade para as Condições de Trabalho, a decisão de despedimento por extinção do posto de trabalho, cumprindo assim o disposto no art. 371º, nº 3, do CT. Cfr. doc. nº 7 (correspondente às fls. ..., do procedimento de despedimento) e cujo conteúdo se dá por integralmente reproduzido para todos os efeitos legais.

9º

Não restam assim dúvidas que o procedimento de despedimento por extinção do posto de trabalho da trabalhadora, cumpriu todas as formalidades legalmente exigidas. Cfr. docs. nºs 3 a 10 (correspondentes ao procedimento de despedimento) e cujos conteúdos se dão por integralmente reproduzidos para todos os efeitos legais.

DOS FACTOS E FUNDAMENTOS QUE MOTIVARAM O DESPEDIMENTO POR EXTINÇÃO DO POSTO DE TRABALHO DA TRABALHADORA

10º

O despedimento da trabalhadora foi motivado pelos seguintes factos e fundamentos que constam da comunicação da intenção de despedimento por extinção do posto de trabalho (doc. nº 3) e respectiva decisão (doc. nº 6) e que ora se transcrevem:

"*Em ..., o empregador criou uma secção de venda ao público*". Cfr. ponto ..., da comunicação da intenção de despedimento por extinção do posto de trabalho (junta como doc. nº 3) e ponto ..., da respetiva decisão de despedimento (junta como doc. nº 6) e cujos conteúdos se dão por integralmente reproduzidos para todos os efeitos legais.

11º
"*Para o efeito contratou os seguintes trabalhadores:*
– *..., Categoria profissional – caixa;*
– *..., Categoria profissional – vendedor*". Cfr. ponto ..., da comunicação da intenção de despedimento por extinção do posto de trabalho (junta como doc. nº 3) e ponto ..., da respetiva decisão de despedimento (junta como doc. nº 6) e cujos conteúdos se dão por integralmente reproduzidos para todos os efeitos legais.

12º
"*Acontece que, ao contrário do que era esperado, os custos com a manutenção têm sido superiores ao valor aí apurado, o que tem provocado a acumulação de sucessivos prejuízos, designadamente nos anos de ..., ... e ...*". Cfr. ponto ..., da comunicação da intenção de despedimento por extinção do posto de trabalho (junta como doc. nº 3) e ponto ..., da respetiva decisão de despedimento (junta como doc. nº 6) e cujos conteúdos se dão por integralmente reproduzidos para todos os efeitos legais.

13º
"*Até hoje, a cobertura dos referidos prejuízos tem sido assegurada pelo produto da venda a retalhistas*". Cfr. ponto ..., da comunicação da intenção de despedimento por extinção do posto de trabalho (junta como doc. nº 3) e ponto ..., da respetiva decisão de despedimento (junta como doc. nº 4) e cujos conteúdos se dão por integralmente reproduzidos para todos os efeitos legais.

14º
"*Situação que nos últimos meses se revelou insuportável, dado que o volume da venda a retalhistas tem diminuído em larga medida*". Cfr. ponto ..., da comunicação da intenção de despedimento por extinção do posto de trabalho (junta como doc. nº 3) e ponto ..., da respetiva decisão de despedimento (junta como doc. nº 6) e cujos conteúdos se dão por integralmente reproduzidos para todos os efeitos legais.

15º
"*Perante este cenário, o empregador não tem condições para continuar com a secção de venda ao público, pelo que não lhe resta outra alternativa que não seja o encerramento dessa secção e*

a extinção do posto de trabalho aí existente". Cfr. ponto ..., da comunicação da intenção de despedimento por extinção do posto de trabalho (junta como doc. nº 3) e ponto ..., da respetiva decisão de despedimento (junta como doc. nº 6) e cujos conteúdos se dão por integralmente reproduzidos para todos os efeitos legais.

16º
"*O empregador não tem nenhum posto de trabalho onde possa ser colocada a trabalhadora afetada*". Cfr. ponto ..., da comunicação da intenção de despedimento por extinção do posto de trabalho (junta como doc. nº 3) e ponto ..., da respetiva decisão de despedimento (junta como doc. nº 6) e cujos conteúdos se dão por integralmente reproduzidos para todos os efeitos legais.

17º
Os motivos invocados para o presente despedimento não se verificaram por conduta culposa do empregador, nem da trabalhadora. Cfr. ponto ..., da decisão de despedimento (junta como doc. nº 6) e cujo conteúdo se dá por integralmente reproduzido para todos os efeitos legais.

18º
A subsistência da relação de trabalho estabelecida com a trabalhadora é absolutamente impossível, isto porque, não existe outro posto de trabalho onde esta possa ser colocada. Cfr. ponto ..., da decisão de despedimento (junta como doc. nº 6) e cujo conteúdo se dá por integralmente reproduzido para todos os efeitos legais.

19º
Com efeito, o empregador tem uma equipa de 4 vendedores, sendo certo que pretende revogar o contrato de trabalho de um desses trabalhadores, por força do decréscimo do volume de vendas que se tem verificado desde ... e que se está a tornar incomportável do ponto de vista económico-financeiro. Cfr. ponto ..., da decisão de despedimento (junta como doc. nº 6) e cujo conteúdo se dá por integralmente reproduzido para todos os efeitos legais.

20º
Não existem contratos a termo para as tarefas correspondentes às do posto de trabalho da trabalhadora agora extinto. Cfr. ponto ..., da decisão de despedimento (junta como doc. nº 6) e cujo conteúdo se dá por integralmente reproduzido para todos os efeitos legais.

21º
Neste caso, não é aplicável o regime do despedimento colectivo, dado que o despedimento em causa abrange apenas um trabalhador. Cfr. ponto ..., da decisão de despedimento (junta como doc. nº 6) e cujo conteúdo se dá por integralmente reproduzido para todos os efeitos legais.

22º
Não restam assim dúvidas que estão preenchidos todos os requisitos previstos no art. 368º, nº 1, do CT.

23º
Em caso de despedimento por extinção do posto de trabalho, o trabalhador tem direito à compensação prevista no art. 366º ex vi art. 372º, ambos do CT.

24º
A trabalhadora foi admitida em ... e auferia uma retribuição mensal ilíquida de ..., pelo que tem direito à quantia de ... a título de compensação, a qual foi calculada da seguinte forma:
...

25º
A trabalhadora tinha ainda direito aos seguintes créditos: ...

26º
Em cumprimento do disposto no art. 363º, nº 5 ex vi art. 372º, ambos do CT, o empregador colocou à disposição da trabalhadora, no dia ..., no Gabinete de Contabilidade da empresa..., sito na Rua.... a quantia de ..., correspondente à compensação e aos créditos vencidos e exigíveis por efeito da cessação do contrato de trabalho. Cfr. carta de comunicação da decisão de despedimento (junta como doc. nº 5) e cujo conteúdo se dá por integralmente reproduzido para todos os efeitos legais.

Nestes termos e nos demais de direito deve a presente acção ser julgada improcedente, por não provada e, em consequência, ser declarada a regularidade e licitude do despedimento da trabalhadora com as legais consequências.

PROVA TESTEMUNHAL:
1. ..., residente na Rua ...;
2. ..., residente na Rua ....

PROVA DOCUMENTAL:
Requer a junção dos docs. nºs 1 (contrato de trabalho), 2 (recibo de vencimento) e 3 a 10 (procedimento de despedimento por extinção do posto de trabalho).

VALOR: ...[426]

JUNTA: 10 documentos, procuração forense, DUC e comprovativo do pagamento da taxa de justiça.

O Advogado,

_____

---

[426] A propósito do valor da causa, o art. 98º-P, do CPT dispõem o seguinte:
"*1 – Para efeitos de pagamento de custas, aplica–se à acção de impugnação judicial de regularidade e licitude do despedimento o disposto na alínea e) do nº 1 do artigo 12º do Regulamento das Custas Processuais.
2 – O valor da causa é sempre fixado a final pelo juiz tendo em conta a utilidade económica do pedido, designadamente o valor de indemnização, créditos e salários que tenham sido reconhecidos.
3 – Se for interposto recurso antes da fixação do valor da causa pelo juiz, deve este fixá-lo no despacho que admite o recurso*".

(PROPOSTA DE) CONTESTAÇÃO (art. 98º-L, do CPT)

TRIBUNAL JUDICIAL DA COMARCA ...
... Secção do trabalho, de instância central, com sede em ...

Proc. nº ...

...., trabalhadora nos autos à margem identificados, vem apresentar a sua

CONTESTAÇÃO com RECONVENÇÃO,

nos termos e com os seguintes fundamentos:

DOS FACTOS

1º
O despedimento por extinção do posto de trabalho, que ora se impugna, é, como veremos, ilícito.

2º
A decisão de despedimento em causa assentou nas seguintes factos;
a) *"Em ..., o empregador... criou uma secção de venda ao público"* (art. 10º, do articulado do empregador);
b) *"Para o efeito contratou os seguintes trabalhadores:*
– *..., Categoria profissional – caixa;*
– *..., Categoria profissional – vendedor".* (art. 11º, do articulado do empregador);
c) *"Acontece que, ao contrário do que era esperado, os custos com a manutenção têm sido superiores ao valor aí apurado, o que tem provocado a acumulação de sucessivos prejuízos, designadamente nos anos de ..., ... e ...".".* (art. 12º, do articulado do empregador);
d) *"Até hoje, a cobertura dos referidos prejuízos tem sido assegurada pelo produto da venda a retalhistas".* (art. 13º, do articulado do empregador);
e) *"Situação que nos últimos meses se revelou insuportável, dado que o volume da venda a retalhistas tem diminuído em larga medida".* (art.14º, do articulado do empregador);
f) *"Perante este cenário, o empregador não tem condições para continuar com a secção de venda ao público, pelo que não lhe resta outra alternativa que não seja o encerramento dessa secção e a extinção do posto de trabalho aí existente".* (art. 15º, do articulado do empregador);

g) "*Na empresa não existe nenhum posto de trabalho onde possa ser colocada a trabalhadora afetada*". (art. 16º, do articulado do empregador).

3º
Antes de mais importa referir que, na motivação do despedimento da trabalhadora, o empregador limitou-se a tecer meras considerações genéricas sem qualquer correspondência factual.

4º
Pelo que, desde logo por este motivo, o despedimento em causa deverá ser declarado ilícito por manifesta ausência de motivo justificativo.

5º
Sem prescindir, tenhamos presente que, o empregador, na motivação do despedimento, invocou "*os sucessivos prejuízos acumulados, nos anos ..., ... e ....*".

6º
Este facto nunca, em momento algum, poderia motivar o despedimento *sub iudice*.

7º
Isto porque, a trabalhadora foi admitida precisamente em ...., ou seja, durante o *alegado* período de acumulação de prejuízos.

8º
Aliás, nesse ano, o empregador admitiu mais 2 funcionários.

9º
Desta forma, a invocação deste motivo constitui uma inequívoca contradição reveladora de má-fé do empregador.

10º
De todo o modo e ao contrário do que alega o empregador, os custos com a manutenção da secção de venda ao público não "*têm sido superiores ao valor aí apurado*".

11º
Muito pelo contrário, durante o ano de ..., não só não houve quebra na facturação do empregador, como assistiu-se a um aumento do volume de trabalho, mormente naquela secção.

12º
Acresce que, o posto de trabalho, que o empregador pretende extinguir com o despedimento em apreço, já foi ocupado por outra trabalhadora.

13º
Não restam assim dúvidas que não se verifica a necessidade de extinguir o posto de trabalho ocupado pela trabalhadora.

14º
Pelo exposto impugna-se, para os devidos efeitos legais, o vertido, entre outros, nos arts. 12º, 13º, 14º, 15º, 16º, 18º, 19º, 20º e 22º, do articulado do empregador.

DOS EFEITOS DA ILICITUDE DO DESPEDIMENTO

15º
O despedimento da trabalhadora é ilícito, nomeadamente, por manifesta improcedência dos respectivos motivos justificativos (art. 381º, al. b)) e ainda por ausência de cumprimento dos requisitos previstos no nº 1, do art. 368º (art. 384º, al. a)).

16º
Por força dessa ilicitude, a trabalhadora tem direito a ser indemnizada por todos os danos causados, patrimoniais e não patrimoniais, bem como a ser reintegrada (cfr. o art. 389º, nº 1, als. a) e b), do CT).

17º
Como tem direito a receber as retribuições que deixou de auferir desde a data do despedimento (...) até ao trânsito em julgado da decisão judicial que vier a declarar a ilicitude do mesmo (cfr. o art. 390º, nº 1, do CT).

DA RECONVENÇÃO

Das retribuições em dívida

18º
A partir de ..., o empregador deixou de pagar, à trabalhadora, a respectiva retribuição.

19º
Pelo que, a trabalhadora, para além das retribuições que deixou e deixará de auferir desde a data do despedimento até ao trânsito em julgado da decisão judicial que vier a declarar a ilicitude do mesmo, tem direito às seguintes quantias:
– € ..., relativa à retribuição do mês de ...;
– € ..., relativa à retribuição do mês de ...;
– € ..., relativa à retribuição correspondente a ... dias do mês de ....

Dos danos não patrimoniais

20º
O despedimento ilícito da trabalhadora, provocou e continua a provocar nesta uma elevadíssima e estigmatizante perturbação do equilíbrio físico, psíquico e social, resultando na ablação da sua qualidade de vida.

21º
De facto, até à data do despedimento, a trabalhadora tinha uma actividade profissional intensa, o que, naturalmente, a tornava uma pessoa completamente preenchida do ponto de vista intelectual e emocional e por isso estimulada para a vida.

22º
O despedimento ilícito, de que foi alvo, constituiu e constitui um verdadeiro atentado contra a sua honra e dignidade.

23º
De tal forma que as suas vidas pessoal, social e familiar ficaram irreversivelmente afectadas.

24º
A trabalhadora viu-se afastada do seu posto de trabalho, por motivos que sabe não serem lícitos.

25º
Em virtude disso, perdeu o ânimo, o orgulho, o preenchimento intelectual e emocional, sentindo-se discriminada, envergonhada e ofendida, o que lhe causa permanente sofrimento, no meio profissional e social e, principalmente, no seio da sua família.

26º
Por outro lado, perdeu a única fonte de sustento para si e para a sua família, o que lhe provoca sentimentos de desespero e extrema preocupação.

27º
Tão graves e extensos danos não patrimoniais constituem um grave atentado à sua personalidade moral.

28º
Em consequência, o empregador deve ser condenado a pagar à trabalhadora a quantia de € ..., a título de compensação pelos danos não patrimoniais causados.

Termos em que e nos demais de direito:
I – deve ser julgada procedente, por provada, a presente acção e, em consequência:
- ser declarada a ilicitude do despedimento da trabalhadora;
- ser condenado o empregador a reintegrar a trabalhadora;
- ser condenado o empregador a pagar à trabalhadora todas as retribuições que esta deixou de auferir desde a data do despedimento até ao trânsito em julgado da decisão judicial;

II – deve ser julgada procedente, por provada, a reconvenção e, em consequência, ser condenado o empregador a pagar à trabalhadora:
- a quantia de € ...., relativa às retribuições vencidas dos meses de ..., ... e ... dias do ..., acrescida de juros de mora à taxa legal, sem prejuízo das retribuições vincendas;
- a quantia de € ..., a título de compensação pelos danos não patrimoniais sofridos, acrescida de juros de mora à taxa legal.

PROVA TESTEMUNHAL:
1. ..., residente na Rua ...;
2. ..., residente na Rua ....

VALOR: € ...

JUNTA: Procuração forense, DUC e comprovativo do pagamento da taxa de justiça.

O Advogado,
_____

CAPÍTULO VIII
PROCESSO DE INSOLVÊNCIA

(PROPOSTA DE) PETIÇÃO INICIAL DE AÇÃO DE INSOLVÊNCIA

TRIBUNAL JUDICIAL DA COMARCA ...
... Secção de comércio, de instância central, com sede em ...

..., residente na Rua ..., NIF ..., vem intentar

ACÇÃO DE INSOLVÊNCIA contra

..., com sede na Rua ..., PC nº ...,

nos termos e com os seguintes fundamentos:

DOS FACTOS

1º
A requerida dedica-se à actividade de comercialização de óculos e material óptico.

2º
Em ..., a requerida admitiu a requerente para, sob a sua autoridade e direcção, exercer as funções de atendedora de balcão, no estabelecimento sito na Rua ...,

3º
mediante o seguinte horário de trabalho: De Segunda-feira a Sexta-feira das... às ... e das ... às .... (cfr. doc. nº 1).

4º
Em ..., a requerente auferia uma retribuição mensal ilíquida de €... (cfr. doc. nº 2).

5º
Em ..., a requerida despediu, por extinção do posto de trabalho, a requerente (cfr. doc. nº 3).

DOS CRÉDITOS LABORAIS

6º
Nos termos do art. 366º *ex vi* art. 372º, do Código do Trabalho (de ora em diante CT), a requerente tem direito a uma compensação correspondente a um mês de retribuição base e diuturnidades por cada ano completo de antiguidade, no montante de €....

7º
A requerente tem ainda direito aos seguintes créditos laborais:
– Subsídio de Natal de ..., no montante de € ...;
– Retribuição de ..., no montante de € ...;
– Subsídio de férias proporcional ao trabalho prestado até à data da cessação, no montante de € ...;
– Subsídio de Natal proporcional ao trabalho prestado no ano da cessação, no montante de € ....

8º
Assim, nesta data, a requerida deve à requerente a quantia global de € ..., a título de créditos laborais.

9º
Apesar das inúmeras diligências da requerente com vista à liquidação daquela quantia, a requerida nunca efetuou qualquer pagamento.

DA INSOLVÊNCIA

10º
A requerida tem recorrido a diversas e sucessivas manobras dilatórias com o intuito de eximir-se ao pagamento dos créditos laborais da requerente.

11º
Acresce que, apesar de se encontrar a laborar, a requerida não cumpriu, nem cumpre, as suas obrigações para com a requerente e outros credores.

12º
Por outro lado, não possui património ou quaisquer rendimentos conhecidos, pelo que, está impossibilitada de *"cumprir as suas obrigações vencidas",* encontrando-se, assim, em situação de insolvência [art. 3º, do Código da Insolvência e da Recuperação de Empresas (de ora em diante CIRE)].

13º
Para além disso, estão preenchidos os requisitos das als. b) e d), do nº 2, do art. 23º, do CIRE.

14º
A requerente não possui nenhum elemento relativamente ao activo e passivo da requerida.

15º
Paralelamente, não conseguiu obter a identificação dos maiores credores da requerida, pelo que requer, para efeitos do art. 23º, nº 3, do CIRE, que esta preste as informações previstas no art. 23º, nº 2, al. b), do CIRE.

16º
Os gerentes da requerida são:
– ..., com residência na Rua ...;
– ..., com residência na Rua ... (Cfr. certidão permanente da Conservatória do Registo Comercial, com o código de acesso ..., junta como doc. nº 4).

Termos em que e nos demais de direito:
I – deve ser julgada procedente e provada a presente acção, devendo, em consequência, ser declarada a insolvência da requerida;
II – deve ser reconhecido e graduado o crédito da requerente no montante de € ..., a que acrescem os respectivos juros legais.

Uma vez que não conseguiu obter a identificação dos maiores credores da requerida, a requerente, para efeitos do art. 23º, nº 3, do CIRE, requer que aquela seja notificada para prestar as informações previstas no art. 23º, nº 2, al. b), do CIRE.

PROVA TESTEMUNHAL:
1. ..., residente na Rua ...;
2. ..., residente na Rua ....

VALOR: € ...

JUNTA: 4 documentos, DUC, comprovativo do pagamento da taxa de justiça e procuração forense.

O Advogado,

_____

Notas:

A propósito da indicação do tribunal, no cabeçalho da presente peça processual, note-se que, com a publicação da L nº 62/2013, de 26 de agosto, que aprovou a LOSJ, foi introduzida uma reorganização judiciária, que rompeu com as nomenclaturas anteriores. Esta lei viria a ser regulamentada pelo DL nº 49/2014, de 27.03.

Vejamos, a título de exemplo, a reorganização levada a cabo nos 2 maiores distritos do país.

No Tribunal Judicial da Comarca de Lisboa existem 2 secções de comércio, de instância central, respetivamente, com sedes em Lisboa e no Barreiro (cfr. art. 84º, nº 1, als. *n*) e *o*), do DL nº 49/2014).

No Tribunal Judicial da Comarca de Lisboa Norte existe uma secção de comércio, de instância central, com sede em Vila Franca de Xira (cfr. art. 86º, nº 1, al. *j*), do DL nº 49/2014).

Finalmente, no Tribunal Judicial da Comarca de Lisboa Oeste existe uma secção de comércio, de instância central, com sede em Sintra (cfr. art. 88º, nº 1, al. *l*), do DL nº 49/2014).

Por seu turno, no Tribunal Judicial da Comarca do Porto existem 2 secções de comércio, de instância central, respetivamente, com sedes em Santo Tirso e em Vila Nova de Gaia (cfr. art. 93º, nº 1, als. s) e *t*), do DL nº 49/2014).

No Tribunal Judicial da Comarca do Porto Este existe uma secção de comércio, com sede em Amarante (cfr. art. 95º, nº 1, al. *f*), do DL nº 49/2014).

(PROPOSTA DE) RECLAMAÇÃO DE CRÉDITOS

        Exma. Senhora Dra. ...,
        Administradora de Insolvência nomeada no Proc. n.º ..., que corre seus termos na Secção de comércio, de instância central, com sede em ..., do Tribunal Judicial da Comarca ...

..., residente na Rua ..., NIF ..., vem

RECLAMAR O CRÉDITO QUE DETÉM

sobre a insolvente ...,

nos termos e com os seguintes fundamentos:

1º
A insolvente dedica-se à actividade de comercialização de óculos e material óptico.

2º
Em ..., admitiu a reclamante, a qual, sob a sua autoridade e direcção, exerceu as funções de atendedora de balcão, no estabelecimento sito na Rua ...,

3º
mediante o seguinte horário de trabalho: De Segunda-feira a Sexta-feira das... às ... e das ... às .... (cfr. doc. nº 1).

4º
Em ..., a reclamante auferia uma retribuição mensal ilíquida de €... (cfr. doc. nº 2).

5º
Em ..., a insolvente despediu, por extinção do posto de trabalho, a reclamante (cfr. doc. nº 3).

6º
A insolvente não cumpriu o prazo de aviso prévio de ... dias, aplicável à reclamante, por força do art. 371º, nº 3, al. c), do Código do Trabalho (de ora em diante CT).

7º

Desta forma e em conformidade com o disposto no nº 4, art. 363º *ex vi* art. 372º, do CT, o contrato de trabalho vigente entre a reclamante e a insolvente, só cessou depois de decorrido o período de aviso prévio em falta a contar da comunicação do despedimento, ou seja, em ….

8º

Nos termos do art. 366º *ex vi* art. 372º, do CT, a reclamante tem direito a uma compensação correspondente a um mês de retribuição base e diuturnidades por cada ano completo de antiguidade, no montante de € ….

9º

A reclamante tem ainda direito aos seguintes créditos laborais:
– Subsídio de Natal de …, no montante de € …;
– Retribuição de …, no montante de € …;
– Subsídio de férias proporcional ao trabalho prestado até à data da cessação, no montante de € …;
– Subsídio de Natal proporcional ao trabalho prestado no ano da cessação, no montante de € ….

10º

Assim, nesta data, a insolvente deve à reclamante a quantia global de € …, a título de créditos laborais.

11º

Apesar das inúmeras diligências da reclamante com vista à liquidação daquela quantia, a insolvente nunca efetuou qualquer pagamento.

Termos em que deve o crédito da reclamante no valor de €…, ser reconhecido e graduado nos termos legais.

VALOR: €…

JUNTA: 3 documentos, procuração forense e duplicados e cópias legais.

O Advogado,

CAPÍTULO IX
RECLAMAÇÃO DE CRÉDITOS

(PROPOSTA DE) PETIÇÃO INICIAL

TRIBUNAL JUDICIAL DA COMARCA ...
... Secção do trabalho, de instância central, com sede em ...

..., residente na Rua..., NIF ..., vem intentar,

AÇÃO DECLARATIVA COMUM EMERGENTE DE CONTRATO DE TRABALHO, contra

..., com sede na Rua..., PC nº ...,
nos termos e com os seguintes fundamentos:

1º
A Ré dedica-se à atividade de fabrico e comercialização de material escolar e de escritório.

2º
No exercício da sua atividade, admitiu, em ..., a Autora que,

3º
sob a sua autoridade e direção, cumpre com zelo, assiduidade e competência as funções para que foi contratada.

4º
Atualmente desempenha as funções inerentes à categoria de 1ª escriturária.

5º
Conforme usual na empresa da Ré, a Autora recebeu todos os meses, até ..., subsídio de alimentação (cfr. primeiro e último recibos de cada ano juntos como docs. nºs 1, 2, 3, 4, 5, 6, 7, 8, 9 e 10).

6º
Que no ano de ... tinha o valor médio mensal de € ....

7º
A partir de ... deixou, injustificada e inexplicavelmente, de receber o referido subsídio (cfr. docs. nºs 11, 12, 13, 14, 15, 16 e 17 e cópia do mapa de atribuição do subsídio de alimentação junto como doc. nº 18).

8º
De igual modo, a Autora recebeu todos os anos, no mês de ..., um montante a título de gratificação (cfr. docs. nºs 1, 3, 5, 7, 9, 13, 14 e 15),

9º
que no ano de ... foi de € ....

10º
Gratificação essa que a partir de ... deixou, mais uma vez de modo injustificado e inexplicável, de receber (cfr. docs. nºs 16 e 17).

11º
Nos termos do art. 258º, nº 1, do CT, "Considera-se retribuição a prestação a que, nos termos do contrato, das normas que o regem ou dos usos, o trabalhador tem direito em contrapartida do seu trabalho".

12º
A determinação qualitativa da retribuição assenta em dois aspetos:

13º
o da certeza e periodicidade no pagamento (característica que tem um duplo sentido indiciário: "por um lado, sugere a existência de uma vinculação prévia (quando se não ache expressamente consignada) e, por conseguinte, de uma *prática vinculativa*; por outro, assinala a medida das expectativas de ganho do trabalhador e, por essa via, confere relevância ao nexo existente entre a retribuição e as necessidades pessoais e familiares daquele" (Monteiro Fernandes in "Direito do Trabalho", 14ª, Almedina, 2009, p. 481) e

14º
o da obrigatoriedade das prestações efetuadas pelo empregador, que pode decorre, não só da lei, de Instrumento de Regulamentação Colectiva de Trabalho, das estipulações expressas nos contratos individuais, como também <u>dos usos da profissão e da empresa</u>.

15º
Assim, todas as prestações realizadas pelo empregador que reúnam estas características devem ser consideradas no conceito de retribuição.

16º
É o caso do subsídio de alimentação (art. 260º, nºs 1, al. *a*) e 2, do CT) e da gratificação anual (art. 260º, nº 3, al. *a*), do CT) que a Autora auferia e que a partir de determinada altura deixou de auferir.

17º
Com efeito, tais valores foram pagos à Autora de ... a ..., o que demonstra inequivocamente a natureza certa e periódica de tais prestações,

18º
no seguimento dos usos e práticas correntes da empresa (obrigatoriedade).

19º
De tal forma que, foram criadas legítimas expectativas em relação ao recebimento de tais quantias.

20º
Neste sentido, é de salientar o caráter alimentar da retribuição, segundo o qual a retribuição destina-se "à satisfação de necessidades pessoais e familiares do trabalhador".

21º
A Ré, a partir do momento em que deixou de pagar o subsídio de alimentação e a gratificação anual, violou e continua a violar o princípio da irredutibilidade da retribuição, consagrado na al. *d*), do nº 1, do art. 129º, do CT.

22º
Atento o exposto, são devidos à Autora retroativos relativos ao subsídio de alimentação em dívida, nos termos que a seguir se discriminam (tendo como referência o valor médio de € ... pago no ano de ...):
A. **Ano de ...**
... meses _____ € ...
B. **Ano de ...**
... meses _____ € ...
C. **Ano de ...**

... meses _____ € ...
D. **Ano de ...**
... meses _____ € ...
E. **Ano de ...**
... meses _____ € ...
F. **Ano de ...**
... meses _____ € ...
F. **Ano de ...**
... meses _____ € ...
F. **Ano de ...**
... meses _____ € ...

23º

no montante global de € ....

24º

De igual forma é devida a Autora a quantia de € ... referente às gratificações anuais em dívida, referentes aos anos de...

Termos em que e nos demais de direito, deve a presente ação ser julgada provada e procedente, e, em consequência, Ser a Ré condenada a pagar à Autora as seguintes quantias:

I – de € ..., a título de retroativos referentes aos montantes de subsídio de refeição em dívida;

II – de € ..., referente aos valores de gratificação anual em dívida,

no montante global de € ..., acrescido de juros legais.

PROVA TESTEMUNHAL:
1. ..., residente na Rua...;
2. ..., residente na Rua....

VALOR: € ....

JUNTA: 19 documentos, procuração forense, DUC e comprovativo do pagamento de taxa de justiça.

O Advogado,
_____

(PROPOSTA DE) CONTESTAÇÃO

TRIBUNAL JUDICIAL DA COMARCA ...
... Secção do trabalho, de instância central, com sede em ...

Proc. nº ...

..., Ré, nos autos à margem identificados, vem

APRESENTAR A SUA CONTESTAÇÃO,
nos termos e com os seguintes fundamentos:

1º
São verdadeiros os factos vertidos nos arts. 1º, 2º, 3º, 4º e 6º, da petição inicial.

2º
A Autora reclama o pagamento de retroativos de quantias alegadamente devidas como subsídio de alimentação, relativamente aos anos de ... até ... e das gratificações anuais referentes aos anos de ....

3º
No entanto, conforme veremos, tais quantias não integram o conceito de retribuição.

DO SUBSÍDIO DE REFEIÇÃO

4º
A Autora de ... a ..., recebeu subsídio de refeição.

5º
Os funcionários ... ..., colegas de trabalho da Autora, nunca receberam tal subsídio.

6º
Nunca foi prática habitual da Ré atribuir subsídio de refeição aos seus trabalhadores.

7º
Em ..., a Autora foi transferida, para as instalações da Ré sitas na Rua ....

8º
Instalações essas que estavam e continuam a estar equipadas com uma cantina, que fornece refeições diárias por € ..., mediante comparticipação da Ré.

9º
Pelo que, a Ré não está obrigada a continuar a pagar subsídio de refeição, uma vez que passou a comparticipar as refeições regularmente tomadas pela Autora na cantina.

10º
Por outro lado, de acordo com o previsto no art. 260º, nº 1, al. *a*), parte final, do CT, o subsídio de refeição ora reclamado pela Autora nunca poderia ser considerado retribuição, na medida em que não estava (nem está) previsto no contrato nem deve ser considerado pelos usos como elemento integrante da sua retribuição.

DA GRATIFICAÇÃO

11º
A gratificação anual ora reclamada pela Autora também não integra o conceito de retribuição, conforme veremos.

12º
Tal gratificação trata-se de uma quantia que a Ré se disponibilizou a pagar no início de cada ano civil aos trabalhadores que apresentem maiores índices de rendimento e caso a situação financeira da Ré o permita.

13º
O desempenho e rendimento dos trabalhadores é avaliado anualmente pelos diretores da Ré da área respetiva.

14º
Assim, a gratificação era paga quando:
– o trabalhador em causa, no entendimento do diretor da área respetiva, apresentasse um grau de produtividade, desempenho, dedicação e rendimento que merecesse tal prémio e

– a empresa apresentasse uma situação económico-financeira que permitisse assumir tal custo adicional.

15º
O desempenho e rendimento dos trabalhadores é avaliado anualmente pelos diretores da empresa da área respetiva.

16º
A gratificação em causa não foi calculada, tendo por base o vencimento dos trabalhadores, cfr. doc. nº 1.

17º
Aliás, como podemos constatar da leitura do doc. nº 1, a gratificação paga a alguns trabalhadores foi decrescendo, enquanto que os respetivos vencimentos foram aumentados todos os anos.

18º
Por outro lado, é de referir que a Ré, desde ..., tem vindo a acumular prejuízos cada vez mais acentuados.

19º
O que motivou uma redução do pessoal.

20º
A gratificação em causa nunca foi paga regular e permanente aos trabalhadores.

21º
Durante os anos de ... e ..., por exemplo, os trabalhadores ..., ... e ... não receberam gratificação voltando a recebê-la no ano de ... (cfr. doc. nº 1).

22º
Por exemplo, durante os anos de ..., ..., ... e ..., os trabalhadores ..., ..., ... e ... não receberam gratificação, voltando a recebê-la apenas no ano de ... (cfr. doc. nº 1).

23º
Não existe nenhum acordo entre a Autora e a Ré quanto ao pagamento da gratificação ora reclamada.

24º

Assim, a gratificação ora reclamada pela Autora não pode ser considerada retribuição, na medida em que não estava (nem está) prevista no contrato *sub iudice* nem podia (nem pode) ser considerada pelos usos como elemento integrante da retribuição do trabalhador, nos termos do art. 260º, nº 1, al. a), parte final, do CT.

25º

A razão pela qual a Autora recebeu gratificações nalguns anos, deve-se à avaliação que o seu diretor fez do seu rendimento, do seu desempenho e da situação económico-financeira da Ré.

26º

Pelo exposto, é falso o vertido nos arts. 5º, 6º, 7º, 8º, 9º, 10º, 16º, 17º, 18º, 19º, 21º, 22º, 23º, 24º, da petição inicial.

Nestes termos e nos demais de direito deve a presente ação ser julgada não provada e improcedente e, em consequência, a Ré absolvida do pedido, tudo com as legais consequências.

PROVA TESTEMUNHAL:
1. ..., residente na Rua...;
2. ..., residente na Rua....

VALOR: O da ação.

JUNTA: 1 documento, procuração forense, DUC e comprovativo do pagamento da taxa de justiça.

O Advogado,

(PROPOSTA DE) RESPOSTA

TRIBUNAL JUDICIAL DA COMARCA ...
... Secção do trabalho, de instância central, com sede em ...

Proc. nº ...

..., Autora nos autos à margem identificados, vem

APRESENTAR A SUA RESPOSTA

nos termos e com os seguintes fundamentos:

1º
Em sede de defesa por exceção, a Ré alega que a gratificação e subsídio de alimentação reclamados pela Autora não têm natureza retributiva.

2º
Com o devido respeito por opinião contrária, o nosso entendimento é outro.

DO SUBSÍDIO DE ALIMENTAÇÃO

3º
A Autora trabalhou nas instalações da Ré na ... até ....

4º
Durante esse período recebeu sempre subsídio de alimentação.

5º
Esse subsídio foi sempre incluído no valor da retribuição global paga todos os meses à Autora, cfr. os respetivos recibos de vencimento juntos com a petição inicial.

6º
A Autora trabalhava, juntamente com outros colegas, na área comercial da Ré, na equipa chefiada pelo Sr. ..., diretor comercial da altura.

7º
Em ..., a Ré transferiu a equipa dirigida pelo Sr. ...(onde se incluí a Autora) para as suas instalações em ....

8º
Transferência essa que viria a ser imposto aos trabalhadores.

9º
De sublinhar que, a Autora apenas aceitou a sua transferência na condição de continuar a receber o valor da retribuição que lhe era paga, incluindo o subsídio de alimentação e a gratificação anual.

10º
O que foi garantido pelo seu Diretor.

11º
Certo é que, a partir da data da transferência em causa, a Autora nunca mais recebeu subsídio de alimentação.

12º
Curioso é que outros trabalhadores da Ré, abrangidos pela mesma transferência, continuaram e continuam a receber, de modo certo e regular, subsídio de alimentação, não obstante a existência de cantina.

13º
Como prova disso requer-se, desde já, seja notificada a Ré para juntar os mapas salariais dos seguintes trabalhadores:
a) ...;
b) ...;
c) ...;
d) ....

14º
O que demonstra que o pagamento do subsídio de alimentação, para além de ser prática usual da empresa, nada tem que ver com a comparticipação no pagamento da refeição servida na cantina, pelo que se impugna para os devidos efeitos legais o teor dos arts. 20º e 25º, da contestação.

15º
O subsídio de alimentação deve ser considerado retribuição.
Senão vejamos,

16º
Nos termos dos nºs 1 e 2 do art. 258, do CT:
"1 – Considera-se retribuição a prestação a que, nos termos do contrato, das normas que o regem ou dos usos, o trabalhador tem direito em contrapartida do seu trabalho.
2 – A retribuição compreende a retribuição base e outras prestações regulares e periódicas feitas, direta ou indiretamente, em dinheiro ou em espécie".

17º
A retribuição é uma contrapartida patrimonial da atividade do trabalhador, regular e periódica (cfr. ROMANO MARTINEZ in "Direito do Trabalho", Almedina, 2002, ps. 533 e ss).

18º
Não temos dúvidas que, o subsídio de alimentação, ora em apreço, é uma contrapartida patrimonial da atividade da Autora, a questão é saber se tem natureza regular e periódica.

19º
A certeza e regularidade são as pedras de toque da retribuição.

20º
O trabalhador depende economicamente do empregador, criando, em virtude disso, legítimas expectativas em relação ao recebimento das prestações pagas regularmente por este,

21º
que, assim, integram o orçamento familiar e satisfazem as respetivas necessidades do agregado.

22º
Em resumo, toda a gestão financeira da economia familiar assenta nessas prestações.

23º
O subsídio de alimentação *sub iudice* tem natureza certa e regular e por isso integra-se no conceito de retribuição.

24º
A Autora criou expectativas legítimas em relação ao seu recebimento.

25º
Constata-se, assim, que o subsídio de alimentação era "pago com caráter de regularidade e continuidade, como contrapartida do trabalho prestado e que constituía uma obrigação da entidade patronal" conferindo à A. "a justa expectativa do seu recebimento, de modo a poder contar com ele para a satisfação das sua necessidades pessoais e familiares", conforme já decidido no Ac. do STJ, de 13.01.93 in CJ, Ano I, Tomo I, p. 227.

26º
"Nesta conformidade, pode concluir-se que o subsídio de refeição, sendo pago pelo empregador com caráter de continuidade e regularidade, por forma a criar no espírito do trabalhador a convicção de que constitui um complemento do seu salário, é integrável no conceito de retribuição", Ac. citado.

27º
Conforme se lê no Ac. da RL, de 15.05.96 in CJ, Ano XXI, Tomo III, p. 161:
"É doutrina e jurisprudência pacíficas que o subsídio de alimentação, de refeição ou de almoço, integra a retribuição, na medida em que esta, de harmonia com o preceituado no art. 82º, da LCT, abrange todos os benefícios outorgados pela entidade patronal", que pela sua natureza regular e periódica, "se destinam a integrar o orçamento normal do trabalhador, conferindo-lhe a justa expectativa do seu recebimento".
Cfr., entre muitos outros, o Ac. da RL, de 27.09.95 in CJ, Ano XX, Tomo IV, p. 156.

28º
Pelo exposto, impugna-se para os devidos efeitos legais o disposto nos arts. 3º, 5º, 6º, 8º, 9º e 10º, da contestação.

DA GRATIFICAÇÃO

29º
Defende a Ré que a gratificação devida à Autora não tem natureza retributiva.

30º
Mais uma vez discordamos de tal entendimento.

31º
Da leitura conjugada das als. *b)*, do nº 1 e *a)*, do nº 3, do art. 260º, do CT, podemos concluir que consideram-se retribuição as "gratificações que sejam devidas por força do contrato ou das normas que o regem, ainda que a sua atribuição esteja condicionada aos bons serviços do traba-

lhador", bem como aquelas "que, pela sua importância e caráter regular e permanente, devam, segundo os usos, considerar-se como elemento integrante da retribuição daquele".

32º
A Autora, de ... até ..., recebeu todos os anos, no mês de janeiro, a gratificação ora reclamada,

33º
de tal forma que, à semelhança do subsídio de alimentação, criou legítimas expectativas do seu recebimento.

34º
Valem, aqui, na íntegra os argumentos apresentados em relação ao subsídio de alimentação.

35º
Não podem restar dúvidas que a gratificação *in casu* tem caráter regular e permanente e, segundo os usos da Ré, foi sempre considerada como elemento integrante da retribuição, pelo que deve ser considerada como retribuição.

36º
Por tudo o que aqui defendemos, é falso o vertido nos arts. 11º, 12º, 13º, 14º, 16º, 17º, 20º, 23º, 24º e 25º, da contestação, que se impugna para os devidos efeitos legais.

Nestes termos e nos demais de direito devem as exceções apresentadas ser consideradas não provadas e improcedentes, com as legais consequências, concluindo-se, no demais, como na petição inicial.

REQUER SEJA NOTIFICADA A RÉ PARA JUNTAR AOS AUTOS OS MAPAS SALARIAIS DOS SEGUINTES TRABALHADORES:
   a) ...;
   b) ...;
   c) ...;
   d) ....
VALOR: 0 da ação.

Advogado,

BIBLIOGRAFIA

ABRANTES, José João – "Do Tratado de Roma ao Tratado de Amesterdão – a caminho de um Direito do trabalho europeu?", Questões Laborais, Ano VII, nº 16, Coimbra Editora, 2000

ABREU, Coutinho – "Empresarialidade (Da) – as empresas no direito", Almedina, 1996

ALEGRE, Carlos – "Código de Processo do Trabalho Anotado", Almedina, 2001

ALMEIDA, António – "Cláusulas contratuais gerais e o postulado da liberdade contratual", Revista Portuguesa de Direito do Consumo, nº 11

ALMEIDA, Carlos Ferreira de – "Direitos (Os) dos Consumidores", Almedina, 1982

ALMEIDA, Moitinho de – "Direito Comunitário – A ordem Jurídica Comunitária – As liberdades Fundamentais na CEE", Lisboa, 1985, Centro de Publicações do Ministério da Justiça

AMADO, João Leal – "Despedimento ilícito e salários intercalares: a dedução do *alliunde perceptum* – uma boa solução?", Questões Laborais, Ano I, nº 1, Coimbra Editora

– "Pornografia, informática e despedimento (a propósito de um acórdão da Relação de Lisboa)", Questões Laborais, Ano I, nº 2, Coimbra Editora

– "Revogação do contrato e compensação pecuniária para o trabalhador: notas a um acórdão do Supremo Tribunal de Justiça", Questões Laborais, Ano I, nº 3, Coimbra Editora, 1995

– "Presunção de laboralidade: nótula sobre o art. 12º do novo Código do Trabalho e o seu âmbito temporal de aplicação", Prontuário de Direito do Trabalho, nº 82, Coimbra Editora

AMARAL, Maria Lúcia – "Responsabilidade do Estado e dever de indemnizar do legislador", Coimbra Editora, 1998

ANDRADE, Manuel de – "Teoria Geral da Relação Jurídica", vol. II, Almedina, 1987

ASCENSÃO, Oliveira – "Direito (O) – Introdução e Teoria Geral", Almedina, 1999

BATISTA, Mendes – "Código de Processo de Processo do Trabalho – Anotado", *Quid Iuris*, 2000

– "Faltas por motivo de prisão", Questões Laborais, nº 11, Coimbra Editora

– "Jurisprudência do Trabalho Anotada", 3ª Edição (reimpressão), *Quid Iuris*, 2000

BETTENCOURT, Pedro – "Contrato de trabalho a termo", Erasmos Editora, 1996

BORGOGELLI, Franca – "Direito (O) e a jurisprudência social comunitária", Questões Laborais, nºs 9-10, Coimbra Editora

CABRAL, Fernando e ROXO, Manuel – "Segurança e Saúde do Trabalho – Legislação Anotada", 3ª edição, Almedina, 2004

Campos, Mota – "Manual de Direito Comunitário", Fundação Calouste Gulbenkian, 2000
– "Manual de Direito Comunitário", Fundação Calouste Gulbenkian, vol. III, 1991
– «A Salvaguarda Jurisdicional da Legalidade Comunitária», Lisboa, Ordem dos Advogados-Conselho Geral, 1983, Instituto da Conferência

Campos, João Mota de e Campos, João Luiz Mota de – "Manual de Direito Comunitário", Coimbra Editora, 2007.

Canotilho, Gomes – "Carta de Direitos Fundamentais da União Europeia", Coimbra Editora, 2002

Canotilho, Gomes e Moreira, Vital – "Constituição da República Anotada", vol. I, 3ª edição, Coimbra Editora, 1993
– "Constituição da República Anotada", vol. I, 4ª edição, Coimbra Editora, 2007

Carvalho, Catarina – "A problemática da igualdade e não-discriminação no Direito do Trabalho", IV Congresso Nacional do Direito do Trabalho, Almedina, 2002
– "Mobilidade (Da) dos trabalhadores no âmbito dos grupos de empresas nacionais", Porto, Publicações Universidade Católica, 2000

Cordeiro, António Menezes – "Cessação (Da) do contrato de trabalho por inadaptação do trabalhador perante a Constituição da República", RDES, Julho-Dez., 1991
– "Manual do Direito do Trabalho", Coimbra, Almedina, 1997
– "Tratado de Direito Civil Português", I, Parte Geral, Tomo I, Almedina, 1999

Cordeiro, Robalo – "Lições de Política e Direito Social Europeu", Univ. de Coimbra, Fac. de Direito, Curso de Estudos Europeus, 1991

Correia, Eduardo – "Direito Criminal", vol. I e II, Almedina, 1968

Correia, João – "Direito Penal Laboral – As contraordenações laborais", Questões Laborais, nº 15, Coimbra Editora, 2000

Cunha, Paulo de Pitta e – "A União Monetária e suas implicações", in A União Europeia, Curso de Estudos Europeus, Universidade de Coimbra

Dias, Amadeu – "Redução do tempo de trabalho, adaptabilidade do horário e polivalência funcional", Coimbra Editora

Dias, Figueiredo – "Direito Processual Penal", secção de textos da FDC, 1988-9

Duarte, Maria Luísa – "A Liberdade de circulação de pessoas e a ordem pública no direito comunitário", Coimbra Editora, 1992
– "Estudos de Direito da União e das Comunidades Europeias", Coimbra Editora, 2000
– «A cidadania da União e a responsabilidade dos Estados por violação do Direito Comunitário», Lex, Edições Jurídicas, 1994

Fernandes, António Monteiro – "Direito do Trabalho", Almedina, 2004 – "Direito do Trabalho", 14ª edição, Almedina, 2009

FERNANDES, Liberal – "Harmonização social no direito comunitário: a Diretiva 77/187//CEE", AB UNO AD OMNES, 75 anos da Coimbra Editora, Coimbra Editora, 1998
– "Transmissão do estabelecimento e oposição do trabalhador à transferência do contrato: uma leitura do art. 37º da LCT conforme o direito comunitário", Questões Laborais, nº 14, Coimbra Editora
FERREIRA, Amâncio – "Manual dos Recursos em Processo Civil", 8ª Edição, Almedina, 2008
FREITAS, Lebre de – "A ação declarativa comum", Coimbra Editora, 2000
LEBRE DE FREITAS E OUTROS – "Código de Processo Civil – Anotado", Vol. 2º, Coimbra Editora, 2001
GERALDES, Abrantes – "Temas da Reforma do Processo Civil", I Volume, 2ª Edição, Almedina, 1999
GOMES, Carla Amado – "A Natureza Constitucional do Tratado da União Europeia", Lex, Ed. Jur., 1997
GOMES, Júlio – "Cláusulas (As) de não concorrência no Direito do Trabalho", RDES, Jan.--Março, Verbo, 1999
– "Jurisprudência (A) recente do Tribunal de Justiça das Comunidades Europeias em matéria de transmissão de empresa, estabelecimento ou parte de estabelecimento – inflexão ou continuidade?", Estudos do Instituto do Direito do Trabalho, vol. I, Almedina, 2000
GORJÃO-HENRIQUES, Miguel – "A Europa e o «Estrangeiro»: Talo(s) ou Cristo?", Temas de Integração, Coimbra, Almedina, 3º vol., 2º semestre de 1998, nº 6
– "Aspetos Gerais dos Acordos de Schengen na Perspetiva da Livre Circulação de Pessoas na União Europeia", in Temas de Integração, Universidade de Coimbra, 1996, 2º semestre, 1º vol.
– "Direito Comunitário", Almedina, 2002
– "Uma carta sem destino?", Temas de Integração, 5º vol., 1º semestre, nº 9
GUERRA, Amadeu – "Privacidade (A) no local de trabalho", Almedina, 2004
JOLIET, R. – «Le Droit institutionnel des Communautés Européennes – Le contentieux», Liége, 1981
LEITE, Jorge – "Lições de Direito do Trabalho", policopiadas, Coimbra, 1999
LIMA, Pires e VARELA, Antunes – "Noções Fundamentais de Direito Civil", Coimbra, 1986
LOPES-CARDOSO, Álvaro – "Manual de Processo do Trabalho", Livraria Petrony, 2000
LOUIS, J. V. – "A Ordem Jurídica Comunitária", 3ª Edição, Bruxelas, Comissão das Comunidades Europeias, Col. Perspetivas Europeias
MACHADO, Montalvão – "O dispositivo e os Poderes do Tribunal À Luz do Novo Código de Processo Civil", 2ª Edição, Almedina, 2001

Martinez, Pedro Romano – "Apontamentos sobre a cessação do contrato de trabalho à luz do Código do Trabalho", AAFDL, Lisboa, 2004
— "Direito do Trabalho, Instituto do Direito do Trabalho, Coimbra, Almedina, 2002
— "Incumprimento contratual e justa causa de despedimento", Estudos do Instituto de Direito do Trabalho, vol. II, Almedina, 2001
Martinez, Pedro Romano e outros – "Código do Trabalho Anotado", Almedina, 2003
— "Código do Trabalho Anotado", 7ª Edição, Almedina, 2009
Martins, Ana Maria Guerra – "Curso de Direito Constitucional da União Europeia", Almedina, 2004
— "O Tratado da União Europeia – Contributo para a sua compreensão", Lex, Ed. Jurídicas, Lisboa, 1993
Medeiros, Rui – "Ensaio sobre a responsabilidade civil do Estado por atos legislativos", Livraria Almedina, 1992
Melo, Barbosa de – «Notas de Contencioso Comunitário», Coimbra, 1986
Miranda, Jorge – "Direito Constitucional III", Lisboa, AAFDL, 2001
Palma, Maria João – "Breves notas sobre a invocação das normas das diretivas comunitárias perante os tribunais nacionais", 1ª reimpressão, AAFDL, Lisboa, 2000
Palma, Maria João e Almeida, Luís Duarte de – "Direito Comunitário", AAFDL, Lisboa, 2000
Piçarra, Nuno – "O Tribunal de Justiça das Comunidades Europeias como Juiz Legal e o processo do artigo 177º do Tratado CEE", AAFDL, 1991
Pina, David – Comentário ao Ac. Lopes da Veiga, Coleção Divulgação, nº 10, Ano 4
Pinto, Carlos Mota – "Teoria Geral da Relação Jurídica", 3ª Edição, Coimbra Editora, 1993
Pires, Francisco de Lucas – "Schengen e a Comunidade de Países Lusófonos", Coimbra Editora, 1997, Corpus Iuris Gentium Conimbridge
Prata, Ana – "Dicionário Jurídico", Coimbra, 3ª Edição, Almedina, 1995
Prechal, Sacha – "Directives in European Community Law – A study of directives and their enforcement in national courts", Oxford, Clarendon Press, 1995, European Community Law Series
Quintas, Helder – "A concretização do princípio da boa-fé enquanto limite normativo das cláusulas de mobilidade geográfica", Prontuário de Direito do Trabalho, nºs 74 e 75, Coimbra Editora
Quintas, Paula/Quintas, Helder – "Código do Trabalho Anotado e Comentado", 2ª Edição, Almedina, 2010
— "Código do Trabalho Anotado e Comentado", 3ª Edição, Almedina, 2012
— "Regulamentação do Código do Trabalho", 3ª Edição, Almedina, 2006
— "Regime (O) jurídico dos despedimentos – Uma abordagem prática", Almedina, 2005

Quintas, Paula – "Direitos de Personalidade do Trabalhador", Almedina, 2013
— "Diretiva (A) nº 80/987 quanto à aproximação das legislações dos Estados-membros respeitantes à proteção dos trabalhadores assalariados em caso de insolvência do empregador – o antes e o depois de *Francovich*", Questões Laborais, nº 16, Coimbra Editora
— "Efeito (O) direto nas diretivas comunitárias – um conceito moribundo?", Percursos & Ideias, Revista Científica do ISCET, nº 2
— "Problemática (Da) do efeito direto das diretivas comunitárias", *Dixit*, 2000
— "A precariedade dentro da precariedade ou a demanda dos trabalhadores à procura de primeiro emprego", Questões Laborais, nº 24, Coimbra Editora, 2004
— "A *preversidade* da tutela indemnizatória do art. 443º do CT – a desigualdade entre iguais (breve reflexão)", Prontuário de Direito do Trabalho, nº 71, Coimbra Editora
— "A *dificultosa* transposição da Diretiva 98/59/CE, do Conselho, de 20.08.1998", *Scientia Iuridica*, nº 302

Ramalho, Maria do Rosário – "(Da) Autonomia dogmática do Direito do Trabalho", Almedina, 2001

Ramos, Vasco Moura – "Âmbito (O) material de aplicação da Diretiva 77/187/CE de 14 de fevereiro de 1977 – A manutenção dos direitos dos trabalhadores em caso de transferência de empresas, estabelecimentos ou partes e estabelecimentos –, à luz da jurisprudência do Tribunal das Comunidades", Temas de Integração, 5º vol., 1º semestre de 2000, número 9, Almedina

Ribeiro, Soares – "Cessação do contrato de trabalho por inadaptação do trabalhador", IV Congresso Nacional de Direito do Trabalho, Almedina, 2002
— "Contraordenações Laborais", 2ª Edição, Almedina, 2003

Ribeiro, Sousa – "Problema (O) do contrato – as cláusulas contratuais gerais e o princípio da liberdade contratual", Almedina, 1999

Santos, Sabina Pereira dos – "Direito do Trabalho e Política Social na União Europeia", *Principia*, 2000

Silva, Maria Manuela Maia da – "Discriminação (A) sexual no mercado de trabalho – Uma reflexão sobre as discriminações diretas e indiretas", Questões Laborais, nº 15, Coimbra Editora

Silva, Germano Marques da – "Curso de Processo Penal", Vol. I, Verbo, 2000

Sousa, Teixeira de – "Estudos sobre o novo Processo Civil", 2ª Edição, Lex, 1997

Teixeira, Sónia – "A Proteção dos Direitos Fundamentais na Revisão do Tratado da União Europeia", AAFDL, Lisboa, 1998

Telles, Inocêncio Galvão – "Condições (Das) gerais dos contratos e da diretiva europeia sobre as cláusulas abusivas", Revista Portuguesa de Direito do Consumo, nº 2

Varela, Antunes – "Obrigações (Das) em geral", vol. I, 6ª edição, Almedina, 1989
Varela, Antunes/Sampaio e Nora/Miguel Bezerra – "Manual de Processo Civil", 2ª Edição, Coimbra, 1985
Vaz, Pessoa – "Direito Processual Civil", 2ª Edição, Almedina, 2002
Veiga, Motta – "Lições de Direito do Trabalho", 2ª Edição, Verbo, 2000
Xavier, Bernardo Lobo – "Curso de Direito do Trabalho", 2ª Edição, Verbo, 1992
– "Regime (O) dos despedimentos coletivos e as modificações introduzidas pela Lei nº 32/99, de 18.05.", Estudos do Instituto de Direito do Trabalho, Almedina, 2001
Xavier, Bernardo Lobo, Martins, Pedro Furtado, Carvalho, António Nunes – "Cessação factual da relação de trabalho e aplicação do regime jurídico do despedimento", RDES, Jan.-Março, Verbo, 1999

ÍNDICE GERAL

Prefácio da 5ª Edição	9
Abreviaturas	11
Breve Apreciação do Novo Código do Trabalho	15
PARTE I Direito do Trabalho	19
CAPÍTULO I As Fontes de Direito do Trabalho	19
1. Noção de fonte em sentido jurídico	19
2. As fontes internas juslaborais	19
CAPÍTULO II A Relação Jurídico-Laboral Privada	23
1. A relação jurídico-laboral – introdução	23
2. O empregador-empresário	24
2.1. O regime jurídico das sociedades comerciais quanto à responsabilidade pelas dívidas sociais	26
3. O contrato de trabalho como contrato de adesão	27
3.1. A limitação aos contratos de adesão imposta pelo regime jurídico das cláusulas contratuais gerais (rjccg)	30
4. A codificação do Direito do Trabalho	31
5. Algumas das características do contrato de trabalho	34
6. Elementos do contrato de trabalho	42
7. A presunção da laboralidade	45
CAPÍTULO III A Contratação Jurídico-Laboral Individual	47
1. O contrato de duração indeterminada	47
2. A precariedade laboral ou os contratos com pouca esperança de vida	47
2.1. Os contratos de trabalho a termo (uma das modalidades de trabalho precário)	47
2.2. Contrato de trabalho a termo certo	53
2.3. Contrato de trabalho a termo incerto	59
2.4. Sucessão de contrato de trabalho a termo	62
3. Outros contratos	64
3.1. Contrato de trabalho a tempo parcial	64
3.2. Contrato de trabalho sem termo intermitente	64
3.3. Comissão de serviço	64

3.4. Teletrabalho	65
3.5. Trabalho temporário	66
3.5.1. Contrato de trabalho temporário (art. 172º, al. *a*))	66
3.5.2. Contrato de utilização de trabalho temporário	68
4. Período experimental	69
CAPÍTULO IV Regime jurídico das férias, feriados e faltas	75
1. O regime jurídico das férias	75
1.1. A aquisição, o vencimento e o gozo das férias	75
1.2. A duração das férias	78
1.3. O gozo de férias	79
1.4. A marcação, a interrupção, o adiamento e a suspensão das férias	79
1.5. Retribuição das férias	81
1.6. A suspensão do contrato por impedimento prolongado e a sua repercussão no direito a férias	83
1.7. A cessação do contrato de trabalho e a sua repercussão no direito a férias	83
2. Feriados	84
2.1. Os feriados obrigatórios	84
2.2. A incompensabilidade e a inalterabilidade dos feriados	85
3. Faltas justificadas e faltas injustificadas e sua articulação com o poder disciplinar do empregador	85
3.1. Noção de falta	85
3.2. Tipologia legal das faltas justificáveis	86
3.3. Comunicação e prova da falta	89
3.4. Efeitos das faltas justificadas	90
3.5. Efeitos das faltas injustificadas	90
CAPÍTULO V Tempo de trabalho	93
1. O horário de trabalho	93
2. O trabalho suplementar	96
CAPÍTULO VI Retribuição	99
1. Considerações preliminares	99
2. A igualdade de tratamento em matéria salarial	107
3. Mora salarial	107
4. Princípios fundamentais da retribuição	107

4.1. O princípio da irredutibilidade da retribuição	107
4.2. O princípio da inadmissibilidade da compensação integral	108
4.3. O princípio da impenhorabilidade parcial	108
4.4. O princípio da irrenunciabilidade da retribuição	108
4.5. O princípio da imprescritibilidade dos créditos salariais na vigência do contrato de trabalho	108
4.6. O princípio da continuidade	109
5. Caráter alimentício da retribuição	109
6. Os créditos salariais como créditos privilegiados	109

CAPÍTULO VII A mobilidade do trabalhador e a transmissão da empresa ou do estabelecimento — 113
1. A mobilidade funcional e a transferência do trabalhador — 113
   1.1. A mobilidade funcional — 113
   1.2. A transferência do trabalhador — 114
2. Transmissão da empresa ou estabelecimento — 116

CAPÍTULO VIII A redução da atividade e suspensão do contrato de trabalho — 123
1. A suspensão do contrato de trabalho — 123
2. Redução temporária do período normal de trabalho ou suspensão do contrato de trabalho por facto respeitante ao empregador — 125
3. Encerramento e diminuição temporária de atividade — 126

CAPÍTULO IX A cessação do contrato de trabalho — 129
1. Considerações preliminares — 129
2. Caducidade — 129
3. Revogação — 132
   3.1. Considerações preliminares — 132
   3.2. O direito ao arrependimento do trabalhador — 134
   3.3. A natureza da compensação pecuniária global — 134
4. O despedimento individual subjetivo — 137
   4.1. A justa causa de despedimento e os deveres do trabalhador — 137
   4.2. A violação dos deveres contratuais ou legais — 140
   4.3. Prazos prescricionais da infração disciplinar e prazo de caducidade do procedimento — 148
   4.4. Procedimento de despedimento por justa causa — 151
   4.5. A suspensão judicial do despedimento — 160

4.6. O procedimento disciplinar nas microempresas	160
4.7. Créditos salariais emergentes do despedimento ilícito	161
4.8. Da oposição à reintegração	166
4.9. Prazo de impugnação do despedimento	166
4.10. A cessação do contrato de trabalho nos contratos a termo	168
5. Resolução do contrato por iniciativa do trabalhador	168
5.1. Considerações preliminares	168
5.2. A falta culposa do pagamento pontual da retribuição na forma devida como especial causa resolutiva	170
5.3. Pressupostos de validade substancial e formal da resolução	171
5.4. O limite indemnizatório na resolução contratual	172
6. Denúncia	173
7. Cessação por causas objetivas ligadas à empresa	174
7.1. Despedimento coletivo	175
7.2. Despedimento por extinção de postos de trabalho	185
7.3. Despedimento por inadaptação	188
CAPÍTULO X A proteção do trabalhador em caso de insolvência do empregador	193
CAPÍTULO XI Direitos de personalidade do trabalhador	201
1. Enquadramento dos direitos de personalidade do trabalhador, em particular, na fase de recrutamento e seleção	201
2. Realização de testes e exames médicos	203
3. Doenças de declaração obrigatória	203
4. Dos testes de despistagem de consumo de álcool ou droga	204
5. Da informação genética	205
6. Meios de vigilância à distância	206
7. Confidencialidade de mensagens e de acesso a informação	208
CAPÍTULO XII Igualdade e não discriminação	211
1. Considerações preliminares	211
2. O ónus da prova na discriminação	216
3. O assédio	216
4. A política de ação positiva (positive action)	218
5. Da discriminação sexual em especial	219
CAPÍTULO XIII Direito Comunitário	221

I – OS PRIMÓRDIOS DA COMUNIDADE. BREVE RESENHA HISTÓRICA	221
1. A fase da cooperação	221
2. A teoria da integração económica – os cinco patamares	225
3. Os alargamentos da Comunidade	226
II – AS FONTES DE DIREITO COMUNITÁRIO	228
1. As fontes de Direito Comunitário originário	228
2. As fontes de Direito Comunitário Derivado	236
3. Princípios fundamentais do Direito Comunitário	238
3.1. Princípio do primado (ou princípio da primazia comunitária ou princípio da preferência comunitária)	238
3.2. Princípio da solidariedade ou da cooperação	239
3.3. Princípio do adquirido comunitário ou do acervo comunitário	239
3.4. Princípio da aplicabilidade direta	239
3.5. Princípio do efeito direto	240
3.6. Princípio da uniformidade	250
3.7. Princípio da interpretação conforme ou princípio do efeito indireto	251
3.8. Princípio da responsabilização estatal	251
4. As instituições da União Europeia	257
5. Os órgãos da Comunidade	258
CAPÍTULO XIV Direito Comunitário do Trabalho	263
1. O Direito Comunitário do Trabalho	263
2. A liberdade de circulação de trabalhadores	264
2.1. A Carta Social Europeia	265
2.2. Carta Comunitária dos Direitos Sociais Fundamentais dos Trabalhadores	266
2.3. Carta dos Direitos Fundamentais da União Europeia	267
3. Liberdade de circulação de trabalhadores comunitários na Comunidade	269
3.1. A Diretiva 2004/38/CE do Parlamento Europeu e do Conselho, de 29 de abril de 2004 relativa ao direito de livre circulação e residência dos cidadãos da União e dos membros das suas famílias no território dos Estados-Membros	269
3.2. O Regulamento 1612/68, de 15.10.1968, que consagra a livre circulação dos trabalhadores na Comunidade	280
4. Regime jurídico de entrada, permanência, saída e afastamento de estrangeiros do território nacional	285
4.1. Entrada no território nacional	287
4.2. Recusa de entrada	290

4.3. Residência em território nacional	291
4.3.1. Autorização de residência para exercício de atividade profissional	291
4.3.2. Autorização de residência para reagrupamento familiar	292
4.4. Afastamento do território nacional	293
4.4.1. Expulsão determinada por autoridade administrativa	294
4.4.2. Expulsão judicial	295
4.4.2.1. Pena acessória de expulsão	295
4.4.2.2. Medida autónoma de expulsão judicial	296
CAPÍTULO XV Responsabilidade Penal e Responsabilidade Contraordenacional	297
1. Responsabilidade penal	297
1.1. Considerações preliminares	297
1.2. Sujeitos dos crimes laborais	299
1.3. Alguns exemplos de tipos de crime diretamente ou indiretamente conectados ou conectáveis com o Direito do Trabalho	299
2. Responsabilidade contraordenacional	300
2.1. Considerações preliminares	300
2.2. Sujeitos	301
2.3. Sanções e Coimas	302
PARTE II Do Processo do Trabalho	305
CAPÍTULO I Introdução	305
CAPÍTULO II Uma brevíssima resenha histórica do Código de Processo do Trabalho	307
CAPÍTULO III Princípios gerais do direito processual laboral	309
1. Princípio da conciliação	309
2. Princípio do baixo custo da demanda	309
3. Princípio da equidade	310
4. Princípio da celeridade	310
5. Princípio da simplicidade da tramitação processual	311
6. Não obrigatoriedade de patrocínio de advogado ou solicitador	311
7. O princípio da condenação extra vel ultra petitum	311
8. O princípio da prevalência da justiça material sobre a justiça formal	312

CAPÍTULO IV Princípios gerais do processo civil	313
1. Princípio da justiça	313
2. Direito de acesso à justiça	313
3. Princípio do inquisitório	313
4. Princípio da igualdade das partes	314
5. Princípio do prazo razoável	314
6. Princípio da publicidade	314
7. Princípio do direito à prova	314
8. Princípio da efetividade	315
9. Princípio da livre apreciação da prova	315
10. Princípio da fundamentação	315
11. Princípio da adequação formal	315
12. Princípio da imparcialidade do tribunal	316
13. Princípio do contraditório	316
14. Princípio da boa fé	316
15. Princípio da cooperação	316
16. Princípio da aquisição processual	317
17. Princípio da celeridade	317
18. Princípio da concentração	317
19. Princípio da continuidade da audiência	317
20. Princípio da plenitude da assistência dos juízes	318
21. Princípio da imediação	318
CAPÍTULO V Princípios gerais do processo penal	319
1. Princípio da investigação ou da verdade material ou do inquisitório	319
2. O princípio da oficialidade	319
3. Princípio do juiz natural ou legal	319
4. O princípio da legalidade	319
5. Princípio do acusatório	320
6. Princípio da igualdade de oportunidades	320
7. O princípio do contraditório	320
8. Princípio da suficiência	321
9. Princípio da concentração	321
10. O princípio da livre apreciação da prova	321
11. Princípio in dubio pro reo	322
12. Princípio da publicidade	322
13. Princípio da oralidade	322

14. O princípio da imediação ... 322

CAPÍTULO VI Espécies e formas do processo laboral ... 323

CAPÍTULO VII Processo do trabalho declarativo comum ... 325
1. Petição inicial ... 325
2. Despacho liminar ... 331
3. Audiência de partes ... 334
4. Contestação ... 339
5. Resposta ... 352
6. Articulados supervenientes ... 355
7. Saneamento ... 357
8. Audiência prévia ... 359
9. Despacho saneador ... 361
10. Instrução e Prova ... 362
11. Discussão e julgamento ... 366
12. Sentença ... 370
13. Recursos ... 376

PARTE III Minutas ... 385

CAPÍTULO I Contratos de Trabalho ... 385
- Contrato sem termo ... 385
- Contrato a termo certo ... 390
- Acordo de renovação de Contrato a termo certo ... 396
- Contrato a termo incerto ... 399
- Contrato de trabalho com pluralidade de empregadores ... 402
- Contrato de cedência ocasional de trabalhador ... 406
- Contrato de trabalho temporário ... 410
- Contrato de trabalho doméstico ... 416
- Contrato de trabalho com estrangeiro ... 420
- Anexo de identificação de beneficiário de pensão ... 424
- Contrato de trabalho em comissão de serviço ... 425

CAPÍTULO II Denúncia ... 429
- Declaração de denúncia durante o período experimental ... 429

– Comunicação de Caducidade do contrato de trabalho a termo certo, por parte do empregador	430
– Comunicação de Caducidade de contrato de trabalho a termo certo, por parte do trabalhador	431
– Comunicação de Caducidade de contrato de trabalho a termo incerto, por parte do empregador	432
– Declaração de denúncia de contrato de trabalho sem termo por parte do trabalhador	434
– Declaração de Cessação de contrato de trabalho pelo empregador em virtude de abandono do trabalho	436

CAPÍTULO III Revogação 439
– Acordo de revogação do contrato de trabalho 439
– Declaração de cessação do acordo revogatório do contrato de trabalho ... 443

CAPÍTULO IV Suspensão 445
1. Suspensão do contrato de trabalho com base no não pagamento pontual da retribuição 445
   – Comunicação ao empregador 445
2. Suspensão do contrato de trabalho por facto respeitante ao empregador ... 447
   – Comunicação de intenção de suspensão do contrato de trabalho (art. 299º, nº 1, do CT) 447
   – Ata de reunião de negociação promovida ao abrigo do disposto no art. 300º, nºs 1 e 2, do CT 451
   – Comunicação de intenção de suspensão do contrato de trabalho (art. 300º, nº 3, do CT) 453
   – Comunicação à comissão de trabalhadores (art. 300º, nº 4, do CT) ... 455
   – Comunicação à segurança social (art. 300º, nº 4, do CT) 456
   – Relação de trabalhadores e medidas individualmente adotadas, com indicação das datas de início e termo da aplicação para efeitos do art. 300º, nº 4, do CT 457

CAPÍTULO V Resolução 461
1. Resolução do contrato de trabalho com fundamento em comportamento não culposo do empregador (transferência para outro local de trabalho) ... 461

2. Resolução do contrato de trabalho com fundamento em comportamento não culposo do empregador (necessidade de cumprimento de obrigações legais incompatíveis com a continuação ao serviço) — 463
3. Resolução do contrato de trabalho com fundamento em comportamento culposo do empregador (falta culposa do pagamento pontual da retribuição) — 464
4. Resolução do contrato de trabalho com fundamento em comportamento culposo do empregador (condições de segurança e saúde no trabalho) — 466
5. Resolução do contrato de trabalho com fundamento em comportamento culposo do empregador (violação do dever de respeito, de urbanidade, mudança de categoria) — 468
   5.1. Declaração — 468
   5.2. Impugnação judicial da resolução — 470
     – Petição inicial — 470
     – Contestação — 476

CAPÍTULO VI Despedimentos — 483
1. Despedimento por Facto Imputável ao Trabalhador — 483
   – Auto de ocorrência — 483
   – Termo de abertura — 484
   – Carta de notificação de testemunhas — 485
   – Auto de declaração de convocação pessoal de testemunhas — 486
   – Autos de inquirição de testemunhas — 486
   – Relatório preliminar — 489
   – Auto de abertura de procedimento disciplinar — 491
   – Nota de culpa — 491
   – Carta de notificação da nota de culpa com a respetiva intenção de despedimento — 493
   – Carta de remessa de cópia da comunicação da intenção de despedimento e da nota de culpa à Comissão de Trabalhadores — 494
   – Termo de entrega da comunicação de despedimento e da nota de culpa — 495
   – Carta a enviar resposta à nota de culpa — 496
   – Resposta à nota de culpa — 497
   – Carta de notificação do trabalhador-arguido da data e local designados para inquirição das testemunhas por si arroladas — 499
   – Carta do arguido a solicitar nova data para inquirição de testemunha por si arrolada — 500

– Auto de inquirição de testemunhas	501
– Carta de apresentação de cópia integral do procedimento disciplinar à Comissão de Trabalhadores	502
– Relatório final	503
– Decisão final	507
– Carta de comunicação da decisão ao trabalhador	509
– Carta de remessa de cópia da comunicação da intenção de despedimento e da nota de culpa à Comissão de Trabalhadores	510

2. Despedimento por extinção de posto de trabalho — 511
   - Comunicação à Comissão de Trabalhadores da necessidade de extinguir o posto de trabalho e de despedir o trabalhador envolvido (art. 369º, nº 1, do CT) — 511
   - Carta a comunicar ao trabalhador abrangido a necessidade de extinguir o posto de trabalho e de despedir o trabalhador envolvido (art. 369º, nº 1, do CT) — 513
   - Carta a enviar parecer fundamentado do trabalhador (art. 370º, nº 1, do CT) — 515
   - Parecer — 516
   - Decisão (art. 371º, nº 1, do CT) — 517
   - Carta a comunicar a decisão de despedimento ao trabalhador (art. 371º, nº 3, do CT) — 521
   - Carta a enviar cópia de decisão de despedimento à comissão de trabalhadores (art. 371º, nº 3, do CT) — 522
   - Carta a enviar cópia de decisão de despedimento à Autoridade para as Condições de Trabalho (art. 371º, nº 3, do CT) — 523

3. Despedimento por inadaptação — 524
   - Carta a comunicar ao trabalhador abrangido a necessidade de fazer cessar o contrato de trabalho (art. 376º, nº 1, do CT) — 524
   - Carta a comunicar à Comissão de Trabalhadores a intenção de proceder ao despedimento (art. 376º, nº 2, do CT) — 528
   - Parecer sobre o despedimento por inadaptação (art. 377º, do CT) — 531
   - Decisão (art. 378º, nº 1, do CT) — 533
   - Carta a comunicar a decisão de despedimento ao trabalhador (art. 378º, nº 2, do CT) — 537
   - Carta a enviar cópia de decisão de despedimento à Comissão de Trabalhadores (art. 378º, nº 2, do CT) — 538
   - Carta a enviar cópia de decisão de despedimento à Autoridade para as Condições de Trabalho (art. 378º, nº 2, do CT) — 539

4. Despedimento coletivo ... 541
- Comunicação à Comissão de Trabalhadores da intenção de proceder a despedimento coletivo (art. 360º, nº 1, do CT) e convocação para reunião de negociação (art. 361º, nº 1, do CT) ... 541
- Carta de envio de cópia de comunicação da intenção de proceder a despedimento coletivo (art. 360º, nº 5, do CT) ... 544
- Ata de reunião de negociação (art. 361º, nº 5, do CT) ... 545
- Carta a comunicar a decisão de despedimento ao trabalhador (art. 363º, nº 1, do CT) ... 548
- Carta de envio de ata das reuniões de negociação e relação dos trabalhadores (art. 363º, nº 3, al. a), do CT) ... 552
- Carta de envio de relação à Comissão de Trabalhadores (art. 363º, nº 3, al. b), do CT) ... 553
- Relação de trabalhadores abrangidos pelo despedimento coletivo ... 554

CAPÍTULO VII Ação de Impugnação Judicial da Regularidade e Licitude do Despedimento ... 555
- Articulado do Empregador ... 555
- Contestação ... 561

CAPÍTULO VIII Processo de Insolvência ... 567
- Petição Inicial de Ação de Insolvência ... 567
- Reclamação de Créditos ... 571

CAPÍTULO IX Reclamação de Créditos ... 573
- Petição inicial ... 573
- Contestação ... 577
- Resposta ... 581

Bibliografia ... 587
Índice Geral ... 593